海寧年鑒

徐樹達題

2014

海宁市史志编纂委员会 编

方志出版社

图书在版编目（CIP）数据

海宁年鉴．2014 / 海宁市史志编纂委员会编．—北京：方志出版社，2014.11

ISBN 978-7-5144-1448-6

Ⅰ．①海… Ⅱ．①海… Ⅲ．①海宁市—2014—年鉴 Ⅳ．①Z525.54

中国版本图书馆 CIP 数据核字（2014）第 261062 号

海宁年鉴（2014）

编　　者：海宁市史志编纂委员会

责任编辑：丛　珺

出 版 人：冀祥德

出 版 者：方志出版社

地址　北京市朝阳区潘家园东里 9 号（国家方志馆 4 层）

邮编　100021

网址　http://www.fzph.org

发　　行：方志出版社发行中心

电话（010）67110500

经　　销：各地新华书店

印　　刷：杭州余杭人民印刷有限公司

开　　本：787×1092　　1/16

彩　　页：48

印　　张：33.5

字　　数：799 千字

版　　次：2014 年 11 月第 1 版　　2014 年 11 月第 1 次印刷

印　　数：0001—1000 册

ISBN 978-7-5144-1448-6/K·1186　　定价：120.00 元

海宁市史志编纂委员会

顾　问：林　毅

主　任：戴　锋

副主任：周红霞　钱培伦　朱海英　田　耘

成员由市委办、市人大办、市府办、市政协办、市人武部、市法院、市检察院、市委组织部、市委宣传部、市史志办、市发改局、市经信局、市教育局、市公安局、市财政（地税）局、市国土资源局、市住建局、市交通运输局、市水利局、市农经局（市农办）、市文体局、市卫生局、市统计局、连杭经济区管委会、皮革城管委会、市档案局、市旅游局、市人民银行等部门的主要负责人组成

海宁年鉴编辑部

主　　编：柴伟梁

副 主 编：张新益　张镇西　张雪林

编　　审：韩海军

编　　辑：曹　晔　管通海　蒋小红　刘　峰
潘冰洁　邱　洧　姚　倩　俞　允
曾晓莲

扉页题字：徐邦达

封面设计：韩　薇

英文翻译：刘　峰

编辑说明

一、《海宁年鉴》是由中共海宁市委员会、海宁市人民政府主办，海宁市史志编纂委员会组织编纂的地方综合性年鉴，是一部集资料、知识、信息于一体的年度资料性文献，旨在全面真实地记载上一年度海宁市经济建设和社会发展的基本面貌。

二、《海宁年鉴（2014）》是海宁市第十六部综合性地方年鉴，记载时限从2013年1月1日至12月31日，一般不作历史追溯。特载中提前收录2014年政府工作报告，附录中提前收录2014年1月至6月大事要览。

三、本书采用分类编辑法，分篇目、分目、条目三个层次。全书共39个篇目，下设258个分目、1026个条目，配图片141张，表格92张，共79.9万字。

四、本书在坚持年鉴内容的稳定性和连续性基础上，突出年度特色和地方特色，注重实用性和可读性。

五、本书所采用的稿件，均由海宁市级各部门、各有关单位和各镇（街道）专人撰写，经供稿单位领导审核，并由市委保密办作保密审核。凡涉及海宁市国民经济和社会发展全局性的数据以市统计局公布的法定数据为准。统计局未作统计的，由各业务部门提供。

六、本书配有双重检索系统，书前刊有中文详细目录和英文要目，书后配有索引。索引采用主题分析索引法，按主题词首字汉语拼音字母顺序排列。

七、关于单位名称的称谓，首次出现用全称，后均用简称。姓名排列以首字汉语拼音字母顺序排列，不分先后。

八、本书的编纂和出版得到全市各部门、镇（街道）和社会各界人士的大力支持，谨此表示衷心感谢。在编印、出版中有疏漏之处，恳请批评指正。

海宁市史志办公室

2014年10月

2013 年海宁便览

面积　700.50 平方千米

农用地	448.3 平方千米
建设用地	210.4 平方千米
未利用地	41.8 平方千米

户籍人口　669143 人

总户数	184583 户
男女性人口比重	96.64：100
人口自然增长率	1.61‰
人均预期寿命	81.89 岁

气候　北亚热带海洋性湿润气候

平均气温	17.6℃
年降水量	1366.0 毫米

行政区划　8 个镇 4 个街道

村民委员会	161 个
居民委员会	63 个

综合经济

生产总值	633.65 亿元
人均生产总值	94912 元
三次产业比重	4.0：57.5：38.5
财政总收入	94.26 亿元
其中公共财政预算收入	52.49 亿元
财政支出	51.19 亿元

主要产业

工业总产值（规模以上企业）	1325.85 亿元
其中皮革业	164.73 亿元
经编业	160.04 亿元
太阳能利用业	82.76 亿元
家纺业	101.41 亿元
农业总产值	39.44 亿元
旅游总收入	129.65 亿元

开放型经济

自营进出口总额	57.57 亿美元
其中出口总额	45.62 亿美元
合同利用外资	5.73 亿美元
实际利用外资	3.35 亿美元

就业保障

新增就业岗位	11855 个
基本养老保险参保人数累计	36.1 万人
基本医疗保险参保人数累计	35.9 万人
城镇登记失业率	2.96%

生活及人居环境

城镇居民人均可支配收入	41397 元
农村居民人均纯收入	21359 元
城镇居民消费恩格尔系数	29.6%
农村居民消费恩格尔系数	30.1%
城镇居民人均住房建筑面积	38.24 平方米
农村居民人均使用住房面积	67.20 平方米
市区建成区绿化覆盖率	43.67%
大气环境质量	Ⅰ、Ⅱ级天气占 91.5% 酸雨占总雨量的 96.7%
水质	地面水水质Ⅴ类占 30%、劣Ⅴ类占 70%

交通

村道及以上公路总里程	1384.4 千米
每百平方千米公路密度	197.8 千米
公交通村率	100%
货物周转量	259244 万吨千米
旅客周转量	80946 万人千米

说明：本页所载数据时限截至 2013 年 12 月 31 日，产值为当年价。

2013 年 10 月 30 日，省委书记夏宝龙（右二）到海宁调研要素市场化配置综合配套改革工作

（沈达　摄）

2013 年 10 月 10 日，省委副书记、省长李强（中）到海宁了解洪灾灾情　（沈达　摄）

2013 年 9 月 25 日，中国国民党荣誉主席连战（前左二）和夫人到海宁访问，图为参观金庸书院

（沈达　摄）

2013 年 4 月 1 日，摩根大通中国区主席兼首席执行官邵子力（右二）到海宁考察　（王超英　摄）

2013 年 1 月 21 日，海宁市第十四届人民代表大会第二次会议在市行政中心开幕　　（王超英　摄）

2013 年 1 月 19 日，中国人民政治协商会议海宁市第十二届委员会第二次会议在市行政中心开幕　　（王超英　摄）

2013 年 9 月 27 日，中国丹麦企业合作发展论坛在海宁举行 （海宁中国皮革城　提供）

2013 年 12 月 20 日，举办 2013 世界外交官中国文化之旅——走进海宁活动 （王超英　摄）

2013 年 1 月 11 日，江南总部基地·中国海宁项目签约仪式在北京钓鱼台国宾馆举行

(王超英　摄)

2013 年 8 月 28 日，浙江万方新材料股份有限公司与世界 500 强企业江森自控（中国）投资有限公司签署合作协议，成立浙江万方江森纺织科技有限公司

(李波　摄)

2013 年 5 月 8 日，浙江大学与海宁市人民政府合作共建浙江大学国际影视发展研究院签约仪式在省人民大会堂举行

(王超英　摄)

2013 年 5 月 24 ~25 日，第三届中国海宁·长三角科技博览会暨第四届浙江（海宁）民营资本与海外人才智力合作交流大会在海宁举行

（王超英　摄）

2013 年 9 月 1 日，浙江大学党委书记金德水（左二）到海宁考察浙江大学国际联合学院（海宁国际校区）筹备工作

（沈达　摄）

2013 年 11 月 23 日，2013 浙江新农村建设带头人金牛奖评选活动在海宁启动

（王超英　摄）

2013 年 9 月 7 日，第二十届中国国际钱江（海宁）观潮节开幕，图为 9 月 19 日中央电视台直播海宁潮　　（王超英　摄）

2013 年 9 月 20 日观潮节期间的钱江大潮
（王超英　摄）

2013 年 5 月 11 日，第八届中国国际经编设计大赛决赛现场
（李迪刚　摄）

2013 年 9 月 16 日，2013 中国·海宁潮国际博览会开幕
（李迪刚　摄）

2013 年 9 月 26 日，第二十届海宁·中国皮革博览会开幕　（王超英　摄）

2013 年 8 月 25 日，“海宁家纺杯”中国国际家用纺织品创意设计大赛获奖作品展　（王超英　摄）

2013 年 8 月 12 日，2013 年中国（海宁）速度轮滑公开赛现场　（王超英　摄）

2013 年 9 月 15 日，01 省道海宁大道立交桥建成通车　　（王超英　摄）

2013 年 7 月 1 日，海宁市与台湾秀传医疗体系签订医疗服务合作协议　　（关晓玥　摄）

2013 年 2 月 24 日，举办 2013 年元宵硖石灯会活动 （张庆中　摄）

2013 年 8 月 23～25 日，举行 2013 世界斯诺克巡回赛分区赛海宁赛区比赛 （王超英　摄）

2013 年 12 月 26 日，海宁银泰城正式开业 （王超英 摄）

2013 年 10 月，海宁市遭遇极端罕见强降雨天气，河网全线超危急水位，图为 10 月 8 日城市内涝情况 （王超英 摄）

目　　录

特　　载

专　　文

大 事 记

海宁概貌

农　业

工业与建筑业

皮　革

经济开发区

商贸服务

开放型经济

市　场

财政·税务

金　融

经济管理、监督与服务

科学技术

基础设施建设

城乡建设

房地产业

生态环境

旅　游

中共海宁市委员会

海宁市人民代表大会常务委员会

海宁市人民政府

政协海宁市委员会

民主党派与工商联

人民团体

政　法

军　事

教　育

文　化

体　育

传　媒

卫　生

社会生活

镇、街道

名　　录

统计资料

文件选编

附　　录

索　　引

Main Contents

Leather

Economic Development Zone

Trade and Business

Open Economic

Market

Public Finance & Tax

Ecological Environment

Tourism

Haining Municipal Committee of the C.P.C.

Haining Standing Committee of People's Congress

Haining Municipal People's Government

Haining Committee of the C.P.P.C.C.

Democratic Parties and Federation of Industry & Commerce

Mass Organization

Politics & Law

Military Affairs

Education

Culture

Sports

Media

Hygiene

Social Life

Town & Street

Name List

Statistical Data

Selected Documents

Appendix

Index

特　　载

Special Documents

解放思想再出发　干在实处冲前列 以改革统领“六件大事”建设美丽海宁

——在市委十三届五次全体（扩大）会议暨十四届市政府第五次全体会议上的讲话

中共海宁市委书记　林　毅

（2013 年 12 月 31 日）

根据市委常委会议讨论的精神，我讲三个方面的问题。

一、2013 年的工作总结

2013 年，市委按照干好“一三五”、提前“四翻番”的要求，自加压力，攻坚克难，率先改革，发展的质量和效益积极向好，民生和生态建设主动有效，党建推进党员干部“五

林毅在市委十三届五次全体（扩大）会议暨十四届市政府第五次全体会议上讲话

带头”作用明显，“六件大事”有了新突破。预计全市实现地区生产总值635亿元，增长9%；财政总收入94.3亿元，其中地方财政收入52.5亿元，分别增长15.6%和18.5%；城镇居民人均可支配收入和农民人均纯收入分别达到41400元和21400元，增长10%和10.5%。过去一年，省委、省政府高度重视海宁发展，夏宝龙书记、李强省长多次来海宁视察调研，充分肯定我们县域经济转型发展的一系列做法，指导开展要素市场化配置综合配套改革试点，全省平原绿化、“机器换人”、现代服务业集聚示范区建设3个现场会在海宁召开，极大地鼓舞了干部群众干事创业的信心和决心。过去一年，市委统揽全局，科学研判形势，作出了一系列事关海宁长远发展的战略决策，创新开展的要素市场化配置改革写入了省委十三届四次全会的决定，并在省委全会上作了交流发言；超前谋划了城际轻轨、百里长廊、浙江大学国际联合学院（海宁国际校区）等重大项目；推进城乡环境“三年大变样”，创新开展了星级美丽乡村创建，率先实施了生猪养殖减量提质、温室甲鱼养殖关停、农村生活污水治理等举措，体现了工作的前瞻性。过去一年，我们很多创新工作在全省甚至全国是首创，获得了全国纺织行业“时尚品牌产业基地”称号，成为全国首批义务教育均衡发展县（市），“全国游泳之乡”创建通过预验收，荣获全国群众体育先进单位，孤儿、困境儿童福利工作列入全国试点，社区居家养老新模式在央视新闻联播播出，市档案馆晋升国家一级档案馆；“海宁潮旅游文化集聚区”列入第三批省现代服务业集聚示范区，是全省唯一拥有3个省级示范区的县（市），成为首批省级民间融资管理创新试点和电子商务示范市，被授予省公共文化服务体系示范区，“河长制”从海宁走向全省，重度残疾人按低保救助等工作全省独创，“好人好事（公益）银行”在全省推广，城乡防控一体化“七张网”在“枫桥经验”会议上推广，被评为嘉兴首个“全省创建法治县（市、区）工作示范单位”。过去一年，海宁的文明度、美誉度和知名度进一步提升，“六城联创”有了新推进，省文明市创建通过考核验收，成功创建省级生态市、省级森林城市，盐官镇成功创建国家卫生镇；统筹城乡发展水平得分90.53分，列全省十强，率先进入全面融合发展阶段；首次跻身《福布斯》2013中国大陆最佳县级城市十强、省三强。过去一年，我们主要经济指标巩固了嘉兴首位，实现了全省进位，预计完成固定资产投资380亿元以上，增长25%以上，增速在全省县（市）排名又有了新的前移；财政总收入、地方财政收入分别列全省县（市）第七位和第六位，在过去两年地方财政收入连续超过了3个县（市）后今年增速排名有新进位；外贸出口总量列全省县（市）前十强。回顾这一年的工作，主要体现了“四个先”：

（一）*改革率先趟路*。坚持“摸着石头过河”和顶层设计相结合，把企业亩产质量和效益作为市场决定性的“无形之手”，把要素差别化配置规则等作为政府积极可为的“有形之手”，两手合力建立企业亩产效益综合评价体系，对首批用地3亩以上的1659家工业企业排序分为A、B、C三类，差别化配置土地、水、电、排污、金融等，促进要素向优质企业倾斜，倒逼落后企业关停并转。政策实施近两个月来，1225家企业享受城镇土地使用税、房产税减免达9800多万元，394家企业增加税负3050万元；54家工业企业加价电费48万元；140家企业执行工业污水按有害污染物浓度多因子复合计收污水处理费；83家C类企业中有85%已经动起来了，其中3家主动关停退地188亩，13家已经关停，6家化工企业签订关停协议，7家已与优秀企业兼并重组，8家正在进行技术改造和新的投入；B类企业中的1家制革前道企业关停，3家将实施淘汰前道、整治提升和集中治污，5家印染企业计划兼并重组，有效发挥企业转型升级主体作用。对新准入项目实行市场化管理，实行产业差别化供地政策，试行土地弹性年期出让制；率先试行土地带设计方案、带亩产效益方案出让，将投资强度、达产亩均销售和亩均税收等纳入合同管理，杜绝以增值为目的的圈地行为；率先建立产业地价修正系数和市场化土地收回机制。建立了资源综合市场和产权、人才、技术等要素专业市场，土地使用权、排污权指标、用能总量指标三大要素入市交易，15家企业挂牌省股权交易中心，沪浙人力资源服务产业园签约落户；已有45家企业参与土地、排污权、用能等交易。深化了行政审批制度改革，取消行政许可事项112项，占总量的1/3，取消非行政许可事项64项，占总量的76%；再造审批流程，提高了审批效率，做到“一个科室集中、一个领导分管、一个窗口对外、一枚公章办结”；单个项目环评、工业能评等实行备案制；取消所有涉及工业企业、农业类行政事业性收费；首批12家机构进驻“中介超市”；成立许村行政执法局，推进综合执法和执法力量下沉，切实加强事中事后监管。在上周召开的全省经济工作会议上，夏宝龙书记和李强省长在讲话中都要求及时总结推广我们的做法。

（二）转型争先突破。坚持招大引强“一号工程”不动摇，引进世界500强企业江森自控、浙江物产集团和国际医药行业龙头康泰伦特以及智武光电、纪鸿国际、江南总部基地、阿里巴巴菜鸟网络、开元名都等一批优质项目。预计浙商回归项目58个，协议总投资98亿元，省外到位资金30.2亿元。引进的中信证券等12家基金规模达16亿元。引进培育国家和省“千人计划”人才11人。中科院纳米电子材料与器件工程中心、浙江理工大学国家技术转移中心海宁分中心等一批科创平台落户，建设运行全国首个经编研究院。深化服务业兴市战略，服务业增加值占比又提高1.2个百分点。百里长廊开发有了较快进展，完成投资11.5亿元，拆迁腾房532户，建成潮涌路一期、生态绿带一期等项目，引进了一批优质项目。名力都会广场基本建成，银泰城、登豪酒店开业，一批总部经济项目正在加快建设。创新举办潮博会，发展会展经济。皮革城工业设计基地成果转化实现产值18亿元。引进浙大国际影视发展研究院，建成译制产业园，影视产业销售收入超10亿元。完成“个转企”1780家、“小升规”162家、“下转上”191家，分离发展服务业60家，新增产值超50亿元工业企业2家。以治水为突破口推进转型升级，5020个排污口实现全封堵，全面关停电镀园区和造纸厂，完成“退低”项目70个，退出落后产能超过33.6亿元；首批启动18个整村和126个点农村生活污水治理，长水塘水源生态湿地西区工程试运行，市区河道实现禁航；6月份以来省交接断面水质考核连续7个月保持良好，出境水质好于入境水质，四类水体占比达到20.9%，初步实现了“自己不污染自己、更不污染别人”，完成年初治水目标。实行“五棚”联拆，共关停拆除畜禽养殖场1875家68.61万平方米，其中生猪养殖场1655家，拆除违建猪舍46.2万平方米，削减存栏量19.98万头；5家奶牛场全部关停，拆除违章羊棚、鸡棚18.4万平方米；整治取缔废旧物资收购点1432个，腾退违法占地60万平方米，特别是01省道许村段沿线环境明显改善；全面完成340万平方米温室甲鱼养殖设施关停签约，已拆除35万平方米。完成“三改一拆”781万平方米，总量和完成率保持嘉兴首位，市区得胜里等3个旧区改建项目实现“当年拆、当年建”，工人路区块完成拆平，干河街区块签约率75%。农村土地整治全面完成，完成总量占嘉兴的31.82%。

（三）民生领先发展。国民幸福指数86.04分，比上年提高0.71分，全年民生支出38.35亿元，占财政总支出的76.4%，提高1.8个百分点。完成硖石小学等教育项目24个，实施妇保院等医院项目6个，投资均为历年之最，全市医院布局基本形成。新增绿化1.6万亩，投入5.3亿元，相当于前三年总和。第二水厂扩建工程建成投运。财政保障残疾人支出增幅70%以上，总体保障水平全省最高。开展万名党员干部一对一全覆盖、造血与输血相结合、物质与精神相结合、当前与长远相结合的困难家庭“两富同行”温暖工程，所有符合条件的757名困难家庭群众领取虚拟岗工资，285户困难家庭收入超过低保线，造血帮扶成功。市慈善总会扶贫助学220名大学生。全面启动幸福养老“十养”工程，在嘉兴率先建设失能失智老人专业护理养护院，全面完成城乡养老服务中心改扩建，城市社区居家养老服务照料中心实现全覆盖。完成市社会福利中心改扩建一期主体工程，春节前投入使用并启动建设二期。与华东师范大学合作初出成果，海宁市高级中学通过省一级特色示范高中评估。率先试行合作医疗大病保险，3932人次享受大病保险942万元；城乡困难群众医疗救助新政救助9600人次、金额966万元，有效解决了因病致贫的问题；省内首家与上海长海医院实现市民卡异地实时联网结算，参合群众本地就诊率达到84.5%，又提高了2.5个百分点，高于嘉兴平均25个百分点。建立全国首个县级城市交通畅通技术示范基地，实施51项治堵措施，打通改造断头路、瓶颈路10条，01省道海宁大道立交改造工程、硖尖公路北段建成通车，建成公共自行车二期，城市公交分担率居嘉兴首位。全省首家出台城市管理质量标准。完成9个城乡一体示范新社区创建，“96345”服务中心实现城乡全覆盖，“三社”建设水平嘉兴领先。大运河（海宁段）申遗保护与整治通过国家文物局、世界遗产组织专家评估，《海宁年鉴》连续三年被评为全国编校质量一等奖，开放公共场所免费上网热点区域25个，年年举办徐志摩诗歌节，完成31个农村文化礼堂建设。坚持“一手拿好经济报表，一手拿好平安报表”，全市刑事警情同比下降10.43%，破案数同比上升14.41%，列嘉兴第一。安全生产事故起数、死亡人数、直接经济损失分别下降0.27%、4.72%、17.82%。观潮安保实现连续30年安全无事故。开展食品安全“强网清源”、药品安全“两打两建”集中行动。建成全省首个平安城市视频监控综合服务管理平台，智慧司法行政建设取得新成效。创新推出全国首个城乡防控日，近5万人次市民参与，强化了社会自治管理。群众安全感测评指数达到96%以上。全年有理信访化解率达到98%。

（四）党建创先争优。深化党员干部五（吾）带头、爱我海宁五（吾）带头，在全省率先推行“五好”服务型镇（街道）建设考核，深化基层党组织星级化管理。经编园区党委被授予全国纺织行业先进党建工作示范单位。完成市总工会、妇联、科协、文联等换届，人民团体联系服务群众作用进一步加强。党管武装、老干部等工作进一步推进。按照“先定事后选人”的原则，完成了全市村级党组织换届，村干部辞职承诺、农村社区专职工作者聘用制在嘉兴推广。推进“强村联合体建设”，村（居）务监督委员会工作全省领先。年初举办“五（吾）带头潮乡群英榜”表彰大会，年末举办“最美海宁人、温暖传真情”元旦晚会，开展道德模范、劳动模范评选活动，传递城市正能量。战胜了高温干旱和“菲特”强台风，上万名党员干部和广大民兵预备役人员奋战一线。涌现了海宁义工、市民监督团、微博沙龙等志愿服务群体，以及“撑”起大爱的伞哥伞姐、抱行动不便老婆婆下车展现“最是那一弯腰温柔”的公交司机、用青春守候夕阳的27岁小伙、10秒脱衣冒严寒下河救人的东北汉子、乐当城市建设“啄木鸟”的七旬老人等一大批“最美海宁人”。700名领导干部和4147名党员干部参与“两地双服务”，落实干部住夜（值班）制，“晒举措、赛干劲”电视问政活动首次搬进社区。作出了建设廉洁海宁的决定，建设市域三级权力公开透明运行体系，出台“正风肃纪”十项规定，三公经费支出同比下降15%以上。完善党员干部“能上能下、能走能动、能进能出”机制，对64名干部实施“领导约谈”，集中交流一般干部37人，开展公务员量化考核和结果管理，选派280多名干部参与“三改一拆”等中心工作，98名不合格党员受到处置，63名干部被追究效能责任，立案查办违纪违法案件86件，党政纪处分83人，其中科（局）级领导干部3人，29人被追究刑事责任。

一年来，全市上下心往一处想、劲往一处使，四套班子步调一致、相互补台、都在一线，各镇（街道）和部门各司其职、狠抓落实，各民主党派、工商联和无党派人士积极参政议政、建言献策；全市人民齐心协力、奋力拼搏；广大党员干部提振精气神，带头“5+2”“白+黑”“服务经济168”；特别是广大镇村干部、拆迁干部、招商干部，用脚步丈量民情，用跑步办好实事，千方百计创新破难，千方百计招大引强，以实实在在的辛苦指数换来了经济社会的发展指数、人民群众的幸福指数和平安海宁的和谐指数。在此，我代表市委、市人大、市政府、市政协向全市广大干部群众表示最衷心的感谢！

二、十问海宁

回顾海宁30多年的发展历程，解放思想、敢为人先是最强动力、最活源头，引领我们一次次走在前列。80年代率先提出“四个轮子一起转”，海宁诞生了嘉兴第一批私营企业，掀起了全民创业的热潮；90年代全民肩挑背扛建成了贯通全市的发展“大动脉”——东西大道，以“不怕吃苦、无私奉献”的围垦精神打开了海宁东西两端发展空间；新世纪初果断异地迁建皮革城造就了今天的购物天堂，在带动产业集群发展、城市文明建设、城市美誉度和知名度提升等方面都写下了浓浓的一笔。今天，海宁又再次处在一个转型发展的重要十字路口，我们必须敢于“十问海宁”：一问海宁新时期如何进一步弘扬“猛进如潮”的精神？二问海宁能否成为要素市场化配置改革的样板？三问海宁拿什么吸引世界眼球，打响“潮”的城市品牌，推进自然潮向经济潮、时尚潮、文化潮、运动潮、科技潮转变？四问海宁何时再现江南水乡生态，让孩子们能跳入河中游泳，以绿化、美化、文化和有序化的更好投资环境吸引和留住人才？五问海宁是否认识到城际轻轨、百里长廊、浙大国际联合学院（海宁国际校区）等对未来发展的重大意义，靠什么成为城市经济排头兵，经济社会发展能否成为杭州市“海宁区”？六问海宁精心培育了皮革城，还能不能再造旅游、国际教育、会展等新名片？七问海宁人民医院能否成为三甲医院，教育能否让家长更满意，13万名老年人能否都享受到幸福养老“十养”，社会保障能否率先实现城乡一体化？八问海宁广大企业如何更好发挥经济转型主体作用，主动跟进海宁改革发展步伐？九问海宁市民如何爱我海宁五(吾)带头，争做最美海宁人，为城市发展发挥更大的正能量？十问海宁党员干部今年干得很苦很累，明年的任务更艰巨、压力更重，我们作好连续作战的准备了吗？“十问海宁”，每一问都事关海宁能否实现县域经济发展方式转变，能否继续走在时代潮流的前列，我们必须回答好。

回答好“十问海宁”，要解放思想再出发。如果还是习惯于把自己当县城，仅仅满足于嘉兴第一；如果固定资产投资没有一年一个大台阶，财政收入缺少增量、没有可持续发展；如果还是就治水抓治水，没有认识到治水在倒逼结构调整和转型升级中的战略地位，没有认识到解决水下的问题根本在于解决岸上和发展理念的问题，那么海宁就有可能在新一轮发展中失去优势，难以实现转型发展新跨越。要树立“逆水行舟、不进则退”的忧患意识，保持清醒头脑，居安思危，发展不止步、改革不停步。要树立“更上一层楼”的进取意识，破除“按部就班”发展惯性，勇于感受改革脉动，投入改革洪流，想人家不敢想的事，做人家不敢做的事。要树立“一日难再晨”的机遇意识，前瞻思维，赢得先机，在先行一步要素改革的优势中谋求海宁更大的发展空间。要树立“不破不立、既破又立”的担当意识，敢于攻克体制机制上的顽瘴痼疾，突破利益固化的藩篱，最大限度激发社会创造力。要树立“为官一任、造福一方”的责任意识，爱海宁、爱家乡、爱岗位。

回答好“十问海宁”，要干在实处冲前列。要增强“在党言党、在党爱党、在党为党”的党性，党员干部带头冲前列，不断增强各级党组织的凝聚力战斗力。要增强“上下同心、其利断金”的合力，同心协力，同频共振，聚合起协调推进的强大能量。要增强“功成不必在我”的胸襟，立足当前，着眼长远，脚踏实地做好“功成之事”。要增强“会当凌绝顶，一览众山小”的豪情，与时俱进，追求卓越，不断赋予海宁经济社会持续发展新的视野、新的动力、新的活力。要增强“人十之我百之”的干劲，以弯道超车、超常发展，使海宁再创无中生有新奇迹，再兴猛进如潮改革潮。

回答好“十问海宁”，要以改革统领“六件大事”，建立“1+X”的改革总体框架。“1”就是要素市场化配置改革，这是全省深化经济体制改革的重要内容，是省委、省政府交给我们的光荣使命，明年重点要在以下三方面取得突破：一是基本完成要素市场化配置改革试点任务，形成亩产效益综合评价体系和要素差别化配置两大样板；B类企业整治提升和C类企业关停并转取得实质性成效；要素市场体系全面建成，实现要素合理配、优质配、合法配、高效配。二是开展省工业企业投资项目“零审批”改革试点，放宽市场准入门槛，实行镇（街道）全流程同层次扩权下放。三是建立部门权力清单和负面清单，以审批制度改革推进政府职能转变和机构调整，许村综合执法体制改革取得阶段性成效，按照省政府要求实施工商、食品药品等部门大市场监管体制改革，切实履行好政府在宏观调控、公共服务、市场监管、社会管理、环境保护中的职能。“X”就是要把改革贯穿于招商体制、投融资、科技创新、规划实施、农村产权、长效控违、社会治理等各领域各环节，排出具体项目，统筹谋划，明确责任，全力推进，以改革促创新发展、促民生改善、促社会和谐。推进改革要讲求方法，注重市场决定与政府作为相结合，让“无形之手”充分施展，让“有形之手”更加有效；注重顶层设计与基层首创相结合，细化“施工图”、明晰“操作书”，积极营造宽容失败、允许试错的氛围；注重整体推进与重点突破相结合，干一件成一件，积小胜为大胜，突出以重点改革的突破带动系统创新的跃升，以改革的新成效推动海宁经济社会的新发展。

三、2014 年主要工作

2014 年是全面深化改革的开局之年，是党的群众路线教育实践活动的开展之年。明年世界经济形势更加复杂，仍将延续缓慢复苏态势，也存在不稳定不确定因素。我国经济仍具有很大发展潜力，同时增长速度的换挡期、结构调整的阵痛期、前期刺激政策的消化期“三期”叠加，对经济的影响不可能在短期内消除，经济运行稳中也有忧、稳中也有险。省委、省政府提出坚持稳中求进、改中求活、转中求好总基调，要求我们把握大势搭准脉，趋利避害出实招，努力使经济行稳致远。

做好明年工作的指导思想是：**学习贯彻党的十八届三中全会、中央经济工作会议、省委十三届四次全会和省经济工作会议精神，以科学发展观为指导，深化落实“八八战略”，按照干好“一三五”、提前“四翻番”的要求，突出开展“改革年”“招商（招才）年”活动，解放思想再出发，干在实处冲前列，以改革统领“六件大事”，坚持抓好“五水共治”等一系列转型升级“组合拳”，以党的群众路线教育实践活动深化党员干部“五带头”，在提质增效上见成效，在改善民生上出实招，在狠抓落实上下功夫，建设美丽海宁。**

主要目标是做到“三个确保”，即确保要素市场化配置改革出成果，推进土地经营、社会治理两大领域改革，带动其他领域改革，获取改革红利。确保主要经济社会发展指标走在前列，地区生产总值增长 9%；固定资产投资增长 20%以上，力争 500 亿元；地方财政收入增长 12%以上，力争 60 亿元以上；城镇居民人均可支配收入和农民人均纯收入分别增长 10%以上和 10.5%以上；创建“无违建”市，“三改一拆”总量高于今年，推动许村等地城乡面貌根本性改变；国民幸福指数提高 0.5 分以上；主要河道四类水体占比达到 50%以上，基本消灭劣五类水体，全省跨行政区域河流交接断面考核保持“良好”。确保党的群众路线教育实践活动取得实效，抓党风、促政风、带民风、转作风，严管干部，激励干部，以实绩论英雄，以更加奋发有为的精神状态争当率先改革先行者、冲在前列排头兵。

重点是深化推进“六件大事”：

（一）深化推进“结构调整和转型升级这件最紧迫的事”，全力招商选资，加快有效投入、产出和坚决低效退出

1. 横下一条心招大引强。全面引浙商、招央企、选外资三管齐下，立军令状，设排名榜，全年确保合同利用外资 6 亿美元以上，实际利用外资 4 亿美元以上，实到市外内资 120 亿元以上；引进世界 500 强或全球行业龙头企业投资项目 5 个以上，总投资 1 亿美元内外资项目 5 个以上；浙商回归资金确保嘉兴第一、全省前列。积极对接上海自贸区的溢出效应，在承接辐射上先行先试。突出产业链招商，主攻先进装备制造、食品饮料、时尚产业和旅游、金融、生产性服务业等领域。创新引进拟上市公司。加大以商引商、以民引外、中介招商、以基金引实体力度，利用海宁在外名人资源开展乡情招商。市级领导都有招商任务，带头捕捉招商信息，带头奔跑招商。完善招商机制，实行招商资源、信息、平台、效益和项目用地共享，统筹布局全市招商项目。突出招大引强考核导向，对投资 5000 万美元、1 亿美元、3 亿美元以上的内外资项目分别提高 10%、20%、50%考核权重；对 2000 万美元以下

的内外资项目减少20%考核权重；对总投资5000万元以下或用地20亩以下的工业项目原则上不再单独供地。

2. 着力激发市场主体活力。在放宽民间投资准入、增加民间投资信心、释放民间投资潜力上下功夫，特别是要解决好不敢投、不愿投、不能投、不会投的“四不投”问题，激发民间活力。发挥政府投资对民间投资的引导带动作用，坚持依法筹措建设资金，规范政府融资行为，既加强管理、适度举债，又有效控制和防范债务风险。以差别化供地、土地出让合同管理、产业地价修正系数、土地市场化收回机制等改革措施，让市场在项目推进中发挥决定作用。深化项目精细化管理，集中清理近年来1119个供地3亩以上项目，加快竣工投产。加快开工建设阿里巴巴菜鸟网络、江南总部基地核心区、英孚电子、纪鸿国际等重大项目。争创省级“两化”融合试点县。扎实开展“四换三名”工程，分行业实施“机器换人”190项，完成技改投资130亿元以上，继续领先全省。开展企业“扶优育强”行动，培育10亿元以上工业企业15家，提高“个转企”质量，再转1000家以上，“小升规”150家以上，“下转上”100家以上，分离发展服务业50家以上。鼓励企业兼并重组，支持民营企业股份制改造，积极对接“新三板”和区域性股权交易中心等多层次资本市场，确保有新增上市公司。

3. 加强以百里长廊为重点的平台开发建设。百里长廊要在古城建设、拆迁、招商、重大项目开工等方面有标志性变化，积极引进战略合作开发主体，争创省级旅游度假区。全面加快经济开发区（尖山新区）、高新区、经编园区、漕河泾海宁分区、临杭新区、科教新城、皮革城区域、鹃湖区域、环东西山、海宁大道沿线等平台的招商和开发。海宁经济开发区争创国家级开发区，经编园区创建全国知名品牌示范区和国家外贸转型升级示范基地。皮革城围绕打造国际购物天堂，在招商引资、拓展市场、内部管理上有突破，国际馆主体工程结顶，会展中心建成启用。建成家纺城国际商贸中心。

4. 坚决淘汰落后产能。实施动态化亩产效益综合评价，对象扩大到3亩以下和租赁工业企业及服务业企业，每年排出一定比例的B、C类企业列为整治提升和落后淘汰重点对象。根据国家和省淘汰落后产能指导目录，督促印染、化工、制革前道三大行业的企业整合提升和关停并转，倒逼C类企业全部关停并转，腾退和提升低效用地5000亩以上，力争上半年全部关停黏土砖瓦企业。依法查处取缔无证无照经营，营造公平竞争的市场环境。强化用能“双控”管理，推进差别化用能和排污权交易，在B、C类企业和污水处理厂提标改造等重点领域加大减排力度。全面治理大气污染，开展消灭“黑烟囱”行动，对全市497台10吨/小时以下的小燃煤锅炉（含窑炉）全面淘汰和改造提升，推广使用清洁能源，减少废气排放；对10吨/小时以上的燃煤锅炉全部完成脱硫设施改造；对中心城区燃煤、重油等高污染燃料锅炉全面淘汰，建成禁燃区。推动机动车污染防治、“黄标车”全面淘汰、防止建筑扬尘、禁止秸秆焚烧等工作。成立打击环境（食药）犯罪侦查大队，对严重环境污染行为重拳打击，直接立案，追究刑事责任。

（二）深化推进“科学规划、城乡融合发展这件最基础的事”，强镇富村，争创“无违建”市

1. 推进新型城镇化。编制城乡发展战略规划，完善市域总体规划，开展电力、移动通信、燃气、加油站、停车位、城市色彩等城市基础设施专项规划编制，推进“多规融合”。要把土地整治作为强镇富村的重要

抓手，深化农村土地整治“三统一”改革，确保新立项目周转指标3300亩以上，完成2012年度全部项目验收，整治复垦、开发垦造新增耕地5000亩以上，全面盘活2013年以前的转而未供土地。优化完善新市镇新社区规划，因地制宜创新农房集聚方式，走可持续发展的路子。加快长安、许村小城市和盐官、袁花等中心镇建设，力争长安镇列入第二批省小城市培育试点。力争开工建设杭州至海宁城际轻轨，带动沿线乡镇城镇化。开工建设浙大国际联合学院（海宁国际校区），建成浙江机电职业技术学院。实施08省道南延、硖崇公路等工程，全面打通环西二路，拉出市区环线路网。大力推进“数字城管”升级换代，推进路灯、路牌、道路护栏、交通标识、公共厕所、环卫设施、街心绿地、破墙透绿等城市“家具”改造提升，实施智能交通二期工程，积极争创全省十大美丽县城。推进以全国文明城市为龙头的“六城联创”，积极争创省环保模范城市、全国绿化模范城市，新增绿化2.34万亩，启动国家历史文化名城申报。

2．扎实建设星级美丽乡村。落实村庄功能布局规划，推进百里长廊沿线、果园飘香富农路等“两横四纵”美丽风景线连片创建。严格按照“五个一”的要求分批验收一星级美丽乡村。推进村级股份经济合作社公司制改造，探索农村承包土地股份制改革，通过农村土地承包经营权入股、组建土地股份合作社和土地股权抵押、转让、交易等形式，加快土地经营权流转，增加农民收入。鼓励行政村通过联建物业、合作农场、抱团发展等途径，因地制宜壮大村级集体经济。加快喷微灌节水技术等农业基础设施建设，加大农业招商力度。稳定粮食生产，完善粮食应急体系，切实保障粮食安全，落实耕地保护共同责任机制。积极推进化肥农药减量施用。加强土壤污染防治管理，从严防控重金属、持久性有机物对土壤的污染。

3．全面创建“无违建”市。拆建结合推进“三改一拆”，开展道路、河道、片林、片区、道口和入城口、星级美丽乡村等六大示范创建。推进城市有机更新，加快市区农丰路、由拳路沿线以及城中村、老旧住宅小区等区块改造，基本解决“马桶家庭”问题。各镇都要成片推进各集镇有机更新。创新安置方式，提高公寓房和货币安置比例。开展“无违建”镇（街道）、村（社区）创建。开展多种形式的强镇富村竞赛活动。

（三）深化推进“以水环境为重点的生态环境治理这件最艰巨的事”，做实“河长制”，开展“五水共治”治污先行

1．治污水。重点是进一步加强控源截污，巩固排污口封堵质量，彻底消灭黑河、臭河、垃圾河；通过三年左右时间，基本实现全市农村生活污水规范化治理全覆盖，提升垃圾无害化处理能力；抓工业转型和农业转型。率先推进农村生活污水连片治理，确保5月底前第一批试点项目建成运行，年内连片治理农户30%以上。加强农业面源污染治理，全面巩固畜禽养殖禁养区治理成果，禁养区一律禁养，对限养区内规模养殖场不符合规划用地、环境评价等条件的限期关停搬迁，生猪存栏量降至16万头以下，畜禽耕地承载量控制在每亩0.7头以内。根据养殖规律，力争到6月底前完成温室甲鱼关停整治拆除170万平方米，年底前全部完成340万平方米拆除任务。工业企业全部纳管，加快市级河道两侧企业全部腾退，开展镇、村级河道两侧管理范围内无管可入的工业排污企业整治工作。调活水体，打通断头浜23条以上，让死河变活河。对“河长制”河道和各镇（街道）跨区域的河道交接断面水质改善率每月进行考核通报，对连续三次以上排名后三位的市、镇、村干部进行约谈，断面检测劣五类的镇（街道）要向市委

常委会作说明。许村镇要从源头上解决水质污染问题。

2. 防洪水。重点是行洪工程建设。完成市区防洪规划修编，加快研究推进城市防洪包围圈建设，实施杭平申航道改造、洛塘河改道等工程，到2016年基本完成城市规划区内主要行洪道建设。加固加高河道堤防，实施宁袁塘、泥坝桥港、新塘河西段等市级骨干行洪河道整治，完成300公里镇、村级一般行洪河道疏浚。

3. 排涝水。重点是整体消除易淹易涝片区。完成城市排水规划编制。加快农田水利重点县建设，全面实施全市4.1万亩圩区和重点内涝点整治建设，改造阻水瓶颈46处以上，年内实施市区河道渔业禁捕工作。

4. 保供水。重点是保护饮用水源。在《市饮用水水源保护区划分方案》获批后，编制保护规划，全面完成饮用水水源一级保护区生态修复，对二级保护区内企业实施关停搬迁。启动市域外太湖引水工程前期工作和第二水厂水源地生态湿地建设。长水塘水源生态湿地工程建成投运。

5. 抓节水。重点是改装器具、减少漏损、再生利用和雨水收集利用示范。落实好阶梯式水价改革，合理利用水资源。推进省节水型社会试点建设，落实工业企业差别化水价、污染物浓度多因子复合收费等改革措施，加快推进高效节水灌区改造、中水回用、节水技术改造等建设。增强全社会亲水、爱水、保水意识，兴起一股节约、节俭新风。

全市上下要充分认识到“五水共治”就是抓生态优环境、抓投资促转型、抓民生保稳定，牵一发而动全身，意义十分重大，任务迫在眉睫。要统筹兼顾，把握轻重缓急，分步实施，抓紧制订总规划和五个子规划，把图纸画出来、资金算出来、时间排起来、责任明起来，把作战图、明细表挂出来，做到心中有数，方便群众监督。

（四）深化推进“文化发展和科技人才这件最关键的事”，繁荣海宁文化，创新举办新技术、新产品博览会

1. 重拾硖石记忆。在城市有机更新中注重延续城市历史文脉，加强硖石灯彩、海宁皮影等非物质文化遗产保护，完善非遗推广平台，南关厢江南灯彩艺术街开街运营，创新举办元宵硖石灯会，建设江南水乡非遗馆。推进大运河（海宁段）遗产保护等工作，启动海宁潮申遗。管好用活农村文化礼堂并探索向企业及社区延伸。谋划大剧院项目，市图书馆新馆投入使用。创建省体育现代化县（市），实施健身设施有机更新工程，举办海宁市第十四届运动会。

2. 努力打造全省文化产业发展示范市。加快浙大国际影视发展研究院、中央新影电影公社等项目建设，与国家新闻出版广电总局合作推进“中非影视工程”，打造成为国家文化产品“走出去”的重要基地。推进尖山风情山村、路仲风情小镇建设，启动长安古镇、中丝生态园建设。提升潮博会市场化运作水平，深化与央视合作直播海宁潮，继续与新浪网合作举办潮流人物评选，大力发展会展经济。发展体育产业，全面建成鹃湖轮滑主题公园，办好第十六届亚洲轮滑锦标赛，建设国际轮滑名城。

3. 推进科技成果转化。与浙江大学联合举办新技术、新产品博览会。完善政府资金统筹使用机制，重点支持科技研发条件建设和产学研合作项目，申报建设2个以上省级企业研究院，规模以上企业研发机构覆盖率50%以上。加快科创中心企业孵化器、加速器培育，着力办好浙大国际高科技产业转移基地、中科院“中科创智”产业园、上海工程技术大学科技园，建设2家以上院士专家工作站。引进专业运营主体建设区域性科技要素市场，建设浙江省（海宁）知识产

权维权援助中心。引进创业投资基金，推进综合金融服务，加快科技金融融合发展。

4. 完善人才引进培育机制。对接国家万人计划，引进培育国家和省"千人计划"人才15人以上，建立高层次人才服务中心和人才驿站。建设沪浙人力资源服务业产业园，打造省级人力资源服务业集聚区。探索建立地方性人才特别评价体系和行业技能人才标准化体系，推行职业技能带头人制度，实施中级专业技术职称评价和技师级技能鉴定试点，推进海宁高级技工学校争创技师学院。

（五）深化推进"改善民生，建设幸福海宁这件最根本的事"，坚持群众想什么我们就干什么，增进民生福祉

1. 探索城乡社会保障一体化改革。实施城乡居民养老保险和职工基本养老保险无缝对接，城乡居民合作医疗保险和职工基本医疗保险无缝对接，推进社会保险经办管理信息、企业退休人员社会化管理、失业保险参保政策三大城乡一体化建设。深化"两富同行"帮扶机制，探索实施城乡一体最低生活保障制度，使困难群众生存有尊严、生计有保障、生活有盼头。持续打造幸福养老"十养"品牌，确保养老设施和服务全省领先。重点解决高校毕业生、农业转产退养人员、关停淘汰企业职工、困难家庭等群体就业，发挥成人文化技术学校（社区教育中心）的就业培训作用。实现市级残疾人扶贫基地和阳光庇护中心全覆盖。

2. 加快教育卫生体制改革。统筹城乡义务教育资源均衡配置，加大职业教育发展改革力度，促进公办教育和民办教育协调发展。推行校长星级制，新一轮校级领导竞聘上岗；改革教师聘用制，学校优秀紧缺人才自主招聘，建立刚性、常态化的教师培养、交流、考核、激励和退出机制。深化绩效考核制，探索"社会评学校"制度，开展义务教育公办学校放学后"托管"服务。加快发展健康服务产业，大力支持社会资本举办非营利性医疗机构，加快形成多元办医格局，民营医疗机构床位数占比20%以上，群众看病不出市达到86%以上。推进市级优质医疗资源下沉，创新"县院带镇"新模式，试点组织市、镇、村三级医疗联合体，镇（街道）、社区卫生服务中心特色科室全覆盖。

3. 整合资源创新社会治理。坚持系统治理、依法治理、综合治理、源头治理，德治、法治、自治并重，全方位整合社会治理的各种资源，创新有效预防和化解社会矛盾的体制机制。推进社会主义核心价值体系建设，开展以"最美海宁人"为主题的最美系列选树活动，探索海宁梦想秀活动，打响"海宁义工"等志愿服务品牌。深化"法治海宁""平安海宁"建设，加大安全生产、食品药品、劳动保障、互联网、出租房等监管力度，开展安全生产标准化和诚信机制建设，全面落实社会稳定风险评估机制。提高初信初访满意率和信访积案化解率，建立涉法涉诉信访依法终结制度。启动科技强警新三年规划，提升社会治安智能化、信息化建设水平，打造城乡防控"七张网"升级版。深化"网格化管理、组团式服务"，推进居住证制度改革，加强"三社"建设，"96345"服务中心和社会矛盾联调中心扩面提质，加大政府购买服务力度，完善社工积分制管理办法。推进城乡一体示范新社区建设，开展文明和谐社区创建工作，争创全国和谐社区示范城市和省级双拥模范城市。完善网上舆论引导机制和危机处理机制，让网络空间清朗起来。

（六）深化推进"加强党建、提升执政能力这件最核心的事"，开展党的群众路线教育实践活动，打造一支我带头、当战士、冲前列的党员干部队伍

1. 开展党的群众路线教育实践活动。紧扣为民务实清廉主题，全面落实"照镜

子、正衣冠、洗洗澡、治治病”总要求，开展干部大教育、意见大征集、作风大检查，高质量开好民主生活会，将正风肃纪一抓到底，着力解决“四风”突出问题。开展文山会海、考核评比过多、部分机关干部执行“梗阻”、部分村（社区）干部服务能力不强、部分领导干部怕担当以及权力运行不透明等专项治理。坚决落实中央“八项规定”，厉行节约，削减政府开支，严格规范“三公”经费使用。坚持开门搞活动，从基层群众反映强烈的问题抓起改起，让人民群众不断看到实实在在的变化。

2. 加快干部队伍管理改革。进一步确立正确的用人导向，注重从经济发展的主战场、服务群众的最前沿、维护稳定的第一线发现和培养干部，重用埋头苦干的人、敢于担当的人、干出实绩的人，不用心浮气躁的人、推诿扯皮的人、不敢担当的人。改革干部考核评价办法，突出看现场、看实绩、看变化、看数据、看群众公认，多考“干货”“实货”。推行干部“末位”告诫淘汰制。对领导干部按绩效和现实表现，实时进行递进式刚性管理，对业绩不明显特别是重点工作完成情况不佳的，及时跟进组织措施。适当安排一批科（局）级领导干部到村（社区）任职，探索退二线干部集中管理考核新机制。对后备干部按日常考核和工作业绩等实行积分制管理。对一般干部实行量化考核，加大结果运用。推进公务员集中轮岗交流。深化干部人文关怀各项工作，营造融洽和谐的机关人文环境，进一步调动和激发干部干事创业的热情。

3. 深化服务型基层党组织建设。创新推进标准化、区域化、虚拟化党建，深入开展“青春党建”，实施百个机关部门组团服务、百个窗口提效服务，深化千名干部“两地双服务”活动，建设一批面向群众的服务阵地和品牌项目。开展镇（街道）、部门“服务指数”、基层组织“堡垒指数”、党员队伍“先锋指数”评价管理，建好“智慧党建”云平台。深化党员队伍“活力纯洁”工程，对不合格党员及时进行组织处理。实施新一轮“先锋领雁”计划，村干部先定事后选人、没做事就换人。

4. 推进廉洁城市建设。严格执行作风建设有关规定，建立干部作风评价体系，作风效能督察每月 2 次以上，常态化开展“警中警”督察。建立部门权力清单、流程和行政处罚裁量权实施标准公众查阅系统，推行公职人员防止利益冲突承诺制，开展领导干部财产申报信息核查，推进纪检监察与审计联动巡察。推行村（居）务监督委员会督导工作制，探索村干部廉洁履职村民质询制。拓展举报渠道，及时处置反腐倡廉网络舆情，突出查办领导干部违纪违法案件和发生在群众身边的不正之风和腐败问题。省委日前正式印发《浙江省建立健全惩治和预防腐败体系 2013 ~ 2017 年实施办法》，提出要以作风建设为抓手，不断强化党员干部的廉洁自律意识，永葆为人民服务的政治本色；要始终保持惩治腐败的高压态势，有腐必反、有贪必肃；要把改革创新贯穿于惩防体系建设的始终，努力做到干部清正、政府清廉、政治清明。“两节”前夕，中央纪委连发通知，遏制公款购买赠送贺年卡、年货节礼等物品，要求加强监督执纪问责，确保务实节俭过节。全市党员干部要从不送贺年卡、不收土特产、不进娱乐场所等细节做起，从自身做起，带头从严遵守，带头弘扬党的优良传统作风，勤俭节约，以优良的党风政风带动民风。

2014 年的工作任务重大，十分繁重。市委将进一步加强对经济工作的领导，突出在改革、“三农”、财政、土地、规划、生态、民生等方面把方向、管大局、抓重点、督落实、见成效。政府要充分履行职责，提升行政效能，切实抓好各项工作的组织实施，抓好落实。人大、政协要加强监督，积极调查研究，建言献策。市四套班子要团结一致，都在一线，加强沟通协商，带领全市上下协同作战。各镇（街道）、部门和村（社区）要抓具体、具体抓，确保工作落实、任务完成。各级领导干部要带头干，做示范。广大党员干部要以“一分部署九分落实”的实干干劲强化执行力，要增强“看齐”意识，不要总是乐于当“老好人”，一定要勇挑重担，敢于负责，敢抓敢管；不要总是习惯于发号施令，要一级带着一级干、一级做给一级看，喊响“向我看齐”的好声音，谋发展想在前，干工作冲在前，带头抓落实。要增强“一线”意识，保持一线状态，发挥一线作用，干出一线作为，当战士不当绅士，把我们身上的持久力、爆发力、冲击力都派上用场，真正做到千斤重担合力挑、人人身上有指标。要增强“前列”意识，都要有干的任务、有干的指标、有干的责任，不要总是围着文件和会议转，始终盯着目标干，经常围着项目转，突出问题导向，解决棘手难题，干出先锋，干出合力，干出气势，干出导向，形成比学赶超的浓厚氛围。

同志们，事业和使命召唤着我们，干工作要有一种激情，遇到困难在精神状态好的同志看来，就是破解难题、抢抓机遇的前进动力，对另一些人而言，可能就是停滞不前的遁词借口。全市各级党政组织和广大党员干部要进一步坚定目标、扎实苦干，人人努力促发展，合心合力出改革，解放思想再出发，作风转变在路上，干在实处冲前列，为加快建设美丽海宁贡献力量！

政 府 工 作 报 告

——在海宁市第十四届人民代表大会第三次会议上

海宁市市长　戴　锋

（2014 年 1 月 10 日）

各位代表：

现在，我代表市人民政府向大会作工作报告，请予审议，并请市政协委员和其他列席人员提出意见。

市长戴锋在海宁市第十四届人民代表大会第三次会议上作《政府工作报告》

一、2013 年工作回顾

过去的一年，面对错综复杂的形势，在中共海宁市委的坚强领导下，全市上下深入贯彻落实党的十八大精神，扎实开展“有效投入加速年、治水生态推进年、提振精神实干年”活动，稳增长促转型，抓改革优环境，惠民生保稳定，较好地完成了全年目标任务。实现地区生产总值 634 亿元，增长 9.5%；实现财政总收入 94.3 亿元，其中公共财政预算收入 52.5 亿元，分别增长 15.6%和 18.5%；全市城镇居民人均可支配收入 41397 元，农村居民人均纯收入 21359 元，分别增长 10%和 10.3%。

（一）经济运行总体平稳。实施招商选资“一号工程”，创新招商体制机制，突出产业招商，引进世界 500 强企业 2 家、国际行业龙头企业 1 家，实际利用外资 3.3 亿美元，实到市外内资 91.8 亿元、注册资金 49.5 亿元，浙商回归到位资金 35.6 亿元。狠抓重点项目推进，建立项目分类督导和联动机制，实施供地项目精细化管理，完成固定资产投资 368 亿元，增长 21.3%。推进工业强市建设，规模以上工业产值 1308 亿元，增长13%。实现建筑业产值226亿元。加强出口基地和外贸公共服务平台建设，预计实现进出口57.4亿美元，其中出口45亿美元，增长13%。实施服务业发展三年行动计划，预计服务业增加值增长10%，社会消费品零售总额增长13%。海宁潮旅游文化集聚区、家纺城分别列入省、嘉兴市现代服务业集聚示范区。盐官景区征迁力度加大，百里钱塘开发进程加快，一批古城复建项目建成。2013中国·海宁潮国际博览会成功举办。启动农业现代化三年行动计划，新建粮食生产功能区2.2万亩，建成省级特色农业精品园5个，流转土地面积1.5万亩。省农科院杨渡基地一期工程拆迁基本完成。列入国家小型农田水利建设重点县。

（二）改革创新力度加大。实施要素市场化配置综合配套改革试点。建立以市场机制和亩产效益为核心的评价体系，分批梯度推进土地、能源、金融、科技等领域的改革实践，实施阶梯式、差别化要素资源配置政策，建立产业地价修正系数和市场化交易平台。实施土地存量盘活、增量选优，盘活存量土地1869亩，收回腾退低效用地2730亩，新增各类建设用地7065亩。深化行政审批制度改革，大幅削减审批审核事项，清理审批许可和非许可事项176项。部署开展行政权力清理工作，整合优化部门内设机构和职能，推进综合执法和执法力量下沉，成立许村行政执法局，加强政府事中事后监管。推进“四换三名”工程，实施“机器换人”试点项目128个，创建“两化”融合示范企业18家，被命名为全国时尚品牌产业基地、省级首批电子商务示范市，“海皮城”上线运行。推动市场主体升级，完成“个转企”1780家、“下转上”191家、“小升规”162家，分离发展服务业60家，新增产值超50亿元企业2家。强化科技创新驱动，组建中科院海宁纳米电子材料与器件工程中心等创新平台，科创中心二期投入使用，引进浙大国际影视发展研究院，建成影视译制产业园。全年研发省级新产品452项，引进和培育国家“千人计划”专家7人、省“千人计划”专家4人。

（三）生态建设取得实效。统筹推进城乡生态建设，全市43个断面水质监测四类水占比20.9%，同比提高13.9个百分点，跨行政区域河流交接断面考核评价“良好”，被命名为省级生态市。加强控源截污，完成45个居民小区的雨污分流，腾退市级河道两侧市场主体59家，在全省率先启动农村生活污水连片治理，建成污水管道131公里，污水管网设施实现行政村全覆盖。推进农业面源污染治理和生猪养殖业转型发展，制订生态畜牧业发展规划，加大违建养殖设施拆除力度，拆除违建猪棚46.2万平方米，削减生猪存栏19.98万头，全面启动温室甲鱼养殖整治行动，完成奶牛场和禁养区畜禽养殖场关停。在全省率先开展基本农药集中配送和废弃农药包装物回收处理工作。完成涉河排污口封堵，实施河岸整治生态绿化和示范河道建设，整治脏乱黑臭河道159条，疏浚镇、村河道268.7公里。深化饮用水源保护区整治与管理，保护区划分方案通过评审，上塘河流域活水试点工程投入运行。创新绿化建管机制，完成高速高铁沿线森林通道绿化，全年绿化造林1.6万亩，成功创建省级森林城市。严格实行能源消费总量和能耗强度双控制度，推广太阳能光伏利用，否决高污染、高能耗项目19个。推进化工、造纸等重点行业整治和落后产能关停淘汰。节能减排指标完成上级下达任务。

（四）城乡统筹步伐加快。坚持规划引领城乡建设，推进市域总规和专项规划修编，完成各镇新一轮总体规划编制。建立实施城市管理质量标准体系，智慧城管建设有序推进。省文明市创建通过考核验收，许村镇、长安镇列入嘉兴小城市试点镇。扎实推进“三改一拆”，全年完成781万平方米，其中拆违275.7万平方米，整治废品回收点1432个，完成得胜里、人民里、蔡家埭等旧区拆迁。启动星级美丽乡村建设，推进潮涌路两侧和美丽乡村精品点建设，实施3个省级美丽乡村先进镇（街道）创建。稳妥实施农房改造集聚，推进土地整治复垦，强化耕地保护补偿激励，全面完成2010年度立项的刚性整治复垦任务，土地整治复垦面积3663亩。推进第五轮重点扶持村发展，成功创建省农村集体“三资”管理规范化市。深入实施排堵保畅，打通5条断头路，改造5条瓶颈路，完成公共自行车智能租赁系统二期工程，建设全国首个县级城市交通畅通技术示范基地，启用嘉兴首个县级车管站，城市公交分担率17.1%。基础设施建设不断完善，潮涌路、硖尖公路北段、高铁海宁站站前大道、01省道海宁大道立交等一批重点项目建成。农村供水三级管网改造完成，第二水厂扩建工程投运。杭平申航道开工建设，市区河道实现禁航，提升改造河道53公里。完成垃圾无害化综合处置项目选址并开展前期工作。

（五）民生事业持续改善。全面完成年度实事项目，国民幸福指数86.04分，76.5%的公共财政支出用于民生事业。实施就业促进工程，城镇登记失业率2.9%，高校毕业生初次就业率98.9%。社会养老保险和医疗保险覆盖率分别达到99.7%和99.9%，参合居民补偿率及县域内就诊率嘉兴领先。推行“两富同行”温暖工程，结对困难家庭3789户，认领虚拟岗1431个。“幸福养老”工作扎实推进，养老服务设施三年改造任务完成，城市社区居家养老服务照料中心建设实现全覆盖。残疾人保障水平领先全省。完成学前教育三年行动计划，达到省基本教育现代化市标准，成为全国首批义务教育发展基本均衡市，海高（华师海宁）通过省一级特色示范高中评估。启动“健康海宁”建设，巩固提升合作办医，“卫生强市”通过省级复评，盐官镇成功创建国家卫生镇。推进国家历史文化名城申报工作，大运河（海宁段）申遗、全国游泳之乡创建通过预检。小康体育村实现全覆盖，荣获全国群众体育先进单位称号。成功创建省公共文化服务体系示范区、省实施妇女儿童发展“十二五”规划示范市和国家一级档案馆。开放公共场所免费上网区域25个。加快农贸市场改造提升，通过省文明示范农贸市场考核7个。工青妇、计生、新居民、老龄、老干部、关心下一代等事业全面发展，统计、史志、气象等在服务经济社会发展中发挥积极作用。

（六）社会保持和谐稳定。全面构筑城乡防控一体化“七张网”，建成全省首个社会视频共享平台，成立市社会应急联动指挥中心，创新推出全国首个城乡防控日，平安建设实现“八连冠”，全市刑事警情同比下降10.4%，破案数同比增长14.4%。观潮节安全保卫连续30年平安无事故。启用市社会矛盾联合调解中心，获全省创建法治县（市、区）工作示范单位称号。加强食品药品安全监管，开展安全生产、道路交通、消防安全等专项整治，全年侦破食品药品、环境污染案件79起，刑事拘留167人，安全生产三项指标均实现同比下降。注重社会矛盾源头治理，全面推行“二轮征询”和依法、惠民、阳光、和谐征收，有效防范和化解企业资金链、担保链风险，积极化解信访矛盾，信访积案化解率95%。坚持把人民群众生命财产安全放在首要位置，第一时间周密部署、广泛动员、众志成城，成功抵御罕见高温干旱、“菲特”台风等重大自然灾害，最大限度减少灾害损失。做好H7N9禽流感疫情防控工作。国防建设和人民防空工作得到加强，民族、宗教、外事、对台、侨务等工作取得新成绩。

各位代表，过去的一年，面对复杂形势和困难挑战，我们紧紧围绕转型发展这条主线，狠抓招商选资、项目推进、转型升级三件要事，打好“三改一拆”、土地复垦、养殖业转型三场硬仗，坚守百姓增收、生态良好、社会平安三条底线，重创新、攻难点、求突破，继续保持了良好的发展势头。与此同时，我们认真落实中央“八项规定”，公务接待费下降23.4%。坚持依法行政，自觉接受人大、政协和社会监督，办理人大代表议案建议273件、政协提案258件，政府自身建设得到加强。一年来的成绩来之不易，这是在市委的正确领导下，全市上下齐心协力、团结拼搏的结果。在此，我谨代表市人民政府向全市人民，向各位代表和委员，向各行各业劳动者和离退休老同志，向各民主党派及工商联、无党派人士、各人民团体，向驻海宁部队全体官兵以及所有关心支持海宁发展的海内外朋友，表示衷心的感谢！

在肯定成绩的同时，我们也清醒地看到，我市经济社会发展依然面临不少问题和困难，去年农村居民人均纯收入低于预期目标。经济企稳回暖基础还不稳固，结构调整步伐有待加快，部分企业生产经营依然困难；生态环境突出问题仍没有得到根本缓解，治水、治污、治气任务艰巨，节能减排形势严峻；城乡居民持续增收难度加大，财政收支平衡压力增大，政府性债务风险防控有待加强；社会治理能力需进一步提高，安全生产、食品安全、应急处置、交通治堵、公共服务等方面还存在薄弱环节，影响社会和谐稳定的矛盾仍然较多；政府职能转变还不够到位，“四风”现象仍不同程度存在，部分机关工作人员服务意识、创新意识有待进一步增强，等等。我们一定高度重视存在的问题，切实采取有力措施加以解决。

二、2014年目标任务和主要工作

2014年是贯彻落实党的十八届三中全会精神、全面深化改革的重要一年。根据市委十三届五次全体（扩大）会议精神，按照解放思想再出发、干在实处冲前列，以改革统领“六件大事”的总体部署，今年政府工作的指导思想是：**认真贯彻落实党的十八届三中全会和上级有关会议精神，紧紧围绕主题主线，以改革统领全局，坚持稳中求进、改中求活、转中求好，扎实开展“改革年”“招商（招才）年”活动，切实抓好“五水共治”“四换三名”等转型升级“组合拳”，着力在提质增效上见成效，在改善民生上出实招，在狠抓落实上下功夫，推动经济社会各项事业持续健康发展，建设美丽海宁。**

今年经济社会发展的主要预期目标为：地区生产总值增长9%；城镇居民人均可支配收入增长10%以上，农村居民人均纯收入增长10.5%以上；公共财政预算收入增长12%以上；研究与试验发展经费支出占生产总值比重2.5%以上；城镇登记失业率控制在4%以内；节能减排各项指标完成上级下达的任务。

根据上述指导思想和预期目标，做好今年政府工作必须牢牢把握四个方面的要求：一是牢牢把握改革创新主旋律。把改革创新贯穿于经济社会发展各个领域和环节，着力冲破思想观念束缚，破除体制机制障碍，不断增创发展新优势。二是牢牢把握转型发展主方向。始终坚持以经济建设为中心，打好转型升级组合拳，着力推动经济提质增效，促进持续健康发展。三是牢牢把握稳中求进主基调。统筹发展速度、质量和效益，稳扎稳打、步步为营，着力巩固稳中向好的发展态势，为深化改革创造条件、赢得空间。四是牢牢把握民生和谐主目标。抓好社会治理、强镇富村等重点工作，统筹社会民生、公共服务和稳定安全各项事业，保基本、补短板、兜底线。着力抓好六个方面工作：

（一）深化改革创新，激发经济社会发展新活力

推进要素配置改革。健全科学公平的评价体系和政策措施。基本完成要素市场化配置改革试点任务，形成亩产效益综合评价体系和要素差别化配置两大样板。全面实行土地供应差别化管理，供应各类建设用地5000亩以上，消化转而未供土地3000亩以上，腾退和提升低效用地5000亩以上，整治复垦和开发垦造新增耕地5000亩以上。落实用能、用电、用水等差别化价格机制，开展排污权交易量化管理，启动用能总量指标市场化配置，加快落后产能淘汰。推进完善“1+X”要素交易市场建设，设立省股权交易中心海宁分中心，积极培育发展区域性技术市场。

深化审批制度改革。全面开展行政权力清理工作，合理界定政府层级管理职能，探索建立公开政府权力清单制度，推进政府机构、职能整合和执法力量下沉。加大简政放权力度，继续削减一批行政审批事项，推进镇（街道）全流程同层次扩权下放。优化再造审批流程，深化跨部门联动审批，开展工业企业投资项目“零审批”改革试点，推进工业园区统批改革，扩大商事登记改革范围。健全审批备案事项事中、事后监管和责任追究机制，加强涉及审批事项的中介服务机构监管。

推进投融资改革。深化金融要素配置改革，整合金融资源，发挥金融服务实体经济的支撑作用。优化融资结构，扩大企业债券、中期票据等直接融资比例，推进企业股改上市挂牌，确保有新增上市公司。创新国有资本运行机制，重视债务管控，有效防范债务风险。落实“宽进严管”，放宽市场准入，推进政府购买服务，鼓励民间资本参与市政基础设施及教育、卫生等社会事业建设。建成民间融资管理中心，设立村镇银行。

强化科技创新驱动。扶持发展科技企业孵化器、加速器，推进浙大国际高科技产业转移基地、“中科创智”产业园等创新平台建设，建成院士专家工作站2家以上。鼓励引导企业加大研发投入，申报省级企业研究院2个以上，规模以上企业技术研发机构覆盖率50%以上。深入实施知识产权和品牌战略，申请发明专利550件以上。加强科技人才队伍建设，力争引进和新培育国家、省“千人计划”专家15人以上。

（二）加大有效投入，增强持续发展新动力

全力推进招大引强。强化招商责任机制，坚持领导带头招商，发挥平台主阵地和部门联动招商作用，建立招商资源信息共享和利益分享机制。创新招商选资方式，强化产业链招商，鼓励本土企业和已入驻企业增资扩股、资本嫁接、以民引外。突出招大引强，提高重大项目考核权重，引进世界500强或全球行业龙头企业投资项目5个以上，总投资超1亿美元内外资项目5个以上。完成合同利用外资6亿美元以上，实际利用外资4亿美元以上，实到市外内资120亿元以上。

增强平台集聚功能。优化省级重点平台空间规划、产业规划和配套设施。推进经济开发区品牌时尚产业园建设，争创国家级开发区。推进连杭经济区转型提升，加快临杭新区开发建设步伐。经编园区创建全国知名品牌示范区，启用经编商贸科技中心。加快皮革城六期项目建设，国际馆主体结顶，建成市会展中心。启用家纺城国际贸易中心。加快推进以盐官古城为龙头的百里钱塘开发

建设，引进战略合作开发主体，加大景区拆建力度，完成主入口广场、孔庙学宫、生态绿带二期等项目建设，创建省级旅游度假区。加快镇级工业园区提升发展。创新海洋经济示范区建设。

加大项目推进力度。科学谋划项目，优化投资结构，完善前期项目库，争取更多项目列入国家、省重点。做精项目管理，狠抓项目开竣工率和达产率，开展已供地产业项目专项推进行动，重点推进1119个供地3亩以上项目的竣工投产。优化项目服务和保障，完善项目协调推进和市、镇两级工作责任制，强化土地、资金等要素保障。开工建设英孚电子、纪鸿国际、江南总部基地、阿里巴巴菜鸟网络、浙大国际联合学院（海宁国际校区）等一批重大项目，全年固定资产投资增长20%以上。

（三）加强生态治理，推动人居环境新改善

全力推进"五水共治"。制订"五水共治""1+5"规划，深化"河长制"管理，统筹推进治污水、排涝水、防洪水、保供水、抓节水工作。实施清河行动，消灭垃圾河、黑河、臭河，整治镇、村河道300公里。加强河道污染防控，巩固排污口封堵，推进河道两侧市场主体整治腾退。因地制宜，注重实效，实施农村生活污水连片治理，完成治理农户30%以上。完善水质恶化预警机制，保持全省跨行政区域河流交接断面考核"良好"，基本消灭劣五类水体。实施水利建设三年行动计划，启动小型农田水利重点县建设，完成圩区整治4.1万亩，打通断头浜23条以上，推进杭平申航道改造、洛塘河改道等重点工程建设。实施最严格的水资源管理制度，落实饮用水源保护区专项规划，启动二水厂水源地修复工程，建成鹃湖水库和长水塘水源生态湿地。加快市域外引水前期工作，推进节水型社会建设。

加强大气污染防治。制订实施大气污染综合防治五年行动计划，建立霾天气应急机制，完善监测预警体系，加强工业废气、机动车尾气、烟粉尘污染等治理。推广使用清洁能源，推进分布式光伏发电，实施开发区循环化改造，新增天然气公交车50辆，淘汰黄标车。加强高污染燃料禁燃区、烟尘控制区管理，开展"黑烟囱"整治行动，淘汰禁燃区燃煤锅炉。加强建筑工地标准化管理，加大工地扬尘、建筑泥浆、工程运输车等整治力度。推进农村秸秆资源化利用，防止秸秆焚烧污染。

深入开展平原绿化。推进"六大板块"绿化建设，启动创建全国绿化模范城市。规划建设一批居住区、商业区、公共服务区等街心绿地，建成鹃湖绿化景观一期。推进交通主干线、城乡河边路边绿道建设，加快百里钱塘和嘉绍高速黄湾、袁花、硖石出口等区域绿化造林。推进拆墙透绿清障和闲置区域植绿复绿。创新绿化筹资形式，动员全社会力量开展绿化造林。全年绿化面积2.3万亩，创建省级森林城镇2个。

强化节能减排刚性约束。严把项目用能关，完成清洁生产企业审核20家以上，实施重点节能改造项目60个以上。推进重污染高能耗行业整治，关停黏土砖瓦企业。建立健全重点减排工程项目库，实施热电企业脱硫、脱硝排放新标准。建立严格的考核问责机制，落实节能减排属地政府、重点企业责任制。加大环境监管执法力度，严厉打击环境违法行为。

（四）调整优化结构，推进转型升级新突破

加快发展现代农业。增强农业综合生产能力，稳定粮食种植面积，新建粮食生产功能区1.9万亩，建成长安省级现代农业综合区，打造一批优质高效产业基地。发挥村级组织主导作用，鼓励发展集体合作经营和家庭农场，新增土地流转面积1万亩以上，做强村级集体经济。落实惠农政策和措施，增加农村居民收入。创新多种农业经营方式，新培育市级以上示范性农民专业合作社20家，完成农批市场迁建一期工程。推进养殖业转型升级，巩固禁养区整治成效，开展限养区整治，生猪存栏降到16万头以下，完成温室甲鱼整治。

大力推进工业强市。扎实推动传统产业优化升级，大力发展战略性新兴产业和高新技术产业，促进工业提质增效。推进“四换三名”工程，新增“两化”融合示范企业20家，实施“机器换人”项目190个，完成技改投资130亿元以上，争创省级“两化”融合试点市。加快培育大企业和扶持中小微企业，培育产值10亿元以上企业15家，新增“个转企”1000家以上、“小升规”150家以上、小巨人企业5家。实施企业经营者素质提升工程，加强企业家队伍建设。发展壮大建筑业。

提升发展现代服务业。加快服务业集聚区建设，推动重点产业发展，服务业增加值占比提高1个百分点，社会消费品零售总额增长13%以上。全面落实“营改增”税收政策，加快发展工业设计、科技研发、服务外包等生产性服务业。坚持量质并举，实施龙头培育计划，建立服务业梯队企业群，新增“下转上”100家以上，分离发展服务业50家以上。加快“电商换市”步伐，扶持发展文化创意和影视产业。办好2014中国·海宁潮国际博览会。

深化对外开放合作。加强出口基地建设，支持境外参展，鼓励优势企业建立境外营销网络，扩大自有品牌产品出口，全年出口增长8%以上，增创3个省级外贸公共服务平台。推进皮革城内外贸结合商品市场试点和经编园区外贸转型升级示范基地建设。有效承接上海自贸区溢出效应，加强产业、科技等配套对接。加速融杭步伐，力争开工建设杭州至海宁城际轻轨。完善对口援助机制，落实对口帮扶任务。

（五）推进城乡统筹，提升融合发展新水平

提高城镇功能品质。强化规划引领作用，编制城市发展战略规划，完成市域总体规划调整，开展城市基础设施等专项规划编制，实现城镇建设用地控制性详规全覆盖。注重文化传承，重拾硖石记忆，体现城市个性和特色，加快环东西山、鹃湖组团等区块开发建设，推动许村、袁花等中心镇和路仲古镇保护开发。加强城市精细化管理，实施雨污分流、道路护栏、路灯路牌等市政设施项目改造，规范餐厨、建筑等垃圾管理和处置。争创省十大美丽县城，长安镇争创省级小城市试点。

持续推进“三改一拆”。加快城乡有机更新步伐，推进老旧住宅小区和城中村改造，实施由拳路和农丰路沿线及各镇区有机更新，加快得胜里、工人路等区块改建。统筹拆改建管，重点加快拆平区块开发建设。持续加大拆违力度，健全“两违”监管长效机制，开展“无违建”市、镇（街道）、村（社区）创建。加快安置房建设。创新安置方式，提高公寓房和货币安置比例。

深化美丽乡村建设。强化政策引导和宣传，实施星级美丽乡村创建三年计划，推进百里长廊沿线等连片区建设，严格按照“五个一”的要求分批验收一星级美丽乡村。优化完善新市镇新社区规划，扎实推进农房改造集聚，深化城乡环境卫生“四位一体”长效保洁机制。实施强镇富村建设，推进村级股份经济合作社公司制改造，探索农村承包土地股份制改革，组建土地股份合作社，通过土地股权抵押、转让等形式，推动农业适度规模经营。

完善基础设施建设。加强干线公路建

设，推进08省道南段和沪杭高速许村互通立交工程，打通环西二路，完成硖崇公路改建。全年公路新改建27.6公里，农村公路提升改造41公里。实施智能交通二期工程，畅通城市道路，打通6条断头路，改造4条瓶颈路，建成紫微高中等4个公交首末站。完成丁桥污水处理厂三期、盐仓污水处理厂污泥处置项目建设，建成供水管网60公里、污水管网200公里。加大智能电网建设力度，优化网架结构，完成110千伏赞山输变电工程等重点电力项目。加快垃圾无害化综合处置项目前期工作，力争早日开工。

（六）致力民生改善，促进百姓福祉新提升

提高社会保障水平。努力扩大就业，重点做好困难家庭、农业转产家庭、高校毕业生等群体就业工作，新增就业岗位1万个以上。探索城乡社会保障一体化改革，推进养老保障制度、医疗保险制度的整合与衔接。实现户籍人口市民卡发放全覆盖，拓展市民卡金融服务和商务便民等功能。加快养老服务信息化建设，推进居家养老“一键通”配置工程，提升养老服务和保障水平。完善社会大救助格局，健全困难家庭结对帮扶长效机制。办好6个方面的政府实事项目。

推动教育优质均衡发展。完善教育资源布局规划，统筹发展基础教育、继续教育、特殊教育和社区教育。启动新一轮学前教育三年行动计划，深化合作办学。制订出台智慧教育三年规划，实施云课堂等网络教学。推进学校治理创新，实行学校自主招聘教师，推行校长竞聘上岗和星级制，健全教师考核、交流、激励和退出机制。启动老年大学、文苑小学等项目建设，浙江机电职业技术学院、仰山小学、丰士小学等项目交付使用。

推进“健康海宁”建设。深化医药卫生体制改革，推进基层创卫扩面提质，市级健康镇（街道）、村（社区）创建率分别达到30%和50%以上，健康单位创建覆盖重点行业。深化与沪杭合作办医机制，提升医疗服务水平。创新“县院带镇”模式，探索实施市、镇、村三级医疗联合体，实现镇（街道）特色门诊全覆盖。加快发展健康服务产业，健全多层次医疗服务体系。市第二人民医院扩建项目投入使用。

协调发展文体等社会事业。完善公共文化服务体系，推进村级文化礼堂建设，建成启用市图书馆新馆。启动海宁潮申遗、干河街申报省级历史文化街区工作，南关厢江南灯彩艺术街开街运营。完善城乡公共体育设施，建设鹃湖轮滑公园，加快镇（街道）土建式游泳池建设，创建省体育现代化市。承办第十六届亚洲轮滑锦标赛，举办市第十四届运动会。完善人口计生管理，实施单独两孩政策。实现市级残疾人扶贫基地和阳光庇护中心全覆盖。支持工青妇、老干部和关心下一代等事业发展，做好民族、宗教、对台、侨务和慈善、史志、档案等工作。

创新社会治理体制。推进社会治理领域改革，统筹整合基层社会治理资源，打造平安海宁。整合食品药品监管职能和机构，加强食品药品安全技术支撑体系和基层监管体系建设，成立打击环境（食药）犯罪侦查大队。落实安全生产一岗双责，深化“一抓三促”综合整治，坚决遏制重特大事故发生。强化社会治安综合治理，实施科技强警，提升智能化、信息化水平，推进城乡防控“七张网”升级版建设。完善社会应急联动工作体系，加强防灾减灾工作规范化建设，提高突发事件应对处置能力。落实社会稳定风险评估，深化领导干部接访等机制，打击恶意欠薪行为，积极防范资金链风险。推进专业性、行业性调解组织建设。深化“三社”互动工作机制，争创全国和谐社区示范城市。推进居住证制度改革。深入开展“六五”普法。推进国防建设、人民防空和民兵预备役等工作，争创省级双拥模范城。

三、切实加强政府自身建设

各位代表，做好今年各项政府工作，我们必须以改革创新精神进一步加强政府自身建设，着力建设法治政府和服务型政府。

营造公平公正的发展环境。坚持依法治市，运用法治思维和方法深化改革、推动发展，化解矛盾、维护稳定，不断提高依法行政水平。自觉接受人大依法监督，政协民主监督，认真办理人大代表议案建议和政协提案，重视公众舆论监督。依法公开权力运行流程，完善决策咨询制度，推进决策公开、管理公开、服务公开和结果公开，着力营造更加公开透明的发展环境。

以过硬作风狠抓工作落实。始终保持良好的精神状态，坚持以结果论英雄，勇挑重担、敢抓敢管、实干苦干，把心思和精力更好地集中到干事创业上。突出问题导向，推行“一线工作法”，抓重点、抓具体，攻坚克难，以钉钉子的韧劲狠抓工作落实。增强前列意识，强化工作实绩考核，大力治庸治懒治散，切实做到言必行、行必果，形成比学赶超的浓厚氛围。

凝聚改革发展正能量。以美丽海宁建设凝聚各方共识，切实加强正面引导，鼓励创新、宽容失败，支持创业、激励实干，在全市上下形成合心合力促发展的强大正能量。始终咬定目标，坚持条块联动、部门协同、上下同力，真情关怀、全力支持广大基层干部和企业家创业创新，确保各项任务在促进广大干部群众凝心聚力的过程中得到最积极、最有效的实现。

着力解决群众反映的突出问题。扎实开展党的群众路线教育实践活动，认真查摆“四风”方面存在的问题，切实解决人民群众最关心、最直接、最现实的利益问题。坚决执行中央“八项规定”，牢固树立过紧日子的思想，严格控制和压缩“三公”经费。认真落实党风廉政建设责任制，坚持用制度管权、管人、管事，严肃查处各类违法违纪案件，打造“廉洁海宁”。

各位代表，新的一年开启新的征程，新的目标赋予新的使命。让我们在中共海宁市委的正确领导下，紧紧依靠全市人民，解放思想，锐意进取，真抓实干，为建设美丽海宁而努力奋斗！

附：“特载”篇名词注释

个转企：也称“个升企”，是指个体工商户利用现有的生产经营条件，依法重新登记有限公司（含一人有限公司）、个人独资企业、合伙企业等各类企业。

小升规：指年应税销售收入2000万元以下的工业小微企业转为规模以上工业企业。

限下转限上：指限额以下服务业企业转为限额以上服务业企业。

三改一拆：浙江省政府决定，自2013年至2015年在全省深入开展旧住宅区、旧厂区、城中村改造和拆除违法建筑（简称“三改一拆”）三年行动。

五水共治：指治污水、防洪水、排涝水、保供水、抓节水，这是浙江省政府于2013年推出的大政方针，是推进浙江新一轮改革发展的关键之策。

两化融合：是指以信息化带动工业化、以工业化促进信息化，走新型工业化道路，是信息化和工业化的高层次深度结合。

四换三名：“四换”指腾笼换鸟、机器换人、空间换地、电商换市，“三名”指大力培育名企、名品、名家。

四风：指形式主义、官僚主义、享乐主义和奢靡之风。

八项规定： 2012 年 12 月 4 日，中共中央政治局召开会议，审议中央政治局关于改进工作作风、密切联系群众的八项规定，分析研究 2013 年经济工作。会议一致同意关于改进工作作风、密切联系群众的八项规定：要改进调查研究，要精简会议活动，要精简文件简报，要规范出访活动，要改进警卫工作，要改进新闻报道，要严格文稿发表，要厉行勤俭节约。

三公经费： 是指财政拨款支出安排的出国（境）费、车辆购置及运行费、公务接待费三项经费。

两打两建： 严厉打击药品违法生产行为，严厉打击药品违法经营行为；加强药品生产经营规范建设，加强药品监管机制建设。

［编辑：曾晓莲］

专　文

Specialty Article

海宁市要素市场化配置综合配套改革试点

新世纪以来，海宁经济社会发展存在资源要素短缺和利用效率不高并存的问题，资源要素乱配、错配、劣配、低效配、无序配等现象比较突出，尤其是土地、环境、金融、审批、科技人才等成为五大薄弱环节。土地集约化程度低，产出效益低，发展空间少；环境资源配置不合理，经济发展对资源供给和环境容量的依存度较高；中小企业缺资金、缺抵押物、缺资信、缺融资渠道、缺长期信贷支持，企业融资难融资贵，民间资本投资难，投资渠道狭窄；审批权限下放不匹配、不真实、不完整、不同步问题仍然存在；企业技术创新能力偏弱，企业研发投入少，产学研合作少，创新人才少。

党的十八届三中全会对政府和市场关系作出了新的科学定位，提出了使市场在资源配置中起决定性作用和更好发挥政府作用的科学论断。省委书记夏宝龙提出，海宁要以资源要素市场化配置综合配套改革（以下简称“要素改革”）试点为载体，为全省趟出一条资源要素高效配置之路。实施要素市场化配置综合配套改革，有利于探索县域经济转型发展的新途径，逐步破除要素配置中的体制性障碍，使市场在资源配置中起决定性作用和更好发挥政府作用，提高要素配置效能和节约集约利用水平，加强生态环境保护，加快淘汰落后产能，推动经济转型升级。

2013 年 8 月 16 日，海宁市委、市政府下发《关于做好海宁市要素市场化配置综合配套改革试点总体方案实施工作的若干意见》。9 月 11 日，省政府正式批复《海宁市要素市场化配置综合配套改革试点方案》，海宁市成为全省要素市场化配置综合配套改革试点县（市）。9 月 18 日，召开试点工作动员大会，要素改革在海宁全面启动。改革的总核心包括两个方面：一是要素配置市场化，以此为工作总取向；二是政府权力下放，确保改革有效推行。主要内容包括三大方面：一是行政审批制度改革，二是构建以“亩产效益”为核心的评价机制并实施差别化要素配置，三是构建要素市场化公共资源交易平台。改革试点范围重点放在四大领域：推进以盘活存量土地、提高土地使用效益、强化农民权益保障为主要内容的土地使用管理制度改革；推进以节能减排为重点的能源要素市场化配置改革；推进大资本小企业、小资本大项目有效对接的地方金融体制改革；推进企业为主体、人才为重点的科技创新体制改革。力争通过改革，到2017年，海宁市土地、能源、资金、人才、环境容量等要素配置中的体制性障碍取得实质性突破，基本形成集约、高效的要素市场化配置机制，全市新增工业用地亩均投资强度比2012年提高45%，规模以上工业企业亩均税收提高45%，单位GDP能耗下降15%，万元工业增加值用水量下降30%，发展质量和效益明显提升。

在省委、省政府的高度重视和省级各部门的大力支持下，海宁市围绕土地、能源、环境容量、金融、人才等实施要素配置改革，至年底取得阶段性成效。省委书记夏宝龙、省长李强多次到海宁专题调研，《人民日报》、中国之声、《浙江日报》、浙江电视台等多家省内外媒体进行跟踪报道，改革引起较大的社会反响。

一、建立亩产效益综合评价体系，体现要素市场化配置效率

海宁市在全省率先建立精细化、系统性的亩产效益综合评价体系，用亩均税收、亩均销售、亩均工业增加值、单位能耗工业增加值、排放单位COD（化学需氧量）工业增加值、全员劳动生产率六大指标，将企业划分为规模以上和规模以下两大类别。对全市第一批1659家3亩以上用地的工业企业进行打分，按照纺织、皮革、机械电子制造和其他等四大行业进行分类排序，排名前80%的为A类重点扶持和鼓励提升类企业，排名中间15%的为B类整治提升类企业，排名末5%的85家为C类落后淘汰类企业，印染、化工、制革等整治行业一律不列入A类企业。同时向每家企业发放亩产效益“成绩单”，告知企业得分排名、整改意见和努力方向。对A、B、C三类企业实行动态管理，每年评价1次，对企业用地效益明显提升的及时调整。把企业亩产质量和效益作为市场的“无形之手”，把要素差别化配置规则作为政府的“有形之手”，“两手”合力形成要素配置与企业质量和效益相挂钩的机制。

二、实施差别化要素配置规则，发挥市场在要素配置中的决定性作用

11月1日，首批要素改革方案正式出台并实施，包括《海宁市行政审批制度改革实施意见》《关于开展工业企业亩产效益综合评价加快转型升级的实施意见（试行）》《关于实行土地供应差别化管理的实施意见（试行）》《关于推进低效利用土地市场化再开发的实施意见（试行）》《海宁市土地要素市场化配置综合配套改革实施方案》《海宁市土地要素审批方式改革实施意见》，以及土地使用税、差别化电价等操作办法，对A（A1、A2）、B、C类企业实施差别化的电价、水价、城镇土地使用税、排污权交易价格、用能交易价格等政策。

（一）推进存量提质系统化

一是差别化城镇土地使用税。调整提高原有土地等级划分，将城镇土地使用税从每平方米3元一年调整至每平方米6元一年（涵盖了96%的工业企业），再根据企业亩产效益综合评价结果分类分档减免。

二是差别化用电。对A、B类企业实施差别化电价，能耗在标准（国家行业标准）之内执行正常电价，能耗超过限额标准一倍以内部分提高0.1元／千瓦小时，能耗超过限额一倍以上提高0.3元／千瓦小时；对C类企业实施惩罚性电价，能耗在限额标准以内提高0.1元／千瓦小时，能耗在限额标准以上提高0.3元／千瓦小时。

三是差别化用能。率先建立实施用能总量核定和交易制度，对年综合耗能 3000 吨标煤以上或新增年耗能 1000 吨标煤以上的工业企业，以 2011、2012 两年用能量最高值为基准值，按 A、B、C 三类企业差别化核定用能总量，并实行核定配额内不收费、新增用能量有偿申购、超限额差别加价收费制度。A1、A2、B 类工业企业超额部分分别按基准价 50%、80%、150%收费，C 类企业原则上拉电限超，超额部分按基准价 200%执行。

四是差别化污水处理收费。对污水入网工业企业实行多因子复合加价收费制度（化学需氧量、酸碱度、悬浮物、磷酸盐、氨氮五种），其中 A、B 类工业企业实施常规的按污染物排放浓度阶梯式收费标准，A、B 类属高污染的化工、印染、制革行业工业企业在常规收费标准上进一步差别化加价，C 类企业实行最高档加价。

五是差别化排污总量和价格核定。差别化核定企业年度减排任务，A 类企业减排任务为“十二五”时期全市工业平均年度减排任务的 50%；B 类工业企业平均分三档，分别执行平均减排任务的 1 倍、1.5 倍和 2 倍；C 类为 4 倍。差别化核定排污权交易价格，A 类为基准价，B 类为基准价的 1.5 倍、2 倍、2.5 倍，C 类为 4 倍。

六是其他各类差别化管理政策。根据亩产效益综合评价结果，在价格杠杆调节基础上，叠加实施差别化的用地、用电、信贷、人才等管理措施。对 A 类企业保障用地、用电、信贷需求，支持对落后淘汰企业实施兼并重组，享受人才引进个人所得税减免；对 B 类企业控制低效落后产能扩张，实施有序用电管理时作为限电对象，从严控制信用评级、贷款投放；对 C 类企业不予核准和审批新的投资项目，禁止 C 类与 C、B 类企业之间转让土地使用权，实施有序用电和节能管理时作为首要限电对象，不予提供信贷支持。

（二）推进增量选优精细化

一是建立产业差别化供地导向制度。加强土地出让精细化管理，除房地产等经营性用地外，综合评估不同产业的发展周期、投入产出等，对不同的产业实行 10 年 ~ 50 年不等的出让年限，降低企业一次性拿地成本的同时提高工业用地循环使用效率。实行“3+5+X”管理模式，约定 3 年建设期和 5 年投产期的投资进度、竣工时间、产出效益等相关指标，期满验收达标的，延续下一阶段土地使用权，提高政府对土地使用效率的可控性。试行“带设计方案”“带亩产效益方案”出让。

二是创新土地出让合同差别化管理。将投资强度、达产亩均销售和亩均税收以及竣工后闲置不投产或投产达不到规定等纳入土地出让合同管理，严格违约责任追究。改变过去土地增值盈利功能，突出土地作为生产资料的作用，杜绝企业圈地囤地行为。

三是建立产业地价修正系数。根据不同产业、行业确定不同的修正系数，通过系数调整使符合政府导向的、符合经济社会发展需要的重大产业项目降低土地使用权出让初始价格，对不符合产业发展导向但国家仍允许投资的项目通过系数调整提高土地使用权出让初始价格。工业、服务业用地价格在产业修正系数的基础上，根据容积率、投资强度、亩均税收等给予 10% ~ 20%的修正系数打折。

四是率先建立市场化的土地收回机制。对低效用地的企业，通过提高电价、水价、税收等用地持有成本倒逼退出，对亩均投入产出（投资强度、销售收入）不足协议约定 50%或年应缴税收连续三年低于行业平均 50%的，终止土地出让合同，建设用地使用权按原出让价由政府收购，地上建筑物按重置成本法评估回购，已兑现的优惠政策在回购价款中直接抵扣。

五是创新地方金融要素供给。成立民间融资服务中心，推动民间资本向产业资本转化，解决企业“融资难、投资难”问题。畅通民间投资渠道，鼓励民间资本投资入股金融机构和参与金融机构重组改造。加快推进海宁市农村信用合作联社改制工作，加快筹建海宁德商村镇银行。创新融资方式，引导企业上市以及发行公司债、企业债、私募债、中期票据等各类债券。积极推进规模公司改股份公司、股份公司上市。累计完成股份公司组建40家。

六是创新科技人才集聚机制。创新企业以联合抱团方式申报省级企业研究院，鼓励支持企业与科研院所和高校建立稳定的研发合作关系。创新科技经费择优配置，改革政府财政资金由事前立项补助向事中事后补助拓展。设立浙江省（海宁）知识产权维权援助中心，推进知识产权保护。在全市以经编行业为试点开展技能人才企业自主评价标准化体系建设，以皮革业为试点建立地方人才特别评价体系。

三、搭建市场化交易平台，激发要素自由流动

海宁市围绕要素流动，构建“1+X”要素交易平台。

一是组建一个稀缺性资源综合市场，承接土地、排污权、用能总量等资源稀缺类要素交易，由政府制订交易规则，实现集中统一管理。其中土地在一级市场的基础上，重点做好二级市场的土地租赁、转让、流转，主要包括企业低效土地、农村土地整治项目节余指标、建设用地占补平衡指标等；用能交易主要在企业破产、淘汰关停、节能改造、产能转移等产生的节余指标中开展，首批试点120家综合能耗3000吨标煤以上工业企业；排污权主要是将化学需氧量、二氧化硫、氨氮、氮氧化物等四大指标纳入储备和交易，引导印染、制革、化工三大污染行业的存量指标流向优质企业。12月2日，全省首个要素交易中心在海宁市公共资源交易中心挂牌成立，开始承接土地使用权、排污权指标、用能总量指标三大稀缺性资源的交易。

二是设立若干个市场化运作的专业市场，将产权交易、人力资源交易、技术交易的运作主体放权给市场，政府做好规划、引导和服务工作。该交易平台有效搭建运转以后，能及时发布要素交易信息，吸引买卖主体，规范交易行为，价格由市场决定。改变过去按行政化配置、要素使用“终身制”，从而使要素按亩产效益和市场规则使用和买卖，也是让市场在要素配置中起决定性作用的重要表现。

四、2013年改革成效

全年完成“个转企”1780家、“小升规”162家、“限下转限上”191家，新增产值超50亿元工业企业2家；实施“机器换人”技改项目约135个，完成投资110亿元；外贸出口比上年增长13%，总量列全省县（市）前十强。全年完成“退低进高”项目70个，退出落后产能33.6亿元，腾退低效用地176.5公顷，盘活存量土地125公顷，新增各类建设用地471公顷。

加大节能减排倒逼力度，通过价格杠杆、总量控制、指标交易实行差别化管理，提高对资源占用类和环境补偿类收费。2013年12月对首批54家企业执行差别化电价，累计征收差别化电价加价48万元；全面建立阶梯式水价制度，自8月1日实施居民阶

梯水价以来，同比节约用水30万立方米，高水耗企业年用水量比上年下降208万立方米。

转变政府职能，实施机构改革，各类市场主体更加活跃。2013年新设内资企业3397家，比上年增长111.5%；新设个体工商户10378家，增长52.3%。对产业投资项目实行“六阶段”审批流程，每个阶段确定牵头部门实行并联审批，实行“化零为整”区域统批制度，单个项目环评、工业能评等实行备案制，有效提升审批效率。海宁大道南立交桥项目实现当年开工建设、当年投入使用；总投资36亿元的开元名都项目实现当年引进、当年开工建设。大幅削减审批审核事项，清理行政许可和非许可事项176项。取消审批环节所有涉企类行政事业性收费，每年为企业减负2000万元。市行政服务中心窗口既受理又办理率达90.22%，审批提速86.89%，群众满意率99.63%。在市行政服务中心成立“便民之家”，供水、供电、供气、广播电视、市民卡、公交卡、公共自行车租赁卡和房贷保险等8项公共服务事项进驻，打造“一站式便民服务大厅”。

要素交易市场有了新活跃。全年土地一级市场完成土地招拍挂23场次，出让土地124宗；排污权一级市场交易34笔（化学需氧量成交784.8吨/年、氨氮41.9吨/年、二氧化硫308.2吨/年、氮氧化物135.2吨/年）；用能指标交易2笔。土地二级市场交易1笔，面积3.3公顷。

我们必须坚持以资源要素配置为重中之重的经济体制改革这一主轴，努力在重要领域和关键环节取得新突破，为“资源配置”率先趟路。以此牵引和带动经济、文化、社会、生态和党建等其他领域改革，使各方面改革协同推进、形成合力，推动经济转型升级。

（谢晓峰）

［编辑：曾晓莲］

大事记

Chronicle of Events

2013年实事项目完成情况[①]

一、水质改善项目。继续实施长水塘生态湿地项目，西区全部完工并试运行，东区全面动工，完成投资8000万元。鹃湖应急备用水源工程完成土方工程及湖区周边水闸工程建设，完成投资9000万元。长水塘生态湿地工程西区一标段、二标段年内完工，绿化工程一标段、二标段正在施工，完成土方开挖。东区一标段、一标段进场施工。利峰村完成征迁交地，勤民村完成政策处理，开始交地。西区完成通水试运行，东区全面开工，完成投资8000万元。鹃湖应急备用水源工程完成土方工程，3个闸站基本完成土建工程，管理用房建设完成年度目标任务（60%工程量）。完成投资9350万元，完成率104%。

二、农村中小学提升项目。许村镇中心小学、荡湾小学、孙桥小学、许巷中心小学、斜桥镇庆云中心小学改扩建工程年内完工并投入使用，新建长安镇仰山小学、盐官镇丰士中心小学，改造许村镇许村中学工程年底主体结顶。启动田径场“灰改塑”工程，对符合规划的许村镇东联小学、许巷初级中学、长安镇镇东小学、周王庙镇中心小学（分部）、周王庙镇荆山小学、丁桥镇初级中学、丁桥镇新仓初级中学7所学校田径场改造成塑胶田径场，10月底完成。许村镇中心小学改扩建工程南楼完工并投入使用，完成投资715万元；荡湾小学改扩建工程完工并投入使用，完成投资380万元；孙桥小学改扩建工程教学楼完工并投入使用，运动场完成基础工程，完成投资601万元；许巷中心小学南教学楼完工并投入使用，完成投资425万元；斜桥镇庆云中心小学改扩建工程主体完工，室外附属设施完工，完成投资1235万元；新建长安镇仰山小学教学用房主体结顶，墙体砌筑完成，完成投资2670万元；新建盐官镇丰士中心小学教学用房主体结顶，完成投资3410万元；改造许村镇许村中学生活用房主体完工，完成投资930万元。7所学校的田径场“灰改塑”工程完工，完成投资1050万元。

三、就业促进项目。2013年新增就业岗位10000个，帮助6000名失业人员实现再就业，其中就业困难人员1600名。农村劳务合作社社员达600人，实现劳务收入300万元。海宁籍高校毕业生初次就业率达到92%以上。年内新增就业岗位11990个，帮助6955名失业人员实现再就业，其中就

---

① 文中黑体字为计划，宋体字为实施情况。

业困难人员 2295 名。农村劳务合作社社员达 670 人，实现劳务收入 330 万元。高校毕业生初次就业率 93.7%。

四、养老服务项目。市社会福利中心改扩建一期年内完工；10 月底完成许村镇、盐官镇、袁花镇、海昌街道、马桥街道养老服务中心改扩建主体工程，完成斜桥镇养老服务中心 2 幢综合楼主体工程，以及海洲街道养老服务中心二期装修工程。市社会福利中心改扩建一期工程主体完工；二次装修完成，完成投资 4850 万元。许村镇养老服务中心改扩建工程主体完工，完成投资 450 万元；盐官镇养老服务中心改扩建工程主体完工，完成投资 1020 万元；袁花镇养老服务中心改造提升工程主体完工，完成投资 1274 万元；海昌街道养老服务中心改扩建工程主体完工，完成投资 886.7 万元；马桥街道养老服务中心改扩建工程完工，部分房间投入使用，完成投资 1368 万元；斜桥镇养老服务中心工程南楼、北楼主体完工，完成投资 2310 万元；海洲街道养老服务中心改扩建工程完成并投入使用，完成投资 370 万元。

五、住房保障项目。云和景苑二期经济房多层结顶，高层主体施工，完成投资 4000 万元，累计投资 1.5 亿元。云和景苑三期经济房完成投资 3500 万元，累计投资 7500 万元。云和景苑四期公租房完成 10 层楼面主体工程建设，完成投资 5200 万元，累计投资 1.47 亿元。云和景苑二期经济房主体工程结顶，完成投资 4425 万元；云和景苑三期经济房工程桩基工程基本完成，主体工程一标段进行基础施工，二标段三层楼面完成，完成投资 4100 万元；云和景苑四期公租房工程主体结顶，完成投资 5700 万元。

六、健康关爱项目。启动“智慧医疗”项目，建立海宁市区域影像（PACS）系统和交换共享平台，市级医院设置 1 个影像远程诊断中心，实现 6 家市级医院与 13 家基层卫生院影像信息远程诊断和相互之间影像及报告调阅，10 月投入使用。继续实施已婚育龄妇女（35～49 周岁）“两癌”筛查工作，2013 年分片应检对象（盐官镇、袁花镇、长安镇）1.9 万人筛查，参检率达 80%以上，10 月底完成。“智慧医疗”项目服务器、存储设备等硬件全部部署到位，完成全部点位软件安装并投入使用，完成投资 85.5 万元。盐官镇、袁花镇和长安镇完成 2013 年筛查任务，共完成筛查 16312 例，参检率 85.2%。共查出乳腺癌 3 例，宫颈原位癌 6 例，宫颈浸润癌 3 例，宫颈癌前病变 52 例，乳腺纤维瘤 110 例。对检测异常对象开展后续跟踪随访服务，督促开展后续治疗。

七、农贸市场改造项目。新建尖山新区农贸市场、袁花镇谈桥农贸市场完成主体工程，启动袁花农贸市场、南苑农贸市场改造提升工程。新建尖山新区农贸市场工程完工，完成投资 4000 万元；新建袁花镇谈桥农贸市场工程主体结顶，完成投资 1680 万元；袁花农贸市场改建工程完成并投入使用，完成投资 250 万元；南苑农贸市场改扩建工程完成并投入使用，完成投资 420 万元。

八、公共安全防范项目。10 月底完成研发海宁市平安城市视频监控综合服务管理平台和 1000 个社会面视频监控点的接入。5 月启动基层医疗卫生机构安全技术防范项目，全市 13 家镇（街道）卫生院及 11 家下属分院新建视频监控系统，窗口安装拾音器，药房、财务室安装区域联网防盗报警系

统，卫生局、卫生院设置视频浏览设备，10 月底完成。海宁市平安城市视频监控综合服务管理平台搭建完成，接入社会单位 236 家、视频监控 1250 个，完成投资 365 万元。完成 13 家镇（街道）卫生院及 11 家下属分院的监控设备安装，正式投入使用，完成投资 106 万元。

九、公交提升项目。4 月启动更新、新增新能源公交车 50 辆。3 月启动市区旧候车亭改造 105 个，新建公交候车亭 21 个，安装公交候车亭电子站牌、线路指示牌 159 个。年内更新、新增新能源公交车 51 辆，并投入使用，完成投资 2500 万元。完成候车亭维修 135 个，拆、移旧候车亭 34 个，海州路新建候车亭 23 个，接电亮化工程完成，完成安装电子站牌、线路指示牌 159 个，完成投资 798 万元。

（徐　涛）

2013 年海宁市大事记

1 月

1 日　海宁市最低月工资标准调整为 1310 元，非全日制工作最低小时工资标准调整为 10.7 元。

同日　市人民医院作为海宁市唯一一家定点医院，被纳入全省医保“一卡通”范围，和全省实施联网结算。

4 日　市委十三届三次全体（扩大）会议暨十四届市政府第三次全体会议召开。市委书记林毅作题为《学习十八大党员干部五带头，提振精气神讲真话干实事，扎实推动海宁转型发展新跨越》的讲话，会议通过《中共海宁市委关于进一步改进工作作风的规定》。

5 日　海宁市高级中学（华师海宁）国际部成立。

同日　市供电局获“国家电网公司一流县供电企业”称号。

7 日　嘉兴市委书记、市人大常委会主任李卫宁就贯彻嘉兴市委七届五次全体（扩大）会议精神到海宁调研。

8 日　《海宁市城乡居民合作医疗大病保险试行办法》颁布，海宁市在嘉兴范围内率先试行城乡居民合作医疗大病保险制度。

9 日　海宁市首家“家庭农场”——海宁市丁桥镇沈园果蔬农场登记成立。

11 日　江南总部基地·中国海宁项目签约仪式在北京钓鱼台国宾馆举行。

15～18 日　市委书记林毅率海宁经贸代表团赴香港考察招商。

16～31 日　万名党员干部开展结对帮扶困难家庭“两富同行”温暖工程春节慰问活动。全市共设 106 个帮扶大组，结对帮扶 4016 户困难家庭。

18 日　硖许公路盐官至长安段实现通车，长 33 千米的硖许公路全线贯通。

同日　海宁市服务业重点推进项目——长安佳源中心广场举行开工仪式。

同日　海洲街道被命名为“浙江省文明街道”，是海宁市首个省级文明街道。

19～21 日　全市首次推出的 37 辆清洁能源公交车全部投放运行。

18～22 日　中国人民政治协商会议海宁市第十二届委员会第二次会议在市行政中心举行。

19～23 日　海宁市第十四届人民代表大会第二次会议在市行政中心举行。

22 日　袁花镇获浙江省第一批“人口和计划生育依法行政示范单位”称号。

23 日　2013 年政银企合作签约仪式举行。全市 322 个项目与各商业银行达成贷款意向，总计合作签约 135 亿元。

同日 硖石街道以元宵硖石灯会成功入选“浙江省春节文化特色地区”，并被推荐申报全国春节文化特色地区。

30 日 海宁市政府、市政协首次召开联席会议，讨论全市经济社会发展大计。

同日 全市卫生工作会议召开，决定启动实施“健康海宁”战略。

31 日 进行“向社会述职、让公众评议”——“晒举措、赛干劲”直播活动，市发改局等 9 个部门主要领导登台述职。

同日 海宁市永兴农机专业合作社被确定为“全国农机合作社示范社”。

是月 海宁市成功创建为“浙江省村级财务规范化市”。

是月 海宁中国皮革城成为商务部首批 3 个重点培育的内外贸结合试点市场之一。

是月 浙江旭辉光电科技有限公司、浙江芯能光伏科技股份有限公司的太阳能光电建筑一体化应用示范项目获国家资金补助 1980 万元。

2 月

1 日 市四套班子领导分组走访慰问“五老”（老干部、老战士、老专家、老教师、老劳模）。

4 日 海宁市电镀专业园区内所有企业全部关停。

同日 海宁皮影戏参加“美丽非遗——‘泰顺廊桥杯’浙江省网络寻访非遗”活动展演晚会，获“最具原生态奖”。

5 日 海宁市连续第八年被省委、省政府授予“浙江省信访工作目标管理考核优秀县（市、区）”称号。

8 日 全市首批申报虚拟岗位的 11 户困难家庭通过审核，领取首月“爱心工资”，每户 1310 元。

16 日 副省长毛光烈一行到海宁调研“机器换人”工作开展情况。

同日 “五（吾）带头”潮乡群英榜表彰大会在市行政中心举行。

18 日 海宁市被认定为首批“浙江省创新型试点城市”。

21 日 全国人民调解规范化建设调研会在海宁召开。

23 日 海宁市高级中学（华师海宁）首次面向海宁市外举办自主招生选拔性考试。

24 日 举行“两创两富·美丽潮乡”2013 年元宵硖石灯会迎灯活动。

25 日 副省长毛光烈一行到海宁调研工业经济工作。

26 日 全市首个日间照料服务中心在海洲街道启动。

27 日 省政协副主席陈加元到海宁调研科技创新工作。

同日 召开国家免费孕前优生健康检查项目布置会，全面启动该项目试点工作。

同日 全市 19 个（村、居、企业）被命名为第三批省级以上人口计生基层群众自治“双示范”单位，其中盐官镇桃园村、许村镇南联村被命名为“国家级人口计生基层群众自治示范村”。

3 月

1 日 海宁市“12333”人力资源社会保障服务专线正式开通。

同日 市生猪定点屠宰企业视频远程监控系统启用。

4 日 全国第九批国家“千人计划”公布，海宁市汇泰康明生物科技有限公司首席科学家张文涛入选。

6 日 海宁市高级技工学校、海宁市职业高级中学、海宁卫生学校入选浙江省首批一级中等职业学校名单。

8日 嘉兴市委书记、市人大常委会主任李卫宁到海宁调研钱江通道工程、嘉绍跨江大桥项目建设。

12日 贵州省习水县党政考察团到海宁考察。

16日 浙江电视台“流动大舞台”到许村镇联盟村演出。

18日 由团市委、市人力资源和社会保障局、浙江火星人厨具有限公司主办的首届“火星人杯”全国创业大赛启动。

同日 《海宁市民政志》正式出版，是海宁市第一部记载民政事业的专志。

20日 印度国家太阳能检验中心专家到袁花镇的浙江省太阳能产品质量检验中心学习交流。

同日 副省长黄旭明到海宁调研农业水利工作。

同日 副省长朱从玖到海宁调研商品交易市场提升发展工作。

21日 2013年全省平原绿化工作座谈会在海宁举行。

27日 民政工作利益冲突防控预警机制获全省民政系统“阳光民政”十大品牌称号。

28日 2013中国·海宁潮国际博览会春季项目推介会在杭州举行。

30日 海宁市连续第八年被省委、省政府授予“浙江省平安县（市、区）”称号。

同日 市中医院整体搬迁至人民路（原人民医院院址）。

是月 周王庙镇星富桑苗专业合作社为乌兹别克斯坦定向培育桑苗560万株，为海宁桑苗出口数量最大的一次。

是月 大运河（海宁段）遗产点（段）虹桥闸改造项目启动。

4月

1日 召开全市党建工作会议，市委书记林毅强调，要深化“党员干部五（吾）带头、能力素质五（吾）提升、爱我海宁五（吾）带头”活动，进一步把“我带头、我光荣”引向深入。

同日 摩根大通中国区主席兼首席执行官邵子力一行到海宁考察。

同日 风和丽苑经济适用房项目获“全国保障性安居工程建设劳动竞赛优秀工程项目奖”。

2日 海宁市被命名为2009～2011年度“全国平安铁路示范县（市、区）”。

3日 “云龙村的蚕桑记忆”展览在杭州中国丝绸博物馆开幕。

同日 海宁老干部党校挂牌成立。

5日 硖许公路改建工程（广顺路至环西二路拓宽改建）开工建设。

8日 “天地图·海宁”通过国家测绘地理信息局评估测试，正式接入国家“天地图”主节点。

同日 召开全市清理河道清洁乡村工作会议，自4月1日起开展为期一年九个月的“双清行动”。

11日 2013海宁金融招商推介会在上海举行，14个项目成功签约，涉及签约金额近170亿元。

11～12日 中央电视台第五次直播海宁潮，并将其与亚马孙大潮进行对比播出。

15日 海宁交易团在第113届广交会上共设95个展位，涵盖五金、电子、汽配、家电、家居、服饰等16大类产品。

15～16日 澳大利亚迪肯大学新型材料研究所的博士专家以及浙江理工大学材料与纺织学院副院长王家俊一行，到海宁调研皮意纺织、海利得新材料等企业。

18日 嘉兴市委副书记、代市长肖培生一行到海宁调研经济社会发展情况。

同日 市委书记林毅率文化代表团访问英国剑桥大学。

19～21日 举行2013海宁春季家博会。

19日 公安部交通管理科学研究所与海宁市公安局签订《城市交通畅通技术示范基地战略合作框架协议》，并设立全国首个县域城市交通畅通技术示范基地。

20日 开展“杭州·海宁2013市民体验日”活动，杭州市民在海宁亲身感受潮乡文化的独特魅力。

同日 嘉兴市第一届市民运动会轮滑比赛在海宁国际轮滑运动中心举行。

20～23日 由海宁中国皮革城56家皮革生产经营企业组成的国际品牌合作代表团，与意大利马切拉塔手工业联合会、意大利Base Blu公司签订战略合作协议。

23日 海宁市首辆液化天然气（LNG）长途客车上牌。

25日 江西省南丰县党政考察团到海宁考察甲鱼养殖产业。

26日 山东省宁阳县党政考察团到海宁考察经编产业。

27日 举行庆祝五一国际劳动节暨劳模先进表彰大会。

28日 嘉兴市委书记鲁俊到海宁调研“三改一拆”工作。

5月

2日 由中央电视台戏曲和音乐频道与海宁市政府联合摄制的20集文化纪录片《徐志摩》制作完成，是日起在中央电视台戏曲频道播出。

3日 陈阁老宅、长安画像石墓以及惠力寺经幢3处文物保护单位被列为第七批全国重点文物保护单位。

4日 浙江省第六届幼儿体育大会在海宁开幕。

同日 亚洲新西兰基金会文化项目主任金丽芬（Jennifer King）到海宁访问。

6～16日 2013年全国青少年男子足球联赛青年乙组（17岁以下）省市联赛第二阶段（海宁赛区）比赛在海宁开赛。

8日 浙江大学国际影视发展研究院成立大会在省人民大会堂举行。

10日 举行庆祝“5·12”国际护士节暨“潮乡好医生、好护士”表彰大会。

同日 海宁市第四人民医院异地新建工程开工。

11日 浙江省第二届幼儿趣味田径比赛在海宁举行。

同日 第八届中国国际经编设计大赛总决赛暨获奖设计师签约新闻发布会在上海工程技术大学举行。

12日 市第五届文化艺术节开幕。

同日 法国科麦思国际控股有限公司大中华区总裁易青一行到海宁考察。

16～18日 举行第四届海宁·中国经编科技文化活动周。

17日 2013中国经编产业电子商务与实体经济发展高峰论坛在浙江海宁经编产业园区举行，20个经编单品电子商务平台正式上线。

21日 省委副书记、省长李强到海宁调研“机器换人”、环境整治等重点工作。

23日 2013中国进口食品物流贸易高峰论坛在海宁举行。

24日 举行环境与发展暨2013皮革产业高层论坛。

24～25日 浙江省第二届体育大会轮滑比赛在海宁举行。

同日 加拿大、以色列、澳大利亚、斯里兰卡等国驻上海总领馆官员及驻上海商会有关负责人到海宁考察经济社会发展情况。

24~25日 第三届中国海宁·长三角科技博览会暨第四届浙江（海宁）民营资本与海外人才智力合作交流大会在海宁举行。

28日 哈尔滨海宁皮革城开工奠基，是海宁中国皮革城第六个连锁市场。

同日 异地迁建的市工人文化宫落成启用。

29日 市十四届人大常委会第十二次会议采用联组会议的形式，就海宁市医药卫生体制改革工作进行集中审议，并全程录制向社会公开。

是月 海宁首个“活水”试点工程在许村镇开工。

6月

4日 省人大常委会副主任程渭山率执法检查组，到海宁开展饮用水水源保护执法检查。

5日 浙江大学党委书记金德水一行到海宁考察。

8日 斜桥古镇路仲被授予“浙江省非物质文化遗产旅游景区”称号。

同日 安徽省灵璧县党政代表团到海宁考察产业转型、环境保护等工作。

9日 举行“运河传文脉，钱潮承古韵”杭州下城·嘉兴海宁文化走亲非遗成果展示。

15~16日 2013年亚洲发展中国家部分女官员到海宁考察经济社会发展情况和妇女工作。

16日 位于百里钱塘国际旅游长廊的京都世纪文化产业园项目开工建设。

17日 召开《浙江潮·发刊词》发表110周年暨蒋公百里逝世75周年纪念座谈会。

同日 河南洛阳考察团到海宁考察美丽乡村建设工作。

同日 海宁市被列为首批省级电子商务示范县（市、区）创建单位，是嘉兴市唯一入围县（市、区）。

18日 海宁名力朗豪酒店项目签约仪式举行，为海宁首家国际豪华五星级酒店。

19日 海宁党政代表团到绍兴县考察，学习传统产业集聚升级、创意设计、市场建设和机制创新等方面的经验和做法。

21日 河北省安平县党政考察团到海宁考察产业转型、新农村建设等情况。

22日 浙江省高考成绩揭晓，上海外国语大学附属宏达高级中学学生施丹旖以裸分731分荣获浙江省文科高考状元。

同日 第六届尖山杨梅节开幕。

23日 哈佛大学招生官Sarah Lee在海宁市高级中学（华师海宁）举行公益讲座。

25日 教育部义务教育督导评估组到海宁，就海宁申请全国县域义务教育均衡发展县进行调研和督导评估。

26日 2013海宁百里钱塘国际旅游长廊推介会暨新闻发布会在上海举行。

同日 河北省肃宁县党政考察团到海宁考察新农村建设、产业转型发展等情况。

26~27日 省政府安全生产大排查大整治督察组分别到马桥街道和长安镇（高新区）检查安全生产工作。

28日 市文联召开第八次代表大会，选举产生新一届领导机构。

30日 副省长郑继伟到海宁调研。

是月 丁桥镇永胜村的油菜百亩高产创建示范方平均每公顷产量4296千克，是海宁首个浙江农业吉尼斯纪录。

7月

1日 海宁市与台湾秀传医疗体系签订《医疗服务合作项目合作框架协议》。

3日 “走基层、看纺织”中国经编万

里行总结会在北京召开，浙江海宁经编产业园区管委会获中国经编万里行活动最佳组织奖。

6日 海宁市推出全国首个“城乡防控日”，每月6日开展社会治安大检查。

10日 省“个转企”督察组到海宁督察上半年“个转企”工作。

同日 全国适度普惠型儿童福利制度建设试点工作推进会在海宁召开，海宁市被民政部确定为全国适度普惠型儿童福利制度建设试点县（市）。

11～16日 硖石灯彩《花瓶灯》《茶壶灯》等20多件作品参加在美国新墨西哥州圣达菲举办的圣达菲国际民间手工艺展。

12日 嘉兴市委副书记、代市长肖培生，嘉兴市副市长祝亚伟到海宁调研要素配置改革试点、“三改一拆”等工作。

同日 落户尖山新区的国家电梯产品质量监督检验中心（浙江）正式开工建设。

14～17日 2013年浙江省青少年举重锦标赛在海宁举行。

19日 嘉绍跨海大桥（嘉绍跨江通道）正式通车，大桥北接线位于海宁境内。

同日 2013嘉兴市首届网商文化节在海宁中国皮革城举行。

20日 浙江省青少年射击锦标赛在海宁开赛。

24日 第六届长三角海归创新创业圆桌会议在海宁举行。

30日 市高新技术产业园区管委会与浙江智新泽地科技发展有限公司在杭州签约，探索建立全市首家企业化运作科技产业园——海宁市海外高层次人才科技产业园。

31日 海宁市申报的“制定实施家用太阳能热利用产品系列联盟标准，促进太阳能产业提升”项目列入2013年首批浙江省工业和服务业标准化项目。

是月 市粮食购销有限公司新建市粮食储备库项目获中央预算内投资500万元。

是月 市产业用纺织品公共服务平台项目被列入国家服务业发展引导资金计划，获中央预算内专项资金230万元、地方配套资金460万元。

8月

2日 海宁市首个农村文化礼堂——马桥街道先锋村文化礼堂正式揭牌启用。

同日 海宁市政府与浙江股权交易中心举行战略合作签约仪式暨挂牌推介会。

4日 举行中央新影电影公社项目签约暨启动仪式。

7日 海盐县党政考察团到海宁考察“三改一拆”和城市建设工作。

同日 副省长熊建平到海宁调研水环境综合治理情况。

12～25日 2013俄罗斯·中国浙江文化节暨“天工遗风”——浙江省非物质文化遗产精品展在莫斯科中国文化中心举行，海宁皮影戏、硖石灯彩等参展。

13～15日 浙江省第二届青少年学生阳光体育运动会射击比赛在海宁举行。

15日 2013中国·海宁潮国际博览会新闻发布会在省人民大会堂举行。

同日 省“六五”普法中期检查督导组到海宁检查“六五”普法宣传教育情况。

16～18日 在2013年摩登舞、拉丁舞“世界杯”公开赛暨第四届亚洲舞蹈锦标赛上，海宁市参赛选手获少年男女A组金牌。

18日 海宁中国皮革城皮革服装批发区开业。

21～23日 中国灯彩界精英联谊活动在海宁举行。

23～25日 2013世界斯诺克巡回赛分区赛海宁赛区比赛举行。

25日 举行“海宁家纺杯”2013中国

国际家用纺织品创意设计大赛颁奖仪式暨家纺城国际贸易中心推介会。

27日 河南省三门峡市党政考察团到海宁考察美丽乡村建设情况。

28日 四川省阿坝州黑水县考察团到海宁开展东西扶贫对接工作。

同日 浙江万方新材料股份有限公司与美国江森自控有限公司签署合作协议，成立浙江万方江森纺织科技有限公司。

29日 海宁市联合省海外高层次人才联谊会举办能源、资源与环境分会专题研讨会暨“千人计划”海宁峰会。

30日 海宁市供电公司盐官供电所被国家能源局中国电力传媒集团和中国电力报刊协会评为“中国最美供电所”。

是月 市房地产管理处被住建部评为2012年度全国房地产交易与登记规范化管理先进单位。

是月 浙江方元物流有限公司通过第十六批国家A级物流企业综合评估，成为海宁首家国家A级物流企业。

是月 海宁市超过40℃的高温天气持续7天，7～8月高温天数达45天。8月9日最高气温达42.0℃，刷新自1959年有气象纪录以来的最高气温纪录。8月13日全市启动抗旱Ⅳ级应急响应。

9月

4日 全市村级组织换届工作试点动员大会在丁桥镇召开，新一轮村级组织换届选举试点工作全面启动。

6日 盐官镇被浙江省新农村建设促进会和浙江广播电视集团评为“浙江最美乡镇”。

7日 第二十届中国国际钱江（海宁）观潮节、2013中国海宁观潮露营大会开幕式暨《海宁，你是谁》微电影首映式在盐官景区举行。

8日 甘肃省政协副主席张世珍一行到海宁考察。

15日 01省道与海宁大道交叉口立交桥建成通车。

同日 潮涌路（海宁大道至观潮大道）建成通车。

16日 举办2013中国·海宁潮国际博览会开幕式暨中国十大经济潮流人物评选发布会，17日举行中国十大经济潮流人物·对话经济论坛。

同日 海宁潮文化旅游集聚区被省政府认定为第三批浙江省现代服务业集聚示范区。

18日 召开要素市场化配置综合配套改革试点工作动员会，全面启动要素改革工作。

25日 市领导林毅、戴锋等会见中国国民党荣誉主席连战及其夫人连方瑀。

同日 《中国共产党海宁历史（1949—1978）》首发式在市行政中心举行。

26日 第二十届海宁·中国皮革博览会开幕式暨2014中国国际皮革、裘皮服装流行趋势发布会在海宁中国皮革城举行。

同日 第九届中国节庆产业年会在海宁举行。

同日 嘉善县委书记姚高员率党政考察团到海宁考察经济转型升级、科技创新、要素市场化配置综合配套改革试点等工作。

27日 全省现代服务业集聚示范区现场交流暨项目推进会在海宁举行。省委常委、常务副省长龚正到会讲话。

同日 海宁中国皮革城欧洲名品街开业。

同日 海宁市电商创业协会成立。

28日 海宁中国皮革城六期工程奠基。

是月 市经济房建设发展中心被表彰为全省保障性安居工程建设优秀企业，市风和丽苑经济房项目被表彰为优秀项目。

10月

1日 中国首个“愤怒的小鸟”主题乐园在盐官百里钱塘观潮景区正式开园。

8日 受第23号台风“菲特”残留云系和冷空气共同影响，海宁遭遇极端罕见强降雨天气，全市普降暴雨，河网全线超危急水位。至10月9日，全市受灾人口20.8万人，直接经济损失6.65亿元。

10日 省委副书记、省长李强到海宁检查指导抗洪抢险救灾工作。

同日 海宁市电子商务协会成立大会召开。

11日 召开市科学技术协会第八次代表大会，选举产生新一届领导班子。

同日 由市司法局、普法办、妇联、海宁义工共同拍摄制作的首部法制微电影——《让爱回家》完整版在新浪视频网、优酷网、土豆网、腾讯视频网等网站开播。

12日 召开“最美海宁人”暨全市第三届道德模范表彰大会。

同日 海宁中国皮革城公共服务平台项目和海宁中国家纺城国际贸易中心项目被列入2013年省重大产业项目库。

同日 央视《新闻联播》报道海宁市创新打造社区居家养老模式。

同日 嘉兴市村民委员会换届试点现场观摩会在丁桥镇民利村召开。

15日 海宁市成功创建为首批省公共文化服务体系示范县（市、区）。

21日 全国教育质量监测反馈会在海宁召开。

同日 江浙沪十一县（市、区）第六十二次人大工作交流会在海宁召开。

22～29日 市委副书记、市长戴锋率团赴日本和俄罗斯开展经贸招商活动。

23～24日 全省推进“机器换人”现场交流会在海宁召开。

25日 海宁市第十届房地产博览会在市体育中心开幕。

25～28日 海宁皮影戏和硖石灯彩作为浙江非物质文化遗产代表，参加第九届海峡两岸图书交易会。

26日 第二届世界浙商大会在省人民大会堂开幕。天通控股股份有限公司董事长潘建清和总部基地（中国）控股有限公司董事局主席许为平获创业创新奖。

同日 省首届职工文化艺术节小品（情景剧）大赛在海宁举行。

同日 武汉海宁皮革城开业。

29日 海宁博爱医院因严重违法违规被吊销医疗机构执业许可证。

30日 省委书记夏宝龙到海宁专题调研全面深化改革开展情况。

31日 平湖市党政考察团到海宁考察“机器换人”“三改一拆”等工作。

11月

1日 首批要素市场化配置综合配套改革方案正式实施。

同日 全国纺织行业党建工作经验交流会在浙江海宁经编产业园区召开。

同日 2013中国纺织十大品牌文化推介大会在海宁召开，浙江海宁经编产业园区被评为2013中国纺织十大品牌文化。

2日 位于长安镇（高新区）的省重点服务业项目浙江长三角汽车城新车市场正式开业。

4～6日 省考核组对海宁市创建浙江省文明市进行考核验收。

7日 嘉兴市领导鲁俊、肖培生、刘冬生等率各县（市、区）党政主要领导、市级有关部门负责人，到海宁开展第二次“双推”活动，实地检查有效投入、“三改一拆”、水环境综合治理等重点工作推进情况。

同日 全省耕地保护补偿机制试点工作会议在海宁召开。

8 日 召开全市村级组织换届工作会议。即日起至 2014 年 1 月，全市村级组织进行全面换届选举。

9 日 浙江国际舞蹈公开赛在海宁举行。

13 日 亚洲轮滑联合会中央委员会第四次会议决定，第十六届亚洲轮滑锦标赛在海宁举行 。

14 日 亚洲国际地产投资交易会暨 2013～2014 中国百城建筑新地标研究成果发布会在香港举行，海宁市引进的开元名都项目被授予“2013～2014 中国综合体新地标”称号。

16 日 国家“千人计划”专家联谊会生物医药与生命科学专业委员会医疗器械专业组 2013 年年会在海宁召开。

17～19 日 第六届中国（海宁）·王国维戏曲论文奖颁奖典礼暨中国戏曲表演理论学术研讨会在海宁举行。

18 日 许村行政执法局成立，为全国首个镇级行政执法局。

同日 中科院海宁纳米电子材料与器件工程中心第一届一次理事会在海宁市科创中心召开。

19 日 江山市党政考察团到海宁考察城市建设和“机器换人”推进情况。

22～23 日 海宁市党政考察团赴诸暨市、义乌市考察学习。

23 日 2013 浙江新农村建设带头人“金牛奖”评选活动启动仪式在斜桥镇路仲村举行。

25～26 日 市第十六次妇女代表大会召开，选举产生新一届领导班子。

26 日 副省长黄旭明到海宁考察“河长制”管理和水环境综合治理工作。

同日 诸暨市党政考察团到海宁考察经济转型升级、要素市场化配置综合配套改革、城市建设等工作。

29 日 海宁 15 家企业在浙江股权交易中心集中挂牌。

12 月

2 日 海宁市要素交易中心在市公共资源交易中心挂牌成立。

同日 市公安局被公安部确定为全国第一批社会管理和公共服务综合标准化试点项目——国家公共安全领域 DNA 实验室综合标准化试点单位，成为全国唯一的县级试点单位。

4 日 桐乡市政府考察团到海宁考察要素市场化配置综合配套改革工作。

5 日 海宁市 AQI 指数（空气质量指数）达 374，首次达到 AQI 指数最高级别，空气严重污染。

6 日 海宁市和中信证券北京总部签订战略合作框架协议，规模 11 亿元的中信证券客户基金入驻海宁。

7 日 辽宁省副省长邴志刚一行到海宁考察服务业发展情况。

9 日 省委常委、常务副省长蔡奇到海宁调研要素市场化配置综合配套改革工作。

同日 宁波市鄞州区党政考察团到海宁考察要素市场化配置综合配套改革工作。

同日 市档案馆晋升为国家一级综合档案馆。

11 日 国务院农村综合改革办公室副主任李桂春一行到海宁调研农村集体经营性建设用地入市试点情况。

12 日 海宁市安正时尚集团股份有限公司和海宁蒙努集团有限公司入选 2013 年中国制造业自主品牌价值榜。

13日 1985年启用的海宁剧院实施整体拆除。

13～15日 2013海宁市第五届农产品博览会在市体育中心举办。

14日 市中医院尖山分院成立。

同日 海宁汽车北站开工建设。

16日 出台《海宁市内河水运复兴行动计划（2011～2015年）》，是首个专门针对水运建设的规划。

同日 市区洛塘河、市河、麻泾港、平阳堰港4条河道除公务和保洁船外，实行全面禁航。

16～17日 举行工会第十六次代表大会，选举产生市总工会新一届领导班子。

17日 海宁市创建省森林城市通过省检查组验收。

19日 陕西省三原县考察团到海宁考察市场及配套物流建设工作。

22日 海宁市被省政府妇女儿童工作委员会确定为全省首批实施妇女儿童发展“十二五”规划示范县（市）。

23日 绍兴市柯桥区党政考察团到海宁考察要素市场化配置综合配套改革、“机器换人”等情况。

26日 海宁银泰城正式开业。

同日 盐湖公路西桥和鹤塘桥启动建设，杭平申航道海宁段全面开工。

27日 市委书记林毅率党政考察团赴海盐县、平湖市学习考察土地整治、美丽乡村建设等工作。

同日 举行2014“路仲建设年”启动仪式暨工作汇报会，路仲古镇保护性开发建设启动。

29日 盐官镇获“2011～2013年度国家卫生镇”称号，成为海宁首个国家卫生镇。

31日 市委十三届五次全体（扩大）会议暨十四届市政府第五次会议在市行政中心召开，会议回顾了2013年各项工作，对2014年工作进行全面动员和部署。

（档案局　史志办）

［编辑：曾晓莲］

海宁概貌

General Information of Haining

地理环境

【地理位置】 海宁市位于浙江省东北部，嘉兴市南部。地理坐标北纬 30° 15′ ~ 30° 36′ ，东经 120° 18′ ~120° 53′ 。东邻海盐县，南濒钱塘江，与绍兴市上虞区、杭州市萧山区隔江相望。西接杭州市余杭区，北连桐乡市、嘉兴市秀洲区。东距上海 125 千米。沪杭铁路、101 省道杭沪复线、杭浦高速公路东西横贯市域，沪杭高铁、沪杭高速公路、320 国道越过北境，杭州绕城公路东线穿行西部。以“三横九纵五连”为主框架，市、镇、村公路纵横交错，形成现代化交通网络，短途客运便捷化，村村通城乡公交。定级内河航道 48 条，主干线航道与京杭大运河相连。

【自然环境】 海宁市域地处长江三角洲杭嘉湖平原，内陆面积 700.50 平方千米。地形狭长，东西长 51.87 千米，南北宽 33.40 千米。地势平坦，自西南向东北倾斜，陆地海拔 3 ~ 5 米（1985 高程，下同），古陆残屿与低丘集中分布在境东北和东南部，高阳山最高，海拔 251.58 米，其他在 200 米以下。海宁属北亚热带海洋性湿润气候区，气候温和，雨量较丰，日照充足，四季分明。因地处中纬度，冷暖空气经常在此交会，有旱、涝等灾害性天气出现。耕地土质南砂北黏，结构良好，水气协调，酸碱度适中，适宜多种作物生长。海宁属太湖流域水网地带，境内有上塘河和运河两个水系。水资源以河网径量为主，外来水利用率高，地下水控制开采，总量能满足工农业生产和人民生活需要。自然条件优越，至今约有 730 种植物和 500 余种动物在此地域生长繁衍。海宁地居钱塘江河口北岸，境内岸线长 55.35 千米，钱塘江水域（不含尖山围垦）130.94 平方千米，海塘（不含围垦海塘）长 33.2 千米。“海宁潮”是世界著名的自然景观。

（史志办）

历史沿革

【建置】 据考古资料证明，距今约六七千年，在海宁土地上已有先民生息。春秋战国时，海宁是越、吴、楚的武原乡、槜李乡、御儿乡属地。秦时在海盐县、由拳县境内。东汉建安八年（203）陆逊任海昌屯田都尉并领县事。三国吴黄武二年（223），析海盐、由拳，置盐官县，属吴郡，隶扬州，为海宁建县之始。唐武德七年（624）并入钱塘县，贞观四年（630）复置盐官县。元元贞元年（1295）升盐官州，泰定四年（1327）改名为海宁州。明洪武二年（1369）降为海宁县，属杭州府。清乾隆三十八年

(1773)复升为州。民国元年(1912)改州为县，直属浙江省。民国21年(1932)属第二县政督察区(1935年6月改为行政督察区)，专属驻嘉兴。民国27年(1938)属第三行政督察区，专属驻绍兴。民国29年(1940)浙江省增设第十区，海宁县属第十行政督察区，专属驻嘉兴。民国37年(1948)属第一行政督察区。1949年5月海宁解放，属嘉兴专区。1958年11月海盐县并入海宁县，至1961年12月海盐县分置。1986年11月，海宁撤县设市，属嘉兴市。历史上海宁县治长期在盐官镇。抗日战争期间，曾先后迁移袁花一带乡间及县境以外，抗战胜利后设于硖石镇，后还治盐官镇。1949年6月，县人民政府移驻硖石镇。2003年11月，优化行政区划后，市人民政府驻地在海洲街道。

【政区】 据散见于典籍、金石部分的记载，唐以前有二市、三镇、七乡、七里、四村。宋咸淳年间(1265～1274)，县辖6乡。元初有10乡，后并为6乡。明时有6乡，统3镇32都。清雍正六年(1728)，设6乡、4镇和市都、安都、石都、上下都。宣统二年(1910)，有1城、2镇、5乡共8个自治区。民国初沿袭清制，后推行村里制、保甲制，行政区划多次变动。民国34年(1945)，全县4个区、55个乡镇；民国35年(1946)缩编为44个乡镇；民国36年(1947)又调整为25个乡镇。1949年5月，县人民政府建7个区、25个乡镇。1950年改为6个区、68个乡镇。1956年撤销区建制，设22个乡、6个镇。1958年11月实行人民公社，海盐县并入海宁，合建13个人民公社。1959年，恢复5个镇的建制。1961年5月，调整公社规模，设7个镇、37个公社；12月，海宁、海盐分县，海宁置24个公社、5个镇。1984年撤社建乡，全县5个镇、23个乡。1998年全市设15个镇、10个乡。1999年11月，调整为14个镇、4个乡。2001年10月，优化完善乡镇行政区划，全市调整为13个镇。2003年11月，行政区划进一步优化调整，全市设8个镇、4个街道。至2013年，全市仍为8个镇、4个街道。

(史志办)

天气气候及水文

【天气气候特征】 2013年，全市年平均气温特高，年降水量偏多，年日照时数正常。冬季暖湿，雨水偏多；春季干暖，光照充足；夏季酷热，干旱少雨；秋季雾霾频发，台风影响重。全年气候条件较差。主要气象灾害为夏季高温干旱和秋季台风洪涝，给全市各行各业带来极为不利的影响。

年平均气温17.6℃，比常年高1.2℃，为历年第二高值。年总降水量1366.0毫米，比常年多109.7毫米，属偏多年份。年总降水日数122.0天，比常年少17.9天，属明显偏少年份。年总日照时数1786.3小时，比常年少63.4小时，属偏少年份。年蒸发量1566.7毫米，比常年多185.6毫米，创历年最多值。年平均相对湿度74%，比常年低6%。日平均气温稳定通过10℃的回暖初日出现在3月27日，与常年一致；终日出现在11月24日，比常年迟5天。终霜日出现在4月7日，比常年迟24天；初霜日出现在11月19日，比常年晚4天。无霜期历时224天，属明显偏少年份。终冰日出现在3月3日；初冰日出现在11月28日。年极端最高气温42.0℃，出现在8月9日；年极端最低气温-5.4℃，出现在12月28日。年最大日降水量260.5毫米，出现在10月8日。年一日最大蒸发量12.4毫米，出现在8

月9日；年一日最小蒸发量0.0毫米，共有11天。

1月3~7日，全市出现持续降雪天气，其中4日到5日上午和5日夜里全市普降中到大雪，过程最大雪深5厘米。2月7~8日出现中到大雪，过程最大雪深6厘米。2月18日夜里到19日受冷暖气流交汇影响，普降大到暴雪，过程最大雪深8厘米，降雪主要集中在19日凌晨到上午，气温较低，部分道路和桥梁结冰，给交通带来明显不便。

6月7日入梅，7月1日出梅，梅雨期24天，梅雨量228.6毫米，≥0.1毫米雨日16天。梅雨期间出现3次强降水过程，分别为6月7日、24日、27日，其中7日和27日全市普降暴雨。

全年共出现雷暴天气25天，较上年明显减少，雷电强度总体不强，主要集中在7月和8月。6月24日下午到傍晚，受强对流云团影响，全市大部分地区出现短时暴雨，并伴有强雷电，多处地方积水严重。8月1日夜里，由于强对流天气，全市多个镇（街道）出现短时暴雨和8~10级大风和强雷电，并伴有雷电灾害。

全年共出现≥35℃高温天气50天，其中6月3天，7月27天，8月20天，高温主要集中在7月和8月。极端最高气温42.0℃，出现在8月9日。高温持续时间长、覆盖范围广、强度超强，极端最高气温、高温日数和≥40℃高温天数均创极值。

干旱严重。7~8月中旬，全市出现持续的晴热高温少雨天气，其间降水量仅53.8毫米，蒸发量495.7毫米。由于气温特高、蒸发特大、降水异常偏少，河港水位明显下降，土壤墒情持续走低，全市旱情明显，农作物、绿化苗木和蔬菜种植等遭受严重影响。

全年受台风影响较重。10月6~8日受台风“菲特”“丹娜丝”及冷空气共同影响，全市普降大暴雨到特大暴雨，过程雨量466.9毫米，破台风影响过程雨量极值，日雨量创历史新高。造成直接经济损失1.73亿元。

全年共出现霾105天、大雾21天。灰霾天气较上年明显偏多，特别是11月和12月，由于大气环流稳定，空气扩散条件较差，霾天气集中暴发。12月4~9日，连续出现重度霾天气，空气质量指数长时间处于重度到严重污染级别，市气象台连续六天发布霾橙色预警信号。

2013年超历史（1959~2012年）
表1　　异常气象纪录

2月日照时数	52.2小时	历史同期最少值
2月上旬日照时数	7.4小时	历史同期最少值
3月极端最高气温	30.7℃	历史同期最高值
3月上旬平均气温	12.3℃	历史同期最高值
3月上旬极端最高气温	30.7℃	历史同期最高值
4月雨日	6天	历史同期最少值
6月日照时数	55.5小时	历史同期最少值
6月上旬日照时数	18.5小时	历史同期最少值
7月平均气温	31.9℃	历史同期最高值
7月极端最高气温	39.4℃	历史同期最高值
7月上旬平均气温	31.5℃	历史同期最高值
7月下旬平均气温	33.0℃	历史同期最高值
8月平均气温	31.1℃	历史同期最高值
8月极端最高气温	42.0℃	历史同期最高值
8月上旬平均气温	32.9℃	历史同期最高值
8月上旬极端最高气温	42.0℃	历史同期最高值
8月中旬极端最高气温	40.1℃	历史同期最高值
10月降雨量	473.7毫米	历史同期最多值
10月上旬降雨量	468.2毫米	历史同期最多值

说明：历年平均值统计年限为1981~2010年

【水文】 2013年梅汛期降雨量较常年偏少。整个梅期降雨13天，累计降雨237.6毫米，是多年梅期平均降雨量的94.9%。全年降雨119天，累计降雨量1327毫米。

一、内河水位

下塘河水位 硖石（洛塘河）全年最高水位4.73米，高于警戒水位0.93米，出现日期10月8日；全年最低水位2.61米，出现日期12月15日；全年平均水位2.96米。长安镇（崇长港）下河全年最高水位4.93米，高于警戒水位1.13米，出现日期10月8日；全年最低水位2.72米，出现日期2月4日；全年平均水位3.10米。

上塘河水位 长安镇上河全年最高水位6.07米，高于危急水位0.87米，出现日期10月8日；全年最低水位3.57米，出现日期8月18日；全年平均水位4.58米。黄湾花山汇上河全年最高水位5.24米，高于警戒水位0.44米，出现日期10月8日；全年最低水位4.11米，出现日期1月22日；全年平均水位4.38米。

二、钱塘江水文（盐官）

潮位 全年最高潮位8.23米，出现日期10月7日，全年高潮位平均6.13米。全年最低潮位2.30米，出现日期12月12日，全年低潮位平均3.03米。

涨潮差 全年最大涨潮差4.87米，出现日期8月22日；全年最小涨潮差0.55米，出现日期3月21日；全年平均涨潮差3.10米。

落潮差 全年最大落潮差4.71米，出现日期8月22日；全年最小落潮差0.66米，出现日期3月21日；全年平均落潮差3.10米。

涨潮历时 全年最大历时5小时23分，出现日期5月5日；全年最小历时1小时19分，出现日期8月23日；全年平均历时2小时30分。

落潮历时 全年最大历时11小时42分，出现日期3月21日；全年最小历时7小时47分，出现日期3月31日；全年平均历时11小时08分。

蒸发量 全年最大日蒸发量9.6毫米，出现日期7月14日；全年最小日蒸发量0.10毫米，出现日期1月3日；全年总蒸发量888.80毫米。

潮含氯度 全年最大值5.60毫升，出现日期3月31日，年最大平均1.82毫升；全年最小值0.10毫升，出现日期1月8日，年最小平均0.97毫升。

（居晓燕 何富国）

行政区划及人口

【行政区划】 2013年，全市有许村、长安、周王庙、盐官、丁桥、斜桥、袁花、黄湾8个镇和硖石、海洲、海昌、马桥4个街道。年内撤销马桥街道的马桥社区，新建桐溪社区；撤销长安镇的东街社区、中街社区、浙一社区、西街社区、修川社区，新组建虹桥社区和新的修川社区；新建海洲街道康桥社区。至年底，共有村161个、社区63个。

【人口】 2013年年底，全市户籍总人口669143人，比上年增加3051人；总户数184583户，增加368户，平均每户3.63人。在总人口中，男性人口328853人，女性人口340290人，男女性别比为96.64∶100。年内，全市出生人口5621人，出生率为8.40‰，下降1.1个千分点；死亡人口4547人，死亡率为6.81‰，下降0.77个千分点；人口自然增长率为1.61‰，下降0.3个千分点。全年迁入人口5247人，迁出人口3653人，净迁入1594人。全市城乡居民平均预期寿命81.89岁，其中男性为79.90岁，女性为83.84岁。

表 2　　2013 年海宁市村（社区）基本情况

镇(街道)名称	村		社区	
	数量(个)	名　称	数量(个)	名　称
许村镇	27	荡湾　孙桥　庄湾　团结　新益　永福　许桥　双联　南联　杨渡　文桥　新华　报国　李家　科同　联盟　茗山　红旗　巷东　花园　景树　前进　胜利　海王　塘桥　翁埠　许巷	3	联合　集镇　许巷
长安镇	20	东陈　肖王　金港　天明　新民　老庄　城东　虹金　褚石　辛江　泰山　兴城　德丰　陆泽　大型　兴福　东升　红色　盐仓　鹿耳	5	虹桥　怡院　修川　港湾　**长郊**
周王庙镇	13	上林　长春　联民　双润　陈桥　星火　新建　博儒桥　石井　胡斗　荆山　云龙　之江	1	周王庙
盐官镇	17	联农　祝会　新星　安星　城北　群益　桃园　联丰　郭店　广福　包王　红友　联群　丰士　万寿　盐官　中新	4	春熙　安澜　郭溪　丰兴
丁桥镇	14	民利　群海　海星　永胜　芦湾　两丰　丁桥　诸桥　金阳　利群　新仓　海潮　万新　保胜	1	丁桥
斜桥镇	16	乐农　斜西　仲乐　新农　三联　黄墩　斜桥　庆云　华丰　路仲　永合　光明　万星　金石　祝场　祝东	3	斜桥　庆云　洛溪
袁花镇	14	镇东　新袁　双丰　龙联　镇西　红新　红晓　夹山　长啸　梨园　彭墩　谈桥　东风　濮桥	4	河东街　河西街　**天仙街**　**彭墩**
黄湾镇	7	黄湾　闸口　钱江　黄山　五丰　尖山　大临	2	黄湾　尖山
硖石街道	8	荷叶　联和　军民　永丰　南漾　双合　西环　杨汇桥	15	南苑　东苑　东山　由拳　新华　西山　沙泗浜　南关厢　海青桥　凤和丽苑　**农丰**　**长田**　**高丰**　**长园**　**群利**
海洲街道	5	民和　伊桥　金龙　张店　双凤	15	康桥　洛洲　海洲　成园　梨园　梅园　白漾　联塘　百合　**南郊**　**新庄**　**新桥**　**联合**　**东长**　**西郊**
海昌街道	12	迎丰　利民　双喜　双山　双冯　泾长　长山　星光　金星　光耀　勤民　黎峰	9	碧云　洛隆　**硖西**　**金利**　**火炬**　**隆兴**　**硖东**　**东郊**　**丁公堰**
马桥街道	8	民胜　马桥　新场　柏士　先锋　正阳　利众　新塘	1	桐溪

说明：黑体字为撤村建居社区

按公安部门户籍统计，全市共有 27 个少数民族，总人口 2499 人，其中人口最多的分别是壮族、苗族、土家族和彝族。

（陆淘杰　丁　洁）

国民经济和社会发展

【概况】　2013 年，全市实现生产总值 633.65 亿元，按可比价计算，比上年增长 9.5%。其中第一产业增加值 25.62 亿元，增长 0.2%；第二产业增加值 364.19 亿元，增长 9.5%；第三产业增加值 243.84 亿元，增长 10.5%。按户籍人口计算，人均生产总值 94912 元（按年平均汇率计算为 15325 美元），增长 9.0%。全年居民消费价格累计上涨 2.4%。实现财政总收入 94.26 亿元，增长 15.6%，其中公共财政预算收入 52.49 亿元，增长 18.5%；城镇居民人均可支配收入和农村居民人均纯收入分别为 41397 元和 21359 元，分别增长 10.0%和 10.3%。完成固定资产投资 368.35 亿元，增长 21.3%，其中工业生产性投资 172.30 亿元，增长 18.4%；政府性投资项目完成 63.70 亿元，增长 4.8%。实现出口总额 45.62 亿美元，增长 14.4%；进口总额 11.95 亿美元，增长 16.5%。实现社会消费品零售总额 269.34 亿元，增长 13.8%。

表 3　2013 年海宁市分季度经济运行情况及与浙江省、嘉兴市比较

经济运行主要指标	海宁市				嘉兴市全年	浙江省全年
	一季度	上半年	前三季度	全年		
地区生产总值增速（%）	11.9	10.1	9.3	9.5	9.3	8.2
社会消费品零售总额增速（%）	13.7	13.8	14.0	13.8	13.1	11.8
固定资产投资增速（%）	58.8	40.6	31.1	21.3	16.3	18.1
外贸出口增速（%）	9.4	6.3	11.6	14.4	9.8	10.8

【产业结构调整优化】 2013 年，三次产业结构比为 4.0：57.5：38.5。推进工业强市建设，新增产值超 50 亿元企业 2 家。实施“机器换人”试点项目 128 个。加快推进“腾笼换鸟”和“退低进高”，全年收回腾退低效用地 182 公顷，盘活存量土地 124.6 公顷。加快推进服务业发展，完成分离发展服务业 60 家，其中限额以上 25 家；完成“个转企”1780 家，其中公司 512 家。皮革工业设计基地实现设计服务收入 1.2 亿元，设计成果转化产值 21 亿元。加快农业转型发展，水果、花卉、苗木三大绿色产业种植面积 6733.3 公顷，比上年增长 5.2%。削减生猪存栏 20.0 万头，启动温室甲鱼养殖整治行动。粮食播种面积 27760 公顷，总产量 18.3 万吨。推广家庭农场经营模式，年内发展家庭农场 343 家。全年实现建筑业施工产值 208.83 亿元，增长 10.2%。

【加快科技创新】 全市有国家重点扶持的高新技术企业 66 家，全年财政科技投入 2.43 亿元，比上年增长 18.5%。有经省科技厅登记的科技成果 54 项，其中获省级科技进步奖 1 项，嘉兴市级科技进步奖 12 项。列为国家级新产品 1 个，省级新产品 452 个。年内申请专利 4440 件，授权 2590 件，其中申请发明专利 476 件，授权 76 件。全年经认定登记和网上技术市场签约技术合同 48 项，合同金额 8533 万元。强化科技创新驱动，中科院纳米电子材料与器件工程中心、浙江理工大学国家技术转移中心海宁分中心等一批科创平台落户，建设运行全国首个经编研究院。科创中心二期投入使用，引进浙江大学国际影视发展研究院，建成影视译制产业园。引进和培育国家“千人计划”人才 7 名、省“千人计划”人才 4 名，每万人人才资源数 2235 人。完善“海宁皮革”“海宁家纺”“马桥经编”区域名牌推广运用机制，新增注册商标 2010 件。

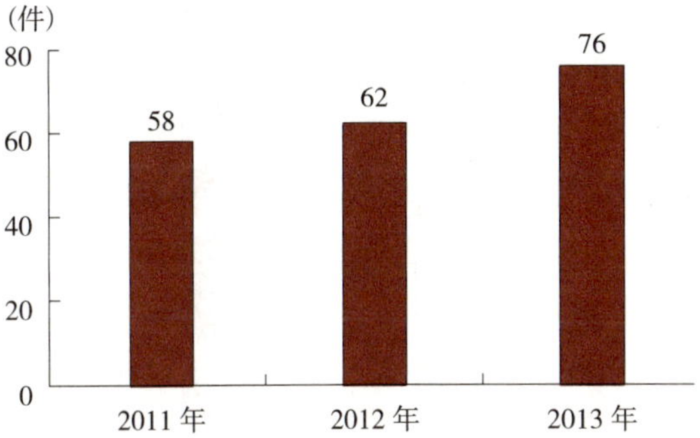

图 1　2011～2013 年发明专利授权量

【统筹城乡建设】　2013 年，嘉绍高速通车，钱江通道建成，完成杭沪线（S101）海宁大道立交改造、海宁大道拓宽及绿化景观改造工程。推进“三改一拆”，“三改”累计开工 505.8 万平方米，拆除违法建筑 275.7 万平方米，“三改一拆”总量 781.5 万平方米。实施城区老旧小区综合改造，得胜里、人民里、蔡家埭区块完成房屋拆除并启动建设，工人路区块完成拆平，干河街区块签约率 75%。推进公交优先，打通 5 条断头路，改造 5 条瓶颈路，开放机关企事业单位停车位，综合实施城市排堵保畅工程。安置房项目开工 51 万平方米，竣工 20 万平方米，完成农房集聚 3056 户。全面开展星级美丽乡村创建三年行动，启动杭浦高速以南美丽乡村集聚区建设，丁桥镇、袁花镇、马桥街道通过嘉兴市级美丽乡村创建先进镇（街道）验收。启动农村土地承包经营权长久不变改革工作，全年新增流转土地 1000 公顷。加快推进土地复垦，完成整治复垦面积 244.2 公顷。全市耕地保有量 33986.7 公顷。

【民生事业持续改善】　全年劳动者报酬占 GDP 比重为 44%，比上年提高 0.7 个百分点。全年教育经费支出占财政公共预算支出的 27.3%，海宁市列入全国首批义务教育发展基本均衡市，学前教育争创嘉兴市先进，示范镇（街道）创建成功率居嘉兴首位，康桥幼儿园、硖石小学正式启用。高考本科上线率 66.23%，高于嘉兴全市平均 4.84 个百分点，全省高考文科状元出自海宁。完成公立医院成本核算试点和综合改革试点评估，门诊、住院均次费用低于全省平均水平。完成 9 个城乡一体示范新社区创建，“96345”服务中心实现城乡全覆盖，“三社”（社区、社工、社团）建设水平嘉兴领先。推进平安海宁建设，每万人刑事案件立案数 100 件，下降 4%。实现安全生产三项指标同比下降。开展食品药品安全整治专项行动，全年侦破食品药品案件 76 件，刑事拘留 156 人。深化新居民积分制管理。海宁市居民幸福指数 86.04 分。

【社会保障不断健全】　全年新增就业岗位 11855 个，城镇登记失业率 2.96%，高校毕业生初次就业率 98.9%。职工基本养老、医疗、失业、工伤、生育保险参保人数分别净增 3.49 万人、2.24 万人、0.82 万人、1.25 万人、1.3 万人，累计参保人数分别为 36.11 万人、35.87 万人、19.02 万人、26.05 万人、19.69 万人。社会养老保险和医疗保险覆盖率分别为 99.7%和 99.9%，参合居民补偿率及县域内就诊率嘉兴领先。合作医疗大病保障病种扩大到 20 种，城乡居民合作医疗政策范围内住院补偿率 78.2%。率先试行合作医疗大病保险，3932 人次享受大病保险 942 万元；9600 人次城乡困难群众享受医疗救助新政 966 万元。城镇居民和农村居民最低生活保障人数分别为 931 人和 5619 人，全年发放低保金 2052 万元。推行“两富同行”温暖工程，结对困难家庭3789 户，认领虚拟岗 1431 个。推进“幸福养老”工作，完成养老服务设施三年改造任务，城市社区居家养老服务照料中心实现全覆盖。全市养老机构床位数4470张。推进残疾人权益保障和困难群众救助工作。

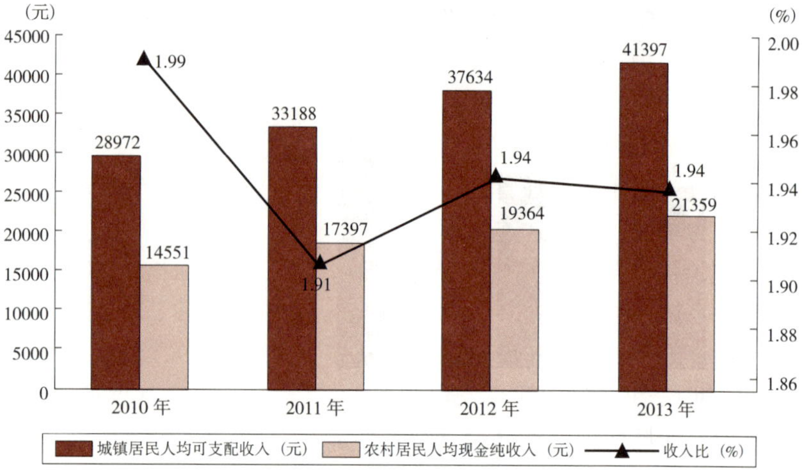

图2　2010～2013年城乡居民收入

【加大环境保护力度】　深化“河长制”，实现市、镇、村三级河道排污口全部封堵，实施市区河道禁航。开展脏乱黑臭河道清淤整治，共疏浚河道268.7千米，整治脏乱黑臭河道159条。开展农村生活污水集中连片整治试点，全市43个“河长制”断面水质监测四类水体占比20.9%，获全省跨行政区域河流交接断面考核“良好”。启动PM2.5（细颗粒物）监测，每日发布空气质量指数。实施“煤改气”试点，开展大气复合污染防治工作。建立用能交易机制，探索用能总量指标差别化有偿使用和交易。推广清洁能源使用，新增光伏发电装机容量46兆瓦。全面关停造纸厂，加大对制革、印染、化工等行业的整治，年内立案查处环境违法案件3件，刑事拘留11人。加大平原绿化建设力度，新增绿化面积1066.7公顷，林木总量13940公顷，森林覆盖率18.8%，林木绿化率23.2%，成功创建省级生态市。

【提升改革开放活力】　引进江南总部基地、阿里巴巴菜鸟网络、开元名都等项目。全年新批三资企业50家，比上年增加30家。新批外商投资项目84个。合同利用外资5.73亿美元，实际利用外资3.35亿美元，分别增长47.8%和42.5%。长安镇、许村镇列入嘉兴市小城市培育试点，编制小城市培育试点三年行动计划。实施要素市场化配置综合配套改革试点，制定出台一批改革配套政策，加快破除土地、能源、资金、人才、环境容量等要素配置中的体制性障碍。实施新一轮行政审批制度改革，取消112项行政许可事项和64项非行政许可事项，取消管理服务类审批事项，取消所有涉企、涉农类行政事业性收费（资源、补偿类除外），下放127项审批权限，行政审批事项承诺时限提速80%以上。

（陈　洁）

新农村建设与农村改革

【概况】　2013年，继续以深化城乡统筹发展为统领，推进“两新”工程和美丽乡村建设。全年完成农房集聚改造3056户，超额完成嘉兴市下达的任务。开展市区公寓房安置第三批签约，共签约242户。市区安置五期总报名1242户，签约711户，总签约面积90680平方米，共920套房。市区公寓房“缔艺家园”主体工程结顶。推进示范性城乡一体新社区创建，9个社区被认定为海宁市级示范性城乡一体新社区，其中长安镇老庄社区、斜桥镇云川名都苑和硖石街道赞山景苑被认定为嘉兴市级示范性城乡一体新社区。2013年，海宁市获全省“深化千万工程、全面建设美丽乡村”工作优秀单位称号，连续第四年获浙江省“社会主义新农村建设优秀单位”称号，连续第八年被评为省村庄整治优胜县（市）。盐官镇获首批“浙江最美乡镇”称号。

制订出台《2013年度美丽乡村建设工作实施意见》，根据海宁市“十二五”美丽乡村建设专项规划，重点建设“两横四纵”美丽乡村风景线中的“果园飘香富农路”和“百里长廊农耕文化体验带”。许村镇、袁花镇、马桥街道获第三批“海宁市级美丽乡村创建先进镇（街道）”称号；丁桥镇、袁花镇、马桥街道通过“嘉兴市级美丽乡村创建先进镇（街道）”验收。制订《杭浦高速以南美丽乡村建设实施方案》，以潮涌路沿线两侧为轴线，通过精品节点建设和村庄环境综合整治，以及新仓村夹塘内开放式主题公园、荆山村观潮景点后花园打造，建设杭浦以南美丽乡村集聚区。推进村庄整治，年内完成省待整治村10个、市级扩面村20个、环境提升村7个，整治扩面受益农户6863户，许村镇、袁花镇、马桥街道实施整镇整治。至年底，全市完成村庄整治总户数10.7万户，占农村总户数的77.1%。许村镇南联村、盐官镇红友村通过省重点培育中心村验收，周王庙镇云龙村、黄湾镇尖山村通过省历史文化村落保护利用年度考核。

继续实施“低收入农户奔小康”工程，开展“两富同行”和“一企助一户，同走致富路”活动。全市共认定低收入农户11015户，人口35302人，录入浙江省扶贫电子信息网，建立低收入农户电子档案，选择80户低收入农户建立扶贫统计监测点，41个部门捐助资金123.4万元。发挥指导员组团服务，至年底，落实经济发展项目123个，落实水、电、路等基础设施项目120个，争取落实扶持资金1611万元，捐赠资金和物资价值108.2万元。调处矛盾纠纷579起。帮助新建或改建党员活动室（村办公室）56个，帮助培养入党积极分子323名。

制订出台《关于扎实推进农村集体资金资产资源管理规范化建设的意见》，进一步明确推进农村集体“三资”（资金、资产、资源）管理规范化建设的主要内容和工作措施。开展农村集体“三资”清产核资工作，摸清家底、建立台账，并将合同、资产等录入农村集体“三资”监管系统。继续全面实施村（股份）经济合作社一年一审制度，市直接审计5个村，全市182个村涉及审计资金22.1亿元，

盐官镇桃园村新村点美景

通过审计收回各类款项 51.4 万元。全年村级集体经济收入 3.20 亿元，比上年增长 13.9%。海宁市成功创建为浙江省农村集体“三资”管理规范化县（市）。

继续实施“万名农民素质提升工程”和“515”新农村建设人才工程。全年投入培训资金 575 万元，培训农民 18631 人，完成计划的 186.3%，其中农业专业技能培训 5966 人、农村“两创”实用人才培训 1894 人、转移就业技能培训 6471 人、务工农民岗位技能培训 648 人、农村后备劳动力培训 2067 人、双证制培训 960 人、“五个一批”人才培训 625 人，培训后转移就业率 80.3%。强化养殖业转产服务，围绕生猪减量提质工作，在袁花镇为生猪转产户开设中专班，招收学员 46 名。

【启动星级美丽乡村创建】 制定出台《关于全面开展星级美丽乡村创建的决定》《海宁市星级美丽乡村创建三年行动计划》，在全省创新启动星级美丽乡村创建，统筹全市产业发展、水环境治理、“三改一拆”“四边三化”等各项工作。设置“五个一票”否决指标和 51 项刚性指标，动员全市 182 个村（社区）在做好村庄功能布局科学规划的同时，重点围绕“五个一”（一条干净生态的河道、一个健全的垃圾收集机制和网络、一片耕作高效的良田和土地集约节约利用现场、一条健康的村级集体经济和产业发展路子、一个和谐的民风习俗）开展星级美丽乡村创建，实现农村“五个好”（生态好、管理好、发展好、乡风好、队伍好）。通过创建，力争两年内 95%以上的村（社区）达到一星级标准，三年内 10%以上的村（社区）达到三星级标准，5%以上的村（社区）达到五星级标准。

【村级集体经济帮扶】 出台《关于进一步发展壮大村级集体经济的补充意见》，对第五轮村级集体经济帮扶政策进行补充完善。下达年度创收项目计划 29 个。至年底，完工产生收益的 8 个上年立项项目和 6 个年内立项项目通过验收，其中抱团发展项目 1 个。14 个项目村总投资 2011 余万元，下达补助资金 474.7 万元，共为村级集体经济新增收益 164 万元。对上年市级部门结对帮扶工作开展调查，全市 41 个市级结对部门捐助资金总计 123.4 万元（其中捐物折价 25.3 万元）。落实上年村级出租税金奖励，兑现奖励资金 452.2 万元。

【农民负担管理】 开展农民负担监督管理阳光行动，深化一事一议筹资筹劳财政奖补规范化管理。全市 12 个镇（街道）的 63 个村级公益事业项目被列入浙江省一事一议筹资筹劳财政奖补项目，投入资金 5202.3 万元，其中通过一事一议筹资筹劳（以资代劳）筹集资金 301.2 万元，村级集体经济投入 1570.0 万元，社会捐助 42.8 万元，市、镇两级财政奖补 1678.3 万元，争取省财政项目奖补资金 1600 万元。

【“永兴”农机服务成全国示范】 1 月 31 日，马桥街道湖塘集镇的海宁永兴农机专业合作社被农业部评为全国农机合作社示范社。该社成立于 2005 年 12 月，是海宁首家农机专业合作社，有社员 101 名，拥有各类农机 74 台套，资产总值 649.2 万元。其业务从成立初单一的农机作业服务，拓展到病虫害防治、稻田托管、环境整治等多项社会化服务。

【农村文化礼堂建设】 2013 年，市委办、市府办联合下发《关于推进我市农村文化礼堂建设的实施意见》，启动农村文化礼堂建设。成立领导小组，制定五年建设规划，组建专家指导团，定人定点联系指导。4月起，以硬件达标好、文化配套全、群众需求高为基本原则，按照“两堂五有”（文化礼堂、文化讲堂，有场所、有展示、有活动、有队伍、有机制）配置标准，采取工作部署会、现场会和深化建设会等形式推进，至9月底高标准完成31个文化礼堂建设。突出“一村一品”，全市55%的文化礼堂设立特色展示馆，共举办各类民俗、礼仪活动121次，并实现网络版农村文化礼堂全覆盖。

（郑伟华　张　峻）

水环境综合治理

【概况】 2013年，深入开展“治水生态推进年”活动，建立14名市领导分别联系一个镇（街道、开发区）的治水工作督导机制。制订出台《2013年度全市水环境综合治理工作考核办法》，将脏乱黑臭河道治理、畜禽养殖污染治理等九项工作列为考核重点，并实行“一票否决”。年内完成30条市级河道200米范围内污染源普查，完成5020个排污口的全封堵，治理脏乱黑臭河道159条。653家工业企业污水全部实现截污，禁养区内养殖场全部退养关停。全市43个监测断面水质四类水占比20.9%，比上年提高13.9%，全省跨行政区域河流交接断面考核首次为“良好”。

【推进“八大行动”】 污水管网建设行动，完成东、西部镇级污水收集管网工程管道铺设113.8千米；城区雨污分流行动，完成43个居民小区雨污分流改造工程；清河行动，疏浚镇、村河道268.7千米，种植水生植物3.3万平方米，河道绿化56.6公顷；重点领域水污染防治行动，开展联合执法，共关停企业71家，停产整治71家，作出行政处罚112件；工业企业污水防治行动，腾退市级河道两侧15米范围内企业59家；农业面源污染防治行动，关停生猪养殖场2022家，拆除违建猪棚46.2万平方米，削减生猪存栏19.98万头；城乡环卫“四位一体”长效保洁行动，以提升河道保洁为重点，深化长效管理，评选出6条“保洁最优（最差）河道”；制订行业和市场污水防治行动计划，建成生猪定点屠宰厂远程视频监控体系，完成袁花、丰兴2个农贸市场改造。

【水环境治理监督】 强化日常联合督察，成立专项督察小组，联合市督考办、市纪委开展集中督察和不定期督察2次，及时发现排污口封堵质量不高等问题，下发督办单26份。及时处理上级交办单和市领导批示等27件，督促责任单位落实整改措施。强化治理情况巡查，对照河道治理“三无一畅一生态”（河面无废弃漂浮物、河岸无垃圾杂物、河水无黑臭现象，河道行水畅通，河岸绿化生态）标准，对全市159条脏乱黑臭河道开展阶段验收检查，对治理不及时或未通过的责令进行整改，并进行再验收。强化涉水问题调查，共调处涉及水污染投诉举报94件，处理微博反映问题20件。215支环保（治水）义务巡防队参与巡查河道，发现并反馈问题1666个。

【水质监测通报】 制订出台《海宁市河流（段）交接断面水质数据通报办法》，对照年内监测断面四类水质占比20%的目标，委托中介机构每月进行两次监测，监测结果及时分析汇总，以简报形式每月通报“河长制”断面水质监测结果。监测结果表明：全市43个水质断面Ⅳ类有9个，占断面数的20.9%。对各属地交接断面水质监测实行每月预警，对交接断面水质情况每月进行评价，对交接断面水质通报 9 次，对水质恶化率超过 5%的 7 个断面实施预警。对河道总体水质状况进行专题分析，与省环境监测中心签订战略合作协议，邀请环保专家对全市各镇（街道、开发区）和市级河道河长单位进行专题培训并开展现场监测调查，对长山河等 3 条河道实施生态系统健康评估试点，定性或定量监测河流水环境质量、水生生物群落功能和结构状况。

【营造全民治水氛围】 公开治水监督电话“87288899”，接受群众举报。在《海宁日报》开设《河长治水》专栏，共宣传报道 316 篇；在海宁电视台开设《寻找最美河道》栏目，专题报道 18 次，录制《热点面对面》和电视公益片等进行宣传；编发“河长制”管理工作简报 48 期，刊发治水工作动态信息和经验做法共 136 篇。6 月 2 日，市治水办与团市委、市青联、志愿者协会等联合开展“小鱼治水——保护母亲河”公益活动，200 多名志愿者参与，投放鱼苗 20 万尾。

（卢晓倩）

“小鱼治水——保护母亲河”公益活动

“三民”群众工作

【概况】 2013 年，海宁市紧扣“抓三风、五（吾）带头”主题，推进领导干部调研接访、机关干部驻村入户等五大行动，出台《深化推进“三民”群众工作制的意见》，实施驻村入户“五承办”（联系群众经常承办、驻夜走访上门承办、错时上班及时承办、驻村服务现场承办、群众点题集中承办）、进企联企解难、在职干部“两地双服务”、“五（吾）带头”长效常态推进等 10 项举措。下半年，全面部署开展党的群众路线教育实践活动“学习先行、立查立改”工作。9 月，成立市委党的群众路线教育实践活动领导小组和办公室，先期抽调干部集中办公。

【机关部门“联镇挂村”制度】 推进机关部门联镇挂村制度，在全市 105 个市级机关部门（单位）与 161 个村联系结对基础上，联挂延伸到 21 个撤村建居社区，形成“一村一部门、一个领导一支服务队”的联挂工作格局。重点围绕星级美丽乡村创建、水环境治理、“违建”巡查、结对帮扶等工作，会同农经、水利、环保等部门组织开展 4 次专项性集中走访活动，开展各类组团服务 3000 余次。9 月，结合“学习先行、立查立改”要求，对全市面上“四风”方面存在的突出问题开展专题走访调研。市委常委领导带头分层分片召开5次意见建议征求会，各级机关部门赴联挂村开展驻村入户服务走访，征集意见建议2262条次，梳理出16类问题。

【在职干部"两地双服务"】 开展在职机关干部到居住地、成长地（结对地）报到认岗活动。推行"2+X"志愿服务制度，居住地党组织设置楼道服务和文明劝导2项必领内容，并根据实际，科学设置困难帮扶、助老结对、医疗服务、健康咨询、心理疏导、纠纷调解、法律援助等X个选领项目，每名党员干部至少选领1个岗位。全面建立党员干部建卡纪实、两地党组织建账纪实、群众评议纪实制度，通过实行即时反馈、特事反馈、定期反馈机制，对党员干部服务表现进行评价反馈，并纳入干部德行档案，形成工作在单位、活动在社区、返乡促发展、奉献多岗位、监督全方位的党员干部管理机制。同时，对具备一定条件的村（社区），指导成立村级"返乡干部工作室"98个。年内，全市626名党员领导干部和4147名在职机关部门党员干部到居住地、成长地（或结对地）报到认岗，累计办理群众反映事项4800余件次。

【"两富同行"结对帮扶行动】 实施万名党员干部结对帮扶困难家庭"两富同行"温暖工程。全年共有10432名党员干部与3782户困难家庭、232户失独家庭结成对子，定期走访慰问，上门帮扶。全社会认领虚拟岗1491个，757户困难家庭首次领到虚拟岗工资326万元。会同相关部门细化帮扶措施，成立全市"两富同行"党群创业联盟，设立120万元党群创业扶助资金。全市24个党群致富联合体（党群创业帮扶中心）帮助56户困难家庭和创业群众建起64个爱心大棚和试验田，涉及粮食、蔬菜、鲜切花、水果等多个农业经济项目，通过传技术、送服务、供设施、包销售等措施，为56户困难家庭和创业群众累计增收45万元。

【"三民"走访服务】 推进"三民"走访服务常态化、长效化、品牌化。3月，下发《关于深入开展党员志愿服务的意见》，鼓励各级党组织通过党建带群建、党群共参与等模式，组建一批特色化的品牌服务团队，推进"三民"群众工作制品牌化。4月，组织建立覆盖每一个村（社区）的环保义务巡防队，成立215支村级巡防队。落实意见建议及时交办，全年走访群众2.7万人次、企业1930家，排摸基层问题2074条，答复办结1448条，首访办结率69.82%，需市级层面交办的问题办结事项群众满意率100%。突出干部能力提升，选派300多名后备干部、年轻干部到拆迁拆违、治水治污、六城联创、"两退两进"、城市有机更新等一线和重点平台助力发展，带头服务和推动中心工作。

（戴勤锋）

"三改一拆"工作

【概况】 2013年，海宁市把"三改一拆"作为推进新型城市化、改善城乡面貌、优化人居环境、建设"美丽海宁"的重点工作来抓。成立市"三改一拆"工作协调小组和生猪养殖减量提质工作领导小组，设立"三改一拆"协调办、拆违控违办、征收办、"退低进高"办等办公室，建立"三改一拆"部门联动工作机制和工作例会制度，分管副市长每月听取工作进展汇报，协调解决工作推进中的困难和问题。至年底，完成"三改一拆"总量781.5万平方米，其中"三改"开工505.8万平方米，完成嘉兴市下达目标任务的505.8%；累计拆除违法建筑275.7万平方米，完成嘉兴市下达目标任务的 889.4%，其中拆除违建猪舍面积 50.4 万平方米。

1985 年启用的海宁剧院实施整体拆除

【拆改结合】 年内，坚持与绿道建设、转型升级、城镇有机更新、重大项目、土地整治复垦、生猪减量提质等工作相结合，联动推进猪棚、牛棚、鸡棚、羊棚、废品棚等“五棚”治理。加大老旧住宅区改造力度，特别是解决全市 1600 多户“马桶”家庭的住房改善问题。率先启动得胜里、人民里、蔡家埭三个旧区改建项目，涉及被征收户 1254 户，征收面积 7.6 万平方米，项目实现“当年拆、当年建”目标。工人路、干河街、西山里、硖北里相继启动征迁。

【重点拆违】 对许村、袁花、斜桥、马桥等镇（街道）进行重点拆违。成立许村镇“三改一拆”维稳督导工作组，指挥、协调拆违控违工作。组织开展重点工作百日大会战，加大拆迁遗留户攻坚，推进土地复垦，加大拆违力度，加快推进旧区改建和拆后土地利用，优先把拆出来的空间用到招引项目上，成功引进开元名都高星级酒店、中央新影电影公社等项目。创新督察模式，以市纪委和市委督考办牵头的督察组对拆违控违工作进行重点督察。改革考核规则，变年底考核为过程考核，每月对各镇（街道）工作完成情况进行排名，每季度对各镇（街道）进行考核，对年度完成率低于 70%的，对责任单位主要领导采取必要的组织措施。在百日大会战过程中，对工作实行“天气预报制度”，设立“三改一拆”宣传专栏，专项督察通报每周进展情况。

【示范创建】 每个镇（街道）锁定建设一批示范道路、示范河道、示范街区、示范片区，实行拆建结合、拆改结合。海宁大道通过沿线企业转型升级、拆除违章建筑、整治路边广告牌、清理废品收购点、整治改造管线、整修拓宽路面、提升绿化景观、改造亮化工程等措施，全面推进示范道路创建。结合星级美丽乡村创建“五个一”标准，建立部门上下联动机制，开展动态巡查，完善以村（社区）为单位的“两违”防控和拆除单元网格，建立拆违控违长效机制。

（陈雪霞）

［编辑：邱　洧］

农　业

Agriculture

综　述

2013年，全市农业以“两区”为主平台，以养殖业转型发展为重点，围绕农民增收目标，启动农业现代化三年行动计划，实施“2515”农业提升战略，加快现代农业转型升级。实现农业总产值39.44亿元，比上年增长3.2%；农业增加值25.62亿元，增长0.2%；农村居民人均纯收入21359元，增长10.3%；农村经济总收入1108.80亿元，增长5.9%。

表4　2013年海宁市农村三次产业收入构成

分　类	金额（万元）	构成（%）	比上年增长（%）
合　计	11088022	100	5.9
第一产业收入	471809	4.26	1.2
第二产业收入	10167011	91.69	6.0
第三产业收入	449202	4.05	10.0

加快“两区”建设。全年新建粮食生产功能区25个、面积1492.6公顷，累计建成粮食生产功能区122个、面积7261.7公顷，其中千亩以上粮食生产功能区50个。长安、沿江省级现代农业综合区分别完成投资计划的175.1%和60.3%，马桥蔬菜精品园、鳗鲡特色精品园、斜桥苗木精品园、新优庭院植物精品园、袁氏中华鳖精品园5个精品园通过省级验收，累计有9个精品园通过省级验收。

提升农业产业。全年种植粮食面积27761.1公顷，总产量18.3万吨。新确认市级菜篮子基地4个，累计建成市级菜篮子基地16个121.4公顷。完成《2013～2020年海宁市生态畜牧业发展专项规划》编制，开展智慧畜牧业建设，建成海宁市级动物标识追溯平台，并实现与省平台联网对接。建成农业部水产健康养殖示范场3个。发展绿色生态种植业，水果、花卉、苗木三大绿色产业发展至6733.3公顷。完成平原绿化面积1086.7公顷，成功创建为省级森林城市。蚕茧价格继续上涨，各期茧价均处于高位，全年平均茧价391.42元/吨，创历史新高。举办海宁市第五届农博会。

培育农业新型主体。新发展家庭农场223家，其中嘉兴市级示范性家庭农场3家、海宁市级12家；家庭农场累计发展至342家，其中嘉兴市级示范性家庭农场5家、海宁市级19家。新增农民专业合作社11家，新创建省级示范性专业合作社2家、嘉兴市级4家，农民专业合作社累计155家。完成农民专业合作社联合会换届工作。新增嘉兴市农业龙头企业3家、海宁市农业龙头企业4家。农业龙头企业累计发展至47家，其中省级6家、嘉兴市级28家、海宁市级13家。落实大中专毕业生从事现代农业创业扶持政策，累计扶持大中专毕业生35名，新培育现代职业农民带头人34名。鼓励整村整组连片土地流转，新增土地流转面积1011公顷，全市累计流转土地12266.7公顷。

提升农业服务能力。建成12个基层农业公共服务中心，其中示范性服务中心5个、一般性服务中心7个；建成“1+N”① 基地33个、村级服务点49个。开展水稻机插秧2291.9公顷，机插率14.44%，全市水稻耕种收综合机械化水平72.04%；开展统防统治服务，统防统治面积2333.3公顷。完善行政审批服务，涉农行政审批事项减少至26项，取消涉农行政审批收费项目9项，审核设施农用地83宗。建成农民信箱畜牧信息管理平台。

加强农业监管。加强动植物疫病防控和农产品质量安全监管，全市未发生重大动物疫情和农产品质量安全事故。加强农村集体“三资”管理，成功创建为浙江省农村集体“三资”管理规范化县（市）。强化农作物重大病虫监测，有效遏制卷叶螟、稻飞虱给粮食生产造成的危害。加强农业安全生产监管，开展农业生产领域“打非治违”专项整治和春季森林消防专项行动，未发生重大农业安全生产事故和森林火灾。强化农林渔业行政执法，开展“春潮2013”渔业执法、“绿剑打假”“亮剑一号”“绿盾护林”等专项行动，有效遏制电力捕捞，生产、销售假劣农资，乱捕滥杀野生动物等违法行为。

推进养殖业转型发展。推进生猪减量提质，出台《关于促进生猪养殖业转型发展的实施意见》和《海宁市人民政府关于贯彻落实浙江省人民代表大会常务委员会加强畜禽养殖污染防治促进畜牧业转型升级决定的实施意见》，对禁养区养殖场实施关停，开展泔水猪打击、苗猪市场整顿等专项行动，全年削减生猪存栏量20.0万头。启动温室甲鱼整治。加强畜禽污染治理后续服务，成立海宁市新能源服务中心盐官分部。出台《海宁市养殖环节死亡动物无害化处理补助实施办法》，强化病死动物无害化收集处理。新扩建公共处理池4325立方米，在马桥街道马桥村新建工业化处理中心。

农业保险保障增收。开展水稻、油菜、大棚蔬菜、能繁母猪、生猪、鸡、奶牛、大麦、小麦、葡萄10个品种的政策性农业保险，其中葡萄为2013年新增设险种。全市共有6.9万户农户参保，保费收入1191.4万元，比上年增长12.8%；全年产生赔款1139.8万元，增长105.3%，简单赔付率95.7%。10月，受台风“菲特”影响，参保大棚蔬菜、水稻、葡萄、鸡等受损严重。经定损查勘，共有366户农户获得497.2万元赔付。

（张燕平　丁清锋　蔡文梅）

粮　油

【概况】 2013年，全市粮食播种面积27761.1公顷，比上年增长0.9%；总产量18.3万吨，与上年持平；单产每公顷6583

① 1+N：“1”指镇农业公共服务中心；“N”指以镇农业公共服务中心为基础，联合相关部门，依托农民专业合作社、农业企业、种养大户等，在农业“两区”或其他合适的地点建设的服务基地（点），以及依托村民委员会和村级集体经济组织等，与村级便民服务中心建设相结合设立的农业服务站点。

千克，减少 1.2%。其中水稻播种面积 15869.7 公顷，减少 1.0%；总产量 13.4 万吨，减少 1.1%；单产每公顷 8450 千克，减少 0.1%。豆类播种面积 4815.5 公顷，减少 2.4%；总产量 1.6 万吨，减少 3.2%；单产每公顷 3372 千克，减少 1.0%。其中大豆播种面积 2791.1 公顷，减少 0.1%。薯类播种面积 1766.9 公顷，总产量 10346 吨，单产每公顷 5855 千克，其中马铃薯播种面积 611.3 公顷，总产量 3078 吨，单产每公顷 5035 千克。玉米播种面积 1185.7 公顷，总产量 6469 吨，单产每公顷 5456 千克。大小麦播种面积 4123.3 公顷，总产量 15601 吨，单产每公顷 3784 千克。其中大麦播种面积 558.2 公顷（为 1949 年以来最少）、总产量 2172 吨、单产每公顷 3891 千克，分别减少 12.4%、16.7%、5.0%；小麦播种面积 3565.1 公顷、总产量 13429 吨，分别增长 19.2%、17.2%，单产每公顷 3767 千克，减少 1.5%。

全市油料作物种植面积 4817.1 公顷，总产量 12340 吨。其中油菜种植面积 4757.5 公顷（为 1955 年以来最少），比上年减少 6.1%；油菜籽总产量 12239 吨，减少 4.1%；单产每公顷 2573 千克，创历史新高。

【油菜百亩示范方单产创省农业吉尼斯纪录】

海宁市林源油菜籽专业合作社种植的 17.2 公顷高油双低油菜新品种“浙油 50”，经浙江农业吉尼斯委员会办公室组织专家测产验收，三块田平均每公顷产量 4296 千克，被认定为 2013 年度浙江省油菜百亩示范方亩产吉尼斯纪录，为海宁市历史上首次获得的浙江省农业吉尼斯纪录。

【粮食生产功能区建设】　全市通过海宁市级认定的粮食生产功能区 25 个、总面积 1492.6 公顷，其中丁桥镇万新 1 区、袁花镇红新粮食生产功能区面积共 172.2 公顷，通过嘉兴市级粮食生产功能示范区认定。年内粮食生产功能区农田基础设施建设面积 1312.3 公顷，新建田间作业道路 10.4 千米，修建（修复）29.4 千米；新建排灌渠 25.4 千米，修复 95.9 千米；改造泵站 32 座；新建（修复）下田坡道 826 处。粮食生产功能区农田基础设施建设总投资 877.4 万元，其中海宁市级财政补助 301.1 万元、省级及以上财政补助 236.0 万元。

【水稻集中育秧和生态补贴】　全年集中育秧点共育秧供苗种植大田面积 2296.8 公顷，全市 24 个粮食（含农机、植保等）专业合作社、农业服务公司、育秧专业户等服务主体提供集中育秧服务，受益农户 9282 户。财政补贴资金 127.4 万元，其中省财政补贴 110 万元、海宁市财政补贴 17.4 万元。实施粮食生产功能区水稻生态补贴政策，补贴面积 4313.8 公顷，省财政补贴资金 107.3 万元。

（金海刚　周海浪　李　育）

蚕　桑

【概况】　2013 年，全市有 132 个村 57678 户农户从事种桑养蚕。桑园总面积 5264.3 公顷，比上年减少 243.8 公顷，下降 4.4%；全年饲养蚕种 142609 张，减少 15327 张，下降 9.7%；总产蚕茧 6329 吨，减少 835 吨，下降 11.7%；每公顷桑产茧 1202.2 千克，减少 7.6%。全市仅周王庙镇蚕茧年产量超千吨，饲养蚕种 41249 张，产茧 1870 吨，蚕茧产量占全市的 29.5%。全市春茧平均统茧价 413.52 元 / 吨，增长 30.8%；夏茧均价 329.6 元 / 吨，增长 39.3%，创历史最高；中秋茧 360.28 元 / 吨，下降 5.0%；晚秋茧 363.4 元 / 吨，下降 0.1%。全年平均茧价 391.42 元 / 吨，创历史新高。

全国桑树育种与桑产业学术研讨会在海宁召开

2013 年蚕种生产因受微粒子疫病严重影响，生产能力大幅下降。全年生产毛种 32270 张，减少 80.0%；实产净种 26132 张，减少 72.4%，不到全市统一供种量的 30%。7 ~ 8 月，遭遇历史罕见的连续高温干旱，桑树生长受到影响，再加上桑蓟马危害严重，秋季桑叶减产、减质。在开展抗旱减灾的同时，采取紧急退订秋蚕种的措施，减轻自然灾害对蚕农的损失。全市退订秋蚕种 4280 张，占实发蚕种的 11.3%。

全市嫁接桑苗 1.30 亿株，数量跌至近 20 年来低谷。但苗价迅速上涨，“农桑 14 号”品种从 11 月初的每株 0.4 元涨到 12 月底的 0.6 元以上，“强桑 1 号”品种最高价接近每株 1 元，嫁接桑苗平均收购价 0.5 元。桑苗总产值 7400 多万元，亩均产值超过 1.2 万元。

【引进示范小蚕人工饲料饲养技术】 从山东农业大学引进颗粒状小蚕人工饲料及配套蚕品种 2 张用于饲养春蚕，初步试养成功；从山东省蚕桑研究所引进粉状小蚕人工饲料用于饲养中秋蚕，试行 1 ~ 2 龄一次性给料技术饲养海宁常规蚕品种。晚秋蚕饲养期间，分别在周王庙镇云龙村和袁花镇双丰村实施规模化小蚕人工饲料饲养技术示范，饲养蚕种 40 张，生产实绩与常规方法持平。

【全国桑树育种与桑产业学术研讨会在海宁召开】 12 月 4 日，全国桑树育种与桑产业学术研讨会在海宁召开。该研讨会由中国蚕学会、浙江省蚕桑学会、国家蚕桑产业技术体系共同主办，浙江省农业科学院蚕桑研究所承办，16 个蚕桑主产省（区）的 80 余位代表参加会议，中国蚕学会常务副理事长张国政、浙江省蚕桑学会理事长吴海平出席会议。会议主题是交流桑树育种新成果，探讨桑树多元化利用新途径，7 位专家作专题报告。

（陈伟国）

畜 牧

【概况】 推进畜牧业转型发展，养殖量大幅削减，全年畜牧业实现产值 9.78 亿元，比上年下降 11.3%。生猪饲养量 46.2 万头，其中出栏 28.1 万头，分别下降 25.0% 和

22.1%；湖羊饲养量41.9万头，其中出栏17.9万头，分别增长3.5%和1.6%；家禽饲养量2085.9万羽，其中出栏1653.3万羽，分别下降4.8%和2.0%；兔饲养量14.9万只，下降5.4%。关停5家奶牛场，实现无奶牛养殖。

猪棚改菇棚种植秀珍菇

【生猪减量提质】 2013年，海宁率先在嘉兴市开展生猪减量提质工作，以关停禁养区畜禽养殖场和泔水猪养殖场为重点，促进生猪养殖业转型发展。全年关停生猪养殖场2022家，削减生猪存栏20.0万头，削减母猪1.4万头；拆除畜禽养殖场1875家，拆除养殖设施面积68.8万平方米，其中生猪1655户46.2万平方米。落实生猪养殖户转产188户，转产面积5.5万平方米，生猪养殖分别向食用菌栽培、苗木种植及二产、三产等转移。禁养区365家畜禽养殖场全面关停，拆除面积25.2万平方米；84家泔水猪养殖场全面关停。

【编制《海宁市生态畜牧业发展专项规划（2013～2020）》】 编制《海宁市生态畜牧业发展专项规划（2013～2020）》。该规划围绕“总量控制、人畜分离、依法用地、规划衔接、养殖准入”五大原则，突出“空间布局、功能区布点、准入措施、用地标准”等规划重点。全市4个街道、8个镇总体空间布局规划禁养区面积47913.4公顷、限养区面积25272.7公顷，限养区占比34.5%；10个镇（街道）分区空间布局规划养殖功能区布点63个205.8公顷。

（徐文杰）

水　　产

【概况】 全市水产养殖总面积2708公顷，比上年减少88公顷，其中淡水内塘养殖2247公顷、外荡养殖74公顷、海水养殖149公顷、工厂化养殖238万平方米。水产品总产量42664吨，减少1.3%，其中淡水产品40768吨、海水产品915吨、捕捞水产品981吨。渔业经济总产值13.91亿元，减少17.4%，其中淡水产品产值10.99亿元、海水产品产值386万元、捕捞产值841万元、水产苗种产值9484万元、涉渔工业和建筑业产值7381万元、涉渔水产流通和服务业产值8106万元（产值根据省渔业系统统计年报当年价，下同）。

全年特种水产养殖面积1701公顷，产量31801吨，产值10.04亿元，其中中华鳖产量23815吨、南美白对虾产量915吨、罗氏沼虾产量 2570 吨、鳗鲡产量 181 吨、鱼类产量 1395 吨，共生产中华鳖稚鳖 4348 万只、南美白对虾苗 9.28 亿尾、罗氏沼虾苗 1.02 亿尾、澳洲淡水龙虾苗 140 万尾、稚龟 151.4 万只。

袁氏中华鳖精品园

【现代渔业园区建设】 落实省以上财政资金项目 7 个，争取省以上财政资金 485 万元。年内，有 2 个创建点达到省级渔业园区标准，分别是海宁市省级鳗鲡特色精品园和海宁市袁氏中华鳖精品园，分别于 7 月 13 日、12 月 12 日通过省海洋与渔业局专家组验收。全市累计有 4 个省级渔业园区。

【启动温室甲鱼养殖整治】 出台《海宁市温室甲鱼养殖整治工作方案》，启动对温室甲鱼养殖的整治，目标是到 2015 年年底前完成所有温室甲鱼养殖整治。至年底，全市共拆除温室甲鱼养殖场 399 家，拆除面积 49.5 万平方米。

（王荣先）

林果花卉

【概况】 全年完成农村区域造林面积 694.3 公顷。新增苗圃 180 公顷，发展花卉 20 公顷、水果 146.6 公顷，苗木、花卉、水果三大产业总面积分别发展到 3380 公顷、593.3 公顷、2753.3 公顷，分别比上年增长 5.6%、3.5%、5.6%。三大产业总产值 7.2 亿元，增长 2.9%，其中苗木产值 2 亿元、增长 11.1%，鲜切花和水果产值分别为 2.2 亿元、3 亿元，与上年持平。

全年完成重点防护林面积 390 公顷，完成计划数的 117.0%。实施 2010 年度沿海防护林中央财政资金造林项目。在 18 个村开展“政府出资、送苗入户”的“一村一品”绿化特色村建设，送苗 7.7 万株。实施农田网补植工程。完成城市森林、生态绿道、生态片林、森林通道、森林河道、森林镇村“六大板块”平原绿化建设，实施绿化面积 1086.7 公顷。创建为省级森林城市。

【全省平原绿化座谈会在海宁召开】 3 月 21 日，全省平原绿化座谈会在海宁召开。会议由浙江省委、浙江省人民政府主办，海宁市委、海宁市人民政府承办，省委书记、省人大常委会主任夏宝龙，省委常委、秘书长赵一德，副省长黄旭明等以及来自 20 个县（市、区）的县（市、区）委书记、林业局局长参加会议。会议主要包括现场参观、义务植树、会议座谈三项活动，夏宝龙和与

省委书记夏宝龙（左二）出席平原绿化座谈会并参加植树

会者在大脚板儿童乐园种下“积跬林”。

（滕明益　童　敏）

蔬菜瓜类

【概况】　2013 年，全市蔬菜种植面积 12020.9 公顷，总产量 31.8 万吨，单产每公顷 26421 千克，分别比上年增长 3.4%、6.3%和 2.8%，其中榨菜种植面积 1313.3 公顷，总产量 50196 吨，单产每公顷 38220 千克。果用瓜（西瓜、甜瓜、草莓等）栽培面积 1161.9 公顷，总产量 30526 吨，分别减少 5.8%和 1.7%；单产每公顷 26265 千克，增长 4.3%。其中西瓜栽培面积 846.7 公顷，总产量 23449 吨，分别减少 7.8%和 4.3%；单产每公顷 27690 千克，增长 3.8%。甘蔗面积 513.7 公顷，总产量 28336 吨，单产每公顷 55170 千克，分别减少 11.4%、13.2%和 2.0%。全市食用菌总产量 199 吨，增长 16.4%。

蔬菜种植中：叶菜类 3983.1 公顷，总产量 88524 吨；瓜菜类 1405.2 公顷，总产量 45655 吨；块根块茎类 2823.5 公顷，总产量 90803 吨；茄果类 1145.5 公顷，总产量 39691 吨；葱蒜类 801.3 公顷，总产量 14749 吨；菜用豆类 1745.7 公顷，总产量 35821 吨；水生菜类 114.7 公顷，总产量 2329 吨；其他蔬菜 2 公顷，总产量 29 吨。

【第三批菜篮子生产基地认定】　10 月，经海宁市菜篮子工程建设领导小组批准，海宁市品绿种植有限公司、海宁市安保生态农业有限公司、海宁市金辉果蔬有限公司、海宁市德山果蔬专业合作社 4 个蔬菜生产单位获海宁市第三批菜篮子生产基地认定。全市菜篮子生产基地累计 16 个，基地生产面积 121.4 公顷。

【蔬菜生态循环农业示范建设项目】　海宁市民盈蔬菜有限公司生态循环农业示范建设项目列入 2013 年度省生态循环农业示范建设项目，总投资 119.6 万元，实施面积 20 公顷。项目建设内容包括沼肥池、沼液氧化沉淀塘、灌渠、微喷灌系统、道路、污水泵、水带、电气设备等。

【马桥蔬菜精品园通过省级认定】　至 6 月，由海宁市民盈蔬菜有限公司实施的马桥蔬菜精品园建成 77 公顷大棚设施栽培园，园区内推行无公害标准化生产技术，良种和关键技术覆盖率 100%，产品达到无公害农产品标准。7 月，通过省专家组验收，成为海宁市第一个省级现代蔬菜精品园。

（金海刚 钱晓明）

农 机

【概况】 全市农机化总投入3370.8万元，农机总动力27.0万千瓦，农业机械原值累计3.3亿元，实现农机经营总收入1.7亿元。全年完成机耕面积2.2万公顷，机电灌溉作业面积1.9万公顷，机械植保面积0.5万公顷，机收面积2.0万公顷（其中机收水稻面积1.6万公顷），开展跨区作业5740公顷，完成机插水稻2291.9公顷，机插率14.44%。农机运输作业量8374万吨千米。全市稻麦生产综合机械化率72.04%（按耕种收4∶3∶3计算），比上年增长2个百分点。全年财政补贴机具433台套，受益农户214户。审核补贴报废农业机械79台，财政补贴资金14.5万元，其中国家补助1.6万元、省补助5.2万元、海宁市补助7.7万元。建设农机安全检测中心，推进免费实地检测，全年实地检验农机753台。

推进“平安农机”和“农机化示范村”创建活动，新增嘉兴市级、海宁市级“平安农机示范村”各5个，新增嘉兴市级、海宁市级“平安农机示范合作社”各1个，全市“平安农机示范村”总数80个，其中省级6个、嘉兴市级29个。新增海宁市级粮食生产全程“农机化示范村”4个，4个农机化示范村平均机插率81.27%。新增农机专业合作社2家，培育海宁市级规范化农机专业合作社6家、嘉兴市级示范性农机专业合作社1家、省级示范性农机专业合作社示范社2家，海宁市永兴农机专业合作社被评为全国农机专业合作社示范社。全市21家农机专业合作社成为农机服务主力，其中19个农机专业合作社完成全市93.9%的插秧任务。

【新型农机具推广】 全年新增各类农机具433台套，共投入农机购置补助资金648.1万元，其中国家补助206.2万元、省补助29.1万元、海宁市补助412.8万元。新增高速插秧机20台、秧盘27.3万只、播种流水线13条、泥土粉碎机13台、智能种子发芽设备14套；新增斜桥祝场、许村裕民、长安泰民3个育秧中心，育秧能力增加333.3公顷；机插水稻推广至11个镇（街道）77个村，占全市村（社区）的43.7%，受益农户9216户。新增海昌街道海东烘干中心1个，新增烘干机6台，批烘干能力增加144吨。累计建成烘干中心16个，批烘干能力

水稻集中机械化育秧

711 吨。在 8 个镇（街道）开展农作物机械切碎还田试点，完成农作物秸秆机械切碎还田（大小麦）502 公顷。

【农机审批制度改革】 农机牌证行政许可主体由嘉兴市农经局调整为海宁市农经局，全年办理、核发农机牌证 1258 件。自 11 月 1 日起，市农机管理站根据海宁市《关于取消部分行政事业性收费项目的通知》精神，取消拖拉机的号牌费（含号牌架、固封装置）、行驶证费（含临时）、登记证费、驾驶证费、安全技术检验费等 9 项涉农收费。

【农机科研项目】 2013 年，果蔬设施栽培生态信息采集和喷滴灌智能控制技术的示范与应用项目通过验收和成果鉴定，草莓设施栽培物联网智能化管理系统开发项目通过验收，国家农业科技成果转化资金项目——农田植物生命信息快速无损获取关键技术与装备的集成示范与应用通过验收。设施栽培物联网智能监控与精准管理关键技术与装备项目获 2012 年省科技进步奖一等奖，新型全自动拖拉机性能检测线研究与开发项目获 2012 年省科技进步奖三等奖和海宁市科技进步奖一等奖。

（程叶明 胡振海）

农业产业化

【概况】 全市农业建设项目（含跨年度）共 20 个，签约投资额 3.02 亿元，实际完成投资 2.19 亿元。完成农业固定资产投资 2.06 亿元。重点项目包括长安国际花卉城、斜桥行道树精品园、铭牧园林绿化苗木基地、台湾果蔬（苗木）种植园、泰山果蔬种植基地等。

培育壮大新型农业经营主体，全年新增农民专业合作社 11 家，累计 155 家。新创建省级示范性专业合作社 2 家、嘉兴市级示范性专业合作社 4 家，新培育规范化合作社 10 家。全市有农业龙头企业 47 家，其中省级 6 家、嘉兴市级 28 家、海宁市级 13 家。26 家龙头企业与农户签订订单 7000 公顷，带动农户 4.6 万户，辐射带动农户 12 万户。培育海宁市级以上示范性家庭农场 15 家、现代职业农民带头人 34 名。

累计创建农家乐休闲旅游村（点）13 个，其中省农家乐特色村 2 个、省农家乐特色点 2 个、嘉兴市农家乐特色点 5 个、嘉兴市农家乐特色村 1 个、海宁市农家乐特色村 1 个。命名星级农家乐经营户（点）50 家，其中三星级农家乐经营户 27 家。全年农家乐乡村旅游点共接待游客 137.8 万人

省级示范性家庭农场——海宁市丁桥镇沈园果蔬农场

次，实现经营收入12874.3万元，其中直接经营收入9853.2万元、农产品销售收入3021.1万元。举办长安赏花狂欢节、运河文化旅游艺术节、尖山杨梅节、斜桥葡萄采摘节等节庆活动。美林湾生态大观园启动二期工程——假日牧场项目，年内完成投资3000余万元。

【现代农业园区建设】　至年底，全市现代农业园区累计启动建设面积6333.3公顷，新投入资金2.5亿元，其中省级及以上资金1568.8万元、海宁市级资金2143.2万元、业主自筹21588万元。长安综合区累计投入资金32151.3万元，沿江综合区累计投入资金6921.2万元。马桥蔬菜精品园、鳗鲡特色精品园、斜桥苗木精品园、新优庭院植物精品园、袁氏中华鳖精品园5个精品园通过省级验收。9个农（渔）业精品园完成省级现代农业园区创建。全市省级现代农业园区创建点新建各类大棚（含葡萄避雨棚）125.4公顷、喷滴灌设施235.1公顷，建造蓄水池10.2万立方米，新建畜禽舍1.3万平方米，新增畜禽和水产养殖设备2740套，新建标准鱼塘36.67公顷，土地整理与地力提升312.9公顷，修建沟渠67.5千米，新修建机耕路48.8千米，新建保鲜冷库9380立方米，培训农民4256人次。

（蔡文梅　陈　斌　朱忠强）

农业科技推广

【概况】　全年农业科教承担海宁市级科研计划8项，其中新立项4项、结转4项。实施“农业丰收计划”21项，其中嘉兴市级4项、海宁市级17项。获“嘉兴市农业丰收奖”3项，评出“海宁市农业丰收奖”15项。省农技推广基金会海宁市执行部承担实施项目7个，其中省级项目1个、嘉兴市级项目2个、海宁市级项目4个。新通过农业系列职称评审和确定13人，其中5名乡镇以下基层单位工作的专业技术人员通过高级农艺师评审。选送60名农业专业技术人员到省内有关院校进行知识更新培训。扶持30名大中专毕业生从事现代农业创业，累计发放补助资金48.3万元。农技人员考核激励机制逐步完善，评出责任农技推广先进个人41人。举办各类农业专业技能培训班104期，培训农业专业技能人才5966人次；举办“两创”实用人才培训16期，培训“两创”实用人才1210人次。开办生猪转产农户中专班，招收学员46名。

【基层农业公共服务中心全面建成】　至年底，长安镇农业公共服务中心等10个基层农业公共服务中心通过省级验收，全市12个基层农业公共服务中心全部建成，其中示范性服务中心5个、一般性服务中心7个。建成“1＋N”基地33个，村级农业公共服务站点49个。新配置电脑、多功能一体机、投影仪、数码相机、数码摄像机、农药残留速测仪等培训办公用品及检验检测设备408台套。

（马　静　沈　艳）

农业标准与品牌

【概况】　2013年，丁桥镇沈园果蔬农场等17家单位的17个基地和20个产品申报省无公害农产品产地认定和国家无公害农产品认证，4家单位的5个无公害农产品复查换证。全市累计有57家单位的57个产地和53个农产品有效通过省无公害农产品产地认定和国家无公害农产品认证，通过无公害基地认定面积15786.0公顷。海宁市民盈蔬菜有限公司的2个产品申报国家绿色食品认证，完成9家单位的28个绿色食品年检，1家单位的1个绿色食品续展。全市累计有12家单位的12个绿色食品基地和32个产品有效通过绿色食品认证，绿色食品基地面积1505.7公顷。全市累计有3家单位的3个有机食品产地的3个产品有效通过有机食品认证，有机食品基地面积6.5公顷，认证畜禽45头。至年底，全市累计有72家单位的72个基地和88个产品、17298.2公顷面积通过无公害、绿色食品和有机食品认定、认证。

累计有效获得“海宁市著名商标”称号农产品14个；万家渡、翠丰园2个商标新获得“嘉兴市著名商标”称号，累计有效获得“嘉兴市著名商标”称号农产品24个、“浙江省著名商标”称号农产品6个、“国家驰名商标”称号农产品3个。海宁市郭溪苗木专业合作社新获得“海宁市名牌产品”称号，累计有效获得“海宁市名牌产品”称号农产品26个、“海宁服务名牌”称号农产品1个；海宁亚泰食品有限公司的酱腌菜、海宁市翠丰生态鳖放养园的中华鳖、海宁市长安万家渡甲鱼养殖场的中华鳖、海宁市兴盛果蔬专业合作社的鲜食葡萄4个产品新获得“嘉兴市名牌产品”称号，累计有效获得“嘉兴市名牌产品”称号农产品24个；累计有效获得“浙江省名牌产品”称号农产品2个、“浙江省名牌农产品”称号农产品5个。

（马　静　胡施平）

农业生态与农村能源建设

【概况】 农业生态建设主要以养殖业减量关停、减少污染源为重点，加强农业废弃物的综合利用和农牧结合模式推广，减少农药化肥使用，并通过示范创建提升全市农业生态化水平。全年新建沼气池105个3330立方米，新建沼液池、污水池8718立方米；新建干粪池295立方米。结合生猪减量行动，对报废的367个13390立方米沼气池进行拆除填埋。强化畜禽养殖污染后续管理服务，新购置沼液车6辆、干粪车1辆，在盐官镇成立海宁市新能源服务中心盐官分部。全年9个后续管理服务组织共开展上门服务6998场次，清运干粪、沼液19832车，沼液直接抽入农田林地1445小时。

【完成中央沼气项目】 作为中央沼气项目的周王庙儒兴生态养殖场于4月10日动工，7月中旬完成土建工程并进入调试运行，7

海宁市红新嘉兴市级生态循环农业示范区创建图

月下旬完成沼气集中供气工程。该项目共铺设沼液管道1870米，为102户农户提供沼气，可为20余公顷农田林地提供有机肥。

【生态循环农业示范创建】 继续推进生态循环农业示范创建，完成“海宁市稻田养鳖稳粮增效示范建设”和“海宁市袁花水果精品园生态循环农业示范”两个省生态循环农业示范项目建设。海宁市红新生态循环农业示范区（嘉兴市级）完成建设并通过嘉兴市验收和命名。海宁市新曙生态循环农业示范区申报创建省级示范区并列入省创建名单。

（林小平　郑伟华）

农业展会

【概况】 年内，共组织参加嘉兴市级以上农产品展示展销会5次，举办海宁市第五届农博会。1月24～27日，在2013年嘉兴农产品展销会上，海宁32家单位参展，累计销售额196万元，朱万昌糕点等4个特色农产品获金奖，四角桥糯米年糕等10个农产品获优质奖。11月22～26日，在2013浙江农业博览会上，海宁16家企业参加展示展销，累计销售额61.7万元，其中浙江斜桥榨菜食品有限公司生产的“斜桥牌”榨菜、海宁纪亨保健食品有限公司生产的“乐尔福牌”姜茶获农博会金奖，海宁朱万昌食品厂、海宁四角桥食品厂、海宁市翠丰生态鳖放养园、海宁市长安万家渡甲鱼养殖场、海宁潮乡宴球有限公司的产品获优质产品奖。

【海宁市第五届农产品博览会】 于12月13～15日在市体育中心举办。展会以“农特产品争艳、乡村魅力无限”为主题，活动内容包括全市农业招商引资推介会暨合作项目签约仪式、名优特农产品展销、现代农业发展专题讲座、美丽乡村直通车、市民最喜爱的农产品评选等。共汇聚参展企业124家，其中市内参展商95家、市外参展商29家。展会共设120个农产品展销标准展位，吸引市民13.9万人次，销售额近716万元，签订合同意向458万元。展会期间，举行全市农业招商引资推介会暨合作项目签约仪式，8个农业项目签订投资协议，签约金额1.4亿元。

（阮家凯）

气　象

【概况】 全年市气象局共发布气象预警信

举办海宁市第五届农产品博览会

号45次，完成地面气象观测、农业气象观测和核应急观测任务，首次在尖山新区开展人工增雨作业。开展农产品气候品质认证工作，推进气象防灾减灾体系建设，年内完成6个气象防灾减灾标准镇（街道）和10个气象防灾减灾示范村（社区）创建，13个村（社区）和6个气象灾害防御重点单位通过气象灾害应急准备认证，实现气象防灾减灾标准镇（街道）全覆盖。气象观测站完成新旧址对比观测。深化气象行政审批改革，清理和规范行政许可事项，出台行政许可事项事后监管措施，开通市重点工程和“两新”工程服务绿色通道，推进气象“零审批”工作。海宁市政府与嘉兴市气象局签订合作备忘录，启动海宁气象现代化建设。

【气候对农作物的影响】 大麦：前期秋季雨水偏多，影响大麦的及时播种。越冬期出现两次中到大雪过程，但气温不低，总体气象条件正常偏好。2月18～19日全市普降大到暴雪，积雪明显；3月后温高雨少，日照充足，但3月份气温起伏大，植株长势偏弱，抗病性下降；4月的天气有利于灌浆成熟。大麦收获期阴雨天气较多，特别是5月上旬、中旬的连阴雨天气，对收晒入仓有一定的不利影响。

小麦：冬季小麦播种受前期秋季阴雨影响有所推迟，冬前热量一般，雨量雨日偏多，不利于壮苗越冬。越冬期热量条件正常，极端最低气温不低，冻害影响不大，但1～2月出现3次明显降雪过程，越冬后期雨水天气增多，日照不足，对小麦生长带来不利影响。3月起阴雨寡照天气结束，光温条件好，有利于小麦恢复生长和灌浆成熟。收获期阴雨天气增多，但都以过程性天气为主，总体对收晒入仓影响不大。

油菜：前期秋季的阴雨天气对油菜及时移栽带来一定影响。移栽后雨水充足，有利

8月，为缓解持续高温干旱，市气象台在尖山新区首次实施人工增雨作业

于油菜秧成活返青，但雨水过多导致根系发育不完善，长势差。越冬期雨温正常，虽出现3次明显降雪过程，但油菜大都还没进入拔节生长期，影响不大。进入3月后，气温偏高，雨量、雨日偏少，日照充足，有利于油菜生长。4月气温偏高、光照偏多，对油菜灌浆结实有利，但4月5日夜里受冷空气影响出现大风降温天气，造成开花期的油菜花瓣大量跌落，影响产量。综合来看，油菜生育期气象条件一般。

晚稻：晚稻全生育期积温偏多、日照除育秧期、灌浆期外均偏多，雨量除灌浆期外均偏少，总体气象条件较好，受病虫害影响较小，属丰产年份。全市6月7日入梅，7月1日出梅，梅雨期接近常年，降水充足且集中，梅雨期出现多次强降水。移栽发棵期晴热天气较多，光照充足，晚稻分蘖迅速，

但夏季罕见的高温热浪天气，使水体蒸发量大，河港水位明显下降，给稻田灌溉带来压力。孕穗至齐穗期间晴雨相间，天气平稳，总体光照充足，抽穗扬花顺利完成，保证了关键期的产量因素积累，对后期产量提升有较大帮助。10月6～8日受台风“菲特”影响，全市出现大暴雨到特大暴雨，部分受淹水稻出现倒伏和青枯现象，对后期产量形成和品质提高不利。收割期天气条件良好，晚稻收割进度较快，秋收工作顺畅。

蚕桑：春桑生长期间有效积温偏多，日照充足，但前期降水偏少，春季气象条件对桑树生长不利面偏多。3月起晴好天气明显增多，气温回升快，但4月雨水异常偏少，造成桑叶含水量低，叶面污染重，桑树生长差于上年。春蚕饲养期间，温湿度基本适宜，降水充足，桑树生长和桑叶品质良好。春蚕饲养期间气温较常年明显偏高，最高气温大于30℃的天气有6天，最低气温在15℃以下的天气有4天，但没有出现高温高湿天气，总体气象条件有利于春蚕健康生长，蚕病发生少。

切花：冬季气温偏高，对切花生长较有利。2月雨水偏多，湿度偏高，病害多发，部分切花出现烂叶情况。梅雨期间降水集中，但气温相对较低，切花产量增加。梅汛期过后，旱涝急转，出现破历史极值的高温干旱天气，对百合生产造成严重影响。10月受台风带来的特大暴雨天气影响，百合受淹严重，很多百合种植绝收。

影响非洲菊生长的主要不利气象条件是梅雨期和台风“菲特”带来的强降水以及夏季持续高温天气。梅雨期出现多次集中降水，温度高、湿度大，非洲菊产量和品质明显下降。7月、8月异常的高温干旱天气使非洲菊产量明显减少，花朵质量差。10月，受台风“菲特”带来的内涝影响，花卉受损惨重，大面积非洲菊种植地受淹而至绝收。

蔬菜：冬季气温正常偏高，且未出现-5℃以下严寒天气，对反季节蔬菜的生产总体较有利。春季气温回升快，起伏变化大，给蔬菜生产管理带来难度，4月雨水异常偏少，不利于蔬菜种植。梅汛期降水集中，强降水过程频繁，病虫害高发。出梅后，旱涝急转，7月、8月出现创历史极值的高温干旱天气，部分蔬菜干枯，瓜果不饱满，蔬菜产量明显减少，质量下降。10月受台风“菲特”带来的内涝影响，很多蔬菜种植地受淹绝收。全年蔬菜种植气象条件差。

表5 2013年各月日照资料

月份 要素	1月	2月	3月	4月	5月	6月	7月	8月	9月	10月	11月	12月	全年
日照时数（小时）	94.7	52.2	129.0	168.3	152.4	55.5	287.0	257.2	166.5	144.9	148.0	130.6	1786.3
历年平均日照时数（小时）	112.9	107.7	126.7	149.6	174.2	151.7	219.9	216.8	162.8	158.0	135.4	134.7	1850.4
日照百分率（%）	29	17	35	44	36	13	67	63	45	41	47	41	40
历年日照百分率（%）	35	34	34	39	41	36	51	53	44	45	43	43	42

2013 年各月气温资料

表 6

单位：℃

要素 \ 月份	1月	2月	3月	4月	5月	6月	7月	8月	9月	10月	11月	12月	全年
平均气温	4.2	6.7	11.5	16.2	22.0	24.4	31.9	31.1	24.9	19.2	13.2	5.7	17.6
历年平均气温	4.1	5.9	9.6	15.3	20.7	24.4	28.5	27.9	23.7	18.4	12.4	6.4	16.4
极端最高气温	18.8	20.1	30.7	32.2	32.7	36.9	39.4	42.0	34.9	29.6	29.7	19.8	42.0
历年极端最高气温	22.3	27.8	30.7	33.2	36.1	37.5	39.3	39.7	38.1	34.2	30.3	24.1	39.7
极端最低气温	–4.1	–3.4	–0.1	3.9	12.2	16.2	23.9	23.4	17.9	8.0	–0.6	–5.4	–5.4
历年极端最低气温	–7.6	–7.4	–3.6	1.0	7.8	12.9	18.6	18.8	11.5	2.0	–3.0	–9.9	–9.9

2013 年各月降水、相对湿度资料

表 7

要素 \ 月份	1月	2月	3月	4月	5月	6月	7月	8月	9月	10月	11月	12月	全年
降水量（毫米）	38.4	92.6	108.5	57.8	126.3	229.9	37.0	49.4	57.9	473.7	24.7	69.8	1366.0
历年平均降水量（毫米）	71.5	77.5	121.4	104.2	110.2	192.7	155.1	148.5	107.7	60.8	60.7	46.1	1256.4
降水日数（天）	8	17	14	6	15	18	6	12	9	6	7	4	122
历年平均降水日数（天）	11.8	11.9	14.4	13.6	12.3	14.5	12.1	12.9	10.9	8.8	8.7	8.0	139.9
暴雨日数（天）	0	0	0	0	0	2	0	0	0	2	0	0	4
历年平均暴雨日数（天）	0	0	0.03	0.03	0.07	0.33	0.23	0.20	0.13	0.07	0.03	0	1.13
相对湿度（%）	80	85	74	65	79	86	63	67	75	76	70	71	74
历年平均相对湿度（%）	78	78	79	78	78	83	81	82	83	80	79	76	80

说明：历年平均值统计年限为 1981 ~ 2010 年

（居晓燕）

［编辑：曹　晔］

工业与建筑业

Industry & Building Industry

工业经济综述

2013年，全市工业经济呈高开稳走格局，规模以上工业产值增幅在一季度达到20.7%高点后逐步平稳，二、三、四季度维持在10%以上较快增长速度。进入四季度后，在单月产值连创新高带动下（12月达144.18亿元），工业生产企稳回升。全年完成规模以上工业总产值1325.85亿元，比上年增长14.7%，总量继续保持嘉兴市首位，列全省第十位。全年完成工业增加值316.94亿元，增长10%，其中规模以上工业增加值232.46亿元，增长10.9%。

重点产业带动明显。全市15个主要行业中，有14个实现正增长，比上年增加3个；皮革、纺织、装备制造三大主导产业发挥主导作用，实现规模以上工业总产值742.89亿元，增长24.7%，总量占全市规模以上企业产值的56.8%，对全市增幅贡献率达12.9个百分点。光伏行业开始强势复苏，产值增幅由一季度下降5.6%、上半年下降9.2%转为下半年增长23.9%，比上年增加15亿元。

龙头企业引领增强。全年销售收入超10亿元企业有15家，超50亿元企业2家，分别比上年增加3家和1家，其中万凯新材料有限公司销售收入最高，达61亿元。超10亿元的15家企业累计实现销售收入349.92亿元，增长21.3%，总量占全市规模以上企业销售收入的27.4%，拉动全市增幅6个百分点。中粮面业、宝捷机电、瑞银科技等一批新企业产能逐步释放，对全市稳增长发挥积极作用。

重点平台支撑有力。全年产值百亿元的镇（街道）、开发区达6个，其中袁花镇、许村镇均首次突破百亿元，经济开发区超200亿元。长安镇（高新区）、黄湾镇（尖山新区）和经济开发区三大重点平台保持平稳增长。三大重点平台规模以上企业产值累计598.89亿元，增长19.5%，占全市比重的45.8%，拉动全市规模以上企业产值增幅8.6个百分点。

企业效益明显提升。2013年，全市规模以上企业实现利税109.79亿元，利润55.88亿元，分别比上年增长29%和53.4%。亏损企业数和亏损额持续减少，全年亏损企业119家，亏损额4.2亿元，分别下降38.7%和48.4%。工业强市建设已知的12项指标中，有11项指标提高，1项指标持平。全员劳动生产率、单位工业用地增加值、单位能耗工业增加值指标提升明显，分别增长33.6%、11.9%和6.8%。

集约节约成果渐显。全市累计完成“退低”项目75个，腾退低效土地202.4公顷，全面关停电镀园区和造纸厂，退出落后产能超过25亿元。完成“进高”项目38个，新项目投产后预计亩均产值、亩均税收分别达466万元和17万元，高于全市平均值。推进节能改造项目，严控高耗能项目。全市单位工业增加值能耗下降5.9%，单位GDP能耗下降超4.1%。全市29个行业大类中，有22个行业单位能耗实现下降，占比75.9%，提高9.6个百分点。

自主创新能力加强。引导企业加大研发投入，推进研发平台建设，促进产学研相结合。全市规模以上工业企业科技投入29.24亿元，比上年增长28%；R&D（企业研究与试验发展）经费支出与主营业务收入比率为1.29%，提高0.1个百分点。全年高新技术产业实现增加值49.49亿元，增长20.2%，总量占全市规模以上工业增加值的21.3%，提高1.6个百分点。实现新产品产值462.8亿元，新产品产值率35.4%，提高2.7个百分点。

工业投资高速增长。全市完成工业生产性投入172.3亿元，比上年增长18.4%，其中技术改造项目128.42亿元，占全市工业投入比重的74.5%。重点项目投资成为主要带动力，全年50个市领导联系重大项目累计完成投资43.83亿元，占全市工业投资比重的25.4%。新兴产业成为投资热点，机械、电子、太阳能光热、汽配、包装新材料5个行业全年累计完成投资104.45亿元，增长20.7%，高出全市平均增幅2.3个百分点，占全市比重上升至60.6%，其中机械行业完成投资35.2亿元，增长76.4%。

“机器换人”加快推进。全市共有154家企业申报试点，2013～2015年三年行动计划投资96.43亿元，其中2013年计划投资31.78亿元。已批已实施项目128个，累计完成投资31.46亿元，其中设备投资19.39亿元。企业生产效率明显提高，全年规模以上工业全员劳动生产率14.25万元/人，提高33.6%；职工人均报酬提高29.1%，节省劳动用工及腾出岗位1万余人。

转型升级带来压力。全年亩产效益评价中，有83家企业被评为C类（落后淘汰类），涉及规模以上企业30家。该30家企业2013年实现产值26亿元，占全市规模以上工业总产值的2%，其中亿元以上企业5家。根据C类企业必须实施关停并转的要求，势必对全市工业增长造成一定影响。

结构调整步伐缓慢。全市工业经济总体仍以传统产业为主，全市战略性新兴产业增加值占比仅为17.5%。排名前三位的产业均为传统产业，分别是纺织业，纺织服装、服饰业，皮革、毛皮及其制品和制鞋业，占全市增加值总量的42.1%。全市传统产业大多处于产业链的中低端环节，中低端产品占比较大，研发设计、高端制造、营销推广等能力有待提升。新兴产业近年来发展势头有所放缓，特别是重点培育的光伏产业，受整个行业的产能过剩和欧美反倾销因素影响较大。全市光伏产业自8月起才扭亏为盈，短期内全市产业结构调整难有质的突破。

运行质量有待提升。海宁市工业经济质量效益指标与先进地区相比，差距仍比较明显。2013年，全市规模以上工业增加值率为17.2%，规模以上工业利润率为4.2%，比2012年全省平均水平低1.1个和1.2个百分点。全市规模以上企业虽然有1107家，但亿元以上企业仅237家，尤其缺乏百亿元大企业，全市规模最大企业销售仅61亿元。大企业对全市工业经济的转型发展、加快发展引领和带动作用未能得到有效体现。

工业发展后劲不足。一是重点项目达产缓慢。受行情、原材料大幅波动等因素影响，上城科技、联鑫板材等一批新企业产能释放受阻，与预期目标差距较大，部分重大项目出现暂停建设或推迟投产现象。二是缺乏新增量。2013年虽然有162家企业新晋级规模以上，但同时有近80家原规模以上企业由于销售未达标而退出，且规模以上企业规模普遍较小，只有2家企业产值超亿元。新引进项目规模普遍偏小，273个工业项目中4亿元以上项目仅6个，最大项目投资只有8亿元。三是企业发展信心不足。在复杂形势下，企业对未来发展普遍持谨慎观望态度。从用电需求看，大工业用户（315千伏安以上）申请数为137户，虽较上年有所增加，但与2011年相比，降幅达55.7%，同时减容销户数则增长227%。

附：2013年海宁市重点“兴海工程”企业名单

一、制造业企业（67家）

浙江卡森实业集团有限公司
浙江晶科能源有限公司
浙江万凯新材料有限公司
海宁蒙努集团有限公司
浙江长海包装集团有限公司
浙江海利得新材料股份有限公司
浙江娃哈哈昌盛罐头食品有限公司
兄弟科技股份有限公司
海宁宏洋集团有限责任公司
雪豹集团公司
安正时尚集团股份有限公司
南大（浙江）环保科技有限公司
浙江西子重工机械有限公司
美大集团有限公司
浙江诚信包装材料有限公司
浙江娃哈哈昌盛方便食品有限公司
宏达控股集团有限公司
欧诺雅集团有限公司
浙江娃哈哈昌盛饮料集团有限公司
天通控股股份有限公司
浙江敦奴联合实业股份有限公司
浙江港龙新材料有限公司
浙江联鑫板材科技有限公司
浙江澳森实业有限公司
浙江锦达新材料股份有限公司
浙江明士达新材料有限公司
曼斯顿电梯（浙江）有限公司
洁华控股股份有限公司
浙江三和食品科技有限公司
浙江光华新材料有限公司
浙江富邦集团有限公司
浙江时代汽车零部件有限公司
华德利集团
浙江新月家具有限公司
浙江钱江生物化学股份有限公司
浙江虎霸建设机械有限公司
浙江联鸿纤维科技有限公司
浙江恋尚家居品有限公司
海宁八方布业有限公司
海宁联丰磁业股份有限公司
浙江达利制衣有限公司
海宁市金郑家具有限公司
浙江汇锋新材料有限公司
海宁市粤海彩印有限公司
浙江天和典尚家具制造有限公司
浙江宇立塑胶有限公司
海宁金永和家纺织造有限公司
天通吉成机器技术有限公司
浙江薛永兴氨纶有限公司
浙江德俊新材料有限公司
海宁市红狮电梯装饰有限公司
浙江特富锅炉有限公司
浙江博泰塑胶有限公司
浙江群大饲料有限公司
海宁纺织机械厂
浙江华生经编新材料有限公司
海宁海橡鞋材有限公司
浙江晨丰灯头有限公司
浙江汇能动物药品有限公司
海宁三弘电子科技有限公司
浙江美通筑路机械股份有限公司
海宁市新艺机电有限公司

浙江华尔纺织科技有限公司
海宁市超达经编有限责任公司
浙江万方新材料股份有限公司
浙江永发机电有限公司
海宁市白领氏皮业有限公司
二、服务业企业（6家）
吉恩仕国际贸易有限公司
海宁中国皮革城股份有限公司
海宁市华联大厦有限公司
海宁市民泰煤气有限责任公司
浙江奥特莱斯广场有限公司
海宁大厦
三、建筑业企业（5家）
浙江鸿翔建设集团有限公司
浙江中海建设集团有限公司
浙江恒力建设有限公司
浙江景华建设有限公司
浙江卡森建设有限公司

表8　　2013年全市规模以上工业经济指标完成及在嘉兴市排名情况

指标	完成实绩（亿元）	在嘉兴市排名	增幅在嘉兴市排名
工业总产值	1325.85	1	4
工业增加值	232.46	2	4
工业生产性投入	172.30	1	3
工业利润	55.88	4	2
实到市外内资	91.84	—	—
实到注册资本	49.53	1	1

2013年海宁市重点技术改造项目完成情况（1亿元及以上）

表9

单位：万元

序号	企业名称	项目内容	计划总投资	至2012年年底累计完成投资	2013年完成投资
1	浙江鹏德精密电子制造有限公司	年产2300万件CSP微电子固态存储模块项目	41800	13420	23218
2	海宁市金潮实业有限公司	企业搬迁项目	29983	7365	22803
3	海宁富城经编有限公司	年产2万吨麂皮绒等经编面料技改项目	25000	3215	21540
4	安正时尚集团股份有限公司	安正时尚集团文化创意产业园	80000	4045	29698
5	浙江海宁中诚皮业有限公司	年产皮箱30万只、包15万个、鞋帽5万双(打)	24320	2185	22985
6	浙江华尔科技纺织有限公司	年产医疗保健型纺织品3000万套增资项目	20264	1650	19807
7	海宁海橡集团有限公司	整体搬迁技改项目	21000	—	10066
8	浙江飞时达汽车部件制造有限公司	年产各类汽车刹车7.5万件、传动系统5万套	18774	5106	13668
9	浙江三永机械有限公司	新增年产5.4万套电梯配件项目	15500	1873	10509

续表 9

序号	企业名称	项目内容	计划总投资	至 2012 年年底累计完成投资	2013 年完成投资
10	海宁中国皮革城股份有限公司	时尚产业园标准厂房建设项目	24382	15075	10780
11	天通控股股份有限公司	年产 60 万片 4 英寸 LED 蓝宝石衬底材料	36000	23780	11167
12	浙江美大实业股份有限公司	研发和测试中心项目	20049	3163	13589
13	浙江晶科能源有限公司	金太阳示范工程项目	13400	—	13600
14	浙江晶科能源有限公司	新增年产 50 兆瓦太阳能电池及 200 兆瓦太阳能电池组件及新建研发楼项目	28000	—	17500
15	浙江联鸿纤维科技有限公司	年产 30 万锭 8 万吨高档混纺纱项目	87740	43007	36779
16	洁华控股股份有限公司	高效节能袋式除尘技术与装备生产线	30600	8100	13363
17	浙江海利得新材料股份有限公司	年产 3.1 万平方米柔性广告灯箱布	69100	5496	23807
18	浙江海利得新材料股份有限公司	年新增 3 万吨高模低收缩涤纶浸胶帘子布项目	110000	44805	11495
19	浙江凯耀数字照明股份有限公司	年产 2500 万个数字 LED 电子驱动器投资项目	30000	—	12275
20	浙江晶科能源有限公司	年产 1000 兆瓦组件生产线	120036	—	10890

（朱宁佳）

经　　编

【概况】 2013 年，全市共有规模以上经编企业 195 家，完成规模以上工业总产值 160.04 亿元，比上年增长 10.9%；实现销售收入 175.32 亿元，增长 9.5%；利税 11.50 亿元，增长 77.9%，其中利润 6.19 亿元，增长 120.2%。11 月，市经编行业协会完成换届选举。

【制定行业标准】 年内完成联盟标准《经编复合沙发面料》的制定与发布；完成由海利得公司、宇立塑胶、中天纺检测公司及经编行业协会参与的《聚氯乙烯透射放映用软膜》行业标准制定；完成由中天纺检测公司、宇立塑胶及经编行业协会参与的《数字放映银幕的安全及环保要求》国家标准制定；11 月，由浙江海利得新材料股份有限公司等参与的《柔性灯箱广告喷绘布》行业标准通过审定；完成联盟标准《经编双轴向涤纶基布》的修订。

【品牌建设】 年内，浙江高达新材料有限公司等 6 家企业被批准为第六批授权使用浙江区域名牌的单位和唯一性标志编码。至年底，浙江区域名牌“马桥经编”使用企业累计 41 家，涵盖经编及相关产品 57 项。海宁市天宇基布有限公司被认定为“海宁市名牌”，浙江宇立塑胶有限公司被嘉兴市工商局认定为“嘉兴市著名商标”，海宁八方布业有限公司被浙江省工商局认定为“浙江省著名商标”，浙江港龙新材料有限公司的“港龙”品牌被认定为省级出口名牌。

（朱宁佳）

家　　纺

【概况】 2013年，全市有规模以上家纺企业125家，规模以上企业实现工业总产值101.41亿元，比上年增长18.1%；销售收入88.80亿元，增长17.8%；利税6.41亿元，增长49.0%，利润总额3.24亿元，增长50.6%。主要家纺产品有沙发布、窗帘布、床上用品、家居用布等，国内市场占有率稳定在35%，产品销售覆盖国内30多个省、市，远销40多个国家和地区。12月20日，海宁市家用纺织品协会被中国纺织工业联合会授予“纺织产业集群地区优秀协（商）会”称号。

【2013海宁·中国家用纺织品博览会】 8月23～29日，2013海宁·中国家用纺织品博览会暨2013年许村家纺新产品展示周在许村镇举行。该博览会由中国家用纺织品行业协会、中国国际贸易促进委员会纺织行业分会主办，海宁市人民政府承办。博览会以“集成·创新·共赢”为主题，举办“海宁家纺杯”中国国际家用纺织品创意设计大赛的评比和颁奖、海宁中国家纺城国际家纺贸易中心项目推介会、许村家纺新产品展示周活动。28家企业参展，共接待客商1万余人次，直接成交额2亿余元。“海宁家纺杯”2013年中国国际家用纺织品创意设计大赛于7月11日落下帷幕。大赛设计主题为“华·蕴”，共有56家单位的1907幅作品参赛。经评审，最终评出金奖1名、银奖3名、铜奖5名、优秀奖30名和最佳创意设计应用奖5名，南京艺术学院创作的《香颂》被评为金奖。

【家纺企业抱团参展】 3月5～7日，中国国际家用纺织品及辅料（春夏）博览会在上海世博展览馆举行，海宁市家纺协会组织124家企业抱团参展，参展面积8000平方米，达成意向成交额1.5亿元；8月27～29日，组织170家企业参加在上海新国际博览中心举办的2013中国国际家用纺织品及辅料（秋冬）博览会，参展面积1.2万平方米，为最大地方展团，达成经贸意向额3.5亿元。

【家纺知识产权保护和产权纠纷调解】 全年市家纺知识产权保护办公室（海宁知保

8月27日，海宁家纺企业参展上海国际家博会

办）共完成178家家纺企业及经营户版权登记2120件，其中美速版权700件，企业申报各项专利220余件。开展行政执法26起，其中联合执法20起，查处涉嫌盗用版权花样60件；开展市场巡查35次，摘除涉嫌盗版布样28件，涉及门店12家。海宁家纺知识产权调解委员会共调解各类家纺知识产权纠纷114起，调解成功109起。

（朱宁佳）

电子工业

【概况】 2013年，全市有规模以上电子工业企业25家，规模以上电子工业企业实现销售收入23.46亿元，比上年增长10.9%；实现利税2.0亿元，增长92.4%，其中利润1.01亿元，增长694%。海宁市电子产业主要分布在盐官软磁特色园，入园企业97家。

【两家企业软件产品获省软件产品登记】 9月23日，浙江省经济和信息化委员会公布2013年第九批软件产品登记、变更、延续名单，海宁市浙江闪龙科技有限公司自主研发的闪龙统一智能存储管理系统软件V1.0软件和浙江威奇电气有限公司自主研发的威奇电力保护神软件V1.0软件获省软件产品登记。根据国家相关政策，获得登记的软件产品在税收方面将享受一定的优惠政策。

【两家企业入围中国电子元件百强】 7月，工信部运行监测协调局、中国电子元件行业协会联合发布2013年（第26届）中国电子元件百强企业名单，海宁市天通控股股份有限公司、海宁联丰磁业股份有限公司两家企业入围百强，分列第48位和第77位，入围企业数位居嘉兴市首位。

【两个项目列入省电子信息产业重点项目计划】 1月，发布《2013年浙江省电子信息产业重点项目计划》，海宁联丰东进电子有限公司总投资1500万元的“分槽式开关电源变压器的关键技术及产业化”项目、浙江通达磁业有限公司总投资960万元的“高频MnZn铁氧体材料”项目入选。海宁联丰东进电子有限公司项目通过对变压器用高性能磁性材料的研究与变压器结构的优化设计，可解决开关电源用变压器体积大、功耗高、产品一致性差等问题，提高开关电源变压器产品的可靠性和使用寿命。该项目入选A类项目，将获省财政重点支持。

（朱宁佳）

包装印刷

【概况】 2013年，全市共有包装印刷企业420家，其中出版物印刷2家、包装装潢印刷277家、其他印刷企业31家、专项制版（装订）11家、油墨生产6家、包装机械制造8家、瓶用PET切片生产1家、包装薄膜及镀铝膜生产6家。有规模以上企业13家，实现销售收入18.27亿元，比上年增长4.2%；实现利税1.13亿元，增长10.9%。至年底，包装印刷产业有“浙江名牌产品”3个、“嘉兴名牌产品”4个、“海宁名牌产品”2个。海宁包装行业企业总量和生产规模列嘉兴市首位。

10月11～13日，市包装印刷行业协会组织企业抱团参加2013上海国际包装制品、材料与设备展览会。9月3日，举办网络营销实战专题培训。12月10日，在市文化馆举办海宁市第七期印刷行业法律法规培训。

【申请注册集体商标】 为突破海宁包装产业化发展缺乏区域性品牌的瓶颈，经市工商部门批准，市包装印刷行业协会申请注册包装集体商标，并获发放受理书。

【拓展行业融资渠道】　为解决企业技术改造融资难问题，市包装印刷行业协会继续与远东租赁公司联系，并与康安融资、荣年融资、仲信国际租赁、嘉丰担保等金融机构开展合作，加速企业技术升级。

（朱宁佳）

装备制造业

【概况】　2013 年，全市有规模以上装备制造业企业 191 家，实现规模以上产值 178.94 亿元，比上年增长 11.6%；实现利税 13.82 亿元，增长 32.3%，其中利润 6.81 亿元，增长 39.2%。全市 78 家“兴海工程”企业中有机械企业 11 家，占“兴海工程”企业总数的 14%。

电梯行业发展迅速，成为装备制造业的主力军。全市有整机、自动扶梯、货梯、配件制造、装饰等企业约 50 家。至年底，有规模以上电梯企业 11 家，其中整机生产企业 3 家，分别为曼斯顿电梯、林肯电梯、嘉联电梯，其他 8 家均为配件和装饰企业。有从业人员 2430 人。规模以上电梯企业实现工业总产值 41.97 亿元，利税 1.14 亿元，其中利润 0.63 亿元。

【组团参展参观】　11 月 19～21 日，市机械行业协会配合市经信局组织企业参加 2013 中国义乌国际装备制造业博览会，并组织全市机械企业 150 人前往参观。组织 35 家会员企业赴韩国学习考察，参观周星工程有限公司的车间及生产线。5 月 28 日，市机械行业协会召开协会成员企业人力资源工作座谈会，会议对行业职业技能鉴定、职业培训、劳资纠纷等内容进行交流探讨。

（朱宁佳）

太阳能利用

【概况】　2013 年，全市有各类太阳能热水器及配件生产企业共 913 家，其中实际整机生产企业 300 余家，真空集热管生产企业 33 家，各类配件生产企业 300 多家，年产太阳能热水器约 420 万台。生产企业主要集中于袁花、黄湾及硖石周边地区，从业人数 1.2 万人。全市太阳能光热行业实现销售收入 39.5 亿元，比上年增长 2.6%。实现出口总额 7055.4 万美元，下降 0.67%，产品主要销往印度、越南、欧盟等国家和地区。全市太阳能热水器产销量约占全国的 1/7，真空集热管产销量约占全国的 1/4。太阳能光热行业共有“浙江名牌”1 个、“嘉兴名牌”5 个、“海宁名牌”9 个，“浙江省著名商标”1 个、“嘉兴市著名商标”8 个、“海宁市著名商标”11 个、“中国驰名商标”38 个。

全市共有光伏生产企业 22 家，实现产值 86.6 亿元，比上年增长 21.5%；销售收入 71.3 亿元，增长 44.3%。有规模以上企业 12 家，实现产值 75.6 亿元。光伏产能约 2400 兆瓦，增长 20%，约占全省光伏产能的20%。2013 年，受欧美“双反”的不利影响，海宁光伏企业对外出口量大幅下降，全年出口额 1.95 亿元，下降 75%。组织企业申报高效节能太阳能热水器惠民工程，美大、神太等 7 家太阳能企业成为首批中标企业。3 月 16～18 日，市太阳能行业协会组织美大、神太、宝光等 8 家太阳能企业参加第十届中国国际（长沙）太阳能品牌产品博览会，同时组织 30 多人参观博览会。

【行业培训】 5月22日，邀请浙江省太阳能检测中心工程师沈金俞为89家太阳能热水器企业进行太阳能热水器产品质量培训。7月25日，举办第九期海宁外贸大讲坛暨第十五期外贸业务培训班，45家太阳能企业负责人学习进出口贸易实务、出口信保以及境外参展策略分析等外贸相关知识。9月5日，召开太阳能光热产品节能认证宣贯会，为62家太阳能企业介绍太阳能热水器节能产品认证的产品类别和认证单元划分等内容。11月18日，在省太阳能检测中心举办太阳能产品多国认证及能效方案解析培训会，邀请Intertekt天祥集团太阳能测试组为56家太阳能企业介绍美国、欧洲等国的产品性能认证要求和越南能效及美国能源之星认证的要求，介绍SKN最新动态、零部件等级评估和抗冻要求等内容。

【加强真空管行业自律】 太阳能真空管是太阳能热水器的核心部件。近年来海宁市真空管企业加速扩容，真空管行业出现开机少、库存大、应收账款多、亏损面广等不良现象。为规范企业制造和经营行为，抵制低价劣质产品扰乱市场，市太阳能协会在海宁市全玻璃真空太阳集热管议事会和自律条约的基础上召开多次会议共同商讨对策，促进全玻璃真空太阳集热管产业健康有序发展。

【环评检测】 市太阳能光伏行业协会联合市环保局等部门解决光伏危险废物处置问题，先后召开光伏固体废物检测方案讨论会、海宁市光伏行业固体废物检测评审会。由省环评专家介绍光伏固体废物的检测方案，对全市首批参评企业的参评方案进行评定。

（朱宁佳）

汽车及零部件

【概况】 2013年，全市有规模以上汽车及零部件企业7家，规模以上企业实现销售收入6.25亿元，比上年下降28.4%；实现利税0.53亿元，增长61.5%，其中利润0.16亿元，下降4.8%。经过近几年的培育发展，全市初步形成较集中的零部件生产、加工区，主要分布于长安镇、盐官镇和黄湾镇（尖山新区）等地区。主要产品包括汽车轮毂单元、驱动桥总成、变速箱总成、悬架减震器、汽车发动机及零件、汽车照明及信号装置、汽车电子电器及仪表和摩托艇发动机等多个系列，其中与汽车制造企业直接配套的只有海宁欣业钢管有限公司、浙江杭万汽车零部件实业有限公司等，多数企业只是参与间接配套。

（朱宁佳）

袜　业

【概况】 2013年，全市有袜业企业约500家，主要分布在海昌、海洲、硖石、马桥、袁花等地，其中规模以上企业53家。规模以上企业实现产值30.53亿元，比上年增长6.3%；销售收入30.38亿元，增长5.5%；实现利税2.20亿元，下降23.6%，其中利润7637万元，下降35.2%。全市共有各类袜机1.5万台，其中大部分是进口袜机，职工总数1.5万人。生产以出口为主导的中高档袜子，主要销往欧美、日本等国家和地区。全年袜业累计出口2.65亿美元，增长18.7%，出口保持稳定增长。注重产品质量和品牌创新，耐尔集团旗下专卖店品牌“全家的袜箱”经过多年发展，在全国已有500

多家专卖店，成为中国袜品连锁店第一品牌。举办出口培训讲座，为外贸型袜子企业普及出口风险知识。3月，协会组织27家会员企业参加2013年第八届中国（上海）国际袜业采购交易大会。

【首届中国海宁精品袜业加盟采购交易会】 3月29～31日，由市袜子行业协会主办、嘉兴光大展览有限公司承办的2013首届中国海宁精品袜业加盟采购交易会暨2013第五届中国海宁袜子、针织及缝制设备博览会在市体育中心举办。参展企业50家，设标准摊位212个。

（朱宁佳）

家具制造

【概况】 海宁市家具行业是皮革、经编、家纺三大支柱产业的延伸和发展，产品以出口为主，其中出口北美地区约占全市家具出口总量的90%。2013年，全市家具企业约130家，从业人员约5万人，其中规模以上企业35家。全年累计实现工业产值60.79亿元，比上年增长11%。规模以上企业实现利税5.79亿元，增长175.4%，其中利润2.47亿元。

【组团参展参观】 4月，组织8家家具企业代表参加海南博鳌考察学习报告会。7月，市家具行业协会组织20家企业代表赴玉环参观学习。10月，组织澳森、万盛、天和典尚等7家企业到美国参加高点家具展。组团参加省家具协会年会。11月，参加在义乌举行的2013中国出口家具研讨会。12月，参加在广州举办的中国家具产业集群会议。

【拓展产业发展渠道】 2013年，蒙努集团和宏洋集团在柬埔寨投资设厂。在苏州2013年家具展上，金郑家具有限公司、川洋家私有限公司推出内销市场的新品。卡森集团新内销展厅投入使用，蒙努集团推出全新家居品牌，1万平方米的家居馆投入使用。全年家具企业加大对内销市场的投入。

（朱宁佳）

建　材

【概况】 2013年，全市有规模以上建材企业50家，主要包括预拌混凝土生产企业、砖瓦企业和新型装饰材料相关企业。其中新型墙材企业8家，年产墙材产品1.03亿块，折合标准砖1.31亿块；黏土制品企业9家。全市有新型装饰材料企业近130家，87%集中在袁花、黄湾地区。全年中小型新型装饰材料总产值达15亿元左右，规模以上企业有14家，全年生产总值6亿元，比上年增长8%，出口交货值4.05亿元，增长25%。10月21～25日，组织11家新型装饰材料企业参加在义乌举办的第19届国际小商品博览会。

【开展网络营销培训】 9月3日，开展网络营销实战培训，57家企业的70多位负责人和营销干部参加培训。培训会上，对海宁市沪明塑钢有限公司和海宁吉祥太阳能有限公司两家企业的网站进行现场分析并提供解决方案。

【淘汰落后产能】 9月，关停海宁市华多新型墙体材料有限责任公司，10月拆除验收。拆除验收海宁市正方建材有限公司。其余黏土砖瓦窑企业按照统一部署，扎实推进关停工作。

（朱宁佳）

建筑业

【概况】 2013年，全市共有建筑业企业63家，其中总承包企业21家（其中一级资质6家、二级资质7家），专业承包企业31家（其中一级资质6家、二级资质6家），劳务分包企业8家，监理企业1家，检测企业1家，其他企业1家。年内新增建筑业企业5家，分别是海宁新越建设有限公司、海宁市荣兴劳务有限公司、海宁龙腾装饰工程有限公司、洁华控股股份有限公司、嘉兴嘉盛景观工程有限公司。

全年建筑业企业共签订合同总额305.54亿元，比上年增长9.1%；完成建筑业施工总产值226.40亿元，增长12.4%，其中省外产值38.93亿元，增长15.2%；房屋建筑施工面积1470.6万平方米，上缴税金6.79亿元。

全市共报建建设工程项目283个，建筑面积920万平方米，总投资301.94亿元；办理施工许可275项，建筑面积777.92万平方米，合同造价114.27亿元；办理房屋建筑工程竣工验收备案项目623个，建筑面积388.92万平方米，工程造价41.55亿元。

全年新办理质量监督房屋建筑工程1132项，建筑面积705.7万平方米，其中市政工程98项；监督竣工验收房屋工程637项，建筑面积289.6万平方米，其中市政工程62项。房屋建筑工程图审率100%，通过竣工验收交付使用的工程合格率100%。加强工程开工前的安全审查备案工作，全年共办理安全监督备案424项，建筑面积761.5万平方米，造价132.05亿元。

全年创浙江省建筑安全文明施工标准化工地6项，创嘉兴市建筑安全文明施工标准化工地25项。有9项工程获嘉兴市“南湖杯”优质工程奖，海宁市“1008”人防工程获嘉兴市“南湖杯”优质结构工程奖。海宁市马桥信用社综合用房和新建硖石街道公共便民服务中心2项工程获浙江省“钱江杯”优质工程奖。

印发并实行《海宁市建筑工程安全监督管理办法（试行）》。针对建设工程领域安全管理的薄弱环节进一步加强日常安全生产监管，起草出台《海宁市建设工程安全生产网格化管理实施办法（试行）》《关于进一步加强建设工程安全管理的意见》，将全市按行政区域划分为14个单元网格，并制定分片联系、定期检查督察和信息化管理等制度和考核标准，实现监管机制和监管手段的改革。完成建筑安全数字管控平台基础设施建设，海宁市建筑业管理综合系统投入运行。

【企业资质升级】 年内有1家企业获建筑装修装饰工程专业承包一级资质（浙江卡森建设有限公司）；1家企业获金属门窗工程专业承包一级资质（浙江鸿翔节能幕墙门窗有限公司）；1家企业获桥梁工程专业承包一级资质（浙江中威交通建设有限公司）；1家企业获工程造价咨询甲级资质（嘉兴正大工程管理咨询有限公司）；1家企业获钢结构工程专业承包二级资质（浙江宏厦建设有限公司）；1家企业获建筑装饰装修工程设计与施工一体化二级资质（海宁嘉业建设有限公司）；3家企业获建筑装修装饰工程专业承包三级资质（嘉兴鎏增园林建设有限公司、海宁龙腾装饰工程有限公司、嘉兴嘉盛景观工程有限公司）；1家企业获房屋建设工程施工总承包三级资质（海宁新越建设有限公司）；1家企业获爆破与拆除工程（限拆除工程）三级资质（海宁市鸿翔运输有限公司）；3家企业获4项专业承包三级资质（海宁中嘉建设有限公司，嘉兴市唯真装饰有限公司建筑智能化工程，洁华控股股份有限公司机电设备安装工程、环保工程）；1家企业获5项劳务分包一级资质（海宁市荣兴劳务有限公司木工作业、砌筑作业、钢筋作业、抹灰作业、混凝土作业）。

【建筑节能】 新建民用建筑全面实施建筑节能，全年共受理审查项目90个。完成既有建筑节能改造工程1项（嘉兴市住房公积金管理中心海宁市分中心），开展国家机关办公建筑和大型公共建筑用能监管示范工程1项（嘉兴市住房公积金管理中心海宁市分中心），组织申报绿色建筑示范工程2项（慕容城二、三期，京都影视文化中心2～16号楼工程）。

表10　　2013年度嘉兴市“南湖杯”优质工程项目

序号	项目名称	施工单位	项目经理
1	海宁市马桥信用社综合用房	浙江景华建设有限公司	崔伟强
2	海宁市劳动和社会保障服务中心	浙江华信建设有限公司	张钱明
3	硖石街道公共便民服务中心工程	浙江鸿翔建设集团有限公司	严根忠
4	嘉兴银行理财中心大楼	浙江鸿翔建设集团有限公司	张正明、陈永明
5	海盐县南北湖旅游服务中心建设工程	浙江鸿翔建设集团有限公司	干国平
6	百合新城高层三期翡翠苑	浙江恒力建设有限公司	钟李彬、宋新宇
7	百合新城五期公寓春信苑	浙江恒力建设有限公司	钟李彬、许晴男
8	海宁市百合新城海韵苑	浙江中宁建设有限公司	李妙发
9	海宁市“1008”人防工程	浙江鸿翔建设集团有限公司	朱家毅、姚建凯

（沈佳燕）

重点企业（非皮革类）

【安正时尚集团股份有限公司】 2013年，实现工业总产值15.48亿元，比上年增长15.9%；销售收入11.43亿元，增长14.2%；实现利税4.7亿元，其中净利润2.54亿元，在中国服装行业百强企业中名列销售利润率第3名和利润总额第32名。至年底，公司占地面积1.3公顷（20亩），总资产12.75亿元，在册员工1535名。全年投入产品研发费用0.53亿元。取得外观设计专利15件（累计113件），实用新型专利18件，软件著作权20件，取得5项国内商标注册证和5项海外商标注册证。安正时尚文化创意产业园正在建设中。年内获海宁市“纳税先进企业”称号，获中国服装品牌年度大奖和“嘉兴撤地建市30周年功勋民营企业”称号，董事长郑安政被聘为中国服装协会副会长。

（吴春梅）

【宏达控股集团有限公司】 2013年，实现工业总产值11.8亿元，销售收入11.5亿元，利税6亿元，其中利润4.7亿元。至年底，公司总资产32.2亿元，占地面积39.8公顷，在册员工2058名。全年技术革新项目18个，包括“A88”高性能汽车内饰面料、高性能汽车内装材料关键技术的研究及产业化、基于高分子结构改性的汽车、高铁内装饰材料的结构研究及产业化等，共计投入资金1460多万元。项目被列入国家“火炬计划”、浙江省重点技术创新计划、浙江省新产品计划，取得专利34件。年内重大投资项目5个，共计投入资金约10亿元。2013年，公司获“全国模范职工之家”称号。

（周美玲）

【美大集团有限公司】 2013年，实现工业总产值10亿元，比上年增长15.3%；销售收入8.64亿元，增长10.3%；实现利税1.71亿元，增长23.9%，其中利润1.30亿元。至年底，公司占地面积4.7公顷，有员工980名。全年技术革新项目有多功能集成餐桌产业化，环吸式集成灶1202F，侧吸式集成灶1309L、1302、1303，鼓风式全预混高效聚能集成灶等8项，共计投资1850万元。年内共申请专利14件，授权国际PCT专利1件、实用新型专利13件。美大总部大楼及科研大楼项目建设进入装修阶段，投入资金2.1亿元。参与《家用燃气灶具能效限定值及能效等级》国家标准和《一体式电磁加热控制器》行业标准起草。年内，公司获海宁市“五（吾）带头”潮乡群英榜时代贡献奖，获海宁市“和谐劳动关系先进企业”等称号；控股子公司——浙江美大实业股份有限公司获国家安全生产标准化二级企业、上市公司诚信50强、浙江省模范集体、浙江省燃气具行业优秀企业、嘉兴市工业投资先进企业、海宁市“两化”深度融合示范企业、海宁市安全文化示范企业、上市公司诚信品牌等称号，获浙江省工业设计大赛铜奖、嘉兴市家具用品设计大赛二等奖、海宁市市长质量奖等奖项。

（徐　红）

【浙江海利得新材料股份有限公司】 2013年，公司实现营业收入21.49亿元，比上年增长10.2%；实现营业利润1.05亿元，利润总额1.18亿元，归属于上市公司股东的净利润1.01亿元，分别增长22.3%、19.6%和15.3%。年内，公司有4个省级新产品开发试制并立项，7个新产品通过省级鉴定验收。“精印高分子数码内打喷绘材料及其制备方法”获发明专利授权，“布卷包装装置”获实用新型专利授权，新产品“单头纺2000旦高模低收缩聚酯工业丝”获嘉兴市科技进步奖二等奖。“海利得”商标被国家工商行政管理总局认定为“驰名商标”。公司获2013年“浙江省高新技术企业百强”“嘉兴市走新型工业化道路十强企业”称号。

（田晨润）

【浙江晶科能源有限公司】 浙江晶科能源有限公司成立于2009年6月，是晶科能源集团的子公司，主要从事太阳能硅片、电池片和太阳能光伏组件的生产与研发。2013年实现生产总值56亿元、销售收入43亿元、利润1.21亿元。公司是国家高新技术企业，拥有独立的研发大楼和省级研究中心。重视科技投入，坚持独立开发与联合开发双轨制，2013年取得6件实用新型专利授权和1件外观专利授权。年内，公司对原有太阳能电池片生产设备进行“机器换人”升级改造，主要通过对工艺生产线的上下料机、插片机、石墨载板、石墨舟等设备进行技术改造，项目总投资1450万元。项目实施后，提高生产效率11%，节约人员14%，新增年产值4474万元。总投资656万元实施中水回用技改项目，其中土建投资40万元、设备投入598万元、工程建设其他费用

18万元。购置2套中水回用系统等设备，采用超滤、反渗透等处理工艺对废水进行综合回收利用，项目实施后形成日处理废水700吨的中水回用能力。公司先后获浙江省百强企业、浙江省诚信AAA级品牌企业、浙江省成长之星企业、最具投资价值100强企业、2013最佳企业品牌形象、全国就业先进企业等称号，获海宁市“机器换人”试点企业、海宁市“两化”融合示范企业、2013年浙江省电子信息制造业三十强、2013年全国电子信息产业百强、浙江省首批“三名”工程试点企业等称号。

（沈玲霞）

【浙江娃哈哈昌盛饮料集团有限公司】 2013年，实现工业总产值7.9亿元，年产饮料3.8亿瓶，销售收入7.2亿元，上缴税金0.88亿元，利润2.4亿元。至年底，公司占地面积9.5公顷，有员工249名。主要拥有超净灌装线3条（其中包括2条Procomac、1条SIDEL），水汽两用线1条（合肥中晨），3台SIPAFX20/80EVO制瓶机，1台HUSKY（赫斯基）两步法吹瓶机，8台SACMIN制盖机，4台切环机及相关水处理、能源动力设备，固定资产总价值3.2亿元。公司主要生产娃哈哈超净热灌装饮料、碳酸饮料、瓶装水饮料、风味饮料等20多种产品，其中包括营养快线、营养发酵快线、新品呦呦奶咖、奶茶、果汁、钙好喝、碳酸系列等。年内，公司通过浙江省安全生产标准化二级企业认证、乳制品QS认证及ISO 22000监督审核，获长安镇（高新区）劳动关系和谐企业先进单位、海宁市职工体育示范单位等称号。

（石江全）

【浙江娃哈哈昌盛罐头食品有限公司】 2013年，公司生产八宝产品7.02亿罐，水汽线产品1.08亿瓶，实现销售收入19.17亿元，上缴利税4.6亿元，其中净利润3.8亿元。公司贯彻落实“求实创新、安全和谐”的发展方针，全面推行绩效考核模式，深入开展群众路线教育实践活动，大力加强反腐倡廉建设。注重管理干部及员工的培养与培训，持续进行全员素质教育，创建学习型企业。开展各项职工技能竞赛，表彰先进工作者，组织全员体检以及集体旅游等活动。年内生产线完成蒸汽减温装置的安装，年节约能耗费160余万元。2013年获中国罐头（内销）十强企业、嘉兴市走新型工业化道路十强企业、海宁市十五强企业、海宁市“亩产效益”先进企业、海宁市年度纳税优秀企业等称号。

（白　玮）

［编辑：刘　峰］

皮　　革

Leather

综　　述

2013 年，全市规模以上皮革企业有 101 家，实现工业总产值 164.73 亿元，比上年增长 4.2%；销售收入 158.65 亿元，增长 4.5%；利税总额 12.46 亿元，增长 85.3%，其中利润 5.76 亿元，增长 141.5%。鞣制革皮产量折合牛皮为 641 万张，下降 2.3%。全市皮革产品出口额 2.21 亿美元，下降 6.8%，其中皮革服装出口额 1.09 亿美元，下降 11.3%。

2013 年，皮革服装企业陷入发展低谷，受全国各地皮革服装专业市场和电商持续冲击，品牌商品销售下滑，贴牌商品订单量呈 30%以上的下降趋势。加上暖冬因素，皮革城销售旺季不旺，四季度返单量锐减，大部分服装企业于 11 月底停工，较往年提早一个多月。奥王、龙马、汉诺威 3 家企业销售收入分别比上年下降 25%、31%和 36%。全市制革企业产品主要以沙发革、服装革、汽车坐垫革为主，辅以鞋面革、箱包革等，市外与市内产品销量市场为 6∶4。经过近几年行业整治，制革产能与市场需求趋于平稳，富邦、瑞星、上元等企业 2013 年销售保持平稳增长。受皮革服装销售颓势影响，服装革滞销，价格开始松动，库存积压，坐垫革等其他产品仍保持平稳增长。由于行业整治需要，制革企业每年大量的环保资金投入对利润空间挤压明显，利润率大都不足 2%，部分亏损。在欧美市场需求复苏带动下，全年沙发企业总体形势较好，皮沙发出口额增长 12.9%。但沙发企业多以代加工出口模式为主，市场议价能力较弱，随着各种成本上涨，企业效益不佳，尤其用工成本对企业效益影响较大。2013 年，蒙努、澳森、新宏洋 3 家企业销售额分别增长 12.9%、7.4%、1.2%。为降低企业生产运营成本，蒙努、欧诺雅、新宏洋等企业产业转移步伐加快，纷纷在柬埔寨等东南亚地区设立生产基地，将部分沙发套等产能转移至境外，利用当地成本和双币制的优势，寻求企业新发展。

2013 年，佟二堡海宁皮革城三期、哈尔滨海宁皮革城、海宁中国皮革城六期陆续开建，全年新开工面积 76.2 万平方米。总投资超过 32 亿元，年内计划投资 14.7 亿元，实际完成投资 14.36 亿元。欧洲名品街开业。海皮城平台成功上线。举办第四届原辅料展、2013 年中国裘皮皮革时尚周和第二十届海宁·中国皮革博览会。

市皮革行业协会推广实施的“海宁皮革”浙江区域名牌开展年度申报和复评，新发展皮革服装企业 8 家，累计有“海宁皮革”浙江区域名牌授权使用单位 44 家。有 6 家皮革服装企业成功申报真皮标志。2013 年，皮革产业新增“海宁中国皮革城特色工业设计孵化服务”浙江名牌、“凯阳”嘉兴名牌和“皮革协会行业产业服务”海宁名牌。全市皮革产业拥有“中国驰名商标”4个、“浙江名牌产品”8个、“浙江区域名牌”1个、“浙江服务名牌”1个、“嘉兴名牌”6个、“海宁名牌”7个。

海宁中国皮革城组织开展设计创新专项评选、赴意大利贝利尼美术学院参加设计培训、哥本哈根皮草讲座等活动。举办企业对接交流会、设计成果展、工业设计专场订货会、千名设计师走进海宁等活动。组织企业参加香港毛皮展、香港亚太皮革展、意大利米兰皮革展、北京中国国际服装服饰博览会、芬兰毛皮拍卖会、中国（广州）皮草皮衣博览会等展览。组织企业参加土耳其皮革毛皮革展，并与当地协会和企业开展一系列交流活动。组织召开第八届土耳其伊斯坦布尔皮革展（IDF）推介会和土耳其—海宁皮革产品经贸洽谈会。成立海宁市皮革行业职业技能培训学校。3～7月，共举办皮革行业缝纫工培训班8期，为行业培养一线工人52名。6～7月，学校开办两期皮革行业商品营业员高级职称培训，培训营业员573名，其中181人取得营业员高级职称。8月，举办“高盈利店长”培训班，20余家企业近60名学员参加培训。

2013年海宁皮革产品出口情况

表11

序号	产品名称	累计出口额（万美元）	比上年增长（%）
1	皮革服装	10954	－11.3
2	票夹箱包	2869	13.6
3	毛皮裘革	784	13.9
4	皮沙发套	6488	－15.5
5	其他	1041	101.3

2013年海宁皮革产品出口国家情况

表12

序号	出口国家	累计出口额（万美元）	比上年增长（%）
1	美国	8399	－9.5
2	俄罗斯	2030	－26.9
3	西班牙	1767	30.3
4	日本	1630	30.3
5	意大利	1564	－5.2
6	拉脱维亚	899	15.9
7	德国	617	－39.7
8	加拿大	501	－39.1
9	立陶宛	452	—
10	法国	423	16.5

中国海宁皮革指数采集代表品1158种，信息采集点为皮革城商户193家，其中价格指数每周采集3次，景气指数、流行度指数每月采集1次，企业创新活力指数每季采集1次。至年底，累计编制发布月价格指数30期、市场景气指数30期、周价格指数123期、皮革产品流行度指数9期、皮革企业创新活力指数6期。

（朱宁佳　陈益华）

海宁中国皮革城

【概况】 2013年，海宁中国皮革城接待旅游大巴1.3万辆，客流量596万人次，成交额125.53亿元。新增皮装批发中心、裘皮大厦、欧洲名品街等交易区块和裘皮保养中心、大客户中心等服务机构，经营户增至4500多家。时尚产业园项目完成主体施工，全年完成投资约1.6亿元。海宁中国皮革城股份有限公司全年实现营业收入29.26亿元、利润总额14.02亿元、净利润10.51亿元，分别比上年增长29.4%、44.1%、45.3%。年内，公司获“浙江省商贸流通业创新企业”“亚洲品牌500强”“年度省重点流通企业考核优秀企业”“浙江服务名牌”“嘉兴十大地标”等称号。

【皮革城六期项目开工】　9月28日，皮革城六期项目举行奠基仪式。项目位于海州西路以南、广顺路以西，占地约9.8公顷，建筑面积约22.6万平方米，总投资12.67亿元，主要包括展览中心、国际馆、批发中心等。

【哈尔滨海宁皮革城开工】　5月28日，哈尔滨海宁皮革城奠基开工。该项目占地约13.3公顷，建筑面积40多万平方米，包括23万多平方米的皮革专业市场、7万多平方米的配套商务楼和9万多平方米的地下停车场等。概算投资11.66亿元，年内完成投资5.6亿元。市场部分于10月31日结顶，用时156天。

【佟二堡海宁皮革城三期开工】　5月16日，佟二堡海宁皮革城三期开工建设。该项目占地12.6公顷，建筑面积26万平方米。工程由品牌生活馆、时尚创业园和高层公寓等区块组成，总投资8.5亿元，年内完成投资5.5亿元。

【欧洲名品街开业】　9月27日，欧洲名品街开业。项目为六期国际馆的试验孵化区，位于皮革城C座和F座的连接天桥，建筑面积约3000平方米。欧洲名品街严格按照“100%欧洲制造、100%欧洲品牌”进行招商和管理，至年底入驻欧洲品牌48个。

【海皮城上线】　9月12日，海宁中国皮革城网上交易平台——海皮城（haipicheng.com）上线。海皮城是皮革城推出的唯一官方交易网站，是国内最大、最专业的皮革商品网上展示交易平台。海皮城以海宁皮革商品为主要交易品种，以线上第三方担保交易、线上线下一体化经营为特征。首批入驻商户192家，上线商品超过2000款。

（陈　依）

第二十届海宁·中国皮革博览会

【概况】　第二十届海宁·中国皮革博览会于6～10月举行。博览会由浙江省人民政府、中国国际贸易促进委员会、中国轻工业联合会、中国皮革协会主办，中国国际贸易促进委员会浙江省分会、嘉兴市人民政府、海宁市人民政府承办，浙江省皮革行业协会协办。活动内容包括2013中国裘皮·皮革时尚周，第十六届“真皮标志杯”中国国际皮革、裘皮服

5月28日，哈尔滨海宁皮革城开工

装设计大奖赛，海宁中国皮革城网上交易平台“海皮城”启动仪式，千名服装设计师走进海宁系列活动，中国—丹麦企业合作发展论坛，博览会开幕式暨2014年中国国际皮革、裘皮服装流行趋势发布，武汉海宁皮革城开业仪式，皮革产品展览展示，海宁中国皮革城售后服务中心启用仪式，海宁中国皮革城六期奠基仪式，海宁中国皮革城欧洲名品街开街仪式等。

【2013中国裘皮·皮革时尚周】　于6月6～17日在海宁皮都锦江大酒店举行。参与企业31家、品牌36个，分别来自海宁、北京、广州等地。吸引国内外2万多名客商和专业观众观摩订货，意向成交额9.8亿元。

6月6～17日，2013中国裘皮·皮革时尚周在海宁举行

欧洲品牌参与发布和“品牌联展”模式均为时尚周历史首次，成为整个皮革博览会的亮点。

【第十六届“真皮标志杯”中国国际皮革、裘皮服装设计大奖赛】　大奖赛由中国皮革协会主办，海宁市人民政府、辽宁省灯塔市人民政府承办。于4月启动，分设海宁、佟二堡和成都三大赛区。来自杭州、上海、沈阳、天津等地近50所高校和100多家企业参赛，评出60幅优秀作品入围复赛。复赛期间，入围作品制成实体服装在海宁和佟二堡赛区进行动态展示。9月17日，总决赛在沈阳举行。中国美术学院张倩雅的作品《魄》获金奖；ISA服饰的作品《重生》、灯塔市千顺子服装厂的作品《蒙德里安》、海宁卡图服饰设计公司的作品《左岸·墨》获银奖；灯塔市金泰龙服装厂的作品“Hunter”、中国香港辛格·维拉服装有限公司的作品《重生rebirth》、香港KC皮草其仕企业（国际）有限公司的作品《新房客》、海宁市经纬皮革有限公司的作品《非攻》、北京湫斯迪服饰有限公司的作品“memory”获铜奖。

【千名设计师走进海宁系列活动】　该活动由市经济和信息化局、人力资源和社会保障局牵头，海宁中国皮革城设计基地管理办公室组织实施。9～10月，吴海燕等国内著名设计师和中国美术学院、苏州大学、浙江理工大学等院校设计专业的250多名师生先后到海宁，举办讲座和沙龙活动，并考察参观皮革生产企业。12月，组织30家皮革、设计企业举办设计师专场招聘会，来自上海、杭州、嘉兴等地高校的数百名设计专业应届毕业生参加应聘。

【中国—丹麦品牌合作发展论坛】 于9月27日在海宁中国皮革城举行。论坛由海宁中国皮革博览会组委会主办，海宁中国皮革城、哥本哈根风华雅咨询（北京）有限公司承办，旨在为中国皮革企业与北欧品牌搭建合作交流平台。丹麦行业协会、哥本哈根皮草拍卖公司、欧洲地区皮草品牌运营商和弗奥、圣尼、曲姿等35家海宁皮革企业的50余名代表参加论坛。

【中国皮革、裘皮流行趋势研究成果展】 由海宁市人民政府主办，中国美术学院设计学院、中国美术学院纺织与服装研究院、海宁中国皮革城管理委员会承办。9月26日，成果展在皮革城E座女装馆举行，展览以沁心（Refreshing）、超越（Surpassing）、融情（Emotionalizing）、默境（Tranquilizing）为主题，通过静态方式展示。

（陈 依）

重点企业（皮革类）

【浙江卡森实业有限公司】 卡森集团是一家拥有海内外50多家控股、参股子公司的大型综合类跨国企业集团，海内外员工1万余人。主要产业为皮革、家具制造业和旅游综合体开发服务业。2013年，集团(不含市外企业)实现工业总产值78.13亿元、利润2.5亿元，上缴税金2.35亿元。打造“四海度假”品牌，推进旗下旅游综合体建设。在海南博鳌开发的“博鳌亚洲湾”项目中，五星级酒店正式营业；亚洲湾演艺中心在春节前开业；国内最大的水上乐园综合体、“四海度假”的旗舰产品——三亚水上乐园项目动工；杭州唯一天然硫温泉旅游度假综合体——杭州新安江玉温泉于春节期间开业；在甘肃张掖开发的皇家军马场——山丹军马场项目完成度假酒店的建设。各旅游综合体项目通过“四海度假”的会员服务平台为客户提供“买一住十、分时度假”服务。进军海外，扩大海外投资。1月，收购日本制革企业——美如可思株式会社，进一步提升集团在汽车用皮革领域的技术优势和全球化市场布局。在马来西亚马六甲海峡地区购买4公顷土地，建设一个集酒店、酒店式公寓、游艇会所、游艇码头区以及商业街为一体的综合型旅游度假综合体项目。8月10日，卡森集团在海洲大饭店举行“振兴制造业，两年翻两番”动员大会，集团制造业板块班组长以上员工600多人参加。年内，公司获得汽车坐垫革的环保型制革工艺和耐光耐汗汽车方向盘革2件专利证书。获2013年度中国家具行业优秀企业、2011～2012年度浙卡AAA级纳税信用等级证、2013年嘉兴市著名商标证、2013年度嘉兴最具社会责任感企业等称号。

（张 弢 王一莉）

【慕容集团有限公司】 公司前身为海宁蒙努集团有限公司，创建于1993年7月，是一家集皮革、家居、地产三大产业于一体的大型跨国企业。2013年，集团实现销售收入38.78亿元，比上年增长12.7%；出口创汇1.56亿美元，增长19.0%；上缴税款1.01亿元，增长96.8%。至年底，公司占地面积45公顷，建筑面积40万平方米，总资产35亿元，在册员工5000余人，其中美籍员工500余人。年产沙发套450万套、皮革550万平方米、家居200万套。5月，中国好声音唱响慕容城在市体育中心举办；同月，慕容集团党总支升格为党委。7月，慕容城一期开盘，开盘当日销售量超过90%；举办第九期全国制革专业研究生动手能力学习班，邀请全国政协常委、中国工程院院士兼四川大学教授石碧为学习班授课。9月，经浙江省商务厅批准，公司在柬埔寨西哈努克港经济特区设立慕容集团（柬埔寨）有限公司，项目总投资 2260 万美元。12 月，在国家质检总局发布的 2013 年中国制造业自主品牌评价结果中，慕容集团品牌价值 9.35 亿元、品牌强度 71.23%，为嘉兴市两大上榜品牌之一。年内，董事长邹格兵被嘉兴市委、市政府授予“嘉兴撤地建市 30 周年突出贡献民营企业家”称号。

（徐寿春）

［编辑：姚　倩］

经济开发区

Economic Development Zone

综　述

至2013年年底，海宁经济开发区、尖山新区、海宁农业对外综合开发区和浙江海宁经编产业园区4个经济开发区规划面积6520公顷，累计开发面积4000余公顷，累计完成基础设施投入70.93亿元，入区企业2173家，区内企业累计完成生产性投入729.13亿元。年内新增开发面积131.3公顷，完成基础设施投入7.99亿元，新增入区企业85家，区内企业新增生产性投入112.40亿元。规模以上企业完成工业产值708.50亿元，实现利税58.31亿元，分别比上年增长0.6%和26.3%。全年引进市外内资63.80亿元，增长36.6%；实际利用外资3.32亿美元，增长89.7%，占全市利用外资的56.4%。

至年底，4个开发区（园区）实现总投资112.4亿元，比上年增长23.3%，其中平均基础设施投入17.73亿元，增长12.0%，设备技术项目投入503.54亿元，园内基本达到“七通一平三化”。4个开发区规模以上企业实现平均产出水平177.13亿元，约占全市工业总产值的54.2%，平均经济密度2998.8万元/公顷，亩均利税16.5万元。

围绕主导产业的生产性服务业加速发展，初步形成一些生产性服务业集聚区。开发区内生产性服务业实现营业收入63.34亿元，利税3.45亿元。园区有“兴海工程”企业42家，占全市“兴海工程”企业数的53.9%，其中制造业“兴海工程”企业39家，占全市制造企业的58.2%。

产业集聚效应进一步显现。开发区内主导产业工业产值585.08亿元，占开发区工业产值的70.5%。产业集群培育速度加快，原有块状特色经济集聚提升，形成一批具有一定规模和优势的区域特色产业，出现皮革、经编、机械制造、食品加工、印刷包装、沙发家具等一批特色产业，部分开发区正向先进制造业基地发展。海宁经编产业园区被工信部命名为首批全国新型工业化产业示范基地。创业中心在培育产业集群方面的作用与成效加速释放和体现，海宁经编园中鑫创业有限公司集聚近70家经编中小企业，不少企业通过孵化培育发展壮大，搬出创业中心自行发展，成为经编行业的骨干企业。

园区基础设施建设滞后，基础设施建设投入不足，配套服务功能整体滞后于标准厂房等项目建设需要，制约了招商引资和项目建设的推进。土地收储及供地难度日益增大，难以完全满足项目建设用地需求。工业发展受资源、能源和环境的约束日益加剧，节能减排压力较大。发展项目支撑不足，技术含量高、资源消耗低、环境污染小、带动能力强、经济效益好的大项目、重点项目不多。

（朱卫峰）

海宁经济开发区

【概况】 2013年，海宁经济开发区总规划面积30.5平方千米，已开发面积17.5平方千米。实现地区生产总值53.44亿元，比上年增长12.7%。区内有151家规模以上工业企业，实现总产值215.11亿元，利税18.91亿元，其中利润10.45亿元，分别增长11.9%、32.2%和36.7%。完成合同利用外资3.16亿美元，实到外资1.92亿美元，实到市外内资40.08亿元，注册资本17.80亿元。上报浙商回归项目40个，浙商回归到位资金19亿元。引进和培育“千人计划”专家9人，其中引进国家“千人计划”专家5人，培育国家“千人计划”专家1人，培育省“千人计划”专家3人。台湾英孚电子、江南总部基地等重大项目落户。

加快项目推进。全年推进项目65个，其中工业项目47个、三产项目18个。年内新批项目84个，投资总额54.79亿元，其中投资3000万美元以上项目2个。实现固定资产投资63.93亿元，比上年增长51.6%，其中工业生产性投入46.16亿元，三产服务业投资15.53亿元，政府性投入2.24亿元。启动建设项目全程代办（领办、帮办）和建设项目精细化管理，帮助企业协调、处理项目推进过程中出现的问题。全年新开工项目32个，竣工项目30个。零增地技改项目42个，总投资8.86亿元，已投资4.80亿元。

完成“个转企”50家，“小升规”25家，“限下转限上”16家，分离发展服务业8家。实施企业精细化管理，对144家规模以上企业建立“一企一档”，投入使用管理软件，初步建立并推行片管员队伍。配合全市要素市场化改革，完成186家企业亩产效益评价分类。全年共申报省级新产品开发项目61个，立项52个；完成专利申请600件，其中发明专利55件，专利授权400件；新增“浙江省著名商标”1个。

平台建设力度加大。重点开展《开发区总体规划》《火车站区块城市设计》及《上海漕河泾新兴技术开发区海宁分区控制性详细规划》《由拳路城市设计规划》编制。加快“三改一拆”、征地拆迁等工作，全年完成拆迁12.6万平方米，拆除违章建筑1.4万平方米。启动由拳路有机更新百日攻坚行动，共评估企业35家，企业签订协议22家，拆平15家，完成历年滞留户攻坚6户。加快基础设施建设，完成交通治堵路口改造、平原绿化工程及有关道路建设，文苑路安置房（都谷花苑）项目基本完工，硖仲路南侧安置房开工建设。加强水环境整治和生态环保工作，园区制革企业废物资源化利用及改造项目申报成功，列入浙江省循环经济“991”行动计划重点项目。

实行党组织星级化动态管理，在全市率先发放“红领津贴”，将党组织星级评定与企业“党务红领”薪酬补贴相挂钩。推进青春党建“一企一品”建设，培育和打造蒙努集团“三双组合式”青春党建、亚润袜业“敬业青春团队”等亮点品牌。

【环保净化设备及差压铸造设备生产项目签约】 4月27日，上海漕河泾开发区海宁分区公司、海宁经济开发区管委会与上海冠民电机电泵有限公司签订环保净化设备及差压铸造设备生产项目投资协议。该项目产品包含环保油水分离器设备、环保中水处理设备、节能环保排污泵、差压铸造设备等，总投资6500万元。

【高端半导体芯片、智能终端零部件项目落户海宁】 12月10日，浙江智武光电科技有限公司获海宁市商务局批准，在经济开发区建设年产1000万片/套的高端半导体芯片、智能终端零部件项目。该项目占地18公顷，总投资1亿美元，注册资本3500万美元。

【首家非公企业党委成立】 5月，海宁蒙努集团有限公司党总支经中共海宁市委批准升格为党委，是经济开发区首家成立党委的非公企业。该党委下设5个支部，有党员91名。

（周 梦）

连杭经济区

【概况】 2013年，连杭经济区规模以上工业企业实现产值339.23亿元，比上年增长11.3%；实现利税35.44亿元，增长30.0%，其中利润21.40亿元，增长21.4%；工业生产性投入34.39亿元，增长20.9%。

产业提升加快。编制《海宁市高新技术产业园区核心区发展规划》，出台《高新技术产业园区转型发展的若干政策意见》和《开发区二次创业转型发展实施意见》，修编《关于加快工业强市建设的若干政策意见》等产业政策。推进土地精细化管理，对园区内279家0.2公顷以上用地企业进行综合评价分类，实施资源要素配置差别化供给，倒逼企业提高亩均产出。淘汰落后产能，推进高新区四大行业整治提升，治理生态环境，年内关停化工企业4家，签订关停协议6家，实现万元GDP能耗下降4.6%。

招商引资步伐加快。引进国际行业龙头企业康泰伦特药业有限公司、世界500强企业泰国正大集团。纪鸿国际食品包装项目、阿里巴巴智能骨干网项目落户高新区。浙江长三角汽车城开业。全年完成合同利用外资1.53亿美元，实际利用外资7025万美元。加大企业研发（技术）中心培育，专利申请首次突破500件。24家企业实施“机器换人”，新增设备投入5.37亿元。规模以上企业研究与试验发展经费支出与主营业务收入比例增长到1.9%，高新技术产业增加值占规模以上企业工业增加值的23.3%。

推进土地整治复垦。突出治旧控新，拆除各类违章建筑144.4万平方米，“一户两宅”拆除基本完成，新发“两违”得到有效控制。实施就业促进工程，新增就业岗位4561个，帮助困难人员就业1548人，城乡一体失业、工伤、生育保险制度基本建立。成立公调联动和应急联动，强化村级巡逻队伍建设，化解信访积案，及时稳控各类群体性事件，做好市长电话和信访工作，稳步推进社会大调解体系建设，化解各类矛盾纠纷，及时有效防范和化解企业资金链、担保链风险。

【中国智能骨干网海宁节点项目签约落户】 5月22日，由深圳菜鸟网络科技有限公司投资的中国智能骨干网海宁节点项目落户长安镇（高新区）。8月8日，该项目主体公司名称获核准，分别为：海宁市传云物联技术有限公司，注册资金1亿元；海宁市传泰置业有限公司，注册资金1亿元。中国智能骨干网海宁节点项目是中国智能骨干网的核心项目，辐射范围涵盖浙北、浙东、江苏南部等华东产业经济带。项目总投资29亿元，一期工程建设七个仓库和办公场所，形成集大数据、网络金融、信息服务、云计算等技术平台于一体的新型物流仓储基地。

【浙江纪鸿包装有限公司落户海宁】 12月8日，浙江纪鸿包装有限公司获批落户长安镇（高新区）。项目总投资1亿美元，注册资金4000万美元，将建设年产20亿只食品包装容器的生产基地。

【美国瑞奇包装系统公司签约落户】 12月4日，长安镇（高新区）与美国瑞奇公司签署投资协议，建立美国瑞奇包装系统公司。项目一期将投资2500万美元，在连杭经济区租赁7400平方米厂房，建设高档包装容器生产基地，主要从事金属构件零件、包装产品及其组件的生产、装配、开发、应用设计、贸易、进出口、销售和售后服务。

（王水鑫）

尖山新区

【概况】 2013年，尖山新区实现生产总值32.3亿元，比上年增长18.6%，实现财政总收入1.96亿元，地方财政收入9264万元。立足联动招商，落实“全员招商”、绩效考核机制。强化产业集聚，推进零土地招商，一批重大产业项目相继落户。完成合同利用外资3亿美元，实到外资1.9亿美元，实到市外内资40亿元，完成注册资本17.7亿元，浙商回归到位资金18.5亿元。

完善项目精细化管理，推行项目全程代办、帮办、领办，落实领导联系项目制度。完成固定资产投资41.54亿元，其中工业项目新开工11个，竣工19个；完成生产性投入35.14亿元；完成三产服务业投入2.41亿元。江南总部基地、英孚电子等一批重大项目落户，国家电梯质检中心、耐奥富琳、凯耀电子等10个项目开工建设，英德赛等13个项目相继竣工。完善与项目推进相配套的约束机制，共约谈问题项目17个，发出书面开工、竣工通知书35份，整改通知书14份。

推进要素市场化配置综合配套改革，41家规模以上企业、54家规模以下企业实施分类定级，一企一策提出针对性措施。对11家家具企业实施行业调研，帮助企业转型升级。整合土地资源要素，推进国土资源精细化管理、集约化利用，完成土地卫片执法检查。推进土地复垦，完善在建项目土地跟踪管理机制，收回低效闲置土地14宗，面积65.2公顷，批准供地20宗66.7公顷，盘活存量土地17.6公顷，盘活转而未供土地49.1公顷。推进“限下转限上”“个转企”和“机器换人”工作，优化产业结构，星莹家具、新光阳、钱江纺织3家企业完成“退低进高”49公顷，完成“个转企”26家，分离发展服务业3家。淘汰污染企业、落后产能4家，鹤鸣印染关停完成政策处理，大路纸制品厂等8家市级河道两侧企业完成退河还绿工作。推进银政企合作，成功上市发行13亿元债券。加大电力、交通保障，220千伏安江变建设有序推进。推进矿山修复工作，全面启动经济普查。

培育发展以装备制造业、汽配产业为重点的战略性新兴产业。建设企业管理服务平台，探索精细化管理服务模式；推行企业片区管理员制度，发挥片区管理“八大员”作用；探索实行企业约谈、部门例会、工作人员服务台账和工作日记等制度，优化经济管理服务举措。制订印发《黄湾镇（尖山新区）促进经济转型发展新跨越政策意见》，进一步做大做强战略性新兴产业。实施大企业倍增战略，全年新增规模以上工业企业11家。至年底，有产值超60亿元以上企业1家，亿元以上企业20家，规模以上工业产值154.75亿元，比上年增长46.1%，工业经济总量跃居全市第三。

完善平台功能。镇（区）总体规划修编基本完成。22个政府性投资项目完成投资4亿元，建成生态片林140公顷，硬化围垦堤顶道路14.3千米，吹填低洼区块土方290万立方米，改造阻水“瓶颈”3658米，乡村公路大中修、乡村公路提升改造等项目竣工。钱塘江路北公租房项目、杭州湾大道、富江路西延、安江路、襄城路工程、钱塘江路西延工程等项目有序推进。行知中学建成启用，海宁技校尖山实训工场动工建设。完成公寓房首期选房242户。尖山社区批准成立，社区综合服务用房基本建成。7月19日零时，嘉绍跨海大桥及南北接线建成通车。大桥北起海宁尖山新区，海宁境内有硖石、袁花、尖山三个互通出入口。

嘉绍跨海大桥

加强企业自主创新能力，注重科技成果转化，全年创建嘉兴市企业技术研发中心3家、海宁市企业技术研发中心1家，确定2013～2015年省级高新技术企业培育对象4家。申报国家"火炬计划"项目1个，国家新产品1项，省级新产品项目32个，立项22个；获嘉兴市科技进步奖三等奖2项(万凯、新光阳)；完成专利申请140件。组织参加招聘洽谈会13场，参加企业117家次，提供就业岗位4961个；办理用工录用备案1667人，职业介绍所直接介绍求职90多人；指导建设尖山村劳务合作社；开展被征地农民转移就业培训290人，完成岗位技能培训523人。培育省级、嘉兴市级"千人计划"1人，英德赛电子光电级超纯氨等3个项目列入领军人才项目。

【嘉兴耐奥富琳厨具制造有限公司厨具项目开工】 7月，嘉兴耐奥富琳厨具制造有限公司年产500万只环保陶瓷不粘锅生产线建设项目开工。项目占地2.4公顷，建设厂房18876平方米，总投资1919万美元，其中固定资产投资1760万美元。

【浙江凯耀智能照明科技有限公司项目竣工】

该项目于2012年12月开工建设，一期一号车间、宿舍楼、食堂于2013年10月主体竣工。项目总占地面积65307平方米，总建筑面积82000平方米。总投资3亿元，其中固定资产投资2.8亿元。设备投资1.56亿元。项目主要采用自主知识产权的数字LED电子驱动器生产技术，引进AI机、排料机、印刷机、贴片机等设备，购置焊线机、灌胶机、回流焊、分光机等国产设备，建成后年产2500万个数字LED电子驱动器。

【浙江省特种设备检验研究院项目开工】

该项目于6月27日开工建设。项目位于尖山新区，占地5.3公顷，由浙江省特种设备检验研究院出资，总投资2.21亿元。项目主要建设国家电梯中心、压力管道元件试验中心、汽车罐车检验检测基地、特种设备作业人员训练考试基地，是一个集国家电梯中心、特种车辆检测和特种设备作业人员训练考试等功能于一体的综合实验基地。项目建成后可年检验承压类槽罐车1500辆、常压罐车4000辆，年处理槽罐车残气残液500台，年测试锅炉新产品150台，年训练考核各类特种设备作业人员1万余人次。

（王杰峰）

浙江海宁经编产业园区

【概况】 2013年，浙江海宁经编产业园区实现总产值329.04亿元，比上年增长11.7%，利税15.52亿元，增长19.2%。其中工业产值206.36亿元、增长7.3%，销售收入206.08亿元、增长7.1%，利税9.45亿元、增长20.9%，利润4.62亿元、增长19.1%；建筑业总产值78.11亿元，销售收入58.17亿元，利税3.19亿元；三产服务业销售收入64.80亿元、增长27.5%，利税2.88亿元、增长21.7%，利润1.83亿元、增长28.8%。年内，工业技改投入6.07亿元。合同利用外资4088万美元，实到外资2658万美元，实到市外内资5.1亿元，其中注册资本2.9亿元。引进浙商回归项目11个，实到资金2.4亿元，引进国家“千人计划”人才1人。引进“浙江物产”和“江森自控”两个世界500强企业投资项目。

至年底，经编生产性服务业集聚区拥有注册企业196家，新增43家，从业人员1512人；累计注册资本16.35亿元，新增6.04亿元，实现销售收入60亿元，利税1.1亿元；经编总部大厦拥有入驻企业233家（含商城93家）。经编生产性服务业集聚区被列为全省现代服务业集聚示范区建设工作会议的现场参观调研点。以服务业集聚区为平台，园区与浙江网盛、北京网库、杭州易网合作，初步搭建起原料采购、经编面料销售和经编终端产品销售三大经编网络平台，引入上海工程技术大学国家大学科技园项目和飞城科技智慧体验项目等重大项目，为建设“智慧园区”奠定基础。

开展空气清洁行动，23家贴合、复合等后整理企业开展废气治理，万方、成如旦等7家企业推进煤改气试点工作。开展水环境综合治理，封堵河道排污口175个，治理黑臭河道13条，新建6.1千米污水管网，92家工业企业全部实现截污纳管，断面水质比上年提升28.1%。开展印染和化工行业整治提升行动，关停印染企业1家、兼并重组1家、改造升级11家，整治提升化工企业1家、产业转型1家。完善5.7公顷绿化苗木基地，新种植苗木6.2万棵。8月，园区在北京人民大会堂发布首份社会责任报告，主要从产业发展、企业成长、环境保护、文化建设和社会公益等方面阐述建园以来的社会责任建设情况。

【第四届海宁·中国经编科技文化活动周】 于5月16～18日在海宁、上海两地举行。活动包括第四届中国马桥经编交易会、中国经编产业电子商务与实体经济发展高峰论坛、专家技术对接活动、循环经济会诊活动、海宁市第五届职工技能运动会启动仪式暨第三届经编技能擂台赛等七项活动。活动共吸引近2000人参与，来自国家部委、行业协会的各级领导出席活动，10家媒体进行跟踪采访报道。

【第八届中国国际经编设计大赛】 第八届中国国际经编设计大赛由中国针织工业协会、中国国际贸易促进委员会纺织行业分会、中国科学技术协会新技术开发中心、海宁市人民政府主办。大赛分经编休闲服装设计大赛和经编家纺面料设计大赛两项赛事，于2012年11月启动征稿程序，至2013年1月征稿截止，共收到150多家高校、培训机构、企业的参赛作品1487件。2013年5月11日，决赛在上海工程技术大学举行，评出金奖2名、银奖2名、铜奖4名和网上最佳设计奖20名。

全国纺织行业党建工作经验交流会在海宁召开

【第五届职工技能运动会启动】 海宁市第五届职工技能运动会暨“弗兰德杯”第三届经编技能擂台赛于5月9日启动，全市20家企业的77名选手参赛。经编技能擂台赛分保全工比赛和挡车工比赛两个项目，5月9日，进行理论考试及预赛，17～18日进行决赛。宏达高科控股股份有限公司陈国明、浙江豪生新材料有限公司张永祥、海宁巨邦经编有限公司徐强分获保全工比赛一、二、三等奖；海宁美力针织有限公司吴菊芬、宏达高科控股股份有限公司赵巧娟、海宁弘丰经编有限公司俞海琴分获挡车工比赛一、二、三等奖。

【构建青春党建体系】 构建以“红之源、绿之行、橙之光、蓝之韵、紫之律”为核心的“五彩”青春党建体系，围绕青年在职业规划、婚恋交友等方面的实际需求，建立青年培养关爱机制，设立青年创业专项扶助资金，出台青年创业信贷支持等政策，评选经编“星”青年。建成启用集展示与服务功能于一体的园区党群服务中心，内设党建主题馆、综合服务厅、心灵工作坊、党建智慧谷、党员宣誓厅、圆梦能量站六大功能区，一站式提供党员服务、企业服务、公共服务、志愿服务等。

【园区党建三维创新体系】 加强经编园区内党建资源和社会资源集约利用，搭建由企业、片区、园区共同参与的党建联合体，在全国率先探索构建“科学＋工艺＋人文”园区党建三维创新体系。实施科学化引领、工艺化推进、人文化关怀，将党建工作与园区产业工艺相整合。11月1日，全国纺织行业党建工作经验交流会在经编园区召开，园区党建三维创新体系作为典型经验在会上予以重点推广。经编园区被授予“全国纺织行业先进党建工作示范单位”称号，浙江海利得新材料股份有限公司被授予“全国纺织行业先进党建工作示范企业”称号。

（朱静娴）

上海漕河泾新兴技术开发区海宁分区

【概况】 上海漕河泾新兴技术开发区海宁分区（以下简称海宁分区）总规划面积15平方千米，其中首期启动地块1.97平方千米。2013年，引进上海冠铭环保等5个项目，共利用土地15.4公顷，实到市外内资1.91亿元，实到外资2789.5万美元，固定资产投入1.29亿元。定期落实对入区企业、在建项目和内部办公的安全生产检查。

【规划建设】 区内6条道路完成统一命名，漕河泾路和4号、7号、9号路完成验收和移交；完成汇大港的环境影响评价和综合验收，项目资料归档并移交。海宁科技绿洲项目首期3.5万平方米厂房主体结构封顶，并完成初验收，道路、绿化等工程基本完工。5月，经市住建局审批，取得房地产开发暂定级资质及超资质。完成控制性详细规划编制工作，12月23日通过审议。

【招商引资】 海宁科技绿洲申请成为海宁市科技创业中心科技绿洲分中心和上海漕河泾科技创业中心分中心。启用“4000573555”招商电话，将分区公司的招商任务列入上海漕河泾总公司招商中心考核指标。接轨海宁要素市场化配置综合配套改革，细化入区项目要求，优化科技绿洲租售方案。4月27日，与上海冠民电机电泵有限公司签订投资协议，总投资1亿元，用地面积约1.4公顷。

【项目推进】 4月28日，浙江昱扬电子实业有限公司举行开工仪式，该项目注册资本1000万美元，总投资1500万美元。12月23日，浙江冠铭环保科技有限公司开工建设，标志着2013年5个供地项目全部开工。创建省内工业厂房物业服务新标准，与上海漕河泾开发区物业管理公司签订物业服务顾问合同，引进物业管理专家开展服务。4月18日，海宁分区首个外商独资项目——浙江宝捷机电有限公司举行周年庆典，正式投产6个月实现产值6500万元。

（言丹萍）

海宁科技绿洲项目首期厂房主体结构封顶

［编辑：潘冰洁］

商贸服务

Trade and Business

综　　述

2013年，全市实现社会消费品零售总额269.34亿元，比上年增长13.8%，总量和增速均居嘉兴市首位。其中城镇消费品零售额254.05亿元，增长14.1%，拉动整个消费品市场13.2个百分点；乡村消费品零售额15.3亿元，增长9.7%，拉动整个消费品市场0.6个百分点。分行业看，批发和零售贸易业零售额6.19亿元，增长19.2%；住宿餐饮业零售额23.15亿元，增长13.5%。全年批发和零售贸易业、住宿餐饮业实现增加值105.79亿元，增长12.2%，占海宁市生产总值的16.7%，提高0.5个百分点，占全市第三产业增加值的43.4%，下降1.4个百分点。

至年底，全市有批发和零售企业3550家，其中限额以上306家。据限额以上批发和零售业商品销售额分类统计，粮油类销售额比上年增长49.1%，蔬菜类销售额增长114.8%，服装鞋帽及针纺织品类销售额增长18.3%。销售额增幅较大的商品有：金银珠宝类增长69.7%，家具类增长44.2%，机电产品及设备类增长89.4%。

年内，新增浙江省重点流通企业1家（海宁市华联大厦有限公司），累计2家；新增浙江省老字号企业1家（海宁市裕丰酿造有限公司），累计2家。年内，受国际金价下跌影响，黄金销售异常火爆。12月26日，海宁银泰商业综合体竣工并正式开业，当日客流量突破15万人次。商贸会展、旅游、金融被列为重点发展的服务行业，分别制订三年行动计划。金融业实现增加值33.03亿元，比上年增长11.1%。全年共引进银行、小额贷款、融资租赁等金融类企业81家，其中基金机构12家，金融业呈多元化发展态势。海宁市金融中心建成运营，入驻金融企业21家。

强化旅游市场营销，丰富旅游产品，举办2013年中国·海宁潮国际博览会，实现交易额26亿元。市政府与新浪财经网联合举办2013十大经济潮流人物颁奖晚会，央视连续四天直播海宁潮，盐官景区“愤怒的小鸟”乐园开园、2013海宁潮音乐节等一系列活动陆续开展。全年接待国内外游客1249.2万人次，比上年增长13.1%，其中接待境外游客12.4万人次，增长10.1%；实现旅游总收入129.65亿元，增长20.1%。

（叶芬炉　孙月庆）

商　　业

【概况】　海宁市实业投资集团有限公司所属10家商贸流通企业全年实现商品销售总额38.56亿元，比上年增长5%；实现利润

7463.1 万元，增长 6.5%。两家骨干企业华联大厦有限公司、民泰煤气公司商品销售总额均突破 10 亿元，实现利润均超过 2500 万元，占全公司利润的 86.1%。全年中石化、中石油所属加油站销售成品油 28.7 万吨。民爆器材专营有限公司实现销售收入 1320 万元、利润 169.5 万元。规范国有股权代表履职行为，发挥国有股权代表作用，对商业液化气公司实施改制，部署开展投资企业内部审计。

【民泰燃气经营】 民泰煤气公司克服中石化系统液化气供应体制调整带来的不利影响，做好海宁市场瓶装液化气的销售，拓展市外大市场销售。全年液化气主业销售总量 17.2 万吨，比上年增长 7.2%，其中海宁市场销售量 2.5 万吨，与上年持平；市外大市场销售量 14.9 万吨，增长 9.8%。继续保持浙江省内乃至华东地区液化气销售大户市场份额。全年完成销售额 13.56 亿元，实现利润 2828.3 万元，增长 12.8%。年内完成库容量 2150 立方米的煤气新储配站场地浇筑、储气管道铺设和球罐压缩机等主要设备的安装调试。

【进出口贸易】 商业进出口公司和丝绸进出口公司通过参与广交会等途径，稳定客户群体，着力开拓东南亚市场，经营规模快速扩张。两家公司全年销售收入分别达 19434 万元和 23443 万元，分别比上年增长 27.2% 和 55.5%；累计出口创汇分别达 3131 万元和 3750 万元，增长 44.6% 和 57.8%；实现利润分别达 115.6 万元和 118.1 万元，增长 4.6%和 22.1%。

【安全生产管理】 2013 年，实业投资集团有限公司与所属 10 家商贸流通企业签订安全生产目标管理责任书 1391 份，督促企业将安全生产管理责任落实到位。重点加强对危险化学品、在建工程、人员密集场所的安全监管，年内共组织各类安全检查 15 次，累计检查部门 130 个，发现隐患 94 处。拆除食品公司冷库等危险化学品经营场所。对民泰煤气、民爆器材等重大危险源单位实施库区安全防范设施改造提升。

【现代流通方式与“万村千乡市场工程”】
2013 年，投资 1.8 亿元的利通物流项目、投资 1.47 亿元的广联物流基地（一期）项目、投资 0.8 亿元的中远物流保税仓储项目和投资 2 亿元的中棉物流项目相继开工建设。鼓励和支持有条件的企业通过直营或特许加盟等形式在全国各地扩展连锁专卖网络。年内，浙江省品牌专卖连锁网络建设试点企业浙江美大实业股份有限公司新增连锁网点 25 个，网点总数 804 个；浙江卡拉扬商务休闲用品有限公司新增网点 108 个，网点总数 1500 个。继续推进“万村千乡市场工程”，海宁大厦、海港超市、“好立方”超市等连锁经营龙头企业加强配送中心建设和信息化改造。全年新增村级便利店 6 家，总数 232 家，直营店比例为 37.2%。

【鲜猪肉供应与生猪定点屠宰管理】 全年鲜猪肉社会消耗量 33.9 万头，比上年增长 1.6%，市场供需平衡，价格相对稳定。全年生猪定点屠宰 26.3 万头，增长 2.3%。年初，启动生猪定点屠宰企业远程视频监控系统，对生猪进厂查验、停食待宰、检疫检验、无害化处理、肉品出厂五个环节进行远程监控。全年共检出病害猪、病害猪产品折合生猪 1497 头，均作无害化处理。检测“瘦肉精” 12605 批次，检测样品猪 21058 头，检测率 8.2%，合格率 100%。对屠宰企业进行审核评定，硖石屠宰厂被评为二星级屠宰厂。开展肉品质量安全专项整治，市商务局出动183人次对屠宰企业和市场进行检查，未发现违法违规行为，全年未发生肉品质量安全事故。

10月10日，海宁市电子商务协会成立

【废旧物资回收市场建设】 制订出台《关于推进海宁废旧商品回收利用体系建设的实施意见》，完成《海宁市废旧商品回收利用体系规划》编制，规划于10月通过专家评审。推进废旧商品回收设施建设。10月，市级再生资源集散市场一期工程动工。黄湾镇黄湾村新建中转回收站完工，9个回收站改建后投入使用。12月，马桥分拣中心投入使用，入驻经营户22家。

【市场监测管理】 进一步完善猪肉、居民生活用品、成品油市场运行监测三个信息系统建设。拓宽监测范围，丰富监测内容，基本形成较完善的市场监测样本体系。至年底，海宁市列入商务部流通行业统计信息平台的企业有16家，重点流通监测企业9家，生活必需品应急系统企业4家。列入浙江省生活必需品应急体系数据库样本企业12家。建立省、市两级商品猪储备制度和供应基地。年内，省级商品猪7870头投放市场。

【特殊行业专项管理】 2013年，市商务部门继续加大对典当、拍卖、成品油、旧货经营、直销、民用爆破和二手车经营等行业的管理和督察。经省商务厅批准新设典当企业1家，全市累计8家，全年典当总额2.99亿元，典当余额1.11亿元。重点开展“家电下乡”补贴发放、商业预付卡登记、餐厨垃圾、商贸领域安全生产、电梯安全、三轮摩托车（残疾车）等专项管理工作。

【电子商务】 2013年，建立海宁市电子商务工作领导小组，在市商务局增设电子商务科。委托浙江工商大学编制《海宁市电子商务发展引导规划》。9月12日，海宁中国皮革城网络科技有限公司与中国工商银行浙江省分行合作打造的“海皮城”电商平台上线。10月10日，成立海宁市电子商务协会。11月6日，举办2013首届浙江电商大讲堂，18家电子商务品牌服务商围绕“创新转型、发展共赢”进行主题演讲和沙龙分享。至年底，全市工商注册登记的电子商务企业有513家，其中企业416家、个体经营户97家，16家典型电子商务企业列入浙江省电子商务统计系统。继续推进电子商务产业基地建设，海宁皮革城网商大厦入驻企业78家，全年网商大厦内企业实现物流发货量38.3万件，成交额6亿元。

【个私商业】 2013年，全市有私营商业企业5634家，其中批发和零售业3830家、住宿餐饮业204家、金融业28家、房地产业174家、租赁和商业服务业468家、居民服务和其他服务业114家，从业人员31589人，注册资本（出资金额）183亿元。有个体商业经营户39329家，其中批发零售业22802家、住宿餐饮业2627家、金融业2家、房地产业105家、租赁和商业服务业336家、居民服务和其他服务业2853家，从业人员99138人，投入资金28.65亿元。全市个体私营商业呈现多元化、多行业、多层次特点。

（贺朝洁　叶芬炉　岑建平）

盐业经营和盐务管理

【概况】 2013年，销售各类盐37983吨，比上年下降5.4%，其中食盐16924吨、小包装口食盐3396吨、工业盐17546吨、水产盐117吨。实现销售收入5277万元，增长16.95%；利润总额273万元，增长11%。市盐业有限公司被评为“嘉兴市文明单位”“浙江省综合治理先进单位”和“全省盐业非盐经营先进单位”。

【盐业运销】 市盐业有限公司做好调运和储备工作，确保全市各类盐产品有效供应。加强对盐产品购进、储存、出仓及运输的全程质量监测和管控。完善食盐配送网络的服务工作，划片区、分小组，实现服务到位和配送效率的统一。加强产品结构调整提升，满足市场及客户需求，丰富无碘盐的供应品种和渠道。

【市场管理】 加强碘缺乏病防治宣传，倡导“少吃盐、吃好盐、科学用盐”的健康生活理念。注重日常访查和集中整治相结合，加强与公安、工商部门的联合执法，严厉打击各类贩销私盐和劣质盐的行为。提高执法水平，举办执法技能培训班2期。

（卜娟利）

会 展 业

【概况】 12月，市政府成立海宁市会展管理办公室，负责统筹研究会展经济，并对全市会展业发展进行管理和服务。全年共举办各类会议论坛、展览展示、节庆活动42项，其中会议类6项、展览类17项、节庆类19项，涵盖文化、体育、旅游、休闲、经贸洽谈和项目推进等各个领域，吸引近万名国内外客商、游客和政界、经济界、新闻界、时尚界人士参加。17项展览展示类活动实现交易额超26亿元；4次汽车博览会成交汽车4000辆，总交易额超4亿元；春秋两季家装建材博览会成交额2000余万元；房地产博览会成交房屋180套；农产品博览会零售和订单总额超千万元。中央电视台、新华网、人民网、新浪网等50多家媒体宣传会展情况。

【2013中国·海宁潮国际博览会】 8月15日，2013中国·海宁潮国际博览会新闻发布会在省人民大会堂举行。9月16日，博览会在海宁市行政中心开幕。该博览会由浙江省人民政府和各级有关行业协会共同主办，海宁市人民政府承办。全国人大财经委副主任委员、民建中央副主席辜胜阻，浙江省副省长朱从玖，中国轻工业联合会会长步正发等出席开幕式。潮博会贯穿全年，立项项目共42个，其中正式项目21个、支持项目21个，主要分节庆活动、展览展示、会议

论坛三大类。有 8 个核心项目在 8～9 月集中举行：2013 中国·海宁潮国际博览会开幕式暨中国十大经济潮流人物评选结果揭晓、中国经济潮流人物恳谈交流会、2013 中国·海宁潮国际博览会投资说明会、2013 海宁·中国家用纺织品博览会、第二十届中国国际钱江（海宁）观潮节、第二十届海宁·中国皮革博览会、“多彩海宁·精彩潮博”个性化邮票首发式暨邮票展、“千人计划”专家潮乡行。博览会以“多彩海宁·精彩潮博”为主题，主要突出四个特点：更加注重展会与产业的融合发展，突出实效；更加注重挖掘展会的文化内涵，突出品牌；更加注重引进精品优质展会，突出品质；更加注重贯彻群众路线，突出亲民。

（沈卓婧）

粮　　食

【概况】　2013 年，全市共收购粮食 15232 吨，比上年增长 14.9%，其中订单晚粳谷 12000 吨、小麦 476 吨、订单外晚粳（糯）谷 2756 吨。落实地方储备粮油数量和质量，轮换市级储备粮 9343 吨和储备菜油 305 吨。落实粮食工作行政首长负责制，加强粮食流通管理，启动粮食仓点布局调整工作，加强粮食仓储基础设施建设，健全粮食应急体系，实施放心粮油工程。巩固和加强与主产区的粮食产销协作关系，海宁粮食加工企业在黑龙江五常地区建立粮源基地，面积 0.7 万公顷。全市外购粮食总量 30 万吨，全年粮食供需平衡、价格稳定。

【完成订单粮食】　完善实施订单粮食，市粮食购销有限公司与全市 9 个镇（街道）98 个村的 3213 户农户签约，订单面积 2491 公顷、数量 1.2 万吨，订单户数、面积和数量分别比上年增长 2.5%、40.5%和 6.0%。对 6 户种粮规模大、经营素质高、订单履约信誉好的粮食专业合作社和种粮大户发放订单定金共 12 万元，增长 20%。落实支农惠农和粮食生产政策措施，对订单内粮食实行每 50 千克价外补贴 12 元和干燥费补贴 2.5 元。全年粮食订单合同履约率 100%，全面完成订单粮食计划。

【健全粮食应急体系】　完善粮食应急供应体系和信息监测体系。年内新增粮食应急供应网点 2 个，累计 25 个，确保每个镇（街道）均配备 1 个以上粮食应急供应点。在全

市服务业发展与粮食局领导走进海宁电台《行风热线》栏目宣传订单粮食政策

市设立粮食信息监测点6个，对粮油市场供应量和价格实施动态监测。

【完成粮库设施布局规划编制】　9月15日，市政府批复同意《海宁市粮库设施布局规划（2010～2020）》。规划设计到2020年，海宁市粮库仓容规模8万吨，粮库用地规模9.8公顷，全市粮食购销站点从11个调整为4个，分别为：市级粮食储备库、丁桥收储中心、袁花收储中心、辛江粮站。

【调整储备粮规模】　由于城镇化的加快和外来人口的增长，粮食缺口进一步扩大，2012年全市粮食对外依存度达70%，高于嘉兴市平均8个百分点。经市政府同意，自2013年起，用3年时间，增加海宁市级储备粮规模5900吨，其中2013年增加2657吨，2014年增加2743吨，2015年增加500吨。同时将储备成品粮规模从430吨调整为580吨，新增150吨，由市粮食购销有限公司具体落实。

【粮食收购服务】　市粮食购销有限公司开展粮食生产收购"一条龙"服务。4月，为全市种粮大户开展"送订单、送政策、送科技、送信息、送定金"五送服务，建立种粮大户服务档案。6月，开展种粮大户回访活动。8月，开展粮食种植成本调查。11月晚稻收购期间，严格执行粮食收购政策，做到收粮守则、收购价格、质量标准、收购政策上墙，服务时间、服务内容、入库仓号、计价办法、价格标准公开，自觉接受监督。对种粮大户提供收割指导、收购预约、堆场晒场和包装用具借用等服务。全面开展代农烘干，年内共代农烘干粮食9400吨，占收购总量的62%。

（孙月庆）

供　销

【概况】　2013年，全市供销系统总经营额45.18亿元，比上年增长29.9%。其中商品销售总额22.64亿元，增长51.5%；综合效益8225万元，增长105.3%；利润总额1232万元，增长40.3%；净资产增值额6892万元，增值率36.2%；全系统资产经营收入3838万元，增长21.6%。改革基层供销社管理模式，实行一套班子两块牌子、分别核算、合署办公。开展供销社经营服务综合体试点，至11月，完成4家综合体试点建设任务。年内参办、领办专业合作社14家，累计建成26家。绿洲蔬菜专业合作社获省级示范性农民专业合作社称号；仙客来花卉专业合作社被认定为2012年度嘉兴市规范化农民专业合作社；市湖塘畜禽专业合作社与马桥街道合作，在全市首推死畜禽收集无害化处理。年内，新建综合服务社7家，累计建成27家，经营面积7077平方米。市供销合作总社获浙江省供销社系统综合业绩考核特等奖。

【项目建设】　年内，重点推进市农副产品批发市场、市再生资源交易市场和海宁大厦冷链物流配送中心3个项目建设，至年底，完成投资1.46亿元。市农副产品批发市场迁建项目一期工程于7月取得土地，9月桩基施工，年底土建施工，投入资金1亿元；市再生资源交易市场项目一期工程于9月取得土地，10月进场施工，投入资金2770万元；海宁大厦冷链物流配送中心项目于7月投入使用。

【涉农培训】　3月和9月举办农业社会化服务人才培训班2期，共94人参加；6月

农资商店“海宁市废弃农药包装物回收点”宣传板

20日，举办“两富同行”党群创业帮扶暨农村职业经纪人才培训班，163名低收入困难户、水果种植大户和营销大户参训，161人通过考试获得由人力资源和社会保障部、中华全国供销合作总社颁发的农产品经纪人国家职业资格证书。

【新网工程建设】 完善农资流通服务网络体系，全年完成农资销售额1.72亿元，比上年增长8%，市场占有率80%以上。市农资公司与15家农机专业合作社和19家种粮大户签订农资直供协议，粮食功能区“田保姆”式服务试点面积近667公顷。在硖石、马桥新开设农资超市各1家，累计建成8家。加快构建农副产品营销网络体系，全年农产品总销售额16.9亿元，增长69.4%。市农副产品批发市场交易额5.5亿元，增长25%；市蚕茧公司销售额1.29亿元，增长3%；市名特优农产品销售公司参办尖山杨梅节、农博会等活动，全年实现销售额474万元，增长72%。市菜篮子配送中心基地新增流转土地20公顷，总面积53公顷。提升生活资料连锁网络体系，海宁大厦实施网点质量提升计划，各连锁家电、日用消费品网点全年零售额2.1亿元，增长11%。重视再生资源回收利用网络建设，参与市物资回收公司经营，实现再生资源商品回收额755万元。

【为农服务】 8月，在全省率先实施基本农药集中配送零差价销售和废弃农药包装物回收处理工作。至年底，18种基本农药累计销售额430万元，让利农民123万元，回收废弃包装物275万件（瓶）。完成市、镇两级农村合作经济组织联合会换届工作。11月，市农产品经纪人协会成立禽业分会。完善市诚信农业贷款担保公司运营体系，全年完成各类担保45笔，金额1959万元，期末责任余额1520万元，年保费收入38万元。

（张 杰）

烟 草

【概况】 全年共批发销售卷烟3.2万箱，与上年持平。开展以“广参与、社会化、网络化”为特点的“微公益”活动。市烟草专卖局（分公司）获“全省系统十佳学习型部门（单位）”“省级创新奖三等奖”“优秀专卖管理所”等荣誉70余项，其中集体17项、个人53项。

【烟草专卖管理】 全年共查获违法案件164起，查获违法卷烟1.1万条，案值238万元。成功破获嘉兴地区首个物流涉烟网络案——“4·25”物流运输假烟网络案。规范证件管理，年内共新办专卖许可证461份，变更26份，注销301份。至年底，共有零售许可证4063份。陆某某烟草专卖零售许可案被评为海宁市“十佳行政许可案卷”。

烟草经营普法宣传进店铺

【客户服务】 持续推进卷烟现代零售终端建设，年内完成87户现代零售功能店的软硬件建设，累计387户，占全市3863户的10%。依托网络基础，延伸客户服务触角，打造“客户之家”平台，实现卷烟品吸、企业文化展示、品牌宣传等功能。采取“普法宣传进店铺”方式，进行烟草专卖、卷烟经营等相关法律法规宣传。

（沈　丽）

餐饮住宿

【概况】 2013年，全市有星级住宿（餐饮）店11家，从业人员1623人，全年实现营业额3.20亿元。有客房总数1668间，床位2693个，餐位7730个。海洲大饭店营业额8400余万元，海宁皮都锦江大酒店营业额5100余万元，龙祥大酒店营业额4300余万元。至年底，全市共有餐饮业经营单位2512家（包括个体饮食店），其中年内登记开业816家，以小吃店为主。

【海洲大饭店】 五星级饭店。有客房总数312间，床位400余个，餐位2100个，多功能宴会厅4个，大小会议室8个，员工340人。全年完成营业收入8400余万元，实现利税700万元，接待宾客6.4万人次，其中境外宾客8400人次。完成家纺博览会、央视直播海宁潮、2013中国·海宁潮国际博览会、长三角科技博览会等大型会议、活动的接待服务工作。餐饮推出“春之韵茶文化”“夏之韵果蔬”“秋之韵养生”等主题美食活动。年内，被评为“海宁市旅游系统先进集体”“海宁市餐饮住宿业发展前三强企业”“海宁市餐饮行业先进单位”。获海宁市“厨壹堂杯”特色烹饪大赛一等奖、海宁市旅游星级饭店服务技能大赛团体一、二等奖，嘉兴市旅游饭店服务技能大赛团体三等奖。继续保持国家“金叶级”绿色旅游饭店称号。

（王一红）

【海宁皮都锦江大酒店】 五星级酒店。有客房总数 313 间（套），床位 473 个，餐位 1000 余个，员工 260 人。全年完成营业收入 5100 余万元，实现利税 535 万元，接待宾客 5.6 万人次，其中境外宾客 5700 人次。完成 2013 中国·海宁潮国际博览会、安正时尚订货会、上海棉业实业订货会等大型会议、活动的接待服务工作。推出每月行政总厨推荐菜与每季美食节活动。饭店获"嘉兴市旅游行业文明示范窗口""海宁市公共场所卫生信誉度 A 级单位""海宁市旅游系统先进单位"等称号。

（陆　燕）

【海宁玉龙国际商务酒店】 四星级酒店。有客房总数 94 间，床位 164 个，餐位 600 个，员工 65 人。全年完成营业额 860 余万元，实现利税 47.3 万元，与上年持平；年人均创收 13 万元，增长 8.3%。接待宾客 7 万余人次，其中境外宾客 6000 余人次。举办许村首届啤酒音乐美食节，完成海宁·中国家用纺织品博览会的接待服务工作。酒店竞选为海宁市旅游行业协会理事单位，继续保持浙江省"银叶级"绿色旅游饭店称号。

（沈光鹰）

【凯元国际酒店】 四星级酒店。有房间总数 92 间（套），床位 156 个，餐位 600 个，员工 140 人。全年完成营业收入近 4000 万元，实现利税 200 多万元，年人均创收 28 万元。接待宾客 2.1 万人次，其中境外宾客 1518 人次。完成 100 余次国际性、全国性、全省性会议的接待服务工作。获"嘉兴市第十届消费者信得过单位""海宁市诚信企业""海宁市旅游系统先进集体"等称号。坚持低碳经营，注重绿色环保，通过国家"银叶级"绿色旅游饭店评定。

（谢建强）

【龙祥大酒店】 三星级酒店。有客房总数 165 间（套），床位 260 个，餐位 600 个，员工 170 人。全年完成营业收入 4300 万元，实现利税 300 多万元，接待宾客 4.7 万人次，其中境外宾客 430 人次。与多家网络公司开展销售合作，完成 160 多场会议的接待服务工作。举办特色烹饪展。投入 30 多万元对二楼包厢进行装饰，投入 6 万元新建冷库，投入 100 多万元对 5 部电梯进行升级改造。获"嘉兴市第十届消费者信得过单位""嘉兴市餐饮行业先进企业"等称号。在嘉兴市旅游饭店服务技能大赛和海宁市旅游饭店服务技能比赛中均获团体二等奖。

（谢建强）

【海宁宾馆】 三星级宾馆。有客房总数 123 间，床位 195 个，餐位 400 个，员工 215 人。全年完成营业收入 3547 万元，上缴税收 215 万元，接待宾客 3.8 万人次，其中境外宾客 24 人次。推出系列餐饮美食活动：3～5 月，推出"宾馆味道＋小海鲜"主题美食活动；7～9 月，推出"冰爽世界自助餐"——无米汤美食活动。年内通过海宁市卫生监督所的检查，被评为"海宁市公共场所量化分级管理 A 级单位"。在海宁市旅游局组织的青工技能比武中获团体三等奖。

（宋哲伟）

【海宁假日国际酒店】 三星级酒店。有客房总数 211 间，床位 353 个，餐位 550 个，员工 139 人。全年完成营业额 2176 万元，实现利税 53 万元，年人均创收 15.9 万元。接待宾客 5.4 万人次，其中境外宾客 2290 人次。完成省青少年田径精英赛、中国海宁速度轮滑比赛、世界斯诺克球员排名赛、安正时尚集团订货会、世纪豪门全国经销商会议等重要赛事和会议的接待服务工作。调整完善酒店经营与管理制度，开展37项技能培训，培训员工421人次。对大堂、部分客房、中亭进行维修改造。重点对饭店六类突发事件应急预案进行培训演练，实现全年安全生产无事故。酒店获“海宁市旅游系统先进集体”“嘉兴市第十届消费者信得过单位”“海宁市青年文明号”等称号。

（谢太辉）

【海宁香榭丽酒店】 三星级酒店。有客房总数131间，床位212个，餐位250余个，员工72人。全年完成营业额1533万元，接待宾客3.2万人次，其中境外宾客1894人次。完成省高速总队第三届游泳比赛、省散装水泥乒乓球比赛、省情景剧小品比赛、央视直播海宁潮等重要赛事和会议的接待服务工作。推出“美食惠”美食活动。参加海宁市“厨壹堂”烹饪大赛，获团体三等奖。开展消防演练和逃生自救模拟训练。投资30余万元用于中央空调节能改造。通过海宁市卫生监督所检查，被评为“海宁市公共场所量化分级管理A级单位”。继续保持“银叶级”绿色旅游饭店称号。

（汤　衡）

【花园酒店】 三星级酒店。有客房总数71间，床位119个，餐位250余个，员工125人。全年完成营业收入1252万元，上缴税收65.9万元，接待宾客3万人次，其中境外宾客107人次。停业5个月完成内部装修改造。开展2013年度“爱心年夜饭”活动。参加市旅游局组织的2013杭嘉湖绍新春旅游优惠月活动。参加嘉兴电力局组织的第五届厨师烹饪技能比武，获团体三等奖和个人一等奖。厨师长盛庆华在“联合利华饮食策划杯”第七届全国烹饪技能竞赛（浙江赛区）中获中餐热菜金奖。被嘉兴市餐饮协会和海宁市餐饮协会评为年度先进企业和年度先进单位。

（虞云霞）

【海宁市饮食服务有限责任公司】 全年实现营业收入1124.7万元（蓝天彩印厂业务除外），比上年增长7.9%；实现利润167.4万元，增长9%；纳税213.9万元，增长7.2%。在嘉兴市同行业中，营业收入、利润、纳税均名列第二。所属企业有海宁饭店、硖石浴室、优家小宾馆、锦霞馆、硖石饭店、友谊旅馆、蓝天彩印厂，其中海宁饭店、硖石浴室、优家小宾馆3家企业由公司自营，其他4家均为租赁经营企业。年内，投入资金14.3万元对企业安全生产设施进行更新改造，实现全年安全生产无事故。

（蒋春海）

大中型商场

【华联购物中心】 经营范围有：百货、针纺织品、日用杂品、五金交电、食品、金银首饰、通信设备、家具、音像制品、装饰材料、药品、医疗器械。全年实现商品总销售额12.67亿元，比上年增长10.6%；实现利税8050.4万元，增长16.6%，其中利润3597.6万元，增长9.8%。年内采取传统节日促销、厂商直供促销、感恩回馈促销等多种营销手段，抢占市场份额。全年八大传统节日54天实现销售额3.95亿元，占总销售额的31.2%，增长6.5%。12月25日圣诞节实现销售额2104.1万元，增长12.5%。做到品牌结构调整、场地布局调整、供应商结构调整和商品品种结构调整并重，坚持品牌经营和规模经营，发挥大品牌的引领和带动作用。全年销售额超100万元的品牌有282个，增加13个，销售额10.08亿元，占总销售额的79.6%，增长17.9%；销售额超

1000万元的品牌有18个，销售额3.85亿元，占总销售额的30.4%。拓展市内连锁网点，年内丰士连锁店、马桥天宇店先后开业。下属13家连锁店全年实现销售额1.27亿元，增长42.9%。2013年获“全国商业‘3·15’诚信宣言守信企业”“浙江省第三批达标百货店”“浙江省第九届消费者信得过单位”“浙江省重合同守信用企业”“嘉兴市诚信纳税先进单位”等称号。

（贺朝洁）

【海宁大厦】 经营范围有：百货、杂货、针纺织品、劳保用品、五金交电、家电安装维修、预包装（散装）食品、卷烟雪茄烟（零售）、农副产品等1万余种商品。2013年实现商品销售总额5.33亿元，比上年增长25.7%；实现利润714万元，增长32%；上缴税费583万元，增长49.9%。完善内部考核激励机制，制订完善8个考核办法，覆盖行政管理和业务岗位所有职工。全年实现家电批发销售总额5.05亿元，增长25.5%。其中格力空调批发销售额4.82亿元，增长24%；晶弘冰箱销售额859万元，增长181%。年内关闭牛仔城、袁花店两家直营店，直营店调整为6家，全年销售额2049万元，增长2.5%。食品配送搬迁至本部运行。位于市区康乐路的海宁大厦冷链物流配送中心于7月开始运营，夏季高温期间日供应冰块量20～40吨。年内，海宁大厦列入海宁市“兴海工程”企业名单，获“浙江省城乡连锁超市龙头企业”“浙江省供销系统日用消费品龙头企业”“嘉兴市消费者信得过单位”等称号。

（张　杰）

【鸿翔购物中心】 经营机构有：鸿翔时尚广场超市、长安·鸿翔生活广场超市、斜桥·鸿翔生活广场超市以及鸿翔农特超市等近10家连锁超市。经营范围有：服装、针织品、床上用品、化妆品、鞋帽、银制品、玉器、食品、烟酒、小家电、粮油、纸品、干果、滋补品、日用百货等。全年实现商品零售额1.67亿元，比上年下降8.9%；综合效益279.6万元，下降6.1%。尝试引进体验式消费项目，将三楼运动休闲馆及办公区域调整转型为拥有70多个包厢的量贩式KTV。关闭无效益的连锁门店2家，新增管理成本低、收益风险小的连锁加盟店2家。长安·鸿翔生活广场超市实施精细化操作和错位经营，全年完成销售额3283.2万元，实现净利润59.2万元，增长52.8%，通过“海宁市第十一届消费者信得过单位”复评。年内，鸿翔购物中心通过“嘉兴市第十届消费者信得过单位”复评。

（张亚平）

【海宁世纪联华超市】 经营范围有：食品、百货、大小家电、服饰鞋帽、图书、音像制品等。全年完成销售额9200万元。推出适合不同消费群体的商品和服务，在农副产品大幅涨价的形势下，依托集团公司资源，力推农超对接，打造海宁市“菜篮子工程”。重视员工队伍建设，年内组织各类员工培训48场次，参训6700余人次，吸收大学生36名。超市获“嘉兴市第十届消费者信得过单位”称号。

（覃　岸）

【浙江海港超市连锁有限公司】 经营范围有：食品、乳制品（含婴儿配方乳粉）、卷烟雪茄烟（批发兼零售）、食盐、音像制品、水果蔬菜、鲜猪肉、日用百货、五金家电、化工原料、建筑材料、工艺品。全年完成商品销售额2.18亿元，比上年增长17.2%；实现利润625万元，增长4.9%。有职工506名，年人均收入3.4万元。按“高档引导、中档主导”的市场定位，对同类商品进行销售评估，对连续三个月业绩不理想的品牌实行末位淘汰制，共淘汰商品3300个，引进新品3300个。年内新开设门店2家，对6家门店进行改造。全年组织各类员工培训106场次，参训2598人次。公司获“创业创新·活力和谐企业”“浙江省百县万村放心店”等称号。

（金飞月）

【农工商超市海宁店】 经营范围有：日用百货、文体商品、五金家电、电子产品、通信器材、服装鞋帽、针棉织品、照相器材、乳制品、食用农产品、预包装食品、散装食品、卷烟雪茄烟（零售）等。全年客流量50万人次，实现销售额1200万元，创利税13万元，销售品种1.1万个。每两周开展一次以当令商品为主的红利价活动，商品数量达100多个，让利幅度在30%~40%。每周精选部分商品搞特价促销活动。超市获“海宁市消费者信得过单位”和“嘉兴市百城万店无假货示范点”称号。

（梁智勇）

【海宁正翔商业广场】 位于市区文苑路和联合路交汇处，是全市首个特色美食休闲生活广场。占地面积2万平方米，建筑面积3.9万平方米，商用面积2万平方米，共有3层营业楼。广场内以沃尔玛超市、横店电影城为主力店，有肯德基、博洋家纺、百圆裤业等经营户共45家。经营品类有：精品服饰、珠宝首饰、钟表眼镜、箱包皮具、婴童用品、儿童娱乐、家居家纺、休闲食品、餐饮、生活配套等。年内引进“拉夏贝尔”“艾格”等十多个品牌，完成初步品牌调整，总体业绩有较大提升，其中服饰零售类营业额上涨50%，餐饮类营业额上涨57%，生活配套类营业额上涨95%（沃尔玛超市、横店电影城除外）。

（朱海翔）

【海宁银泰城】 海宁银泰城由银泰百货（集团）投资开发，总投资约20亿元，于2011年4月27日开工建设，2013年12月26日开业。银泰城位于市区海昌南路，总占地面积9.7万平方米，总建筑面积约43万平方米，含地下两层大型停车场，可容纳车辆2700辆。其中海宁银泰城购物中心建筑面积13万平方米，汇聚500多户商家和数十个国内一线品牌；步行街区建筑面积5万平方米，由品牌长廊区、缤纷时尚区、美食休闲区、社区生活区四大主题区块组成，有品牌服饰、精品家居、美容健身、糕点茶

12月26日，海宁银泰城举行开业典礼

饮等业种；酒店式公寓建筑面积9万平方米，办公、居住等多功能合一。银泰城涵盖品牌160多种，其中80%为首次入驻海宁，主力店有银泰百货、蚂蚁王国、唛浪KTV、传奇奢华影城、国美电器、大型生活超市等，是一个集办公、居住、商务、购物、娱乐、餐饮等功能于一体的城市商业综合体。

（马义龙）

【浙江奥特莱斯广场有限公司】 由上海友谊集团投资建造，位于长安镇（高新区）起潮路199号，2010年6月开业。占地面积13万平方米，营业面积8万平方米，免费停车位3000个。广场内有工厂直销和折扣商铺300余家，知名品牌400多个，主要经营国内外服装、鞋类、箱包等商品。设有餐饮休闲区，有避风塘、星巴克、肯德基、必胜客、味千拉面、哈根达斯等餐饮店。2013年，公司实现营业收入7.20亿元，比上年增长16.8%；实现利润2833万元，实缴税收1995万元。

（程　溢）

［编辑：邱　洧］

开放型经济

Foreign Economic Relations and Trade

综　　述

2013年，全市完成合同利用外资及港澳台资5.73亿美元，实际利用外资及港澳台资3.35亿美元。全市进出口总额57.57亿美元，比上年增长14.8%，其中出口45.62亿美元，进口11.95亿美元，分别增长14.4%和16.5%。新核准境外投资项目12个，投资总额9521万美元，中方投资额9286万美元，营业额预计4300万美元（其中对外承包工程营业额3848万美元），带动出口7.28亿美元。全市服务外包新入库企业4家，接包合同签约金额4946万元，执行金额2611万元，其中离岸业务执行金额284万美元。海宁市商务局获2013年度浙江省实施“走出去”战略工作先进单位称号，中国贸易促进会浙江省海宁市支会获2013年度浙江省贸促系统展览工作先进单位和“走出去”品牌项目优秀组织单位称号。

（高力超）

对外贸易

【概况】　2013年，全市实现外贸进出口总额57.57亿美元。纺织品出口23.21亿美元，比上年增长21.0%，占全市出口总额的50.9%。传统优势产业出口情况良好，其中家纺出口8.84亿美元，经编出口5.58亿美元，成品沙发出口5.26亿美元，分别增长31.1%、14.5%和8.9%。新兴产业出口呈两极分化，机电产品出口持续下降，累计出口5.08亿美元，下降13.1%。印刷包装产业增长明显，累计出口4.68亿美元，增长73.4%。全市对美国、欧盟、日本三大传统发达市场出口22.77亿美元，增长3.6%，占全市出口总值的49.9%，占比下降5.2个百分点，其中对欧盟出口7.82亿美元，下降0.5%。对新兴市场累计出口19.57亿美元，增长30.7%，占全市出口总值的42.9%，上升5.3个百分点。全市民营企业出口32.36亿美元，增长22.6%，高出全市整体增速8.2个百分点，占全市出口总额的70.9%，上升4.8个百分点。外资企业累计出口13.26亿美元，下降1.6%，占全市出口比重下降至29.1%。

【“市场拓展年”系列活动】　2013年，市商务局、财政局、国税局、外管局、贸促会、海关、商检7个部门联合开展国际市场拓展年活动。以“拓市场、防风险、促转型、强服务”为方针，出台多项措施进一步加大促进外贸稳定增长的政策扶持力度，鼓励引导全市外贸企业参与国际竞争与合作，着力提升利用两个市场（国内市场、国外市场）、两种资源（国内资源、国外资源）的

6月，副市长俞亚明率经贸小组赴法国进行经贸考察交流

能力，进一步增强海宁外贸核心竞争力。6月，副市长俞亚明率经贸小组赴瑞士、德国、法国进行经贸考察交流。

【平台基地和外贸服务平台建设】 推进皮革、经编、家纺、太阳能4个省级出口基地及12个省级外贸公共服务平台建设。同时培育新基地、新平台，年内新增9个省级外贸公共服务平台项目，获上级扶持资金567万元。海宁经编纺织品基地被商务部评为国家外贸转型升级专业型示范基地，海宁中国皮革城被评为国家首批内外贸结合试点市场。推进皮革城内外贸结合试点工作，并探索在皮革城实行市场采购贸易方式。培育出口品牌，扩大自有品牌产品出口，提高出口产品附加值和国际竞争力，全年新增1个“嘉兴市出口名牌”和1个“浙江省出口名牌”。

【健全外贸预警监测体系】 完善“四位一体”外贸预警机制，加强外贸风险防范与应对，组织开展外贸风险防范培训。组织有关企业参与应诉欧盟光伏“双反”调查，维护企业正当权益。推广出口信保业务，由政府为上年出口400万美元以下的中小企业统一投保出口信用险，全市出口信保覆盖率21.93%，渗透率26.95%。进一步健全对重点外贸企业的产业损害和外经贸运行监测工作。

【浙江企业走进东盟产业对接活动】 3月，浙江企业走进东盟产业对接活动先后在马来西亚、泰国、柬埔寨举行。活动由论坛研讨、企业洽谈、市场考察等环节组成，重点围绕双边投资环境、贸易政策及双方企业关注的热点内容展开，是浙江省在东盟举办的规模最大的经贸促进活动，海宁市组织多家企业随团参加。

2013年海宁商品对各大洲出口情况
表13

洲别	出口总额（万美元）	占总额比重（%）	增幅（%）
亚洲	127731	28.0	33.1
非洲	32859	5.9	7.2
欧洲	114601	25.1	6.9
拉丁美洲	31369	6.9	8.2
北美洲	139884	33.7	4.2
大洋洲	9545	2.1	2.1

表 14 2013 年海宁商品对主要国家（地区）出口情况

国家（地区）	累计出口（万美元）	占总额比重（%）	增幅（%）
美国	129421	28.4	4.6
俄罗斯	26586	5.8	22.6
日本	20045	4.4	15.3
英国	11464	2.5	4.3
阿联酋	11387	2.5	33.7
德国	11111	2.4	11.3
加拿大	10461	2.3	-0.6
意大利	8668	1.9	-6.0
土耳其	8649	1.9	23.4
澳大利亚	8527	1.9	11.9
印度	8460	1.9	12.7
巴基斯坦	8306	1.8	83.0
伊朗	8235	1.8	67.2
荷兰	8012	1.8	-31.8
巴西	7538	1.7	-10.0

表 15 2013 年海宁市主要进口市场情况

国家（地区）	进口总额（万美元）	占总额比重（%）	增幅（%）
巴西	17996	15.1	23.5
澳大利亚	15697	13.1	28.2
中国台湾	14454	12.1	101.2
韩国	13822	11.6	28.9
美国	13743	11.5	-10.7
智利	6760	5.7	52.3
日本	5180	4.3	14.1
沙特阿拉伯	4531	3.8	23.9
意大利	3586	3.0	29.6
西班牙	2762	2.3	86.8
加拿大	1938	1.6	35.9
德国	1894	1.6	-17.6
泰国	1794	1.5	-57.6
波兰	1592	1.3	61.7
秘鲁	1348	1.1	108.9

（张 羽）

招商引资

【概况】 制订出台《关于进一步完善招商（支持浙商创业创新）工作体制机制的意见》《海宁市招商人员企业化管理指导意见》和《关于进一步健全招商工作机制的若干意见》，改革完善招商分工合作机制、招商服务推进机制以及招商激励机制。加大招商引资力度，开展多批次、主题化、专业性的系列招商活动，先后组织举办香港经贸考察、中国·海宁潮国际博览会投资说明会等活动。组团参加第二届中国（北京）国际服务贸易交易会、首届中国（上海）国际技术进出口交易会、第十五届中国浙江投资贸易洽谈会、2013 中国浙江商务服务交易博览会、2013 长三角·嘉兴投资贸易洽谈会等活动。

全市新批外商及港澳台商投资企业 50 家，增资项目 23 个，减资项目 10 个，转股项目 1 个，合同利用外资及港澳台资 5.73 亿美元，实际利用外资及港澳台资 3.35 亿美元。全市各大招商平台中，长安镇（高新区）完成合同利用外资及港澳台资1.53亿美元，实际利用外资及港澳台资7024万美元；经济开发区、黄湾镇（尖山新区）完成合同利用外资及港澳台资3.16亿美元，实际利用外资及港澳台资1.92亿美元；浙江海宁经编产业园区完成合同利用外资及港澳台资4089万美元，实际利用外资及港澳台资2658万美元；盐官百里钱塘观潮景区完成合同利用外资及港澳台资2万美元。全市新批总投资1000万美元以上项目35个，合同利用外资及港澳台资4.95亿美元，总投资3000万美元以上项目6个，合同利用外资及港澳台资1.81亿美元。新批世界500强项目2个，分别是浙江万方江森纺织科技有限公司和浙江物宝典当有限责任公司。新批投资总额1亿美元以上项目2个，分别是浙江纪鸿包装有限公司（投资总额和合同利用资金分别为1亿美元和4000万美元）和浙江智武光电科技有限公司（投资总额和合同利用资金分别为1亿美元和3500万美元）。新批全球行业龙头企业2个，分别是浙江康泰伦特江元堂生物科技有限公司和浙江汇能动物药品有限公司。投资来源以中国香港为主，合同利用资金3.89亿美元，实际利用资金2.38亿美元，分别占总额的67.9%和71.1%。

全年实到市外内资91.84亿元，比上年增长37.6%；实到注册资本49.53亿元，增长50.5%。工业项目引进增长较快，新引进项目273个，计划总投资123.54亿元，增长214.6%，全年工业实到内资及实到注册资本分别为58.56亿元和26.5亿元，增长23.5%和33.1%。全市备案核准工业项目443个，计划总投资134.73亿元，分别增长54.4%和102.2%。招大引强有新突破，全年引进世界500强企业投资项目1个；计划总投资1亿元以上工业项目18个，其中计划总投资6亿元以上重大项目2个。严控项目准入关，新准入的76个项目平均投资强度4740万元/公顷，项目数、投资强度分别增加34项和645万元/公顷。

【2013中国·海宁潮国际博览会投资说明会】 于9月18日举行。来自美国、南非、意大利等十多个国家和地区的130多位客商参加投资说明会。22个重点项目成功签约，投资总额66亿元。其中工业项目17个，涉及新能源、新材料、高端装备制造、物联网等战略性新兴产业；浙商投资项目14个，总投资额49.08亿元，占签约项目投资总额的78%；外商投资项目总投资34.71亿元；省外浙商回归项目总投资14.37亿元。会上，市政府与仲量联行、世邦魏理仕、高力国际等10家知名中介机构签订招商合作协议，建立战略伙伴关系，开展委托、代理形式的商业化招商。9月18日下午，召开投

2013中国·海宁潮国际博览会投资说明会

资说明会和重点客商座谈会。

【海宁招商资源三维信息服务平台】 创新制作海宁招商资源三维信息服务平台，用三维地图的形式，让客商更直观地查阅全市可用于招商的地块、厂房、楼宇有意向合资合作的企业等资源，更准确地掌握资源要素数据，更详尽地了解周边配套设施等相关信息。

2013年新批（增资）外商及港澳台商投资项目（1000万美元及以上）情况

表16

单位：万美元

序号	企业名称	经营范围	投资总额	注册资本	合同资金	投资者名称	国家（地区）
1	浙江骏凯置业有限公司	海宁市海土字12152号地块的商办用房的建设、经营（国家禁止及限制的项目除外）	1588	1000	1000	骏兆投资有限公司	中国香港
2	浙江骏兆置业有限公司	海宁市海土字12153号地块的商办用房的建设、经营（国家禁止及限制的项目除外）	2858	2000	2000	骏兆投资有限公司	中国香港
3	海宁市罗孚电梯部件有限公司	电梯部件、钢化玻璃、夹胶玻璃、木箱的制造和加工	1100	1000	1000	黄石控股有限公司	中国香港
4	嘉兴耐奥富琳钨珍厨具制造有限公司	厨房用具、塑料制品、金属制品、金属模具、厨房家电、竹制品的开发、制造、加工，进出口业务（不含分销业务）	1919	1000	1000	耐奥富琳股份有限公司（株）	韩国
5	海宁丰昌汽配有限公司	汽车车身及其零配件的生产制造	1360	600	600	扬盛国际集团股份有限公司	萨摩亚
6	海宁和和照明电器有限公司	照明器具、节日灯、电珠、灯泡、塑制工艺品、金属工艺品、木制工艺品、手电筒的制造、加工	1600	1000	1000	全华贸易行	中国台湾
7	浙江龙天体育文化有限公司	体育文化咨询、投资咨询、企业管理咨询、经济信息咨询、商务咨询	1000	500	500	龙天控股香港有限公司	中国香港
8	海宁普腾电子有限公司	车载DVD、汽车音响及其他车用视听设备的生产、销售及售后服务	1000	600	600	普腾电子（萨摩亚）有限公司	萨摩亚
9	海宁嘉友照明器材有限公司	照明器材及电气设备制造	2980	2800	2800	时运世嘉国际集团有限公司	中国香港
10	海宁恩盛纺织有限公司	生产销售纺织品面料、服装、服装辅料及其他缝纫制品	2000	1500	1500	陈清山	中国台湾
11	浙江洛卡思家居用品有限公司	纺织制成品、纺织服装、服饰的制造和加工	2500	1600	1600	高华企业有限公司	中国香港
12	浙江勒托机械有限公司	数控机床刀柄及机床附件、数控车刀、阀门配件、汽车零部件的制造	1800	1016	1016	香港勒托科技有限公司	中国香港
13	海宁世贸广场置业有限公司	海宁市海土字13065号地块写字楼、商业设施的建设、经营（国家禁止及限制的项目除外）	9000	4568	4568	鑫大嘉华有限公司	中国香港

续表 16

序号	企业名称	经营范围	投资总额	注册资本	合同资金	投资者名称	国家（地区）
14	海宁禾禾照明电器有限公司	照明灯具、节日灯、电珠、灯泡、塑制工艺品、金属工艺品、木制工艺品、手电筒的制造、加工	1600	1000	1000	香港弘光灯具有限公司	中国香港
15	海宁龙一新材料有限公司	塑料管及管件、型材的制造	2500	1000	1000	汇升国际集团全球有限公司	中国香港
16	海宁市聚佳新材料有限公司	塑料管及管件、型材的制造	1250	500	500	柏朗发展有限公司	中国香港
17	海宁麦肯经编有限公司	产业用特种纺织品生产及高档织物面料的后整理加工	2950	2780	2780	李智能	中国香港
18	创佳融资租赁（浙江）有限公司	融资租赁业务、租赁业务、向国内外购买租赁的财产、租赁财产的残值处理和维修、租赁交易咨询和担保(涉及行政许可的凭证经营)	2000	2000	800	创佳金融控股集团有限公司	中国香港
19	浙江万方江森纺织科技有限公司	纺织新材料的研发、制造、染整、加工；服装及辅料的生产；纺织技术咨询服务；经营本企业自产产品的出口业务和本企业生产所需的机械设备、零配件、原辅材料及技术的进口业务（国家限制类除外，涉证商品凭证经营）	1850.6	1302.1	494.5	浙江万方新材料股份有限公司	中国
						毛伟华	中国
						江森自控（中国）投资有限公司	投资性公司(美国)
						张利法	中国
20	浙江悠然家居有限公司	功能性沙发、沙发床、软体家具、实木家具的加工、制造	1388	1000	1000	悠然设计私人有限公司	澳大利亚
21	海宁中润照明电器有限公司	照明灯具、电光源的制造	1336	700	700	中润集团（香港）有限公司	中国香港
22	浙江微力电动科技有限公司	电动搬运设备制造、电控电机技术的研发及生产	1300	800	800	微力控股有限公司	中国香港
23	浙江长源锦纶科技有限公司	锦纶纤维技术的研发；锦纶纤维、差别化化学纤维的制造、加工、批发	5050	1800	1800	香港裕佳国际有限公司	中国香港
24	浙江密尔耐特机械有限公司	数控机床、汽车零配件、消防喷淋零部件的制造	1000	500	500	密尔特控股集团有限公司	新加坡
25	浙江志德机械有限公司	数控机床及附件、五金工具、汽车零配件的制造	1000	500	500	天福控股集团有限公司	新加坡
26	浙江海宁江南总部基地开发建设有限公司	海宁市海土字 13211 号地块总部产业楼及相关商务配套设施的开发建设；自有房屋的出租、销售	6000	3000	3000	总部基地（浙江）投资有限公司	中国香港
27	海宁和美家机械有限公司	纺织机械配件、建筑及家具用金属配件、家具、纺织制成品的制造、加工	1500	1000	600	海宁美惠机械有限公司	中国
						香港 CFF 贸易有限公司	中国香港
28	海宁范格服装有限公司	皮革服装、裘皮服装、皮革制品、裘皮制品、针织品、纺织品的制造	1388	1000	1000	香港范格国际集团有限公司	中国香港

续表 16

序号	企业名称	经营范围	投资总额	注册资本	合同资金	投资者名称	国家（地区）
29	海宁麦特斯恩经编有限公司	产业用特种纺织品生产及高档织物面料的后整理加工	2000	1800	1800	香港麦特斯恩国际集团有限公司	中国香港
30	海宁俄乐岗苗木繁育技术有限公司	苗木种植技术服务；苗木、花卉的种植、批发及进出口业务。上述商品进出口不涉及国有贸易、进出口配额许可证、出口配额招标、出口许可证等专项管理规定的商品（国家规定禁止和限制的除外）	1600	800	800	俄勒冈苗圃控股有限公司	英属维尔京群岛
31	浙江智武光电科技有限公司	光电子元器件、光学组件、LED 半导体节能照明器、电声器件、激光半导体器件、触摸屏及液晶显示模块、摄像头模块、物联网智能终端、智能电视、计算机及其他可携式电子产品、新型电子元器件、移动通信系统手机、基站设备、交换设备、数字集群系统设备、电子工业专用设备、工模具及上述产品组件、零配件的生产、销售及提供售后服务；从事上述产品的技术开发、技术服务和进出口业务；光电显示及控制系统和网络及工业自动化工程的设计与安装；芯片封装测试；从事自有房屋租赁、物业管理；自有仓储服务	10000	3500	3500	华生控股有限公司	塞舌尔
32	海宁三盛电气机械有限公司	电气机械及器材制造	2000	1600	1600	时运世嘉国际集团有限公司	萨摩亚
33	浙江智胜电子科技有限公司	电子工业专用设备、工模具及上述产品组件、零配件的生产、销售及提供售后服务；从事上述产品的技术开发、技术服务和进出口业务；光电子元器件、LED 半导体节能照明器、光学组件、电声器件、激光半导体器件、触摸屏及液晶显示模块、摄像头模块、物联网智能终端、智能电视、计算机及其他可携式电子产品、新型电子元器件、移动通信系统手机、基站设备、交换设备、数字集群系统设备的技发、技术服务；芯片封装测试；从事上述产品的光电显示及控制系统和网络及工业自动化工程的设计与安装；从事自有房屋出租、物业管理	3250	1200	1200	华生控股有限公司	塞舌尔
34	浙江纪鸿包装有限公司	金属包装容器、纸制品、塑料薄膜、塑料包装箱及容器的生产与销售	10000	4000	4000	纪鸿国际有限公司	中国香港
35	浙江康泰伦特江元堂生物科技有限公司	食用软胶囊、食用硬胶囊、食用片剂生产技术的研究开发，胶囊型普通食品及软胶囊类保健食品的制造、加工；经营本企业自产产品的出口业务和本企业生产所需的机械设备、原辅材料和零配件的进口业务	2548.7	1019.5	985.2	江任飞	中国
						吴仲明	中国
						章银波	中国
						CATALENTCTS (SINGAPORE)PVT.LTD.	新加坡

2013年全市引进的市外内资项目（1亿元及以上）情况

表17 单位：万元

序号	投资项目名称	项目落户地	投资领域	计划总投资	注册资金
1	浙江杭海商业城经营管理有限公司	许村镇	非生产性服务业	35000	10000
2	海宁碧桂园房地产开发有限公司	许村镇	非生产性服务业	10000	5000
3	海宁市传云物联网技术有限公司	长安镇(高新区)	生产性服务业	60000	10000
4	海宁市传泰置业有限公司	长安镇(高新区)	非生产性服务业	37000	10000
5	浙江艾玛嘟文化发展有限公司	长安镇(高新区)	非生产性服务业	18272	5000
6	浙江艺博汇家饰城经营管理有限公司	长安镇(高新区)	生产性服务业	84001	4000
7	海宁市佳源房地产开发有限公司（长安佳源中心广场二期项目）	长安镇(高新区)	非生产性服务业	42000	18100
8	浙江长三角汽车文化城有限公司（商业综合体项目）	长安镇(高新区)	传统产业	45000	10500
9	浙江新创纳电子科技有限公司	斜桥镇	装备制造业	10000	1000
10	浙江盛天电子商务管理有限公司（浙江盛天电子商务产业园一期项目）	斜桥镇	生产性服务业	14800	2000
11	浙江金汇特纤维有限公司	丁桥镇	新材料产业	36500	12600
12	海宁市晶科新能源电力有限公司	袁花镇	新能源产业	10000	10000
13	浙江晶科能源投资有限公司	袁花镇	新能源产业	44000	44000
14	浙江江南新城投资开发有限公司	尖山新区	非生产性服务业	200000	30000
15	浙江美力汽车弹簧有限公司	尖山新区	装备制造业	45000	2000
16	海宁海泰港务有限公司	经济开发区	非生产性服务业	37200	12400
17	浙江东龙科技有限公司	尖山新区	装备制造业	33400	3000
18	海宁华邦科技有限公司	尖山新区	装备制造业	63000	8000
19	海宁恒耀投资有限公司	经济开发区	传统产业	30000	20000
20	浙江芭托丽服装有限公司	经济开发区	传统产业	12600	10000
21	海宁宏厦装饰新材料科技有限公司	经济开发区	新材料产业	12988	6000
22	海宁三雷模塑有限公司	尖山新区	装备制造业	19000	6000
23	海宁弘丰汽车有限公司	经济开发区	非生产性服务业	10000	5580
24	浙江冠铭环保科技有限公司	经济开发区	装备制造业	10000	5200

续表 17

序号	投资项目名称	项目落户地	投资领域	计划总投资	注册资金
25	海宁蓝卡潞汽车零部件有限公司	尖山新区	装备制造业	16200	3000
26	海宁宏华汽配制造有限公司	尖山新区	装备制造业	26410	2000
27	浙江希尔富电气有限公司	尖山新区	装备制造业	10500	2000
28	海宁杭州湾绿色度假村有限公司（海宁杭州湾绿色度假村精品酒店项目）	尖山新区	传统产业	20000	6500
29	浙江普泰环保科技有限公司（年产水处理专用设备 130 台套技改项目）	经济开发区	节能环保产业	11000	4000
30	浙江星驰汽车有限公司	尖山新区	装备制造业	35000	15000
31	浙江海宁嘉慧投资合伙企业	海洲街道	生产性服务业	110000	110000
32	浙江敦奴联合实业股份有限公司	经济开发区	传统产业	80000	9908
33	创佳融资租赁（浙江）有限公司	经济开发区	传统产业	12400	12400
34	海宁开元名都置业有限公司	海洲街道	生产性服务业	100000	10000
35	海宁沪鼎安置房项目管理有限公司	海洲街道	非生产性服务业	10000	10000
36	浙江物保典当有限责任公司	马桥街道	生产性服务业	10000	10000
37	海宁市广弘房地产有限公司	马桥街道	非生产性服务业	43000	5000
38	浙江省浙创启元创业投资有限公司	马桥街道	生产性服务业	20000	20000
39	海宁汉鼎宇佑股权投资合伙企业(有限合伙)	马桥街道	生产性服务业	10000	0

表 18　2013 年全市各镇（街道、开发区）利用外资及港澳台资情况

序号	镇（街道、开发区）	项目实绩（个）	总投资（万美元）	注册资本（万美元）	合同资金（万美元）	增幅（%）	实到资金（万美元）	增幅（%）
合计		84（增 23）（减 10）（转 1）	103813.5	58763.9	57302.1	47.8	33460.8	42.5
1	长安镇（高新区）	19（增 5）（减 2）	30714.8	15471.9	15345.0	53.4	7024.9	16.4
2	经济开发区、黄湾镇（尖山新区）	47（增 10）（减 6）（转 1）	52689.7	32245.0	31637.1	114.9	19180.1	109.5
3	马桥街道（经编园区）	7（增 4）（减 1）	4778.7	3830.2	4008.8	176.7	2658.2	16.9
4	盐官百里钱塘观潮景区	1	2.3	1.6	1.6	－92.9	—	—
5	许村镇	—	—	—	19.3	－27.2	27.7	－10.1
6	周王庙镇	1	1600.0	800.0	800.0	—	—	—

续表 18

序号	镇（街道、开发区）	项目实绩（个）	总投资（万美元）	注册资本（万美元）	合同资金（万美元）	增幅（%）	实到资金（万美元）	增幅（%）
6	周王庙镇	1	1600.0	800.0	800.0	—	—	—
7	盐官镇	3（增 3）	376.0	264.0	264.0	—	305.0	—
8	丁桥镇	2（减 1）	-82.8	-82.8	-82.8	—	159.0	—
9	斜桥镇	—	—	—	—	—	—	—
10	袁花镇	1（增 1）	4500.0	1500.0	495.0	-44.1	726.7	-18.8
11	硖石街道	—	—	—	—	—	—	—
12	海洲街道	2	9229.9	4729.0	4729.0	97.0	3005.7	-6.4
13	海昌街道	—	—	—	—	—	—	—
14	其他	1	5.0	5.0	5.0	-99.9	373.7	-78.9

说明：项目实绩栏“（增）”指增资项目，“（减）”指减资项目，“（转）”指股权转让

2013 年全市镇（街道、开发区）引进市外内资情况

表 19

序号	镇（街道、开发区）	引进项目（个）	实到市外内资（万元）	增幅（%）	实到注册资金（万元）	增幅（%）
1	许村镇	66	28336	33.0	16204	4.4
2	周王庙镇	17	24665	19.3	4329	-30.1
3	盐官镇	5	20432	61.7	1918	-55.3
4	丁桥镇	16	16059	74.2	8126	91.2
5	斜桥镇	21	32548	8.0	11053	98.9
6	袁花镇	12	61293	70.4	57688	379.5
7	马桥街道（经编园区）	34	60428	68.9	30703	16.8
8	硖石街道	7	8957	76.3	4243	64.5
9	海洲街道	35	56045	203.6	56045	290.1
10	海昌街道	6	3550	76.5	3550	76.5
11	长安镇（高新区）	64	173827	33.1	100200	14.3
12	经济开发区、黄湾镇（尖山新区）	142	400764	30.2	177953	60.9
13	盐官百里钱塘观潮景区	49	31510	-16.5	23320	-38.2

（钱　犇　朱宁佳）

服务外包

【概况】　2013年，全市新增有业务实绩企业4家，服务外包完成合同金额4946万元，执行金额2611万元，其中离岸业务执行金额284万美元，分别完成嘉兴市下达计划的225%、174%和189%。外包企业入库数量稳定增长，外包业务数据同比翻番。在岸、离岸业务均有所发展，三大业务类型ITO、BPO、KPO均有所涉及，相对ITO占比略小。组织参加第五届中国国际服务外包交易博览会、第十届中国国际软件和信息服务交易会、第十四届浙洽会服务外包专场、嘉兴投资洽谈会服务外包专场等国际性服务外包专业展会。以浙江财经学院在校大学生为基础，组织外包校企实训基地；成立海宁市服务外包人才培训中心，开展社会化专项定制培训，培训合格后定向输送企业。发挥嘉兴市级服务外包示范园区（经编总部商务区）在服务外包产业发展中的区位优势，吸引中小型服务外包企业在示范园区集聚，全年引进海宁网库互通信息技术有限公司、海宁博尔捷管理咨询有限公司、海宁汇智人力资源服务有限公司等服务外包企业入驻。

【海宁市动漫协会成立】　9月3日，海宁市动漫协会成立。该协会由钱君匋艺术研究馆、浙江电大海宁学院、海宁市蘑菇动漫有限公司三家单位发起成立，是嘉兴市首家动漫协会。协会以“加强交流合作，发展海宁市动漫事业”为宗旨，促进海宁市动漫事业向社会化、市场化、产业化方向发展。

（吴徐新）

对外经济技术合作

【概况】　2013年，全市新核准境外投资项目12个，投资总额9521万美元，带动出口7.28亿美元，分别完成嘉兴市下达任务的244%、162%和112%。境外投资领域涵盖皮革、纺织、电子、机械、化工等行业产品的制造销售及标准厂房的开发建设，投资区域包括美国、英国、日本、韩国、印度、柬埔寨等国家和中国香港地区。浙江欧聚元投资有限公司在柬埔寨西哈努克港经济特区从事标准厂房的开发建设，吸引国内外生产制造企业入驻。浙江卡森实业集团有限公司收购日本百年制革企业美如可思有限公司，获得优质的海外品牌、技术和营销渠道。更多的海宁企业分别在多个国家（地区）的多个领域进行对外投资，进一步培育跨国化的经营模式。

（戴炜皓）

海　　关

【概况】　2013年，嘉兴海关驻海宁办事处共办理注册备案企业2201家，其中A类企业162家；加工贸易合同备案421份，涉及加工贸易备案金额9.12亿美元；深加工结转598票，涉及金额4.61亿美元，核销手册301本，核销率100%，结案手册301本，结案率100%。审核进出口报关单4337份，其中进口报关单1219份，出口报关单3118份，共征收税款15924万元。

【加工贸易企业监管】　针对加工贸易企业行业集中、手册金额大的特点，注重行业龙头企业加工贸易管理规定的宣传辅导，梳理

11月4日，嘉兴海关海宁办事处对重点加工贸易企业进行政策讲解辅导

不合格产品63批，货值117.7万美元，立案查处违法案件2起。共签发各类原产地证书18921份，签证金额7.4亿美元，其中签发区域性优惠原产地证书3320份，签证金额1.2亿美元，减免关税约600万美元；完成产地证国外退证调查40批；签发检验检疫证书1145份，新增自理报检单位备案登记168家，原产地备案企业111家。

各种风险信息，定期与相关监管部门建立信息互通。全年对辖区81家企业进行巡查，占有效注册企业数的5%。开展培训和指导，提升加工贸易企业的管理水平和规范化意识。

【服务企业】 参与地方招商引资等各种外经贸活动，并提供海关政策咨询。联合商务、检验检疫等部门开展座谈走访，帮助企业解决通关困难，推动外向型经济发展。改革进出口企业海关注册登记时效，融入地方要素市场化综合配套改革。推进无纸化通关业务，节约企业报关时间，降低通关成本。

（姜 赟）

出入境检验检疫

【概况】 2013年，嘉兴检验检疫局海宁办事处（以下简称“海宁办事处”）共受理出境货物43298批，货值8.18亿美元。检出

【风险应急机制建设】 2013年，针对出口德国灯箱布被退运事件，海宁办事处立即启动风险应急机制。对出口欧洲主要灯箱布企业开展摸底调查，抽取8个样品，按照规定标准进行重金属镉含量检测。结果3个样品符合要求，5个样品均超标，最大超标9.4倍，平均超标7.2倍。办事处立即发布警示通报，帮助企业查找问题，做好应对欧盟REACH指令的相关工作，并为出口欧洲灯箱布企业提供相关检测服务。结合海宁产业特点，为输欧LED光源、出口美国童装的企业收集相关通报案例，进行风险预警，帮助企业掌握国外技术性贸易措施新动向，及早发现产品风险。

【重点出口产品监管】 自8月15日实行新出台的法检目录后，海宁办事处检验批次减少约30%，仅留下竹木草制品检疫、装运前检验等业务。调整检验监管思路，以检疫性有害生物监测和有毒有害物质的检测为重点，锁定辖区主要出口产品——沙发，制订

工作方案，提高检验监管水平。对辖区出口家具企业实施林木害虫监测，将企业原材料仓库作为检测点，设诱捕器2个，采用药剂和灯光引诱两种方式。经监测，诱捕到大理窃蠹、家茸天牛、褐粉蠹等危害干木材及木器的害虫，及时进行处置。

【提升外贸便利化水平】 在风险分析机制的基础上，大力提升辖区低风险产品的放行速度。全面实施电子监管制度，对未拦截的产品，将报检放行的时效缩短为半个工作日。严格执行“5+2”工作制、24小时预约报检、延时工作制等。加大“绿色通道”“直通放行”企业的培育、推荐和实施力度，新增“绿色通道”企业12家。依托大通关协作平台，海宁地区1～10月共有18161批次的出口货物享受快速通关的便利，批次比上年增长10.2%。继续推行无纸化报检制度。对辖区2家申领员稳定、单证质量高、签证量大的原产地签证企业，试点推行免予提供申领单证申领原产地证书的业务新举措。自10月1日起，实施省域出入境货物的通关单无纸化，实现通关数据的实时传递。

【企业帮扶】 推动政府及其职能部门出台相关扶持政策，帮助企业做大做强。与商务、质检部门协作，推动对取得国外产品认证的企业进行奖励。加快推进海宁中国进口食品城项目。协助企业建立完善原辅料抽查验证制度和外发加工企业管理制度，增强企业自检自控能力。举办培训班，召开重点企业座谈会，加强国外标准、法规的培训指导，加强原产地政策的宣传与贯彻。

（周　腾）

［编辑：管通海］

市　　场

Market

综　　述

至年底，全市共有各类市场58个，其中消费品市场54个（农贸市场32个、农副产品批发市场2个、工业消费品市场20个），生产资料市场4个。全年市场总成交额238.2亿元，比上年增长44.6%。海宁中国皮革城成交额125.5亿元，海宁中国家纺装饰城成交额57.8亿元，海宁市中心菜场成交额3.24亿元，海宁市建筑装饰材料市场成交额2.73亿元，四大市场全年总成交额189.27亿元，占全市市场份额的79.5%。全年查处各类市场违法违章案件45起，收缴罚没款51.2万元，市场秩序运行平稳，未发生重大市场安全隐患。

商品交易市场中，有星级市场37个，创星率63.8%。有五星级市场1个（海宁中国皮革城），四星级市场1个（海宁市东苑农贸市场），三星级市场8个（海宁中国家纺装饰城、海宁市中心菜场、海宁城南农贸市场、海宁小商品市场、海宁城西菜场、海宁市长安镇农贸市场、海宁市斜桥综合农贸市场、海宁市高新电脑电子市场），二星级市场21个（海宁市建材市场、海宁市二手车市场、海宁市南苑菜场、袁花镇农贸市场、盐官农贸市场、海宁市花鸟古玩市场、海宁城中城服装市场、硖东菜场、城东菜场、海宁市农副产品批发市场、海宁市城北农贸市场、海昌街道金星农贸市场、盐官镇丰兴农贸市场、许村镇沈士农贸市场、周王庙镇农贸市场、新庄农贸市场、黄湾镇农贸市场、海宁海杭建材市场、海宁农业开发区农贸市场、盐官镇郭店农贸市场、斜桥镇农贸市场），一星级市场6个（许村镇翁埠农贸市场、许村镇科同农贸市场、许村镇农贸市场、丁桥新仓农贸市场、斜桥镇路仲农贸市场、盐官镇丰士农贸市场）。有"浙江省文明示范农贸市场"3个（海宁城西菜场、海宁市东苑农贸市场、海宁城南农贸市场）。

全市32个农贸市场中，有星级市场27个，其中四星级1个、三星级5个、二星级15个、一星级6个，星级市场的级别和个数均列嘉兴市前茅。在全市20个工业消费品市场和专业市场中，创建星级市场8个，其中五星级1个、三星级3个、二星级4个，创星率40%。全市农贸、工业消费品、专业超亿元市场创星率100%。

（谢群辉）

经纪人及咨询服务机构

【概况】　2013年，全市共有经纪人与咨询服务机构216家，有经纪执业人员322人，其中房地产中介机构占较大比重。全年成交额7500万元，其中房地产4650万元，比上年增长48%。全市经纪人中有农业经纪人110家，年成交额720万元。

表 20　　经纪人基本情况

项目	合计	消费品市场			生产资料市场	生产要素市场						其他
			农产品	工业品			房地产	技术	劳动力	产权	运输	
一、经纪人总数（家）	216	141	110	31	4	71	71	—	—	—	—	—
其中：个体经纪人	175	128	110	18	1	46	46	—	—	—	—	—
合伙经纪人	12	5	—	5	—	7	7	—	—	—	—	—
经纪公司	16	5	—	5	3	8	8	—	—	—	—	—
兼营经纪人	5	—	—	—	—	5	5	—	—	—	—	—
其他组织	8	3	—	3	—	5	5	—	—	—	—	—
二、经纪执业人员（人）	322	187	110	77	10	125	125	—	—	—	—	—
其中：已备案的经纪执业人员	—	—	—	—	—	—	—	—	—	—	—	—
三、经纪业务量（万元）	7500	2850	720	2130	—	4650	4650	—	—	—	—	—

（谢群辉）

人力资源市场

【概况】　2013 年共举办各类招聘活动 114 场，进场单位 8177 家次，累计提供职位 13.5 万个，求职应聘 6.0 万人次，初步达成意向 2.0 万人。海宁市人才网全年发展新会员 327 家，累计 1018 家，发布用工需求信息 29.3 万条次，应聘 20.3 万人次。全年共引进各类人才 7682 人，其中博士后 2 人、博士 88 人、硕士 393 人、高级职称 67 人。引进省“千人计划”专家 4 人、国家“千人计划”专家 7 人。组织开展“就业再就业援助月”“春风行动”“大学生就业服务月”等专项公共就业服务活动。与杭州、绍兴等长三角城市开展人才人事交流 11 次，赴武汉招聘 2 次。同时，通过海宁电视图文台、海宁手机报、火车站室外大屏幕等载体，进一步畅通用工信息搜集和发布渠道。

3 月 29 日，参与举办杭州下沙联合招聘会

【人事代理服务】　全年共办理人事代理2630人，其中单位代理583人、个人代理535人、免费代理1512人。为338名代理人员办理职称初定，办理中高级职称资格评定申报16人，协助住建局等其他部门认定9人。为134名代理人员办理集体户口入户与迁移手续。为2392名应届大中专毕业生办理就业协议鉴证手续。全年接收档案4577份，转出档案1489份，收集材料归档15240份，接待阅档人员151人，查（借）阅档案300份。为流动人员办理商调手续954份，录用手续1692人。

（赵宇钟）

科技信息市场

【概况】　全年编辑《海宁科技信息》12期。共代理专利申请177件，其中发明专利44件、实用新型专利73件、外观设计专利60件，完成专利著录事项变更32件。做好网上技术市场海宁分市场与科技信箱管理工作，签订网上技术合同48项，成交金额8533万元。发展科技信箱个人会员5个，累计4836个；完成科技信箱管理点1个，累计1008个。

浙江大学海宁科技发展研究中心围绕“加强科技创新、促进转型升级”主题，推进浙江大学和海宁市的科技合作。年内，浙江大学与海宁企事业单位共签订技术合同33项，总金额454.8万元，其中合作开发与委托开发项目共5个，合同金额169.5万元，主要是农业与新材料领域项目。浙江大学教授严密与天通控股股份有限公司合作共建浙江省新型信息材料技术研究重点实验室，主要开展应用基础、重大关键技术、前瞻性技术及相关公益性技术研究，获省科技厅实验室建设补助资金。年底，促成海宁市新艺机电有限公司与浙江大学教授凌国平合作，进行旋转刀头锋利度及寿命检测技术开发，合作经费56万元。5月8日，浙江大学与海宁市共建的浙江大学国际影视发展研究院在杭州成立，并落户中国（浙江）影视产业国际合作实验区海宁基地。

（陈雨良）

土地市场

【概况】　2013年，浙江省国土资源厅下达新增建设用地年度计划指标90.13公顷，通过重点项目、重大产业项目奖励以及年终统筹调剂追加等途径，新增建设用地计划指标351.59公顷。全年共获得新增建设用地计划指标441.72公顷，获取批而未供土地转用盘活指标94.87公顷。上报审批农转用（土地征收）16个计划批次、10个盘活批次和5个单独选址项目，土地转征用报批477.26公顷，其中涉及农用地253.51公顷（耕地182.02公顷）、未利用地160.06公顷。上报17个农村土地综合整治项目和2个增减挂钩批次，安排建新区总面积241公顷，使用周转指标195公顷。

编制并公布实施2013年度建设用地供应计划，坚持经营性用地和工业用地招拍挂公开出让，招拍挂公开出让供地22期。全年供应各类建设用地215宗471公顷，比上年增加37.47公顷，增长8.6%；实现合同出让金64.79亿元，增长56.6%；实际结算出让金70.03亿元，增长96.3%。

按供地方式分：招拍挂公开出让经营性和工业用地124宗325.13公顷，分别占供地总宗数和总面积的57.7%和69.0%，合同出让金64.24亿元；协议出让14宗11.2公顷，合同出让金0.55亿元；划拨供地44宗62.07公顷；国有租赁2宗2.4公顷；批准集体使用 31 宗 70.2 公顷。

按供地用途分：全年供应商服用地 35 宗 64.84 公顷；住宅用地 33 宗 117.54 公顷，其中中小套型商品房、保障房和拆迁安置房等用地 85.81 公顷；工业（含仓储）用地 60 宗 126.53 公顷；其他用地 87 宗 156.03 公顷。

国有建设用地按出让方式分：公开出让商服用地 33 宗 62.42 公顷，合同出让金 14.60 亿元；住宅用地 32 宗 114 公顷，合同出让金 43.52 亿元；工业（含仓储）用地 54 宗 129.03 公顷，合同出让金 5.09 亿元；公共管理与公共服务用地 3 宗 7.87 公顷，合同出让金 0.56 亿元；交通运输用地 2 宗 11.54 公顷，合同出让金 0.47 亿元。协议出让公共管理与公共服务用地 8 宗 4.81 公顷、交通运输用地 3 宗 4.77 公顷、拆迁安置工业用地 3 宗 1.66 公顷，合同出让金 0.38 亿元。划拨供应安置房用地 1 宗 3.3 公顷、公共管理与公共服务用地 23 宗 30.85 公顷、交通运输用地 19 宗 27.8 公顷和其他用地 1 宗 0.13 公顷。租赁商服用地 2 宗 2.42 公顷。

全年办理二级市场交易及补办手续 141 宗，补交出让金 5784.7 万元。办理土地使用权转让预先核准 29 宗 19.94 公顷。办理房改房补办出让 52 宗 77 户。办理土地使用权抵押登记 223 宗，抵押土地使用权面积 463.03 公顷，抵押值 99.71 亿元。

【国有土地使用权首次成网络司法拍卖品】 3 月 29 ~ 30 日，海宁市一宗工业用地的国有土地使用权在淘宝网进行公开司法拍卖，是海宁首次尝试网络拍卖国有土地使用权。拍卖的标的物是申请破产的浙江宏昌制革有限公司所有的国有工业出让土地使用权及厂房等，评估价 1.59 亿元，起拍价 1.55 亿元。经过 24 小时网络竞拍，以 1.59 亿元成功拍出。

表 21　　2013 年全市经营性用地出让情况

序号	受让人（使用权人）	所属镇（街道、开发区）	出让时间	供应方式	土地用途	土地坐落	项目总面积（公顷）	其中出让面积（公顷）	出让总金额（万元）
合计							182.38	177.04	581548.18
1	浙江恒地房产有限公司	硖石街道	2013-01-15	挂牌出让	普通商品住房用地	市区碧云路西侧、水月亭路北侧	3.93	3.10	16800
2	海宁恒大房产有限公司	硖石街道	2013-01-15	挂牌出让	普通商品住房用地	市区规划经四路西侧、水月亭路北侧	3.61	3.61	20200
3	海宁市佳源鸿翔房地产开发有限公司	硖石街道	2013-05-15	挂牌出让	普通商品住房用地	市区碧云路东侧、赞山路北侧	13.08	13.08	88200
4	海宁一穆置业有限公司	硖石街道	2013-08-22	挂牌出让	普通商品住房用地	市区建设路东侧、北关桥路南侧	3.43	3.43	20900
5	海宁市鸿翔商业置业有限公司	硖石街道	2013-10-18	挂牌出让	普通商品住房用地	市区新海公路东侧、钱江路南侧	2.76	2.76	26700
6	海宁万城房产有限公司	硖石街道	2013-10-18	挂牌出让	普通商品住房用地	市区赵家漾路东侧、规划纬一路南侧	2.68	2.68	25300
7	海宁市城郊建设投资有限公司	硖石街道	2013-11-25	挂牌出让	安置房等其他住房用地	市区水月亭路北侧、碧云路东侧	8.28	6.10	14800

续表 21

序号	受让人（使用权人）	所属镇（街道、开发区）	出让时间	供应方式	土地用途	土地坐落	项目总面积（公顷）	其中出让面积（公顷）	出让总金额（万元）
8	海宁市城郊建设投资有限公司	硖石街道	2013-12-05	挂牌出让	其他商服用地	硖石街道碧云路西侧、规划道路南侧	1.20	1.19	3480
9	海宁合力置业有限公司	海洲街道	2013-03-13	挂牌出让	商务金融用地	市区海宁大道西、钱江路南 2 号地块	1.01	1.01	3670
10	海宁泽恒房地产有限公司	海洲街道	2013-02-07	挂牌出让	其他商服用地	市区文宗路东侧、江南大道南侧	1.05	1.05	5200
11	海宁市农副产品批发市场有限公司	海洲街道	2013-03-26	挂牌出让	批发零售用地	海洲街道沈家坝港东侧、联合路南侧	4.21	4.21	9140
12	海宁世贸广场置业有限公司	海洲街道	2013-05-15	挂牌出让	其他商服用地	市区海宁大道东侧、江南大道南侧	3.73	3.57	15800
13	海宁市房地产开发有限公司	海洲街道	2013-05-27	挂牌出让	其他商服用地	市区海宁大道东、洛塘河南侧	1.33	1.33	4050
14	海宁开元名都置业有限公司	海洲街道	2013-05-30	挂牌出让	普通商品住房用地	市区海宁大道西侧、江南大道北侧	13.42	13.42	100200
15	海宁市农村信用合作联社	海洲街道	2013-09-04	挂牌出让	商务金融用地	市区海宁大道东侧、钱江路北侧	0.82	0.82	2260
16	海宁中国皮革城股份有限公司	海洲街道	2013-10-29	挂牌出让	其他商服用地	海洲街道海州路南侧、广顺路西侧	9.79	9.79	32630
17	海宁市再生资源开发有限公司	海昌街道	2013-07-12	挂牌出让	批发零售用地	海昌街道绍嘉高速公路东侧、盐湖公路南侧	1.12	1.12	1410
18	海宁市再生资源开发有限公司	海昌街道	2013-07-12	挂牌出让	批发零售用地	海昌街道绍嘉高速公路东侧、盐湖公路南	0.87	0.87	1090
19	海宁市城南新市镇开发有限公司	马桥街道	2013-02-22	挂牌出让	安置房等其他住房用地	马桥街道海昌路东、环城河道南侧	6.38	6.38	7930
20	浙江高达新材料有限公司	马桥街道	2013-03-26	挂牌出让	其他商服用地	马桥街道环南五路南侧、经编九路西侧	0.72	0.72	1500
21	海宁市城南新市镇开发有限公司	马桥街道	2013-09-04	挂牌出让	安置房等其他住房用地	马桥街道海昌路东、丰收路北侧 2 号地块	0.74	0.74	1190
22	海宁肯泰世家置业有限公司	马桥街道	2013-07-04	挂牌出让	其他商服用地	马桥街道经都三路东侧、经都四路北侧	0.36	0.36	1080
23	浙江经丰化纤电子商务有限公司	马桥街道	2013-07-04	挂牌出让	其他商服用地	马桥街道经都三路东、经都四路北侧	0.46	0.46	1020
24	重庆绅鼎服饰有限公司	马桥街道	2013-07-04	挂牌出让	其他商服用地	马桥街道经都一路西侧、经都四路北侧	0.52	0.52	1035
25	海宁市城南新市镇开发有限公司	马桥街道	2013-09-04	挂牌出让	安置房等其他住房用地	马桥街道海昌路东、丰收路南 4 号地块	2.29	2.23	4680
26	海宁市城南新市镇开发有限公司	马桥街道	2013-09-04	挂牌出让	安置房等其他住房用地	马桥街道海昌路东、丰收路南 5 号地块	1.71	1.71	3590

续表 21

序号	受让人（使用权人）	所属镇（街道、开发区）	出让时间	供应方式	土地用途	土地坐落	项目总面积（公顷）	其中出让面积（公顷）	出让总金额（万元）
27	海宁市城南新市镇开发有限公司	马桥街道	2013-09-04	挂牌出让	安置房等其他住房用地	马桥街道海昌路东、丰收路北侧3号地块	1.15	1.15	1830
28	马桥街道再生物资利用中心2号	马桥街道	2013-11-05	租赁	其他商服用地	马桥街道柏士村	0.69	0.69	112.32
29	马桥街道再生物资利用中心1号	马桥街道	2013-11-05	租赁	其他商服用地	马桥街道柏士村	1.72	1.72	280.87
30	浙江领驭房地产开发有限公司	马桥街道	2013-10-29	挂牌出让	普通商品住房用地	马桥街道红旗路南侧、经都名庭西侧	3.06	3.06	9100
31	海宁碧桂园房地产开发有限公司	许村镇	2013-10-29	挂牌出让	普通商品住房用地	许村镇人民大道北侧、新城大道东侧	6.28	6.28	23430
32	海宁长远房地产开发有限公司	长安镇	2013-04-27	挂牌出让	普通商品住房用地	长安镇修川路东侧、汉帛路北侧	2.70	2.70	8950
33	海宁嘉宇置业投资有限公司	长安镇	2013-11-25	挂牌出让	普通商品住房用地	长安镇长安路南侧、越川路西侧	1.43	1.43	4180
34	海宁融达置业有限公司	周王庙镇	2013-02-27	挂牌出让	其他商服用地	周王庙镇桑梓路西侧、硖许公路南侧	0.32	0.32	840
35	海宁市钱塘新农村开发有限公司	周王庙镇	2013-05-15	挂牌出让	其他商服用地	周王庙镇荆山村规划潮涌路北侧2号地块	0.56	0.42	600
36	海宁市钱塘新农村开发有限公司	周王庙镇	2013-05-15	挂牌出让	安置房等其他住房用地	周王庙镇石云公路南、育林路西侧	0.71	0.69	440
37	海宁市钱塘新农村开发有限公司	周王庙镇	2013-05-15	挂牌出让	安置房等其他住房用地	周王庙镇荆山村规划潮涌路北侧1号地块	2.70	2.70	1900
38	海宁市钱塘新农村开发有限公司	周王庙镇	2013-10-29	挂牌出让	安置房等其他住房用地	周王庙镇石云公路南侧、育林路东侧	0.26	0.26	195
39	海宁市丁桥新市镇建设有限公司	丁桥镇	2013-03-28	挂牌出让	安置房等其他住房用地	丁桥镇广场路南侧、永潮路西侧	2.75	2.75	2120
40	海宁恒领房产有限公司	丁桥镇	2013-05-27	挂牌出让	商务金融用地	丁桥镇海宁大道西侧、联保路南侧	2.54	2.10	3790
41	海宁市农村信用合作联社	丁桥镇	2013-09-27	挂牌出让	商务金融用地	丁桥镇联芦路东侧、芦丰公路北侧	0.38	0.38	580
42	海宁市蓝金置业有限公司	丁桥镇	2013-10-22	挂牌出让	普通商品住房用地	丁桥镇公园路南侧、江潮路东侧	0.69	0.66	980
43	海宁高图实业有限公司	丁桥镇	2013-10-29	挂牌出让	普通商品住房用地	丁桥镇海宁大道西侧、庆丰路南侧	0.61	0.61	1820
44	海宁市蓝金置业有限公司	丁桥镇	2013-10-22	挂牌出让	批发零售用地	丁桥镇公园路南侧、文潮路西侧	0.78	0.74	570
45	海宁卡森地产有限公司	斜桥镇	2013-02-27	挂牌出让	普通商品住房用地	斜桥镇硖斜公路北侧6号地块	1.77	1.40	3620

续表 21

序号	受让人（使用权人）	所属镇（街道、开发区）	出让时间	供应方式	土地用途	土地坐落	项目总面积（公顷）	其中出让面积（公顷）	出让总金额（万元）
46	李龙	斜桥镇	2013-07-03	挂牌出让	其他商服用地	斜桥镇祝场集镇丁庆公路西侧	0.18	0.18	290
47	海宁景华房地产开发有限公司	黄湾镇	2013-01-18	挂牌出让	普通商品住房用地	黄湾镇凤凰山路西侧、幼儿园北侧	0.54	0.54	990
48	海宁杭州湾绿色度假村有限公司	黄湾镇	2013-07-04	挂牌出让	住宿餐饮用地	尖山新区凤凰河东、紫薇河北	3.53	3.53	2800
49	浙江钱塘江投资开发有限公司	黄湾镇	2013-07-04	挂牌出让	安置房等其他住房用地	尖山新区海市路东侧、杭州湾大道北侧	6.76	6.76	3670
50	海宁市尖山新区开发有限公司	黄湾镇	2013-07-03	挂牌出让	安置房等其他住房用地	尖山新区富江路南侧、海丰路西侧	6.67	6.67	3630
51	海宁市尖山新区开发有限公司	黄湾镇	2013-10-29	挂牌出让	其他商服用地	尖山新区凤凰河东、紫薇河北	3.28	3.28	1920
52	海宁市盐官景区综合开发有限公司	盐官景区	2013-02-27	挂牌出让	安置房等其他住房用地	盐官景区中新路南侧、西七里港西侧	2.36	2.22	2685
53	海宁市盐官景区综合开发有限公司	盐官景区	2013-04-27	挂牌出让	安置房等其他住房用地	盐官景区小东门路南侧、教场路西侧	0.95	0.95	1090
54	中国石油化工股份有限公司浙江嘉兴海宁石油支公司	盐官镇	2013-05-15	挂牌出让	其他商服用地	盐官镇观潮大道西侧、联城路北侧	0.72	0.33	1410
55	海宁市盐官景区综合开发有限公司	盐官景区	2013-07-03	挂牌出让	其他商服用地	盐官景区宣德路北侧、人民路东侧	1.40	1.40	2580
56	海宁市盐官景区综合开发有限公司	盐官景区	2013-09-04	挂牌出让	其他商服用地	盐官景区教场路西侧、环城南路北侧	0.13	0.13	325
57	海宁市盐官景区综合开发有限公司	盐官景区	2013-09-04	挂牌出让	其他商服用地	盐官景区宣德路北侧、建宁路东侧	0.46	0.46	1015
58	海宁市盐官景区综合开发有限公司	盐官景区	2013-09-04	挂牌出让	安置房等其他住房用地	盐官景区拱辰路北侧、北大街东侧	1.54	1.36	1380
59	嘉兴市杭嘉湖南排工程盐官枢纽管理所	盐官景区	2013-09-04	挂牌出让	住宿餐饮用地	盐官景区翁金公路南侧、钱管局盐官基地西侧	0.79	0.79	850
60	海宁市盐官景区综合开发有限公司	盐官景区	2013-10-29	挂牌出让	批发零售用地	盐官景区规划塘湾路北侧、西七里港西侧	0.75	0.75	820
61	海宁市盐官景区综合开发有限公司	盐官景区	2013-10-29	挂牌出让	安置房等其他住房用地	盐官景区中新路北侧、西七里港西侧	5.76	5.76	10430
62	海宁弘丰汽车有限公司	经济开发区	2013-07-04	挂牌出让	批发零售用地	经济开发区宝马 4S 店东侧、由拳路南侧	0.87	0.87	1710
63	浙江曼斯顿房地产开发有限公司	农业对外综合开发区	2013-07-25	挂牌出让	批发零售用地	高新区新建路东侧、启潮路北侧	4.04	4.04	8370
64	浙江艺博汇家饰城经营管理有限公司	农业对外综合开发区	2013-09-04	挂牌出让	其他商服用地	高新区启潮路北侧、创智路西侧	10.29	10.29	20050

续表 21

序号	受让人（使用权人）	所属镇（街道、开发区）	出让时间	供应方式	土地用途	土地坐落	项目总面积（公顷）	其中出让面积（公顷）	出让总金额（万元）
65	浙江艾玛嘟文化发展有限公司	农业对外综合开发区	2013-09-04	挂牌出让	其他商服用地	高新区启潮路北侧、之江机械西侧	2.41	2.41	4920
66	海宁市交通投资集团	海洲街道	2013-09-05	行政划拨	安置房等其他住房用地	海洲街道学林路南侧、文宗路东侧	3.30	2.96	—
67	海宁市资产经营公司	海洲街道	2013-09-04	挂牌出让	普通商品住房用地	海洲街道文宗路西侧、长水庵路南侧	3.21	3.21	22270
68	海宁市资产经营公司	海洲街道	2013-09-04	挂牌出让	其他商服用地	海洲街道海宁大道东侧、长水庵路南侧	1.81	1.81	9150

（张晓菁）

文化市场

【概况】 2013 年，全市共有各类文化经营单位 760 家，其中网吧 70 家，游艺娱乐场所 22 家，歌舞娱乐场所 53 家，营业性演出场所 3 家，图书出版物经营单位 91 家，音像制品经营单位 35 家，广播电视节目制作 59 家，电影放映 7 家，印刷制版、打字复印企业 420 家。年内新增文化经营单位 70 家，其中新设立游艺娱乐场所 2 家，包装装潢印刷企业 7 家，专项制版（装订）企业 1 家，音像制品经营单位 1 家。

（蔡琴燕）

农贸市场

【概况】 至年底，全市有农贸市场 32 个，其中市区 11 个、镇 21 个，总投资 2.9 亿元，建筑面积 13.5 万平方米，有摊位（营业用房）8424 个。全年成交额 26.47 亿元。

继续开展“六城联创”工作，对全市农贸市场开展“百日攻坚”经营秩序专项治理，年内通过省文明市创建有关农贸市场项目的考

提升改造后的海宁市南苑菜场

核。尖山新区农贸市场完工，袁花谈桥农贸市场完成主体工程。完成硖东菜场、海宁市南苑菜场、盐官镇丰兴农贸市场、袁花镇农贸市场、西山路临时菜场的提升改造，共投入资金1.25亿元，改造面积1.6万平方米。

（谢群辉）

小商品市场

【概况】　至年底，全市共有小商品市场4个，即海宁市小商品市场、海宁城中城服装市场、长安工业品市场、海宁市花样潮流汇服饰城。其中规模较大的是海宁市小商品市场和长安工业品市场。海宁市小商品市场有营业用房580间，经营户390户，从业人员500余人，占地面积6200平方米，建筑面积1.4万平方米，全年市场成交额1.9亿元；长安工业品市场占地面积1万平方米，建筑面积6000平方米，有商位163个，经营户156户，全年市场成交额1.02亿元。

（谢群辉）

建筑装饰材料市场

【概况】　至年底，全市共有建筑装饰材料市场3个。许村海杭建材市场占地面积3.9万平方米，建筑面积1.2万平方米，营业用房100间，经营户100户，主要经营石材、建筑装饰材料、五金、木材等，全年成交额1560万元；海宁缔艺家家居广场占地面积1.9万平方米，建筑面积7.8万平方米，营业用房163间，经营户144户，主要经营建筑装饰材料、家具、五金等，全年成交额1.02亿元；海宁市建筑装饰材料市场占地面积5.2万平方米，建筑面积1.9万平方米，仓储面积7460平方米，加工区6000平方米，设中央交易区、木材交易区、三夹板交易区、石材加工交易区四大区块，共计营业用房432间，经营户185户，全年成交额2.73亿元。

（谢群辉）

海宁中国家纺装饰城

【概况】　海宁中国家纺装饰城占地14万平方米，分东交易区、西交易区、会展区、联托运交易区和原料交易区五大区块。市场营业面积13.6万平方米，营业用房1663间，出租率100%，入场经营户1576户。主要经营窗帘布、沙发布、轻纺原料、家纺成品。市场销售覆盖全国30个省、自治区、直辖市，并出口35个国家和地区，全年成交额57.8亿元。

（谢群辉）

汽车4S店

【概况】　至年底，全市登记在册4S店19家，分别为海宁市浩通汽车销售服务有限公司、海宁旅行者汽车销售有限公司、海宁市泽宇汽车销售服务有限公司、海宁佳禾丰田汽车销售服务有限公司、海宁万国汽车有限公司、海宁嘉田汽车销售维修有限公司、海宁康乾汽车销售服务有限公司、海宁银通汽车销售服务有限公司、嘉兴宝华汽车销售服务有限公司、海宁海昌汽车维修装饰有限公司、海宁市群英汽车销售服务有限公司、海宁市新国鸿汽车销售服务有限公司、海宁市众达汽车销售服务有限公司、海宁腾睿汽车销售服务有限公司、海宁康达汽车有限公司、嘉兴市百姓汽车有限公司、浙江正工鸿图汽车销售服务有限公司、海宁凯瑞销售服务有限公司、海宁新奥汽车销售服务有限公司。经营品牌分别为北京现代、东风日产、上海通用别克、一汽丰田、长安福特、广州本田、广汽丰田、雪佛兰、宝马、比亚迪、一汽大众、上海大众、斯柯达、东风本田、东南三菱、东风标致、东风悦达、奇瑞、奥迪。19家公司注册资本共计2.68亿元，建设投资额3.45亿元。全年销售车辆20401辆，其中国产轿车14638辆、其他车型4213辆、进口车1550辆。实现销售额25.8亿元。

（谢群辉）

11月2日，浙江长三角汽车城开业

浙江长三角汽车城

【概况】 浙江长三角汽车城位于海宁市长安镇新明路2号，占地面积34万平方米，总建筑面积50万平方米，总投资21亿元，是浙江省重点现代服务业项目。有营业面积3.9万平方米，入场经营户71户。服务项目涵盖新车销售、二手车交易、售后服务快修、汽车配件销售、汽车装饰用品、金融保险、仓储物流等业态，并配套汽车现代化检测线、汽车运动体验、车辆上牌办证等服务，全面覆盖整个汽车消费领域。11月2日，汽车城开业，至年底成交额1600万元。开业期间，举办首届中国·长三角漂移大奖赛，来自中国香港、中国台湾和新加坡等地的20多支车队参赛。

（程　溢）

［编辑：邱　洧］

财政·税务

Finance & Tax

财　　政

【概况】 2013年，全市完成财政总收入94.26亿元，比上年增长15.6%，其中公共财政预算收入52.49亿元，增长18.5%。公共财政预算收入占财政总收入的55.7%，提高1.4个百分点。财政总收入、公共财政预算收入总量分别列全省各县（市）第七位和第六位，两者总量和增幅均列嘉兴各县（市）首位。全市政府基金收入90.05亿元，增长57.0%。其中政府性基金收入66.33亿元，增长74.7%，主要是国有土地出让金收入增加27.35亿元，增长79.8%；社会保险基金收入23.72亿元，增长22.4%。全市公共财政预算支出51.19亿元，增长18.2%。全市政府基金支出91.11亿元，增长48.6%。其中政府性基金支出67.39亿元，增长60.7%，主要是国有土地出让金支出增加21.86亿元，增长56.5%；社会保险基金支出23.72亿元，增长22.4%。全年财政收支运行和执行情况总体良好，财政收入稳定增长，重点支出保障有力。

【支持经济转型发展】 修订《关于支持实体经济促进转型发展新跨越政策意见》，重点支持机器换人和零增地技改项目，鼓励大企业、大项目、总部经济发展，推动企业兼并重组。强化资金扶持，全年兑现专项财政奖励（补助）资金5.41亿元，其中工业发展资金2.28亿元、科技发展资金0.24亿元、人才专项资金3672万元，用于支持企业创新驱动发展、做大工业平台、品牌创建、企业技术进步、人才引进等。对闲置土地、低效利用土地、未按要求实施落后产能淘汰以及亩产效益考核综合评价得分后十位企业实行倒逼否决制度，取消财政奖励（补助）资金2429万元。制订《海宁市政府非税收入征收管理考核暂行办法》，加强土地出让金征收管理，全年非税收入71.79亿元，比上年增长71.2%。

【保障改善社会民生】 优化财政支出结构，全年民生支出38.35亿元，比上年增长18.6%，提高1.8个百分点，占财政总支出的76.4%。推进财政支农，全年农业支出4.72亿元，增长25.3%。整合支农资金5575万元，用于粮食生产功能区、现代农业园区建设；补贴资金1652万元，应对H7N9禽流感对家禽业的影响；推进“三改一拆”，促进生猪养殖业转型发展，兑现养殖场关停复耕转产补助资金6600万元；制订《海宁市星级美丽乡村创建专项资金管理办法》，补助资金3000万元用于杭浦高速公路海宁段以南的美丽乡村建设。支持教育事业发展，全年教育支出13.96亿元，增长19.8%。投入8682万元，实施中小学校舍改扩建；落实中职学生免费政策，退还学费2200万元；落实困难生资助政策，补助资金495万元。全年文化体育与传媒支出1.40亿元，增长18.9%，用于支持国家历史文化名城申报、公共电子阅览室和农村文化礼堂建设等。全年社会保障和就业支出2.34亿元，增长12.3%，用于被征地农民基本生活保障、城乡居民社会养老保险、残疾人事业补助等；深化创业促进就业工程，安排促进就业专项资金6180万元。全年医疗卫生支出2.96亿元，增长28.2%，用于深化基层医疗卫生机构改革、医师规范化培训等。

【深化财政管理改革】 健全预算管理机制，改进预算编制模式，实行项目经费总量控制管理。推进预算信息公开，65个市级部门预算提交人大审查，建立18项与群众生产生活密切相关的财政专项资金信息公开制度。深化国库集中支付制度改革，国库集中支付范围扩大至镇（街道），在周王庙镇和马桥街道先行试点。深化公务卡改革，制定《市级预算单位公务卡管理和使用情况考核暂行办法》。提高公务消费透明度，市级预算单位累计办理公务卡1906张，全年消费798万元，比上年增长192.3%。推进基层财政体制改革，完善市与镇（街道）、发展平台的财政分配关系，建立经济相对薄弱镇（街道）基本财力保障制度；制订《关于开展镇（街道）规范化财政所建设的实施意见》和《公共财政服务平台建设工作实施意见》。推进营业税改征增值税改革，落实试点期间过渡性财政扶持政策，兑现试点企业财政奖励资金645万元。

【提高资金使用绩效】 强化政府投资项目监管，全年共批复竣工财务决算项目45个，完成审查项目178个，送审投资96.11亿元，净核减8.56亿元，核减率8.9%。加强政府性债务管理，制订《海宁市政府性债务计划管理试行办法》，建立债务融资动态报告制度，配合审计部门做好政府性债务专项审计。加强政府采购管理，全年政府采购资金10.32亿元，节约资金1.28亿元，节约率11.0%。盘活存量资金，清理历年来基建项目、财政专户资金，收缴结余资金3.22亿元；规范财政资金借款，归还借款12笔，金额3.01亿元。加强“三公”经费管理，制定党政机关厉行节约工作制度，“三公”经费比上年下降12.4%，其中公务接待费下降23.4%。对52个部门的233个项目开展财政支出绩效自评，组织开展水环境综合治理等12个重大民生项目的绩效分析。

（许立锋）

国家税务

【概况】 2013年，全市组织税收收入52.18亿元，完成年度计划的109.0%，比上年增长15.6%，成为嘉兴市首个国税收入超过50亿元的县（市）。其中地方财政总收入48.72亿元，增加7.04亿元，增长16.9%，占全市财政总收入的51.7%；地方公共财政预算收入14.63亿元，增加2.84亿元，增长24.2%，占公共财政预算收入的27.9%。

【服务经济发展】 全年落实资源综合利用企业、新型墙体材料生产企业、民政福利企业、高新技术企业、小型微利企业等各类税收优惠政策19项，办理减免税2.55亿元。加快出口退税进度，允许出口量较大的外贸企业每月多次申报，外贸企业报上级汇总审批从每月1次增加到每月2次，办理退税从每月1次增加到每月3次以上，全年办理出口退（免）税33.74亿元。释放税收改革红利，落实“营改增”政策为全市企业减负

1.45 亿元，落实增值税转型政策为全市企业申报固定资产进项税额抵扣 4.58 亿元。

【优化纳税服务】 开展需求式涉税宣传，组织开展第 22 个全国税收宣传月活动；将税收宣传与“助推发展、入企服务”活动结合起来，走访服务浙商回归等六大类企业 80 余户，帮助解决问题 51 个；举办全市“纳税人之家”涉税知识微型讲堂。提升办税环境，建成嘉兴地区首家 24 小时自助办税服务厅和首台进驻金融机构的“离厅式”自助办税设备，并在全市范围推广自助办税设备。制订《纳税服务投诉管理办法》，初步建立一整套投诉处理机制，各办税服务厅纳税人满意率保持在 98%以上。完成 2011～2012 年度纳税信用等级评定工作，评出纳税信用 AAA 级企业 262 家、AA 级企业 86 家、A 级企业 45 家。

【推进征管改革】 税源专业化管理征管改革自 7 月 1 日起实施，完成机构和人员调整，采取“一站式”服务管理、“团队式”风险管理、“分项式”档案管理的模式，逐步实现“管户”向“管事”转移。推进“营改增”试点工作，实施广播影视服务行业“营改增”，做好铁路运输和邮政服务业“营改增”准备工作。推行个体税收社会化管理，联合地税部门出台《海宁市关于开展个体税收社会化管理的实施意见》，至年底，在皮革城、家纺城和 14 个镇（街道、开发区）建立社会化管理网络。推动“个转企”工作，与工商等部门配合，完成“个转企”1800 家。开展税务稽查与纳税评估，查处“6·29”虚开增值税发票大要案和一批以隐匿销售收入为主要内容的税务案件，查补税款近 5000 万元，全年共实施重点评估 206 家，补征税款 1900 余万元。

【规范税收执法】 开展税收执法督察，对高新技术企业所得税优惠政策执行情况等 3 项内容进行执法督察，追究执法过错 6 人次。落实执法风险防控机制，加强对执法干部的风险预警和自我防范意识教育，完善制约和监督机制，实现税收执法风险点的超前防范。全年依托税收执法管理系统对全局 8 万余次执法行为进行监控和考核，申辩调整后执法系统考核正确率达 99%以上。规范具体执法行为，对各类审批、审核与审理事项进行规范，重点规范重大税务案件审理工作，严格执行自由裁量权标准，对重大税务案件试行说理性执法。

（沈嘉伟）

地方税务

【概况】 2013 年，全市共组织各项地方税费基金收入 71.16 亿元，比上年增加 9.20 亿元，增长 14.8%。其中地方税收收入 42.26 亿元，增加 4.32 亿元，增长 11.4%；费（基金）收入 28.90 亿元，增加 4.88 亿元，增长 20.3%。地方税分税种收入为：营业税 13.64 亿元，增加 2.90 亿元，增长 27.0%；企业所得税 7.20 亿元，增加 0.74 亿元，增长 11.4%；个人所得税 5.01 亿元，增加 156 万元，增长 0.3%；地方“七税”12.95 亿元，增加 2.90 亿元，增长 28.9%；契税、耕地占用税 3.46 亿元，减少 2.24 亿元，下降 39.3%。

【税（费）源征收控管】 部署落实交通运输业、部分现代服务业等行业的“营改增”试点工作。加强收支分析，建立财政、国税、地税联席会议制度。按月开展收入预测和分析，增强经济趋势研判能力和税收收入的前瞻性把握。加强重点税源管理，全年纳入监控范围的企业1468家，入库各项税收收入34.40亿元，占地税组织税收收入的81.4%。推行个体税收社会化管理，依托镇（街道）、村（社区）协税护税力量，形成政府统一领导、税务业务主导、社会积极参与的个体税收征管新模式。深化税友龙版应用系统，对11个模块、143个作业指导书开展修订。强化社保五费合征和扩覆增收，在嘉兴市率先实现职工个人缴费明细申报，全年社保费收入23.96亿元，比上年增长22.4%。

【推进经济转型提质】 实施要素市场化配置综合配套改革试点，建立以亩产效益评价和要素配置市场化为核心的政策体制。通过实施城镇土地使用税差别化减免等措施，引导C类企业关停并转，推动A、B类企业转型提质发展。对310家整治提升类企业和83家落后淘汰类企业分别增加城镇土地使用税负担2290万元和760万元，对1202家发展提升类企业减免城镇土地使用税7952万元，对6648家中小微工业企业集中减征社保费2272万元。贯彻落实各项结构性减税政策，全年共减免各类税收4.73亿元，比上年增长5.0%。重点落实小微企业创新发展，民生保障，开发新技术、新产品、新工艺及需要重点扶持的高新技术等方面税收优惠政策。推进企业分离发展服务业，落实政策激励措施，与各镇（街道）和专业市场对接，全年分离发展服务业企业60家，达到限额以上标准25家。

【推行有奖发票】 自5月30日起，在餐饮、旅店、娱乐三个服务行业推行即开型有奖发票，涉及纳税户3000余户，成为全省首个使用有奖发票的县级市。通过《海宁日报》、海宁电视台、财税网、税企通平台及纳税服务志愿者进行全覆盖宣传。至年底，三个行业发票领购户数增加235户，比推行前增长11.3%；缴销发票金额比上年增加3760万元，增长13.4%；兑现奖金15万元。

【税务稽查与税收执法】 将需要整治提升的企业列为重点检查对象，倒逼亩产效益低的企业转型发展。开展“体检式”检查，做好税收举报案件查处。全年共稽查企业481家，其中重点检查158家、自查323家，查补税（费）入库3643万元。研究解决强制执行工作的难点问题，建立与法院有关税费执行的沟通协调机制。加强执法风险防范机制建设，制订人机结合税收执法责任制考核方案、税收执法督察实施办法，健全执法风险防范机制。

【优化纳税服务】 深化行政审批制度改革，全面清理行政审批事项，行政审批事项由12项削减为4项。自11月10日起，全面实施流程再造，承诺窗口既受理又办理事项达90%以上，办理时间比法定时间提速85%以上。开展税收政策宣讲、上门政策辅导、网上远程协助等个性化纳税服务。发挥纳税服务志愿者、“纳税人之家”、税企通等服务平台，拓展纳税服务新内涵。

（许立锋）

［编辑：姚　倩］

金　　融

Finance

综　　述

2013年，全市有银行机构19家，其中年内新成立1家，为绍兴银行嘉兴海宁小微企业专营支行；小额贷款公司3家，其中年内新增1家，为海宁鸿丰小额贷款股份有限公司；证券公司3家；规模保险公司6家；期货1家。全市经济运行总体呈稳中有进态势。贯彻稳健货币政策，金融运行总体平稳，存款增长较快，贷款增势良好，融资结构和信贷结构不断优化，金融产品不断创新。

各项存款增量较多，个人存款增势良好。年底，全市金融机构本外币各项存款余额1016.64亿元，比上年增加126.27亿元，增长14.2%。本外币各项存款增量、增速分别居嘉兴市第一、第二位。单位存款增长平稳。全市本外币单位存款余额507.19亿元，增加54.27亿元，增长12.0%。以单位储备资金为主的活期、通知存款合计新增38.98亿元，多增加26.47亿元。主要原因：一是经济总体趋稳，企业盈利能力有所回升，1～11月，全市规模以上工业企业实现利润39.16亿元，增长59.4%；二是经济下行，导致企业投资信心不稳，储备资金增加，其中单位保证金存款下降较多。年底，全市保证金存款（本外币）余额71.82亿元，减少30.09亿元，下降29.5%。主要原因：一是外贸企业转口贸易大幅下降，全市外汇保证金存款减少额折合人民币15.78亿元；二是四季度市场利率上升较快，导致银行承兑汇票贴现利率随之上升，企业使用承兑汇票意念下降，导致保证金存款下降；三是受风险资产提存影响，银行开具承兑汇票额度有限，人民币保证金存款减少13.99亿元，下降16.7%。个人存款增势良好。本外币个人存款余额498.83亿元，增加67.60亿元，增长15.7%，增速提高0.21个百分点。主要原因：一是居民收入稳步增长，2013年城镇居民人均可支配收入41397元，增长10.0%；二是年末股市低迷，居民投资选择处于观望阶段，大多选择储蓄存款；三是因季末考核因素，银行揽存力度明显加大，季末理财产品大量发行，以及理财产品到期产生短期性的存款。财政存款增长较快。全市财政存款（本外币）余额3.53亿元，增加2.12亿元，增长151.4%。主要原因：一是财政收入增加良好，全年全市财政收入94.26亿元，增长15.6%，增速提高2.03个百分点；二是社保资金存款增加2亿元，收回外借财政款2亿元等。

各项贷款增速回落，贷款结构不断优化。年底，全市金融机构本外币各项贷款余额768.27亿元，比上年增加86.23亿元，增长12.6%，增速下降7.37个百分点，高出嘉兴全市增速0.32个百分点，增量居嘉兴市第二位。存贷比保持较高水平，全市金融机构本外币贷款余额存贷比为75.57%。从贷款期限看，中长期贷款增速较快。全市本外币短期贷款余额517.29亿元，增加43.11亿元，增长9.4%，占全部新增贷款的50.6%。全市本外币中长期贷款余额247.43亿元，增加43.60亿元，增长21.4%，占全部新增贷款的51.2%。从贷款投向看，信贷结构不断优化。一是全市新增贷款大多投入实体经济。人民币贷款中，投入企业经营贷款新增额达44.47亿元，占全部新增贷款的50.0%。全市固定资产贷款余额134.19亿元，增加22.4亿元，增长37.9%，占全部新增人民币贷款的25.2%。二是继续加大对主导行业的信贷支持。皮革、家具、家纺三大主导行业贷款余额分别为57.35亿元、25.67亿元、35.19亿元，分别增加8.98亿元、2.53亿元、5.4亿元。三是支农支小力度加大。中型企业本外币贷款余额214.74亿元，增加34.72亿元，占全部新增贷款的39.0%。小企业本外币贷款余额252.08亿元，增加31.05亿元，占全部新增贷款的34.9%。以小微企业为发放对象的个人经营性贷款增势较快。个人经营性贷款余额73.94亿元，增加19.40亿元，增长35.6%；农、林、牧、渔业贷款余额16.18亿元，增加2.35亿元。四是支持居民改善型住房需求。全市个人住房贷款余额71.02亿元，增加14.28亿元，增长25.2%。

外汇存贷款双双下降，跨境结算增长良好。年底，全市外币存款余额42173万美元，比上年减少11050万美元，下降20.8%；外币贷款余额100837万美元，减少3091万美元，下降3.0%。外汇存贷减少的主要原因：下半年，规范外币贸易融资政策出台后，新增融资需求减少，一些企业贷款到期后动用保证金存款归还贷款较多，其中一家外贸企业到期还贷达2亿美元。2013年，全市银行结售汇保持顺收，累计结售汇53.24亿美元，增长4.9%；售汇支出13.29亿美元，增长14.1%；净结汇26.66亿美元，下降2.9%。跨境贸易人民币结算业务量居嘉兴市前列，全年累计进出口收付额90.21亿元，增长14.4%。其中跨境收入45.17亿元，增长23.8%；跨境支出45.04亿元，下降5.6%。

社会融资规模增长较快，融资方式多元化。年底，全市社会融资总规模新增210.87亿元，其中规模外融资新增125.75亿元。从融资结构看：一是本外币贷款新增占比下降。全市本外币贷款比上年增加85.12亿元，少增加28.59亿元，新增占社会融资总规模的40.4%，下降22.99个百分点。二是委托、债权、贸易融资占比上升。全市委托贷款、债权、贸易融资合计增加52.22亿元，新增占社会融资总规模的24.8%，上升16.0个百分点。三是多元化直接融资较多。全市直接融资增加52.67亿元，新增占社会融资总规模的25.0%。宏达高科非公开发行股票成功融资3亿元，晶科能源在纽约证券交易所公开发行股票募资7000万美元（折合人民币约4.4亿元）。由交通银行等参与发行15亿元海宁市资产经营公司债券，华夏银行发行短期融资券10亿元，兴业银行发行“特定资产收益权”8.67亿元，均用于市安置房项目建设；光大银行和光大证券发行3亿元中小企业私募债券，支持中小企业发展。四是小额贷款、融资租赁保持较快增长。全市小额贷款公司贷款余额13.71亿元，增加3.44亿元，增长33.5%。全市租赁公司对政府平台项目融资租赁余额7.1亿元，对中小企业融资租赁余额8.9亿元。

不良贷款有所上升，证券平稳，理赔大增。年底，全市金融机构本外币不良贷款余额14.27亿元，比上年增加2.04亿元，不良贷款占比为1.9%，提高0.06个百分点。全市全年累计证券交易额1115亿元，增长1.9%。全市保费收入7.67亿元，增长5.6%；累计赔款和给付支出3.03亿元，增长140.9%。

实施授信总额管理。市银监办推出《海宁银行业主办银行和联合授信区域试点实施办法》，并在嘉兴市范围内进行推广。至年底，全市联合授信签约86户、授信总额65.38亿元，单户主办322户、授信总额44.28亿元，合计纳入总额管理的贷款授信109.66亿元，占全市同期贷款余额的14.7%。推动担保链风险化解。全市共有56家企业调整担保方式，化解担保链风险8亿元，涉及贷款11.37亿元。12月13日，中央人民广播电台《经济之声》栏目对海宁推动授信总额管理及成效进行专题报道。

独立法人机构转型发展。海宁农村信用合作联社股份制改革取得实质性进展，资格股取消，已列入省第四批股改名单。海宁联社成立小微企业服务专营机构，下放信贷审批权限，开展优质客户培养计划，开发“皮革商户通”等产品，小微企业贷款增量扩面成效明显。至年底，小微企业家数4186家，比上年增加532家；小微企业贷款余额131.14亿元，增长12.7%，高于全部贷款增速1.35个百分点；涉农贷款余额144.18亿元，增加11.14亿元，增长11.5%，高于全部贷款增速0.19个百分点。启动全面风险管理及流程银行建设。引入管理咨询机构参与绩效薪酬和流程银行设计。

金融市场秩序稳定。市银监办全年共处理金融信访投诉28起，涉及资金2300万元。全年涉及银行的投诉信访妥善处理率100%，投诉满意率98%。市银监办会同公安部门对辖内银行业金融机构进行安全评估，组织打击防范电信（网络）诈骗犯罪专项工作。建立企业资金风险应急机制，建立并启动解困企业应急转贷资金。至年底，市金融办配合市政府协调资金链风险出险企业7家；累计参与全市各类风险处置调查、商量、研究、协调等会议50余次；累计使用市企业应急转贷资金31.6亿元，周转笔数274笔，帮助24家企业和22家银行解决应急周转难题；推进尖山光电债务重组进程，启动司法重整程序；规范处置比尔特公司资金链风险；配合做好巨都集团、盈都集团等资金链风险处置工作。

改善金融服务。开展金融知识进万家宣传活动。启动“提升信用品质，金融知识进万家”宣传月活动，设置35个宣传点。举办海宁市首届金融服务节，举办银行卡服务展和信贷服务展。全年开展各类宣传活动192次，发放宣传资料3.6万份。

资金要素保障有效落实。1月，举行2013年政银企合作签约仪式，与各商业银行达成322个项目贷款意向，签约金额135亿元，比上年增长62%。通过政府搭台、银企协商，243家企业涉及签约资金68.32亿元，46个政府性项目涉及签约资金66.99亿元。国家开发银行浙江省分行与海宁市政府签订未来5年近150亿元开发性金融合作战略协议，支持海宁重点项目和企业发展。全市通过企业上市、发行债券新增直接融资折合人民币92.3亿元，首次实现当年直接融资新增总量超过银行贷款间接融资新增总量。鼓励平台和实体企业拓展直接融资，优化债务结构，降低融资成本，累计平台直接融资69亿元。推进企业股份制改造，全市在境内外上市公司总数达9家，累计上市融资折合人民币79亿元。联丰磁业、洁华控股报中国证监会审核，安正时尚报浙江证监局辅导备案。加强与省股权交易中心战略合作。8月，市政府与省股权交易中心签署战略合作协议，神太太阳能等5家企业在省股权交易中心成长板挂牌，智云软件等10家科技型、创新型企业在省股权交易中心创新板挂牌。11月，举行15家海宁企业集中挂牌仪式，签订金融机构支持企业挂牌融资协议。

开展金融招商。加强与上海国际金融中心的交流合作，引进市外资金和优质金融机构，吸引股权投资基金在海宁注册。4月11日，在上海举办2013海宁（上海）金融招商推介会，国内外知名外资银行、投资银行、私募基金、证券公司、金融中介机构的120多位代表参加会议。14个项目签约，签约金额近170亿元。跟踪金融招商项目入驻进度，提供配套服务，全年引入投资基金24家。12月6日，海宁市与中信证券北京总部签订战略合作协议，中信证券11亿元客户基金落户海宁。

地方金融持续活跃。年底，全市3家小额贷款公司注册资本9.1亿元，累计发放贷款80.29亿元，贷款余额13.71亿元。年内，中外合资创佳融资租赁（浙江）注册成立；皮革城担保公司成立，注册资本1亿元；世界500强浙江物产集团投资设立的浙江物宝典当开始营业。至年底，全市有融资租赁公司3家，注册资本3.34亿元；有担保机构7家，注册资本3.9亿元，在保余额17.4亿元；有典当公司8家，注册资本2.2亿元，典当余额1.11亿元。

（茹国新　沈一明　沈金兴）

银　行

【中国人民银行海宁市支行】　加强政策引导。组织金融机构开展金融推进经济转型升级提速年活动，引导辖内金融机构保持信贷合理增长。制订《关于认真贯彻稳健的货币政策进一步加强小微企业金融服务的若干意见》，开展海宁市金融业对小微企业“三支持一优化”专项劳动竞赛，开展十佳小微服务品牌和百家守信企业双推荐活动，完善中小企业信用体系建设，建立小微企业贷款风险补偿机制，强化小微企业信贷政策导向效果评估，加大对小微企业的信贷支持。

优化金融资源配置。督促引导辖内金融机构配合海宁市要素市场化配置综合配套改革，推进信贷政策与要素改革政策相协调配合，按照“亩产效益”评价指标选择信贷支持重点。加大存量贷款结构调整，把信贷资源从落后产能中脱离出来，为战略性新兴产业发展和传统优势产业提升腾出空间和资源。协助有关部门引进绍兴银行、光大银行和浙江康安融资租赁有限公司，筹划设立村镇银行，推进海宁农村信用合作联社改制工作。搭建沟通交流平台，协助市政府组织开展银企签约项目对接活动5次。至9月底，全市银行机构共向签约重点项目实际发放贷款58.3亿元，向签约企业实际发放贷款50.6亿元。

加强金融管理。对绍兴银行、光大银行实施开业管理告知制度和审慎经营谈话制度。组织开展农村信用社专项央行票据兑付后续监测考核；对湖州银行、绍兴银行两家新银行业务经营情况和业务系统运行情况进行检查指导。制订《海宁市银行业金融机构综合评价办法（试行）》和《海宁市金融业重大事项及重要信息报告制度（试行）》，针对金融机构重大事项报告、专项和综合行政执法检查、金融消费者权益保护和综合事务等内容开展量化考核评价，评价范围涵盖银行业机构全部资产负债业务。化解企业资金风险。加强对风险企业的监测排查，对重点行业、重点企业的潜在风险做到早发现、早预警、早上报、早处置。配合市政府妥善处置和化解尖山光电、邦特印刷等企业资金链和担保圈风险。开展行风评议“回头看”，对工作开展情况进行明察暗访并组织测评，对测评成绩靠后的机构网点进行告诫谈话，责令限期整改。

加强征信管理工作。结合《征信业管理条例》的颁布实施，组织金融机构开展征信宣传进市场活动。结合全国第六个信用记录关爱日活动，举办征信知识有奖竞赛。开展全市企业信用评级、农村信用户、信用村（社区）和信用镇（街道）评定工作，参评企业 928 家，建立农户信用档案 83911 户，评出农村信用户 67041 户、信用村（社区）91 个、信用镇（街道）1 个。

创新金融服务方式。举办海宁首届金融服务节，通过问卷调查分析、电子支付展示、信贷产品展示、市民体验团、信用环境建设等活动，改进金融服务。宣传普及金融知识，开展金融知识进乡村、进社区、进市场、进企业、进校园、进机关活动共 180 场次，参与活动 2.5 万人次，提供咨询服务 3200 人次，分发宣传资料 3 万多份，群发短信 4 万多条。组织辖内银行、证券、保险机构开展金融消费维权宣传活动，参与活动近 500 人次，发放宣传资料 1500 余份，提供咨询服务 50 人次，现场办理金融业务 8 笔。提高行政审批效率，加快支行开户许可审批进度，确保两个工作日内完成相关审批手续。对外商投资企业外汇登记变更、外贸企业名录管理和外债登记管理等事项，简化审批流程，承诺在一个工作日内完成审批。

完善支付结算体系。发展网银业务，在网银业务基础较好的袁花镇、马桥街道先锋村、经编产业园区、海宁中国皮革城等创建网上支付应用示范区。至年底，全市网银用户 59.8 万户，经编产业园区等三家工业园（市场）网银开通率均超过 80%，达到省级网银示范区标准；海宁中国皮革城等三家市场（工业园）网银开通率超过 70%，达到嘉兴市级示范区标准。推进中国皮革城国际卡服务“一中心，五受理点”建设。10 月 9 日，海宁中国皮革城国际卡消费服务中心挂牌成立，持有 VISA、万事达、JCB 等外汇卡均可在皮革城内刷卡消费。至 11 月底，皮革城 5 个收款点及 200 多家商户 POS 机开通外汇卡刷卡业务。推进刷卡无障碍活动开展，在成功创建全省首批“刷卡无障碍县（市）”的基础上，继续推进奥特莱斯广场、许村被面市场、西山原辅料市场、百合新城广场申报创建国家级“刷卡无障碍示范区”。指导建行与海宁中学签约开通“金融 IC 卡校园一卡通”。拓展银行卡助农服务功能，制订《海宁市推广银行卡助农代理转账服务实施方案》，指导信用联社在斜桥镇金石村布放全市首台便农自助

3 月 15 日，中国人民银行海宁市支行开展《征信业管理条例》宣传进市场活动

服务终端，方便农户办理小额取现、代理转账业务；指导农行在全市128个村便利店开通“惠农通”，满足农民消费和转账支付需求；协调邮政局和邮储银行在村邮站开办银行卡助农取款业务。

加强人民币管理。开展2013年“警惕洗钱陷阱”主题宣传月活动，在海宁中国皮革城广场和海宁剧院广场开展反洗钱宣传咨询活动。与银行机构签订《人民币流通服务承诺书》，开展反假币大型宣传活动。推进人民币全额清分和冠字号码查询工作，对工行海宁支行、建行海宁支行和华夏银行海宁支行开展现金业务检查，对查出问题的相关银行发出执法检查意见书，督促整改到位。

推进跨境人民币业务。开展“服务实体经济”跨境人民币业务宣传月活动。举办跨境人民币业务宣传培训和咨询活动6场，共培训企业350余家，接受市民咨询200多人次。拓宽人民币跨境流动渠道和业务范围，开办人民币境外投资、内保外贷、外商人民币直接投资、人民币外债等业务。促成海宁赛米特贸易有限公司境外投资1000万元设立永盛国际有限公司、浙江宏图经编新材料有限公司引入境外投资1686万元、香港润源电子科技有限公司出资7250万元投资海宁正益境输配电有限公司，实现人民币跨境投资的双向流动。发展中小企业跨境人民币业务，进一步简化操作流程。至11月底，全市进出口人民币结算额85.7亿元，比上年增长12.3%，业务结算量列嘉兴市首位。

改进外汇监管方式。组织开展外汇年检劳动竞赛，全市参检企业457家，合格率100%。查处违规案件和主体，全年共立案16起，对12家企业给予314万元罚款处罚。对遵纪守法的市场主体开辟绿色通道，促进市场主体贸易投资便利化。

（茹国新）

【中国工商银行股份有限公司海宁支行】 5月25日，支行搬迁至市金融中心。年底，该行有营业网点15个，其中集镇网点6个。拥有ATM 110台、自助终端50台、离行式自助银行（ATM）21个、POS机及电话通商户2871户。本外币各项存款余额151.65亿元，比上年增加19.79亿元，增长15%；本外币各项贷款余额113.16亿元，增加15.97亿元，增长16%。中间业务收入1.94亿元，增加0.65亿元。不良贷款率0.91%。全年累计实现国际业务结算量40.31亿美元，增加5.39亿美元。年度各项存款、各

8月16日，工行海宁支行与市“个转企”工程领导小组办公室签订战略合作框架协议

项贷款、国际业务、中间业务收入等主营业务新增额均列海宁同行业第一位。个人有效客户总量298225户，公司信贷客户合计455户，信用卡发卡总量82962张。8月16日，工行海宁支行与市“个转企”工程领导小组办公室签订战略合作框架协议。9月12日，由工行与海宁中国皮革城联手打造的海宁中国皮革城网上商城“海皮城”上线。年内，支行被评为银行业协会2013年度信息工作先进单位，获评工行总行“安全管理星级支行”；被评为全省“内控案防工作先进支行”“十佳小企业专营机构”“电子银行突出贡献支行”“银行卡收单业务先进支行”，继续成为全省创新基地，重点支行竞争力考核列全省第一名；被嘉兴分行评为年度党建、内控案防、创新工作先进单位。

（姜黎黎）

【中国农业银行股份有限公司海宁市支行】 年底，该行有营业网点19个，24小时自助银行16个，员工总数345人。本外币各项存款余额147.8亿元，比上年增加11.56亿元，增长8.5%；本外币各项贷款余额92.28亿元，增加6.44亿元，增长7.5%；完成国际业务结算量25.76亿美元，减少1.8亿美元，下降6.5%；实现中间业务收入1.18亿元，增加0.21亿元，增长21.6%；不良贷款率2.5%。累计个人网银客户13.1万户、企业网银客户4439户、手机银行客户13.2万户。年内完成营业中心的装修和盐官支行的搬迁工作。落实民主评议行风回头看工作，在加强对实体经济支持力度的同时，进一步推进“三化三铁”[①]“三化三达标”[②]创建，加大操作风险排摸、员工行为排查工作力度，有效防控各类内控和案件风险。

（汪　潇）

【中国银行股份有限公司海宁支行】 年底，该行有营业网点11个，员工181人。本外币各项存款余额69.61亿元，比上年增加2.37万元，增长3.5%；各项贷款余额60.91亿元，减少4.40万元，下降6.7%。贷存比为87.5%。中间业务收入6348万元，实现调拨前利润1.61亿元，不良贷款率3.3%。扩大国际结算客户群，全年累计实现国际结算业务28.16亿美元，市场占有率34.08%，增长1.9%；跨境人民币业务23.44亿元，市场占有率26.45%，增长4.8%。化解不良资产，实现宏昌制革房地产及部分设备的拍卖，成功清收宏昌制革1.7亿元不良贷款。全年共清收不良贷款1.97亿元。创新对中小企业、“个转企”和专业市场经营户的金融支持，多渠道服务小微企业，完成中国银行浙江省分行首笔“网络通宝”3年期贷款分期付业务，是海宁市首笔向小微企业投放的中长期贷款。通过嘉兴市级文明单位复查。

（许　坚）

【中国建设银行股份有限公司海宁支行】 10月，支行搬迁至市金融中心。年底，该行有营业网点13个，员工227人。本外币存款余额124.87亿元，比上年增加19.71亿元，增长18.7%；各项贷款余额103.02亿元，增加12.52亿元，增长13.8%。中间业

① 三化三铁：指农业银行通过持续推进临柜业务“标准化、规范化、制度化”建设，促进营业机构实现“铁账、铁款、铁规章”的管理目标。

② 三化三达标：指持续推进安全保卫工作“标准化、制度化、精细化”管理，促进各级营业网点“物防达标、技防达标、人防达标”。

中国建设银行海宁市支行新大楼

务毛收入1.06亿元，减少0.01亿元，下降0.9%。实现税后净利润2.48亿元，增长42.1%。不良贷款率为0.6%。支持海宁经济建设，重点投入危旧房改造项目、城镇有机更新项目和市人民医院“银医通”项目。拓展电子商户客户群体，被海宁市电子商务协会推举为副会长单位。

（陈若曦）

【中国农业发展银行海宁市支行】　2013年，支行搬迁至市金融中心。年底，该行有营业网点1个，员工19人。各项贷款余额22.57亿元，比上年增加3.05亿元，增长15.6%；各项存款余额4.37亿元，增加2673万元，增长6.5%。围绕民生项目，开展信贷服务工作，重点支持水利建设和新农村建设，全年累计发放各项贷款7.32亿元，其中发放中长期贷款5.04亿元，包括市自来水公司的管网改扩建项目1亿元、斜桥新农村建设项目1.54亿元。

（薛　帆）

【中信银行股份有限公司嘉兴海宁支行】12月18日，支行搬迁至市金融中心。年底，该行有营业网点1个，员工56人。本外币一般性存款余额43.38亿元，比上年增加3.95亿元，增长10.0%；本外币一般性贷款余额37.56亿元，增加3.57亿元，增长10.5%；本外币对公存款余额35.69亿元，增加2.16亿元，增长6.4%；本外币对公一般性存款日均余额32.4亿元，增加4.85亿元，增长17.6%；本外币个人存款余额7.68亿元；本外币个人存款日均余额5.98亿元；全年理财产品销售量16.98亿元，年末理财产品保有量3.72亿元；个人贷款余额4.85亿元；进出口收付汇量58470万美元；实现中间业务净收入3400.96万元，税前FPT利润1.48亿元。10月10日，首次发放为海洲大饭店量身定制的经营性物业抵押贷款1.5亿元，期限10年。11月6日，成功办理首笔“工商验资通”业务，实现中信银行与工商部门之间企业注册验资、增资验资信息实时交互和共享。

（张凌志）

【海宁市农村信用合作联社】　年底，该行有营业网点68个，员工763人。各项存款余额225.78亿元，比上年增加32.59亿元，增长16.9%；各项贷款余额145.18亿元，增加14.80亿元，增长11.4%；存贷比为64%；中间业务收入2371万元，增加271万元，增长12.9%；实现利润总额3.94亿元，增加0.16亿元，增长4.2%。资本充足率达到12.4%，其中核心资本充足率11.3%。启动海宁农信普惠金融工程，成立领导小组，制订三年行动计划。至年底，小微企业贷款133.76亿元，增加15.40亿元，增长13.0%；涉农贷款144.18亿元，增加14.92亿元，增长11.5%。推出“皮革商户通”与“信商直通车”两项小微企业特色信贷业务，联社获嘉兴农信机构产品与服务创新工作先进评选一等奖；“股权反担保质押贷款”“皮革商户通贷款”分别获产品与服务创新一等奖、三等奖。启动流程银行与全面风险管理机制建设项目，完成全面风险管理机制规划初稿。2月28日，举行存款超200亿元发布会暨“两富同行”“最美乡村”捐赠仪式，捐款20万元认领虚拟岗。与市委农办签订“最美乡村”合作协议，向10个村捐赠60万元用于美丽乡村绿化建设。2013年，获浙江农信系统“十强信用联社”称号。

（孙俊瑜）

【交通银行股份有限公司嘉兴海宁支行】 年底，该行有营业网点2个，24小时自助银行5个，离行式自助服务点3个，员工58人。本外币存款余额37.96亿元，比上年减少3.27亿元，下降7.9%，其中人民币储蓄存款8.11亿元，减少0.12亿元，下降14.6%；本外币贷款余额34.66亿元，减少0.12亿元，下降0.3%；存贷比为93.2%；完成国际业务结算量6.41亿美元；实现税前利润1.38亿元，与上年持平；不良贷款19501万元，不良贷款率5.62%。梳理“城市成功路线图”，对公按行业、规模特征分类，对私按职业、爱好、规模特征分类，加快“清零”“提升”工作。参与“寻找浙商总部”“助力企业收官”“我为企业做方案”等主题活动，推行“1+10”财富特色产品。

（陈亦婷）

【嘉兴银行股份有限公司海宁支行】 2月5日，海宁连杭小微企业专营支行成立。7月8日，海宁支行搬迁至市金融中心。年底，该行有营业网点3个，员工65人。各项存款余额30.39亿元，比上年减少2.21亿元，下降6.8%，其中储蓄存款余额6.53亿元，增加1.25亿元，增长23.7%；各项贷款余额21.74亿元，增加0.16亿元，增长0.7%，其中个人贷款余额3.83亿元；完成中间业务收入864万元，增加86万元，增长11.1%；完成国际业务结算量1.71亿美元，增加0.31亿美元，增长22.1%；实现税前利润6450万元，减少1965万元，下降30.5%。年内，开办全额存单质押押汇业务及汇出汇款融资业务；与邮储银行海宁市支行合作办理首笔融资保函业务，助推安置房建设；办理小微企业无还本续贷业务26笔，金额2965万元；在“个转企”工作金融扶持会上签约支持金额8000万元，对12家“个转企”企业发放贷款3225万元；率先推出“宝易贷”产品、网商贷款，解决网商融资难问题。2013年，支行被浙江省委、浙江省人民政府评为“浙江省文明单位”，支行营业部被评为2011～2012年度嘉兴市金融系统“文明礼仪示范窗口”，被嘉兴银行评为第五届“感动嘉银”十佳服务窗口。

（顾水红）

【华夏银行股份有限公司海宁支行】 年底，该行有营业网点1个，自助设备2台，员工40人。总资产25亿元，比上年增加5.94亿元，增长31.2%；负债余额24.33亿元，增加5.86亿元，增长31.7%。一般性存款余额20.64亿元，增加2.93亿元，增长16.5%；贷款余额24.87亿元，增加8.39亿元，增长50.9%。实现中间业务收入240.8万元，减少57.0万元，下降19.1%；营业收入14562.6万元，增加1067.6万元，增长

7.9%；国际业务结算量10264.6万美元，减少1328.4万美元，下降11.5%。2013年，支行被评为华夏银行总行级“青年文明号”。

（祝震宇）

【上海浦东发展银行嘉兴海宁支行】　年底，该行有营业网点1个，员工27人。各项存款余额19.48亿元，比上年减少2.23亿元，下降10.3%；本外币贷款余额16.1亿元，增加1.15亿元，增长7.7%。存贷比为82.72%。实现国际业务结算量5.7亿美元，实现账面利润3277万元。对公客户约700户，个人客户4.8万户。突出信贷投放重点，为授信客户异地搬迁、扩大生产规模、小额技改增加信贷投放；运用新产品“二区一连”，支持“华富工业园”等项目投资；综合运用银团贷款、同业合作等模式，为解困企业提供资金帮扶；为政府重点项目申报项目贷款2亿元；支持城镇化建设和新型城市化发展，对云和景苑保障房项目进行项目认证；对10家高耗能、高污染、产能落后和过剩的企业实施资金有序退出、压缩计划。推出出口保理融资赢、跨境兑等业务新品，让利于企业。发挥进口信贷、进口信用证等传统业务品种的优势，并运用证付兑等新品业务，支持企业各项进口业务；利用首批离岸账户、NRA账户业务，支持企业“引进来”。推出“信贷工厂”平台的新产品业务，简化小微企业授信的申请、审批程序，实现客户贷款在网银上随借随还的功能。提供不动产余值抵押贷款、年审制贷款、宽期限还款等新颖授信方式。推出个人经营性贷款产品，放宽个人经营性贷款的授信准入条件，全年累计发放个人经营性贷款2.7亿元，增加0.6亿元。推出证付兑、商票贴现、信贷工厂、国内证保理等新业务品种，增加债务融资渠道。

（徐中柱）

【中国邮政储蓄银行股份有限公司海宁市支行】　年底，该行有营业网点3个，员工67人。全年实现业务收入5700万元，比上年增加128万元，增长2.3%，人均创收81.4万元；完成利润3080万元，减少301万元，下降8.90%，人均创利44万元；储蓄余额6.37亿元，减少0.13亿元，下降2.0%；对公存款余额4.80亿元，增加0.17亿元，增长3.7%；信贷余额9.58亿元，增加0.71亿元，增长8.0%。坚持服务“三农”、服务社区、服务中小企业，创新涉农小额贷款产品，优化农村金融生态环境，通过小额要素调整，与担保公司合作等方式，加大对“三农”、中小企业的金融服务力度。年内，被中国邮政储蓄银行浙江省分行评为“浙江省分行优秀支行奖”“浙江省分行优秀团队奖”。

（周　妍）

【招商银行股份有限公司嘉兴海宁支行】　年底，该行有营业网点1个，员工33人。存款余额12.16亿元，比上年增加1.4亿元，增长13.0%。其中对公存款余额8.39亿元，增加0.6亿元，增长7.7%；储蓄存款余额3.77亿元，增加0.8亿元，增长26.9%。各项贷款余额11.11亿元，增加2.27亿元，增长25.7%，其中对公贷款5亿元、个人贷款6.5亿元。获上级行小微企业贷款自主审批权限，以皮革、经编行业为主，全年发放小额贷款330笔7.8亿元。小微企业贷款余额5.58亿元，新增2.68亿元。小微企业贷款余额和增速均列全市股份制银行前列。利用银行卡收单系统“收付易”在收费政策、到账速度等方面的优势，加大对海宁中国皮革城、海宁中国家纺城等专业市场商户的资金结算服务力度，全年新增POS商户800户，列全省招商银行各机构首位。加大信用卡推广力度，与海宁知名影院、餐厅、服装等机构开展合作，确立特惠商户35家。全年发放信用卡2000余张。为市政府平台首开6亿元股票收益权转让信托理财业务。利用引入招行总行资金池市外资金，为海宁重点"兴海工程"企业开办1亿元委托债权投资业务。强化风险防控，堵截一起票面金额1000万元的伪造银行承兑汇票事件。

（吴林根）

【兴业银行嘉兴海宁支行】 年底，该行有营业网点1个，员工36人。本外币一般性存款余额23.51亿元，比上年增加8.16亿元，增长53.2%；贷款余额11.77亿元，减少0.93亿元，下降7.3%。7月，参与海宁市城市发展投资集团有限公司安置房一期15亿元结构化融资项目。2013年，该行被杭州分行授予"2013年度服务明星支行"称号，被嘉兴市公安局、嘉兴市社会管理综合治理委员会办公室、嘉兴市社会治安综合治理协会授予"2013年度嘉兴市级治安安全单位"称号，财务会计部被嘉兴市妇联评为嘉兴市级"巾帼文明岗"。

（姜敏如）

【杭州联合农村商业银行股份有限公司海宁支行】 年底，该行有营业网点3个，员工58人。各项存款余额17.34亿元，比上年增加2.98亿元，增长20.8%。其中对公存款余额13.96亿元，增加2.08亿元；个人存款余额3.37亿元，增加8899万元。各项贷款余额21.69亿元，增加2.73亿元，增长14.4%。其中人民币贷款余额19亿元，增加3.73亿元；公司贷款余额17.18亿元，增加5330万元；个人贷款余额4.27亿元，增加2亿元。完成国际业务结算量3.59亿美元，增加0.38亿美元，增长11.8%。新增贷记卡2323张，完成理财业务42693万元，完成代理保险业务385万元。累计办理乐惠票据宝业务约8500万元，年底保持余额7600万元，直接带动存款约2000万元。通过皮革城市场开展的乐惠POS机专项营销活动，增加POS机408台；针对皮革城商户异地经营的特点，推出乐惠电话转账宝业务，归集客户异地经营资金，全年共安装异地电话转账宝102台。海宁中国皮革城商户批量营销方案通过总行审批，并获总行市场批量营销优秀方案一等奖。2013年，支行被总行评为"2013年优胜单位"。

（任力维）

【浙商银行嘉兴海宁支行】 年底，支行各项存款余额16.83亿元，比上年增加6.05亿元，增长56.1%；各项贷款余额12.59亿元，增加4.78亿元，增长61.3%。国际业务结算量1007.3万元。搭建营销平台，拓宽合作领域，开展海宁传统优势行业的批量营销。至年底，小企业贷款余额7.23亿元，增加2.56亿元，增长54.7%；小企业贷款家数325家，增加122家。以资产业务投入为契机，成功办理嘉兴分行辖内首笔1000万美元的外汇专项贷款业务。增强风险意识，强化信用风险、市场风险、流动性风险、操作风险、合规风险管理和内控建设，全年无风险预警和不良贷款，为全市金融机构中唯一一家无不良资产的金融机构。6月，支公司党支部被浙江省国资公司授予"优秀基层党支部"称号。

（周　晟）

【平安银行股份有限公司嘉兴海宁支行】 年底，该行有营业网点1个，员工43人。各项存款余额30.52亿元，比上年增加9.42亿元，增长44.6%。其中对公存款28.93亿元，增加8.93亿元，增长44.7%；储蓄存款1.59亿元，增加0.49亿元，增长44.5%。各项贷款余额18.18亿元，增加5.93亿元，增长48.4%。存贷比为59.6%。推动小企业业务平稳快速发展，新拓展海宁许村家纺城、海宁经编产业园区商圈。推出适合小微企业的融资服务产品“贷贷平安”商务卡，将小额信用循环贷款与借记卡功能及权益相结合，全年发卡929张。2013年，支行被平安银行嘉兴支行授予“2013年度发展突出贡献奖”。

（王銮枫）

【湖州银行嘉兴海宁支行】 年底，该行有营业网点1个，员工22人。各项存款余额9.05亿元，比上年增加1.34亿元，增长17.4%；各项贷款余额8.60亿元，增加3.85亿元，增长81.1%。实现账面营业利润3220万元。坚持“面向中小微、服务市民”的市场定位和“特色化、差异化、区域化”发展战略，支持中小微企业发展，优化信贷结构、客户结构。年内，被总行评为“八比八看”创先争优先进单位，获2013年度“月月旺”揽储竞赛“营业部优胜奖”，被评为“浙江省银行业金融机构安全评估优秀单位”等称号。

（倪雪祥）

【绍兴银行嘉兴海宁小微企业专营支行】 支行位于海宁市钱江东路16号，是绍兴银行首家异地支行，是嘉兴地区首个直接冠名“小微企业专营”的支行，于6月29日正式营业。该行设行长室、办公室、业务管理科、业务科、营业部，有员工25人。主营人民币存款、贷款、储蓄、结算业务，兼营经中国银行业监督管理委员会批准的其他业务。对贷款500万元以下的小微企业有自主贷款审批权限，一般小微企业资料齐全、符合规定，3个工作日即可办结发放。至年底，支行存款余额6.97亿元，各项贷款余额5.85亿元。6月29日，举行支持实体经济签约仪式，100多家企业参加活动。绍兴银行嘉兴分行与海宁市政府签订《银政合作协议》，承诺为海宁市中小微企业通过信贷绿色通道，实行快速审批；与全市30家小微企业签订银企合作协议，支持小微企业发展。提供特色金融服务，支持皮革城商户个贷，为“个转企”开通绿色通道，加速贷款办结速度。推出“年审工厂”、专项信用贷款、新兴产业贷款三项特色金融产品，加大信贷投入。在海宁市率先推行贷款年审制。对信誉优质的企业提供专项信用贷款，免除普通贷款需要房产、设备抵押的硬性要求。对科技创新、节能减排、地方政府导向支持的企业给予贷款利率优惠，优惠幅度10%以上。

（张　燕）

保　险

【中国人寿保险股份有限公司海宁市支公司】 2013年，该公司实现总保费收入（含集

6月29日，绍兴银行嘉兴海宁小微企业专营支行举行支持实体经济签约仪式

团）3.6亿元，新单保费收入1.59亿元，其中个险累计新单期交保费4341万元、短险保费432万元、银保渠道保费6628万元、团体渠道短期险1400万元、企业年金险3105万元。新单业务总量列全省第八位，标保列第八位。推进5年期业务，实现规模期交保费1500万元，成为全省10家达成竞标目标的县支公司之一。上半年，银保业务实施不同的运作方案，在交通银行渠道主抓柜面销售，达成保费1600多万元；在农业银行渠道完成822万元的期交保费。短期险拓展取得实质性进展，城乡居民意外伤害险新增业务近50万元。团体续期业务保持稳定增长，法人业务突破280万元。献血保险持续经营，新居民意外伤害保险平稳启动、健康发展，学生平安险达成保费510万元，工伤补充保险在五金行业实现新单保费50万元，计生系列保险实现短险保费近80万元。年内，公司获“全省千万期交支公司”称号，通过“嘉兴市文明单位”复查。

（冯伟栋）

【中国人民财产保险股份有限公司海宁支公司】 该公司完成保费收入2.18亿元，比上年增加0.41亿元，增长23.2%，其中车险保费收入1.64亿元，增加0.36亿元，增长28.1%，为嘉兴市系统首家保费收入超2亿元的支公司。总赔款支出10236.4万元，增加1570万元，增长18.1%。市场份额为37.5%。3月15日，公司在海宁皮革城广场举办“消费者权益日”宣传活动，为客户解答保险咨询。巩固车险业务，加大非车险业务的推广，强化服务举措。

（邓静佳）

【中国太平洋财产保险股份有限公司海宁支公司】 年底，该公司实现保费收入7091.0万元，比上年增加367.4万元，增长5.5%。其中车险业务保费收入5796.1万元，增加321.5万元，增长5.9%；非车险业务保险收入1294.9万元，增加45.9万元，增长3.7%。全年共处理各类理赔案件7388件，总赔款支出13469.5万元，增加10621.7万元，增长373.0%。年内，一艘货船沉没，公司赔付支出8668万元，为嘉兴历史上最大的单笔保险赔付金。

（楼晔薇）

【中国太平洋人寿保险股份有限公司海宁支公司】 全年实现保费业务收入1.33亿元，比上年减少0.02亿元，下降1.5%。赔付支

3月15日，中国人民财产保险股份有限公司海宁支公司在海宁皮革城广场举办“消费者权益日”宣传活动

出 2768 万元，增加 267.4 万元，增长 10.7%。做好学生平安保险日常理赔服务的基础工作，配合学校处理一些疑难案件的赔付问题。为全市 20 名省（部）级以上劳动模范提供总价值 100 万元的人身意外保险。年内，向市政府提交《城乡居民合作医疗大病保险业务合作方案》，确定从 2013 年起，在嘉兴市率先实行城乡居民大病保险。公司作为承保的保险机构，成立大病医疗保险服务中心，配备医学和法律专业人员到卫生局进行审核调查，提供一站式服务。

（曹建忠）

【中国平安财产保险股份有限公司海宁支公司】 年底，该公司实现保费收入 5266 万元，比上年增加 619 万元，增长 13.3%。其中车险收入 4586 万元，增加 476 万元，增长 11.6%；财产险、意健险收入 680 万元，增加 143 万元，增长 26.6%。已决赔款 2813 万元，增加 693 万元，增长 32.7%。其中车险赔款 2718 万元，增加 702 万元，增长 34.8%；财产险、意健险赔款 95 万元，减少 9 万元，下降 8.7%。开发个人非车险产品，首创个人账户资金损失保险、预订机票取消保险等。开展跨界合作，推出“脱光险”、怀孕险、春运保障险等全新险种。首家推出赔款即时到账、零查勘简易理赔等服务。下半年，首推女性车主服务热线和微信自助服务。整合大数据平台，打造平安直通车险品牌。

（张　怡）

【大众保险股份有限公司海宁支公司】 2013 年，该公司被美国史带公司收购控股，转为外资公司。实现保费收入 1831.3 万元，比上年增加 48 万元，增长 2.7%。其中车险保费收入 1314.8 万元，增加 44.8 万元，增长 3.5%；意健险保费收入 152.3 万元，增长 12.0%；商业险保费收入 364.2 万元，下降 8.0%。综合赔付率（不含间接理赔费用）63.0%。

（冯少波）

【中华联合财产保险股份有限公司海宁支公司】 该公司实现保费收入 3678.8 万元，比上年增加 419.7 万元，增长 12.9%。其中车险收入 2655.3 万元，增加 386.3 万元，增长 17.0%；财产险收入 845.4 万元，减少 25.0 万元，下降 2.9%；其他险收入 178.1 万元，增加 58.4 万元，增长 48.8%。赔款支付 2453.0 万元，增加 680.6 万元，增长 38.4%，赔付率 66.7%。实现利润 147.5 万元。台风“菲特”期间，公司根据大灾预案部署，赴受灾企业指导协助抢险救灾，在最短时间内完成查勘理赔工作。共计受理案件 132 件，支付赔款 1346 万元。

（李慧英）

【中国大地财产保险股份有限公司海宁支公司】 全年实现保费收入 1566 万元，比上年增加 481 万元，增长 44.3%。赔款支付 672 万元，减少 3 万元，下降 0.4%。以省级集中管理为契机，出台和修订费用预算管理、审批流程管理、印章管理、销售费用实务操作规程、中介渠道管理、出单点管理、会议管理办法等各类规章制度。推行“综合柜员制”，实现客户“一站式”服务。提供上门收单服务，提高公司业务续保率。举办理赔人员培训班。在部分机构放置移动终端查询系统，组织开展承保理赔自主查询纠错有奖活动。为客户提供车辆道路救援、车辆年检等差异化增值服务。

（庞　华）

证券　期货

【中信证券（浙江）有限责任公司海宁海昌南路证券营业部】 下半年，营业部搬迁至海昌南路299号南郊大厦，并更名为海昌南路证券营业部。全年累计成交额522亿元，比上年增加32亿元，增长6.5%。年内新开户1128户，累计开户71370户。引进资产12亿元，销售各类理财产品89个，金额3.79亿元。盘活存量客户，走进企业吸引新开客户，开辟通道业务、非通道业务双轮驱动发展模式。免费为客户提供新股提醒、大盘解析参考、个股解析参考、行业版块解析参考等短信服务。依托中信证券业务平台，营业部拥有门类众多的基金、债券、信托、固定收益等理财产品。根据客户不同需求推介产品，向低风险喜好客户推荐国债回购业务、固定收益类产品，向有实力的客户推荐中信证券主导的PE信托产品，向追求高回报的客户推荐大量权益类产品，向喜好杠杆交易的客户推荐IB期货及融资融券业务。

（孙　磊）

【财通证券股份有限公司海宁水月亭西路证券营业部】 10月，公司整体变更为股份有限公司，财通证券有限责任公司海宁水月亭西路证券营业部更名为财通证券股份有限公司海宁水月亭西路证券营业部。2013年，海宁营业部新开户1450户，总资产108亿元，位列公司第一，累计市场占有率0.03%，与上年持平。综合业务增长强劲。IB业务新开户54户，成交量约6000亿元，连续第六年位居公司第一。融资融券开立账户337户，新增日均资产7575万元，授信额度1.89亿元。金融产品销售标准量1.95亿元，增长2.5倍。5月20日，财通证券月福集合资产管理计划正式成立。港股业务开户总量10户，客户权益192万元，累计交易额834.4万元，在公司港股营销比赛中列第四位。年内，财富管理中心成立，配合公司总部开展各类投行业务。至年底，完成公司首单股票约定式购回融资业务，为企业融资1亿元。3月，营业部配合嘉兴市人民银行完成反洗钱5C评估工作，被嘉兴市人民银行反洗钱5C评估小组评为D级营业部。

（姜春维）

【浙商证券股份有限公司海宁水月亭西路证券营业部】 浙商证券形成“证券＋期货＋基金＋创投”的金融产业布局，主要业务包括证券经纪、投资银行、资产管理、财务顾问、投资咨询、证券自营、期货IB、直接投资、融资融券等。邀请资深研究员和投资经理为员工及客户进行经济形势和市场分析，开展个股诊断。为方便投资者就近开户，先后推出省内异地开户业务和见证开户业务。至年底，海宁营业部新增开户670户，融资融券开户新增58户，累计经纪业务交易量101.85亿元，比上年增长38.9%，资管产品交易量2.9亿元。

（徐丽艳）

【中大期货海宁营业部】 全年实现收入368.7万元；期货成交额723.1亿元，比上年减少107.6亿元，下降14.9%。年内新增开户59户，累计开户1141户。公司经营范围为商品期货经纪、金融期货经纪、期货投资咨询，3月15日新增资产管理业务。提供1ms极速交易通道、牛路客服务终端、产业链投行、F10期货投资通等金融咨询服务。11月，与中国金融期货交易所联合举办大型股指期货报告会。开展“投资者教育下社区”、股指期货视频教程、优秀金融期货书籍推荐、资深投资者交流学习等系列活动，拓展小微企业客户群体。加强与各大银行的合作交流，强化反洗钱管理。对潜在风险客户进行逐户排查，进行风险提示。

（陈丹斐）

其他金融机构

【海宁宏达小额贷款股份有限公司】 至年底，贷款余额8.17亿元，比上年增加0.6亿元，增长8.9%，其中2013年发放贷款8519笔，金额68.53亿元。客户1600多户。公司主要产品有小微贷、支农贷、帮扶贷、周转贷、中小贷和自助贷等，为扶持中小企业、个体工商户和种植养殖户提供融资服务。继续做好支持下岗失业人员、失地农民、大学生、残疾人、复退军人等群体创业贷款，累计发放贷款707笔，金额5433万元。公司连续第四年被浙江省金融办考核评定为“A+级优秀小额贷款公司”，获“嘉兴市级文明单位”“2013年中国小额贷款公司竞争力100强”等称号。

（查沈佳）

【海宁市嘉宝小额贷款股份有限公司】 至年底，贷款金额13.06亿元、1094笔；收回金额13.26亿元、1086笔；贷款余额2.41亿元，其中100万元以下贷款金额1.60亿元、216笔，50万元以下贷款金额2643.1万元、80笔。全年“三农”贷款日均余额2.13亿元，其中农户贷款日均余额7542.8万元。发放失地农民、大学生、退伍军人创业贷款58笔，金额474.5万元。严格按照操作规程落实贷款“三查”制度，按照贷款权限进行审查审批，有效防范信用风险。对潜在风险客户进行逐户排查，及时清退，全年共清退贷款客户15家。

（苏静华）

【海宁鸿丰小额贷款股份有限公司】 该公司于2012年12月5日经省政府批准设立，注册资本2亿元，是一家主要针对中小企业及“三农”办理小额贷款业务的准金融机构。公司位于海宁经编总部大厦9楼，共有股东17名，主发起人为浙江鸿翔建设集团公司。经增资扩股后，公司注册资本3亿元。年内，推出“便民贷”“农户贷”“创业贷”“小微贷”“项目经理贷”“超短贷”及“租金分期贷”等“七彩”系列贷款业务产品。累计发放贷款12.11亿元，贷款余额3.13亿元，其中小微企业客户和种植养殖业客户贷款占比77.5%。支持下岗失业人员、失地农民、大学生、残疾人、复退军人等群体创业，发放贷款46笔，金额392万元。

（顾晓兰）

［编辑：姚　倩］

经济管理、监督与服务

Economic Management Supervision & Service

规划管理

【概况】 2013年，市发展和改革局依据《海宁市经济和社会发展规划管理办法》，组织有关部门及各镇（街道）进行规划立项申报，对全年规划编制工作进行统筹安排。根据申报材料，确定13项规划列入年度规划管理计划，并以文件形式进行下达。系列规划涉及交通、旅游、商贸、农业、文化等国民经济和社会发展主要领域，是政府指导该领域发展以及核准重大建设项目，安排政府投资和财政支出预算，制定特定领域相关政策的依据。至年底，有9项规划发布实施，分别是:《海宁市废旧商品回收利用体系建设规划》《海宁市城市公交发展规划（2013～2020）》《海宁潮旅游文化集聚区发展规划》《海宁市现代商贸与会展业发展规划》《海宁市电子商务产业发展规划》《海宁市包装产业发展规划（2013～2016）》《海宁市太阳能利用产业发展规划（2013～2016）》《海宁市钱塘古堡景区（马牧风情小镇）旅游开发规划》《海宁市尖山风情山村旅游开发规划》。

【"十二五"规划中期评估】 根据《中华人民共和国各级人民代表大会常务委员会监督法》《海宁市国民经济和社会发展第十二个五年规划纲要》和《海宁市经济和社会发展规划管理办法》文件精神，海宁市开展"十二五"规划中期评估工作。中期评估的范围是市人代会批准的"十二五"规划纲要和市政府发布的重点专项规划，包括《海宁市国民经济和社会发展第十二个五年规划纲要》（以下简称《纲要》）以及《海宁市环境保护和生态建设"十二五"规划》《海宁市文化事业和产业发展"十二五"规划》《海宁市老龄事业发展"十二五"规划》《海宁市旅游业发展"十二五"规划》等五项重点专项规划，并最终由海宁市第十四届人民代表大会常务委员会第十五次会议审议通过。

中期评估主要针对《纲要》的特点及实施情况，以主要发展目标的完成情况为轴心，结合专项规划的实施情况，对主要目标和任务及重大项目实施进行评估。评估的时点为2011年1月至2013年6月。"十二五"规划前两年，GDP年均增长10.1%，地方财政收入年均增长20.8%，固定资产投资年均增长18.0%，2013年上半年分别增长10.1%、12.7%、40.6%；2012年人均GDP达87457元（户籍人口），城镇、农村居民收入分别达37634元和19364元。至2013年6月底，《纲要》提出的四大类共31项指标大部分完成情况良好，其中约束性指标12项、预期性指标16项、评价性指标3项。5项指标提前完成，分别是教育经费支出占财政支出比重、城乡居民社会养老保障率、劳动者报酬占GDP比重、软环境建设调查评价得分、大气质量优良天数比例；19项指标按照进度达到要求，分别是第三产业增加值增速、固定资产投资、社会消费品零售总额、地方财政收入、高新技术产业增加值占工业增加值的比例、R&D经费占GDP比重等；5项指标按照进度没有达到要求或预期水平，分别是地区生产总值指标、自营出口总额指标、城镇化水平指标、主要河流断面四类水体比例、氮氧化物排放总量指标；2项指标未做评估，一是转型升级发展水平评价综合指数由省级测评而未组织评价，二是万元GDP二氧化碳排放量上级政府未下达任务尚未建立统计，不作评价。

【《海宁市废旧商品回收利用体系建设规划》】 针对废旧商品收购行业乱设点、无证收购、秩序混乱等现象，2013年2月，市政府要求商务部门牵头编制规划，协调推进废旧商品回收利用体系建设。3月，规划编制工作启动，委托嘉兴学院承担编制任务。12月24日，规划经市政府发布实施。规划期限为2013～2020年，其中近期规划期限至2015年。

规划总体框架是规范和完善废旧商品回收利用体系，加快培育和引进回收利用的龙头企业，建立完善以社区回收为基础的新型回收网络，增设回收网点，完善收购、储存、整理、销售体系。目标是到2015年，全市废旧商品回收数量达到60万吨，培育3家龙头骨干企业；全市75%以上的城市社区和中心村设立规范的回收站点，建成废旧商品回收市场2个、废旧商品分拣中心2个、废旧商品中转回收站12个、废旧商品回收点36个；主要废旧商品回收率达到75%以上，基本消除二次污染。到2020年，全市废旧商品回收数量达到80万吨，培育5家龙头骨干企业；全市90%以上的城市社区和中心村设立规范的回收站点，建成废旧商品回收市场3个、废旧商品分拣中心4个、废旧商品中转回收站20个、废旧商品回收点60个；主要废旧商品回收率达到80%以上，生态环境优良；基本建成覆盖面广、功能完善、技术先进、管理规范、生态高效的废旧商品回收利用体系。

【《海宁市城市公交发展规划（2013～2020）》】 随着社会经济持续快速发展，城市格局发生较大变化，小汽车保有量快速增长，治理城市交通拥堵成为社会关注热点。2012年，海宁市人大常委会作出《关于优先发展城市公交的决议》。2012年下半年，市交通部门启动城市公交规划编制工作。委托长安大学（原西安公路交通大学）课题组编制规划，形成规划评审稿。

规划分近期和远期两个阶段，近期至2015年，远期至2020年。规划内容为：2013～2015年调整14条公交线路、新增7条线路，到2013年末达到23条公交线路、2015年末达到26条公交线路；2016～2020年调整6条公交线路、新增3条线路，到2020年末达到29条公交线路（均不含夜间线）。根据线路类型配置相应车辆，优先考虑国V排放标准的新型混合动力新能源汽车。到2015年全市城市公交配置393辆标准车、拥有率12.26标台/万人；2020年达到557辆标准车、拥有率13.93标台/万人。2013～2015年，新增城市公交枢纽站4个、首末站6个。2016～2020年，新增停车保养场2个、枢纽站3个。

规划实施情况良好。至2013年年底，新增城市公交线路5条，优化调整城市公交线路7条，全市城市公交线路达到85条。新增LNG天然气公交车65辆，全市LNG公交车保有量111辆。完成公交智能信息查询系统建设，实现城市、城乡公交免费无线网络全覆盖，安装电子站牌162套。建成碧云路公交首末站；汽车北站项目完成桩基工程，启动土建招标。完成市区136个旧候车亭的维修更新，新建23个公交候车亭。

（陈　洁　张董良　王小峰）

物价管理

【概况】 2013年，海宁市居民消费价格指数（CPI）为102.4。分类别看：家庭设备用品及维修服务价格上涨4.6%，娱乐教育文化用品及服务价格上涨3.7%，食品价格上涨3.8%，居住价格上涨3.1%，衣着价格上涨0.8%，烟酒价格上涨0.4%，医疗保健和个人用品价格下降1.4%，交通和通信价格下降0.2%。完成108家收费单位2012年度重要商品和服务价格（有偿服务收费）执行情况审核检查工作。出台《海宁市政府投资养老服务机构收费管理暂行办法》，自3月1日起执行。核定海宁市游泳馆五环健身俱乐部体育设施使用服务收费标准，并试行一年。制定出台2013年观潮节期间景区停车收费标准、观潮旅游专线车客运票价和2013年盐官观潮胜地公园门票旺季价格。明确市第二人民医院和镇（街道）卫生院儿童健康体检延伸服务项目政策界限。核定周王庙镇卫生院、许村镇许巷卫生院等特需病房床位费标准。完成卡森·王庭世家等楼盘商品房预售价格申报备案95批次共12376套，中栋·金色家园等楼盘前期物业服务等级和收费标准申报备案7件，儿童健康体检延伸服务、保健膏方门诊及膏方煎制等医疗特需服务价格备案6件，狂犬疫苗等二类疫苗价格备案1件，道路客运班车旅客站售票价备案2件。调整宏达学校（小学、初中）和4所民工子弟学校的学费标准。全面整理市殡仪馆、市殳山公墓的殡葬收费项目与标准，重新核定收费标准。审批培训收费18件，接受各类收费备案52件。

以元旦、春节、五一、国庆、中秋、观潮节六大节日期间价格监管为重点，注重节日监管与日常监管相结合，采用暗访、巡查、提醒、告诫、约谈等形式开展市场价格监管，春节期间检查单位（摊位）1350多家。全年查处价格违法案件15件，经济制裁总金额205.3万元，其中退还用户179.6万元，上缴财政25.7万元。受理价格举报110件，结案率100%。通过查处涉企案件，退还企业178.7万元，惠及企业100多家，案件处罚力度居嘉兴市首位。狠抓办案质量，一件价格行政处罚案卷被评为2013年海宁市“十佳说理性行政处罚案卷”。结合价格法15周年、“12358”价格举报电话开通12周年组织开展市场监管知识有奖问答活动。

改革收费验审工作，采用全国收费动态监管系统，全年验审收费单位131家，其中非重点验审单位67家、重点验审单位64家。建立全市收费管理人员网络信息，建立各单位收费许可证信息。完成三年一次的收费许可证换证工作，全年为128家单位换发收费许可证，办理收费许可证53个，新增收费许可证1个。

对21家教育、水务、燃气等行业单位开展价格成本监审。各被监审单位上报2012年度成本总额80182.2万元，经监审后成本总额65081.4万元，净核减成本15100.8万元。其中对14家单位实施定调价成本监审，净核减成本15027.1万元；对7家单位实施定期成本监审，净核减成本73.7万元。完成2013年度海宁市桑蚕茧农本调查各项工作。

根据市场变化和监测需要，撤去蜂窝煤和家用电器价格监测点，巩固农贸市场价格监测点，注重菜篮子和米袋子行情。扩大民生价格公示面，增加蔬菜、散装大米等生活必需品价格公示。全年累计上报价格监测报表24期，公示民生价格24期，完成月度分析12篇，报送价格信息18篇，办理各类价格鉴定680起，标的总额4031.9万元。

【资源价格改革】 实施水价改革，7月22日出台《海宁市水价改革实施方案》，自8月1日起，调整海宁市自来水销售价格，并首次实行居民用户阶梯式计量水价制度。改革后的自来水销售价格分三类八档。三类为：居民生活用水、非居民生活用水、特种用水，八档为：居民生活用水四档，非居民生活用水三档（差别水价两档），特种用水一档。同时调整居民生活污水处理费。11月，出台《关于实行工业污水按有害污染物浓度多因子复合计收污水处理费的实施意见（试行）》，改革工业污水处理费单一按实测化学需氧量（COD）浓度为标准的收费制度，实行工业污水按有害污染物多因子［化学需氧量（COD）、酸碱度（pH值）、悬浮物（SS）、磷酸盐（以P计）、氨氮（NH3-N）等5种］浓度复合计收污水处理费制度。实施电价改革，10月，出台《海宁市差别化电价改革实施意见（试行）》，扩大差别化电价实施范围，并比照限制类和淘汰类电价加价标准执行。实施气价改革，自7月20日起，调整海宁市非居民用天然气价格，同时理顺海宁市新欣天然气有限公司天然气高压管输价格和门站销售价格。

【水价调整听证】 4月26日，市发展和改革局（物价局）在市行政中心组织召开海宁市调整自来水销售价格、居民生活污水处理费收费标准听证会。共召集听证参加人34名，实到听证参加人31名，首次特邀监察局1人为听证会监督员。听证会参加人对听证方案的必要性、可行性、合理性进行论证和分析，对有关问题进行提问、质询。31名听证参加人发言，并提交书面发言材料。28名听证参加人原则同意听证方案，2名听证参加人不同意，1名听证参加人弃权。多名听证参加人建议对调价方案进行修改完善。会后，市物价局对方案进行完善，并将修改稿报市政府同意后发布。

【清费减负】 落实停收涉及海宁市的行政事业性收费8项，减负231万元。10月28日，发布实施《海宁市人民政府办公室关于取消部分行政事业性收费项目的通知》，取消收费涉及10个政府部门。调整全市182个村的涉农公示牌，全市各村（社区）价格和收费公示全覆盖。

【价格专项检查】 建立价格监督检查联动机制：与纠风办建立教育、医疗、涉农涉企收费等民生价格联动机制，与卫生、财政、药监等部门建立医药价格联动机制，与审计局建立医疗收费联动机制。开展H7N9禽流感疫情防控药品专项检查，向全市23家医疗机构、237家零售药店发出提醒函，严肃药品价格纪律。加强市场巡查，会同市药监局对三大药品连锁企业（下属87家门店）实施专项检查。开展全市医疗行业明码标价专项检查，对18家公立医疗机构、2家民营医疗机构（下辖158个卫生服务站）进行检查。对医保定点零售药店进行检查，查处4起医药价格违法案件，经济制裁24.0万元。开展旅游行业价格专项整治，召开旅游行业经营者提醒告诫会，对景区价格政策执行情况开展专项检查。对12所学校的教育收费情况进行专项检查。

（潘　申）

国有资产管理

【概况】 2013年，海宁市创新国有资产管理模式，推进城镇有机更新，促进国有资产保值增值。至年底，全市行政事业单位国有资产29.38亿元，其中固定资产19.05亿元，对外投资0.87亿元。全市国有企业资产总额1063.80亿元，比上年增长35.9%；国有资产净值320.88亿元，增长33.8%，完成企业国有资产保值增值率12%的目标要求。

【完善公司治理结构】 实行季度、年度和专题报告制度，落实联签、定期考核、工作例会、重大事项报告制，深化财务总监工作。开展2012年发生的企业国有产权转让行为和国有企业产权登记情况自查，全年完成70家国有企业产权证的重新核实和发放，及时调整委派国有产权代表。完成国有资产评估项目备案10户，核准1户。出台《明确国有企业新增员工审核审批操作程序》，加强市属国有企业新进人员管理，开展新增企业新进人员的调研和审核，全年37家国有企业新增审批287人，报备案197人。将市级行政事业单位和镇（街道）、发展平台的公有资产管理与处置统一纳入资产管理系统，严格执行规定审批权限和程序，实现全覆盖动态监管。全年有438家单位使用国有资产管理系统，处置资产数量21550台次，金额4158万元；采购资产数量42581台次，金额1.54亿元。

【优化国资布局】 深化国资整合，通过市财政、国资公司出资或增资形式成立与做大国资公司，提升投融资能力。通过收购民营股权整合资源，增强国资公司经营实力。整合优化交投集团、尖山新区公司资产。交投集团成功收购民营企业，增资成立潮乡建设投资公司。经济开发区（尖山新区）出资9000万元与北京道丰国际数码园开发建设有限公司共同组建江南新城投资开发公司。通过清产核资、资产评估，注入相关存量网络资产3.04亿元，组建海宁市广电网络有限公司，参股浙江华数集团。委托市信用联社对诚信农业贷款担保服务公司实施日常经营管理。组织对海宁市众信拆迁有限公司实施清算。

【强化国资监管】 出台《海宁市属国资公司2013年度经营业绩考核实施细则》，明确企业负责人工作业绩和管理责任要求，签订2013年市属国资公司经营责任书。7家市属国资公司开展2014年度国有资本经营预算编审，2014年预算收入2.03亿元，预算支出2.03亿元。完成2012年度国资收益收缴和减免落实审核上报，实际收缴企业39家，收缴金额0.95亿元，经市政府批准免缴8家、返还5家，免缴（返还）国资收益2.45亿元。将镇（街道）、发展平台、市级有机更新公司纳入国有企业信息化管理系统，启动系统软件操作与财务培训，对国有企业实行动态管理新模式。实施国有公司2014年度债务计划编制审核、汇总分析，对全市债务偿还资金来源开展调查摸底，化解债务风险。

【细化存量资产管理】 开展城市规划区域外公有存量资产重点核实与处置，摸清家底，建立长效机制，清查存量房屋面积113万平方米、土地面积259万平方米。完成工人路、人民路区块52户出租房屋和20个行政事业单位与国资公司用房的按期腾退，成立城镇有机更新公司和危旧房改造公司，专项服务城镇有机更新工作。落实相关资产统计摸底和移交工作，完成9个城市有机更新区块房地产调查摸底和资产移交海州投资开发有限公司工作。落实国家关于停建楼堂馆所和清理办公用房精神，调研出台市级机关办公用房调配使用暂行办法，规范市级机关事业单位办公用房调配与使用。完善资产使用管理，统一出租房公开招拍租，完成出租房招拍租441户，实现租金收入1154万元。

7月25日，市政府召开经济形势新闻发布会

【创新融资方式】 引进25亿元10年期保险资金长期融资；发行15亿元7年期企业债券，直接融资53亿元，融资资金分别用于08省道海宁马桥至尖山段改建工程、长水塘水源生态湿地、异地新建海宁市第三人民医院、新建海宁市图书馆和查济民纪念馆等项目建设。全年争取国家开发银行“两新”建设贷款6.70亿元，累计16.79亿元，发放镇（街道）贷款15.52亿元。

（邓石明　王蕴蕾）

统计管理

【概况】 实施联审辅导制，提升源头统计数据质量，市、镇两级召开专题联审会，开展统计业务审核与交流。全年市、镇两级召开联审辅导会40多期，涉及企业300多家、住户调查员50余名。市统计局配备总统计师，皮革城统计人员明确到位。盐官镇被浙江省统计局列为首批乡镇（街道）统计基层基础工作示范点建设单位，盐官镇、马桥街道分别被嘉兴市统计局评为五星级和四星级统计中心。

全年开展各类统计业务培训91期，参训4246人。确定2013年统计调研课题16个，编发各类统计分析、信息和专报113篇，有12篇次获市领导批示，10篇统计课题和分析获评海宁市级以上优秀研讨论文，其中《对外经济的发展对促进海宁经济增长的支撑研究》被评为浙江省统计系统年度优秀统计分析报告。为市“两代表一委员”提供《数说海宁》，编印《海宁经济动态》月刊，发布年度国民经济和社会发展统计公报，召开年度及半年度经济运行情况新闻发布会，完成第六次全国人口普查年鉴资料。

【统计专项调查与监测】 深化社情民意调查和监测评价，开展国民幸福指数调查、千分之五人口抽样调查、医疗机构患者满意度第三方调查、群众安全感抽样调查、软环境调查、城乡人口统计监测、低保人群感知度调查等工作。开展各类统计监测评价，会同市发改局等完成全市社会发展综合评价；会同市妇联召开部门会议，完成“十二五”时期妇女儿童中期监测评估；会同市委宣传部完成文化发展指数评价等工作。

【海宁市第三次经济普查】 6月，启动全市第三次经济普查工作，组建市、镇、村三级普查机构，选聘普查员和指导员1000余名，落实PDA设备684台，落实普查预算经费539.1万元。在丁桥镇芦湾村开展普查试点，市、镇两级普查业务骨干参与实战演练，熟悉普查工作流程。开展普查业务培训18期，培训业务人员1821人次。利用报纸、网站、电视、横幅、电子屏、短信等渠道开展普查宣传。规范普查单位基础信息，对全市企业、个体单位进行地毯式上门清查，共核查单位80101家，其中法人单位14461家、产业活动单位2543家、个体经营户63097家。

【城乡住户调查】 深化城乡住户调查一体化改革。根据市政府有关住户调查扩户要求，制订实施方案，进行扩户动员部署，开展大样本摸底调查问卷填报，制作调查样本框。年内完成城乡住户调查扩户工作，共新增调查户220户、辅助调查员22人。开展住户调查数据质量和基础工作大检查，按照规范程序微调样本，确保住户调查数据质量。

【统计名录库建设】 全年新登单位2419家，其中“个转企”单位1160家，将162家工业企业、212家服务业单位、7家房地产企业和1家建筑企业纳入全国统计联网直报范围。开展网格化管理试点，出台《海宁市统计名录库网格化管理试点实施方案》，明确试点区域与对象、工作原则与目标，在许村镇永福村开展试点动员部署，年内完成清查摸底和动态维护工作。

【统计法制建设】 开展以“查单位是否真实，查数据是否准确，查四大工程联网直报工作是否落实到位”为主要内容的企业联网直报“三查”工作，全市有1506家直报企业开展自查，自查率100%。市、镇两级对157家企业进行重点核查，发现并整改一批违规统计行为；完成对56家单位的统计稽查，其中警告并罚款4家，警告7家；邀请市人大代表、政协委员和统计工作监督员对经济开发区、住建局统计工作开展巡查。

（刘世富）

国土资源管理

【概况】 2013年，加强新增耕地、设施农用地和规划复垦区管理，兑现耕地保护补偿资金总额3860.2万元。海宁市连续17年实现耕地占补平衡。市国土资源局在全省国土资源系统政风行风第三方测评满意度测评中位居嘉兴市首位、名列全省第十位。组织开展第二十三个全国土地日主题宣传活动，开展“群众满意国土资源所”和“群众满意国土资源所工作人员”评议活动，推进扩权强所创建，基层国土所规范化创建实现全覆盖。建设土地执法监察“两网化”信息系统，全市划定218个网格，加大日常巡查力度，组织开展集中巡查并进行通报，合理制止各类违法用地。

推进用地精细化管理。对全市已供在建和未建项目进行全面排查，逐宗建立“土地档案”，拟定分类处置建议，督促抓好处置落实工作。健全低效用地退出机制，制订《海宁市推进低效利用土地市场化再开发实施意见》。综合运用市场、经济、行政、法律等手段，发挥综合叠加效应，倒逼节约集约用地，推进市场化再开发。全年收回闲置和低效利用国有土地58宗159.13公顷，核准转让27宗22.9公顷，合计收回腾退低效用地182公顷。至年底，转而未供土地实有量372.8公顷，盘活供应存量建设用地124.6公顷。

严格履行征地项目批前告知、确认、听证和批后“二公告一登记”（征收土地公告和征地补偿安置方案公告；被征收土地的所有权人、使用权人到指定地点办理征地补偿登记）程序，依法规范征地行为。签订协议确认征地166宗，协议征收集体土地253.6公顷，实施征地听证告知166（村）次、“二公告”26批次。通过征地调节资金拨付征地补偿安置费用9157万元，基本生活保障安置被征地农民1421人。

全年受理群众来信来访来电93件。完成2013年度土地变更调查、变更图斑上图及数据汇总工作。完成地籍调查数据库、地籍管理信息系统、地籍档案查询系统建设，城镇数字地籍调查通过嘉兴市国土资源局验收。推进土地登记精细化管理，土地登记标准化建设通过省级验收，共登记发放国有土地使用证13937本、集体建设用地（含农村宅基地）使用证3068本。

【已供项目批后监管】 组织开展批而未用土地消化利用扩大有效投入专项行动，对全市在建和未动工供地项目逐宗建立“土地档案”，落实属地和市级相关部门共同责任。全年复核验收工业用地53宗187.4公顷、经营性用地28宗78.3公顷。创新出让合同管理，对土地出让合同示范文本进行修改完善，增加补充协议，将投资强度、注册资金、达产亩均销售和亩均税收以及竣工后闲置不投产或投产达不到规定等违约责任纳入出让合同管理。继续加强土地出让合同约定履行情况监管，追究开竣工违约21宗41.3公顷，收缴违约金402万元；处置闲置土地3宗，收取闲置费415万元。

【农村土地综合整治】 实行市政府主要领导主抓主推，落实4名市领导联系整治项目复垦制度。15个2009～2010年批准的农村土地整治项目完成复垦并通过省级验收，新增耕地275.5公顷。新立整治项目11个，安排建新区总面积151.3公顷，使用增减挂钩指标124.2公顷。全年完成整治项目建设用地复垦244.3公顷。制订《关于进一步加强和改进农村土地整治工作的意见》，加大整治复垦市财政补助奖励力度。

7月18日，嘉兴市“双推”活动检查组到马桥街道民胜村考察土地整治复垦推进情况

【土地卫片执法检查】 推进2013年度土地变更调查，联动开展卫

片执法检查，整改拆除并复耕违法用地 67 宗 21.7 公顷，立案查处违法用地 47 宗 15.1 公顷，没收违章建筑 7.1 万平方米，收缴罚款 327 万元，申请法院强制执行 34 起。

【土地要素市场化配置改革试点】 8 月 26 日，省国土资源厅以《专题会议纪要》形式发文，原则同意海宁市土地要素市场化配置改革试点有关建议。将农村土地综合整治项目审批权限、省级农转用、征收权限下放给海宁市；将批而未供等存量盘活指标调整涉及原省政府建设用地批文的撤销（调整）审批权限以委托方式下放给海宁市。10 月 22 日，下发《关于印发海宁市要素市场化配置综合配套改革政策文件（第一批）的通知》，涉及土地要素市场化配置综合配套改革“一方案三意见”，分别是《海宁市土地要素市场化配置综合配套改革实施方案》《海宁市土地供应差别化管理实施意见》《海宁市推进低效利用土地市场化再开发实施意见》和《海宁市土地要素审批方式改革实施意见》。深化行政审批制度改革，行政许可和非行政许可审批事项由 16 项调整至 9 项，进行办理流程再造，取消土地登记收费。推进扩权强所，延伸下放事权 7 项，强化监管 17 项。承接省级下放的 5 项审批事项。实行土地供应和低效用地差别化管理，创新实施土地出让弹性年期、产业发展导向出让地价修正、“3+5+X”分阶段评估管理。启动开发建设用地审批、土地利用总体规划修改实时备案等管理信息系统，应用浙江省农村土地综合整治管理信息系统，同步做好与嘉兴市国土资源局和省国土资源厅相关审批系统的对接。

（张晓菁）

工商行政管理

【概况】 2013 年，新登记内资企业 3380 家，外资企业 56 家，个体工商户新开业 10383 户。市场主体净增 7365 家（户），注册资本净增 99.22 亿元。至年底，实有各类市场主体 54459 户，注册资本（金）993.23 亿元（含外资折合人民币）。办理债权转股权登记 12 家，新增注册资本 4.1 亿元；办理股权出质出资登记 65 件，助企融资 16.4 亿元；办理抵押登记 919 件，助企融资 50.4 亿元。

7 月 8 日，硖石市场工商所更名为海洲工商所。根据省重点培育中心镇和小城市培育试点镇工商所配套改革精神，袁花工商所、长安工商所、盐官工商所分别更名为袁花工商分局、长安工商分局、盐官工商分局，并于 9 月 27 日正式挂牌。

全年新增注册商标 2010 个，累计注册商标 12708 个。驰名、著名商标梯队结构得到新优化，新增“浙江省著名商标”4 个、“嘉兴市著名商标”10 个、“海宁市著名商标”13 个，全市注册商标数量和驰名、著名商标数量均居全省前列。

全年受理消费申诉举报咨询 4125 件，处理率 100%，挽回经济损失 155 万元。强化消费维权服务站提质工程，对全市 81 家消费维权服务站进行考评，淘汰不达标服务站 4 家，由服务站自行和解消费投诉 953 起，和解金额 86 万余元，和解率 99%。开通“12315”直通车，指导 5 家大型商场超市和 2 家通信企业建立维权绿色通道，化解消费纠纷 35 起。开展手机、儿童用品、皮革、电动车等商品质量监测，做好后续处理，立案查处 22 起。

全年立案查处各类违章违法案件 452

起，其中大要案271起，移送公安机关追究刑事责任24起。开展无照经营专项整治，发现无照经营1292户，查处355户，引导办理执照1265户。发现取缔黑网吧19家，向全市中小学生及家长发放《远离“黑网吧”倡议书》3万份。开展“打传销、反欺诈、促和谐”专项执法行动，取缔传销窝点23个，遣送传销分子74人次。履行流通领域食品安全监管职责，全年检查食品经营户16474户次，立案查处食品类案件29起。开展食品抽检135批次，合格124批次，合格率91.85%，查处不合格食品11批次。

【优化工商登记服务】 出台《深化行政审批制度改革支持民营企业“二次创业”十六条举措》，推进行政许可一个窗口受理，将企业注册、广告审批、食品流通许可、市场名称、动产抵押登记等工商审批业务统一纳入局、所两级工商窗口办理，除外商投资企业和集团登记等受上级工商部门委托办理的事项外，其他审批权限全部下放至工商所（分局）。对符合条件的一般审批事项，实现即时办理，对其他许可类事项和非许可类事项，实现办结时限比法定时限压缩85%以上。加快工商行政审批制度改革，开展企业注册登记并联审批，新办理“五证联办”登记437件。

【“个转企”工程】 出台《海宁市支持个体工商户转型升级为企业的若干政策措施》。组织召开“个转企”动员会30余次，培训个体大户1800人次，发放《“个转企”政策解读》等宣传资料5000余份。全年共有1780家个体工商户转型升级为企业，占嘉兴市总量的1/3，其中转为公司的512家，总量和质量均居全省前列。

【皮革城知识产权保护】 组织开展皮革城商标侵权和制售假冒伪劣商品系列专项整治，对皮革城全部箱包经营户进行法律法规教育，发放法律法规宣传册600余册，填收仓储备案表540份，回收知识产权保护承诺书和责任书540份。查处商标侵权等案件39起，案值3300多万元，移送公安机关追究刑事责任11起13人。

【农贸市场建设管理】 5月底，关停市区4个临时设摊区。新建（含启动）农贸市场4家，改造提升16家，完成农贸市场实事工程3家，7家市场创建省文明示范农贸市场通过考核验收。推进菜篮子蔬菜基地建设，新认定菜篮子蔬菜基地4家，全市蔬菜基地总数达到16家，同步实现蔬菜基地与农贸市场对接15家。开展农产品快速定性检测

工商人员开展超市食品安全大检查

70117 批次，检出并处理不合格农产品 220 批次 1067 千克。

2013 年各类企业登记情况

表 22 单位：家、户

企业类型	开业登记	注销登记	年底数
国有、集体企业	43	30	542
私营企业	3337	649	14000
外商及港澳台商投资企业	56	22	585
个体工商户	10383	5753	39332

2013 年在册企业登记注册类型

表 23 单位：家

企业类型	数量
1. 有限责任公司	10022
其中：私营企业	9561
中外合资经营企业	249
外资及港澳台资企业	212
2. 股份有限公司	31
3. 非公司企业法人	549
其中：全民所有制企业	29
集体企业	291
股份合作制企业	35
联营企业	2
合作社	192
4. 个人独资企业	3133
5. 合伙企业	115
6. 企业分支机构及其他营业单位	1881

（李晓映　徐凤妹）

质量技术监督管理

【概况】 2013 年，推动企业开展标准创新活动，3 家企业被评为“浙江省标准创新型企业”，4 家企业被评为“嘉兴市标准创新型企业”。推进特种设备大监管机制建设，将特种设备安全纳入镇（街道）目标责任考核。开展特种设备大排查大整治行动，共检查企业 123 家，报停报废特种设备 235 台，排除安全隐患 42 起。开展住宅电梯“安全提升年”活动，全面开展住宅电梯安全管理，住宅电梯的维修更新机制被省质监局确定为电梯安全监管创新省级试点项目，并在嘉兴全市推广。全市 180 家食品生产加工企业取得 QS 证书 209 张，取证率 100%，食品相关企业 75 家，取证率 100%。11 月 29 日，国家质检总局批复同意在海宁市产品质量监督检验所（浙江省太阳能产品质量检验中心）的基础上，筹建国家中低温太阳能光热利用产品质量检验中心（浙江）。12 月 15 日，组织专家对浙江中天纺检测有限公司组建中国产业用纺织品行业篷帆类纺织品测试中心进行现场评审。中天纺检测公司主导制定的《柔性灯箱广告喷绘布》行业标准通过审定，填补国内空白。天通控股股份有限公司牵头起草的 1 项国际标准获国际电工委员会磁性材料技术委员会立项，成为由海宁企业主导制定的首个国际标准。严格行政执法，海宁市质量技术监督局被浙江省全面推进依法行政工作领导小组评为“浙江省依法行政示范单位”。

【“五强联创”创建】 完善“五强联创”［质量强市、强区、强镇（街道）、强业、强企］示范创建工作机制，提请市政府出台《海宁市创建浙江省质量强县示范市实施方案》，部署落实各项工作。海宁市被评为2013年度“嘉兴市质量强市先进市”，袁花镇、丁桥镇被评为“嘉兴市质量强市先进镇（街道）”，浙江鸿翔建设集团有限公司被评为“嘉兴市质量强企示范单位”，海宁（中国）太阳能科技工业园管理委员会（太阳能园区）被评为“嘉兴市质量强区示范单位”，海宁市皮革行业协会（皮革产业）被评为“嘉兴市质量强业示范单位”。天通控股股份有限公司和宏达控股集团2家企业成功创建“嘉兴市先进质量管理孵化基地”。

7月2日，申请筹建国家太阳能光热利用产品质检中心现场审查论证会召开

【名牌名品培育】 制订《海宁市名牌名品培育创建工作实施方案》，在质监系统率先提出以“亩产效益”作为申报各级名牌的前置条件。开展系列单体名牌和区域品牌的创建培育，2013年新增“浙江名牌产品”2个、“嘉兴名牌产品”13个、“海宁名牌产品”12个，新增“海宁皮革”“海宁家纺”“马桥经编”区域名牌标志使用企业30家。指导经编产业园区争创“全国知名品牌创建示范区”，8月14日获国家质检总局批准筹建，成为嘉兴市首个获批筹建的“全国知名品牌创建示范区”。

【行政审批改革】 简政放权，加快行政审批改革，对原有9项行政许可事项进行改革，其中调整4项，取消2项，保留3项，重新梳理办理流程，审批提速85%以上。将组织机构代码证的核发、换发及年度验证事项的权限下放到3个镇（街道）。强化窗口服务标准化建设，12月1日，海宁市首个服务业地方标准——《行政服务窗口服务规范》正式发布实施。

【食品安全监管】 全年发出小作坊生产许可证41张，开展各类抽样499批次，食品三级定检合格率97.25%。开展卤味烤禽独立加工场所专项整治，消除卤味烤禽领域监管盲点。组建市民食品质量监督团，年内监督团成员查访食品生产加工企业230余家次，查获地下食品生产加工黑作坊6家，报告重大食品生产企业问题线索11条，实现食品安全监管由政府为主向社会共治转变。

（黄智敏）

农业行政执法

【概况】 2013年，农业行政执法以维护农民权益，促进农业增产、农民增收和维护农村稳定为重点，为现代农业发展提供有效保障。组织开展“送法制服务”活动，推进“六五”普法工作，开展放心农资下乡进村、“3·15”广场咨询、“爱鸟周”宣传、植物检疫宣传周、食品安全宣传周和“12·4”全国法制宣传日等活动。重点开展农产品质量安全、畜牧业管理、林业资源保护、渔业生产安全、农作物病虫害防治、农机安全生产等宣传工作。

开展专项执法行动。组织开展“绿剑”系列集中执法、农产品质量安全专项整治、畜产品安全专项整治等农业执法行动。加强初级水产品质量安全监管，抓好“放心菜”基地和农产品产地监控工作，加强饲料、兽药、种子、农药、肥料等农业投入品的监管，确保农产品质量安全。开展“亮剑一号”“天网行动”“眼镜蛇行动”等专项林业执法行动，加强对鸟类等野生动物和林业资源的监管，做好森林消防工作。全年出动执法检查人员2222人次，检查生产经营单位和个人2730个（次），查获各类违法违规单位和个人198个（次），立案查处各类案件54件。

强化监督抽检。全年共抽检种子、农药、肥料、兽药、饲料及饲料添加剂80批次，合格71批次，合格率88.8%。其中抽检种子10批次，合格7批次，合格率70%；农药18批次，合格15批次，合格率83.3%；肥料14批次，合格13批次，合格率92.9%；兽药24批次，合格22批次，合格率91.7%；饲料和饲料添加剂14批次，合格12批次，合格率85.7%。根据抽检结果，立案查处3起，发出警示书4份，收缴罚没款1.5万元。

全年调处各类农业生产事故、纠纷29件，涉及农村土地承包纠纷12件、农业纠纷2件、渔业污染事故和纠纷3件、蚕桑养殖纠纷12件，为水产养殖户和渔业捕捞者协调获得赔偿补助1.6万元。全年签发木材采伐证4份，采伐木材49.0立方米、毛竹4850支，未突破采伐限额。审批野生动物驯养繁殖许可证、经营利用核准证9件。

【“绿剑”系列专项行动】 分别于3月下旬至5月底、8月中旬至10月底开展春、秋两季专项执法行动。9月24～28日，开展“绿剑”统一执法行动，以规范种子、农药、肥料等农业投入品市场秩序和保障农产品质量安全为重点，深入农资生产经营单位、规模种植养殖场、农民专业合作社、农副产品批发市场等领域实施检查。共出动执法人员256人次，检查单位157家，查获违规行为5起，当场处罚1起，立案3起。

【“春潮2013”系列专项行动】 4月16日至6月18日，在全市开展“春潮2013”渔业执法专项行动，严厉打击电力捕捞、无证捕捞等非法捕捞行为，排查整治渔船安全隐患，查处渔船安全违规行为。共开展执法检查56次，出动执法人员191人次，查获渔业违法行为68起，其中电力捕捞32起、无证捕捞36起。立案10起，罚款1.0万元。收缴渔业资源赔偿费1.7万元，缴获非法捕捞工具32套（件），放生渔获物60余千克。

【植物疫情普查与防控】 组织开展梨枯梢病、黄瓜绿斑驳花叶病毒病、扶桑绵粉蚧、毒麦等专项普查，共调查梨、小麦、西瓜、甜瓜、棉花、矮牵牛等作物、花卉1997公顷，未发现检疫性有害生物。3～5月、9～10月组织春、秋两季加拿大一枝黄花防控，春季用草甘膦、甲磺隆等除草剂防治加拿大一枝黄花17.2公顷，秋季采取人工清除和用除草剂防治19.3公顷。

6月28日，市森林公安局对全市餐饮企业开展野生动物保护执法检查

【野生动物资源专项整治】 3月1日至4月30日，组织开展以打击破坏野生动物资源为主要内容的“亮剑一号”“天网”等专项行动。协调工商、城管等行政执法部门，以野生动物栖息场所、农贸市场、餐饮场所等为重点进行清查和整治。共清理野生动物驯养繁殖场所5处，检查宾馆饭店53处、农贸市场12处，收缴野生鸟类60余只、蛙类10千克、蛇类5千克。

（农业经济局）

个私经济管理

【概况】 2013年，全市新注册私营企业3337家，新注册个体工商户10383户。至年底，共有在册各类私营企业14000家，涉及投资者25028人，注册资本（出资金额）643.7亿元，雇工153209人；共有在册个体工商户39332户，涉及从业人员99138人，投入资金数额28.18亿元。

开展民营企业“二次创业”问卷调查，撰写《困扰海宁民营经济“二次创业”内外因素解析》调查报告，参加嘉兴市“二次创业”论文征集评比活动。与海宁日报社联合开设《转型发展民企行》专栏，系统宣传报道民营企业、“个转企”企业等在转型发展中的实践。举办“品牌是怎样炼成的”专题讲座和“胡雪岩为什么成为经营大师”紫微讲坛。2013年，浙江威奇电气有限公司电气事业部副主任许国兴获“海宁市劳动模范称号”，燕尔皮革行业主金红燕被评为“海宁市第三届道德模范”（诚实守信道德模范）。

【党员带头“个转企”】 加强对个体工商户转型的引导，做到“转型一个，带动一批”，形成以点带面的良好效应，利用媒体宣传“个转企”典型事例。共有31户党员个体户转为公司。

【非公企业促进就业“春风行动”】 第十一次就业再就业服务周期间，市个体民营企业协会于2月27日举办非公企业促进就业“春风行动”，为非公企业和求职人员搭建双向选择和交流平台。222家企业进场招聘，提供各类岗位7257个，达成就业意向866人。

【“党员创业梦”演讲赛】 6月26日，举办个体工商户和商品交易市场党建工作推进

个体工商户和商品交易市场党建工作推进会暨“党员创业梦”演讲赛

会暨“党员创业梦”演讲赛。演讲赛由海宁市新经济与新社会组织工作委员会、海宁市工商局党委和中共硖石街道委员会主办，海宁市个体民营企业协会和硖石协会党支部承办。10名个体工商户党员讲述了自己的创业故事。

（岑建平）

食品药品监督管理

【概况】 2013年，实施十万学生饮食放心工程，开展食品药品安全整治专项行动，深化食品药品安全示范创建，完善食品药品安全监管体制机制，保障全市食品药品安全。加强食品药品安全日常监管，对餐饮服务单位实行量化分级管理，完成量化分级评定2746家，通过A级初评21家，完成B级评定1332家、C级评定1393家，量化分级完成率100%。完成重大活动餐饮服务食品安全保障任务44次，出动执法人员350余人次。加强药械全程监管，推进药品监管信息化建设，举办IV级药品安全事故应急演练。全面完成保健食品生产企业清理换证工作。开展食品药品安全“我执法、你参与”活动。邀请市人大代表、政协委员、新闻媒体和社会公众参与食品药品安全执法活动。设立食品安全投诉举报电话“96317”，落实食品领域违法犯罪行为举报奖励制度，全年发放举报奖励资金9.4万元。

市政府将市食品安全委员会办公室由挂牌调整为常设办事机构，挂靠市食品药品监督管理局，内设协调指导科和监督检查（应急管理）科两个科室。与各镇（街道、开发区）、市级相关职能部门签订食品药品安全目标责任书。出台《海宁市食品安全“一票否决”制度》和《海宁市食品安全行政约谈制度》，确保食品安全责任制和责任追究制有效落实。

【完善食品药品安全监管体制】 4月26日，原由卫生部门承担的餐饮、保健食品和化妆品监管职能调整为由食品药品监管部门承担，同时建立餐饮食品安全监管队伍。出台《关于进一步加强基层食品药品监督管理体制建设的实施意见》，按照政府负总责和属地管理的原则，各镇（街道）及经济开发区均设立食品安全领导小组和办公室，同时设立食品药品安全站，挂牌在社会事业服务中心。在8个镇设立食品药品稽查中队，在4个街道设立食品药品稽查直属中队，形成横向到边、纵向到底的食品药品安全监管网络。

8月29日，海宁市举行Ⅳ级重大药品安全事故应急演练

【食品药品安全专项整治】 组织开展食品安全整治、食品安全“强网清源，打非治违”、药品安全“两打两建”、保健食品“药剑Ⅰ号”和保健食品“打四非”（打击保健食品非法生产、非法经营、非法添加、非法宣传行为）等专项行动。累计出动执法人员16989人次，检查食品药品生产经营单位24722家次，发出整改意见书1626份，立案查处235起，罚没款77.6万元，取缔无证经营16起，停产整顿3家，约谈重点企业负责人484人。

【破解食品安全监管难题】 进一步加强餐厨废弃物管理，在全市餐厨废弃物产生单位推广安装使用油水分离器，实行餐厨废弃物收运特许经营制度，推行收、运、处一体化经营，确保餐厨废弃物全过程监管。进一步明确卤味烤禽监管职责，市政府出台文件对全市卤味烤禽食品安全监管职责进行明确，对卤味烤禽实行登记备案制度。

【食品药品安全示范创建】 2013年，启动省级药品安全示范市创建工作。2月17日，市政府出台《海宁市药品安全示范县（市）创建实施方案》；2月19日，召开创建省级药品安全示范市动员会，对创建工作进行部署。通过药品安全示范创建宣传片、大型户外广告、大型宣传海报、创建公开信、创建宣传册等形式，提升药品安全示范创建知晓率。开展餐饮服务“321”工程创建①。皮革城餐饮一条街争创餐饮服务食品安全示范街，13家学校食堂、3家企业食堂和1家特大型餐饮单位争创餐饮服务食品安全示范店。通过示范创建，实现示范店“五常法”（常组织、常整顿、常清洁、常规范、常自律）管理100%和示范街区餐饮单位色标管理②100%。

【食品药品安全宣传教育】 开展“食品安全宣传周”“安全用药月”等宣传活动65次，受益人数3898人次。印发食品安全宣

① 餐饮服务“321”工程创建：指全省创建国家级和省级餐饮服务食品安全示范县（市、区）30个、餐饮服务食品安全示范街200条、餐饮服务食品安全示范单位100家。

② 餐饮单位色标管理：指统一实施餐饮食品切配工具色标管理，将动物性、植物性、水产品三类食品原料加工用具分别用红色、绿色、蓝色统一标准。

传海报3080份，发放张贴《食品安全“九不”准则》1.1万份。开展从业人员食品药品安全法律法规专题培训33次，学校食堂从业人员和食品安全助理监督员等1890人次参加培训。

（李明辉）

审　计

【概况】　2013年，市审计局共组织实施审计项目55个（年初计划安排项目44个），其中财政审计10个，领导干部经济责任审计14个，民生资金审计15个，政府投资项目审计16个。共查处问题资金8.14亿元，其中违规资金6528万元、损失浪费资金1532万元、管理不规范资金7.34亿元。实施投资审计，全年完成356个单位工程的造价审计，送审金额16.93亿元，净核减金额约1.02亿元。完成80个建设项目竣工决算审计，审计总金额13.86亿元，核减投资2318万元，挽回经济损失243万元。完成全省《乡镇内管干部经济责任审计操作指南》的撰写和审计整改督察信息管理系统的开发等省审计厅试点任务。

【政策制度审计探索】　自2月起，对全市近两年政府层面的有关经济社会发展、民生领域政策制度的建立健全及执行、绩效情况进行全面审计调查，共涉及9大方面30个事项。先后向市委、市政府提交《市财政资金本级奖励与上级专项转移支付重复补助问题需引起重视》《有效投入奖励政策要总量控制并与绩效挂钩》《部分单项扶持政策文件有待修改完善》等审计专报11份，促使相关部门整改和落实。相关部门出台制度十多个，新政策对单个项目实施最高奖励控制，并明确除有效投入奖励外对企业的财政奖励不超过当年企业地方财政贡献。该做法作为省审计厅“改进作风、转型提效”的调研成果刊登于《中国审计报》。

【经济责任审计】　3月，海宁市作为经济责任审计规范化建设试点县，负责起草《嘉兴市镇（街道）党政主要领导干部经济责任审计操作规程（试行）》，文件出台后在嘉兴各县（市）进行扩大试点。同时，结合对市交投集团和市水务集团主要领导的经济责任审计，率先在全省探索开展对国资公司的经济责任审计量化评价打分。撰写的3个经济责任审计案例入选省审计厅与审计署培训中心合作共建的经济责任审计模拟实验室。

【审计促进反腐倡廉】　全年共移送案件线索9起，比上年翻番。在对长安影剧院维修工程竣工决算审计中，发现建设单位擅自在镇招标平台进行招标、中标单位将工程违法转包、建设及监理单位未对合同价款进行动态管理以及工程结算违规直接委托中介机构等现象。经过复审，在中介原审定投资277万元的基础上又核减98万元。项目实施负责人镇文化站站长褚某以玩忽职守罪被判处有期徒刑2年，缓刑3年。在对城乡居民合作医疗保险基金审计延伸调查中，将海宁博爱医院有关问题线索移送有关部门作进一步调查。8月1日，市合管办及社保中心暂停其刷卡结算业务；10月底，卫生局依法吊销其医疗机构执业许可证。

【政府性资金审计信息化】　3月，成立市计算机审计中心。完成对五大国资公司的审计智能分析平台开发建设，加上前期已开发的财政、社保资金和住房公积金、部门预算执行、镇（街道）预算执行审计分析平台，从审计面和资金量上基本实现对政府性资金审计监督的全覆盖。上半年，利用地税大集中数据分析系统，对土地增值税和房产税欠缴情况进行重点检查，审计期间督促3家房地产企业缴纳土地增值税2147万元，5家企业补缴房产税和滞纳金66万元。10月，利用联网审计分析平台，对纳入市预算会计核算中心核算的258家单位1～9月公务接待费、会议费、培训费支出情况进行计算机审计。在2013年度AO（现场审计实施系统）应用实例评选中，海宁经济开发区收回土地定价分析案例获审计署优秀奖，其计算机审计方法首次入选审计署计算机审计方法目录。

8月19日，省审计厅副厅长王小龙到海宁督察政府性债务审计

【内审工作】 市政府出台《海宁市内部审计工作规定》，明确镇（街道、开发区）、国资平台公司以及掌管使用政府资金数额大、下属单位多的政府部门按规定设立内审机构，履行内部审计职责。年内，组织内部审计人员参加省内审协会及嘉兴内审协会后续培训十多次，参加内审培训400多人，有500多人取得资格证。全年内审协会新增团体会员单位6家，内审团体会员单位发展至83家。海利得新材料股份有限公司作为省民营企业代表参加2013年中国民营企业内部审计经验交流会。

【历史遗留问题审计】 对鹃湖区块拆迁经费和海洲街道民和村拆迁经费进行审计，针对多年来城投集团与相关街道没有建立明确的拆迁经费结算机制、项目成本没有按征收协议及时进行核算等历史遗留问题，提出审计建议并督促整改。下半年，对盐官百里钱塘观潮景区与沿江有关镇的十多个拆迁区块历年来的经费结算问题进行梳理审计，并出具审计报告。

（蒋家骏）

安全生产监督管理

【概况】 2013年，继续开展“安全生产年”活动，加强隐患排查治理，防范和遏制较大事故，减少一般事故，安全生产形势总体平稳。全市工矿商贸企业发生伤亡事故5起，死亡6人，经济损失268万元，未发生一次死亡3人以上的较大事故。

修订完善《海宁市安全生产目标管理责任制考核办法》，与各镇（街道、开发区）安监站签订安全生产目标管理责任书。督促各镇（街道、开发区）分别与各村（社区）、规模以上企业、高危行业企业等签订安全生产目标管理责任书。在第十二个全国“安全生产月”期间，组织开展“安全生产月”主题咨询日活动。举办海宁生产安全典型事故图片展，发放安全知识手册，开展安全知识竞赛、摄影采风、创建“青年安全生产示范岗”及安全生产应急演练活动，创建10家“安全文化示范企业”。

开展嘉兴市行政审批制度一体化改革，承接8项嘉兴市级行政许可审批事项，取消2项许可事项，安监窗口4项许可事项法定办理时间从90日提速为12日，提速86.7%，一审一核率实现100%。全年共受理行政审批事项957项，安全生产行政许可审查通过率100%。全年在《海宁日报》设《安全》专版6期，刊发安全生产简报29期，出刊《海宁安全》杂志4期。市安全法制宣传教育讲师团为企业、村（社区）、学校、工地开展培训103场，培训员工8500多人，其中培训生产经营单位主要负责人，安全生产管理员，电工、电焊工等特种作业人员54场，培训员工4830人。

【隐患排查治理】 在全市开展工矿商贸企业重大事故隐患分级挂牌整改工作，5家企业列为嘉兴市级挂牌督办单位，14家企业列为海宁市级挂牌督办单位。指导督促上述19家单位建立隐患排查治理工作机制，做到整改资金、整改期限、责任人员、整改内容、应急预案“五落实”。至年底，4家嘉兴市级挂牌督办企业、8家海宁市级挂牌督办企业完成整改。

【烟花爆竹监管】 落实重大节日期间的监管措施，对全市烟花爆竹批发经营企业和零售经营单位开展全面检查。严厉打击非法经营，重点排查非法储存、销售和异地经营行为，查处非法烟花爆竹4723箱。对收缴的烟花爆竹在黄湾镇（尖山新区）进行集中销毁。

【安全生产标准化创建】 出台《2013年全面开展全市工贸企业安全生产标准化建设实施意见》，分解各镇（街道、开发区）的创建目标任务和工作责任，并将创建工作情况纳入市政府目标管理责任制考核及安全生产目标管理责任制考核。年内，有615家企业签约创建安全生产标准化，536家企业成功创建安全生产标准化。上海亚大塑料制品有限公司海宁分公司成为嘉兴市首家国家一级安全生产标准化达标企业。

【危险化学品监管】 开展化工企业安全大检查，重点对使用液氨装置的企业开展隐患排查和治理，取缔无证生产危化品企业1家、无证经营危化品企业2家。台风“菲

兄弟化工公司举行“海宁市危化企业应急救援基地”挂牌仪式

特”期间，督察危化品企业启动应急预案，现场指导危化品企业排险。兄弟化工公司举行“海宁市危化企业应急救援基地”挂牌仪式，开展海宁市危险化学品运输车辆泄漏事故应急演练。启动《化工行业安全发展规划》编制工作。

【安全生产网格化管理】 在以村（社区）为单位的地域性网格基础上，增加建筑领域等方面的功能性网格，完善企业数据库信息平台，进一步提高网格覆盖面；健全奖惩机制，增强考核的科学性和合理性。5月，召开海宁市安全生产网格化管理工作现场会，在嘉兴市范围内推广海宁经验。

【大排查大整治专项行动】 开展大排查大整治专项行动，全市各镇（街道、开发区）共出动检查人员14697人次，检查企业8377家次，发现安全隐患16931条（处），消除安全隐患16280条（处）。成立专项行动领导小组，8位市领导牵头包片负责、包干联系全市14个镇（街道、开发区），督察专项行动开展情况。

（张　奇）

审批办证服务

【概况】 深化行政审批制度改革，以要素市场化配置综合配套改革为契机，拓宽要素市场交易领域，理顺招投标监管体制。市行政服务中心全年办理各类审批服务事项68.3万件，日均办理2600余件。窗口既受理又办理率90.22%，审批提速86.89%，各审批部门群众满意率（含基本满意)99.63%，非常满意率比上年上升8%。市公共资源交易中心完成各类项目交易1205场次，交易总额178.48亿元，增长70.6%。其中工程建设招标780场次，中标价111.23亿元，增长72.9%,资金节约率12.62%;政府采购341场次,成交金额2.73亿元,增长22.9%,资金节约率12.86%;国有土地使用权出让招标挂（土地一级市场交易)23期，成交额64.24亿元，增长69.1%；产权交易17场，成交额2805万元。12月2日，海宁市要素交易中心在市公共资源交易中心挂牌成立。该中心成立后，实现土地二级市场交易2场次，交易金额612万元；排污权交易40场次，交易金额133.3万元；用能指标交易2场次，交易金额99.2万元。

5月21日，省委副书记、省长李强（右三）到市行政服务中心考察

开展审批事项清理，部门管理重心从

“重审批、轻服务、轻监管”转变为“重服务、轻审批、重监管”。经清理，调整112项行政许可事项，调整、取消64项非行政许可事项，确定保留164项行政许可事项、20项非行政许可事项，成为全省审批事项最少的县（市）。采用委托下放和延伸下放的方式将20个部门的127项行政许可事项和非行政许可事项下放至镇（街道），率先运行许村、长安、袁花三个试点镇。创新投资项目审批方式，将投资项目分为准入、立项审批、用地审批、初步设计审批、施工图联合审查、竣工验收六个阶段，以牵头部门为主相对集中阶段性审批权，按分类分级原则，分阶段实施并联审批。探索开展企业投资工业项目零审批改革试点。

【推行并联审批、模拟审批、审批代办联动机制】 2013年，开展政府投资项目初步设计审查、工业项目准入、建筑方案联合审查、企业注册登记五证联办等各类并联审批项目1092个。提升模拟审批质量，6个政府投资安置房项目实施模拟审批，合计建设规模26万平方米。依托市行政服务中心、镇（街道）公共服务中心、村级便民服务中心对项目投资和公共服务开展全程代办，其中投资额36亿元的开元名都项目经代办，比原计划提前两个月开工。

【实现“房、地、契、牌”四证联办】 整合市财政（地税）局房产税征收、住建局房屋登记、国土资源局土地登记、民政局门牌证办理的窗口资源，设立四证联办窗口，变多头办理为窗口内部流转，办结时间由20个工作日压缩至5个工作日。

【成立社会中介机构监管服务中心】 规范涉及审批的中介服务，对在海宁行政区域内开展业务的中介机构实行备案登记，由行政相对人在备案登记范围内择优选用，建立公开公平的竞争机制。12家中介机构进驻市行政服务中心形成“中介超市”。构建实体与网络相结合的中介服务平台，实行社会中介服务信息公开，打造政府监管与社会监督相结合的监管体系。

【运行政务服务业务应用平台】 新开发政务服务业务应用系统，在全省率先运行该应用平台。平台集信息公开、行政审批、电子监察和资源共享于一体，依托全市政务外网，向镇、村两级延伸，实现全市行政审批服务网三级联动。开通运行网上办事大厅，9个部门的38项审批事项实现网上申报。

【完成招投标监管体制改革】 通过法定授权，将分散在住建、交通、水利等行政监督部门的招投标监管职责集中到市公管办。建立以公管办为核心的监管主体，以两级平台为基础的服务主体。重新设定市、镇两级招投标服务平台限额标准，镇（街道）招标平台招标限额调整到单项估算合同200万元以下。8月，成立招投标联合执法小组，加强对全市招投标过程中的投诉举报和违法违规行为的查处和惩戒力度。完善诚信体系建设，将行业主管部门查处的违法违规行为统一记入公管办的不良行为记录。2013年查处建筑业企业26家次、从业人员22人次，记录不良行为并实施投标限制。

【实现全程电子招标】 实现全程无纸化电子招投标，工程建设电子招投标系统通过四级评审。用户注册、招标方案审核、招标公告发布、招标文件下载、答疑、投标、开标、评标、定标全过程网上流转，有效遏制串标围标、违法干预和腐败行为。全年电子招标开标项目256个。

（徐　涛）

服务业管理

【概况】 2013年，实施“服务业兴市”战略，以集聚区建设为突破口，完善管理机制，强化招商选资，扩大有效投入。全年实现服务业增加值243.84亿元，比上年增长10.5%（可比价），总量和增速均居嘉兴市第一位；服务业占全市生产总值的比重达38.5%，提高1.7个百分点；完成社会消费品零售总额269.34亿元，增长13.8%，总量、增速均居嘉兴市第一位；实现服务业地税收入25.31亿元，增长20.2%，占全市地税收入的59.9%。服务业四项指标考核总分列嘉兴市第一位。

【服务业增加值首次居嘉兴市首位】 2013年，全市服务业增加值总量首次跃居嘉兴市首位。强化规划引领，确定服务业发展八大重点产业，明确八大重点产业发展责任主体，建立协调工作制度，出台重点产业发展三年行动计划和年度实施方案，完成皮革产业提升规划编制，促进产城（产业与市场）互融。强化政策扶持，对服务业强化投资、推进招大引强、鼓励产出、培育龙头优势企业、鼓励企业按总部模式发展、推进企业“限下转限上”等6个方面明确扶持奖励政策。出台《关于进一步加快推进服务业发展的若干意见》，全年实现“限下转限上”188家，“个转企”770家，分离发展服务业企业60家。

【服务业招商选资】 全年服务业实到外资1.21亿美元，引进市外内资33.28亿元，其中到位注册资金23.04亿元。引进江南总部新城、开元高星级酒店、中国智能物流网骨干节点项目等亿元以上服务业项目13个，计划总投资263.4亿元，其中属于商贸会展、文化创意等八大重点产业类的项目占比超过3/4。整合招商资源，对全市35项土地类资源、5项商务楼宇类资源、9项“退二进三”资源建立电子档案，实现招商资源全市共享和挂图招商。完善客商信息库和招商项目库，实行服务业项目投资审核。赴上海举办2013海宁百里钱塘国际旅游长廊推介会暨新闻发布会，参加嘉兴市浙商创业创新上海、北京洽谈会暨服务业重点项目推介会，组织赴日本、俄罗斯开展服务业招商引资活动。市服务业发展与粮食局自主组织小分队赴北京、上海、温州、杭州等地开展总部商务区、生产性服务业项目专题招商、定向招商80余次，接待大连万达、台北商会等客商到海宁投资考察50余批次。

【海宁银泰城建成开业】 参见第109页“海宁银泰城”条目。

【服务业项目推进】 全年完成服务业投资193.75亿元，比上年增长23.4%，其中产业类投资134亿元、生产性服务业投资54.64亿元。建立服务业项目推进部门统筹协调机制和集中服务机制，在实施桩基先行、模拟审批等方面开辟绿色通道。实施考核、例会、巡查、报表和通报“五位一体”项目推进机制，实行有效投入天天报、投资情况月月报、总部项目动态报。对项目储备、开工、结顶、竣工等重点环节实施控制，加快项目建设进度。年内，皮革城五期、海宁银泰购物中心建成营业，名力都会广场、光华总部、百汇海隆二期、登豪大酒店建成，18幢总部大楼全面开工建设，开元高星级酒店、佳源城市综合体等23个投资亿元以上项目相继开工。

9月27日，浙江省现代服务业集聚示范区现场交流暨项目推进会在海宁召开

【海宁潮文化旅游集聚区入选浙江省第三批现代服务业集聚示范区】 9月16日，海宁潮文化旅游集聚区被认定为浙江省第三批现代服务业集聚示范区，是继海宁经编产业生产性服务业集聚区和海宁中国皮革城后第三个入选省级现代服务业集聚示范区的园区，海宁市成为全省唯一拥有3个省级现代服务业集聚示范区的县（市）。海宁潮文化旅游集聚区总规划面积约5.5平方千米，是海宁百里钱塘国际旅游长廊的核心区块，主要有盐官古城、中影文化产业园、中丝生态园三大特色区块，规划总投资70亿元，至年底完成投资10亿元。9月27日，全省现代服务业集聚示范区现场交流暨项目推进会在海宁召开。

（孙月庆）

［编辑：管通海］

科学技术

Science & Technology

综　　述

2013年，市科技局实施创新驱动发展战略，加强科技创新环境建设，培育高新技术产业，推进科技合作交流，发挥创新平台作用。海宁市成为首批“浙江省创新型试点城市”。

全年财政科技投入2.46亿元，比上年增长19.1%，占全市财政支出的4.8%。全市科技经费投入29.24亿元。全社会研究与试验发展经费16.15亿元，居嘉兴市首位，比上年增长21.8%，占全市生产总值的2.6%。规模以上企业技术开发经费26.57亿元，占主营业务收入的2.1%。

2013年，新列入国家重点支持的高新技术企业6家，累计66家，总数居嘉兴市首位。高新技术产业产值274.62亿元，占规模以上工业总产值的21.0%。新认定省科技型中小企业45家，累计103家。新认定省级高新技术研发中心6家，嘉兴市级研发中心14家，海宁市级研发中心35家。累计有海宁市级以上企业研发中心167家，其中省级高新技术企业研发中心27家，省级企业研究院2家，省级重点实验室1家。全市高新技术企业实现研发中心全覆盖。

加强对海宁市农业科技示范园区的建设和管理，认定海宁市长安花卉产业科技示范园区等3家单位为第一批海宁市农业科技示范园区创建单位。“安全减排型畜禽专用饲料技术研发与示范”列入浙江省团队科技特派员项目，浙江群大饲料有限公司、浙江虹越花卉有限公司被认定为浙江省首批企业法人科技特派员。2人获“浙江省优秀科技特派员”称号，4人获“嘉兴市优秀科技特派员”称号。举办第三届中国·海宁长三角科技博览会。

推进国家级孵化器建设进程，开展前期筹备工作。全年新引进孵化企业31家，合计注册资金5160万元。实现孵化企业销售总额1.65亿元。成功推荐6家科创中心孵化企业在创新板挂牌。

全年实施各级各类科技计划项目742个，新增项目603个。通过各级鉴定、验收科技成果169项，其中省级以上鉴定、验收109项。获各级科技进步奖54项，其中省科技进步奖三等奖1项。共举办科技合作对接51场次，科技合作签约项目147个，发布成果665项。全年专利申请4440件，专利授权2590件。培育嘉兴市专利示范镇4个。

（陈雨良）

科技计划与高新技术产业化

【概况】　2013年，新列入各级各类科技计划项目603个，按级别分：国家级9个、省级468个、嘉兴市级14个、海宁市级112个。海宁市级科技计划项目分三批下达，共立项112个（其中重点项目47个），按种类分：农业科技创新示范工程项目39个、社会民生科技应用工程项目41个、知识产权示范工程项目6个、重点支持的高新技术产业化项目20个、初创期科技中小企业扶持发展项目6个。科技计划项目实施情况较好，4个国家“火炬计划”项目、1个国家“星火计划”项目、207个省级新产品项目、7个省级创新基金项目、2个嘉兴市级项目、83个海宁市级项目通过验收。

海宁纺织机械厂的“经编面料后整理数控起、剪、磨、烫毛成套设备”项目列入国家科技型中小企业技术创新基金重点项目，获科技部无偿资助资金120万元。天通控股股份有限公司的“高品质大尺寸C向蓝宝石晶体衬底材料的研发及产业化”及浙江海利得新材料股份有限公司的“共聚改性阻燃涤纶工业丝研发及产业化”等5个项目列入浙江省重大科技专项。“DPP120双面精密抛光机”等455项新产品列入省级新产品试制计划。

【高新技术特色产业化】 制订与落实科技配套政策及实施细则，鼓励企业加大科技投入，制订出台《海宁市企业技术研发中心管理办法》《海宁市企业技术和研发中心培育计划》。进一步规范和加强海宁市创新型企业培育发展，修订出台《海宁市创新型企业建设与管理办法》。逐步建立高新技术企业培育梯度，启动实施高新技术企业三年培育工作，下发《关于开展高新技术企业三年培育计划工作的通知》。2013年，全市分两批新认定高新技术企业6家，2010年认定的9家企业通过高新技术企业复审（巨都药业自动放弃）。新列入省级高新技术研发中心6家，嘉兴市级研发中心13家，海宁市级研发中心35家。66家高新技术企业实现工业总产值324.30亿元，产品销售收入294.40亿元，净利润14.27亿元，实际上缴税费9.30亿元，进出口创汇12.50亿美元，全年实现所得税减免2.31亿元。年内，软磁新材料、纺织新材料、复合包装和太阳能利用4个高新技术特色产业基地共开发高新技术产品134项，实现工业产值229.75亿元，工业增加值36.17亿元，出口创汇9.86亿元，利税18.06亿元。

（施建强　周　红）

科技成果及利用

【概况】 2013年，全市通过各级鉴定、验收科技成果169项，其中省级以上109项、海宁市级60项。按类型分：鉴定、验收工业项目14个，农业项目25个，社会发展项目21个。年内获各级科技进步奖54项，其中获浙江省科技进步奖三等奖1项，嘉兴市科技进步奖12项（一等奖2项、二等奖2项、三等奖8项），海宁市科技进步奖45项（一等奖2项、二等奖10项、三等奖33项）。

【抗球虫药马度米星铵新制剂关键技术及产业化】 由浙江汇能动物药品有限公司承担完成。项目针对抗球虫药马度米星铵新制剂生产工艺研究，包括制备技术的筛选、物料种类及配比的确定、工艺条件及技术参数的优化。采用固体分散技术制备马度米星铵新制剂，选用聚维酮（PVPk30）为载体，甲醇为溶剂，用溶剂法制备马度米星铵固体分散体。制成的马度米星铵新制剂用差示扫描法和红外光谱法进行质量验证，符合固体分散体特征。经浙江省兽药监察所检验，产品符合《中国兽药典》规定，并获得农业部颁发的生产批准文号。项目新制剂性能研究，包括溶出度试验，临床抗球虫效果试验以及使用剂量和安全性试验。确定产业化生产工艺路线，建立新型马度米星铵预混剂生产线。产品推广到全国30个省市及海外20多个国家，推广规模达20亿只鸡。由于马度米星铵新制剂用量少，抗球虫效果好，减少了药物残留，节约了养殖成本，因此经济、社会和生态效益显著。2010～2012年累计销售马度米星铵预混剂3511吨，实现销售收入4216万元，利润总额866万元，税收202万元，出口创汇286万美元。项目获2013年浙江省科技进步奖三等奖。

【大型数控落地铣镗床的开发】 由天通吉成机器技术有限公司承担完成。项目主要开发镗轴直径160～200毫米的数控落地铣镗床，型号为CFBR160、CFBR200，兼顾加工中心的开发。该类机床集国内外机械、电气、液压等先进技术开发设计于一体，是一种性能优良、工艺适用范围广的高精度高效率先进设备。机床配有德国西门子公司840D全数字控制系统（也可配FUNC或海德汉等数控系统）及611D数字式伺服和主轴驱动系统，能实现任意四轴联动，配备附件和软件可实现五轴联动。经过三年时间研发，公司成功开发了CFBR系列数控落地铣镗床产品，包括CFBR160（ATC）数控落地铣镗床、CFBR200（ATC）数控落地铣镗床，并销售12台。首台CFBR200-ATC数控落地铣镗加工中心通过格瑞维尔国际经贸（北京）有限公司出口奥地利及国内应用客户，CFBR系列数控落地铣镗床参加南京CCMT2010中国数控机床展览会，取得较好展出效果。至2012年年底，项目产品实现销售收入7070万元，利润总额1415万元，税收354万元。项目获2013年嘉兴市科技进步奖一等奖。

表24　2013年度浙江省科技进步奖获奖项目

序号	项目名称	主要（参与）完成单位	获奖级别
1	抗球虫药马度米星铵新制剂关键技术及产业化	浙江汇能动物药品有限公司	浙江省科技进步奖三等奖

表25　2013年度嘉兴市科技进步奖获奖项目

序号	项目名称	主要（参与）完成单位	获奖级别
1	大型数控落地铣镗床的开发	天通吉成机器技术有限公司	嘉兴市科技进步奖一等奖
2	高产优质多抗晚粳稻秀水134的选育与推广	嘉兴市农业科学研究院、中科院遗传发育所浙江嘉兴农作物高新技术育种中心、嘉兴市种子管理总站、嘉善县种子公司、南湖区农作物管理站、平湖市种子管理站、桐乡市农业技术推广服务中心、秀洲区种子管理站、海宁市农作物技术服务站	嘉兴市科技进步奖一等奖
3	单头纺2000旦高模低收缩聚酯工业丝	浙江海利得新材料股份有限公司	嘉兴市科技进步奖二等奖
4	植物复合鞣制清洁工艺生产汽车内饰革	海宁森德皮革有限公司	嘉兴市科技进步奖二等奖

续表 25

序号	项目名称	主要（参与）完成单位	获奖级别
5	ME815 孳生系列型高速拉毛机	海宁纺织机械厂	嘉兴市科技进步奖三等奖
6	55W 客货车前大灯用金属卤化物灯	海宁新光阳光电有限公司、复旦大学	嘉兴市科技进步奖三等奖
7	高速注坯用瓶级聚酯树脂	浙江万凯新材料有限公司	嘉兴市科技进步奖三等奖
8	便携式多功能伐条机研制开发	海宁市蚕桑技术服务站、海宁市职业高级中学、浙江省农科院蚕桑研究所	嘉兴市科技进步奖三等奖
9	机插和免耕直播稻田杂草发生规律及综合治理	海宁市袁花镇花溪粮油专业合作社、嘉兴市农业科学研究院、海宁市植保土肥技术服务站	嘉兴市科技进步奖三等奖
10	生态修复技术处理甲鱼养殖尾水的研究与示范	海宁市水产技术服务站、海宁市马桥继明种鳖场、浙江盛旭水产有限公司	嘉兴市科技进步奖三等奖
11	标准大骨瓣减压合并天幕裂孔切开术治疗重型颅脑损伤的临床研究	海宁市人民医院	嘉兴市科技进步奖三等奖
12	浙北平原水网绿化树种筛选与应用示范	嘉兴市林特技术推广总站、嘉兴职业技术学院、海宁市林业果树技术服务站、桐乡市绿标园林工程有限公司	嘉兴市科技进步奖三等奖

（邱根贤）

科技合作与交流

【概况】 2013 年，全市共举办科技合作对接活动 51 场次，邀请专家 423 人次，参加企业 1715 家，发布成果 665 项，达成合作意向 156 个，科技合作签约项目 147 个。年内，设立上海研发公共服务平台海宁科技服务中心、浙江理工大学国家技术转移中心海宁分中心、江南大学海宁技术转移中心、中科院海宁纳米电子材料与器件工程中心等创新载体，建立浙江省新材料高性能产业用方志材料技术联盟、国家纺测中心与浙江省中纺经编科技研究院、上海工程技术大学国家大学科技园海宁园区等共建平台，标志着海宁市科技创新载体接沪融杭工作取得新突破。

【第三届中国海宁·长三角科技博览会】 参见第 259 页“第三届中国海宁·长三角科技博览会暨第四届海交会”条目。

【百家企业需求进院校、百名院士专家进企业活动】 2013 年，集中开展百家企业需求进院校活动。1 月，向全市企业征集电子信息、皮革、经编等 11 个行业的 127 项技术需求。经删选、汇编、整理后发给 30 余家高校科研院所，进行双向洽谈与沟通，多项需求得到专家教授关注。7 月 12 日，浙江中越包装材料有限公司携带“用于建筑节能的新型相变储能材料”技术需求赴中科院大连化学物理研究所开展对接交流。6 月 6~7 日，在嘉兴高新技术成果交流会暨百名院士专家进企业活动中，来自中科院上海技术物理所、浙江清华长三角研究院等的 20 名专家院士与海宁天通吉成机器技术有限公司等十余家企业进行对接洽谈。

【经编技术对接活动】 5月17～18日，举办纺织技术对接活动，经编研究院正式运作。中国工程院院士孙晋良、中国针织工业协会教授级高工王智、东华大学纺织学院副院长陈南梁等20位院士、专家被聘为研究院专家顾问，中国针织工业协会副会长沈顺年被聘为研究院院长。研究院着力开展经编产品标准化研究，组织制订行业标准，解决经编企业生产技术难题，为企业提供产品设计、质量控制、产品展示、产品检测、人才培训等服务。12月9日，海宁市与江南大学开展科技对接活动，签订共建“江南大学海宁技术转移中心”协议。活动期间，浙江省中纺经编科技研究院、浙江省中纺经编科技研究院实验工厂、海宁超达经编有限责任公司分别与江南大学针织技术教育部工程研究中心举行“经编技术创新与应用”“经编针织物CAD系统应用与推广”和“高档经编氨纶弹力面料研发”3个科技项目的签约。

【网上技术市场建设】 8月，出台《海宁市促进网上技术市场培育发展管理暂行办法》。《办法》规定企事业单位通过网上技术市场交易、成交金额超过30万元的产业化项目，按实际成交金额的50%给予补助，通过网上竞价（拍卖）交易的产业化项目不受成交额的限制，按实际成交金额的50%给予补助。产业化项目以科技计划项目形式给予支持，单个项目最高一般不超过20万元，重大类项目不超过50万元。在2013年浙江省技术成果拍卖交易暨网上技术市场活动周期间，海宁市浙江科峰生物技术有限公司以50万元竞拍获得浙江工商大学“水产养殖专用功能型合生素制剂的研制”科技成果，海宁永大电气新材料有限公司以220万元竞拍获得哈尔滨理工大学“水溶性硅钢片漆”科技成果，是海宁市企业首次参与并成功在省技术成果拍卖交易会上拍得科技成果。活动周期间还举办三项科技成果签约、五项科技成果产品展览和网络在线洽谈等系列活动。2013年，全市上网企业94家，解决技术难题89项，涉及金额1.08亿元，签订合同48项，合同金额8533万元。

【清华大学博士研究生社会实践基地】 2013年清华大学社会实践征集工作共征集到8家企业的11个项目需求。6月29日，清华大学博士研究生社会实践活动欢迎仪式在市行政中心举行。6名清华大学博士研究生分别到浙江海利得新材料股份有限公司、浙江芯能光伏科技股份有限公司、浙江长海包装集团有限公司、盐官镇政府开展为期6个星期的社会实践。

（邱根贤　陈雨良）

12月9日，海宁市与江南大学开展科技对接活动

知识产权（专利）保护

【概况】 2013年，全市专利申请4440件，比上年增长28.9%，其中发明专利476件、实用新型专利1157件、外观设计专利2807件；专利授权2590件，其中发明专利76件、实用新型专利884件、外观设计专利1630件。全年下达专利奖励经费380.0万元，其中2590件专利获得奖励351.0万元（发明专利授权奖励64件、发明专利进入实审奖励319件、实用新型专利奖励747件、外观设计专利奖励1460件），各级专利示范企业、知识产权贯标企业、专利示范镇等获得奖励29万元。

全年新增各级专利示范企业24家，其中嘉兴市级以上12家，海宁市级12家。累计拥有各级专利示范企业143家。洁华控股股份有限公司被列入首批国家级知识产权优势企业，并被评为国家企业知识产权管理标准实施试点合格单位。丁桥镇成功创建嘉兴市专利示范镇，全市累计培育嘉兴市专利示范镇4个，数量居嘉兴各县（市、区）首位。开展专利行政专项检查，共查处假冒专利案件4件。

【完善知识产权政策措施】 制订出台《海宁市实施省知识产权工作示范市2013年度重点工作推进计划》和《海宁市实施国家知识产权试点城市2013年度重点工作推进计划》。修订出台新的《专利专项资金管理办法》，制订印发《海宁市专利质押贷款项目管理办法（试行）》《建立知识产权保护体制机制实施方案》《海宁市知识产权维权援助管理暂行办法（试行）》《海宁市专利服务券使用管理办法（试行）》等政策措施，在嘉兴市首次推行使用专利服务券。

【成立海宁市知识产权维权援助中心】 海宁市知识产权维权援助中心工作是市科技局要素市场化配置综合配套改革试点工作内容之一。制订印发《建立知识产权保护体制机制实施方案》，成立海宁市知识产权维权援助中心，制订出台《海宁市知识产权维权援助管理暂行办法（试行）》，设立维权援助中心专用热线。年内，海宁市知识产权维权援助中心被省知识产权局认定为“省级知识产权维权援助中心”。

【专利质押贷款】 制订印发《海宁市专利质押贷款项目管理办法（试行）》，为海宁市金融机构开展专利权质押贷款业务提供政策依据，对加速专利权的资本化和转化实施，缓解中小企业特别是创新型科技企业融资困难起到助推作用。2013年，两家企业共获专利质押贷款880万元。

【宣传培训】 开展2013年海宁市知识产权宣传周和“4·26”世界知识产权日宣传咨询活动。举办知识产权保护培训班。组织35家企业共41人参加嘉兴市知识产权宣传周系列培训，组织企业人员参加2013年度嘉兴市专利管理初、中级专业技术资格考试。

（王晓丽）

科技创新平台建设

【海宁市科技创业中心】 2013年，新引进孵化企业31家，注册资金合计5160万元，其中3家企业注册资金1000万元；新增毕业企业4家，新增省级科技型企业6家。累计引进、培育孵化企业83家，注册资金共计19862万元；累计毕业企业22家；累计有省级科技型企业12家。孵化企业产业涉及电子信息、新能源、新材料、生物医药等高新制造业以及软件、创意设计等高技术服务业。孵化企业全年含税销售总额1.65亿元，其中销售额超过2000万元的企业1家，1000万元～2000万元企业3家，500万元～1000万元企业7家。

年内，科创中心新引进浙江省“千人计划”人才项目2个，嘉兴市创业创新领军人才项目6个，海宁市领军人才项目5个。海宁银河纳米材料有限公司入围2013年浙商创业创新大赛总决赛，进入十强。至年底，孵化企业总就业人数610多人，其中硕士学历45人、博士学历36人、国家“千人计划”专家1人、浙江省“千人计划”专家7人。

科创中心二期工程于年底竣工，工程占地10463平方米，建造3幢5层孵化厂房，建筑面积16212.3平方米。二期工程定位为科技企业加速器，将重点引进培育科技加速企业。三期工程完成前期工作，桩基工程于12月开工。

深化对人才和企业的服务，科创中心团队服务探索被评为海宁市机关十佳“团队（科室）创新案例”。组织开展“创先争优”活动，每季度评选经营之星、知识产权之星，年底评选年度优秀毕业企业和优秀在孵企业。建立人才科技项目联络员制度，为每家孵化企业明确1名联络员，开展“一对一”跟踪服务。针对企业管理、营销、融资等共性问题，组织开展创业培训。举办“网络营销”主题沙龙活动，联合民生银行开展金融新产品推介，主办新型城镇化光伏应用研讨会，开展科技政策解读座谈交流会等。1月，设立“海创基金”第二个子基金——海宁科金创业基金，基金总规模1.5亿元，首期出资5000万元。联合市金融办推出浙江股权交易中心挂牌服务，1家企业在省股权交易中心成长板挂牌，6家企业成为首批创新板挂牌企业。

【浙江省皮革工业研究中心】 2013年，海宁皮革研究院主要围绕制革清洁生产、皮革绿色化学品、制革污染物防治和分析检测等领域开展研究。科技创新服务工作定位于解决行业关键、共性技术，重点推广制革清洁生产与节水技术、皮革无铬鞣制技术、制革废弃物资源化利用技术等。推广新型循环节水和中水回用技术、无氨脱灰技术、无铬或少铬鞣制技术、牛皮保毛脱毛技术、氨氮综合治理技术、富铬污泥深加工制备粉状铬鞣剂技术、铬鞣蓝皮用非铬类金属复合鞣剂及其配套助剂复鞣技术及功能性加脂剂制备技术等12项技术成果，海宁制革企业废水总排放量由2009年的600万吨下降为2013年的约350万吨，节水40%以上，海宁所有制革企业均实现达标排放。在兄弟科技股份有限公司建成年处理7500吨含铬固废（富铬污泥）的处理设施，有效控制重金属铬污染。2013年完成的科研成果“无铬鞣制技术及其关键材料的研究与产业化”经专家鉴定达到国际先进水平，并在森德皮革等企业推广应用。制定“浙江省皮革清洁生产产业技术创新战略联盟”标准3项。承担国家科技支撑计划课题“500万标张/年制革园区清洁生产与废物循环利用的关键技术及示范”子课题2个、“绿色制革关键材料及鞋用功能材料的开发及产业化”金属无铬鞣子课题、国家“863”课题“制革固废生产环保型轻工助剂技术”子课题2个，其中“牛皮制革湿加工及中水回用工艺技术研究与示范”项目获嘉兴市科技进步奖二等奖。

全年培养各类人才8人，引进人才11人，组织学术交流8次，参加人员近400人次，培训人员1100余人次。皮革检测中心完成检测业务20590批次，完成9项国家标准及行业标准的制（修）订立项申报，参与完成2项国家标准和3项行业标准的审定，发表学术论文3篇，完成科研项目6个、风险评价项目 1 个，获授权专利 2 件。

（沈莹洁　孙　鸣）

防震减灾工作

【地震监测预报】 完善地震前兆观测站设施，做好日常台站维护工作，为省地震台网提供高质量的地震监测数据。地震观测资料质量获全国“倾斜潮汐形变单项台优秀奖”、全省“2012 年度数字化水平摆优秀奖”、2012 年度强震（地方台站）第三名、2012 年度数字化无人值守前兆台资料质量综合评比资料质量第三名。

【创建省防震减灾“平安县（市）”】 加强震情监测，提高地震监测水平；加强全市中小学生地震知识和自救能力教育，每所学校每学期至少进行一次防震、防灾应急疏散演练，防灾应急演练形成制度化，每所学校均根据学校特点制订《防灾应急预案》；结合“5·12”防灾减灾日、科技三下乡等活动开展防震减灾知识宣传教育；加强重大建设工程抗震设防监管工作，做好海宁世贸广场和海宁开元名都大酒店两个重大建设工程地震安全性评价服务工作。2013 年，海宁市通过省防震减灾“平安县（市）”考核。

（葛利康）

［编辑：潘冰洁］

基础设施建设

Basic Facilities Construction

铁路运输

【概况】 海宁站是沪昆线上的二等客运站，由行车（接发、调车）和客运（服务、行李、售票）两大班组组成。原货运班组因铁路体制改革，自6月起直接由铁路杭州货运中心分管。2013年，海宁站日均接发客、货运列车170列，其中旅客列车100列、货物列车70列，包括行包（邮）专列6列、货物挂运列车6列。办理客运业务的旅客列车82列，覆盖全国大部分省、市、自治区，其中直达快速列车2对，分别直达北京和西安。全年到发旅客270万余人次，客运运输收入1.67亿元。分别在桐乡、海盐、海宁盐仓等地设有代理售票点，发售和预售本、异地到达全国各地的列车车票。2013年，海宁站被上海铁路局确立为“三线”建设及标准化行车室建设样板车站，被评为上海铁路局“标准中间站”。

长安镇站为沪昆线上的三等中间站，隶属上海铁路局嘉兴车务段。日均办理货运摘挂列车6列，主要为车站货物到发业务服务。其他通过客车、货物列车每昼夜170列左右。全年货物到发15万吨，运输收入600万元，到达货物主要以粮食、化肥类为主。由于到达杭州地区交通便利，长安镇（高新区）和杭州、萧山地区部分公司和企业把原在杭州地区的部分到发业务移至该站，到达货物列车比上年增加600列左右，发送货物列车增加110列。

斜桥站为沪昆线上的四等中间站，隶属上海铁路局嘉兴车务段，主要承担列车的到发、会让等工作。日均办理接发列车85对170列，其中旅客列车52对、货物列车33对。响应市政府“四边三化”行动具体方案，对斜桥站周边十余亩脏乱差空地进行整治，并实施园林化改造。对车站候车室及侵华日军炮楼作全面修缮。至年底，车站安全行车7083天，被嘉兴车务段评为“文明车站”“先进车站”。

12月28日，厦深铁路开通运营，实现海宁市与深圳市动车组直达，全程运行时间从原来的18小时缩短至10小时。同日，上海铁路局进行列车运行图调整，海宁西站每日办理客运列车增加至47列，日营业时间14小时。海宁西站到发线2条，主要开行发往上海、杭州、宁波、湖州、南京方向的时速300千米高速动车组和发往深圳、厦门、福州、温州、金华、合肥方向的时速200千米动车组。至年底，该车站实现安全生产1162天。完成运输收入2689万元，比上年增加727万元，增长37.1%。旅客到发83万人次，增加11万人次，增长15.3%，其中发送旅客41万人次，增长13.8%。

（蒋卫峰　吴秀良　倪　明　胡勤峰）

公　　路

【概况】　至年底，全市村道以上公路总里程1384.4千米。按行政等级分：国道90.7千米、省道83.2千米、县道297.3千米、乡道394.2千米、专业公路24.4千米、村道494.6千米。按技术等级分：高速公路101.2千米、一级公路189.5千米、二级公路92.8千米、三级公路187.3千米、四级公路688.0千米、等外公路125.6千米。每百平方千米公路密度为197.8千米。

2013年，在建项目16个，其中年内完工项目14个，2个续建项目分别是08省道马桥至尖山段工程和沪杭高速许村互通式立交桥工程。开展硖崇公路（迎丰至桐九公路）改建工程、科天公路（硖许公路至01省道）改建工程、观潮大道（01省道至翁金线）景观及南排河桥改造、潮涌路绿化及亮化工程和翁金线闸口集镇改造工程等项目的前期工作。

全市公路大中修工程总里程46.5千米，其中01省道单幅12.5千米、县道4条19.6千米、乡村公路11条14.4千米，总投资5893万元，至年底全部完工。全年完成农村公路危桥改造8座，总投资973.1万元。县道提升改造总投资47417万元，完成项目6个，里程35.3千米；乡村公路提升改造总投资2094.8万元，完成项目4个，里程7.2千米。

【潮涌路工程完工】　该工程观潮大道至海宁大道段于3月20日开工，9月15日建成通车；农发大道至观潮大道段于3月20日开工，12月30日建成通车。项目起点位于农发大道杭浦立交桥南侧，终点为盐秦公路，全长26.8千米。按二级公路标准设计，设计速度为每小时50千米，项目总投资约3.25亿元。

【硖尖公路北延改建工程完工】　该工程于2010年4月开工，2013年1月9日建成试通车。12月31日主体工程完工，主线长8.8千米，硖石互通连接线长0.4千米，全长约9.2千米。按一级公路双向四车道标准设计，沥青混凝土路面，设计速度为每小时80千米，路基宽24.5米（K0+000～K0+800宽为35米），项目总投资约32.78亿元。

【01省道海宁大道立交改造工程完工】　该工程于3月1日开工，9月15日建成通车。起点接海宁大道北段，上跨01省道桥采用8×25米+30米+35米+30米+8×25米的配跨，终点接嘉海公路，全长800米。桥梁按二级公路标准设计，设计速度为每小时60千米，项目总投资约7697万元。

9月15日，潮涌路建成通车

【海宁大道辅车道改建工程完工】 海宁大道（01省道至城南大道、铁路北至湖盐线）辅车道改建工程于4月1日开工，8月31日建成通车。起点为01省道立交桥北侧平交口，终点为湖盐公路的环岛。施工终点桩号为K13+773，其中K4+676~K8+552.855（约3.9千米）于2012年先期实施改造完成。路线总长9.4千米。拓宽后路基宽度55.5米，为双向八车道，辅车道按四级公路标准建设，项目总投资5451.8万元。

【硖许公路（广顺路至环西二路）改建工程完工】 该工程于4月5日开工，10月5日建成通车。起点为海州西路与广顺路交叉口，终点为海州西路与环西二路交叉口西侧，全长约1.6千米。按一级公路标准设计，设计速度为每小时80千米，项目总投资4556.9万元。

【硖崇公路迎丰段改建工程完工】 该工程于4月15日开工，8月15日建成通车。起点为状元桥东侧硖崇路（K0+000），终点为迎丰村集市南侧（K1+759），全长1.7千米。按二级公路标准建设，设计速度每小时50千米，总投资1788.4万元。

【袁花镇袁闸公路新袁段改建工程完工】 该工程于4月1日开工，10月31日建成通车。改建后路面宽10.5米，增设人行道3米，总长为1.2千米，设计时速每小时40千米。项目概算总投资约600万元。

【闻澜路西延（08省道段）改建工程完工】 该工程于2012年9月1日开工，2013年6月20日建成通车。全长2千米，道路规划红线宽度为28米，路面宽24.5米，双向四车道，起于闻澜路与新城路交叉口处。项目概算总投资约4000万元。

【海宁大道杭浦高速海宁互通至01省道景观改造更新工程完工】 该工程于2012年12月1日开工，2013年4月2日完工。位于丁桥镇境内，北起01省道海宁大道交叉口，南至金洪线，按城市园林绿化标准设计建设，全长3.1千米。主要工程为道路两侧绿化种植、改造施工及养护，改造面积19万平方米，总投资约2600万元。

【08省道绿化改造工程完工】 该工程于2012年12月20日开工，2013年4月2日完工。为道路两侧各17.5米范围内景观改造更新工程，按城市园林绿化标准设计建设。起点位于08省道与01省道交叉处，终点为湖盐公路，全线长10千米。改造总面积约30万平方米，总投资约3000万元。

【嘉绍高速海宁互通及连接线绿化工程完工】 该工程于2012年11月25日开工，2013年3月28日完工。项目按交通绿化标准建设部分结合城市园林绿化标准设计建设，施工范围为嘉绍高速海宁互通区范围及连接线道路两侧绿地和中央隔离带，共约14万平方米绿地绿化施工及养护管理，总投资约2000万元。

【硖许公路（斜桥至长安段）绿化工程完工】 该工程于2012年10月30日开工，2013年4月13日主体工程完工。项目按交通绿化标准建设部分结合城市园林绿化标准设计建设。建设内容为对新建硖许公路斜桥至长安段约8千米道路两侧和中央隔离带进行绿化种植、改造施工及养护，总投资约600万元。

【沪杭客运专线海宁西站许村至长安连接线绿化工程完工】 该工程于2012年10月30日开工，2013年4月8日主体工程完工。

按照交通绿化标准建设部分结合城市园林绿化标准设计建设。建设内容为对新建沪杭客运专线海宁西站许村至长安连接线约7.8千米道路两侧和中央隔离带进行绿化种植、改造施工及养护，总投资约700万元。

（查晓元）

航　　道

【概况】 至年底，全市有定级内河航道48条，总长417.6千米。其中四级以上干线航道2条（含规划建设），长20.9千米；五、六级航道18条，长167.2千米；七级（含七级）以下航道28条，长229.6千米。

【市区范围4条河道全面禁航】 实施市区禁航水运绕道工程，提升市区外围航道通航能力，满足市区禁航后货船绕运需求。该工程于3月31日开工，12月16日基本完工。主要实施内容：对辛江塘、斜郭塘、洛塘河西段等49.1千米航道进行改造，包括14座桥梁拆除重建、3座只拆不建、18座桥梁顶升、33千米航道疏浚，总投资约8900万元。12月16日零时，市区4条河道全面禁航（公务船、保洁船除外）。禁航区域为：洛塘河（长山河口至绵长港口）、市河（长山河口至中丝三厂）、麻泾港（中丝三厂至江南大道）、平阳堰港（洛塘河口至江南大道），禁航里程共19.1千米。

【硖尖线航道养护工程开工】 硖尖线航道（袁花中分桥至尖山）多年缺乏整治，水深不足，航道底宽面窄，通行能力较差，加之水土流失，致使淤积严重。该工程的实施可使基本丧失水运能力的航道满足500吨级船舶的单向进出，为尖山新区开启水路运输创造条件。该养护工程于3月1日开工。工程起于袁花中分桥，终于黄湾镇（尖山新区），为六级航道。对该航道按底宽15米、水深2.5米标准进行疏浚，全长4.1千米，疏浚土方21.8万立方米，新建和修复护岸148米，设置急弯标志4座。工程概算457.6万元。

（胡月梅）

交通管理

【概况】 2013年，全市有汽车运输经营单位3490家，拥有客货运汽车6441辆，其中客车928辆27014个客位、货车5513辆26825吨位。全市拥有客运出租车350辆，货运站（场）（含货运配载、货运代理、仓储等）业户221家。全年完成公路客运量2735万人次，旅客周转量80946万人千米；完成公路（营运车辆）货运量957万吨，货物周转量84707万吨千米。

全市有公交线路87条，其中市内公交32条、城乡公交55条（城际公交7条、跨县公交6条、县内公交42条）。城市公交日发1336个班次，城乡公交日发1068个班次。长途班线43条，其中跨省班线19条、跨市班线24条。长途班线日发118.5个班次。

全市完成水路货运量962.8万吨，货物周转量174536.7万吨千米；水路货物发送量355.8万吨，港口货物吞吐量1630.0万吨。征收水路规费211.0万元、航道通行费371.9万元。

6月26日，《海宁市城市公交发展规划（2013～2020）》通过评审。9月13日，350辆出租车全部实行机打发票。自11月30日起，先行在K1、K5路公交车推出用市民卡刷卡乘坐公交的服务。8月，在第十六批国家A级物流企业综合评估中，浙江方元物流有限公司通过审核，成为海宁市首家国家A级物流企业。

【汽车北站开工建设】 该项目按二级车站标准设计，于12月14日开工建设。位于由拳路北侧、文苑路东侧，与市客运中心南北呼应。占地面积4.2公顷，总建筑面积2.9万平方米，其中地面建筑1.9万余平方米、地下停车场建筑1万余平方米。项目由海宁市大元运输有限责任公司投资建设，总投资约1.27亿元。

【首批天然气公交车正式投运】 1月19日，大元公司新购置的37辆天然气公交车陆续投入到市区K5、K2、K3路公交线路，为海宁首次投入新能源公交车。天然气公交车的运行，可以减少84%的一氧化碳、14%的氮氯化物和88%的碳氢化合物排放量，节能20%~30%左右。

【出租车“油改气”基本结束】 至2013年1月，全市300辆出租车改装成气、油双燃料车，有31辆出租车更新为双燃料汽车，占出租车总量的95%。自2012年3月起推行的出租车行业“油改气”工作基本结束。

【出台《普通国省道公路边三化工作实施方案》】 4月，《普通国省道公路边三化工作实施方案》（以下简称《方案》）正式出台。《方案》规定，国省道公路边绿化、洁化、美化“三化”整治行动的重点是围绕“一种三清”（种植绿化，清理垃圾、清理违法建筑、清理违法和无序广告），加强对公路建筑控制区（普通国道向外20米、省道向外15米）和普通国道、省道公路用地范围外100米可视范围内影响环境的脏乱差现象的整治。范围包括320国道海宁段、101省道海宁段、新08省道等公路沿线的生态景观环境。

【启动治理城市交通拥堵工作】 5月，市交通治堵工作领导小组列出2013年围绕交通治堵开展的51项工作，包括城市规划、路网建设、交通管理、公交提升等措施，涉及13个部门。

天然气公交车在加气站加气

【推出手机智能公交查询系统】 5月20日，海宁推出手机智能公交查询系统。凡使用智能手机的用户，通过二维码扫描，在手机上下载软件后，即可掌握公交车实时动向，还能查询换乘线路和站点班次。

【出台困难家庭公交出行补助政策】 6月，《海宁市困难家庭公交出行补助实施方案（试行）》出台。规定自7月1日起，对持有最低生活保障社会求助证、困难家庭援助证、困难残疾人家庭优惠证的家庭给予公交出行补助。具体补助分两块：一是就医公交出行补助。对适用对象每户每半年发放公交IC卡100元；在海宁市就医年公交车费自负部分超过1000元的，按照实际支出给予全额补助（即就医者个人公交出行费用）。二是针对持“三证”家庭的小学、初中、高中、中等职业学校在读学生，每人每学期发放公交IC卡200元。

【“海宁运政”官方微博启运】 7月，市运管所官方微博“海宁运政”正式开通。微博适时发布运政工作进展情况和相关法律法规信息，听取社会各界的意见建议，为网友解答客运、货运、维修、驾驶培训等各类咨询。

【最长危桥被拆除】 海宁最大最长的危桥——长山河长生堰桥于8月29日被拆除。长生堰桥建于1980年，为三跨拱桥，全长118米，净高4.57米，是农民和农业机械过长山河进行农田作业的通道。2007年，港航部门发现该桥拱肋支撑部位断裂，将该桥列为危桥，2008年起不再通行。由于该桥已不承担交通出行的作用，故拆除后不再重建。

【7项路政许可审批权下放到镇】 9月，交通行政审批分中心决定将7项涉及乡道的路政许可审批权先行下放到许村镇、长安镇、袁花镇进行试点。7项路政许可具体为：建设工程需要占用、挖掘公路或者使公路改线许可，跨越、穿越公路作业许可，公路用地范围内架设、埋设管线等设施许可，建筑控制区内埋设管线等设施许可，增设公路平面交叉道口许可，公路用地范围内设置非公路标志许可，公路护路林更新砍伐许可。

【启动老旧船舶淘汰工作】 为加快内河船舶运力结构调整，提高水运效能，根据省港航局有关规定，凡船龄在13年及以上（即2000年12月31日前建成）的老旧船舶或船龄在13年以内但吨位在200总吨以下的小型船舶，船舶证书齐全有效，自愿提前拆解的可提前拆解淘汰，上级财政将给予一定的拆解补助。10月，市港航处启动相关调查摸底工作，初步统计全市符合淘汰标准的船舶共有310艘，其中有204艘船主表示愿意淘汰并拆解，占符合淘汰标准船舶的65.8%，占全市营运船舶的49%。该部分船舶拆解淘汰后，单船平均吨位将上升到230载重吨左右。

【在全省率先实现公交免费WIFI全覆盖】 自11月15日起，全市境内所有公交线路实现WIFI全覆盖。市民进入公交车内，只要将智能手机或平板电脑的无线端口连接至dybus账号，即可享受免费上网。该举措是海宁打造智慧城市的重要内容之一。

【实现公交电子站牌全覆盖】 为提升智能公交服务水平，近年来，海宁市把公交智能电子站牌建设列入智慧城市建设的重要内容。2012年至2013年，市政府连续两年将公交电子站牌建设列入实事工程。两年投资1500多万元，对市区公交候车亭进行全面维修、改建、新建，增设278块公交电子站牌，在嘉兴地区率先实现市区公交电子站牌全覆盖。

【海运货船触礁沉没】 8月31日，海宁唯一一艘海运货船——浙江华德利海运有限公司旗下的“华德利7号”货船在航行至舟山东福山水域时触礁沉没。“华德利7号”载重17339吨，主要从事海上煤运，年运输量30多万吨，年创税收40多万元。该船沉没后，经理赔申请，华德利公司获得8668万元的保险赔付款，是嘉兴历史上最大的一笔赔付。

【公共自行车交通系统二期项目建成运行】

该项目于5月6日开工建设，8月31日完成建设并投入运行。新建公共自行车站点83个，投放公共自行车1000辆。至年底，市区共有113个公共自行车站点，累计投放公共自行车2200辆。

（胡月梅）

水利　海塘

【概况】　2013年，全市完成水利建设投资4.08亿元，完成土石方416万立方米。省重点项目鹃湖工程完成土方开挖，闸站、湿地等配套建设加快推进；上塘河流域活水试点工程投入运行。实施河道整治，疏浚镇、村河道268千米，整治脏乱黑臭河道159条83.5千米，完成13.2千米洛塘河（绵长港至长山河）和市河疏浚。推进河岸整治和生态绿化工程，共完成全市河道绿化59.8公顷、水生植物种植37534平方米；拆除涉河违章建筑5.5万平方米。开展农田水利工程建设，共整治圩区面积2633.3公顷，实施灌区渠道衬砌158.5千米，建设喷微灌面积50.1公顷，成功入选第五批中央财政小型农田水利重点县名单。抗击梅雨期三次集中降水、出梅后60年一遇高温天气和10月强台风“菲特”及强降雨等灾害，确保全市安全度汛。

钱塘江海宁段海塘位于钱塘江北岸海宁市境内，西起余杭围垦交界处，东至海宁尖山围垦四号隔堤，一线海塘长度55.7千米，其中省管海塘34.2千米、地方海塘21.5千米。一线临江省管标准海塘共有五段，分别为：老盐仓大坝至秧田庙段海塘8.0千米、秧田庙段至陈汶港段海塘14.0千米、陈汶港段至平塘头段海塘10.6千米、平塘头段至塔山坝段海塘1.1千米、塔山坝至西顺堤段海塘0.5千米，均为I级海塘。2013年，省钱塘江管理局嘉兴管理处参与修订《2013年钱塘江海塘防御洪水预案》和《钱塘江河口地区防御台风暴潮预案》，修编《嘉兴管理处防汛应急响应细则》和《钱塘江嘉兴段海塘防御台风暴潮技术手册》；完成《钱塘江临江古海塘资料整编海宁段海塘实测断面图（附照片）》《钱塘江临江古海塘资料整编海宁段纵剖面高程图》《钱塘江临江古海塘资料整编海宁段塘身、护坦部分》等资料；管理处牵头与辖区沿江三个县（市）水利局共同制定《钱塘江嘉兴段涉河涉堤建设项目联合监管制度》，并按制度组织联合检查活动。

年内完成6项海塘工程：钱塘江省管海塘八堡段塘前防冲工程、钱塘江省管海塘盐官段防护栏杆改造工程、钱塘江省管海塘新仓段防汛道路整修工程、钱塘江省管海塘海宁段挡浪墙加固工程、钱塘江省管海塘试验延伸段整修工程、钱塘江嘉兴段海塘整修工程。新增审批项目5个：尖山污水处理厂一期排放口及丁桥污水处理厂排放口改建工程、浙江创海机械有限公司新建厂区道路连接老盐仓二线海塘工程、尖山新区管委会从钱塘江取土项目、自来水有限公司自来水管穿越大山圩海塘、尖山钱塘江路延伸平交大山圩海塘。尖山治江路延伸平交大山圩海塘，共收取占用水域补偿费62.3万元。

【重点工程建设】　推进鹃湖应急备用水源工程，完成湖区土方开挖和2个闸站、1个节制闸主体工程，完成湖区东南角生态湿地、自动化控制系统、管理房 60%工程量。累计完成土方约 300 万立方米，总投资 45382 万元，占项目投资的 77%，其中当年完成土方 100 万立方米，完成投资 9500 万元。推进上塘河流域活水试点工程建设，完成运输河闸站和坝头港、运盐河、俞家浜三座节制闸工程并投入运行。做好杭嘉湖扩大南排洛塘河项目跟踪工作，工程可行性研究报告获国家发改委批复。完成盐仓段标准塘除险加固、三防物资储备中心、上塘河流域管理用房工程。

洛塘河环保绞吸式疏浚

【河道整治工程】 推进镇、村河道整治，共完成镇、村河道疏浚 268 千米，土方 270 万立方米。组织实施脏乱黑臭河道整治，共整治河道 159 条 83.5 千米，清理淤泥 50 万立方米。实施 13.2 千米洛塘河（绵长港长山河）和市河疏浚，完成丁桥利群水利弃土中转场工程，启动 22.5 千米省级中小河流——宁袁塘疏浚工程。加强镇、村河道绿化工程建设，完成镇、村河道绿化 25.4 公顷，种植水生植物 32500 平方米。实施市级河道绿化工程，完成绿化面积 34.4 公顷，种植水生植物 5034 平方米。全市共拆除涉河违章建筑 5.5 万平方米。推动市区绿道工程，完成沿泾港河道整治、平阳堰港城区段沿河慢行道连通工程，推进洛塘河（横塘河—长山河）北岸整治，启动洛塘河（嘉海公路—环西二路）提升工程。

【农田水利建设】 推进圩区、灌区改造提升工程，完成农田水利建设投资 3093 万元。整治圩区面积 2633.3 公顷，加高加固圩堤 10.3 千米；实施灌区泵房改造 30 座、机泵更新 40 台套、渠道衬砌 158.5 千米，建设喷微灌面积 50.1 公顷。启动盐官、袁花 6 个工程项目建设。

【水事秩序管理】 组织开展洛塘河西段沿线 200 米范围内污染源普查和整治，委托对主河道和 34 条支流开展 15 批次、88 点次水质监测并进行统计分析和通报。组织开展河道巡查 22 次，处置问题 24 个，打捞沉船 11 艘 133 吨。全年共承办数字城管涉河案件 58 件，按时办结率 100%。加强河道监督管理，全年共组织巡查 110 次，巡查各类河道 820 条次。加强取用水监督管理，完成 5 万立方米以上的取水户实时监测系统安装工作。强化审批窗口服务，共受理水行政许可项目 82 个，按时办结率和满意率均为 100%。启动行政审批改革工作，将原 28 项行政许可事项调减至 7 项，并进行审批流程再造。调解和处理水事违法行为，共制止和查处水事违法行为16起，清除河道设障物1190余立方米。

【观潮公共安全】 置备一只135米远程救生抛投器和一只便携式救生抛投器用于救援。修复防护栏杆1914根（小栏杆1879根、扶手栏杆35根）、花岗岩栏杆300米、防护网片895平方米、各类宣传牌62块，新建宣传牌9块，更新防汛麻袋1万只，维护费用约32万元。

【钱塘江省管海塘八堡段塘前防冲工程】
该工程投资165万元，对桩号91+820～92+340海塘塘前抛放扭王块和块石混合料进行防冲处理。工程于9月26日开工，10月21日完工。主要完成工程量：安放扭王块1694立方米，抛填块石2974立方米。

实施盐仓海塘加固工程

【钱塘江省管海塘盐官段防护栏杆改造工程】
该工程投资258万元，将盐官海滨公园段1026米海塘防护栏杆改造为花岗岩栏杆。工程于8月3日开工，9月10日完工。主要完成工程量：土方开挖239立方米，石渣回填35.6立方米，C25细石砼基础158立方米，花岗岩栏杆1026米。

【钱塘江省管海塘新仓段防汛道路整修工程】
该工程投资107万元，对海塘桩号99+765～101+265的1500米防汛道路进行整修加固。工程于10月18日开工，11月12日完工。主要完成工程量：原砼防汛路面拆除600.2立方米，C10砼垫层200.3立方米，C30砼路面935.0立方米。

【钱塘江省管海塘海宁段挡浪墙加固工程】
该工程投资218万元，对海塘桩号74+073～74+301、95+560～95+860、102+300～103+100段挡浪墙进行加固处理，将原凝灰岩条石挡浪墙改建为C30钢筋砼挡浪墙。工程于8月20日开工，11月4日完工。主要完成工程量：原凝灰岩条石挡浪墙拆除478.7立方米，建C30钢筋砼挡浪墙1244.3立方米，钢筋制作安装65.7吨，挡浪墙表面喷砂3494.6平方米。

【钱塘江省管海塘试验延伸段整修工程】
该工程投资293万元，对海塘桩号96+158～96+900段742米背水坡及海塘桩号96+416～96+916段500米挡浪墙进行加固处理。工程于7月11日开工，11月25日完工。主要完成工程量：土方填筑7042.7立方米，干砌块石散水534.4立方米，C30砼挡浪墙388.5立方米，砼螺母块护面1322.4立方米，种植草皮3704.4平方米。

【钱塘江海宁段海塘整修工程】　该工程投资200万元，对海塘存在的安全隐患进行整修加固。工程主要建设内容有：丁桥段海塘后坡整修加固、海宁试验段前坡整修加固、大缺口东侧挡浪墙加固、海宁段临江古海塘塘身条石及护坦修复。工程于7月28日开工，11月28日完工。主要完成工程量：土方填筑7950.8立方米，草皮种植8748.1平方米，C30砼挡浪墙193.1立方米，浆砌条石460.6立方米，抛填块石248立方米，C25砼护坦91.2立方米。

【水政监察】　3月22日，省钱塘江管理局嘉兴管理处以“规范捕鳗苗活动，保护钱塘江海塘”为主题，组织海宁市水利局以及沿江各村、镇共29人，对临江海塘进行联合宣传执法，向捕鳗渔民发出《“关注防潮、规范捕鳗、保护海塘”倡议书》100余份，清除各类损塘桩木100余支。4～6月，对钱塘江海宁段临江海塘塘身及护塘地违法垦种行为进行集中整治，清除违法垦种农作物面积约0.8万平方米。7月，针对在盐仓大坝堤顶道路非法经营烧烤、夜排档等现象，与长安镇政府组织城管、卫生、工商、派出所等职能部门，联合开展专项整治执法行动。10月15日，对胡斗村俞某违法在海塘后坡管理范围内建设的停车台实施强制拆除。全年立案查处案件2起，收缴罚款2.5万元。

（贺诗明　陈　洲）

邮　　政

【概况】　全市有20个城乡邮政营业网点，185个村邮站，56个便民服务站。2013年，完成邮政业务总收入5594万元，比上年增加588万元，增长11.7%。其中邮务类业务收入3007万元，增加691万元，增长29.8%；代理金融业务收入2331万元，减少39万元，下降1.6%；代理速递及其他业务收入256万元，减少64万元，下降20%。至年底，邮政储蓄余额13.54亿元。

【个性化邮票首发式暨邮票展览】　9月15～17日，“多彩海宁、精彩潮博”个性化邮票首发式在盐官举行。邮票共有两版，是中国邮政首次为海宁潮文化定制的个性化邮票。第一版为“多彩海宁、精彩潮博”，以宣传2013中国·海宁潮国际博览会活动为内容。邮票主图采用《花卉》之牡丹花，面值1.20元/枚，整版12枚。副图为“潮博会会标”“潮博会吉祥物——潮宝宝”“央视直播海宁潮”“观潮节”“国际轮滑节”“皮革博览会”“家纺博览会”“科技博览会”“经编科技文化活动周”“徐志摩诗歌节”“硖石元宵灯会”“海宁潮音乐节”12个潮博会精品项目。第二版为“百里钱塘、百年潮影”，主要内容为宣传海宁百里钱塘国际旅游长廊。邮票主图采用《花卉》之荷花，面值1.20元/枚，整版12枚。副图由12幅清末、民国时期拍摄的海宁潮老明信片图案组成。同时，举行精品邮票展览活动，邀请邮票设计专家现场签名。

【开发大脚板乐园邮资明信片门票系统】　12月5日，市邮政局和海宁市大脚板乐园管理服务有限公司签署运营协议，承揽制作带有邮寄功能的大脚板乐园门票。

（俞　震）

通信·网络

【概况】　2013年，中国电信海宁分公司完成业务收入2.99亿元，比上年增长2.7%。至年底，CDMA移动用户超过16万户，有线宽带用户达15万户，iTV用户超过4万户。全市有电信自有营业厅23家，合作专营厅51家，各类手机合作店73家，便民充值缴费点374家。

中国移动海宁分公司完成运营收入4.88亿元，比上年增长6.3%。累计通话用户68.9万户，净增TD智能机用户10.2万户。完成G19.1、G19.2、TD6.2、疑难站点攻坚等各项工程建设任务。全年在城区建设站点21个，解决百合新城等一批城区遗留难点，完善网络结构。参与市公安局、各大银行、公共自行车等项目建设，成功签约全省第一条国际专线。

中国联合网络通信有限公司海宁分公司聚焦3G、2G、固网、融合业务等核心业务，全年实现主营业务收入9100万元，比上年增长8.3%。年内，新增移动站点12个、室分4个；FTTH接入小区新建7个，FTTH接入小区扩容8个，新建PON接入宿舍6个，完成52家大客户接入项目。优化传输网络，海宁接入网传输物理成环率达70%，完成重点客户的环网保护工作。完成2013年移动基站直供电改造任务，移动网基站直供电比率为80.40%，提高7.2个百分点。

【电信助推数字海宁建设】 一是综治e通项目推动社会管理信息化。该项目依托电信3G网络和3G无线信息采集移动终端，与政法委社会管理信息平台实现数据实时交互更新，实现社区网格内重点人群、突发事件等的动态管理。7月，在斜桥镇试点，首批开通65个网格的信息收集终端。12月，开通许村镇90个网格的信息收集终端。二是推进无线城市建设。与市大元运输公司合作启动公交免费WIFI项目，于10月底完成400辆城乡公交车的3G-WIFI设备安装和试运行。自11月起，实现全市公交车免费WIFI接入。三是助推“平安海宁”建设。为城乡防控一体化视频监控项目提供网络接入，首批共建设光纤接入点200个。四是推动“三务公开”信息平台建设。配合各镇完成全市221个村的平台搭建和便民服务信息内容加载工作。五是持续推动3G普及。通过终端和应用的丰富提升3G用户在移动用户中的占比，全年开展各类3G辅导活动67场。3G智能手机用户超7万户，占比44.3%。进一步普及翼支付、手机看店、手机考勤，以及各类3G日常应用软件。

【优化电信网络】 推动“光网城市”建设，实现新建小区全部光宽带接入和老小区“光进铜退”及接入网改造升级。至年底，市区130个小区、农村150个新村集聚点和自然村实现光宽带覆盖，光宽带覆盖能力达14万户，光宽带用户数3.7万户，宽带端口6M达标率99.5%。推进宽带城域骨干网升级，骨干网出口达到100G；无线网络不断优化，全年新增基站4个，年底3G宏基站达到176个，RRU设备126套，合计302套。9月，启动4G-LTE网络建设，新建4G基站113个。

【提升电信服务】 组织进村、进市场、进企业服务，全年组织各类现场服务600多场。为“一节两会”、海宁潮音乐节、抗击台风“菲特”等做好通信保障。配合城市有机更新，完成市区蔡家埭、人民路、太平弄等区块的线路和设备迁移。落实手机用户实名制，开展垃圾短信清理，把好网络接入关。

【移动海宁分公司掌上电力系统项目获“金桥工程”二等奖】 3月19日，由移动海宁分公司申报并实施的市供电局掌上电力系统项目获2012年度海宁市“金桥工程”二等奖。掌上电力系统项目是海宁分公司参与“无线城市、智慧海宁”建设的第一个项目，为广大移动用户提供便捷查询电费等服务。该项目于2012年申报和实施，是浙江省首款掌上电力类型的应用软件。

【移动海宁分公司启动短信地税发票兑奖项目】 4月20日，海宁分公司与市地税局合作开发短信发票兑奖项目。建立短信平台，与地税局服务器、连连科技充值平台实现对接，客户可以刮开发票，根据发送序列码短信，实现自动兑奖、自动充值。该项目为公司实现专线、短信、IDC托管、ICT项目等多种业务收入。

【移动海宁分公司与市中医院签约办公OA及移动OA一体化项目】 6月15日，海宁分公司与市中医院签订办公OA及移动OA系统一体化项目开发协议。该系统实现邮件管理、公文处理、通知公告、通讯录等功能，替代原有的纸质办公模式，直接步入移动互联网时代。是公司开展深入医疗行业拓展信息化应用行动后签约的第一个项目。

【移动海宁分公司启动市职业高级中学智慧校园试点项目】 6月17日，海宁分公司启动中职版智慧校园试点项目，海宁市职业高级中学为全省试点学校。经过3个月的开发，平台于9月正式上线运营。系统根据中职院校的特点结合市职业高级中学的教学特色，并与校讯通平台进行对接，成功整合多项公司业务，为稳定校园市场、提升学校信息化水平提供服务。

【移动海宁分公司签约省级预约挂号平台接入协议】 6月21日，海宁分公司与市卫生局签约省级预约挂号平台接入协议。5家二甲以上医院从卫生局统一接入由移动省公司承建的省级预约挂号系统平台。海宁分公司只需拉一条专线至卫生局机房的前置机即可完成接入，医院与卫生局之间的数据传输由客户方自行解决。

【移动海宁分公司推出“潮乡党建”手机客户端项目】 11月17日，海宁分公司与市委组织部合作开发的“潮乡党建”手机APP应用正式上线启用。通过同步潮乡党建网的最新信息，配备后台新信息编辑发布功能，实现推送消息、批量订阅、查看历史信息等应用。公众在使用该应用的过程中，可通过民情留言板功能和管理部门进行信息反馈、提交意见。

【联通海宁分公司完成建筑安全数字管控平台项目】 8月，联通海宁分公司与市建筑业管理处完成建筑安全数字管控平台项目。项目为海宁分公司实现了稳固的移网客户和ICT收入，形成“行业应用+移动业务+综合业务”的发展模式。

【联通海宁分公司开展“学生创业”合作项目】 8月，海宁分公司与市职业高级中学开展“学生创业”合作项目。该项目是海宁分公司在校园市场发展上的突破，利用合作经营模式发展校园市场，从短期营销低占有率的被动型转变为校园销售主导地位。通过组织利用3G网络和终端优势的校园活动，带动大批学生、教师转网。

（沈群利　梁湘瑜　马春蕾）

电　力

【概况】 2013年，全社会用电量68.11亿千瓦小时，比上年增长8.9%；售电量63.82亿千瓦小时，增长9.9%；供电量66.14亿千瓦小时，增长 9.4%；线损率 3.5%，下降 0.45 个百分点；全年最高负荷 122.57 万千小瓦，增长 13.6%；供电可靠率 99.94%，电压合格率 99.38%。完成电网投资 2.07 亿元。

至年底，全市拥有 500 千伏变电所 1 座；220 千伏变电所 5 座，主变 13 台，总容量 2490 兆伏安；110 千伏变电所 20 座，主变 41 台，总容量 2049 兆伏安；35 千伏系统变电所 7 座，主变 14 台，总容量 253 兆伏安；110 千伏线路 33 回 319.78 千米，35 千伏线路 25 回 202.97 千米。变电设备一类占有率 100%，设备完好率 100%。

全年受理“95598”工单 17248 份，其中抢修工单 13696 份、非故障工单 3135 份，处理率 100%。发布停电信息社会公告 868 条（次），周（日）停电通知 29256 次（户）。收到“95598”投诉 35 起，投诉处理及时率 100%。安装公变终端 9307 台，至年底，公变终端安装覆盖率 100%，采集数据完整率 99.68%。10 千伏及以上业扩报装（新增、增容）申请 713 项，容量 40.6 万千伏安。完成送电工程 455 项，容量 17.8 万千伏安，比上年增长 10.6%。

2013 年，国网海宁市供电公司巩固“三集五大”体系建设，推行“一线工作法”“好人好事储蓄银行”，全省首创县公司综合性一体化运营监控，全面实现“六全”全覆盖。年内，通过县域电力通信网试点工程建设验收，荣获国网浙江省电力公司抗击台风“菲特”先进集体，获国网公司同业对标标杆单位称号，陈新益劳模工作室被命名为省电力公司首批劳模创新工作室。盐官供电所获 2012～2013 年度“中国最美供电所”称号。

【电网建设】 年内，220 千伏庆云（祝东）输变电工程、110 千伏朝阳变扩建工程竣工投产，推进 220 千伏安江输变电工程、赞山输变电工程土建工程。配网项目累计开工中压线路 257.3 千米；配变 376 台净增容量 78870 千伏安，低电压情况得到有效控制。完成配网项目投资 20708.9 万元。

【优化服务】 开展营业普查、反窃电检查专项活动，确保电费回收无遗漏。加强重要高危用户安全治理，由营销部对重大隐患进行督促指导并向政府有关部门报告备案，促请地方政府将检查发现的客户责任重大隐患纳入政府督办范围。全省首创“微功率无线”，攻破载波通信难题。开展“业扩提速工程”，打造全省通电最快的海宁速度，平均完成通电时间缩减 61.5%。对海宁市内光伏项目进行梳理，跟踪项目进展，为分布式

1 月 25 日，220 千伏庆云输变电工程投产

电源并网做好服务工作。运用分区、分压、分线、分台区的线损“四分”管理理念，探索研发实时线损计算监测技术。完成各重要节会保供电工作。

【助推“两新”工程建设】 编制完善乡镇集约农网发展规划，落实“两新”工程配套资金，推进“美丽乡村”建设。至年底，完成周王庙石井公寓房、斜桥主中心高层、马桥新城公寓房、袁花龙鑫嘉苑、尖山新民路公寓房、许村景树村二期、长安和平景苑等“两新”点电力配套设施建设，累计新增配变60台，容量28365千伏安。

【安全生产】 签订安全责任书596份，达到安全责任全覆盖。成立三级安全稽查网络，涵盖17个部门118名稽查人。对1023个现场开展安全稽查，1449人次参加。连续四年获省级治安安全示范单位称号。完成生产信息化向低压配网延伸、营配贯通工作。开展配网运行能力评估，梳理中压配网问题线路176条，台区及低压配网问题225条，提出解决方案及今后三年配网项目立项建议。开展配网2013年运行能力后评估，确立配网建设管控流程。深化智能公变监测系统应用，推进系统实用化运行。建立电缆专业化管理班组，理顺县级城市配网运行管理职责。全面开展城网电缆工井清淤挂牌、电缆识别挂牌、标志标设完善工作。开展管道电缆基础调查及图纸绘制工作，电缆管道三维展示系统初具规模。开展变配电一体化锁控系统建设，提高配网防误能力，完成建设“变配一体化智能锁控管理平台”。开展20千伏架空线路全绝缘改造，提高配网安全运行水平。

（羊海良）

水　务

【概况】 2013年，全市自来水日供水能力60万立方米，全年供水量9740万立方米，其中第三水厂供水5742万立方米、第二水厂供水3212万立方米、向杭州水业集团购水786万立方米，最高日供水33.6万立方米。全年售水量8935万立方米，其中居民生活用水2911万立方米、非居民生活生产用水5753万立方米、特种用水271万立方米。

全市三座污水处理厂共处理污水7913万吨，其中丁桥污水处理厂处理污水3843万吨、盐仓污水处理厂处理污水3518万吨、尖山污水处理厂处理污水552万吨，日均处理污水21.7万吨。三座污水处理厂出水COD（化学需氧量）指标达标率均为100%。加强对各排污企业入网水质的监测力度，每月不定期对重点排污企业进行抽样监测，查核偷排漏排等行为。全年规范处置污水处理厂污泥40167吨，实现COD减排26137吨、氨氮减排1326吨。在省、市环保部门出水水质飞行检测中达标率为100%。

全年计划完成水务类投资5.57亿元，实际完成投资6.52元，其中供水项目完成投资4.08亿元、污水项目完成投资24.45亿元。全年建成供水管道95千米，第二水厂20万立方米/日扩建工程并网投入运行，农村三级管网改造全面完成，市域供水低水压区基本消灭，长水塘水源生态湿地工程西区竣工投入试运行。全年建成污水管道131千米、污水泵站47座，实现村污水管网设施全覆盖。丁桥污水处理厂提标改造工程投入试运行。2013年，市水务集团被评为“浙江省无烟单位”“嘉兴市卫生先进单位”。

【管道工程】　第二水厂扩建配套出厂总管工程等11项供水管道工程建成供水管道95千米，完成投资9728万元；水环境综合治理镇级污水管网等8项污水管道工程建成污水管道131千米，完成投资1.38亿元。

【第二水厂扩建工程完工】　该工程为省重点项目，于2012年4月15日开工，2013年12月26日通水试运行。新增供水能力20万立方米/日。采用“生物预处理+加强化常规处理+二级臭氧活性碳深度处理”工艺，总投资约3.23亿元。

【长水塘生态湿地工程】　该工程为省重点项目，分东、西两个区域分别建设。西区于2011年12月16日开工，2013年12月4日全面完工并试运行，2013年完成投资8100万元；东区于2013年12月动工。

【丁桥污水处理厂三期工程】　该工程为省重点项目，至年底，工程各构筑物主体完工，安装工程完成80%，闸门等11项设备完成招标，完成年度投资7210万元。

【丁桥污水处理厂提标改造工程】　该工程是在丁桥污水处理厂一、二期常规处理的基础上，新增曝气沉砂、初沉、水解、脱氮、终沉、消毒等工艺设施，采用“水解酸化+SBR+生物脱氮+混凝沉淀”的处理工艺，出水标准将由原国家规定的二级标准提高到一级B排放标准。项目于9月25日投入试运行，总投资约9560万元，占地3.2公顷。

【盐仓污水处理厂污泥处置改造工程】　该工程于9月25日开工，至年底，完成厂房基础及钢结构搭建。采用污泥资源化处置工艺，完成年度投资1070万元。

【一户一表、计量出户】　强化水表检验制度，全年首检水表36361只，周检水表7583只，纠纷水表212只，水表检验制度日趋制度化、规范化。完成市区一户一表改造2647户，新建住宅安装一户一表11130户，农村三级管网改造14397户。历时三年的农村三级管网改造任务全面完成，共改造128997户，投资1.66亿元。

【水质保障】　按照《生活饮用水卫生标准》要求，通过自检、送检及抽检，全市两座自来水厂出厂水10项指标综合合格率99.88%，42项指标综合合格率100%，106项指标综合合格率100%；全市73个管网水检测点10项指标综合合格率99.91%，42项指标综合合格率100%，106项指标综合合格率100%。

（沈燕明　陆萍燕）

石　油

【概况】　2013年，全市有加油站（点）60家。按隶属关系分：中国石油化工股份有限公司浙江嘉兴海宁石油支公司38家、海宁市中油石油有限公司6家、中外合资企业中华道达尔油品有限公司3家、浙江高速投资发展有限公司2家、民营企业8家、中油天然气3家。年内，中国石油天然气股份有限公司尖山新区加油（气）站完成竣工验收。全年销售成品油28.7万吨，比上年增长9.9%，其中汽油16.8万吨、柴油11.9万吨；销售天然气329.5万立方米。

【海宁市中油石油有限责任公司】　全年销售成品油73428吨，比上年减少4451吨，下降5.7%，其中汽油54346吨、柴油19082吨。完成销售收入9.30亿元，增加2.16亿元，增长 30.2%。便利店销售收入 405.7 万元，增加 165.7 万元，增长 69.0%。实现利润 589.3 万元，增加 92.4 万元，增长 18.6%。

【中国石油化工股份有限公司浙江嘉兴海宁石油支公司】 全年销售各类成品油 22.9 万吨，比上年增加 2.6 万吨，增长 12.8%。其中零售 20.5 万吨，增长 16.5%；直销 2.4 万吨，增长 9%。在销售结构上：汽油销售 10.5 万吨，占总量的 51.2%；柴油销量 10 万吨，占总量的 48.8%；新增天然气销量 329.5 万立方米。非油品业务全年销售收入 2279 万元，增长 20%。全年发放加油卡 19637 张，累计充值 5.88 亿元，增长 9 个百分点。扩大零售板块市场销量，增设充值发卡网点，开展各项油非互动优惠活动和油卡积分兑换活动。年内，公司被集团公司评为先进集体，被国有资产管理委员会、人力资源和社会保障部评为“中央企业先进集体”。

（伍一声）

管道燃气

【概况】 至年底，累计天然气民用户达到 38435 户，比上年增加 6773 户；非居民用户 338 户，增加 58 户。全年销售天然气总量 5497.9 万立方米，增长 41.0%，其中民用户 344.2 万立方米、非居民用户 5153.7 万立方米。全年铺设中压管网 54.3 千米、低压管网 105.3 千米。至年底，累计铺设次高压管网 76.7 千米、中压及低压管网 858.5 千米。

（俞晓丽）

[编辑：姚　倩]

城乡建设

Urban & Rural Construction

城市规划与建设

【概况】 2013年，共办理规划选址意见书119件，出具规划设计条件书271件；核发建设用地规划许可证269件，用地面积约463万平方米；核发建设工程规划许可证392件，建筑面积约835.2万平方米。2013年主城区建成区面积达36.7平方千米。全年完成控制性详细规划面积约30.8平方千米，其中中心城区完成控制性详细规划全覆盖，控制性详细规划图集完成率100%，全市镇级控制性详细规划覆盖率85%。

【规划编制与协调】 市域总体规划形成纲要前成果。历史文化名城保护规划形成评审稿；盐官历史文化名镇保护规划通过省住建厅审查；长安历史文化名镇保护规划通过评审。编制中心城区河道景观规划、市域生态绿道网总体规划、中心城区慢行系统规划、中小学（幼儿园）布局规划、医疗卫生设施布局规划、市场布局规划等专项规划，指导给水工程专项规划修编，中心城区地下空间开发利用规划完成报批稿。启动中心城区2个单元控制性详细规划编制及重点地块概念性城市设计，09单元（范围北起沪杭铁路，南至洛塘河，西起海宁大道，东至海昌路）完成初步方案，16单元（范围北起横塘河，南至钱江路，西起海昌路，东至麻泾港）完成评审。启动紫薇组团控制性详细规划刷新工作。做好中心城区重点地块规划研究。

【规划管理】 全年召开城乡规划委员会专题会议2次，审议重点规划6项、项目9个，通报规划2项、项目23个。组织完成各类规划、建设项目方案评审会100余次。完成170余个项目工程规划验收，涉及建筑面积280余万平方米，其中口头提出整改要求的项目25个，书面发放整改意见书的项目13个；共向市城管执法局出具要求违法查处告知函件51件。共对30个工业项目进行土地复核验收，全年发放规划核实确认书166件。

【测绘管理】 4月，天地图·海宁正式接入天地图国家主节点。成立全市地理信息空间协调委员会，出台《关于加快推进“数字海宁”地理信息公共平台推广应用的实施意见》。12月，“数字海宁”地理空间框架项目通过省测绘与地理信息局验收。启动全市地下综合管线普查及管理信息系统项目。成立全市地理国情普查领导小组，开展相关准备工作。开展房产测绘质量专项检查和测绘项目网上备案工作。全年共提供30余份基础测绘成果资料。

（陈雪霞）

环东西山开发和建设

【基础设施建设】 完善城市道路框架和交通网络，有效缓解城市动静态交通问题。钱江路西延、联合路西延、城南大道西延3条主干道完工，55平方千米城市路网主要框架形成；九虎路、育才路东延、长丰路3条断头路完工；水月亭路、文宗路北段、康乐路拓宽改造3条瓶颈路完工；银泰东侧道路等11条配建支路完工，全年建成道路总长9.2千米。围绕“四边三化”及平原绿化工作，全年完成园林绿化面积4.1万平方米。鹃湖公园绿化项目一期工程、横塘河南侧绿化等6个项目开工建设，完成城南大道北侧麻经港桥东侧街心绿化、钱江路北侧九虎路西侧绿化工程2个项目。

【安置房建设】 提升安置房设计品位，强化安置房建设质量。全年新开工面积60.5万平方米，竣工面积20.2万平方米。城南大道南侧安置房二期、鹃湖水库拆迁安置房、洛河二期西区块、赞山景苑配套用房等8个项目开工建设，鑫泰城、硖北里一期等3个项目全部完工，城南大道南侧安置房一期、月亮湾景苑、润景嘉园安置房等13个项目进展顺利。

（高　丽）

村镇建设

【概况】 全年共核发乡村建设规划许可证8件，办理规划调整备案97件。组织泥木工匠参加安全生产知识、施工技术培训。选派泥木工匠参加第二届全省农村建筑工匠技能比武大赛。7月，组织开展全市村民建房安全生产大检查。

【村镇规划编制与管理】 做好路仲古镇开发的规划引导和协调。斜桥镇总体规划调整和路仲控制性详细规划，袁花镇、许村镇总体规划，尖山新区江南新城控制性详细规划通过评审。启动各镇村庄布点规划调整工作。制订美丽乡村村庄提升改造规划编制导则。指导尖山、华丰、桃园、长春4个省级农房改造示范村规划编制和改造提升工作。指导各镇“两新”工程建设及乡村建设许可证的核发工作，加强对乡村建设规划许可证的审批监督。

【农村住房改造】 完成农村住房改造建设3056户。完成农村困难户危旧房改造127户，发放市级补助资金97.3万元，发放到户率100%。根据《全市刚需建房农户进新市镇新社区规划点建房的管理办法》，全年完成刚需建房补助考核约630户。

表26　2013年镇（街道、开发区）主要市政建设项目

镇（街道、开发区）	项目名称	长度（米）	宽度（米）	面积（平方米）	造价（万元）
斜桥镇	新村路拓宽工程（北段）	145	9	1305	59
	“两新”工程副中心二期配套道路	980	7	6860	339
	云和路延伸段工程	260	9	2340	47

续表 26

镇（街道、开发区）	项目名称	长度（米）	宽度（米）	面积（平方米）	造价（万元）
盐官镇	世纪大道南延工程（一期）	200	27	5400	380
	新建西厢桥工程	50	10	500	300
周王庙镇	之江北路	321	23	7383	1828888
	园区辅道	530	7	3710	1990583
	创新路	439	9	3951	746142
	广联路	357	9	3213	481350
	广联桥	13	12.8	166.4	435588
丁桥镇	钱江工业园区三号桥工程	跨径 6 米 + 8 米 + 6 米			51.9
黄湾镇（尖山新区）	治江路（老海塘至凤凰路）	457	24	10963	541.5
	钱塘江路（凤凰路至五七大堤）	993	16	10806	1436
	襄城路（钱塘江至老海塘）	1175	34	39950	2084.3
	新民河桥	20	34.5	690	158.2
	育才路东延	681	18	12258	450
袁花镇	虎啸路大修工程——方家小桥	2.5 + 8 + 2.5	9	117	35.0
	河东街改造工程	344	8.4 ~ 10	3164.8	79.1
	集镇道路（花溪桥至卖鱼桥南）改造工程	280	8.4 ~ 10	2576	65

说明：表内填写项目为城镇建成区内新建道路、桥梁工程，不含通村公路、城镇规划区外建设的桥梁

（陈雪霞）

勘察设计

【概况】 全市共有勘察设计测绘单位 7 家，即浙江华恒建筑设计有限公司（甲级）、浙江经建建筑设计有限公司（乙级）、浙江鸿翔建筑设计有限公司（甲级）、浙江水利勘察设计所（丙级）、海宁市规划设计研究院（丙级）、海宁市建设规划测绘队（丙级）、海宁市国土测绘规划院（丙级）。

全年共接收各类建设工程档案 6980 卷，城市建设管理档案 3652 卷，城市建设照片 963 张。至年底，馆藏档案 114274 卷。启动建设工程电子档案的接收机制，完成 6 个房地产项目电子档案的审核和接收工作。馆藏档案数字化扫描文字 20.8 万张、图纸 1.5 万张。举办全市城建档案业务培训和住建系统档案人员业务技能比赛。编印《海宁公共建筑集锦》。

【外来勘察、设计单位备案】 全年外来勘察、设计单位备案项目 432 个。其中设计单位备案项目 128 个，总建筑面积 442 万平方

米；勘察单位备案项目304个，总建筑面积981万平方米。

（方　俊　陆爱娟）

市政公用事业

【概况】 做好市政施工企业资质初审上报工作，初审浙江天平光电科技有限公司资质材料，对全市22家市政施工企业进行定期监督检查；新批准城市照明专业承包企业1家。2013年全市共有市政公用施工总承包企业20家，其中一级资质5家、二级资质6家、三级资质9家；专业承包企业4家。全年共办理124个市政项目建筑施工许可证（函），48个市政项目竣工备案登记，对康桥名城等26个房产项目市政配套方案进行会审，对康桥名城一期等24个房产项目市政配套设施进行交付使用备案验收，办理61个工业建设项目市政配套备案。加强燃气行业监督管理，签订《安全生产目标管理责任书》，开展燃气供应企业资质年检。加强供排水行业监管，组织供水水源水质检查，建立水质月报表制度。对市政企业开展两次诚信体系考核。对17个申报“潮韵杯”优质市政工程的项目组织检查，5个项目通过评审。制订《海宁市高层住宅二次供水设施建设技术规定》和《海宁市高层住宅二次供水设施移交管理办法》，加强高层住宅二次供水管理。

建筑工地安全检查

【城区雨污分流改造】 推进城区雨污分流改造。组织召开项目雨污分流改造推进会，建立两月例会和月报制度，要求项目实施单位做好项目早细化、工作早部署、施工早安排。年内完成45个住宅小区和4条道路的雨污分流改造，总长8.5千米，投资额1587万元。

【供排水行业管理】 5月，与市卫生局联合出台《海宁市生活饮用水水质监测实施意见》，明确规定全市生活饮用水水质检验指标和频率等内容，要求各供水企业继续做好水质月报工作。开展节水宣传周活动，会同市水务集团为1243户困难户免费安装水龙头。全年共核发排水许可证584件。全年城市供水出厂水水质综合合格率99.88%，城市供水管网漏损率8.26%。完成供水管网建设95.2千米，污水管网建设135.5千米。污水处理率91.3%，COD减排26317吨，氨氮减排1326吨。

【燃气行业管理】 核准汽车加气站1家。指导燃气企业做好煤改气工作，要求燃气企业加强管网建设。引导燃气企业完善餐饮企业供用气合同管理，做好餐饮单位建档工

排内涝现场

作。联合市质量技术监督局对液化气充装量及液化气质量进行专项监督检查4次，开展安全生产培训2次、燃气知识竞赛1次、燃气技能竞赛1次；开展安全生产巡查、应急预案演练等活动。

（俞晓丽）

城市管理

【概况】 2013年，共办理一般程序案件673起，罚款301.7万元；简易程序案件2330起，罚款4.7万元。受理各类项目许可1166件，不予许可33件，办结率100%。开展市容市貌专项整治170余次，查纠越门经营2318起，取缔乱设摊2.1万起。立案查处各类违规处置清运建筑垃圾行为86起。联合整治三轮车非法发布广告行为3次，整改三轮车车容车貌问题200余起。加强乱停车管理查处，现场教育劝导乱停车1万余人次，张贴违章停车通知书9338张、温馨提示2584张，处理违章停车8415起，罚款125.7万元。对市区25个路段实施“定人、定路段、定职责、定目标”的非机动车停放管理。

助推星级美丽乡村创建，制订一星级美丽乡村评价指标，确定“村级河道和道路两侧各6米保洁率100%”的一票否决指标，起草《关于构建完善全市垃圾收集机制和网络全力助推星级美丽乡村创建的工作实施意见》。做好和谐社区创建指标的起草和编制工作。

【“两违”管控】 严格“两违”管控，做好新发“两违”的发现、报告、制止和协助拆除工作。组织开展巡查6199次，参与巡查3.5万人次。城镇、镇规划区内累计拆除新发及存量违法建筑480宗，面积2.9万平方米。协助拆除新发及存量违章建筑945次，面积26.9万平方米。立案查处城乡规划类案件16起，涉违面积4.8万平方米，罚款247.3万元。

【废旧物资专项整治】 牵头开展废旧物资回收站点整治工作，指导各镇（街道）、开发区、景区开展整治工作。结合水环境综合治理，重点整治辖区内河道两侧、水源保护区内、居民住宅区周围以及主要道路沿线的废旧物资收购站点。共取缔、搬离废旧物资收购站点1496家，腾退占地面积65.6万平方米，拆除建筑面积29.6万平方米。出动工作人员500余人次，清运废旧物资1500余车，拆除违章搭建2万平方米，关停丁公堰废旧物资收购中心 65 家收购站点。

【城市精细化管理】 编制《海宁市城市管理质量标准体系》市区版和乡镇版，建立统一管理系统。成立省文明市创建迎检工作领导小组，根据《海宁市城市质量标准体系》及“四位一体”相关标准对各镇（街道）、开发区开展四项考评；做好各镇（街道）、开发区市容市貌及镇容镇貌的指导工作，对照创建标准查找盲点，整治重点。完善《海宁市市容环境卫生“门前三包、门内达标”责任制管理实施办法》及评比细则，完成“门前三包”责任书和标志牌更新补正工作，落实“门前三包”制度 1372 家，签订责任书 1735 家，上墙标志牌 2094 家；对市区范围内临街商户“门前三包”责任制落实情况开展抽检考评，启动“门前三包”责任制年底先进单位和示范门店评比工作。

【三类垃圾管理】 规范建筑垃圾管理。建立嘉兴地区首个市区规范化建筑垃圾中转站，对市区建成区内 29 个临时堆放点和主要道路两侧的无主建筑垃圾实行市场化运作；对 300 余辆运输车辆安装车载 GPS 后统一接入数字城管平台，实时监控车辆运行轨迹；开展专项整治 5 次，11 月开展水运泥浆船整治，查处泥浆运输船将泥浆直排洛塘河的违法行为；制订《海宁市统筹城乡建筑垃圾管理工作考核办法》，推进建筑垃圾城乡一体化。加强餐厨垃圾管理。成立餐厨废弃物管理专职办公室，制订实施意见和管理办法，于 6 月 5 日发出海宁首份餐厨垃圾收运行政许可；统一收运处置车辆、服装、标志、容器，落实专人负责监督餐厨垃圾回收单位的收集、运输、处理和台账资料的监管；做好油水分离器安装工作，开展泔水猪整治，查处非法收运、处置、利用餐厨废弃物等行为。推进生活垃圾分类。拟定《海宁市垃圾分类减量实施意见（初稿）》，在 3 个学校、13 个社区开展垃圾分类宣传；组织垃圾分类演讲比赛，加强原 25 家试点事业单位及 1 个试点小区的联系指导，新增梅园一里、南苑四里 2 个分类试点小区。

【临时设摊管理】 对市区七类共计 200 余个临时设摊区及便民服务点进行梳理和调整，关停管理混乱、存在食品安全隐患及噪声扰民的联塘路、桃园路、金桂苑、硖北里 4 个临时菜场和 1 个水产品交易点；对试点社会化管理经营良好的新城夜宵便民市场 16 家经营户强化监管，统一经营车辆和经营方式；对新增的 17 个手机贴膜摊点、42 个小百货摊点等加强引导和规范；对多年经营稳定的 8 处季节性水果临时设摊区、61 个便民设摊点落实长效管理；新增 2 处便民交易区，共计 100 余个自产自销农副产品交易摊位。

【户外广告管理】 拟定《海宁市户外广告管理办法（初稿）》，完成市区 419 辆人力三轮车 2 年的车身广告发布权拍卖，落实三轮车公益广告张贴工作；对海昌路、文苑路及人民路沿街商户店招店牌进行普查，制订整改标准，完成 110 家沿街商户整改；对海宁大道、海州西路、皮革城周边及硖许公路户外广告开展整治，累计拆除大型户外广告 39 块 4000 余平方米；拆除人民路、工人路有机更新区块灯箱广告 80 块。

【数字城管】 完成 4 平方千米的扩面区域数据采集入库工作，入库部件总数达 9.8 万件；开展市区路灯、路牌的普查；平台受理有效案件 3.8 万件，结案数 3.7 万件，结案率 97%。推进智慧城管建设，成立领导小组，完成《海宁市智慧城管建设规划方案》评审；完成“天地图·海宁”地理信息系统对接；完成市区公共停车位情况摸底，编制《海宁市智能停车管理信息系统建设方案》。扩宽民意收集渠道，收到新浪微博@海宁数字城管的有效微博信息共700件，发布、回复微博信息843件。开设互联网“微曝光”平台，出台《海宁市城市管理问题微曝光奖励办法》。

【推出全国首个“城乡防控日”】 7月6日，海宁推出全国首个“城乡防控日”。全市14个职能部门以及各镇（街道）、开发区多部门联动，开展安全防范宣传、文明出行劝导、安全隐患排查等活动。活动当天，共开展合围式清查活动57场，消除各类治安隐患127处，盘查人员4258人次、车辆1155辆次，检查出租房屋2335户、流动人口15091人，检查消防重点单位和列管单位174家，办理消防案件4起，排查治理道路交通安全隐患6处，抓获违法犯罪嫌疑人30名，其中刑事拘留8名、行政拘留7名，缴获涉案车辆3辆、管制刀具3件。“城乡防控日”活动每月6日开展一次，持续一年。

（罗建波）

园林绿化

【概况】 2013年，城市绿地总面积达1379.49公顷，城市绿化覆盖面积1546.40公顷，公园绿地面积242.3公顷。城市园林绿化三大主要指标中，建成区绿地率38.98%、绿化覆盖率43.67%、人均公共绿地面积14.6平方米。

【成立园林市政局】 9月，市委、市政府将园林和市政、亮化部门整合，组建海宁市园林市政局。园林市政局隶属海宁市住房和城乡规划建设局，承担园林绿化行业管理、园林市政设施管理养护、城市抢险救灾和市区停车管理等工作职责。

【行业指导和管理】 推进行政审批制度改革，下放行政审批事权5项，实现提速85%以上。全年受理各类城市绿地行政许可审批92件，完成绿化方案会审36个，房产项目绿化竣工验收备案14个。办理、核查城市道路挖掘审批47项，办理、核查道路边线30米范围内建设工程施工对市政设施的影响备案53件，协调处理绿化市政违法事项78件，移交绿化违法案件8起。做好园林企业资质和动态管理，指导海宁市金隆古建筑有限责任公司等3家公司完成三级企业申报工作，协助浙江鸿翔园林做好一级企业资质延续，完成北京东方园林股份有限公司和北京之光园林工程有限责任公司的进嘉备案工作。

【重点工程建设】 完成海宁大道绿化景观提升改造工程（公铁立交—城南大道段、盐湖线—规划杭平申航道段）、街心绿化提升改造、李善兰公园绿化提升改造、市区沥青道路大修、雨污分流改造、沥青道路零星维修和洛塘河塘桥沿河栈道工程；实施16个政府投资项目建设，实际完成投资6633万元，建成生态绿道8.8千米。

【园林市政管理养护】 做好市区一、二、三类绿地、行道树、大紫薇、大盆景及城市片林养护。完善绿地养护质量标准，完成353.6万平方米绿地及2.5万株行道树养护、1.4万平方米草花布置、165万平方米招标考核、绿化抢险、森林防火、植物疫情防控、鲜花上街、苗圃生态林建设和公园管理工作。在李善兰公园种植4万株郁金香和120平方米花境，在海宁大道城南大道、钱江路、海州路、联合路四个路口布置立体花卉 8 组，在海州路新增立体花柱 34 个。维修人行道 3.8 万平方米、砼路面 1.1 万平方米、沥青 2.3 万平方米；完成下水道 6500 米及窨井、桥梁、开放式小区等的维修、管理工作，保证道路完好率 95%以上。

【精细化管理】 开展拆违复绿、零星绿地提档改造、插绿补绿 5 万余平方米，补种行道树 600 余株，老旧色块更新 2 万平方米，实施乔木钢管支撑 1500 余株。对市区 12 条主干道实行“路长制”巡查机制，开展园林市政设施全覆盖、大规模整修活动，对道路板块间的伸缩缝、路面裂缝等实施沥青灌缝 1.6 万平方米。全年共处理数字城管派遣案卷 3341 件，紧急处置“110”接警 50 余起，完成夜间突发性道路抢通任务 10 余起，办理群众来电、来访等 300 余起。

（马红梅　蒋晔嘉）

环境卫生

【概况】 2013 年，市环卫处完成建成区范围内 830 万平方米的道路及开放式小区保洁管理任务，比上年新增保洁面积 57 万平方米；机扫面积 170.2 万平方米，机扫率 44%。全年市区、各镇共收集转运生活垃圾 25.2 万吨，其中海宁垃圾焚烧厂无害化处理垃圾 19.4 万吨，海宁黄湾卫生填埋场卫生填埋垃圾 1.9 万吨，分流至桐乡垃圾焚烧厂无害化处理 1981 吨，分流至嘉兴垃圾焚烧厂无害化处理 2.2 万吨，其他方式处理 1.4 万吨，全市生活垃圾无害化处理率 100%。全年生化处理厂处理粪便 1.4 万吨，入网水质符合入网标准，无害化处理率 100%。

【市区保洁】 建立完善海宁市城市环境卫生保洁质量标准体系，开展市区环境卫生清洁深化“双百日”活动、公厕“创星争优”综合卫生大整治等活动，完善“质量标准化、作业网格化、考核日常化”的管理模式，强化源头管理，落实长效机制。健全市区河道长效保洁巡检机制，组织督察人员每月暗察河道不少于 20 次。在市区河道设置拦截点 11 处，初步建立以集中拦截打捞为主、船只机动打捞为辅的河道保洁模式。

【城乡环境卫生监管】 完善“四位一体”保洁管理相关考核制度。做好饮用水源河道及饮用水源保护区的监督检查，全面配合开展市级河道“河长制”检查、镇村级最佳（差）河道评选、星级美丽乡村创建、水环境综合治理、“四边三化”“双清行动”等工作。开展卫生监督员、保洁员培训讲座。

【环卫设施设备建设】 委托市社会发展集团代建环卫维护中心项目，完成综合楼主体结构建设。做好黄湾镇卫生填埋场应急处理、卫生消杀工作，与黄湾镇钱江村协调，争取二期扩建项目的推进。洛塘河河道保洁配套工程建设完成方案设计优化修改、规划选址、土地预审、环评审批、配套工程初步设计等工作。完成紫微里中转站施工建设及压机的设备维修、西山路中转站推铲油封的更换。做好对镇环卫故障设备的维修工作，指导各镇（街道）完成建设垃圾中转站 2 座、公共厕所 20 座、垃圾中转房 62 座、河道垃圾拦截设施 166 处，新增压缩车 2 辆、机扫车 2 辆、吸粪车 3 辆和保洁船 30 艘。绘制市区保洁区块、环卫中转站、公共厕所分布图，完成市区扫地车顶部的 LED 显示屏安装。

【垃圾及粪便无害化处置】 开展垃圾“控质控量”工作，联系黄湾镇卫生填埋场及周边县（市）垃圾焚烧厂对部分垃圾进行分流处理，对垃圾产生源头进行把控，上报《海宁市“四位一体”垃圾处理情况专报》《关于处置工业固体废物的建议》。组织人员对各镇中转站、中转房，海宁垃圾焚烧发电厂和黄湾镇卫生填埋场实施现场巡查及蹲点监察，发放《配合垃圾减量控质工作联系单》11份、《垃圾限量进厂（场）通知单》8份、《关于进一步加强垃圾控质进厂（场）的函》8份、《海宁市生活垃圾处理情况日报》223份。加强生化厂各项设备和电器维护管理，做好粪便无害化处理，更换生化提升泵工作腔。

【环卫管理规范化】 设立环卫业务受理中心，于5月起对外试营业。中心设办事窗口2个、业务受理员4名，主要提供环卫垃圾清运、粪便清运等各类有偿服务的业务咨询及相关手续的办理服务。统一环卫工作制服，出台《海宁市环境卫生管理处财务管理办法》《海宁市环卫处聘用人员管理办法》。做好信访工作以及提案和建议的办理工作，化解信访矛盾。

【应急抢险】 3月，河道保洁出现紧急情况，市环卫处在市区河道每日出动打捞船15艘，作业人员44人，长山河保洁打捞区域延伸至与海盐交界的河道、浜兜；盐官下河河道每日出动打捞船2艘，作业人员6人。针对2013年夏季罕见高温天气，及时发放防暑药品，开展防暑巡查，将市区“环卫工人爱心休息站”扩增至29个，调整环卫工人作息时间，增加道路机械化作业力度，上报《关于要求落实环卫工人防暑用品及设施的请示》，在市区14个中转站的环卫工人休息室加装空调。10月台风“菲特”灾后，市环卫处紧急调集市区环卫工人65人、环卫处人员40余人、小三轮车60余辆、小压缩车1辆、大压缩车1辆、机扫车1辆，对全市受灾严重地区进行重点清淤，日均清淤40余吨。

（石佳叶）

地名工作

【概况】 2013年，全市共完成地名普查9大类26小类6304条，生成成果表5720张、成果图47幅。完成地名普查成果报送工作。利用地名普查成果，编制出版《海宁市政区图》和《海宁市城区图》。制定《海宁市地名管理实施细则》。召开5次地名专家小组会议，审查地名101条，办理地名命名、更名和注销100条。按照行政审批制度改革要求，门牌证办理下放至许村镇、长安镇和袁花镇进行试点。加强地名文化建设，构建地名特色城市。编辑《海宁地名故事》，编纂《海宁市地名志》，整理斜桥镇和海洲街道两个政区地名的初稿。修改《中华人民共和国政区大典（海宁篇）》。实施市区地名规划，海宁大道、赞山路、广顺路、九虎路等反映海宁文化和地理特征的市区道路名称获社会认可。加强地名标志设置，制作各类地名标志2.2万块，更新市区路牌200多块。

【地名命名和更名】 命名道路名称28条，分别是：海洲街道建业路、开元街；马桥街道之光路、仲木路、新河路、桐溪路、伞林路、凤梧路、钱塔路、木长路；浙江海宁经编产业园区经丰路；海宁经济开发区漕河泾路、漕兴路、漕顺路、海华路、海源路、海和路；许村镇金苑路；盐官镇安星路、临江路、张家坝路、世纪南路；丁桥镇丁桥路；斜桥镇云星路、新河路、乐林路、庆园路、油车港路。道路延伸1条：马桥街道棱秀路。道路更名2条：市区城南大道更名为江南大道；丁桥镇广场路更名为丁桥路。

住宅小区命名35条，分别是：硖石街道硖北里、北湖嘉园、润景嘉园、东湾花苑、新海佳苑、月亮湾景苑、依山蝶院、春晓公寓、南湾公寓、海棠湾公寓、四季香榭、名门山庄、白金公馆、东方都市小区；海洲街道广顺里、鑫泰城、伊新佳苑、开元名都；海昌街道泾长四里、泾长五里、泾长六里；马桥街道桐溪景苑；许村镇金都花苑、望湖公馆；长安镇海悦府、老庄景苑一区、老庄景苑二区；长安镇农发区润和晨园；周王庙镇紫荆家园、梓新景苑、锦绣钱塘公寓；盐官镇聆涛苑、望江苑、先锋小区、钱江君邸。住宅小区更名1条：斜桥镇华丰新区更名为华丰小区。

建筑物命名16条，分别是：海洲街道钱江大厦、紫微大厦、海港大厦、农金大厦、白领氏大厦、海宁温州大厦、海城大楼；海宁经济开发区百汇大厦、国汇大厦、景湾银座；浙江海宁经编产业园区瑞丰大楼；长安镇长安商城、佳源中心广场；周王庙镇融达商厦；丁桥镇凤凰商厦、未来公馆。

桥梁命名1条：长安镇昌亭桥。

【地名注销】 注销自然村名称16条，分别是：马桥街道贾家新桥、西家兜、凝日辉桥、东高家场、褚家场、周家木桥、高家埭、应家场；海昌街道张家门、夏家村、王匠桥、长生方家头、杨家湾、意保村、周家头、石泾弄。

（陈海明）

［编辑：刘 峰］

房地产业

Real Estate

房地产管理

【概况】 2013年，在国家调控政策及宏观环境等多重因素影响下，全市房地产开发投资理性趋稳，商品住宅销售量逐步增长，成交均价仍在理性范围之内，房地产市场逐步走向平稳、健康。年内新增房地产开发企业18家。全市共有房地产开发企业133家，其中一级资质企业1家、二级资质企业7家、三级资质企业18家、四级资质企业21家、暂定级资质86家。

市行政服务中心四证联办窗口

【第十届房地产博览会】 10月25～27日，第十届房地产博览会在市体育中心举行。共有17家房地产企业、近20个楼盘参展。

房地产市场交易和开发

【概况】 帮助企业办理抵押登记，新拓展"融资租赁"抵押登记业务，将办理企业房地产抵押承诺时限提速至3个工作日。全年共办理企业抵押登记4516件，帮助企业融资268.6亿元。实行行政审批制度改革，将契证、房产证、土地证、门牌证四证合一整合办理，于11月11日实现四证联办，统一由市住房和城乡规划建设局房管窗口发证。

【商品房及二手房交易】 2013年，共核准商品房预售许可60份，许可面积147.33万平方米。全年商品房销售合同备案10433件，面积115.7万平方米，总金额106.55亿元。二手房交易量4208件，成交面积 79.33 万平方米，成交金额 31.18 亿元。完成各类房屋登记 60630 件，其中初始登记 10342 件，转移登记 11440 件，变更登记 702 件，注销登记 13102 件，抵押权登记 11458 件，各类预告登记 13586 件。全市新建商品房住宅销售 6385 套，比上年增长 53.3%；非住宅销售 2425 套，增长 92%。全市商品房住宅销售额 64.65 亿元，增长 85.6%。

【商品房开发经营情况】 2013 年，全市完成房地产投资 83.63 亿元，比上年增长 28.3%；施工面积 515.75 万平方米（住宅 379.02 万平方米），增长 6.4%，其中新开工面积 105.49 万平方米，下降 35.4%；竣工面积 82.8 万平方米，增长 14%；销售面积 86.3 万平方米，增长 49.1%；销售额 73.61 亿元，增长 56.9%。

【商品房价格变动情况】 2013 年，新建商品房住宅销售均价 8834.01 元 / 平方米，比上年增长 9.8%。海宁市人民政府 2013 年上半年公布的市区多层商品住宅交易综合平均价为 8812.67 元 / 平方米（2012 年同期为 8204.92 元 / 平方米），下半年为 9808.5 元 / 平方米（2012 年同期为 8615.41 元 / 平方米）；市区高层商品住宅交易综合平均价 2013 年上半年为 11364.21 元 / 平方米（2012 年同期为 9675.51 元 / 平方米），下半年为 11806.17 元 / 平方米（2012 年同期为 10302.79 元 / 平方米）。

【推进权证补办】 成立权证补办办公室，细化工业企业补办产权证工作操作办法，指导工业企业按照基本建设程序依法建设或补办相关手续，依法取得产权证书。至年底，受理申请补办企业 142 家，现场查勘 142 家，出具整改意见书 142 家，符合补办条件完成整改 60 家，办结 59 家。登记建筑总面积 63.44 万平方米，融资贷款约 3.12 亿元，企业拆违面积 12464.06 平方米。

表 27　　2013 年海宁市房地产开发楼盘一览

序号	建设单位	项目名称	地址	建筑面积（平方米）
1	海宁市房地产开发有限公司	华盛嘉苑 1～3 幢	文宗路西侧、清波路南侧	42576.78
2	海宁市汇丰房地产开发有限公司	汉帛星座一期	长安镇长河路北侧、越川路西侧	14303.74
3	海宁市百姓房地产开发有限公司	开元星座	长安镇开元路北侧、三里塘港东侧	5207.62
4	海宁市城郊建设投资有限公司	伊桥区块安置房 1～8 幢	环西一路西侧、联合路北侧	24680.28
5	浙江吉翔房地产开发有限公司	康桥名城一期（1～4 幢、6 幢、7 幢、10 幢及沿文宗路商铺）	文宗路西侧、清波路北侧	80668.04
6	海宁市富海房地产开发有限公司	盐仓商贸楼	农发区纬三路 11 号	10470.15
7	海宁市商业房地产开发有限责任公司	潮韵苑 8～13 幢	尖山新区潮起路西侧、治江路北侧	20868.23

续表 27

序号	建设单位	项目名称	地址	建筑面积（平方米）
8	浙江金日房地产开发有限公司	地中海公馆 1～20 幢	碧云路西侧、横山路北侧	72225.54
9	海宁市丁桥新市镇建设有限公司	宁泰苑 1～10 幢	丁桥镇宁泰路南侧、江潮路西侧	25993.23
10	海宁市城郊建设投资有限公司	民和二期安置房（13～15 幢、27～29 幢、43 幢、44 幢）	海州路北侧、广顺路西侧	20407
11	浙江巨都房地产有限公司	巨都桂花城二期	农发区之江路北侧、东堤路东侧	60593.75
12	海宁市中栋房地产开发有限公司	金色家园一期（1～9 幢、12 幢）	钱江路南侧、新苑路北侧	46926.07
13	浙江吉翔房地产开发有限公司	康桥名城二期（5 幢、8 幢、9 幢、13 幢、14 幢、19 幢、20 幢）	文宗路西侧、洛塘河南侧	124948.4
14	海宁市旧城改造与建设投资开发有限公司	金融中心	海昌路东侧、钱江路北侧	105015.9
15	海宁华鼎房地产开发有限公司	君临阁	许村镇胜利村、临平南大街东侧	44163.22
16	海宁市汇丰房地产开发有限公司	财富之星（1～8 幢）	长安镇环镇北路	23356.56
17	浙江宝马海隆投资有限公司	百汇海隆广场二期 A、D 区块（百汇大厦、海隆大厦）	洛隆路 236 号	46259.72
18	海宁市斜桥新市镇建设有限公司	新河景苑一区（1～11 幢及附房）	斜桥镇硖斜公路南侧、斜桥中心小学东侧	25283.69
19	浙江领驭房地产开发有限公司	经都名庭 1～4 号楼、商铺一、商铺二、地下室	浙江海宁经编产业园区（经都一路 28 号）	30675.87
20	海宁市盐官景区综合开发有限公司	蚕种场区块安置房（聆涛苑一期）	盐官镇宣德路 1 号	35011.98
21	海宁市海洲新区建设有限公司	尚公馆	市区钱江路北侧、黑木板桥港西侧	13190.58
22	海宁市钱塘新农村开发有限公司	周王庙镇荆山区块公寓房项目商业 3～5 号	周王庙镇荆山村规划潮涌路北侧 2 号地块	6182.4
23	海宁绿城新湖房地产开发有限公司	星辉苑	文苑路西侧、文宗路东侧、钱江路南侧	70074.91
24	鸿翔房地产有限公司	康桥名园	长安镇和平路东侧、幼儿园南侧	61590.49

说明：以上开发楼盘是 2013 年通过交付使用条件备案的项目

（朱征羽　陈雪霞）

住房保障

【住房公积金】 至年底，全市建立住房公积金制度单位1491家，缴存职工人数43967人，2013年净增缴存职工4903人。2013年共归集住房公积金5.57亿元，累计归集38.01亿元；共提取住房公积金4.23亿元，累计提取23.86亿元，住房公积金余额14.15亿元。全年共发放住房公积金个人贷款1234笔3.43亿元，年末贷款余额10.56亿元，存贷比为74.63%，年末实现贷款逾期率为零。自实施住房公积金个人贷款15年以来，累计为11975户家庭发放贷款20.64亿元。

【城镇住房保障】 出台《2013年度海宁市区廉租住房保障实施细则》，将廉租住房保障的覆盖范围放宽到人均月收入1325元（低保标准的2.5倍）以下的低收入家庭；出台《2013年度海宁市区公共租赁住房保障实施细则》，于12月首次组织申请受理工作；基本拟定《海宁市农村宅基地置换市区公寓房选房办法》。完成49户廉租房申请家庭的配租和197户经济适用房申请家庭的配售工作。受理2013年度廉租房申请109户、公租房申请207户。累计实施经济适用房保障家庭3030户，廉租住房保障家庭828户。

推进27.6万平方米在建经济适用房和公共租赁房工程。至年底，云和景苑一期廉租房装修工程完工；云和景苑二期经济适用房主体工程全部结顶，内外墙粉刷；云和景苑三期经济适用房桩基工程基本完成，主体工程Ⅰ标段基础施工，Ⅱ标段四层楼面完成；云和景苑四期公租房主体工程结顶，内外墙粉刷；长安镇经济适用房二期完工；农村宅基地置换市区公寓房项目（缔艺家园）桩基工程除4户农房外，其余桩基工程完成，主体工程平均八层楼面完成。伊桥二区块（伊新佳苑）保障性住房小区（经济房、廉租房、公租房）约20万平方米完成项目可行性研究报告编制。云和景苑五期公租房项目完成设计方案和项目建议书。

2009年第二期经济适用房选房

风和丽苑经济适用房项目获“全国保障性安居工程建设劳动竞赛优秀工程项目”和“全省保障性安居工程建设优秀项目”称号。市经济房建设发展中心获“全省保障性安居工程建设优秀企业”称号。嘉兴市住房公积金管理中心海宁市分中心获“浙江省文明单位”和“浙江省档案工作目标管理省一级”称号。市住房和城乡规划建设局实施保障房阳光监管，获"浙江省第三届政风行风建设争优奖"。

【直管公房管理】 市区直管公房住宅共计1166户，非住宅共计155户，合计建筑面积约8.40万平方米。其中砖混（或钢混）结构成套房504户，面积3.43万平方米；砖混结构非成套房311户，面积1.36万平方米；砖木结构非成套房320户，面积1.50万平方米；砖木结构成套房31户，面积0.23万平方米。危旧房占总户数的24%。至年底，公房征收续租新分配到成套直管公房中，现房16户，面积0.12万平方米；期房16户，面积0.13万平方米。

（濮晓丽　姜新民）

物业管理

【概况】 至年底，全市有海宁市注册物业服务企业38家，外地备案经营的物业服务企业9家，其中注册（备案）一级物业服务企业7家、二级物业服务企业3家（海宁市兴房物业管理服务有限公司资质升级为二级）、三级物业服务企业37家。全市物业从业人员5000余人，对143个项目实施物业服务，服务面积1000多万平方米。

【调整物业专项维修资金】 3月，下发《关于调整海宁市物业专项维修资金交存标准的通知》，具体调整为：未配置共用电梯的多层住宅、别墅、联排住宅、叠加住宅、跃层、储藏室、商铺、办公用房，物业专项维修资金交存标准为70元/平方米（建筑面积，下同）；配置共用电梯的多层住宅、联排住宅、叠加住宅、跃层、储藏室、商铺、办公用房，高层（含小高层）住宅、跃层、储藏室、商铺、办公用房交存标准为100元/平方米；车库、车位（含人防设施）、公用设施用房、物业管理用房、社区用房交存标准为70元/平方米。

【物业专项维修资金及保修金管理】 进一步规范物业专项维修资金、保修金的收缴和管理。至年底，全市共交存物业专项维修资金2.74亿元，累计使用253万元，累计交存保修金8800万元。

【物业服务企业监督考核】 2013年，市住建局、各镇（街道）、观潮景区对全市物业服务企业开展监督考核。各镇（街道）、社区按季度对物业服务企业实施考核，市主管部门按季度抽查和年度考核相结合的方式实施考核。年内完成对28家物业服务企业的监督考核工作，其中9家物业服务企业考核结果为优秀，19家物业服务企业考核结果为合格。

（袁　德）

［编辑：刘　峰］

生态环境

Ecological Environment

综　　述

大气环境质量监测采用 24 小时连续自动监测，监测项目为二氧化硫、二氧化氮、可吸入颗粒物。大气环境质量状况以周报形式向社会发布。全年总监测天数 363 天，其中 I 级天气 91 天，II 级天气 241 天，Ⅲ级天气 26 天。I 级、II 级天气占全年总天数的 91.5%，与上年相比，I 级、II 级天气天数减少 28 天，I 级、II 级天气占全年总天数的比重下降 6.9 个百分点。

2013 年与 2012 年空气质量状况对比

表 28

年份	I 级天气数（天）	II 级天气数（天）	I 级、II 级天气占全年总天数的比率（%）	Ⅲ级及以上天气数（天）	Ⅲ级及以上天气数占全年总天数的比率（%）
2012	114	246	98.4	6	1.6
2013	91	241	91.5	31	8.5

二氧化硫年日均值为 0.038 毫克 / 立方米，比上年上升 0.005 毫克 / 立方米；二氧化氮年日均值为 0.047 毫克 / 立方米，上升 0.001 毫克 / 立方米；可吸入颗粒物（PM10）年日均值为 0.083 毫克 / 立方米，上升 0.014 毫克 / 立方米。市区降尘年均值为 5.6 吨 / 平方千米·月，上升 1.4 吨 / 平方千米·月。二氧化硫、二氧化氮和可吸入颗粒物年平均值均达到国家二级标准。

降水监测为逢雨必测，监测项目为 pH 值、电导率、降水量、硫酸盐、硝酸盐、氟离子、氯离子、铵离子、钙、镁、钠和钾 12 项指标。2013 年降水 pH 值范围为 3.20～6.73，年均值为 4.53，比上年低 0.05 个百分点；酸雨样品率为 91.4%，上升 5.4 个百分点；酸雨占总雨量的 96.7%，高 26.1 个百分点。

饮用水源地水质每月监测一次，监测点设在双喜桥和泰山桥，监测项目为水温、pH 值、溶解氧、硫酸盐、氯化物、硝酸盐、总磷、总氮、高锰酸盐指数、五日生化需氧量、氟化物、挥发酚、石油类、氨氮、粪大肠菌群、阴离子表面活性剂、汞、氰化物、铁、锰、铜、锌、硒、砷、镉、铅、六价铬和硫化物等 28 项指标。按《地表水环境质量标准》（GB3838-2002）评价，双喜桥和泰山桥断面水质均超过Ⅲ类水质标准，主要超标因子为氨氮、总磷。按城市环境综合整治定量考核要求评价，2013 年双喜桥和泰山桥两个饮用水源地水质达标率均为 0，其中双喜桥为劣Ⅴ类水质，泰山桥为Ⅴ类水质。双喜桥主要达标因子为水温、pH 值、硫酸盐、氯化物、硝酸盐、氟化物、挥发酚、粪大肠菌群、石油类、阴离子表面活性剂、汞、锰、氰化物、铜、锌、硒、砷、镉、铅、六价铬和硫化物，均达到饮用水源Ⅲ类水质标准，单项次达标率均为100%；主要超标因子为五日生化需氧量、化学需氧量、溶解氧、氨氮、铁和总磷，单项次超标率分别为83.3%、50.0%、75.0%、75.0%、41.7%和100%。泰山桥主要达标因子为水温、pH值、硫酸盐、氯化物、硝酸盐、氟化物、挥发酚、粪大肠菌群、阴离子表面活性剂、石油类、汞、氰化物、铜、锌、硒、砷、镉、铅、高锰酸盐指数、锰、六价铬和硫化物，均达到饮用水源Ⅲ类水质标准，单项次达标率均为100%；泰山桥主要超标因子为溶解氧、氨氮、五日生化需氧量、总磷和铁，单项次超标率分别为75%、91.7%、83.3%、100%、58.3%。

地表水水质（市控以上断面）监测为每月监测，监测项目为水温、pH值、溶解氧、高锰酸盐指数、生化需氧量、氨氮、挥发酚、氰化物、总砷、总汞、六价铬、总铅、总镉、石油类、电导率、化学需氧量、总磷、氯化物、总硒、总氮、总铜、总锌、阴离子表面活性剂、硫化物、氟化物、粪大肠菌群等26项。根据对境内长山河、洛塘河等10条主要河流12个断面的监测结果，最为严重的污染因子是氨氮、总磷等。2013年影响地表水水质的主要指标为氨氮、总磷、溶解氧、五日生化需氧量、高锰酸盐指数等。其中溶解氧年平均值为3.83毫克/升，比上年上升0.39毫克/升，五日生化需氧量、总磷、化学需氧量年平均浓度分别上升0.5%、16.0%、6.7%，氨氮和高锰酸盐指数平均浓度分别下降14.4%和1.2%，全市主要河流水质情况不容乐观。

以26项监测指标来评价，2013年全市10个水体中除长山河、长水塘、泰山桥港是Ⅴ类水体外，其余均为劣Ⅴ类水体；与2012年同期相比，Ⅴ类水体增加1个，劣Ⅴ类水体减少1个，其中长山河、长水塘由劣Ⅴ类水体好转为Ⅴ类水体，崇长港由Ⅴ类水体下降为劣Ⅴ类水体，其余水体类别与上年一致。

城区交通噪声监测为14条道路50个测点（2012年为12条道路35个测点），道路总长47.2千米，道路加权平均声级为63.8分贝，比上年低2.5分贝，低于70分贝的标准。市区环境噪声共有网格数203个，有效测点180个（2012年为167个测点），平均等效声级54.6分贝，比上年高0.9分贝。功能区噪声有8个测点，其中1～4类区各有2个测点，昼夜连续等效声级均达到相应标准。

表29　2013年与2012年市区河流水质状况对比

序号	河流名称	监测断面	定类污染指标	水质类别	
				2013年	2012年
1	长山河	双喜桥、松木漾桥	氨氮	Ⅴ	劣Ⅴ
2	长水塘	嘉兴二县渔坝	氨氮	Ⅴ	劣Ⅴ
3	上塘河	许村大桥、水泥厂桥	总磷、氨氮	劣Ⅴ	劣Ⅴ
4	泰山桥港	杭申公路桥	氨氮	Ⅴ	Ⅴ
5	辛江塘	丰士水泥厂桥	总磷、氨氮	劣Ⅴ	劣Ⅴ
6	洛塘河	货运中转站	氨氮	劣Ⅴ	劣Ⅴ
7	袁硖港	回龙桥	氨氮	劣Ⅴ	劣Ⅴ
8	崇长港	友谊桥	氨氮、总磷	劣Ⅴ	Ⅴ
9	市河	由拳桥	氨氮	劣Ⅴ	劣Ⅴ
10	麻泾港	农丰桥	氨氮	劣Ⅴ	劣Ⅴ

（陶　波）

讲共计 11 场次。

生态市建设

【概况】 完成“十二五”环保规划中期评估。发挥生态办平台作用，强化“四边三化”（在公路边、铁路边、河边、山边等区域开展洁化、绿化、美化行动）和“双清”行动（清理河道、清洁乡村专项行动）的统筹协调，全面完成年度目标任务。编制完成《海宁市创建省级环境保护模范城市规划》《海宁市生态环境功能区规划（2012～2025）》《海宁市饮用水水源保护区划分方案》报批稿，出台《海宁市城乡环境综合整治三年行动计划（2013～2015 年）》，做好综合指导、协调和考核工作；结合星级美丽乡村创建，围绕“一条干净生态的河流”目标，指导和推进城乡生态文明建设。根据嘉兴市统计局调查通报，海宁市生态环境质量公众满意度调查得分 61.15 分，居嘉兴市首位。

【生态文明宣传】 举办生态文明建设专题培训班，120 人参加培训；围绕“4·22”世界地球日、“6·5”世界环境日等主题，组织实施“生态环保、党员在行动”党员志愿服务日活动、“环境保护与企业责任”电视访谈活动、水环境治理电视热点面对面活动等；组建环保政策宣传组，赴各镇（街道）、开发区为企业和村（社区）负责人开展环保政策法规宣讲共计 11 场次。

【绿色创建行动】 12 月 25 日，海宁市被浙江省人民政府命名为第六批省级生态县（市）。全面启动省级环保模范城市创建。推进生态绿色系列创建工作，年内成功创建省级绿色社区 3 个、“银叶级”绿色饭店 1 个、嘉兴市级生态村 15 个、嘉兴市级绿色学校 4 所、嘉兴市级生态农庄 2 个、海宁市级生态村 20 个、海宁市级绿色学校 6 所、海宁市级绿色社区 4 个；海昌街道、硖石街道 2 个省级生态街道和 38 个嘉兴市级生态村通过复查。

（陶 波）

环境综合治理

【污染减排】 完成 52 个减排项目的核算与核查，将电镀、印染、造纸等 27 家关停企业列入减排核算。推进生猪减量提质，关停全部奶牛场。注重减排预警机制，对用煤总

3 月 8 日，市环保局主要领导走进《行风热线》与公众互动

量控制不力及重点减排项目进展缓慢的镇（街道）、开发区下达督办单。全市4个中水回用项目建成投运，大都市、红宝、宝峰热电脱硫、脱硝改造工程全部完成。首创水务提标工程建成投运，46家重点企业完成刷卡排污系统建设。全面启动高污染燃料禁燃区创建，关停淘汰禁燃区7台燃煤锅炉，淘汰黄标车1103辆，完成年度主要污染物减排任务。

【环境污染治理】 启动首批18个整村和126个点的农村生活污水治理。全面推进重污染高耗能行业整治，关停电镀专业园区，电镀行业整治通过嘉兴市现场验收；关停制革企业3家，通过整治验收8家；关停印染企业16家（其中5家签订关停协议），通过整治验收15家；关停化工企业14家（其中6家签订关停协议），通过整治验收9家；关停全部5家造纸企业。制订出台《海宁市大气复合污染防治实施方案》，2个大气自动监测站建成投运。

【环境审批改革】 实施环境要素改革。在全省率先制订出台《海宁市排污权指标差别化市场化管理实施意见（试行）》，在制革、印染、化工三大行业开展扩大交易标的物和排污权交易价格、租赁价格和减排任务差别化试点。加快审批制度改革。依法审批建设项目551个，否决项目19个。开展建设项目环评“零审批”改革试点，对政府、企业一般投资性项目实施“零审批”，审批时间提速85%以上；建立环保前置审批承诺制、备案制，进一步明确建设单位、环评中介机构和属地政府的市场主体地位及责任。率先在制革、光伏、化工和印染等重污染行业开展环境污染强制责任险投保工作，49家企业完成投保，涉及保额3000多万元、保费180余万元，参保企业数、投保金额及保费均居嘉兴市首位。

（陶 波）

环境执法监管

【概况】 全市建立215支环保（治水）义务巡防队，5000多名党员群众参与、监督环保（治水）工作，累计巡查发现并处理各类问题1660个。新创建18个下属科室（单位）官方微博，及时应对、处置、反馈网民诉求和咨询，正面引导舆论导向，其中“海宁环保”官方微博累计发布微博1600余条；与各城镇社区、重点污染企业等建立QQ群，宣传环保政策。全年共受理各类环境问题信访441件，其中微博信访（咨询）122件，及时办结率100%，满意、基本满意率99.5%。做好重点时段和重要节点的信访维稳工作，未发生重大环境污染事故，未发生

行业整治现场督察

因环境问题而引发的群体性事件和重大负面新闻。

【环境行政执法】 加大环境执法监管力度，对环境违法行为“零容忍”。开展环保、公安“联合执法年”行动，严查严惩环境违法犯罪行为。在“两高”司法解释出台后，在嘉兴市范围内率先将环保案件移送公安机关，先后破获多起重大环境污染案件。全年共出动执法人员22881人次，检查企业9204厂次；关停企业82家，停产整治95家；作出行政处罚146件，罚款790.7万元；媒体公开曝光24起；共移送公安机关6件，批准逮捕9人，取保候审2人，行政拘留1人。

（陶　波）

［编辑：刘　峰］

旅　　游

Tourism

综　　述

2013年，全市旅游工作以贯彻实施《中华人民共和国旅游法》为契机，加快项目建设，强化市场营销，提升行业素质，推动旅游经济发展。至年底，全市有旅游星级饭店11家，其中五星级2家、四星级2家，有旅行社17家，直接从业人员1623人。全年接待国内外游客1249.2万人次，比上年增长13.1%，其中境外游客12.4万人次，增长10.1%；实现旅游总收入129.65亿元，增长20.1%。

调整、优化旅游业扶持政策，出台《关于推进旅游业转型提升发展的若干意见》和《海宁市鼓励旅行社组织“二日游”奖励办法》。《关于推进旅游业转型提升发展的若干意见》新增对旅游建设用地的支持，对市重点推进项目、省重大产业项目优先安排用地；新增对产业融合的支持，对利用相关资源开发文化旅游、体育旅游、农业旅游、工

表30　　海宁市旅游景区（点）一览

景点景区	地址	电话	门票（元）	等级
海宁盐官景区（含观潮胜地公园、海神庙、陈阁老宅、花居雅舍、江南民俗风情馆、国棋圣院、王国维故居、金庸书院）	盐官百里钱塘观潮景区	87617200	100（联票）	AAAA
海宁中国皮革城	海州西路201号	87219222	免费	AAAA
谢氏艺术收藏馆	西山路1000号	87385888	免费	AAA
海宁博物馆	西山路542号	87023424	免费	AA
徐志摩旧居	干河街32号	87043528	10	AA
西山公园	公园路17号	87023537	免费	AA
钱君匋艺术研究馆	西山路493号	87028078	免费	AA
和田龙农庄	嘉海公路长山河桥堍	87278078	免费	AA
大缺口休闲农庄	丁桥镇海潮村	87799792	免费	AA

说明：以上票价以2013年12月31日为准

业旅游、商务旅游产品，并且具备相应体验、休闲、接待、服务等旅游配套设施和条件的，给予实施单位20万元以下的一次性奖励；引导发展旅游购物，对获得国家级、省级各类旅游商品奖项并形成批量生产的旅游商品生产企业，每项分别给予5万元以下、2万元以下的奖励；开设旅游商品专营店，年营业收入达到100万元及以上的，按其当年营业收入、利润总额形成的地方财政贡献部分的80%予以奖励，连续享受三年；鼓励旅游企业品质提升，新增对当年度进入嘉兴市十强、全省百强、全国百强的旅行社的奖励条款。《海宁市鼓励旅行社组织“二日游”奖励办法》新增鼓励夜游的政策，对安排游客游览盐官古城或皮革城夜市、安排游客在盐官古城夜游住宿的旅行社，给予每人次加奖5～10元不等的奖励。

表31　　海宁市旅游星级饭店、旅行社一览

	单　位	地　址	总经理	联系电话	传真	旅游星级饭店 客房数(间)	旅游星级饭店 床位数(张)	星级
旅游星级饭店	海宁皮都锦江大酒店	海宁大道302号	金　玲	87218888	87019111	313	473	★★★★★
	海宁海洲大饭店有限公司	海宁市海州西路199号	张宏彬	87288888	87289555	312	530	★★★★★
	海宁市玉龙国际商务酒店有限公司	海宁许村家纺城市场路201号	孙彬彬	87587888	87587999	94	163	★★★★
	海宁市凯元国际酒店有限公司	海宁市火车站广场65号	谢建强	87227788	87222068	98	187	★★★★
	海宁宾馆有限责任公司	海宁市长埭路166号	彭建芬	87286666	87023626	123	195	★★★
	海宁龙祥大酒店有限公司	海宁市海昌路610号	谢建强	87282828	87227738	165	260	★★★
	海宁花园酒店有限公司	海宁市水月亭路280号	浦周宾	87282999	87235963	69	100	★★★
	海宁市小商品市场开发有限公司假日国际大酒店	海宁市工人路98号	许振锋	87281888	87280808	188	326	★★★
	海宁香榭丽酒店有限公司	海宁市文宗南路88号	王　悦	87788888	87286168	120	180	★★★
	海宁市大世界酒店有限责任公司	海宁市西山路598号	朱国杰	87373888	87373999	102	155	★★
	海宁吴越乾门大酒店有限公司	海宁市火车站广场16号	吴海忠	87281111	87281180	86	125	★★
旅行社	海宁市天地旅游有限公司	海宁市长埭路356号	施雨顺	87236868	87239900	—	—	★★★★
	海宁市中青旅游有限公司	海宁市海昌路193号	孙云帆	87042000	87043000	—	—	—
	海宁市大元旅游有限公司	海宁市海马路22号	糜建华	87230488	87228803	—	—	★★★
	海宁市职工疗休养旅游有限公司	海宁市文苑南路62号	潘建根	87016996	87016997	—	—	★★★
	海宁经编园紫薇旅行社有限公司	海宁市海昌南路199号	俞晓红	87292778	87290222	—	—	★★★★

续表 31

单位		地址	总经理	联系电话	传真	旅游星级饭店		星级
						客房数（间）	床位数（张）	
旅行社	海宁市黄金假日旅游有限公司	海宁市长埭路 11 号	钱玺华	87033658	87033658	—	—	—
	海宁中星旅游有限公司	海宁市盛堰路 5－1 号	黄玲丽	87235888	87230662	—	—	★★★
	海宁市盐官古城旅行社有限公司	海宁市盐官景区古邑路 1 号	姚文豪	87617599	87615302	—	—	—
	海宁行天下旅行社有限公司	海宁市梅园路 339 号	蒋　骅	87275777	87231330	—	—	—
	海宁海潮旅行社有限公司	海宁市联合路 196 号	贝曙峰	87013522	87013560	—	—	—
	杭州耀江旅行社海宁分公司	海宁市许村镇市场路 16 号	陈小妹	87580098	87580098	—	—	—
	杭州走天下国际旅行社海宁分公司	海州西路 236 号 1 号楼	张娟华	87058199	87508196	—	—	—
	海宁假日中旅行社有限公司	海宁市海昌南路 158 号	吴灵佳	87251277	87299303	—	—	—
	海宁金马旅行社有限公司	海宁市隆兴路 70－18 号	金雪丹	87277288	80705858	—	—	—
	海宁市天驰旅游有限公司	水月亭西路 573 号	谈天驰	80709200	80709211	—	—	—
	浙江银星国际旅行社海宁分社	海宁市梅园路 255～257 号	蒋振鑫	87381279	87381273	—	—	—
	海宁市艾森旅行社有限公司	海宁市钱江东路 99 号 风和二路 78 号	陈张蕾	87295631	87295630	—	—	—

说明：以上数据以 2013 年 12 月 31 日为准

（宋丹青）

市场开发

【风情小镇开发建设】 编制《海宁市尖山风情山村旅游开发规划》，投资 500 万元完成标准化公厕、休闲长廊、停车场等部分基础设施建设，完成启动区块 120 户农房立面改造。编制《海宁市钱塘古堡景区（马牧风情小镇）旅游开发规划》，启动前期调查摸底。启动实施路仲古镇保护开发项目，投资 3000 多万元建成路仲文创园，推进古镇农村居民安置区块的征迁。

【旅游市场营销】 探索旅游微营销，与上海天籁旅游传媒合作，拍摄旅游微电影《海宁，你是谁》，结合四季观潮、休闲购物、文化体验等主题，在微博、微刊、BBS、SNS、社区论坛等进行同步传播。微电影视频总点击量 494 万余次，总评论 4900 多条，海宁话题 BBS 软文覆盖猫扑、千龙、新浪、腾讯、凤凰网等 50 家 BBS，总点击量 104.4 万次。整合资源区域联动，以拓展“二日游”市场为目标，组织实施“十城百日”海宁旅游专题宣传促销活动，赴长沙、九江、六安、南京等地召开旅游推介会。九江市与盐官景区、海宁中国皮革城签订组织团队合作协议，组织千人游海宁活动。抓住嘉绍跨江大桥通车机遇，与海盐、绍兴、上虞旅游部门，就线路共连、市场共推、平台共享等方面开展互动，联手共推“一桥两岸四地游”系列活动。开展专属市场合作，重点推进与香港专业旅运公司的合作，在香港有关媒体和专业旅运网站及有关门店宣传海宁旅游形象和产品，与上海、杭州联合推广观潮线路。与上海趣游网合作，推出常态化海宁自驾游产品和线路；与途家网开展战略合作，打造“跟着途家游海宁”品牌。

（宋丹青）

海宁市与途家网签订战略合作协议

行业管理

【概况】 全年组织开展旅游从业人员服务礼仪、旅游突发公共事件防范及处置能力提升、消防安全知识、导游人员应急救护等培训，以及特色烹饪大赛、旅游饭店服务技能大赛等活动，参与总人数1500余人次。9月23日，在嘉兴市旅游饭店服务技能大赛中，海宁选手获团体二等奖、三等奖。

2013海宁市旅游星级饭店服务技能大赛

对全市37家涉旅单位进行安全生产大检查，督促落实安全生产责任制。开展系列规范旅游市场秩序专项检查20余次，出动检查人

·海宁市消防大队·

检查消防设施

“3·5”小牛精细化工股份有限公司火灾扑救

“1·15”杭浦高速交通事故救援

2013年，海宁市消防大队及各镇（街道）专职消防队共接警出动2350起，出动消防车3365辆次，扑救火灾675起，其中立案调查火灾8起，抢救和疏散人员953人，抢救与保护财产价值2.7亿元，无人员伤亡。开展“除火患、保平安”“五查两加强”“三改一拆”、消防安全重点领域百日大会战、大排查大整治等专项行动。共检查单位1462家，发现火灾隐患1434处，督促整改1417处，处罚68家。

组织开展重点单位和人员密集场所等类型预案和灭火作战预案的修（制）订工作，完成预案修（制）订194份，小区、乡镇、村庄作战信息卡152份，全面开展工业企业房屋所有权证补办工作。办理建设工程消防审核67个、验收35个、设计备案208个、验收备案214个，开业前消防安全检查76个，上门服务企业单位50余次，为企业提供消防技术服务和指导90余次。

市消防大队先后被浙江省公安消防总队评为2009年浙江省公安消防部队火灾隐患整治工作先进大队、基层建设先进大中队、先进基层党委，2010年基层建设先进大中队，2011年基层建设标兵大队和基层建设先进中队，2012年基层建设标兵单位，2013年基层建设先进大队。积极参与“3·5”海宁市小牛精细化工股份有限公司火灾事故扑救,被海宁市政府荣记集体三等功。

·海宁市烟草专卖局（分公司）·

客户经理进行市场走访

2013年，海宁市烟草专卖局(分公司)紧紧围绕“健康宁烟”主题，着力在“稳”字上要质量，在“精”字上做文章，在“实”字上下功夫，落实转型提升的思路举措，各项工作有序开展。全年实现卷烟销量3.2万箱，比上年增长1.4%，保持经济运行良好态势。共查获违法案件164起，违法卷烟1.1万条，案值238万余元。成功破获“4·25”物流运输假烟网络案，是嘉兴地区首个物流涉烟网络案，实现海宁烟草打假破网“八连斩”。2013年获“省级工会示范职工书屋”“全省系统十佳学习型部门(单位)”“省级创新奖三等奖”“优秀专卖管理所”等各级各类荣誉70余项。

党组书记、局长、经理：徐　云
地址：海宁市海州西路216号
电话：(0573)87079006
邮编：314400

文明劝导

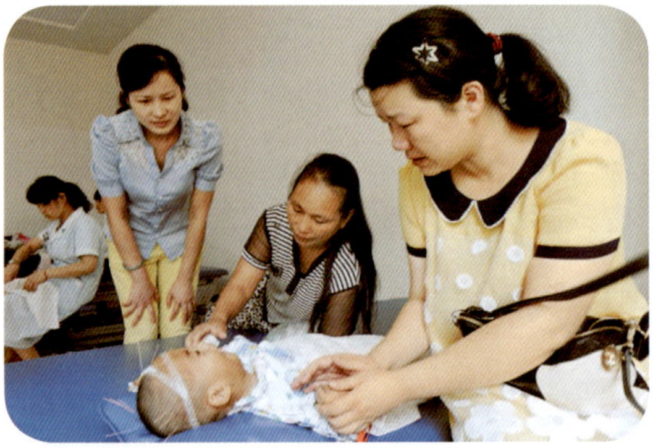

“工人先锋号”成员看望“小显阳”

到敬老院慰问

专卖人员开展市场检查

·海宁市人民防空办公室（民防局）·

2013年，海宁市人防办在市委、市政府、市人武部和上级人防业务部门的正确领导下，紧紧围绕“抓队伍、强基础、攻重点、善创新”目标，内强素质、外树形象，着力建设一支“政治坚定、业务精湛、纪律严明、作风过硬、廉政高效”的人防团队。突出六大工作任务和防空核心能力建设，按照“长期准备、重点建设、平战结合”的方针，求实创新，狠抓落实，进一步促进全市人防事业健康发展，各项工作走在嘉兴市前列。2013年，人防应急疏散基地被国家人防办授予全国“人民防空服务民生示范基地”称号，被浙江省人防办评为“人民防空工作先进单位”。

地址：海宁市海洲街道文礼路7号
主任、局长：郭建钢
电话：（0573）87016877
传真：（0573）87016876
邮编：314400

被评为“人民防空工作先进单位”

5月，海宁民防通信救援队成立

3月1日，国际民防日海宁宣传现场

开设道德讲堂

在浙江财经大学东方学院设立人防工作联络站

·海宁市气象局·

现代化气象业务平台

百米梯度风塔

海宁市气象局受嘉兴市气象局和海宁市人民政府双重领导，实行以气象部门为主的双重领导管理体制。主要职责是：组织制订和实施本地区气象事业发展规划、气象工作计划和有关政策；对从事气象活动进行指导、监督和管理；组织建设和管理气象台站、气象设施；组织实施和管理气象监测、预报（含天气预报、预测，灾害性天气警报、气象灾害预警信号，下同）和服务工作；会同有关部门依法规范气象预报的发布和传播；组织开展和管理气象灾害的监测、联防、普查、风险评估和应急准备认证工作；参与编制和实施气象灾害防御规划、气象灾害应急预案；组织推进和管理公共气象服务体系建设；组织开展和管理气候（含气候变化）监测、预测，气候资源调查、区划，气候可行性论证和人工影响天气工作；组织管理雷电灾害防御工作；依法承担气象行政执法工作等。

市气象局一直秉承“管天为民、敬业奉献”的海宁气象精神，逐年深入推进基层气象灾害防御体系建设，于2013年成功完成12个镇（街道）的气象防灾减灾标准化创建工作，全面实现气象防灾减灾标准镇（街道）全覆盖。

办公室电话：（0573）87210125

气象台电话：（0573）87210182

咨询天气变化请拨96121或登录www.hnqxw.com

高标准化的地面观测场

·海宁市环保局·

2013 年，海宁市环保局以改善生态环境质量为总目标，全面推进水环境综合治理、重污染行业整治、污染减排、执法监管、生态建设、要素改革等重点工作。以“控源截污”为重点，不断深化“河长制”，全市河道水质总体呈现稳中趋好态势，全年 43 个“河长制”断面中Ⅳ类水质占 20.9%，全省跨行政区域河流交接断面考核评价连续七个月 “良好”。建成投运 2 个大气自动监测站，加强对 PM2.5 等污染物的监测和预警，全年空气优良率 91.5%。关停电镀园区，关停制革、印染、化工、造纸企业 38 家（含签订关停协议 11 家），整治验收 32 家。完成 52 个减排项目的核算与核查，加大对重点减排项目的跟踪督察和指导，注重减排预警机制，对用煤总量控制不力及重点减排项目进展缓慢的镇（街道、开发区）下达督办单。46 家重点污染企业完成刷卡排污系统建设；淘汰黄标车 1103 辆；全面启动高污染燃料禁燃区创建，禁燃区 7 台燃煤锅炉关停淘汰；9 家国有控股重金属企业在线监控全面建成并投入运行。全年出动执法人员 22881 人次，检查企业 9204 家次；关停企业 82 家，停产整治 95 家；作出行政处罚 146 件，罚款 790.7 万元；媒体公开曝光 24 起。全年未发生重大环境污染事故和因环境问题引发的群体性事件。

走进《行风热线》与公众互动

环保政策法规宣讲

“6·5”世界环境日环保科普图片展

参与“小鱼治水”活动

·海宁市水利局·

生态浮岛

宁袁塘疏浚

建设中的青沙塘闸站

防汛物资储备

2013 年，全市共完成水利建设投资 4.08 亿元，完成土石方 416 万立方米。省重点项目鹃湖工程全面完成土方开挖，闸站、湿地等配套建设加快推进；上塘河流域活水试点工程投入运行。大力实施河道整治，共疏浚镇、村河道 268 千米，完成率 115.8%；整治脏乱黑臭河道 159 条、长 83.5 千米；完成 13.2 千米洛塘河（绵长港至长山河）和市河疏浚。完成全市河道绿化 59.8 公顷、水生植物种植 37534 平方米；推动沿河违章建筑拆除，拆除涉河违章建筑 5.5 万平方米。开展农田水利工程建设，共整治圩区面积 2633.3 公顷，实施灌区渠道衬砌 158.5 千米，建设喷微灌面积 50.1 公顷，海宁市成功入选“第五批中央财政小型农田水利重点县”名单。全力抗击梅雨期三次集中降水、出梅后的高温天气和 10 月强台风“菲特”及强降雨等灾害，确保全市安全度汛。做好水行政执法审批、水文预测预报、上塘河翻水调水、海塘安全管理等工作，获嘉兴市水利局 2013 年度目标责任考核优秀单位、“海宁市绿化工作先进单位”等荣誉。

·海宁市城市管理行政执法局·

推进“三改一拆”工作。2013年组织参与“两违”巡查30871人次，立案查处城乡规划类案件14起，涉违面积1.9万平方米，罚款50.8万元。取缔、搬离废旧物资收购站点1233家，拆除建筑面积26.0万平方米。强化城镇市容管理。编制《海宁市城市管理质量标准体系》，新增2处自产自销农副产品交易摊位，落实“门前三包”制度1372家，整治拆除海宁大道、皮革城周边及硖许公路的大型违法广告17块。提高依法行政能力。受理许可件1142件；张贴违停通知书8570张、温馨提示584张，罚款115.5万元。开展市容市貌各类专项整治160余次。办理一般程序案件611起，罚款96.3万元。提升城乡保洁水平。制订一星级美丽乡村等级评价指标，完善《海宁市城市环境卫生保洁质量标准》，制订《海宁市城乡环境卫生“四位一体”长效保洁“以奖代补”办法》和《2013年海宁市城乡环境卫生“四位一体”长效保洁工作考核办法》。力推智慧城管建设。编制智慧城管方案，实施“微曝光”奖励办法；受理有效案件34370件，结案数34224件，收到新浪微博@海宁数字城管657件，发布回复625件。优化城市基础设施建设。增加停车位4405个，开放市区14个机关单位约700个停车位。建筑垃圾出运审批行政项目51个，对300余辆车辆安装车载GPS后统一接入数字城管平台，清运市区无主建筑垃圾9082吨，建立建筑垃圾收、储、运、消“一条龙”处理机制。

“两富同行”结对走访

女子特勤队成立

潮博会安保

城管文化长廊

·中国移动海宁分公司·

“数字城管”监控系统电力改造项目验收

海宁市职业高级中学智慧校园项目启动

中国移动海宁分公司隶属中国移动通信集团。公司秉承“正德厚生、臻于至善”的核心价值观，始终将“创无限通信世界、作信息社会栋梁”作为企业的经营宗旨，将客户满意作为经营奋斗的目标。

2013年，中国移动海宁分公司实现业务收入4.6亿元。以持续做区域市场领导者为主导，全面落实各项工作任务。积极助力地方经济建设，参与各类公益事业。全方位打造公司形象，形成以“一个主题、三条主线、五项举措”为体系的“135”企业文化，并根据地域文化特色打造“潮文化”特色品牌。根据市政府“五（吾）带头”要求，制订符合公司实际的“五（吾）带头”举措：团队协作吾带头、责任和谐吾带头、学习提升吾带头、智慧创新吾带头、坚韧拼搏吾带头，努力使公司在业务、服务、公益、管理等各方面得到提升，体现中国移动海宁分公司“向前冲、做最好”的企业形象。

参与“快乐童年、健康成长”永宁学校六一捐赠活动

参与“小鱼治水”公益活动

中国农业银行海宁市支行

全省防控电信（网络）诈骗犯罪宣传工作现场会在农行海宁市支行举行

2013年，中国农业银行海宁市支行有营业网点19个，职工345人，是海宁市范围内经营规模最大、服务网点最多、电子网络最大、城乡一体化优势最为明显的商业银行。一直以来，农行海宁市支行秉承“诚信立业、稳健行远”的核心价值观和“客户至上、始终如一”的服务理念，充分发挥城乡联动优势，依托庞大的分支机构和电子化网络，向广大客户提供全面、优质、高效的金融服务。

近年来，农行海宁市支行加速推进网络网点建设、产品渠道建设、客户群体建设、服务体系建设，经营实力显著增强，业务领域不断拓宽，经营结构逐年优化，盈利水平大幅跃升，管理水平不断提高，渠道辐射能力持续提升。至2013年年底，全行本外币各项存款余额147.8亿元，本外币贷款余额92.28亿元。

金融知识进万家活动

慰问市培智学校

大楼火灾逃生及防震疏散演练

员工趣味运动会

·海宁市农村信用合作联社·

"两富同行"温暖工程捐款

2013年，海宁市农村信用合作联社全面学习贯彻落实十八大精神，认真践行"一条道路、两场革命"战略构想，深入开展"走千家、访万户、共成长"活动。启动海宁农信"普惠金融工程"，各项存款在全市各金融机构中率先突破200亿元，参与"两富同行"温暖工程，捐献20万元认领虚拟岗，向10个村各捐赠6万元，用于美丽乡村绿化建设。荣获浙江农信系统"十强信用联社"称号，获嘉兴农信机构产品与服务创新工作先进评选一等奖、海宁市行风评议"回头看"民意测评第一名。至年末，各项存款225.78亿元，比年初增加32.58亿元；各项贷款145.18亿元，增加14.80亿元。

理事长：孙卫国
主　任：方彦人
地　址：海宁市海昌路225号
电　话：（0573）87032144
邮　编：314400

通过嘉兴市反洗钱风险评估验收

"普惠金融工程"推进会暨"银农联心"活动启动仪式

男子"三人制"篮球赛

道德讲堂

·海宁市邮政局·

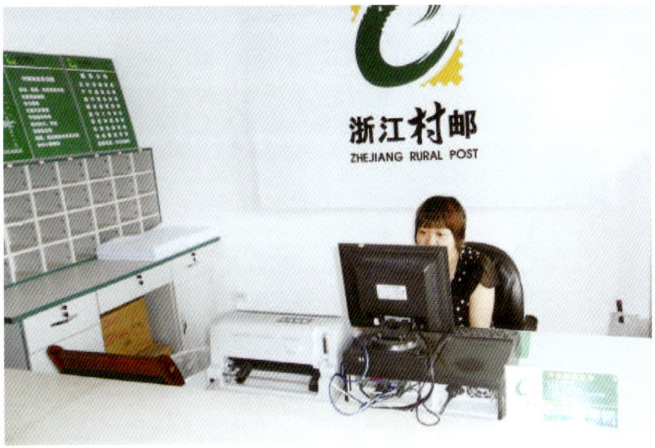

信息化村邮站

个性化邮票首发式

海宁市邮政局有在岗职工354人，城乡营业网点20个，村邮站185个，便民服务站56个，邮政信息化服务平台已伸入全市千企万户。主要经营函件、包件、报刊、集邮及代理金融、保险、特快小包、电子商务等业务。坚持“以信为本、韧者常青”的企业文化理念，满怀信心，与时俱进，为海宁邮政持续快速健康发展而努力奋斗！

制作带有邮寄功能的大脚板乐园门票

·海洲街道东长社区·

海洲街道东长社区位于海宁市城南，东邻硖石街道农丰村，南接马桥街道先锋村，西靠新庄社区，北接南郊社区，总面积2.78平方千米。新建的钱江路、文苑路、城南大道和海昌南路在社区境内穿过。辖13个居民小组，总户数450户，总人口1919人。2013年集体收入658.3万元，农村居民人均纯收入26403元。社区先后获得“省级卫生村”“嘉兴市民主法治村”“嘉兴市科普示范村”“海宁市整治村”“海宁市和谐社区”“海宁村级文化阵地建设示范村”“嘉兴市‘三无村’”“药品安全示范社区”“海宁市先锋工程‘五好’示范党组织”“省级生育文化园”等称号。

一星级美丽乡村创建

美丽乡村

hclc®
海宁中国皮革城
HAINING CHINA LEATHER CITY

海宁中国皮革城
HAINING CHINA LEATHER CITY

勇立潮头 破浪前行
2013年

哈尔滨海宁皮革城开工

第四届原辅料展

欧洲名品街开业

海宁中国皮革城总部有经营户4500多家，全年市场客流量596万人次，高峰时日客流量达10万人次，市场成交额125.53亿元。启动总部六期项目和哈尔滨海宁皮革城项目，总部新增五期皮装批发中心、四期裘皮大厦、欧洲名品街等交易区块和裘皮保养中心、大客户中心等服务项目，市场批发功能和服务能力进一步增强。

海宁中国皮革城先后荣获“浙江省商贸流通业创新企业”“亚洲品牌500强”“年度省重点流通企业考核优秀企业”“嘉兴十大地标”“浙江服务名牌”等称号。2013年，海宁中国皮革城股份有限公司实现营业收入29.26亿元、利润总额14.02亿元、净利润10.51亿元，分别比上年增长29.4%、44.1%、45.3%。

海宁中国皮革城全景

· 海宁市盐官百里钱塘观潮景区 ·

中国国民党荣誉主席连战一行到海宁考察

徐志摩和友人观潮雕塑落成仪式

2013 年，盐官百里钱塘观潮景区根据市委、市政府确定的目标任务，锁定“一城、一产、一路、一带”等重点工作，各项工作取得较为明显的成效。狠抓盐官古城开发，古城规划展示馆建成使用，南排河廊桥建成通车，金庸书院配套工程建设完成，观潮公园主入口广场初具形象，聆涛苑安置房一期建成交房，宣德水门、风情街延伸工程、海神庙广场、孔庙学宫等项目先后开工建设。培育旅游文化产业，“愤怒的小鸟”乐园建成开业，五星级标准的方元玫瑰酒店基本建成，京都世纪影视文化中心项目主体施工，潮涌路加快建设。实施生态绿带工程，一期工程全长约 12.5 千米，绿化面积近千亩。全年完成固定资产投资 12.64 亿元，政府项目投资 11.14 亿元；接待国内外游客 376.3 万人次；景区核心区完成征迁面积 22.2 万平方米，沿江各镇完成征迁面积 14.3 万平方米。2013 年被评为“2013 中国自驾游十大宿营地”“嘉兴市旅游行业文明示范窗口”。

央视直播海宁潮

“愤怒的小鸟”乐园开园

第四届海宁潮音乐节

·海宁经济开发区（尖山新区）·

尖山高尔夫球场

海宁经济开发区成立于1992年8月，1997年12月被批准为省级经济开发区，2006年3月通过国家发改委审核。2009年与上海漕河泾新兴技术开发区合作建立漕河泾海宁分区。2012年2月与尖山新区整合，建立一个主体对外招商的联动开发体制。

海宁经济开发区总规划面积54.2平方千米，皮革、纺织等产业集聚发展，重点培育时尚创意产业。尖山新区总面积42平方千米，已逐渐建成以汽车及关键零部件、新能源利用、机械装备（特种设备）、新材料等先进制造业为主导，兼具旅游、休闲等的现代综合型滨江新城。2013年，海宁经济开发区（尖山新区）完成合同利用外资31637.1万美元，实际利用外资19180.1万美元，实到市外内资400764万元。实现国内生产总值85.6亿元，规模以上工业总产值369.85亿元，固定资产投资105.47亿元。

“江南总部基地·中国海宁”项目在北京签约

嘉绍大桥

党工委书记、管委会主任：张月明

地址：海宁市隆兴路118号 / 海宁市尖山新区治江路8号

海宁市人民医院（上海长海医院海宁分院）

病房环境整洁

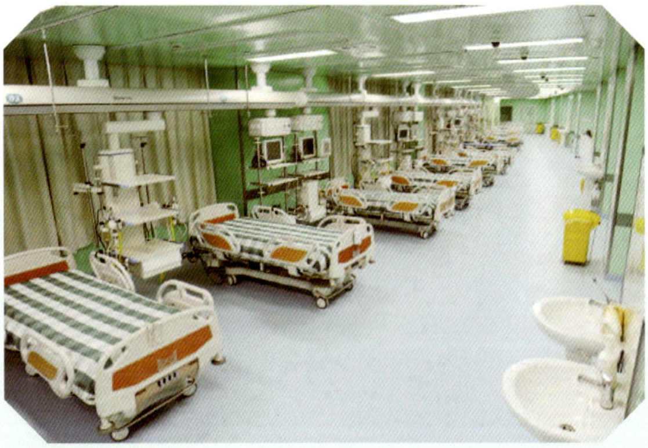

ICU病房

海宁市人民医院创建于1943年，占地面积10.9公顷，医疗建筑面积12.9万平方米，是海宁市集医疗、教学、科研、急救、保健为一体的三级乙等综合性医院。医院先后获“全国综合医院中医药工作示范单位”、省级“文明医院”、省级“平安医院”、省级“绿色医院”、“嘉兴市十佳医院”“嘉兴市文明单位”等称号。心内科、神经内科、重症医学科、肝胆外科、儿科、眼科、呼吸内科为海宁市级重点学科，骨科、中西医结合肾内科为海宁市级重点扶持学科；创伤急救科为嘉兴市重点扶持学科；神经外科为嘉兴市县共建医学重点扶植学科；中医科为浙江省级示范中医科；心内科为浙江省县级医院龙头学科。医院年门诊病人逾70万人次，收治住院病人3万余人次。

2012年2月，医院与上海长海医院建立合作关系，由长海医院全面托管，托管期为5年。实行合作管理委员会领导下的院长负责制，由长海医院向人民医院输入管理和技术团队，对行政、医疗、科教、人才培养等实行全方位管理。重点合作专科包括：呼吸内科、消化内科、心内科、肾内科、普外科、骨科、眼科、泌尿外科、神经外科。医院以优美的环境、优良的秩序、优质的服务为目标，竭诚为海宁人民的健康事业服务。

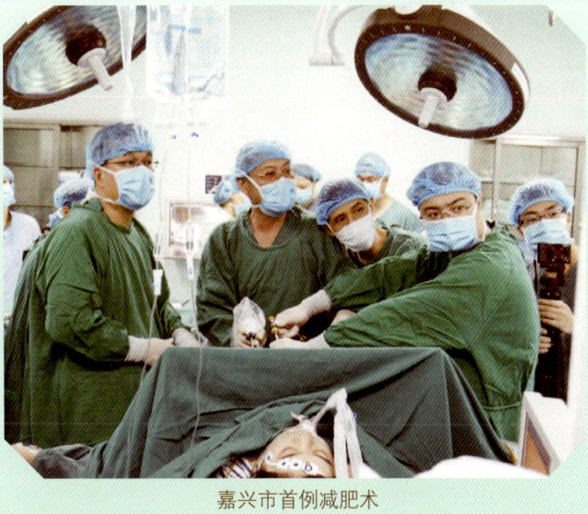

嘉兴市首例减肥术

海宁市人民医院（上海长海医院海宁分院）外景

地　　址：海宁市钱江西路2号
电　　话：(0573)87032767 87023216
电子邮件：info@hnph.com
网　　址：www.hnph.com
公交线路：K5、K6、K7、K19、K23直达

·海宁市张宗祥书画院·

海宁市文联主席田耘朗诵张同吾的诗

张同吾诗书展

2013 年 5 月 30 日，在海宁市张宗祥书画院举行张同吾诗书展开幕式。在张同吾创作的 18 幅书写徐志摩诗歌的书法新作中，昔日志摩的风采、志摩的诗魂，在张老笔墨线条的神妙韵律中被重新艺术地诠释，散发新的魅力，叩击着每位观众的心扉。

中央电视台采访张同吾

书画界来宾参加开幕式

张宗祥书画院全体员工合影

纪念张宗祥书画院（纪念馆）建院（馆）20周年系列活动之一
中国美术学院书法系书法学与教育专业毕业展·海宁

中国美术学院书法系与海宁市张宗祥书画院联合举办的首届书法学与教育专业毕业生作品巡展，于 2013 年 6 月 27 日在书画院开展。近百件作品展示了学院教育的理论素养和书写能力，也为书法在当代可持续健康发展做出了有益探索。

领导、专家与毕业生合影

中国美术学院书法系主任沈浩讲话

员 400 余人次，查处违法违规经营企业 2 家，作出行政处罚 12.4 万元。

【“旅游法”宣传贯彻】 组织市旅游局全体人员和全部涉旅单位开展培训，通过主题学习、专题研讨、专家讲座等形式，全面宣传“旅游法”；向四套班子领导和有关部门、镇（街道）、村（社区）赠送《中华人民共和国旅游法》及解读文本 1400 本；依托海宁旅游网、官方微博等设立普法专栏，在《海宁日报》推出“旅游法”条款解读专栏和有奖知识竞赛，向旅游消费者普及“旅游法”。

【出台地方旅游标准规范】 实施旅游标准化建设三年行动计划，市旅游局与市旅游行业协会、浙江省商业职业技术学院专家合作完成《导游服务操作规范》和《饭店前厅服务规范》2 个地方标准规范的制定，并于 12 月 20 日发布。2 个标准规范根据《中国饭店行业服务礼仪规范》、《旅游饭店星级的划分与评定》（GB/T 14308-2010）、《星级饭店访查规范》（LB/T 006-2006）和新出台的《旅游法》等法律法规、行业规范以及海宁旅游行业实际制定，是嘉兴市首个旅游行业地方规范性标准。

【涉旅企业管理】 年内，凯元国际酒店晋升为四星级旅游饭店，天地旅行社创建为四星级品质旅行社，百合天地度假酒店创建为浙江省首批“银鼎级”特色文化主题饭店；凯元国际酒店创建为国家“银叶级”绿色饭店，实现海宁市三星级以上饭店“绿色”全覆盖，累计有“金叶级”绿色饭店 1 家、“银叶级”绿色饭店 8 家。盐官百里钱塘观潮景区、海宁中国皮革城、和田龙农庄通过 A 级景区复评。取消 1 家饭店的星级资格，新批准设立旅行社和旅行社分社各 1 家。

（宋丹青）

节庆活动

【第二十届中国国际钱江（海宁）观潮节】 于 9 月 7 日至 10 月 7 日在海宁举行。观潮节由浙江省旅游局、嘉兴市人民政府主办，海宁市人民政府承办。观潮节以“激情海宁、潮领天下”为主题，举办第二十届中国国际钱江（海宁）观潮节、2013 中国海宁观潮露营大会开幕式暨《海宁，你是谁》微电影首映式、2013 中国海宁观潮露营大会、2013 趣游海宁自驾游体验活动、央视直播海宁潮、第九届中国节庆产业年会、“愤怒的小鸟”主题乐园开园系列活动、新浪微博达人观潮体验活动、祭祀海神民俗表演、“星潮”海宁钱江潮天文潮共赏活动九项活动。50 余家新闻、平面和网络媒体对观潮节盛况及相关活动进行专题报道。观潮节期间，接待游客首次突破 200 万人次，实现旅游票务收入 549.3 万元。

【春季文化旅游节】 于 3 ~ 6 月在海宁举行。旅游节由海宁市人民政府主办，市发展和改革局、旅游局、文化广电新闻出版局、盐官百里钱塘观潮景区管委会、海宁中国皮革城管委会、长安镇人民政府等联合承办。活动以“追钱塘春潮，游最美海宁”为主题，举办“最美浙江”2013 海宁行摄生命之旅摄影活动、海宁中国皮革城春季时尚购物街、海宁旅游美食节暨特色烹饪大赛、美丽潮乡“漫”游海宁、盐官观潮景区系列活动、乡村旅游系列活动。活动期间，首次推出“一潮三看”追潮游产品。中央电视台首次直播海宁春潮。

【第九届中国节庆产业年会】 于 9 月 26 日在海宁开幕。年会由中国节庆产业年会组委会和中国海宁观潮节组委会联合主办，江苏节庆协会、湖北节庆文化研究会、陕西节庆文化促进会协办，近200名嘉宾代表、16家媒体参加。年会揭晓2013中国节庆产业“金手指”奖，海宁市获“十大节庆城市”金手指奖，中国·海宁潮国际博览会获“十大节庆”金手指奖，海宁硖石灯会获“十大文化传承节庆”金手指奖。

（宋丹青）

第九届节庆产业年会现场

盐官百里钱塘观潮景区

【概况】　全年盐官百里钱塘观潮景区完成固定资产投资12.64亿元，政府项目投资11.14亿元；实到市外内资3.12亿元，注册资本2.3亿元，浙商回归资金1.83亿元；实现旅游票务收入1701.1万元，接待游客376.3万人次。

【景区规划建设】　古城核心区块完成拆迁签约469户22.9万平方米，腾拆441户22.2万平方米，春熙一期、宣德水门、风情街延伸、孔庙学宫、票务中心西侧、东部新区蚕种场等区块完成征迁。盐官古城规划展示馆建成使用，完成金庸书院配套工程，孔庙学宫、海神庙广场戏台主体工程启动施工；风情街延伸一期完成地下室施工；宣德水门、风情街延伸三期进行基础设施施工；风情街延伸二期完成施工图设计；南山营、江南水乡非遗馆完成方案设计。加快配

徐志摩和友人观潮雕塑落成

套设施建设，南排河廊桥建成通车，盐官景区汽车客运站、中新路、创业路、安星路、塘湾路（至安星路段）基本完工；东部新区农贸市场进行桩基施工；徐志摩观潮 90 周年纪念群雕落成，完成毛泽东诗碑亭改造、环城南路沿河绿化、护城河清淤、观潮大道与宣德路路口改造提升等工作。

【景区市场开发】 与浙江在线、FM93 交通之声、新浪浙江等合作开展景区营销；与杭州各大高校合作，启动“学游卡”项目。春季推出“一潮三看”以及古城夜游旅游产品，举办第二十届观潮节、观潮露营大会、第四届潮音乐节、“愤怒的小鸟”主题乐园开园等重大活动，央视连续第四年直播海宁潮。打造景区“夜经济”，在潮韵街引入酒吧、茶吧等休闲娱乐设施，初步形成“酒吧一条街”；风情街 33 家商铺根据“一店一品”要求完成业态调整；开展露天电影、特色表演等夜游活动，推出“夜游盐官”产品线路。

【百里钱塘开发建设】 盐官古城复建、百里钱塘有机更新等 37 个重点项目有序推进。全年沿江各镇（区）完成签约 322 户 19.9 万平方米，腾拆 355 户 14.3 万平方米。完成潮涌路主线建设并通车，老 01 省道（海宁大道至三里港路段）实现封闭管理，生态绿带一期基本完工，观潮公园东段一期绿化工程开工建设，新塘河沿河景观带一期完工，在百里钱塘核心区之外开展风情山村和美丽乡村建设。在上海举办海宁百里钱塘国际旅游长廊推介会暨新闻发布会，就百里钱塘国际旅游长廊进行全球规划发布和项目专题推介。五星级标准的方元玫瑰酒店基本建成，总投资 1.5 亿元的京都世纪影视文化中心项目进行主体施工。9 月 16 日，海宁潮文化旅游集聚区入选浙江省第三批现代服务业集聚示范区。

海宁百里钱塘国际旅游长廊推介会暨新闻发布会

【陈阁老宅升级为国家文物保护单位】 3 月 5 日，在国务院公布的第七批全国重点文物保护单位中，陈阁老宅升级为国家级重点文物保护单位。陈阁老宅位于盐官百里钱塘观潮景区，始建于明代中期，陈元龙拜相后将其改建扩大成由东、中、西三路建筑及后花园组成的宏大府第，是明清时期府第建筑的重要遗存，具有重要的历史价值和丰富的文化内涵。2000 年，文物部门对建筑遗址进行考古发掘清理。2002 年 5 月至 2003 年 8 月，进行原址复建。2005 年 3 月，被评为省级文物保护单位。

【“愤怒的小鸟”乐园开园】 10月1日，中国首家官方授权“愤怒的小鸟”乐园在盐官景区正式开园，年内接待游客3.2万人次。“愤怒的小鸟”乐园位于景区观潮胜地公园内，占地1万平方米，拥有小鸟城堡、SUTU音乐球场、跑酷乐园、Sona音乐彩虹等游乐项目，适合不同年龄段人群游玩。园内设有Angry Birds专卖店，出售“愤怒的小鸟”授权商品。

【第四届海宁潮音乐节】 10月4～5日，“夜谓YOUNG”2013第四届海宁潮音乐节在盐官古城举办。音乐节由海宁市人民政府主办，盐官百里钱塘观潮景区管委会、浙江世纪风采文化传播有限公司和浙报传媒·海宁日报有限公司联合承办。音乐节期间，盐官景区接待游客约1万人次。

（杨晓伟）

［编辑：曹　晔］

中共海宁市委员会

Haining Municipal Committee of the C.P.C.

重要会议

【“五（吾）带头”潮乡群英榜表彰大会】 于2月16日召开，海宁电视台同步电视直播。会议表彰改革开放以来全市各领域、各行业、各条战线涌现出来的先进集体和先进个人，以及2012年度目标责任制考核先进集体和先进个人等，激励全市各级党组织和党员干部群众践行五（吾）带头，提振精气神，凝聚正能量。

【全市农村工作会议】 于3月29日召开。会议回顾总结2012年度全市“三农”工作，表彰先进，研究部署2013年农村工作任务。市委书记林毅在会上提出“农业转型、农村转变、农民转身”的工作要求。

【全市党建工作会议】 于4月1日召开。市行政中心设主会场，各镇（街道）、市级机关各部门（单位）、各村（社区）、企业设分会场，并向全体党员和广大市民电视直播。会议回顾总结2012年“五（吾）带头”实践，部署新一年深化“五（吾）带头”的党建工作要求。市委书记林毅作题为《深化“五（吾）带头”，推动转型发展新跨越》的讲话。

【市委十三届四次全体（扩大）会议暨十四届市政府第四次全体会议】 于7月27日召开。会议总结上半年工作，部署落实下半年任务，审议通过《中共海宁市委关于全面开展星级美丽乡村创建的决定》。市委书记林毅代表市委常委会向全会作题为《推进省要素市场化配置综合配套改革试点，打造海宁经济社会发展“升级版”》的工作报告，市委副书记周红霞为《中共海宁市委关于全面开展星级美丽乡村创建的决定》作说明。

2月16日，召开“五（吾）带头”潮乡群英榜表彰大会

【全市“百日大会战”活动动员大会】 9月30日，召开全市“有效投入加速年、治水生态推进年、提振精神实干年”活动工作例会暨“百日大会战”活动动员大会。市委书记林毅作重要讲话，市长戴锋对全市“百日大会战”活动进行部署。

【市领导读书会】 于11月22～23日召开。会议分析当前面临的形势和任务，商讨2014年深化改革的创新举措和重点工作思路。会议期间，市有关领导赴诸暨市、义乌市学习考察传统产业转型升级、城市开发建设、国际贸易综合改革等方面的先进经验和做法，并就各自牵头的重点调研课题成果进行交流。

【市委十三届五次全体（扩大）会议暨十四届市政府第五次全体会议】 于12月31日召开。会议学习贯彻党的十八届三中全会、中央经济工作会议和省、嘉兴市有关会议精神，总结2013年工作，部署2014年任务。市委书记林毅作题为《解放思想再出发，干在实处冲前列，以改革统领“六件大事”建设美丽海宁》的工作报告，市委副书记、市长戴锋作会议小结。

（周叶峰）

重要决策和活动

【进一步改进工作作风】 市委十三届三次全体（扩大）会议通过《关于进一步改进工作作风的规定》，要求认真贯彻落实党的十八大精神和中央政治局关于改进工作作风、密切联系群众的八项规定及实施细则，以及省委《关于贯彻落实中央政治局关于改进工作作风、密切联系群众的八项规定及实施细则的办法》。按照“党员干部五（吾）带头”要求，在坚持求真务实、改进调查研究、密切联系群众、精简会议考评、减少文件简报、厉行勤俭节约六个方面作出18条具体规定，进一步改进工作作风，提振干部精气神。

【开展以中国梦为主题的宣传教育活动】 根据省委部署要求，市委下发活动的实施意见，深入宣传教育实现中国梦的重大意义、基本内涵和本质要求，深入宣传教育实现中国梦必须走中国道路，深入宣传教育实现中国梦必须弘扬中国精神，深入宣传教育实现中国梦必须凝聚中国力量，深入宣传教育实现中国梦必须动员全市人民积极投身建设“两富”现代化海宁的实践。

【作出建设廉洁海宁的决定】 以完善和延伸惩防体系为重点，以深化改革和制度创新为路径，实施民主法治建设、权力运行制衡、发展环境优化、教育监督防范、贪腐行为整肃、基层保廉倡廉、廉洁文化引领、社会诚信促进、廉洁单位创建九大工程，建设政治清明、干部清正、社会清廉“三位一体”的廉洁城市工作格局，力争到2020年，消极腐败现象得到有效遏制，法规制度基本完备，权力运行规范有序，廉洁理念深入人心，城市廉洁程度不断提升，实现廉洁海宁形象。

【开展党的群众路线教育实践活动】 根据中央部署和省委、嘉兴市委要求，海宁市委印发工作方案，组织开展系列活动：调研先行，开展“四风”问题摸底；学习先行，开展党的群众路线宣传教育；走访先行，开展“整改问计”基层连心活动；服务先行，开展“争当群众贴心人”办实事；整改先行，开展正风肃纪查纠行动；督察先行，开展重点工作专项检查；宣传先行，开展先进典型宣传引领活动。市委常委会做到：带头学，凝聚思想共识；带头访，开门整改问计；带头干，推动中心工作；带头查，找准整改靶向；带头改，解决突出问题。

【全面开展星级美丽乡村创建】 参见第 50 页“启动星级美丽乡村创建”条目。

【实施生猪养殖减量提质转型发展】 市委率先提出并实施生猪养殖减量提质工作，下发《关于促进生猪养殖业转型发展的实施意见》。以控总量、提质量、强管理、促转型为核心，落实生猪养殖总量控制和长效监管制度，确保生猪养殖总量得到有效控制并逐年削减。到 2015 年实现区域养殖总量与环境、耕地承载量科学协调，养殖污染得到全面治理，养殖过程实现全程监管，病死动物工业化无害化处理体系全覆盖，公共卫生和食品安全得到切实保障。2013 年，共拆除生猪养殖场 1655 家，拆除违建猪舍 46.2 万平方米，削减生猪存栏量 20.0 万头。

【完成村级组织换届选举】 成立全市村级组织换届工作领导小组，下发《关于认真做好村级组织换届工作的意见》，要求在 2014 年 1 月中旬基本完成换届选举工作。过程中重点把握“进一步加强村党组织书记队伍建设，进一步优化村级组织班子结构，进一步加强对候选人（自荐人）资格条件把握，进一步完善‘先定事、后选人’和‘1+1+1’承诺制度，进一步落实于法周延、于事简便要求”等工作要求。

【开展省要素市场化配置综合配套改革试点】 参见第 24 页专文《海宁市要素市场化配置综合配套改革试点》。

【开展农村生活污水治理】 市委高度重视农村生活污水治理，印发《农村生活污水治理工作实施意见》（以下简称《意见》）。《意见》提出，以整治水环境、遏制水污染、保护水资源、保障水安全为工作目标，坚持“因地制宜、实事求是”的原则，结合星级美丽乡村创建，按照“污水三级管网到户”和“分散式生态治理”并存结合的方式，全面落实农村生活污水治理各项措施。建立健全农村生活污水收集、处理、运维体系，按照“先行试点，积累经验，选片示范，全面推动”和“一村一点”的原则，确保 2014 年 5 月底前完成试点建设并投入运行，力争通过三年左右时间，基本实现全市农村生活污水规范化治理全覆盖。

【实施困难家庭“两富同行”温暖工程】 参见第 53 页“‘两富同行’结对帮扶行动”条目。

【启动实施“幸福养老”十大工程】 印发《海宁市“幸福养老”十大工程实施方案（2013～2015）》（以下简称《方案》）。《方案》提出，以“孝道、制度、居家、社区、机构、保健、快乐、智能、品牌和维权养老”为载体，拓展服务内容，深化养老内涵，努力满足老年人多层次、多元化的养老服务需求，让每位老人体面、尊严、幸福地生活。

（周叶峰）

纪检监察工作

【概况】 抓“四风”纠正。贯彻落实中央八项规定，出台《关于进一步改进工作作风的规定》和《海宁市“正风肃纪”十项规定》，提出六个方面 18 条意见，明确十项禁令。围绕节假日等重要时间节点，针对公款送月饼送节礼、购买印制寄送贺年卡、购买赠送烟花爆竹等问题，共督察单位721个（次），对发现的问题直办11件、督办7件、转办19件，发出实名通报（专报）34期，追责65人，其中科（局）级干部19人（次），典型案例媒体曝光3次。压缩公务开支，全市“三公”经费支出比上年下降12%，其中公务接待费下降24.7%。开展会员卡专项清退活动，做到会员卡“零持有、零报告”，全市党政机关工作人员主动登记上交“三礼”［礼金、礼品、礼券（卡）］45.2万元。加大正风肃纪力度，先后对市民政局外出学习考察期间中餐饮酒、市住建局建管处设“小金库”等违反作风建设规定行为进行查处，对相关责任人给予政纪处分。拓展《行风热线》节目，举办“向社会述职、让公众评议”电视直播、录播活动3场。

严厉惩治腐败。发挥反腐败协调小组作用，建立健全纪委、检察院、审计局定期沟通机制，严肃查办腐败案件，全市各级纪检监察组织共立案查办违纪违法案件86件（党纪政纪双重处分3件），给予党纪政纪处分83人，移送司法机关追究刑事责任29人，涉及科（局）级领导干部3人。创新信访工作机制，引入第三方参与纪检监察信访办理，健全反腐倡廉网络舆情收集、研判和处置机制，实行接访全程同步录音录像制度，规范接访行为。全年受理信访举报195件，办结189件，直接接待群众来访111批次200人次，提供线索24件。实施信访监督15件，化解矛盾纠纷15起，挽回直接经济损失289万元。设立案件监督管理室，强化安全文明办案。规范案件审理，推行基层办案质量评估，探索建立立案讨论前把关、案件移送前审核、党政纪先行处理的“三提前”工作机制，实现办案工作“零事故、零翻供、零申诉”目标。

做好腐败预防。构建市域三级权力公开透明运行体系，在嘉兴市率先出台《市域三级权力清单目录、流程文本》和《海宁市行政处罚自由裁量权实施标准》。推进教育、卫生、保障房等八大领域“阳光工程”，实施“阳光征收”，实现村级“三务”（党务、村务、财务）信息公开平台全覆盖。推进审批制度改革，取消行政审批事项176项，下放到镇级平台127项，建成“中介超市”和“四位一体”政务服务应用平台。改革招投标监管体制，调整组织架构，健全制度规定。强化权力制约监督，严格领导干部个人重大事项报告、“三谈一述”等制度，对干部实施“领导约谈”59人，核实房产42人。深化巡审联动，对周王庙镇、袁花镇、市水利局、司法局4个单位开展党风廉政建设巡察，发现问题19个，提出意见建议25条。加强廉政宣传教育，采取全市领导干部学习报告会、市委中心组理论学习会等形式，开展“为民、务实、清廉”主题教育活动。以沈鸿纪念馆、景疏园为重点，打造具有海宁特色的廉政文化教育专线。5月20日，举行浙江省廉政文化教育基地沈鸿纪念馆揭牌仪式。创办《廉洁海宁》报和“廉洁海宁”网站，组织开展“廉洁海宁”好声音等系列活动。

探索实施“廉洁城市”建设，组织开展“廉洁城市”建设课题研究，在县域层面率先进行“廉洁城市”建设。制定出台《关于建设廉洁海宁的决定》，实施权力运行制衡、发展环境优化等9大工程。举办基层纪检监察组织建设与工作创新研讨会。推行“警中警”督察模式，围绕“三改一拆”、水环境治理、有效投入等中心工作，开展“飞行化”“啄木鸟式”的督察。全年开展督察17次，发出督察专报14期、交办函4件，约谈领导干部15人次，提出督察建议39条。

向社会述职、让公众评议——"晒举措、赛干劲"现场电视问政活动

【村（居）务监督经验全省推广】 开展社区居务监督规范化建设和村务监督委员会换届试点工作，形成居务监督"四化"运作模式和村监委换届严把"五关"的经验做法。海宁市在实现居务监督委员会全覆盖的基础上，结合社区工作特点，推行组织体系网格化、监督内容明晰化、履行职责程序化、保障措施制度化"四化"运作机制，推进社区党风廉政建设。在丁桥镇村务监督委员会换届试点时，严把方案制订、资格条件、组织实施、纪律保障和选后工作五个关口，为全省推进村务监督委员会换届提供了实践样本。4月3日、11月7日，海宁市分别在全省电视电话会议上作交流发言。

【"晒举措、赛干劲"电视直播问政活动】 1月31日，举办"向社会述职、让公众评议——'晒举措、赛干劲'电视直播活动"。组织市发改局、教育局、民政局等9个经济、民生重点部门"一把手"谈思路、亮举措、作承诺、答问题，邀请督察专员、党代表、人大代表、政协委员、市民监督团，以及企业和群众代表等现场评议，并由市领导点评打分。8月23日，在海洲街道白漾社区广场举办"向社会述职、让公众评议——'晒举措、赛干劲'现场电视问政活动"，组织公安、住建、交通、城管4个部门主要负责人，就城市管理、交通治堵、城市建设等民生问题，现场接受市民代表、市民监督团、"两代表一委员"，以及社区居民的提问，并作公开承诺。该活动是全省首次全开放式的电视问政活动，受到社会各界的肯定。

【中共海宁市第十三届纪律检查委员会第三次全体（扩大）会议】 于4月1日召开。会议学习贯彻习近平在十八届中央纪委二次全会上的讲话和省纪委十三届二次全会、嘉兴市纪委七届二次全会精神，回顾总结2012年全市党风廉政建设和反腐败工作，研究部署2013年工作任务。市委书记林毅对反腐倡廉建设提出要求，市委常委、市纪委书记王险峰作《完善工作格局、建设廉洁城市，为海宁转型发展新跨越提供坚强保障》的工作报告。

【海宁市被确定为中央纪委监察部杭州培训中心现场教学实践基地】 5月，海宁市被确定为中央纪委监察部杭州培训中心现场教学实践基地，景疏园等被确定为教育实践点。年内，中央纪委监察部杭州培训中心纪检监察综合业务培训班1000余名学员到实践基地进行现场教学。

11月8日，基层纪检监察组织建设与工作创新研讨会召开

【基层纪检监察组织建设与工作创新研讨会】 于11月8日在海宁举行。中央和省、市有关高校的专家学者、各级纪检监察机关相关领导150余人参加研讨会。会议围绕基层纪检监察组织建设与工作创新开展讨论，共收到研讨文章356篇，评出特别奖2篇、一等奖3篇、二等奖5篇、三等奖14篇。

（王　磊）

组织工作

【概况】 推进“五（吾）带头”机制建设。出台《关于在推进市委、市政府重点工作中充分发挥基层党组织和党员干部五（吾）带头作用的通知》。组织开展“五（吾）带头”潮乡群英榜表彰活动，表彰200个领域、行业“五（吾）带头”先进典型。开展“最具创意组织生活暨青春党日”评比和“身边人、身边事、身边的感动——五（吾）带头最美故事汇”讲评。实施“两富同行”温暖工程，推行党员干部“两地双服务”机制。全面推行农村社区工作者聘用制度，被评为全省组织工作创新项目。市委组织部先后8次在全国、全省组织系统有关会议上作经验交流。12项工作获嘉兴市以上领导批示肯定，7项工作在嘉兴推广。丁桥镇成为全省村级组织换届直接联系点。

推进领导班子和干部队伍建设。全年提交讨论领导干部任免3批197人次，交流一般干部37人。实施《破格提拔科（局）级领导干部暂行办法》，破格提拔3名中心工作表现突出、群众公认度高的50岁“高龄”干部。首次实施中层干部选拔任用“五轮”全程纪实制。深化落实干部住夜（值班）制度。在全省率先推行“五好”服务型镇（街道）建设考核，开展“三型五强”领导班子考核。在全国率先推行“社区评德”。选派280多人参与城市有机更新、拆违控违等中心工作。建立领导干部成长信息库。创设领导干部“四季讲坛”。

推进各类人才队伍建设。成功培育国家“千人计划”人才1人、引进6人，培育省“千人计划”人才4人、引进1人，新入选嘉兴领军人才18人，均创海宁历史之最。举办首届“潮起东方·赢在海宁”高层次人才创业大赛、第四届“海交会”、第六届长三角海归创新创业圆桌会议等活动。

推进城乡统筹基层党建工作。开展社区“大党委制”和“楼组党建”，新升格社区党委8个，调整分设楼道、网格、产业链等基层支部302个。推进“青春党建”，深化园区党建标准化，探索构建“科学＋工艺＋人文”三维园区党建创新体系，经编园区党委获“全国纺织行业党建工作先进示范单位”称号。以省远程教育入户试点县为契机，加快建设“潮乡智慧党建”云平台。推进“五个组工”建设，建立“一卡五联·三地服务”制、一线锻炼制等组工干部直接联系服务群众四项机制，被推荐为嘉兴市机关服务品牌。联合中国党刊协会等单位开展“我的中国梦”全国党刊联合征文活动。

【领导干部递进式动态管理】 制订实施《科（局）级领导干部动态管理办法》，建立年度工作目标责任制考核、干部考核考察、干部日常管理三大类16项干部现实表现情况监测指标，实施提拔重用、领导约谈、降职降级等5项递进式管理措施。根据监测情况对64名领导干部进行通报、约谈，推动领导干部“能上能下”。

【公务员量化考核和结果管理】 制订实施《关于加强我市公务员量化考核和结果管理的实施意见》，通过每日网上日志系统写工作日志、每月召开工作例会、每季开展业绩考核、年终进行全面考核的“日记实、月推进、季考评、年总考”方式，强化日常管理与年度考核结果运用，拉开考核等次和奖金分配，实行末位告诫，并组织集中整训和交流轮岗。

【试行“五好”服务型镇（街道）考核】 试行以“推动发展好、服务群众好、社会管理好、工作效能好、自身建设好”为主要内容的“五好”服务型镇（街道）建设考核。考核突出科学简便有效，将全市12个镇（街道）划分为统筹发展型、城市发展型、平台发展型三大类型，按三个层级指标进行考核，并将群众满意度测评指标作为条件性指标。完善“五好”服务型镇（街道）考核、“三型五强”领导班子考核、目标责任制考核、领导班子年度考核“四考合一”模式。

【首次举办高层次人才创业大赛】 依托第四届浙江民营资本与海外人才智力合作交流大会，在全省县级市中首次举办“潮起东方·赢在海宁”创业大赛，吸引72名海内外高层次人才参赛。大赛内容涵盖电子信息、生物医药、节能环保、文化创意等海宁重点发展行业，18个项目最终获奖，对一、二、三等奖且落户注册海宁的人才项目分别给予总额300万元、200万元和100万元的创业启动资金。有8个人才项目落户海宁。

【党员队伍“活力纯洁”工程】 制订出台《关于深化“五（吾）带头”实施党员队伍“活力纯洁”工程的意见》等文件。建立健全入党积极分子推优培养积分制、发展党员预审制、全程纪实制等八项制度。分类实施党组织堡垒指数和党员先锋指数考评，推行好人好事银行，推进党员志愿服务常态化、社会化、品牌化发展。按照三种方式处置、四条路径发现、五类情形界定、六步程序操作、七个区别对待的要求，及时处置不合格党员。全年有178名党员被列为警示党员，98名不合格党员受到组织处理，其中予以限期改正82名、劝退5名、除名11名。

【推广农村社区专职工作者聘用制度】 结合村级组织换届选举，推行农村社区专职工作者聘用制度，通过“村干部选、农村社区工作者聘”两条途径，将有精力脱产到村工作的党组织书记聘任为农村社区综合服务中心主任和专职工作者，按规定发放工资报酬。全年共聘用农村专职工作者941人，其中面向村“三委”成员聘用868人，未聘10人，面向社会（后备人才）聘用73人。该工作获中央组织部《组工信息》《中国改革报》等刊物推介，并在嘉兴全市推广。

（李　强）

宣传工作

【概况】 做好党的十八大精神宣传，突出对中国梦和党的十八届三中全会精神进行宣传教育。全年累计开展115次专题集中学习，市、镇（街道）、村（社区）累计宣讲350余场，听众4.6万人。开展“中国梦·我的梦”微型党课比赛，组建微型党课宣讲团开展宣讲。优化市委中心组学习服务，围绕市委提出的“六件大事”重点邀请省厅级领导干部授课，全年安排学习20次，其中主题学习会10次。按季度通报基层党委（党组）中心组学习情况，全年各镇（街道）组织集中学习189次，市级部门（单位）开展集中学习375次。召开全市基层党校建设工作现场会，开展党课集中下基层活动。以“梦想·知识·力量”为主题举办第七届“全民学习月”。

围绕“发展新跨越、两富新海宁”主题，新闻单位开设专题专栏，宣传水环境治理、“三改一拆”、有效投入等中心工作，共推出“三改一拆”报道430多篇（条），有效投入和“机器换人”报道200余篇（条），水环境治理报道300余篇（条）。开展寻找最美河道和曝光最差河道活动，助推星级美丽乡村创建。推出要素改革报道130余篇（条）。市民监督团全年开展活动78次，问题有效解决率95%以上。做好防台风“菲特”报道。全年在省级以上媒体刊（播）发有关海宁的重点报道900多篇（条），其中新华社刊发内参2篇、通稿25篇，中央电视台《新闻联播》播发新闻10条。全年在境外播出海宁电视专题片90多部。央视新闻频道首次直播硖石灯会迎灯活动。与央视合作，对春季钱江潮进行首次录播，连续第四年直播秋季钱江潮。纪录片《徐志摩》在央视戏曲频道首播，拍摄纪录片《查良镛》。

至9月底，完成全年31个文化礼堂建设。围绕“公共文化发展年”主题，举办第五届文化艺术节，创新打造“海宁好声音”“美丽海宁大舞台”等品牌。开展“百千万”文化惠民活动，全年开展大型群众性文化活动26项，演出68场次，惠及群众40万人

省委宣传部副部长唐中祥（中）视察袁花镇长啸村农村文化礼堂建设

次。成功创建省公共文化服务体系示范区。策划与剑桥大学国王学院合作开展徐志摩主题文化交流，探索徐志摩诗歌节常态化办节模式，与新浪浙江举办中国（海宁）·徐志摩微诗歌大赛。推进国家历史文化名城申报工作，组织大运河（海宁段）申报世界文化遗产，举办元宵硖石灯会并入选《浙江省春节文化特色地区》名录。海宁皮影戏、硖石灯彩参加国内外文化交流10余次，获省级金奖5项、银奖3项、铜奖4项。情景剧《学堂故事》入选浙江省文化精品工程扶持项目，并与皮影戏剧目《人蛇千古情》入选嘉兴市文化精品工程扶持项目。全年在国家级文艺展演中获奖21项，省级文艺展演中获奖79项，在国家级刊物发表作品63件，省级刊物发表作品50余件。完善全市CDI发展指数测评统计体系，建立全市文化产业统筹协调机制。引进浙江大学国际影视发展研究院和新影国际纪录片产业园（新影电影公社）。浙江网上影视博览城和京都影视文化中心建设项目共获省级文化产业发展专项扶持资金500万元。全年文化产业投入资金6.32亿元。

组织网络舆论引导员培训讲座，在复旦大学举办新闻发言人（网络新闻发言人）培训班。完善舆情报送机制，形成“日有快报、周有摘报、月有月报、大事有专报”的网络舆情报告制度，全年编发海宁网络舆情《快报》142期、《摘报》36期、《专报》11期、《月报》12期。全年发抄告单210多件，督促120多个民生问题妥善解决。投入使用互联网舆情监测平台，成立网络文化协会，牵头开展“绿色网络”清网行动，查处网络不实信息案件3起。开展“让网络空间清朗起来”学习讨论实践活动。加强突发事件新闻舆论引导，做好黄浦江死猪、华联地沟油、钱塘江排污等十多起突发及负面事件的新闻舆论应急处置。

【中国梦主题宣传教育】 出台《关于开展以中国梦为主题的中国特色社会主义宣传教育活动的实施意见》，突出信念引领梦想、“最美”激发梦想、劳动创造梦想、实干成就梦想四大教育，以“五个五”系列活动为载体，推进教育活动深入开展。开展以中国梦为主题的“党课集中下基层”活动，安排党校教师到182个村党校和20个城市社区党校作辅导讲座。开展“中国梦·我的梦”微型党课比赛，成立微型党课宣讲团，赴31个农村文化礼堂开展宣讲。编印《理论与学习》“中国梦”学习专辑，依托镇村简报、企业内部刊物、宣传折页等宣传中国梦。开展中国梦学习体会文章、“‘最美’精神与

11月19日，在市区西山南麓举办徐志摩诗歌朗诵会

价值观”理论研讨文章征集评比活动。

【中国（海宁）·徐志摩微诗歌大赛】 6月17日，由中国诗歌学会、浙江省作家协会和海宁市人民政府共同举办的中国（海宁）·徐志摩微诗歌大赛启动。大赛以微博为平台，以微体裁为比赛诗体，向全国文学爱好者征集“微诗歌”4000余首。通过筛选、评奖、评委微访谈以及优秀诗歌作品的网络分享等活动，评出一等奖2件、二等奖3件、三等奖5件和优秀奖10件。11月19日，在徐志摩遇难纪念日，举办中国（海宁）·徐志摩诗歌朗诵会，邀请微诗歌大赛获奖者、大赛评委、诗歌爱好者、青年学生等参加。中央电视台、人民网、中新网等媒体进行集中报道。

【“让网络空间清朗起来”学习讨论实践活动】 自11月开始，集中开展“让网络空间清朗起来——当战士不当绅士”学习讨论实践活动。通过周一夜学、集中学习等形式上好网课；12月3日，召开座谈交流会，打通官方和民间两个“舆论场”；开展党员干部联系走访网站，五位市领导分别联系走访新闻网站、社会互动网站、商务类网站及网络运营商等；开展网军实战练兵活动，调整充实网评员队伍。

【“百日大会战”新闻宣传】 10月，在《海宁日报》开设《八大攻坚战、百日大会战》专栏，在海宁电视台开设《百日大会战》专栏，在海宁新闻网开设《八大攻坚战、百日大会战》专题页面，建立“百日大会战”新闻宣传天气预报制度。每日通过政策解读、典型宣传、媒体曝光、成果通报以及系列化报道等形式营造大会战氛围。

（巫笑飞）

精神文明建设

【概况】 围绕省文明市创建目标，开展镇区环境、村容村貌、农贸市场、“五小”行业、网吧、废旧物资收购站点、市区客运人力三轮车等专项整治和文明素质提升系列活动。全年共开展督察、监督活动400多次，下发通报或整改通知370多份，推动解决问题510多个。加大宣传，建立海宁文明网，在广播电视、报纸、网络等媒体开设专栏，在户外设立各类公益广告牌530多块、墙景画5200多平方米，发送短信30余万条，发放宣传资料45万多份。11月6日，通过省文明市考核验收。

突出“最美海宁人”活动主题，推动公民思想道德建设。宣传凡人善举，弘扬社会正能量，组织开展“最美海宁人”暨第三届道德模范评选活动，承办“最美浙江人”先进事迹报告会。成立市道德讲堂总堂，深化8个环节，开展道德实践活动。开展“讲文明、树新风”系列活动，举办公益广告大赛，并在各类媒体展播。深化“文明出行”宣传，对文明单位私家车实行网格化管理，开展“畅通海宁、绿色出行”主题实践活动，2800余人次参与文明劝导。推进“文明餐桌”行动，在海宁中国皮革城建立“文明餐桌一条街”。

推进群众性精神文明创建活动。启动实施第五轮“双结对、创文明”活动，硖石街道和西山社区、怡园社区创建为嘉兴市级文明街道和嘉兴市级文明社区，完成嘉兴市级和海宁市级文明单位、文明村镇的复评抽查，做好新一轮省级、嘉兴市级文明单位创建规划申报。年内，成功创建“嘉兴市文明街道”1个、“嘉兴市文明社区”2个。至年底，全市累计有“全国文明单位”1家、

10 月 12 日，“最美海宁人”暨海宁市第三届道德模范表彰大会在市行政中心举行

“全国文明村”1 个，“浙江省文明单位”23 家、“浙江省文明村”11 个、“浙江省文明镇”4 个、“浙江省文明街道”1 个，“嘉兴市文明单位”81 家、“嘉兴市文明村”24 个、“嘉兴市文明镇”2 个、“嘉兴市文明街道”1 个、“嘉兴市文明社区”3 个，“海宁市文明单位”323 家、“海宁市文明村”65 个、“海宁市文明镇”2 个、“海宁市文明街道”3 个、“海宁市文明社区”24 个。围绕“一个和谐的民风习俗”要求，开展星级美丽乡村创建指导工作。启动文明和谐社区创建。完成嘉兴市城市公共文明程度指数测评。开展“乡风文明”评议 700 期，推进农村精神文明建设。

强化未成年人思想道德建设。以“做一个有道德的人”为主题设计系列活动，全市学生参与率 85%以上。推进“春泥计划”实施，组织开展“春泥计划”专职辅导员培训，推出“微博春泥”主题活动，海宁市被评为省“春泥计划”实施工作先进县（市），斜桥镇流动乡村学校少年宫被省文明办评为暑期“春泥计划”志愿服务优秀团队。举办第十三届“万名学生下社区进村落”活动。召开乡村学校少年宫建设现场会，实现乡村学校少年宫镇（街道）全覆盖。建成浙江省首个村级“少儿乐园”。

深化学雷锋志愿服务活动。在文明单位建立学雷锋志愿者服务队，围绕文明市创建、水环境治理、银龄互助等开展系列志愿服务活动。启动注册志愿者星级认定工作，在 5 个窗口单位建立首批便民志愿服务点，在 5 个社区设立志愿服务工作站。组织开展网络文明传播活动，利用网络创新推广志愿服务，培育“海宁义工”“海宁微博沙龙”等民间志愿服务品牌。

【海宁市第三届道德模范评选】 自 4 月 1 日起，开展“最美海宁人”暨海宁市第三届道德模范评选活动，评选助人为乐、见义勇为、诚实守信、敬业奉献和孝老爱亲五类道德模范。下发《“最美海宁人”暨海宁市第三届道德模范评选表彰活动方案》，经宣传发动、群众推荐、群众投票、组委会评选和社会公示等环节，左春泉等 11 人获“最美海宁人”暨海宁市第三届道德模范称号。

【“讲文明、树新风”公益广告宣传教育活动】 组织开展“嘉兴银行杯”公益广告征集大赛，收到参赛作品 54 件，分别评出一等奖 1 件、二等奖 3 件、三等奖 6 件。利用报纸、电台、电视台和互联网、电子显示屏等媒介，在重要版面、黄金时段、显著位置持续刊播中国梦、社会主义核心价值观、思想道德、生态文明、民生热点、文明出行、志愿服务等主题公益广告宣传。

【乡村学校少年宫镇（街道）全覆盖】 在2012年新仓中心小学试点建设的基础上，将实现乡村学校少年宫镇（街道）全覆盖工作纳入市委、市政府重点工作，至2013年11月，全市12所乡村学校少年宫全部挂牌运行。以“做一个有道德的人”主题活动为抓手，引导各宫开展文体娱乐、技能培训和经典诵读活动。全年共开展各类活动1200余次，学生参与率85%以上。

（巫笑飞）

统一战线工作

【概况】 举办统战系统理论辅导会、全市统战干部培训班和宗教团体、场所负责人培训班，会同市委组织部、市社会主义学校举办全市民主党派新成员培训班。坚持镇（街道）统战委员（干部）例会制度，首次对镇（街道）实行个性化工作考核。协助举办海宁市民营资本与海外人才智力合作交流大会，组织2013年海外侨商进区入园海宁行和2013年温商海宁行投资发展推介会。组建嘉兴市第一个村级商会，新成立贵阳海宁商会。开展“十万浙商进百区”活动。举办第九届海外博士论坛，海宁留学归国创业人员联谊会发起创建全国首个以高层次人才为主体的科技金融产业“论剑”平台。开展结对助学、科技下乡、扶贫帮困等活动，全市非公企业认领虚拟岗847个，合计捐款1330多万元。

组织落实各民主党派、工商联、无党派人士参加省、嘉兴及海宁市人大、政协会议。全市有30名党外人士受聘担任特约行风监督员，51名党外人士在17个政府部门担任民主监督员。完善市领导与党外代表人士交友联系制度，市政府有关部门与民主党派、知联会对口联系制度，健全组织部、统战部联席会议制度。3名党外人士被提拔为副科（局）级领导干部。加强对新生代企业家的培养，开展非公有制经济代表人士综合评价。开展统战工作基层基础年活动，市侨联与市委统战部合署办公，全市侨（台）联组织、知联分会实现镇（街道）全覆盖。

做好民族团结进步“三进”专项工作。组织全市中学生参与省“中华民族一家亲，同心共筑中国梦”主题征文比赛。为8人办理申报恢复和更改民族成分手续，为9名少数民族考生审核办理加分手续。做好8个内地新疆高中班学生涉及民族、信仰的政策把握和应对预案。与武义县柳城镇青坑村进行第二轮扶贫结对。开展佛道教寺观庙宇和民间信仰活动场所调查摸底工作。会同公安等部门依法取缔许巷工业园区一起非法宗教培训活动。加强对非通常性宗教活动的监管和审批，完成宗教信息系统建设专项工作，8处宗教活动场所通过嘉兴“三星级宗教活动场所”和省级“和谐寺观教堂”考评验收。

深化港澳台和海外统战工作。接待中国国民党荣誉主席连战夫妇、台湾人民最大党主席许荣淑到海宁参访。邀请第五届嘉台两地中学生夏令营台湾嘉义高中18名师生到海宁参观交流。召开市台商联谊会第六次会员大会。组织台商台属开展嘉兴端午节包粽子比赛，开展台资企业“冬令献爱心”活动，召开赴台的大陆学生和在海宁实习的台湾学生座谈会，举办第十届“得伟杯”少儿书画比赛。潮博会期间，接待台湾媒体TVBS、中天电视台等8位记者到海宁采访。全年报批赴台公务和商务团组19个。发挥侨联、台联、留联会和台商联谊会桥梁纽带作用，密切与台北、香港海宁同乡会的联络。加强对海外归国人员创业联谊会、新生代创业联谊会的工作指导。举办统战干部暨社区侨务工作培训会，硖石街道、海洲街道创建为省级基层示范性侨联组织。启动开展全市基本侨情调查工作。

【“情系群众助发展，同心共筑中国梦”主题实践活动】 于10月启动，2014年6月底结束。包括第九次百名统战对象走访月活动、“三下乡”社会服务活动、社区结对共建菜单式服务活动、统一战线人士献爱心公益活动、侨台资企业服务月活动、海宁市第三届台资企业运动会、服务非公有制企业发展系列活动、先进典型宣传表彰系列活动8项专题活动，服务对象涵盖侨胞、台胞、非公经济、民主党派、民族宗教等各界人士。

（马　杰）

政研工作

【课题调研】 组织开展要素配置改革、工业强市建设、城市历史街区有机更新、民营企业二次创业等19个市领导重点课题调研。开展年度交流，编校《2013年市委、市政府重点调研课题调研成果汇编》。落实责任部门完成教师考核激励机制、交通治堵、项目精细化管理、安置方式创新等25个创新破难课题。

围绕转型升级、民生福祉、改革创新和生态建设四大重点，完成要素改革、“机器换人”、困难家庭结对帮扶等25个课题的调研报告，刊发《海宁政研（专报）》13期。《海宁市要素配置改革试点方案》获省政府批复同意。“机器换人”课题提出的“五提高一优化”，困难家庭帮扶结对课题提出的“助业、助医、助学、助老、助力”，村级集体经济课题提出的“抱团发展、虚拟入股”等调研成果，转化为政府文件或市领导讲话，获各级领导批示11批次。

注重调研成果的上报交流，《海宁狠抓拆违拆迁，力求超过360万平方米》获省委书记夏宝龙批示；《海宁市要素配置改革试点方案》获省长李强批示；《做足十篇文章，打好文化品牌》《三项组合措施强化党员干部接“地气”》《以大项目促大发展全力推进工业强镇建设》等调研文章在《新嘉兴》杂志刊出。

【获奖课题】 “文化促进海宁市经济转型发展研究”“转变用地理念，着力推进国土资源精细化管理”分别被评为2012年度嘉兴市党政系统优秀调研成果一等奖和三等奖，“海宁市国资运营监管及投融资体制研究”“完善‘四保’体系，推行‘四化’工作，进一步抓实推进海宁市河长制工作”被评为优秀奖。

（曹华登）

机关党务工作

【概况】 宣传贯彻党的十八大精神，通过专题辅导、学习培训、中心组学习、周一夜学、支部“三会一课”等形式，组织开展十八大精神主题宣传教育“五个一”系列活动。邀请嘉兴市委党校副校长徐连林作十八大精神专题辅导，对市直机关在职党员干部进行集中轮训。组织开展十八大精神知识测试，参与率95.3%，发放十八大学习资料1200份。

联合市委党校举办入党积极分子培训班及新党员培训班，190名学员和156名新党员分别参加培训。全年审批发展新党员46名，预备党员转正77名。落实部门党风廉政建设责任制，明确领导干部责任分工，做好2013年党风廉政建设和反腐败工作。落实惩防体系建设，履行机关党组织的监督检查职能。联合市纪委在市直机关开展“清风廉语”廉政微博大赛，利用新浪、腾讯两大网络平台，组织动员机关党员干部撰写廉政短语并开展评比，共收到参赛微博685条。

举办第二届机关文化节。牵头市级有关部门（单位）先后举办机关干部“团队学习月”、机关活力团队组建（完善）月、“微型党课”宣讲团选拔、青年干部成长“导师制”、第十二届机关运动会、机关青年干部拓展训练、“和谐机关、感人团队”摄影比赛、“五（吾）带头”优秀团队微故事评选、“团队（科室）创新案例”评选和机关排舞比赛三大系列10项活动，93个机关部门（单位）3500多名机关干部参与。

深化党员干部“五（吾）带头”活动，联合市委组织部、市委农办继续开展机关部门“联镇挂村”行动，推进科学发展、组织建设、关心关爱三个联合体建设，93个机关部门（单位）与161个村实现结对工作全覆盖。联合市委组织部、市“三民办”牵头开展机关党员干部“两地双服务”活动。助推“两富同行”温暖工程，带头认领虚拟岗，向市直机关各党组织下发倡议书，64个机关党组织共捐款109万元。组织开展交通文明劝导，4月和10月分两次组织75个市级机关部门2000名志愿者在市区10个主要交通路口开展文明劝导活动。

机关工会组织开展“职工之家”“工人先锋号”等评选，五一期间开展义务植树活动；机关团工委开展“青春党建”活动，做好“活力基层团组织”“青年文明号”创建，举办诗歌朗诵、风采展示、青春梦想等活动；机关妇工委开展“巾帼文明岗”创建，组建机关家长学校，举办亲子定向运动会、机关妇女干部培训等活动。全年机关工、青、妇组织共开展各类活动23场次，参与人数1500人次。

【开展机关党建创新项目化管理】 以打造机关党建工作服务品牌和推行一个支部一项特色党建项目为目标，下发党建工作创新项目申报通知。年初，36个基层党组织共申报44个创新项目。通过年中评估、年底评选，评出2013年党建工作创新成果10个，并给予表彰。

（祝霞云）

老干部工作

【概况】 至年底，全市离休干部共158名，最低年龄77周岁，最高年龄94周岁，平均年龄85.6周岁。按参加革命工作时间分：抗战前期4名，抗战后期19名，解放战争时期135名。按行政级别分：厅（局）级5名，县（处）级60名，科级93名。按原单位性质分：行政单位52名，事业单位61名，企业45名。代管省直属系统离休干部21名，代管易地到海宁安置的离休干部4名。

组织学习党的十八大、十八届三中全会精神，全年向离休干部传达文件精神18场次，召开离退休干部读书会、老干部经济形势报告会各1次。组织老干部开展“走、看、促”活动7次。每月3次赴市区各医院看望住院离休干部。组织离休干部、副县（市）级以上老领导健康体检，元旦、春节、重阳节期间慰问全市离休干部和副县（市）级以上老领导。7月，开展“高温送清凉”活动，上门走访全体离休干部。

保障离休干部“三个机制”正常运行。为全市离休干部办理医保卡。为15名离休干部及遗孀发放每人1000元生活困难补助费；为7名离休干部遗属发放生活困难补助费；为16名离休干部无固定收入的配偶（或遗孀）落实医疗保障。自2013年起，一次性给予去世离休干部家属1000元慰问金。调整离休干部公用经费额度，由每人每年

老干部党校挂牌成立

600元提高到每人每年2000元，并出台经费使用办法。

加强对全市65个离退休干部党支部建设的指导，开展“学习贯彻十八大，晚霞生辉促发展”主题教育活动，举办离退休干部党支部书记培训班1期。调整离退休干部党支部片组。开展“五好”离退休干部党支部和优秀离退休干部党员评选活动，市住建局离退休干部党支部被评为省级“五好”离退休干部党支部，林德植、李乐明2名老干部被评为省级优秀离退休干部党员。

为全市离休干部和副县（市）级以上老领导配送“寿星宝”。联合市人民医院、中医院完善离休干部“诊疗保健直通车”，发放联系卡，确定联系人，开辟绿色通道。开展“树典型、评先进，深化四就近”活动，出台“四就近”工作规范化建设标准，白漾社区被评为省级首批“四就近”工作示范社区。编撰完成《离休干部风采录》，启动编撰《海宁老干部工作志》。启动老年大学异地新建工程。

【老干部党校挂牌】 4月，老干部党校在市老年大学挂牌成立。市委副书记周红霞，市委常委、组织部长沈雨祥，原海宁市委书记、老年大学名誉校长田永昌共同为老干部党校揭牌。老干部党校全年开办时政报告会3场。

【成立老干部银龄工作室】 5月，在老干部活动中心成立老干部银龄工作室。该工作室组织老干部以互帮互助、以老教老、以老助老的模式开展活动，鼓励身体健康、相对低龄的老干部帮扶空巢、高龄、病残、失能的老年人。全年工作室成员进社区、敬老院等开展活动30余次。

（朱国华）

党校工作

【概况】 全年举办主体班、联办班、企业经营管理培训班及论坛71期次，参加培训8420多人次。其中举办主体班31期，培训3760多人次；企业经营管理者学院办班30期次，培训3700多人次；联合办班10期次，培训960多人次。开展全市干部读书沙龙活动。

围绕中国梦、党的群众路线教育实践活动、市委十三届三次全体（扩大）会议暨十四届市政府第三次全体会议精神等内容，重点突出党的十八届三中全会精神为基层送教宣讲，完成各类送教活动450多场次，听讲3万人次。在海宁电视台《评说论道》专栏及广播电台《社会热点》栏目中，点评“要素市场化配置综合配套改革”等近10个时政热点。

2013年，市委党校在省委党校第十四批规划课题中立项3个，在环太湖研究中心课题中立项1个，在嘉兴市党校系统第七批规划课题中立项6个，在嘉兴市社科联课题中立项5个。分别参与市纪委、组织部牵头的大型课题2个。在国家级、省级、嘉兴市级等刊物发表论文10多篇，入选全省党校系统优秀调研成果1篇，获嘉兴市第十七届社会科学优秀成果二等奖1篇，获嘉兴市党校系统优秀课题成果三等奖3篇，在浙江省青年学者理论研讨会上获奖1篇，在各级各类征文比赛中获奖13篇。

【领导干部四季讲坛】 以“围绕中心工作、关注四季焦点”为宗旨，围绕“干部素养”“群众工作”“美丽海宁”“要素改革”四个篇章，全年共举办领导干部讲坛4期。市领导、镇（街道）和部门主要领导为主讲人，科（局）级领导干部和中层干部为主力学员，实行定期开班。市委副书记周红霞、市人大常委会副主任朱祥华、副市长李玮、市委常委许金夫等12位市级领导和8位科（局）级领导参加授课，培训科（局）级领导和中层干部1200多人次。

【“转型升级”巡回宣讲】 9～10月，市委党校和市经信局共同在全市组织开展“关于支持实体经济促进转型发展新跨越的政策意见”巡回宣讲活动。到规模以上企业宣讲6期，1000多名企业负责人参加听课。

【教学精品课程比赛】 5月，举行以“十八大·中国梦”为主题的教学精品课比赛。课程结合当前的热点问题和立足海宁当地发展，从不同的侧面深刻阐述十八大精神，解读中国梦。4堂课被评为优秀精品课，2堂课参加全市“微型党课”比赛，分获一等奖、三等奖。

（葛迎春）

史志工作

【《中国共产党海宁历史（1949—1978）》出版】 8月，《中国共产党海宁历史（1949—1978）》由中共党史出版社出版发行。9月25日举办首发式。全书40万字，记述中共海宁县委自1949年5月至1978年12月，带领全县人民进行社会主义道路革命和建设的奋斗历程。该书由海宁市史志办公室历时三年多编撰而成。

【史志成果】 编纂出版《海宁年鉴（2013）》。《海宁年鉴（2012）》在全国年鉴编校质量检查评比中获一等奖。编纂出版《浙江日报写海宁（1994—2008）》（第三辑）、《海昌胜迹志》和《海昌胜览》点校本。与政协文史委合编《陈伯良纪念文集》。编辑、印行《海宁史志》4期，每期发行量增至500余册。

【史志宣教】 举行《光荣·艰辛·探索——中国共产党海宁历史（1949—1978）》图片展。与市委组织部、宣传部、机关党工委、团市委联合启动“学好党史必修课，共建‘两富’新海宁”系列学习宣传教育活动，推进党史宣教活动开展。先后到市委党校、浙江财经大学东方学院等单位进行党史、地方历史人文宣讲十余次。与中国蚕桑丝织文化遗产生态园、中国丝绸博物馆等单位合作举办云龙村的蚕桑记忆展览；与市纪委、教育局合作举行浙江省廉政文化教育基地揭牌仪式和沈鸿同志逝世15周年纪念活动。

【史志学堂】 分别邀请浙江大学教授梁敬明、宁波大学教授钱茂伟、台湾学者陈鸿森、省地方志办公室主任潘捷军到海宁史志学堂上课。将授课内容整理后在《海宁史志》上刊出，在海宁电视台《海宁大讲坛》栏目和海宁史志网视频播出，提升史志学堂的实用性和学术性。

5 月 20 日，举行浙江省廉政文化教育基地沈鸿纪念馆揭牌仪式

【史志研究】 组织参与由中共党史学会、中共浙江省委党史研究室联合举办的中国共产党的创建暨红船精神学术研讨会，上报征文 3 篇，入选 1 篇；组织人员就毛泽东1954 年是否赴海宁视察海塘有关事项进行考证，撰写《毛泽东 1954 年视察钱塘江考》等文章 4 篇；参与市委宣传部“义工与社会管理研究”课题研究。年内，2 篇论文刊登于《浙江方志》，2 篇论文入选《浙江史志论文集》，1 人编选著作向全国出版发行。

（曹　晔）

信访工作

【概况】 2013 年，畅通信访渠道，有效化解矛盾纠纷，实现各级两会、党的十八届三中全会、“枫桥经验”50 周年纪念大会等重要时段稳控目标。海宁市连续第九年获省委、省政府“信访工作目标管理考核优秀县(市、区)”称号，连续第三年获嘉兴市年度考核第一名。全年市信访局受理群众信访 18551 件次，比上年增长 26.5%。其中受理来信 830 件 3149 人次，件次增长 26.1%，人次减少 1.2%；接待来访 1138 批 4709 人次，批次增长 11.4%，人次增长 10.8%，其中集体来访 140 批 3212 人次，批次增长 2.2%，人次增长 18.6%，重复访下降 22.6%。受理网上信访 1034 件，下降 0.3%；受理市长电话和短信 15549 件，增长 28.5%。办结信访复查复核 40 件，下降 4.8%，其中复查 33 件，出具复查复核不予受理告知 7 件。全年信访总量增长明显，集体访大幅反弹，市长电话量激增，过激行为时有发生，赴京上访压力大。

以敏感时段信访稳控为重点，实现各级两会、“枫桥经验”50 周年纪念大会等时段“零上访”目标任务，成为全国两会期间嘉兴市唯一一个无进京上访的县（市）。以依法处置为重点，全年处置各类到市行政中心非理性上访 192 批 2950 人次，越级赴京上访 25 批 68 人次。开展重复信访和越级访“百日大会战”，集中交办省挂牌积案 5 件、嘉兴市挂牌积案 3 件、海宁市挂牌积案 11 件，化解终结率 95%。规范信访事项办理，强化对违法信访的法制教育和训诫力度，推动信访工作“双向规范”。

实施六大创新，打响海宁信访品牌。开展市委、市政府领导预约接访，在海宁召开嘉兴市预约接访机制推广现场会；开展信访部门“三化”建设，按照“设施标化、服务优化、环境美化”要求，把信访部门打造成“工作一流、群众满意”的窗口单位；开展市长电话“三方通话”提升工程，各镇（街道、开发区）和市级重点职能部门共34家网络单位和220个业务科室纳入三方通话范围，市民拨打市长电话后，直接连线属地政府（职能部门）业务科室，在线沟通政策法规，解答重复来电调处意见；与海宁电视台联办《“12345”市长电话听民声》栏目，报道典型案件办理情况，宣传社保、教育、医疗等政策法规，引导市民依法、有序反映合理诉求；整合网上信访、市长信箱、在线信访资源，搭建网上信访快捷受理平台，坚持部门网上参与在线信访工作，让承办单位直接与网友沟通、解答，实现提速办理；在全省范围内率先推出信访“一周短信”方式，每周将群众来访、来信、来电反映集中的问题以手机短信的形式，发送给市委、市政府主要领导和分管信访工作领导。

（王筱惠）

机构编制工作

【概况】 全市机构编制总量保持稳定，机构编制结构进一步优化。至年底，设置市委工作部门9个、市政府工作部门27个、群团工作部门6个、政法系统工作部门4个；事业机构419个，其中市属事业单位340家、镇（街道）所属事业单位79家。

规范机构编制日常管理。全年共受理编制使用核准事项263件，中层职数使用核准35件，入（出）编事项386件，编制外岗位合同工使用核准22件。全年新增中文域名注册单位157家，累计注册总量366家。开展事业单位登记管理，新设立事业单位12家，变更76家，注销5家，补领证书2家；完成332家事业单位2012年度检验，年检合格率100%。

出台《关于进一步严格控制机构编制的意见》《海宁市机构编制实名制管理暂时办法》《海宁市规范镇（街道）编外岗位合同工使用管理办法》等文件，形成目标明确、操作规范、监督有效的“1+X”机构编制管理制度框架。开展事业单位法人治理结构试点，推进现代事业制度建设，确定市妇幼保健院、市职业高级中学2家单位为试点改革单位。成立许村行政执法局，开展深化综合行政执法工作试点。

【实名制管理】 10月30日，召开全市机构编制实名制管理工作会议，部署机构编制实名制管理工作。开展实名制信息采集，规范用编核准、出入编办理的相关手续，强化部门报批意识。至年底，完成全市448家机关事业单位人员编制信息的采集、审核、公示工作，建立实名制数据库。

【推进相关领域体制改革】 开展食品安全监管体制改革，完成市卫生局和市食品药品监督管理局的“三定”（定单位职责、定内设机构、定人员编制）工作，成立市食品安全委员会办公室；整合市人事争议仲裁院和市劳动仲裁院，成立市劳动人事争议仲裁院；整合市园林管理局和市市政管理处，成立市园林市政局；对职能弱化或部分可交由市场运作的事业单位核减编制，核减（核销）编制作为市机关事业单位机动编制，用于改善民生、强化公共服务等领域。

（王垚杰）

督察考评工作

【加大督察力度】 围绕有效投入和招商引资、拆违拆迁、治水治污等市委、市政府的年度重点工作和市领导交办、上级督办的工作事项，加大督察力度。坚持一线督察法，明察暗访相结合督察；注重看现场、看变化，实施动态、跟踪督察；采用图片、PPT、视频等形式，及时反馈督察结果，落实整改措施，加大督察力度。全年涉及督察项目525个，开展现场督察190余次，下发催办单33份、督办单20份、督察通知书30份、督察考评通报27份、督察调研专报55份（含警中警专报）、督察快报47份。督办市领导批示（交办）事项735件（次），办结率97.2%；督办市人大代表建议17件、政协提案18件、党代表建议2件，满意率100%。

【考评工作】 优化对镇（街道）、平台的考核办法的指标结构，共设置考核指标46个，比上年减少21个，并采用差异化赋分，部门与镇（街道）、平台捆绑考核。淡化年终一次性考核，考核主要指标实施一季一考核，一季一公布。部门（单位）考核重新进行分类，新设评议类部门（单位），涉及的评议项目及考核部门（单位）互学互比测评统一在市委全委会（市政府全体会议）期间进行。组织召开年终考核汇报会，由市领导及相关部门领导、“两代表一委员”等组成考评组，分别对部门（单位）重点职能工作完成情况进行评价。出台《督察考评绩效管理办法》，通过电子台账，从过程、结果、质量、效率、管理五个方面加强考核。出台《关于严格控制和规范评比达标表彰活动的通知》，规范评比表彰工作。

（朱　怡）

［编辑：曹　晔］

海宁市人民代表大会常务委员会

Haining Standing Committee of People's Congress

重要会议

【市十四届人民代表大会第二次会议】 于1月19～23日在市行政中心举行。会议听取和审查市长戴锋所作的《政府工作报告》；审查和批准市人民政府《关于海宁市2012年国民经济和社会发展计划执行情况、2013年国民经济和社会发展计划（草案）的报告》，批准《海宁市2013年国民经济和社会发展计划》；审查和批准市人民政府《关于海宁市2012年财政预算执行情况与2013年财政预算（草案）的报告》，批准《海宁市2013年财政预算》；听取和审查市人大常委会主任徐辉所作的《海宁市人民代表大会常务委员会工作报告》；听取和审查市人民法院院长李斌所作的《海宁市人民法院工作报告》；听取和审查市人民检察院检察长陈建钢所作的《海宁市人民检察院工作报告》。会议依法补选陆靖英为市十四届人大常委会委员。会议期间，共举行1次预备会议、3次全体会议、4次主席团会议、1次财政预算审查委员会会议、1次议案审查委员会会议、1次部门预算审查会议和《关于加快以盐官古城为龙头的百里钱塘国际旅游长廊开发建设的决定》专题询问会。会议共收到代表议案51件，工作建议、批评、意见217件。会议邀请8名公民旁听了2次全体会议，海宁电视台对第一次全体会议和《关于加快以盐官古

市人大常委会主任徐辉在市十四届人民代表大会第二次会议上作报告

城为龙头的百里钱塘国际旅游长廊开发建设的决定》专题询问会进行现场直播。

【市十四届人大常委会第九次至第十七次会议】 市十四届人大常委会第九次会议于1月8日举行。会议听取和审议市人民政府《关于海宁市2012年国民经济和社会发展计划执行情况、2013年国民经济和社会发展计划（草案）的报告》《关于海宁市2012年财政预算执行情况和2013年财政预算（草案）的报告》《关于海宁市2013年政府投资重大建设项目计划（草案）的报告》，表决同意将23个投资额在2亿元以上的项目列入2013年政府投资重大建设项目计划（草案）；审议市第十四届人民代表大会第二次会议议程、日程（草案）和各项建议名单，表决通过海宁市第十四届人民代表大会第二次会议列席人员名单；审议《海宁市人大常委会工作报告（送审稿）》。决定任命顾照荣为海宁市公安局局长，决定免去张顺荣的海宁市公安局局长职务。

市十四届人大常委会第十次会议于2月4日举行。会议听取和审议市人民政府《关于提请城市规划馆、新博物馆综合体项目和城投总部大楼（总部经济区块综合用房）项目增列2013年政府投资项目计划的议案》及有关情况说明，表决通过《关于同意将城市规划馆、新博物馆综合体项目增列2013年政府投资项目计划的决议》和《关于同意将城投总部大楼（总部经济区块综合用房）项目增列2013年政府投资项目计划的决议》；表决通过人事任免事项。

市十四届人大常委会第十一次会议于3月27日举行。会议听取和审议市人民检察院《关于职务犯罪预防和查处工作情况的报告》。会议决定授予李静"海宁市荣誉市民"称号，决定免去旦正措的海宁市人民政府副市长职务。

市十四届人大常委会第十二次会议于5月29～30日举行。会议听取和审议市人民政府《关于医药卫生体制改革情况的报告》；根据市人民政府的提请，作出《关于同意浙江大学国际校区建设项目的决定》；根据市长戴锋的提请，决定任命姚卫东为海宁市环境保护局局长；根据主任会议的提请，任命吴一平为海宁市人大常委会城建农经工作委员会主任委员，杜玉峰为海宁市人大常委会法制工作委员会副主任委员，免去潘建华的海宁市人大常委会城建农经工作委员会主任委员职务；决定接受潘建华辞去海宁市第十四届人民代表大会常务委员会委员职务的请求；通过有关法律职务免职事项。

市十四届人大常委会第十三次（扩大）会议于7月30～31日举行。会议听取和审议市人民政府《关于2013年上半年全市经济社会发展情况和下半年工作安排的报告》《关于2012年财政决算的报告》《关于2012年财政预算执行和其他财政资金收支情况的审计工作报告》《关于"十二五"以来饮用水水源保护情况的报告》和市人大常委会执法检查组《关于开展饮用水水源保护相关法律法规执法检查情况的报告》，批准2012年财政决算；决定任命方芳为海宁市人民政府副市长；通过有关人民陪审员任命事项和代表强制措施许可事项。

市十四届人大常委会第十四次会议于9月26～27日举行。会议听取和审议市人民政府《关于2013年1至8月份财政预算执行情况的报告》《关于"十二五"以来政府投资项目建设和2013年1至8月份政府投资重大建设项目计划执行情况的报告》和《关于〈海宁市人大常委会关于优先发展城市公交的决议〉执行情况的报告》；审议市人民政府《关于医药卫生体制改革审议意见办理情况的报告》，并进行满意度测评；决定接受卜娟萍、汪国锋、浦国平辞去海宁市第十四届人民代表大会代表职务的请求；表决通过有关法律职务任免事项和人民陪审员任命事项。

市十四届人大常委会第十五次会议于11月27～28日举行。会议听取和审议市人民政府《关于海宁市国民经济和社会发展第十二个五年规划实施情况的中期评估报告》《关于〈海宁市十四届人大一次会议关于加快以盐官古城为龙头的百里钱塘国际旅游长廊开发建设的决定〉执行情况的报告》《关于市十四届人大二次会议代表建议办理和市十四届人大一次会议代表建议落实情况的报告》《关于2012年财政预算执行和其他财政收支审计发现问题整改落实情况的报告》《关于食品安全执法检查审议意见整改落实情况的报告》和市人大常委会食品安全执法检查组《关于食品安全执法检查审议意见落实情况的跟踪检查报告》；听取和审议市人大常委会代表资格审查委员会《关于补选的海宁市第十四届人民代表大会代表的代表资格审查报告》及说明，表决通过《关于补选的海宁市第十四届人民代表大会代表的代表资格审查报告》，确认李明辉、张伟锋、朱永强的代表资格有效；根据市人民政府的提请，作出《关于调整海宁市2013年财政支出预算的决议》和《关于调整2013年海宁市国民经济和社会发展计划中部分政府投资项目计划的决议》；根据主任会议的提请，表决通过《海宁市人民代表大会常务委员会关于修改〈海宁市人民代表大会常务委员会规范性文件备案审查办法〉等制度的决定》，决定对《海宁市人民代表大会常务委员会规范性文件备案审查办法》《海宁市人民代表大会常务委员会关于人民陪审员制度的若干规定》《海宁市人民代表大会常务委员会任免国家机关工作人员办法》和《海宁市人民代表大会常务委员会关于法官、检察官法律职务任职资格审查的办法》等4项制度进行修订；决定接受潘建华辞去海宁市第十四届人民代表大会代表职务的请求。

市十四届人大常委会第十六次会议于12月5～6日举行。会议评议市民政局、住建局、服务业发展与粮食局“十二五”时期以来的工作，并进行满意度测评；会议作出《关于召开海宁市第十四届人民代表大会第三次会议的决定》。

市十四届人大常委会第十七次会议于12月30～31日举行。会议听取市人民政府《关于海宁市2013年国民经济和社会发展计划执行情况、2014年国民经济和社会发展计划（草案）的报告》《关于海宁市2013年财政预算执行情况和2014年财政预算（草案）的报告》《关于海宁市2014年政府投资重大建设项目计划（草案）的报告》，表决同意将4个投资规模在2亿元以上的基础性和公益性基本建设项目列入2014年政府投资重大建设项目计划（草案）。会议审议海宁市第十四届人民代表大会第三次会议议程、日程及各项建议名单（草案）、《海宁市人大常委会工作报告（送审稿）》和《2014年工作要点（送审稿）》。会议表决通过海宁市第十四届人民代表大会第三次会议列席人员名单。

（陈迎春）

主要工作

【概况】 2013年，市人大常委会举行常委会会议9次，听取和审议“一府两院”专项工作报告25项，作出决议决定15项，形成审议（评议）意见17项，组织对4部法律法规的贯彻执行情况进行检查；任免国家机关工作人员54人次；召开主任会议22次，听取和讨论工作汇报33个；组织视察20次，形成视察意见8项，受理并办结群众来信来访 97 人次 81 件。邀请公民旁听人民代表大会、常委会会议 34 人次。

市人大常委会视察重大项目推进情况

【监督民生重点】 2013 年，市人大常委会把医药卫生体制改革工作作为年度监督的重点民生议题，围绕国家基本药物制度执行、基本公共卫生服务均等化、公立医院改革等方面，通过召开专题座谈会、实地走访各级医疗单位、发放调查问卷、查阅医保基金支付情况及医疗卫生机构运行情况、考察医改先进地区的经验做法等，开展深入调研，约见代表并征求、听取意见，组织常委会专题审议，并首次以联组会议形式进行集中审议。组织常委会组成人员对审议意见办理落实情况开展满意度测评，对 2012 年食品安全执法检查审议意见的落实情况开展跟踪监督。

【审议决定重大事项】 2 月，作出《关于同意将城市规划馆、新博物馆综合体项目增列 2013 年政府投资项目计划的决议》和《关于同意将城投总部大楼（总部经济区块综合用房）项目增列 2013 年政府投资项目计划的决议》。3 月，作出《关于授予李静同志“海宁市荣誉市民”称号的决定》。5 月，作出《关于同意浙江大学国际校区建设项目的决定》和《关于接受潘建华辞去海宁市第十四届人民代表大会常务委员会委员职务的决定》。7 月，作出《关于许可对市人大代表张建平采取行政拘留措施的决定》和《关于批准海宁市 2012 年财政决算的决议》。9 月，作出《关于接受卜娟萍等辞去海宁市第十四届人民代表大会代表职务的决定》。11 月，作出《关于接受潘建华辞去海宁市第十四届人民代表大会代表职务的决定》《关于调整海宁市 2013 年财政支出预算的决议》和《关于调整 2013 年海宁市国民经济和社会发展计划中部分政府投资项目计划的决议》。12 月，作出《关于召开海宁市第十四届人民代表大会第三次会议的决定》。

【听取和审议专项工作报告】 市人大常委会先后听取和审议市政府医药卫生体制改革情况、2012 年财政预算执行及其他财政收支情况的审计工作报告、“十二五”时期以来饮用水水源保护情况、“十二五”时期以来政府投资项目建设和 2013 年 1 ~ 8 月政府投资重大建设项目计划执行情况、优先发展城市公交的决议执行情况、医药卫生体制改革情况、审议意见办理情况、“加快以盐官古城为龙头的百里钱塘国际旅游长廊开发建设”决定执行情况、国民经济和社会发展第十二个五年规划纲要中期评估报告、市十四届人大二次会议代表建议办理和市十四届人大一次会议代表建议落实情况、2012 年财政预算执行及其他财政收支审计发现问题整改情况等报告。听取和审议市人民检察院《关于职务犯罪预防和查处工作情况的报告》。

【法律法规实施情况检查】 根据浙江省、嘉兴市人大常委会的统一部署，4～7月，市人大常委会采用上下联动的方式，组织开展饮用水水源保护相关法律法规执法检查。听取和审议关于“十二五”时期以来饮用水水源保护情况，以及饮用水水源保护相关法律法规执法检查情况的报告。

【财政预（决）算监督】 市人大常委会先后听取和审议2012年财政预算执行情况、2013年财政预算（草案）报告、2012年财政决算报告、2012年财政预算执行和其他财政资金收支情况的审计工作报告、2013年度1至8月份财政预算执行情况报告，批准2012年财政决算，并根据财政部和省财政厅有关“地方政府债券资金应纳入地方财政支出预算”要求，作出调整2013年财政支出预算的决议；主任会议听取关于街道财政管理工作、基层财政专项支出预算公开、预算绩效管理工作情况的汇报，对2012年度“促进再就业资金”和“职业教育资金”开展绩效评价。对河道整治专项资金、物业专项维修资金审计情况，以及市科技局、水利局、服务业发展与粮食局的部门预算执行审计情况进行监督。继续将全市所有列入编制范围的63个部门的预算提交市十四届人大二次会议审查，选择市教育局、人力资源和社会保障局、食品药品监督管理局进行重点审查。

【规范性文件备案审查】 对市人民政府报送的《海宁市建筑垃圾管理实施办法》《海宁市人才公寓租住管理暂行办法》《海宁市国有土地上房屋征收听证规定》《海宁市国家建设项目审计办法》《海宁市无偿献血表彰奖励办法》《海宁市水价改革实施方案》《海宁市内部审计工作规定》《海宁市档案接收征集办法》《海宁市涉及审批的社会中介机构管理办法（试行）》《海宁市“放心肉”工程实施方案》等27个规范性文件进行备案审查。

【代表工作】 组织210名代表参加定向定题调研活动，形成调研报告15份，提出意见建议74条；市、镇两级代表联动，开展“关心母亲河溪，查找水污染源，恪尽代表职责，建设美丽海宁”代表主题活动；推进“浙江人大代表履职服务平台”推广应用工作和“民情直通车”活动。抓好代表资格管理，依法补选3名市人大代表。有479名代表参加市、镇两级人大代表统一接待选民活动，共接待选民660人，收到意见建议379件，其中126件通过“民情直通车”形式交市政府和有关部门处理并答复。全年依托代表联络站（室）组织代表接待选民2852人次，收到意见建议1327件，有1161件得到解决，解决率87.5%。

【代表议案建议督办】 市十四届人大二次会议期间共收到代表议案、建议和意见272件。市人大常委会首次实行“全员督办”，明确由相对应的常委会有关委室对代表建议的主办单位办理情况进行联系督办。272件建议全部办理完毕，所提建议已经解决或基本解决的154件，占56.6%；正在解决或已经列入计划解决的106件，占39%；因受条件制约或无政策依据，一时难以解决留作参考的12件，占4.4%。代表对办理结果表示满意的201件，占73.9%；基本满意的71件，占26.1%。

表 32 海宁市十四届人大二次会议代表优秀议案、建议

序号	领衔或提出代表	议案、建议内容
1	沈新良等 13 位代表	关于要求加大长安镇（高新区）小城市培育要素支持的议案
2	金秋香等 11 位代表	关于加快拓宽硖许公路硖斜段的议案
3	许勤芬等 12 位代表	关于要求给予在职优秀村干部享受专项生活补贴的议案
4	朱国英等 10 位代表	关于全面建设美丽乡村打造和谐生态家园的议案
5	徐启晨等 13 位代表	关于要求加强污泥无害化自主处置力度的建议
6	陈振宇等 5 位代表	关于尽快建设盐官景区医院的建议
7	邬　欣	关于在市区逐步推行免费无线网络的建议
8	张晓良	关于加强海宁市农村治安视频监控探头的建议
9	许文华	关于加强土地复垦整理后续管理的建议
10	金美凤等 8 位代表	关于规范治理家教市场的建议
11	王丽琴等 6 位代表	关于要求免收残疾人挂号费、诊疗费的建议
12	王金法等 5 位代表	关于规范劳务派遣用工行为保障派遣工合法权益的建议
13	金正华等 6 位代表	关于关心失独家庭的建议
14	朱晓华等 5 位代表	关于要求防范企业采用假破产、转移资产、跑路等手段进行逃债的建议
15	陆靖英	关于进一步整合资源，增加市民卡功能的建议
16	杨振海等 4 位代表	关于加快帮助工业企业建设项目补办权证的建议

（陈迎春）

人事任免

市十四届人民代表大会常务委员会第九次会议

决定任命：

顾照荣为海宁市公安局局长

决定免去：

张顺荣的海宁市公安局局长职务

市十四届人民代表大会常务委员会第十次会议

决定任命：

汪国锋为海宁市交通运输局局长

虞铭华为海宁市水利局局长

黄天云为海宁市农业经济局局长

吴建林为海宁市文化广电新闻出版局局长

浦国平为海宁市食品药品监督管理局局长

决定免去：

朱永强的海宁市环境保护局局长职务

杨水康的海宁市交通运输局局长职务

黄天云的海宁市水利局局长职务

宋新华的海宁市农业经济局局长职务

虞铭华的海宁市文化广电新闻出版局局长职务

范德华的海宁市食品药品监督管理局局长职务

市十四届人民代表大会常务委员会第十一次会议

决定免去：

旦正措的海宁市人民政府副市长职务

市十四届人民代表大会常务委员会第十二次会议

决定任命：

姚卫东为海宁市环境保护局局长

任命：

吴一平为海宁市人大常委会城建农经工作委员会主任委员

杜玉峰为海宁市人大常委会法制工作委员会副主任委员

免去：

潘建华的海宁市人大常委会城建农经工作委员会主任委员职务

免去：

孙才华的海宁市人民检察院检察员职务

严忠伟的海宁市人民检察院检察委员会委员、检察员职务

市十四届人民代表大会常务委员会第十三次（扩大）会议

决定任命：

方芳为海宁市人民政府副市长

任命：

张群和为海宁市人民陪审员

贾建根为海宁市人民陪审员

金德香为海宁市人民陪审员

吕欢为海宁市人民陪审员

范叶华为海宁市人民陪审员

免去：

周宇的海宁市人民陪审员职务

许建龙的海宁市人民陪审员职务

夏国良的海宁市人民陪审员职务

市十四届人民代表大会常务委员会第十四次会议

任命：

韩振宇为海宁市人民法院巡回法庭庭长

王琮为海宁市人民法院许村人民法庭庭长

章楚熊为海宁市人民法院民事审判第二庭庭长

夏洲娜为海宁市人民法院民事审判第一庭庭长

吴伟根为海宁市人民法院许村人民法庭副庭长

朱敏红为海宁市人民法院简易案件审判庭副庭长

周群新为海宁市人民法院民事审判第二庭副庭长

高苏燕为海宁市人民法院巡回法庭副庭长

何佳丽为海宁市人民法院少年案件审判庭副庭长

张艳为海宁市人民法院民事审判第一庭副庭长

免去：

茅益东的海宁市人民法院审判委员会委员、审判员职务

陈祖建的海宁市人民法院巡回法庭庭长职务

韩振宇的海宁市人民法院民事审判第二庭庭长职务

章楚熊的海宁市人民法院民事审判第一庭庭长职务

吴伟根的海宁市人民法院长安人民法庭副庭长职务

朱敏红的海宁市人民法院巡回法庭副庭长职务

张辉的海宁市人民法院刑事审判庭副庭长职务

杨剑的海宁市人民法院审判员职务

任命：

茅益东为海宁市人民检察院检察员、检察委员会委员

陈斌为海宁市人民检察院检察委员会委员

杨新霞为海宁市人民检察院检察委员会委员

罗敏为海宁市人民检察院检察委员会委员

免去：

董欣良的海宁市人民检察院检察员职务

任命：

王关章为海宁市人民陪审员

王国梁为海宁市人民陪审员

（陈迎春）

［编辑：曹　晔］

海宁市人民政府

Haining Municipal People's Government

重要会议

【十四届市政府第三次全体会议】 于1月4日召开。市委书记林毅作《学习十八大党员干部五带头，提振精气神讲真话干实事，扎实推动海宁转型发展新跨越》的讲话。市委副书记、市长戴锋作小结并部署春节前有关工作。会议原则通过《中共海宁市委关于进一步改进工作作风的规定》，就认真抓好岁末年初各项工作进行部署。

【十四届市政府第十六次常务会议】 于1月28日召开。会议审议通过《关于全市刚需农户进新市镇新社区规划点建房的管理办法》(送审稿)、《关于部分“两新”安置房上市销售的政策建议》(送审稿)、《关于开展海宁市级示范性城乡一体新社区创建的实施办法》(送审稿)、《关于进一步加强和改进农村土地综合整治工作的意见》(送审稿)、《海宁市2013年生猪减量提质工作实施方案》(送审稿)、《海宁市化工、印染、制革、造纸行业整治提升实施方案》(送审稿)、《海宁市机动车排气污染防治管理工作实施方案》(送审稿)、《“海宁市荣誉市民”评审实施细则》(送审稿)。听取并原则同意关于海宁市城郊建设投资有限公司政府性直接债务的意见。

【十四届市政府第十七次常务会议】 于2月28日召开。会议审议通过《海宁市国家建设项目审计办法》(送审稿)、《关于进一步完善招商引资（支持浙商创业创新）体制机制的意见》(送审稿)、《海宁市招商人员企业化管理指导意见（试行）》(送审稿)、《关于推行投资项目审批代办制的实施意见》(送审稿)、《市区禁航工作方案》(送审稿)、《盐官百里钱塘观潮景区国有土地上房屋征收补偿奖励实施细则》(送审稿)。听取并原则同意关于成立海宁市城投集团资产经营管理有限公司、海宁市旧区有机更新开发有限公司的情况汇报。听取并原则同意关于海宁市斜桥镇园区开发建设有限公司、海宁市首创水务有限责任公司、海宁市斜桥新市镇建设有限公司、浙江钱江潮旅游开发有限公司、海宁市水务集团投资有限公司（2项）、海宁市中医院、海宁市港务开发有限责任公司、海宁市盐官景区综合开发有限公司等9项政府性直接债务的意见。

【十四届市政府第十八次常务会议】 于3月19日召开。会议审议通过《关于支持个体工商户转型升级为企业的若干政策措施》(送审稿)、《关于进一步改革投资项目审批加快开工建设的实施意见（试行）》(送审稿)、《2013年海宁市改革创新工作要点》(送审稿)、《海宁市深化行政审批制度改革实施方案》(送审稿)、《海宁市广播电视有线网络整合发展实施意见》（送审稿）、《海宁市“幸福养老”十大工程实施方案》（送审稿）和《海宁市2013～2015年社区居家养老服务照料中心建设实施意见》（送审稿）。听取并原则同意关于海宁市安平房屋拆迁有限公司、海宁市妇幼保健院、海宁市交通投资集团有限公司、浙江钱江潮旅游开发有限公司、海宁市资产经营公司、海宁市自来水有限公司、海宁紫光水务有限责任公司、海宁紫薇水务有限责任公司、海宁连杭现代化服务业综合开发有限公司等12项政府性直接债务的意见。

【十四届市政府第十九次常务会议】 于4月23日召开。会议审议通过《关于支持实体经济促进转型发展新跨越的政策意见》（送审稿）、《关于加强工业强市建设的若干政策意见》（送审稿）、《海宁市促进生猪养殖业转型发展工作实施意见》（送审稿）、《关于调整海宁市最低生活保障标准的意见》、《2013年第三届中国海宁·长三角科技博览会暨第四届浙江（海宁）民营资本与海外人才智力合作交流大会活动方案》（送审稿）。听取并原则同意关于市人武部置换迁建项目增列2013年度投资计划的情况汇报、关于市水务集团要求收购股权事项的情况汇报和关于荣年融资租赁（中国）有限公司要求提供境外融资担保的情况汇报。听取并原则同意市总工会关于2008～2012年度海宁市劳动模范评选工作的情况汇报。听取并原则同意关于海宁市临杭新市镇开发建设有限公司等7项政府性直接债务的意见。

【十四届市政府第二十次常务会议】 于5月20日召开。会议审议通过《关于进一步完善镇（街道、发展平台）财政管理体制的意见》（送审稿）、《关于加强困难家庭帮扶工作的若干意见（试行）》、《海宁市政府投资项目中介机构入围库管理办法（试行）》（送审稿）、《海宁市深化招投标监督管理体制改革实施意见》（送审稿）、《关于被征收农村集体土地上房屋拆迁申请强制执行程序的若干意见》（送审稿）、《海宁市大气复合污染防治实施方案》（送审稿）。听取并原则同意关于投资成立海宁市城镇开发有限责任公司的情况汇报、关于斜桥新市镇建设有限公司已批浙商银行贷款利息补差有关情况的汇报。听取并原则同意关于浙江海宁经编产业园区开发有限公司等9项政府性直接债务的意见。

【十四届市政府第二十一次常务会议】 于5月27日召开。会议听取关于浙江大学国际校区建设项目有关情况汇报，并对近期重点工作进行部署。

【十四届市政府第二十二次常务会议】 于6月3日召开。会议审议通过《关于进一步推动企业上市发展的若干政策意见》（送审稿）、《关于促进海宁市股权投资产业发展的若干政策意见》（送审稿）、《鼓励工业退低进高转型升级的若干政策意见》（送审稿）、《海宁市燃煤锅炉煤改气改造工程实施方案》（送审稿）、《关于推进海宁市废旧商品回收利用体系建设的实施意见》（送审稿）、《关于加快人力资源服务业发展的政策意见》（送审稿）、《关于加强餐厨废弃物和废弃油脂管理工作的实施意见》（送审稿）。听取并原则同意关于海宁市自来水有限公司等2项政府性直接债务的意见。

【十四届市政府第二十三次常务会议】 于7月1日召开。会议审议通过《关于提升养老机构队伍素质的实施意见（试行）》（送审稿）、《海宁市残疾人保障办法实施细则（修订）》（送审稿）、《关于扩大镇（街道、平台）行政审批权限的实施意见》（送审稿）、《海宁市水价改革实施方案》(送审稿)、《关于理顺海宁市高层住宅二次供水管理体制和实施相关设施改造的实施意见》(送审稿)、《海宁市基本农药集中配送及包装回收体系建设实施意见（试行）》(送审稿)。

【十四届市政府第二十四次常务会议】 于8月6日召开。会议审议通过《海宁市内部审计工作规定》(送审稿)、《关于认真做好我市退役士兵安置工作的通知》(送审稿)、《关于2000年来自主就业专业士官一次性就业帮扶的实施方案》(送审稿)、《海宁市养殖业转型发展三年行动计划（2013～2015年)》(送审稿)、《海宁市人民政府关于贯彻落实浙江省人民代表大会常务委员会加强畜禽养殖污染防治促进畜牧业转型升级决定的实施意见》(送审稿)、《海宁市“三改一拆”行动违法建筑处理实施细则》(送审稿)、《海宁市档案接收征集办法》(送审稿)。

【十四届市政府第二十五次常务会议】 于8月29日召开。会议审议通过《关于推进城乡防控一体化深化“平安海宁”建设的实施意见》(送审稿)、《海宁市农村居民申请立户分户实施意见（试行)》(送审稿)、《海宁市政府性债务计划管理试行办法》(送审稿)、《海宁市河道整治工程计划实施方案》(送审稿)、《关于限期关停全市黏土砖瓦窑企业的实施方案》(送审稿)、《关于进一步加快推进服务业发展的若干意见》(送审稿)、《关于推进旅游业转型提升发展的若干意见》(送审稿)、《关于促进影视产业发展扶持意见》(送审稿)。

【十四届市政府第二十六次常务会议】 于10月21日召开。会议审议通过《海宁市城乡环境综合整治三年行动计划（2013～2015年)》(送审稿)、《海宁市涉汞行业整治提升实施方案》(送审稿)、《杭浦高速以南美丽乡村建设实施方案》(送审稿)、《海宁市星级美丽乡村创建专项资金管理暂行办法》(送审稿)、《关于促进我市光伏产业健康发展的若干意见》(送审稿)、《海宁市建设工程招投标管理办法》(送审稿)。

【十四届市政府第二十七次常务会议】 于11月18日召开。会议审议通过《海宁市农村生活污水治理工作实施意见》(送审稿)、《海宁市国民经济和社会发展第十二个五年规划纲要中期评估报告》(送审稿)、《关于鼓励民办养老服务机构发展的若干补充意见》(送审稿)。

【十四届市政府第二十八次常务会议】 于12月18日召开。会议听取关于2014年政府工作报告（送审稿）和2014年政府实事项目（送审稿）的汇报、关于2013年国民经济和社会发展计划执行情况、2014年国民经济和社会发展计划（草案）及2014年政府投资项目计划（送审稿）的汇报、关于2013年财政预算预计执行情况和2014年财政预算安排（草案）的情况汇报。

(陆群华)

重要决策和活动

【江南总部基地·中国海宁项目签约】 1月11日，江南总部基地·中国海宁项目签约仪式在北京钓鱼台国宾馆举行。全国政协常委、港澳台侨委员会副主任、中国侨联原主席林兆枢，英国贸易投资总署战略关系参赞凯特·李，国务院台湾事务办公室经济局局长徐莽等出席签约仪式。该项目由海宁市人民政府、海宁市尖山新区管委会、总部基地（中国）控股集团三方合作，开发建设地点位于尖山新区。三方将按照海宁市尖山新区城市发展战略规划要求，发挥投资方总部基地（中国）控股集团的优势，利用尖山新区优越的地理区位条件，建设集办公、科研、中试、创意、产业综合聚集的企业总部集群基地及相关配套。

【2013 海宁金融招商推介会在上海举行】
4 月 11 日，2013 海宁金融招商推介会在上海举行。中国国际金融有限公司、平安资产管理公司、摩根大通等金融机构的 120 余名代表参加推介会。会上，14 个项目成功签约，签约金额近 170 亿元，涉及市金融中心集聚区项目、连杭经济区金融服务集聚区招商项目、经编总部大厦服务业集聚区招商项目等多个主题项目。市委书记林毅出席会议并讲话。

【浙江大学国际影视发展研究院落户海宁】
5 月 8 日，浙江大学国际影视发展研究院成立大会在省人民大会堂举行。该研究院由浙江大学与海宁市人民政府合作共建，落户中国（浙江）影视产业国际合作实验区海宁基地。研究院兼具学术研究和成果转化性能，依托浙江大学师资力量推出“1+6+X”模式，形成研究院加影视题材策划中心、影视评估中心、国际节目传输中心等 6 个中心加“艺术院线”“亚洲青年电影节展”等项目运营模式。省委常委、宣传部部长葛慧君，浙江大学党委书记金德水，省广播电影电视局局长寿剑刚等出席成立大会。

【举办第六届长三角海归创新创业圆桌会议】
7 月 24 日，第六届长三角海归创新创业圆桌会议在海宁举行。37 位海内外高层次人才、专家出席会议，并开展高新项目对接洽谈。会议旨在通过整合长三角海归资源，交流探讨留学人员创业园建设的孵化与投资。市委书记林毅在会上致辞，向与会海外留学人员介绍海宁经济社会发展情况，以及优惠的人才政策和政府服务等。会后，各镇（街道）、开发区、景区、与会企业和海归人员现场进行项目对接。

【第三届中国海宁·长三角科技博览会暨第四届海交会】 5 月 24～25 日，举办第三届中国海宁·长三角科技博览会暨第四届浙江（海宁）民营资本与海外人才智力合作交流大会。科博会由科技日报社、全国科技振兴城市经济研究会、中国工程院环境与轻纺工程学部、嘉兴市委组织部和中共海宁市委员会、海宁市人民政府共同举办，被列为全国

7 月 24 日，举行第六届长三角海归创新创业圆桌会议

科技活动周十项重大示范活动之一。来自美国、日本等十多个国家和地区的46位海内外高层次人才、15名国家和省“千人计划”专家、9名海外专家，以及浙江大学、清华长三角研究院等25所知名高校、科研院所的教授、博士参加博览会。主要活动包括开幕式、科技成果转化展示交易会、环境与发展暨2013皮革产业高层论坛、民营资本与海外人才智力合作交流大会暨人力资源服务业招商投资说明会等。开幕式上，上海研发公共服务平台管理中心、浙江理工大学分别向海宁市授予上海研发公共服务平台海宁科技服务中心和浙江理工大学国家技术转移中心海宁分中心牌子，分别为国家“千人计划”专家张文涛、创业大赛获奖者、“金蛋壳奖”获奖者颁奖。活动期间，230多个科研项目与长三角地区500多家民营企业开展对接，32家企业与17家高校科研院所现场签订科技合作协议42项，18家高校科研院所与20家企业通过科技对接活动签订合作协议20项。

【举办2013中国·海宁潮国际博览会】 参见第101页“2013中国·海宁潮国际博览会”条目。

【15家企业在浙江股权交易中心集中挂牌】 11月29日，海宁市15家企业在浙江股权交易中心集中挂牌。仪式上，成长板挂牌企业被授牌。集中挂牌的15家企业是海宁市近年来涌现出的科技型、创新型企业，涵盖微电子、新能源、生物科技、信息技术、连锁商业等领域。其中有5家企业挂牌“成长板”，分别为：浙江神太太阳能股份有限公司、浙江飞力科技股份有限公司、浙江新光阳照明股份有限公司、嘉兴亚芯微电子科技股份有限公司、海宁加平机械股份有限公司；10家企业挂牌“创新板”，分别是：浙江海港超市连锁有限公司、浙江科峰生物技术有限公司、海宁中驰皮革有限公司、海宁艾迪欧动物保健品科技有限公司、海宁市聚焦之火节能科技有限公司、海宁祥松照明科技有限公司、海宁时道物联智能有限公司、海宁市琳轩生物科技有限公司、海宁智云软件科技有限公司、浙江清泰包装科技有限公司。海宁市金融办代表挂牌企业与交通银行嘉兴海宁支行、嘉兴银行海宁支行、海宁市农村信用合作联社签署融资服务战略合作协议。

【海宁市被命名为省级生态市】 12月25日，海宁市被浙江省人民政府命名为第六批省级生态市。2010年，海宁市启动生态市创建，制订《海宁市省级生态市创建工作实施方案》，把生态市建设任务完成情况、环境质量状况等内容纳入各级党政领导班子政绩考评指标体系。利用电视、报纸、广播电台加强舆论宣传，营造全民参与建设的氛围。坚持“生态立市”发展战略，建成花卉、苗木、水果三大绿色产业总面积6667公顷，省级农业标准化示范区6个，无公害农产品基地29个。投资4.5亿元建成自来水厂2座，投入10.8亿元建成污水处理厂3座；建成污水输送和收集管网667千米、泵站96座，全市工业污水和市区生活污水入网率分别达90%和85%以上。投资2.46亿元建成垃圾焚烧发电厂。开展排污口封堵、城乡保洁、污染减排、管网建设、饮用水源保护、农业面源污染治理等工作，加大水环境综合治理力度。实施绿化、绿色创建行动，建成省重点生态公益林1667公顷、城市生态片林686.7公顷。全市林木总量14067公顷，森林覆盖率18.8%，林木覆盖率23.2%，两项指标均居嘉兴市首位。建成国家级生态镇7个、省级生态镇8个、省级生态街道4个、嘉兴市级生态村128个。2012年8月，通过省级生态市考核验收。

【成功创建省实施妇女儿童发展“十二五”规划示范市】 12月22日，海宁市被浙江省人民政府妇女儿童工作委员会授予第一批“浙江省实施妇女儿童发展‘十二五’规划示范县（市、区）”称号。出台《海宁市“十二五”妇女儿童发展规划》（以下简称《规划》），涵盖妇女发展七大领域、儿童发展五大领域共135项主要目标、118项主要措施以及14个实事项目。围绕规划目标，推进妇女“两癌”筛查、儿童重大疾病免费治疗、异地新建市妇幼保健院、建设妇女儿童活动阵地等妇女实事项目。制订《关于进一步加快妇幼卫生事业发展的意见》等8项具体配套政策。利用广播、电视、报刊等媒体开设妇女儿童专题节目，营造全社会关心、支持妇女儿童发展的氛围。根据评估，《规划》提出的妇女发展七大领域的75项主要目标执行情况良好，除不能取得数据资料评估的子目标外，36项定量子项目中，提前达到2015年目标要求的有30项，占83.3%。儿童发展五大领域的60项主要目标29项定量子项目中，提前达到2015年目标要求的有23项，占79.3%。省妇女儿童发展“十二五”规划示范县（市）创建的20项主要指标全部完成。2013年11月通过考验验收。

表33　市长分工一览

姓名 （任职期）	职务	分管工作
戴　锋	市长	主持市政府全面工作，负责财政、编制、审计工作；分管市财政局、编委办、审计局
姚敏忠 （2013年1～8月）	常　务 副市长	负责市政府常务工作，协助市长负责财政、编制、审计工作；负责发展改革、招商引资、税务、人事、监察、统计、政法、应急、国有资产管理、开发区、机关行政事务、经济技术协作、驻外办事机构、人民武装和征兵、道路安全等工作；分管市发展和改革局（协作办）、监察局、统计局、公安局、机管局、行政审批服务中心、经济开发区管委会、尖山新区管委会、高新园区管委会、经编园区管委会、资产经营公司、实业投资集团、社发集团；联系市人武部、法院、检察院、武警中队、预备役营、国税局、嘉兴海关海宁办事处、嘉兴检验检疫局海宁办事处、市政府各驻外机构
姚敏忠 （2013年9月～　）	常　务 副市长	负责市政府常务工作，协助市长负责财政、编制、审计、物价、外经贸、打私海防工作；负责发展改革、招商引资、税务、人事、监察、统计、政法、应急、国有资产管理、开发区、机关行政事务、经济技术协作、驻外办事机构、人民武装和征兵、议案建议及提案办理、道路安全等工作；分管市发展和改革局（协作办、物价局）、商务局、监察局、统计局、公安局、机管局、行政审批服务中心、经济开发区管委会、尖山新区管委会、高新园区管委会、经编园区管委会、资产经营公司、实业投资集团、社发集团；联系市政协工作；联系人武部、法院、检察院、武警中队、预备役营、国税局、嘉兴海关海宁办事处、嘉兴检验检疫局海宁办事处、市政府各驻外机构
朱海英	副市长	协助市长负责教育、卫生、人口与计划生育、民政（慈善）、残联、档案、地方志、民族宗教等工作；分管市教育局、卫生局、人口和计划生育局、民政局、档案局、民宗局；联系市残联、史志办
邵小文 （2013年1～8月）	副市长	协助市长负责土地管理、城市管理、规划建设、交通、重点工程、人防、水务、邮电通信、无线电管理、春运等工作；分管市国土资源局、城管执法局、住房和城乡规划建设局、交通运输局、人防办（民防局）、水务集团、城投集团、交投集团、重点办、无管办；联系市邮政局、电信局、移动公司、联通公司、铁路海宁站、沪杭客运专线海宁西站

续表 33

姓名（任职期）	职务	分管工作
邵小文（2013 年 9 月 ~ ）	副市长	协助市长负责土地管理、规划建设、交通、重点工程、人防、水务、邮电通信、无线电管理、春运、生态湿地项目等工作；分管市国土资源局、住房和城乡规划建设局、交通运输局、人防办（民防局）、水务集团、城投集团、交投集团、重点办、无管办；联系市邮政局、电信局、移动公司、联通公司、铁路海宁站、沪杭客运专线海宁西站
曹　毅（2013 年 10 月 ~ ）	副市长	协助市长负责科技、新居民事务管理、侨务、台湾事务等工作，负责浙江大学国际校区（浙江大学海宁校区）项目工作；分管市科技局（地震局）、侨办、台办；联系市科协、新居民事务局
王建坤（2013 年 1 ~ 10 月）	副市长	协助市长负责农经、水利、环保、水环境治理、气象、信访、食品药品监管、供销等工作；分管市农业经济局（农办、海洋与渔业局、林业局）、水利局、环保局、五水共治办、气象局、食品药品监管局、供销总社；联系市信访局、各民主党派
王建坤（2013 年 11 月 ~ ）	副市长	协助市长负责农经、水利、环保、水环境治理、气象、信访、供销等工作；分管市农业经济局（农办、海洋与渔业局、林业局）、水利局、环保局、五水共治办、气象局、供销总社；联系市信访局、各民主党派
俞亚明（2013 年 1 ~ 8 月）	副市长	协助市长负责工业、商务、社会保障、消防、安全生产、电力、金融、质量技术监督、打私海防等工作；分管市经济和信息化局（中小企业局）、商务局、人力资源和社会保障局、安全生产监督管理局；联系市工商联、质量技术监督局、供电公司、各金融保险机构
俞亚明（2013 年 9 月 ~ ）	副市长	协助市长负责工业、社会保障、消防、安全生产、电力、金融、质量技术监督等工作；分管市经济和信息化局（中小企业局）、人力资源和社会保障局、安全生产监督管理局；联系市工商联、质量技术监督局、供电局、各金融保险机构
胡燕子	副市长	协助市长负责文化、体育、广电、新闻出版、旅游、商贸流通、粮食、皮革城、工商行政、烟草专卖等工作；分管市文化广电新闻出版局（体育局）、旅游局、服务业发展与粮食局、皮革城管委会、观潮景区管委会、文创办、潮博办；联系市烟草专卖局、工商行政管理局、盐业局、文联
李　玮（2013 年 1 ~ 10 月）	副市长	协助市长负责科技、新居民事务管理、侨务、台湾事务等工作；负责影视产业发展；协管市文化广电新闻出版局，负责对外宣传等工作；分管市科技局（地震局）、侨办、台办；联系市科协、新居民事务局、广播电视台、海宁日报社
李　玮（2013 年 11 月 ~ ）	副市长	协助市长负责影视产业发展，协管市文化广电新闻出版局，负责对外宣传等工作。联系市广播电视台、海宁日报社
方　芳（2013 年 8 月 ~ ）	市委常委、副市长	协助市长负责法制、外事、司法、城市管理等工作；协助处理南关厢历史街区项目开发建设工作；分管市府办（法制办、外事办）、司法局、城管执法局；联系市总工会、团市委、妇联

（陆群华）

法制办工作

【概况】 2013年，共对各类政策性文件出具法律审核意见书34份，内容涉及行政审批制度改革、招投标管理等重大事项。审核行政合同7件，内容涉及江南总部基地、文化影视、电子商务等方面。为人才公寓管理、农药集中配送零差价销售出具法律建议书3份。9月，出台《海宁市行政机关重大合同备案试行办法》，自10月1日起实施。全年受理行政复议申请案件10件。经审查，依法不予受理1件，依法受理9件。经审理，维持5件，撤回4件。其中调解结案4件，调解结案率40%。办理以市政府为被申请人的行政复议案件2件，经审理，维持1件，不予受理1件。进一步落实行政复议案件行政机关负责人到场应诉及听证制度，并将听证制度纳入依法行政考核内容。在市社会矛盾联合调解中心建立行政调解工作室，建立并规范行政调解工作流程。对全市行政许可、非行政许可事项进行集中清理，保留164项行政许可事项、20项非行政许可事项。审核信访复查意见书30份。对115名申领行政执法证的行政执法人员开展综合法律知识培训，考试合格率80.2%。

【开展依法行政考核】 3月，经评议考核，市交通运输局等3家单位被表彰为2012年度海宁市依法行政示范单位，海宁市工商行政管理局等10家单位被表彰为海宁市依法行政先进单位，俞伟民等10人被表彰为海宁市政府法制工作先进个人。12月，修改完善《海宁市依法行政分类考核评分标准》，对36个执法部门进行分类考核。

【规范行政执法】 开展规范行政处罚自由裁量权工作，拓展行政许可自由裁量权试点范围，在原有6家单位21项行政许可事项基础上新增市农经局和食品药品监管局，行政许可拓展到26项。推行行政处罚说理性文书，将说理渗透到行政处罚每个环节，突出执法“情、理”和谐统一。向全市推行行政指导工作，9月召开行政指导工作推进会，将推行行政指导工作单位扩大到11个。

【规范性文件管理】 6月，出台《海宁市人民政府关于实行行政规范性文件“三统一”制度的通知》，规定自7月起，对全市行政规范性文件实行统一登记、统一编号、统一发布。向嘉兴市人民政府和海宁市人大常委会上报备案海宁市政府及市政府办制定的27份规范性文件。11月，对规章和规范性文件有关行政许可规定进行专项清理。

【行政执法案卷评查】 7月，继续开展行政执法案件评查工作，评查范围为2012年6月1日至2013年5月31日期间。随机抽查138个行政许可案卷、96个行政处罚案卷、24个行政强制措施案卷和21个行政指导案例，共评出海宁市“十佳说理性行政处罚案卷”10个、“十佳行政许可案卷”10个、“优秀行政强制案卷”5个、“优秀行政指导案例”5个。

（朱振宇）

体制改革工作

【概况】 2013年，把政策性农业保险、政策性农村住房保险、国有企业改制、小城市建设工作作为推进全市体制改革的重要内容。指导督促海宁市尖山新区开发有限公司做好债券发行的申报工作。年内完成海宁市商业液化气公司改制工作。开展嘉兴市级小城市培育试点工作，推进基础设施建设，发展小城市经济。7月，许村、长安入选首批嘉兴市小城市培育试点镇。

【市商业液化气公司改制】 年内，对海宁市商业液化气公司实施改制。市商业液化气公司由国有企业改制为国有法人独资的有限责任公司，企业名称变更为海宁市商业液化气有限公司。改制前企业的国有资产全额转入改制后的有限责任公司，并承继企业原有债权和债务。企业在2001年对职工劳动关系实施调整，企业改制后，现有职工全部转入改制后的企业继续上岗，并由改制后的企业与职工重新签订或确认劳动合同。

【尖山新区开发有限公司申报发行债券】 年内，海宁市尖山新区开发有限公司申请发行7年期固定利率、额度为15亿元的债券。募集资金用于尖山新区路网及配套项目建设。债券以簿记建档、集中配售的方式，通过承销团成员设置的发行网点向中华人民共和国境内机构投资者（国家法律、法规另有规定的除外）公开发行。承销方式为承销团余额包销，国信证券股份有限公司作为主承销商。经联合资信评估有限公司综合评定，债券信用等级为AA，发行人主体长期信用等级为AA。

【政策性农业保险】 沿袭“政府引导、市场运作、政策支持、农户自愿”的做法，继续开展水稻、油菜、大棚、能繁母猪、生猪、鸡、大麦、小麦等8个已有品种的保险工作。生猪保险保费分担比例调整为中央财政40%、省财政20%、市财政25%、农户自负15%。标准钢管大棚和水稻保险金额分别由7.5万元/公顷、6000元/公顷提高到9万元/公顷、9000元/公顷，保险保费分担比例不变。增设大棚蔬菜保险险种，分叶菜类、非叶菜类和多年生蔬菜类，保险金额分别为1.2万元/公顷、1.2万元/公顷和2.1万元/公顷，保费分担比例按原有政策执行。增设葡萄保险险种，保险金额为6万元/公顷。其中简易避雨设施3万元/公顷，作物3万元/公顷，保险费率8%，市财政补贴50%，镇（街道）补贴20%，种植户承担30%。全年共有6.9万户农户参保，保费收入1191.4万元，其中养殖业减少13.4%，种植业增长114.4%。全市90户农户投保葡萄保险，投保面积91.0公顷，保费收入45.5万元。

【政策性农村住房保险】 2013年，全市政策性农村住房保险保费不变（各级财政保费补贴不变、农户缴费不变），保险金额每户由最高1.8万元提高到2.3万元，每间由最高3600元提高到4500元。全市参保农户13.4万户，参保率99.41%，保费收入134.5万元。为386户受灾农户支付赔款69.5万元，简单赔付率51.71%。

（谢晓峰　赵洪涛）

人事人才工作

【概况】 2013年，公开招考录用公务员119名。招考工作坚持公开、平等、竞争、择优原则，招考录用按笔试、面试、体检、考察、公示程序进行，面试继续采用异地评委交流制和全程录像。对2741名公务员进行年度考核审核工作，其中优秀等次532人、称职2097人、不定等次109人、不参加考核3人（不含副科局级领导干部）。办理辞职手续2人，办理录用审批手续126人，非领导职务确定和晋升事项55件156人。全年安置营以下军转干部4名，全部安置到机关工作。

组织开展企业和事业单位的职称评聘工作，共有15个系列2044名专业技术人员申报专业技术职务任职资格，其中高级160人、中级423人、初级1461人。全年事业单位新增首次设岗单位35家，重新调整岗位设置单位89家，审核批准全市事业单位调整岗位人员1367人。对108家其他事业单位绩效工资进行总量核定。组织机关工作人员、机关退休人员及高级专业技术人员共4260人进行健康体检。完成公务员工资“滚动升级”和事业单位工作人员正常增加薪级工资工作。举办参照公务员法管理人员初任培训班2期，62人参加；开展新录用公务员初任培训，78人参加；开展公务员更新知识培训，3068人次参加。

【“潮起东方·赢在海宁”创业大赛】 参见第235页“首次举办高层次人才创业大赛”条目。

【潮乡精英引领计划】 制订《海宁市支持实体经济促进转型发展新跨越政策意见》及实施细则，正式启用人才公寓，实施高层次人才“保姆式”服务，进一步完善“1+X”综合性引才引智政策体系。举办第三届长三角科技博览会暨第四届浙江（海宁）民营资本与海外智力合作交流大会，4个人才创业项目在创业创新环境推介会上与海宁企业、平台签订合作，17个人才项目与海宁企业达成初步合作意向。7月，举办第六届长三角海归创新创业圆桌会议；8月，联合浙江省海外高层次人才联谊会举办能源、资源与环境分会专题研讨会暨“千人计划”海宁峰会；9月，联合上海“千人计划”专家联谊会举办2013“千人计划”专家金秋潮乡行活动；11月，举办国家“千人计划”专家联谊会生物医药专业委员会医疗器械专业组2013年年会。全年引进培育嘉兴市级领军人才12人，省“千人计划”专家4人，国家“千人计划”专家7人。

【北大青年就业创业见习基地落户】 11月17日，举行北京大学青年就业创业见习基地授牌仪式。基地主要职能为推进校企合作与发展，为北大学生提供岗位见习、项目研究、就业创业等服务；为用人单位选人用人搭建平台，吸引更多高端人才创业创新，争取部分高新科技项目和研究成果市场转化。

【大中专毕业生就业援助】 建立健全未就业毕业生数据库，对全市3654名海宁籍应届高校毕业生情况进行摸底，帮助53名困难家庭高校毕业生落实工作。7月20日，举办2013年度海宁市夏季人才招聘会，136家企事业单位参会，提供岗位1822个。12月7日，举办2013海宁（下沙）人才招聘会，89家用人单位参会，提供岗位1387个。全年落实海宁籍大中专毕业生回乡就业3095人。实施大学生创业培训，全年举办7期SYB淘宝创业培训和3期电商精英培训，217名高校毕业生参加培训。

【人才专项资金使用】 全年支出引进人才专项资金3512.1万元。其中向939人发放2013年度生活和购房补助880.5万元；对2012年度海宁市入选浙江省“151人才工程”、嘉兴市第五批专业技术带头人及后备人才发放奖励18.3万元；对天通控股股份有限公司2012年度引进国外技术管理人才项目发放专项资助经费10万元；对市民政局2013年度研究生社会实践单位1人发放奖励3.4万元；对浙江万凯新材料有限公司5名高校毕业生见习人员发放奖励0.5万元；对海宁市产品质量监督检验所（浙江省太阳能产品质量检验中心）等2家高校大学生实习基地28名实习人员发放生活费补贴2.8

万元；对洁华控股股份有限公司博士后发放技术津贴 2 万元；对浙江凯盈新材料有限公司等 34 家领军人才企业发放创业奖励 2205 万元、创业创所补助及个人购租房补助 90.6 万元；对联丰磁业公司等 6 家重点企业技术创新团队发放一次性奖励及扶持奖励 119 万元；对 2 名国家、省“千人计划”专家发放配套奖励 180 万元。

（沈　洁）

档案工作

【概况】　全年共接收纸质档案 12584 卷 20237 件、照片 111 张、实物 80 件。征集各类档案资料 2041 件。收集全国性党报、党刊、档案学术期刊和海宁地方文献资料 1160 册。举办各类培训班 21 期，845 人次参加。开展档案目标管理省级认定 6 家，海宁市级 5 家。全市所有村（社区）达到嘉兴市级规范化档案室标准，创建省示范档案室 4 家，黄湾镇成功创建新农村建设档案工作省级示范镇。完成 15 个重点建设和政府投资项目档案专项验收，验收合格率 100%。开展档案进社区、进企业宣传，编印出刊《海宁档案》6 期。市档案馆晋升为国家一级综合档案馆，数字档案馆三大系统建成并运行。开展第二届档案馆日活动。举办档案事业成果展，发放档案宣传手册及档案编研成果，提供已公开现行文件查阅和现场咨询、预约查档服务，组织家庭建档专题讲座。举办“档案背后的故事”征文活动，组织参与嘉兴市“档案连着你我他”演讲比赛和“珍档揭秘”展示活动。制作海宁档案工作专题宣传片，在《海宁日报》整版介绍海宁档案事业发展情况。

【创国家一级档案馆】　完成馆藏 225 个全宗 283014 卷、81794 件案卷 17805 册地方文献资料的清点工作，编撰《海宁市档案馆指南》。做好利用效果收集及实例编写 137 例。完成 102 个全宗 87029 卷、52533 件档案的整改工作。整理光盘 1072 张，实物 197 件，照片 62 卷 2936 张，名人档案 1798 件。完成特藏室温湿度传感设备安装、档案阅览室整改等工作。12 月 9 日，市档案馆晋升为国家一级综合档案馆。

【档案法治建设】　进行行政审批改革，开展“五保”档案、食品药品档案专项执法检查。出台《海宁市档案接收征集办法》，配套出台《海宁市档案馆接收档案范围细则》。建立民生档案远程利用服务工作八项制度。

市档案馆晋升国家一级档案馆授牌仪式

配合省档案局做好辖区内《档案事业发展“十二五”规划》中期评估。

【档案登记备份】 推进重要涉民档案登记备份工作，登记备份总容量4989.6千兆。与13家单位开展业务数据在线登记备份，与舟山市定海区档案馆开展馆藏重要档案数字化成果和电子数据馆际间备份，与嘉兴市档案馆开展互备工作，确保档案数据安全。

【档案文化建设】 征集“潮乡记忆”档案资料，开展乡村记忆工程建设，周王庙镇云龙村申报创建省级乡村记忆工程示范基地。开展“潮乡记忆·老城区风貌”摄影比赛，收到参赛作品407幅（组），评选出60幅（组）获奖作品并征集进馆。编辑出版《朱剑心艺文存稿》《潮乡记忆·2012》。完成《日出东方、潮起海宁》（海宁方言）典藏光盘录音制作工作。做好《宋云彬文集》材料收集工作。与海宁电视台合作，完成吴其昌、吴世昌名人专题片拍摄制作。完成潮起海宁——历史文化档案陈列馆布展。编印《海宁大事记》4期。

【档案信息化建设】 实施数字档案馆建设，完成项目一期硬件安装和软件开发工作，综合管理系统、多媒体点播系统、电子阅览室系统运行，同步跟进数字档案馆信息系统安全等级保护测评。改版海宁档案网站，建成省内首个移动门户。完成近75%馆藏、756万页档案的数字化扫描挂接工作。加快数字档案室建设，创建省级示范数字档案室5家、嘉兴市级规范化数字档案室15家。加大馆藏民生档案数据整合力度，完善民生类专业档案数据库。开展“就近查询、远程出证”民生档案远程利用服务工作，建立市、镇（街道）、村（社区）三级受理点195个。

【档案开放利用】 取消查档收费，开展周六预约查档，工作日提早半小时开放。全年共接待查档3807人次，出证3808份。做好现行文件和政府公开信息管理工作，现行文件全文上网802件。完成1982年和1983年馆藏档案的开放划控工作，鉴定档案27242卷，开放5638卷，解密96卷，涉及116个全宗。

（闻 捷）

外事工作

【概况】 全年办理因公出国（境）团组共37批68人次，总人次比上年下降4.4%，其中自行组团13批41人次，重要出访团组10批30人次，党政干部出访22批37人次，县处级以上干部10批10人次。全年共接待重要涉外团组14批163人次。

【重要国际交流与合作】 4月18日，海宁市委书记林毅率团访问英国，拜访剑桥大学国王学院并达成文化合作交流共识。双方决定以名人文化研究和宣传为载体，促进海宁与英国的文学交流，同时与国王学院开展诗歌、音乐的全面合作，带动教育等其他领域的合作。8月，剑桥大学派代表赴海宁进行实地考察，并就具体合作事宜进行详细商谈。

9月18日，举办2013中国·海宁潮国际博览会投资说明会。9月27日，中国—丹麦企业合作发展论坛在海宁举行。论坛旨在为中国皮革企业与北欧品牌搭建沟通、合作平台。丹麦行业协会代表、哥本哈根皮草拍卖公司代表、欧洲地区若干皮草品牌运营商代表，弗奥、圣尼、曲姿等35家海宁知名皮革企业代表50余人参加论坛。论坛上，中丹双方代表开展面对面交流洽谈，研究探

10月23日，市长戴锋（右三）在日本小山町农产品直销店考察

讨海宁皮革企业如何以直接融资的形式参股欧洲企业，探讨共同打造和运营国际化品牌的途径和方法。

【重要出访活动】 4月14～25日，市委书记林毅率团赴法国、英国、意大利开展系列文化产业合作洽谈及友好访问活动。林毅拜访联合国教科文组织，就海宁申办北纬30°世界博览会、申报世界文学之都以及鱼鳞石塘申报世界文化遗产等事项进行对接洽谈，争取对方支持肯定。在法期间拜访中法文化协会，推介海宁影视文化产业项目，探讨共同合作。拜访英国剑桥大学国王学院高层，就双方共同举办徐志摩诗歌节，建立文化交流机制，推进国际合作等达成共识。在意大利期间，拜访国际轮滑协会，就申报2017年世界轮滑运动会事宜提出申请。

10月22～29日，市委副书记、市长戴锋率团赴日本、俄罗斯开展三产、经编、皮革等产业的招商活动。在日期间，分别拜访帝人集团、日立株式会社、世嘉公司等企业，就经编投资项目、服务外包以及海宁体验城等项目进行对接洽谈。拜访海宁友好城市小山町，双方就农业、教育、旅游、文化等方面进行交流考察。在俄罗斯，拜访格林伍德国际贸易中心和俄罗斯中国总商会，了解当地服务业发展情况，洽谈海宁皮革城外拓事宜。

市委常委、宣传部部长姚建新随嘉兴市政府团组赴俄罗斯、波兰、英国进行友好访问及文化产业考察；市委常委、连杭经济区主任许金夫率团赴日本开展产业招商；副市长朱海英随嘉兴市政府团组赴德国、俄罗斯、捷克进行经贸考察；副市长王建坤率团赴巴西、南非开展经贸考察和农业招商活动；副市长俞亚明率团赴瑞士、德国、法国进行洽谈项目招商等活动；副市长胡燕子率团赴西班牙、法国、意大利开展皮革产业招商及推介活动；副市长李玮率团赴坦桑尼亚、肯尼亚、南非进行影视产业推介活动等。

【重要到访活动】 5月24～25日，由上海日报社和上海广播电视台外语频道组织，斯里兰卡驻上海总领事，澳大利亚、加拿大、法国等国家驻上海领事馆及商会代表参加的长三角城市巡访团到海宁，参加第三届中国海宁·长三角科技博览会，参观海宁尖山新区、盐官百里钱塘、海宁中国皮革城等地，两大英文媒体以专题形式进行报道。

7月6日，美国B/E标翼航空集团首席采购官瑞克·怀斯率团访问海宁，市长戴锋接见代表团一行。B/E公司是一家专业制造和销售飞机舱内产品的美国上市公司，也是波音和空客公司飞机舱内部件的主要提供商。2008 年，该公司首次与海宁红狮宝盛科技有限公司建立合作关系。这次到访，专门就与海宁建立进一步合作关系进行协商洽谈。

9 月 17～18 日，美国柴维斯郡公民国际委员会主席沈中平访问海宁，就海宁与美国柴维斯郡加强友城合作关系等事宜进行协商洽谈。沈中平参加海宁投资说明会，介绍海宁中学等 3 所学校与柴维斯郡的相关学校建立教育交流关系，并与市领导就下一步交流合作事宜进行磋商。

赵青山（右）获第二届“十佳家长”称号

12 月 17 日，澳大利亚西澳州西南区发展委员会主席斯图亚特·希克斯、首席执行官唐·庞奇到海宁，就加强海宁市与西澳州玛格丽特河郡友城关系，进一步拓展西澳优质红酒贸易事宜进行考察和洽谈。

年内，另有乌兹别克斯坦总领事考察团考察海宁皮革产业，亚洲发展中国家女官员考察海宁皮革产业和新农村建设，墨西哥莱昂市经济代表团、巴西康塔根市政企代表团、日本静冈县经济交流团以及俄罗斯林业产业考察团等团组访问海宁。

（钱亚萍）

侨务（港务）工作

【概况】 全年共接待港澳同胞、海外侨胞、留学生 150 多人次，受理来信来访 6 件次。加快推进基层侨联组织建设，全市 12 个镇（街道）、经济开发区全部组建基层侨联组织，其中硖石街道侨联分会和海洲街道侨联分会成功创建省第三批示范性基层侨联。6 月 6 日，海宁市侨联召开第六届九次全委会议，选举陆余良为海宁市侨联第六届委员会主席。6 月 6 日，在浙江省留联会第四届二次理事会议上，海宁市留美联邦科学家赵军辉的父亲赵青山获浙江省侨联、浙江省留联会第二届“十佳家长”称号。

【海外侨商投资考察】 9 月 24 日，举行“2013 海外侨商进区入园嘉兴行”海宁投资发展推介会，来自阿联酋、瑞典、美国、新西兰等十多个国家和地区的 40 多位海外侨商、侨团负责人参加。侨商先后参观尖山高尔夫球场、浙江长三角汽车城等。主办方介绍海宁在交通区位、产业基础、发展平台、创新资源、商务成本和综合配套六个方面的优势，希望与侨商加强合作。

【第九届海外博士论坛】 于 9 月 17 日在海宁市高级中学举办。论坛邀请市海创会副会长、浙江汇能动物药品有限公司董事长陈贵才为高一学生作“永不放弃，提高你的情商”的励志讲座。组织5位海归博士与市高级中学10名优秀贫困学生进行助学结对。8月19日，美国华尔街证券交易操盘手、博士俞志明到海宁进行金融座谈。

【香港联谊活动】 9月26～29日，市委副书记周红霞带队赴香港开展联谊活动，与150多位海宁籍香港同胞欢聚一堂，共叙乡情。周红霞详细介绍海宁近年来的经济发展情况和投资环境、特色经济、支柱产业、旅游人文等情况，号召海宁籍香港同胞积极响应浙商回归，以最大热情投身到家乡的创业创新和经济建设中。

【启动市基本侨情调查】 10月24日，召开全市基本侨情调查工作动员部署会，对调查工作进行部署。11月22日，召开全市基本侨情调查员培训会。12月1日，入户调查工作开始。

（黄永华）

台湾事务工作

【概况】 全年共接待到海宁从事经贸考察、交流、采访、旅游、探亲的台胞1.8万人次，其中市台办直接接待的有23批530多人次。海宁居民赴台探亲、居留、旅游3012人次，全年赴台公务考察、学习培训、商务活动等19批54人次。海宁市台办被中共中央台办宣传局评为“对台宣传工作先进单位”。10月16日，中央台办《两岸关系》《台湾工作通讯》宣传工作浙江座谈会在海宁召开，海宁市等12个先进单位受到表彰。

【市台商联谊会第六次会员大会】 于6月7日召开。大会选出第六届理事会及嘉兴市台协理事候选人。7月26日，联谊会举行新会长就职仪式，海宁市有关领导及嘉兴市台办领导和台胞台属等180余人出席仪式。

【连战偕夫人到海宁参访】 9月25日，中国国民党荣誉主席连战和夫人连方瑀一行23人到海宁参观访问。连战一行先后赴徐志摩旧居、王国维故居、金庸书院参观，观赏海宁潮，并为盐官古城题词。海峡两岸关系协会原会长陈云林、省委副秘书长张才方、省台办主任裘小玲及海宁市有关领导陪同参观。

【台湾人民最大党主席许荣淑到海宁考察】 9月22日，台湾人民最大党主席许荣淑、台北市政府顾问王彩霞率参观考察团一行25人到海宁考察并观潮。浙江省台办有关领导及海宁市台办介绍了海宁经济社会发展的基本情况，并就两岸形势进行交流。

【台湾嘉义高中师生到海宁交流】 8月8日，台湾嘉义高级中学18名师生到海宁交流参观。先后参观海宁中国皮革城、徐志摩旧居，观看钱江大潮。在海宁市高级中学开展的两地师生联谊活动上，两校师生进行互动交流，并互赠礼物。

【台湾媒体到海宁拍摄海宁潮】 2013中国·海宁潮国际博览会期间，台湾中天电视台记者和台湾TVBS记者分别到海宁拍摄钱江潮。先后到盐官观潮景区、丁桥大缺口、老盐仓三个观潮点实地拍摄海宁潮“一潮三看”的壮观景象，以及海宁潮博会期间万人涌动的人潮，向台湾民众直观展示海宁江潮、人潮、经济潮三景象。

【第十届“得伟杯”少儿书画比赛】 5月11日，由浙江得伟染织有限公司主办的海宁市第十届迎六一“得伟杯”少儿书画现场大赛举行，来自59所学校的519名少儿参加比赛。5月31日，举行颁奖仪式，共280名少儿获奖。

（钱丹玲）

电子政务工作

【概况】 2013年，做好政务网接入和网络共享工作，共接入政务外网188家，配合做好省电子政务内网延伸到镇（街道）工作，完善网络安全保护。完善全市电子政务应用各系统建设，建成全市干部工作日志系统、市政府重点工作信息系统、市政府移动办公平台等政务应用系统。依托各单位政府门户网站、政府信息公开平台、网上办事大厅和互动交流平台，建成“中国海宁”阳光工程网站群，涉及18个重点公开项目行政审批。至年底，政府信息公开平台累计公开各类政府信息33865条，受理依申请公开257条；中国海宁门户网站累计发布各类信息92722条。为“中国海宁”政府门户网站增加移动视频版。

【网络安全系统建设】 配合价格主管部门做好接入电子政务外网相关工作。完善网络安全保护，利用防火墙和IPS技术措施防范网络入侵和攻击破坏；建立日志审计系统，及时更新全市杀毒软件系统，全年未发生泄密和信息系统受到非法入侵事件。

【应用系统建设】 完善全市电子政务应用各系统建设。完善全市公文交换OA系统，拓展系统使用范围，开设用户账号4293个，制发电子公文20505件。新建全市干部工作日志系统、市政府重点工作信息系统等政务应用系统。建成嘉兴地区第一套市政府移动办公平台。

（文治武）

［编辑：刘　峰］

政协海宁市委员会

Haining Committee of the C.P.P.C.C.

重要会议

【市政协十二届二次会议】 于1月18～22日在市行政中心举行。应出席委员254名，实到委员253名。会议听取和审议《政协海宁市第十二届委员会常务委员会工作报告》，听取和审议《政协海宁市第十二届委员会常务委员会关于十二届一次会议以来提案工作情况的报告》和海宁市人民政府关于2012年度政协建议案办理情况；补选政协海宁市第十二届委员会副主席、秘书长、常务委员；审议通过《政协海宁市第十二届委员会第二次会议提案审查情况的报告》和政协海宁市第十二届委员会第二次会议决议。会议期间，委员们列席海宁市第十四届人民代表大会第二次会议，听取和讨论海宁市人民政府工作报告、年度计划报告、年度财政预算报告，听取市人大常委会工作报告、人民法院工作报告、人民检察院工作报告；收到大会发言28篇，有7名委员代表各党派、团体和有关界别、联络委员会进行大会口头发言，得到与会市领导当场批示14件次；组织“城市有机更新”知情通报会和“政协委员林”植树活动；表彰市政协十二届一次会议以来优秀提案、2012年度优秀界别、优秀联络委员会、优秀民主监督小组、优秀社情民意信息工作先进个人；收到以提案形式提交的书面意见建议307件，经审查立为提案267件，其中集体提案44件、委员提案223件。

市政协主席张炜芬在市政协十二届二次会议上作报告

【市政协十二届五次至十次常委会会议】 市政协十二届五次常委会会议于1月5日举

行。会议听取市政府关于2012年全市经济社会发展及2013年工作安排情况的通报；协商讨论《市政府工作报告（征求意见稿）》；通报市政协十二届十一次主席会议审议决定的有关事项；审定《市政协2012年工作总结和2013年工作要点》和各专门委员会、联络委员会2012年工作总结和2013年工作计划、《关于召开政协海宁市第十二届委员会第二次会议的决定》《政协海宁市第十二届委员会第二次会议补选常务委员会组成人员候选人建议名单》；审议通过政协海宁市第十二届委员会第二次会议有关事项。

市政协十二届六次常委会会议于1月20日举行。会议听取各小组召集人有关政协海宁市第十二届委员会第二次会议分组讨论情况的汇报；审议《政协海宁市第十二届委员会第二次会议选举办法（草案）》和总监票人名单（草案）；审议通过政协海宁市第十二届委员会第二次会议选举监票人名单；协商决定政协海宁市第十二届委员会第二次会议补选副主席、秘书长、常务委员候选人名单。

市政协十二届七次常委会会议于5月20日举行。听取中共杭州市委党校教授孙铁民所作的“建设生态文明，打造美丽中国”辅导讲座；协商“鼓励民营企业二次创业”课题。

市政协十二届八次常委会会议于8月30日举行。会议学习市委十三届四次全体（扩大）会议精神；听取市政协文教卫体与文史委员会主任朱掌兴有关“加快推进我市‘满意教育’进程”课题调研情况的汇报和部分政协常委、委员围绕课题所作的大会发言，并进行协商讨论；审议通过《关于努力办好人民满意教育的建议案》；审议通过有关人事事项。

市政协十二届九次会议于10月28～29日举行。会议听取市委常委、副市长方芳受市政府委托，所作的有关要素市场化配置综合配套改革试点工作情况的通报；听取市府办副主任陈海勤受市政府委托，所作的市政协十二届二次会议以来的提案办理落实情况的通报；听取中共杭州市委党校副教授马晓秋所作的“当前宏观经济形势概要”辅导讲座；听取市政协社会法制与三胞联谊委员会主任冯志华有关“完善就业服务体系，进一步提升就业质量”课题调研情况的汇报；审议通过《关于进一步推进我市高质量就业工作的建议案》。

市政协十二届十次常委会会议于12月26日举行。会议听取市政府关于2013年全市经济社会发展及2014年工作安排情况的通报；协商讨论《市政府工作报告（征求意见稿）》；通报市政协十二届二十四次主席会议审议决定的有关事项；审定《市政协2013年工作总结和2014年工作要点》；审定各专门委员会、联络委员会2013年工作总结和2014年工作计划；审定《关于召开政协海宁市第十二届委员会第三次会议的决定》；审议政协海宁市第十二届委员会第三次会议议程（草案）和日程（草案）；审定《政协海宁市第十二届委员会常务委员会工作报告》，推定报告人；审定《政协海宁市第十二届委员会常务委员会关于十二届二次会议以来提案工作情况报告》，推定报告人；审议通过政协海宁市第十二届委员会第三次会议其他有关事项。

（罗光强）

主要工作

【概况】 通过政协中心组、常委会、主席会议、专门委员会、联络委员会、界别等组织，开展各类学习活动。以界别为单位，每两个月安排委员参加一次政情通报会。举行市十二届政协新任委员培训会。组织撰写的《发挥基层政协平行监督和自下而上监督优势的思考》获省政协第五次理论研讨会二等奖，《强化基层政协民主监督的实践与思考》获省政协第五次理论研讨会优秀奖。举办“重拾硖石记忆”电视直播专题协商会。编写出版《重拾硖石记忆》《海宁文史全编》和《海宁文史》期刊2期。组织文史研究者参加路仲文化研究会。协助省政协文史委编写《钱塘江古镇·盐官篇》。《难忘的岁月》在全省政协系统2008~2012年优秀文史资料图书评选中获二等奖。与市电视台、电台合作创办每月1期的《政协视点——政情民意交流站》《热点面对面——政情民意交流站》和《政协园地——政情民意交流站》栏目，与海宁日报社合作创办每月1期的《政协关注——政情民意交流站》专版。

【协商议政】 全年共召开全体会议1次、常委会会议6次、主席会议15次。完成调研课题7个，形成调研报告7份。市政协常委会围绕“鼓励民营企业二次创业”“加快推进我市‘满意教育’进程”“完善就业服务体系，进一步提升就业质量”等课题进行专题协商，形成建议案3件，为市委、市政府科学决策、民主决策提供参考。主席会议围绕“居家养老服务事业发展”“拓宽融资渠道，服务实体经济”等课题进行重点协商，助推有关工作开展。1月30日，召开市政府、市政协工作联席会议，围绕2013年全市重点、难点、热点工作进行沟通联系。

【民主监督】 围绕“治安防控体系建设情况”“生猪养殖减量提质工作”“市医疗中心启用运行情况”“加快平原绿化建设工作”“省文明市创建”“城市公交事业发展”等课题，进行主席会议专项视察。围绕“智慧医疗体系建设情况”“股权出资贷款，开辟企业融资渠道情况”“银泰城和粮食储备库等省服务业重点建设项目”“工业设计基地建设”“学前教育三年行动计划实施情况”“物业管理水平提升工作”“海宁东部石矿资源保护和利用”等课题，组织专门委员会对口视察。围绕“耕地保护”课题，组织专项民主监督，并形成报告。对派驻17个政府部门的民主监督小组成员进行调整，组织开展视察、座谈、走访、约谈等监督活动70余次。开展民主监督小组指导周和监督案例评选活动，收到监督案例13件，其中6件被评为优秀案例。

视察百里梅园建设情况

【提案工作】 组织学习贯彻《关于进一步加强人民政协提案办理工作的意见》和中共浙江省委办公厅《关于进一步加强人民政协提案办理工作的实施意见》精神。引导政协委员和市政协各参加单位开展调查研究，以提案形式提出意见建议317件，其中立案交办276件,《关于强化社区在居家养老模式中的服务功能的建议》等9件提案被列为市政协十二届二次会议重点提案。严把提案立案审查关，加强审查立案，实行提案科初审、提案委集体讨论审定程序，确保提案整体质量提高。实行重点提案由主席、副主席分工督办，市委、市政府分管领导牵头办理制度，推动重点提案的办理落实。实行党派团体提案由市委领导阅批，确保党派团体提案落到实处。有27件提案被评为优秀提案。委员对办理工作表示满意的有274件，基本满意的有2件；对办理结果表示满意的有271件，基本满意的有5件，总体满意率97.5%，基本满意率2.5%。未予立案的41件提案转作社情民意或委员来信，交相关部门工作参考。市委首次将提案办理工作纳入部门考核内容，推动提案的办理落实。

【社情民意信息】 注重社情民意信息队伍建设，每季召开社情民意信息例会，汇编《社情民意信息》参考目录。全年共收到社情民意信息324件，向上级政协和市委、市政府领导专报47件，获市领导批示21次。

【联络联谊】 坚持市政协领导走访和联系委员制度，加强与委员的联系沟通，激发委员履职的积极性和主动性。会同市委统战部举办中秋恳谈会。参加全国19县（市、区）政协工作交流会。与港澳台同胞、海外留学生加强联系沟通。组织书画联谊会、文史研究会、企业家联谊会开展活动。

【界别和联络委员会工作】 继续开展“让政协走进群众，让群众走近政协”系列走访活动。各界别、联络委员会根据自身特点，开展送文艺下乡、科技下乡、进村（社区）义诊、扶贫助学、高考咨询、慈善慰问等活动220余次。探索创新基层民主协商，做好试点和推广工作。组织开展的“履职管理网格化，基层协商接地气——探索镇（街道）联络委员会基层民主协商”工作，获嘉兴市“政协工作创新进步奖”。各镇（街道）联络委员会围绕水环境治理、风情山村规划、征迁工作等内容，开展基层民主协商活动18次，完成调研报告13篇。

表34　　市政协十二届二次会议以来优秀提案

序号	提案编号	承办单位	提案名称	提案者
1	5	市府办	关于强化社区在居家养老模式中的服务功能的建议	民盟海宁市总支
2	46	市府办	关于整合资源、形成合力，加快推进路仲古镇的保护、开发和有效利用的建议	王玉良
3	9	市府办	关于进一步加强我市政府性投资项目前期管理的建议	民进海宁市总支
4	19	市府办	关于实施基本农药集中配送，保障粮食和农产品质量安全的建议	农工民主党海宁市总支
5	15	市府办	关于推进“健康海宁”建设，提升人民健康水平的建议	九三学社海宁基层委员会

续表 34

序号	提案编号	承办单位	提案名称	提案者
6	18	市府办	关于进一步推进我市民营企业“二次创业”的建议	工商联
7	28	市府办	关于有效解决当前我市物业管理服务中存在的问题的建议	教育界
8	237	市工商局	关于实施农贸市场改造提升，打造现代化农贸市场的建议	胡宏宇、徐学锋
9	6	市府办	关于充分重视民工子弟学校建设的建议	民建海昌街道联络委
10	189	市文体局	关于在城市社区设立文化管理员的建议	王维莎
11	65	市发改局	关于加大浙商回归工程、促进海宁经济新跨越的建议	黄永华
12	162	市交通运输局	关于调整公交线路布局的几点建议	周仲浩
13	232	市交通运输局	关于要求继续实施农村公路路灯工程的建议	周永根
14	223	市城管执法局	关于在我市利用建筑垃圾实施堆山“造景工程”的建议	曹建初
15	59	市服务业发展与粮食局	关于加快我市电子商务发展的几点建议	葛志宏
16	126	市府办	关于加快拓展市民卡功能的建议	民建海宁市总支
17	27	市府办	关于在市区公共场所及旅游景区设立免费无线上网的建议	科协
18	124	市人社局	关于加快海宁人力资源服务业发展的若干建议	周　骅
19	117	市财政局	关于加强国资企业运行监督，努力提高运行质量的建议	陈学群
20	128	市人社局	关于建立拖欠民工工资预警机制的建议	王　懿
21	105	市民政局	关于增强我市养老机构护理人员的岗位吸引力，加强护理人员专业指导的建议	陈霓裳
22	47	嘉兴银监海宁监督办	关于为小型微企业解决贷款难和降低融资成本的建议	苏跃锋
23	181	市商务局	关于严把招商引资准入关，加强对落地项目跟踪管理的建议	曹立群
24	32	市纪委	关于转变作风完善考风，避免考核“台账至上”的建议	海昌街道联络委
25	36	市府办	关于加快推动工业企业建设项目权证补办工作进度的建议	许村镇联络委
26	25	市府办	关于合理规划建设少年儿童活动场所，促进儿童少年健康成长的建议	妇联
27	266	市农经局	关于温室甲鱼养殖影响环境问题应引起重视的建议	陶有福

（罗光强）

[编辑：刘　峰]

民主党派与工商联

Democratic Parties and Federation of Industry & Commerce

民主党派

【概况】 全年共吸收发展民主党派新成员13名，其中新发展中国民主同盟（以下简称民盟）盟员3名，新发展中国民主建国会（以下简称民建）会员3名，新发展中国民主促进会（以下简称民进）会员3名，新发展中国农工民主党（以下简称农工党）党员3名，新发展九三学社社员1名，新发展对象具有年轻化、知识化、专业化特点。海宁市民主党派成员总数272名，其中中国国民党革命委员会党员1名，民盟海宁市总支盟员58名，民建海宁市总支会员62名，民进海宁市总支会员21名，农工党海宁市总支党员66名，九三学社海宁市基层委员会会员63名，台湾民主自治同盟（以下简称台盟）盟员1名。民主党派成员中有副科（局）级以上领导干部28名，其中副处级4名、正科（局）级5名、副科（局）级19名，在政府部门任实职9名，在政法机关任实职1名，党外干部任职数达到上级要求。

举办民主党派新成员培训班，组织近五年发展的新成员进行多党合作理论、民主党派素质提升与参政议政能力建设等专题学习辅导。新成立镇（街道）和教育、卫生部门知联分会12家。

【参政议政】 修订完善《关于进一步完善中共海宁市委组织部、市委统战部联席会议制度的意见》。召开全市经济和社会发展情况报告会，市长戴锋和市发改局、住建局负责人分别向各民主党派、工商联、无党派人士通报有关工作，市政协主席张炜芬就半年度政协工作作书面通报。组织各民主党派、工商联、无党派人士召开联席会议，听取相关部门工作通报。指导做好各民主党派、市党外知识分子联谊会（以下简称知联会）与结对部门的对口联系活动。在市政协第十二届二次会议期间，各民主党派、工商联、知联会共提交提案169件。

【民主监督】 履行民主监督职责，各类特邀、特约行风监督活动中统战成员共参与30多人次。组织民主党派和统战团体召开中秋恳谈会，就市委、市政府工作听取意见建议，参与市委开展党的群众路线教育实践活动征求意见座谈。会同市政协选派特约监督员51名，其中民主党派成员41名、知联会会员4名、无党派人士6名。特约监督员分别被选派到17个政府部门，参与各类专项检查和监督工作。

【服务社会】 组织各民主党派、知联会成员到袁花镇红新村开展医疗义诊、科技咨询社会服务活动。组织农工党中高级医师到东苑社区义诊。民盟总支开展“倾听·服务·奉献”便民服务活动和“送文化、献爱心”下乡活动。民建总支开展助学结对活动，为贫困学生送上助学金，慰问市儿童福利院，在海宁市高级中学设立每年10万元的冠名助学基金。民进总支开展助学结对活动和“三走进”（走进农村、走进社区、走进部门）系列活动。农工党总支在风和丽苑社区设立义诊服务点，开展专家义诊、专题讲座，形成常态化。九三学社连续十八年到市培智学校开展义务体检与助残活动。市知联会为地震灾区捐款，定期举办高考咨询、医疗义诊、法律服务和助学结对活动，该活动成为省委统战部“同心·知联服务团”内容之一。

（韩兴达）

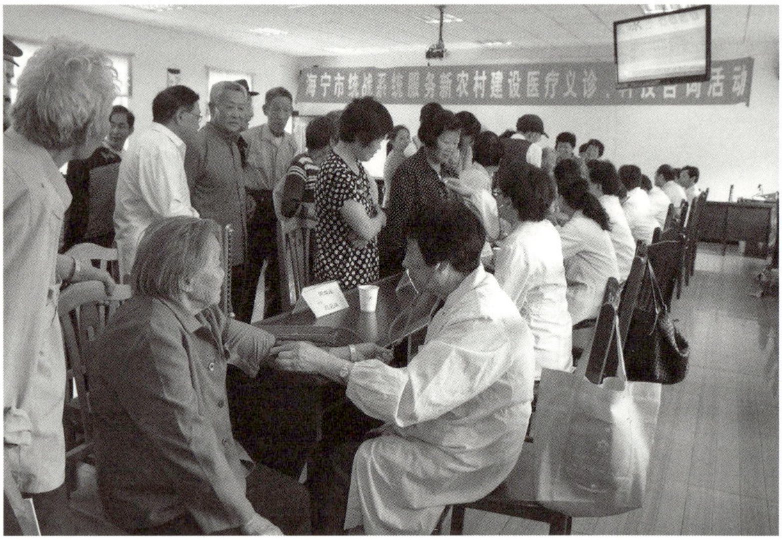

统战系统开展医疗义诊和科技咨询服务活动

工商业联合会

【概况】 2013年，海宁市工商业联合会（海宁市总商会）（以下简称工商联）有会长1名，副会长27名（其中企业家副会长24名），执行委员会委员105名；设有直属商会2个、行业商会3个、异地商会3个、基层商会13个、村级商会1个。会员单位2375家，比上年增长9.5%，分布在制造、建筑、金融、服务、零售等行业。4月27日，召开市工商联（总商会）九届执行委员会第三次会议。4月28日，召开“推进二次创业，实现科学发展”座谈会，市委书记林毅与企业家共商民营企业科学发展新思路。8月30日，邀请中央党校国际战略研究所教授康绍邦为民营企业家作“当前国际形势与中国国际战略”专题讲座。海宁市工商联（总商会）被评为2012年度嘉兴市工商联（总商会）系统先进集体。全年出版会刊《海商视角》2期。2013年，市工商联帮助企业解决贷款金额2000多万元，担保金额1亿多元。

【参政议政】 市工商联在政协十二届二次会议上作《鼓励民营企业二次创业，推动民营经济健康发展》发言。提交《关于进一步推进我市民营企业“二次创业”的建议和措施》团体提案，被市政协列为重点提案。市工商联提出的有关企业存量房产规范化抵押、管理创新加大扶持力度、财政资金补助突出重点等意见和建议，在市政府“工业强市若干政策”中得到采纳和体现。全年市工商联界别政协委员共撰写提案23件，其中集体提案1件，2件被评为优秀提案。

【民营企业二次创业】 市工商联牵头行业协会和异地商会，组织皮革服装商会5家副

10月20日，开展“2013温商海宁行”活动

会长单位赴乌鲁木齐考察；组织执委以上企业60余人参观绍兴宝业集团；组织商会企业参加中国进口食品城举办的2013中国进口食品物流贸易高峰论坛，并参观食品城筹建基地。协助乌鲁木齐海宁商会和贵阳海宁商会（筹建中）在海宁召开市场推介会，协助斜桥商会赶永康市总商会参观集约节约用地和“机器换人”典型企业，协助丁桥商会赴吴江市总商会参观转型升级典型企业。

【浙商创业创新】 成立招商引资工作小组，开展“以商引商”“以企引企”招商活动。召开民营企业招商引资座谈会，邀请市经信局介绍招商引资政策。走访30多家企业，宣传招商政策，搜集招商信息。9月24日、10月20日分别举办“2013海外侨商进区入园嘉兴行”海宁投资发展推介会和“2013温商海宁行”活动，32位海外侨商和63位温州籍浙商参加活动。8月22日，嘉兴市第二届“十大风云人物”系列评选活动揭晓，海宁宏洋集团有限责任公司董事长陈小平获“十大民企风云人物”称号，宏达高科控股股份有限公司董事长沈国甫、浙江万凯新材料有限公司董事长沈志刚获“十大工业行业风云人物”称号。10月26日，协助浙商办推荐海宁市“江南总部基地”项目，海宁籍企业家许为平、潘建清获“世界浙商创业创新奖”。市工商联负责全市浙商公益项目的整体推进、指导、协调服务及捐赠数据统计工作。2013年全市公益捐赠项目56个，捐赠资金1.69亿元。协助做好“两富同行”企业虚拟岗认领工作，全年会员企业共认领虚拟岗1431个，涉及金额2246.7万元。

【非公有制企业党建】 建立非公企业党建工作部门联动机制，建立工作领导小组，指导全市非公有制企业党建工作，共走访企业70家。召开全市非公经济人士理想信念教育专题报告会，邀请中央党校教授柳建辉作《中国共产党的发展历程和治国理政经验》辅导报告，全市120多名民营企业家到会。组织新生代企业家赴南京开展理想信念教育，参观南京大屠杀纪念馆等爱国主义教育基地。

【商会组建】 11月25日，贵阳海宁商会成立，是海宁市成立的第三家异地商会。10月12日，海宁市首个村级商会——高丰商会成立。商会企业家捐赠52万元专项资金用于高丰社区星级美丽乡村建设。

（郭　敏）

［编辑：潘冰洁］

人民团体

Mass Organization

工会工作

【概况】 2013年，新增工会组织151家，覆盖单位390家；新增会员1.6万人。累计建立工会组织2548家，覆盖单位9856家，工会组建率95.88%；职工入会307.3万人，职工入会率94.27%。新增厂务公开建制企业33家，累计建制965家；新增职工代表大会建制企业85家，累计建制954家；新命名“合格职工之家”39家，累计创建1108家。

2013年，市总工会共举办培训班224期，培训职工2.3万人，其中6500多人取得职业资格证书，630人获得高级技能证书，该项工作获嘉兴市工会工作创新成果特等奖。年内，海宁市职工学校被中华全国总工会命名为“全国职工教育培训优秀示范点”，海宁市人民医院（上海长海医院海宁分院）普外三科被中华全国总工会命名为“全国五一巾帼标兵岗”。海宁新奥燃气有限公司职工周成龙被浙江省委宣传部、浙江省总工会授予“最美浙江人·浙江省优秀职工”称号。

【海宁市工会第十六次代表大会】 于12月16～17日在市行政中心召开，333名代表出席大会。嘉兴市总工会党组书记、副主席张心桥，海宁市委书记林毅，海宁市委副书记、市长戴锋等出席开幕式。会议回顾过去五年全市工会工作发展历程，提出今后五年工会目标和任务。会议选举产生海宁市总工会新一届领导班子，王金法当选为市总工会主席。

12月16～17日，海宁市工会第十六次代表大会召开

【浙江省首届职工文化艺术节小品大赛在海宁举行】 10月26日，浙江省首届职工文化艺术节小品（情景剧）大赛在海宁举行，来自杭州、宁波、嘉兴等地区的13支代表队共300多名职工参加比赛。24个参赛作品围绕“中国梦·劳动美”时代主旋律，讲述了发生在职工身边的感人事迹和企业文化故事，集中展现了当代职工的新形象和良好精神面貌。海宁市总工会选送的作品《天晴了》获金奖。

【政工联席会】 11月21日，市政府与市总工会第十一次联席会议召开。会议讨论并通过《海宁市在职职工住院医疗互助活动暂行办法》。市委副书记、市长戴锋在会上讲话，市委常委、副市长方芳主持会议并通报全市经济社会发展情况。市总工会通报2013年工会工作开展情况。民政、卫生等相关部门参加会议。

【第五届职工技能运动会】 5月9日，举行第五届职工技能运动会启动仪式暨“弗兰德杯”第三届经编技能擂台赛，1万名职工参加技能比武。各级工会先后开展配电工、导游等技能比武36项。推动规模以上企业普遍开展劳动竞赛，举办竞赛、比武专场900场次。开展评先评优，命名“优秀职工”10名、“工人先锋号”37家，表彰一批劳动竞赛、重点建设立功竞赛先进集体和个人。

【劳模先进表彰大会】 于4月27日在市行政中心举行。市领导林毅、戴峰，各镇（街道）和市级有关部门分管工会工作领导，工会干部，劳模代表及先进集体、先进个人代表220余人参加大会。会议对2008～2012年度海宁市劳动模范，2012年海宁市“五（吾）带头”优秀职工、职业技能带头人，2012年度海宁市先进职工之家和“创先争优”活动先进集体及个人进行表彰。

（杨国祥）

共青团工作

【概况】 2013年，共青团海宁市委员会（以下简称团市委）建有基层团委76个，派驻基层团工委4个，团总支49个，团支部1010个，新发展团员1730名；全市有共青团员26754名，推优入党357名，经推优入党的212名。新建非公企业团组织78家，覆盖团员青年3150名；新建新社会组织团组织12家，覆盖团员青年274名。新建农民专业合作社团组织5家。

全年开展各类青年工人技能比武23场。举办青年创业就业培训

4月27日，劳模先进表彰大会在市行政中心举行

班20期，参加人数1725人次，经培训就业1092人次，实现创业573人次。发放青年创业小额贷款361笔5298万元，扶持创业青年361人次，带动就业4167人次。新建青年就业创业见习基地2家，累计34家，提供见习岗位123个，组织青年上岗见习就业126人次。至年底，全市累计有“全国青年文明号”2家、“浙江省青年文明号”11家、“嘉兴市青年文明号”49家、“海宁市青年文明号”98家。

开展“我的中国梦”“争做精神富有的青少年”“青春促转型发展”等主题教育活动169场次，参与青少年4.8万人次。开展“我的中国梦——奋斗的青春最美丽”故事分享会，举办“中国梦·潮乡情”暑期返乡海宁籍大学生形势报告会，开展“我的中国梦·我的未来梦”第十三届万名学生下社区进村落活动。

依托“志愿团·团志愿”服务载体，全年组织“团志愿”活动53期，上网“团购”志愿1533人次。启动水环境综合治理三年志愿服务行动，制订《关于开展水环境综合治理三年志愿服务行动的实施意见》。开展“小鱼治水——保护母亲河”公益活动，投放鱼苗20万尾。建成首批便民志愿服务点，选取5个市区人流量较大的窗口单位，开展志愿者报名、志愿服务信息发布和积分兑换等服务。全市注册志愿者人数2.9万人次，全年参与潮博会、文明劝导等大型志愿服务1.3万人次。

开展第十届“海宁市十佳青年标兵”评选，通过基层推荐、《海宁日报》投票、网上投票，于5月3日对“十佳青年标兵”和“十佳优秀青年”进行表彰。5月，在村(社区)、非公企业、新社会组织、学校、机关事业单位五大“青春领域”推进“青春党建”活动，活动以打造“青年精英”、搭建“青春平台”、实现“青春建功”、弘扬“青春风气”、关爱“青春群体”等为主题，实施“五（吾）带头”行动，弘扬五四精神。7月，举办第九期“爱心岗位·助你成才”暑期大中专学生勤工助学活动，推出爱心岗位104个。6月17~20日，海宁市丁桥派出所民警羊一帆作为海宁市唯一代表到北京参加共青团全国第十七次代表大会。

【海宁市青年联合会五届一次全体会议】于3月1日召开。会议应到委员92名，实到委员90名。市领导周红霞、严海城、郑进良出席大会。会议听取和审议海宁市青年联合会第四届委员会工作报告，部署今后三年工作总体目标和主要任务，选举产生海宁市青年联合会第五届委员会委员、常委、主

羊一帆（中）参加共青团第十七次全国代表大会欢送会

席、副主席。

【中国少年先锋队海宁市第十次代表大会】 于9月27日召开。会议应到代表228名，实到代表225名。共青团嘉兴市委副书记、嘉兴市少工委主任顾秋莉，市领导方芳、严海城、郑进良出席大会。会议听取和审议海宁市第九届少先队工作委员会工作报告，部署今后三年工作总体目标和主要任务，选举产生海宁市少先队工作委员会第十届委员会委员、主任、副主任。

【“电子商务进万村工程”省级试点】 12月12日，作为浙江省首批试点市，团市委、市商务局正式启动“电子商务进万村工程”试点工作。试点工作通过发展150个农村电子商务服务点，为农村居民提供相关服务，服务点主要由各类农村创业青年、农村青年致富带头人等个人或单位加盟。

【成立“Young光微笑”公益基金】 3月23日，组织开展“两富同行·为爱接力”公益长跑活动，由相关企业给予每位志愿者100元公益支持作为“Young光微笑”公益基金启动资金，共募集公益基金11.9万元。公益款主要用于“樱桃宝宝”“玻璃男孩”等需要帮助的青少年及困难家庭。

【第二届“青春风采”能力提升展示系列活动】 于10月19日至11月3日举行。来自全市52个单位的227名青年参加活动，其中青年党员152名、共青团员84名。该活动由市委组织部牵头，团市委承办。经文字能力测试、团队素质拓展、能力面试三个环节，最终评选出“青春风采奖”28名，并视情况将表现优秀的学员列入市委组织部优秀年轻后备干部储备库，适时组织挂职锻炼。

（沈洵奔）

妇女工作

【概况】 2013年，市妇女联合会（以下简称妇联）组织举办创业女性故事巡回报告会、创业创新报告会及“丽人有约”“聚娴沙龙”等活动。组织女能手参加全国、省级人才培训，5人获得农产品经纪人中级资格证书。开展两期育婴员（月嫂）培训，93人获得全国通用的育婴员（月嫂）职业资格证。落实巾帼创业小额贷款贴息政策，11名创业女性获得12.8万元财政贴息。树创业典型项目，建立巾帼创业示范基地6个。指导各级巾帼文明岗创建、复检工作，新创建浙江省级巾帼文明岗2个、嘉兴市级巾帼文明岗10个。

开展十佳创业女性、十佳巾帼建功标兵以及优秀女企业家评选，举办潮乡优秀女性事迹报告会。指导完成全市文明家庭复评工作，“八星级文明家庭”建成率90.2%。举办“爱岗爱家·共创美丽海宁”曲艺大赛。开展敦奴杯“最美海宁人——十佳好婆媳”评选活动。全面推行巾帼志愿者活动日制度，开展废旧物品换幸福花种、优美庭院摄影比赛等活动。全市新建成“嘉兴市优美庭院示范村”12个、“海宁市优美庭院示范村”18个。深化家庭教育指导工作，培育示范家长学校10所。以孤困儿童家长和新居民子女家长为重点，组织173场免费讲座进学校、进企业、进社区。

强化基层妇女维权阵地建设，妇女儿童维权工作进驻市联合协调中心。全年接待信访98件，信访调处率100%。市妇联连续10年被评为“平安创建工作先进单位”。开展婚姻问题指导和家庭矛盾纠纷调处，通过婚姻观察室、普法微电影等媒体宣传普及健康的婚姻家庭观念。推进关爱单亲妈妈社工服务项目，开展个案8个，服务对象80名。开展助推贫困母亲创业帮扶行动，为12位贫困母亲提供创业帮扶。争取慈善总会支持，继续实施“关爱成长”孤困儿童慈善助学活动。举行女企业家“手拉手你我同行”慈善募捐，开展“情暖母亲爱心礼包”赠送活动。开展“十二五”规划重点难点问题调研，对规划实事项目开展情况进行专项督察，推进落实各项重点任务和实事项目。海宁市被确定为浙江省实施妇女儿童发展“十二五”规划示范县（市、区）。

推进“两新”组织妇女组织建设，全年新建“两新”组织妇女组织151个，符合条件的“两新”组织妇女组织组建率86%。推行妇女之家“1+X”网格化服务模式，建立网格联系点435个。指导女企业家协会换届选举。指导村级组织换届中妇女进村“两委”工作，村“两委”中女干部占比26.8%，比上届提高1.0个百分点。开展“进村入企访妇情，服务妇女办实事”活动，深化“三民”走访和“两富同行”结对帮扶工作。

【海宁市“魅力女性幸福生活”讲师团成立】 9月5日，市妇联成立“魅力女性幸福生活”讲师团，成员由市卫生局、司法局、住建局等单位10人组成。讲师团走进机关、社区、农村、企业，面向全市各行各业的女性普及和传播科学文化、历史人文、文明礼仪、法律法规、心理健康、财务管理、养生保健、美容服饰等知识。

【全国首个县级女律师联谊会成立】 7月8日，全国首个县级女律师联谊会——海宁市女律师联谊会成立，29名女律师成为首批会员。女律师联谊会以服务、联情、联谊为活动主旨，会员由律师事务所专、兼职女律师自愿组成，旨在增进女律师之间的经验交流，提升其工作能力和业务水平。

【亚洲发展中国家女官员研修班学员到海宁考察】 6月15～16日，亚洲发展中国家女官员参与社会管理能力建设研修班学员到海宁中国皮革城和盐官镇桃园村考察经济社会发展和妇女工作。中华女子学院继续教育

【海宁市第十六次妇女代表大会】 于11月25～26日召开。331名正式代表和39名特邀代表参加大会，嘉兴市妇联主席陆英及海宁市领导出席会议。会议审议通过《市妇联十五届执委会工作报告的决议》，选举产生市妇联第十六届执行委员会委员29名。在十六届执委会第一次会议上，选举产生常务委员9名，倪继红当选为市妇联主席。

11月25～26日，召开海宁市第十六次妇女代表大会

亚洲发展中国家女官员研修班学员到海宁考察

学院党总支兼常务副院长李莲芝、省妇女干部学校副校长陈洪华、海宁市委副书记周红霞等陪同考察。

【中华女子学院校外人才培养基地成立】 11月18日，海宁中国皮革城股份有限公司与中华女子学院在浙江省妇女干部学校签订联合办学协议，在海宁中国皮革城建立中华女子学院校外人才培养基地，同时确认海宁市为全国妇女干部培训基地，海宁市与中华女子学院合作进入实质性发展阶段。建立联合办学合作模式，能够将中华女子学院的理论教学、师资力量优势与海宁皮革产业优势相结合，为中华女子学院学生提供实践、就业、创业平台，也为海宁皮革等传统行业的转型发展提供高层次的人才需求。

（金　婉）

科协工作

【概况】 2013年，市科学技术协会（以下简称科协）完成换届选举工作。新成立海宁市心理卫生协会、海宁市健康事业管理服务协会和盐官镇郭溪行道树苗木协会，新发展会员221名。至年底，有学（协）会42家，在册会员7539名。年内，海宁市成功创建为“浙江省科普示范县（市、区）”，并被评为“浙江省科协工作先进县（市、区）”。市科协获“浙江省科普惠农兴村先进集体”“浙江省农村致富函授大学先进集体”称号。

推进科技服务和学术交流工作。开展重点课题调研31项，围绕“科技创新·美好生活”主题开展建言献策活动，开展第十三届自然科学优秀论文评选活动。建立“厂会协作”对子项目15个，“金桥工程”立项75项，实现新增产值3.28亿元。组织开展学术活动，重点学术活动立项26项。举办市第五届金秋学术节，浙江师范大学工学院教授张昱作《新能源汽车技术探讨》首场学术报告。全年开展科技工作者继续教育培训180场次，参加培训2.6万人次。

实施全民科学素质建设行动。印发《2013年实施〈海宁市全民科学素质行动计划〉主题活动方案》。5月，结合第三届中国海宁·长三角科技博览会，围绕“科技创新·美好生活”主题，举办科技活动周。9月，围绕“保护生态环境·建设美丽中国”主题开展全国科普日活动。开展公民科学素质抽样调查，对180个省级样本进行数据采集。举办海宁市第七届中小学生科幻画创意大赛、第八届中小学生科普剧比赛和第二十八届青少年科技创新大赛。实施科普惠农兴村计划，海洲街道科协秘书长戴金木被评为省级农村科普带头人。开展基层科普示范单位创建，申报创建“浙江省科普示范村（社区）”6个，成功创建“嘉兴市科普示范村（社区）”5个。出台《关于强化科普惠农服务站工作的实施意见》，新建科普惠农服务站21个，累计60个，居嘉兴市首位。实施科普益民计划，69名科普志愿者组成讲师团，开展宣讲269场次，听众2万人次。网上农函大注册培训2249人次，农职称评定790人次、晋升115人次。新命名“海宁市级科普示范基地”29个。落实校地战略合作，建成中医药文化展示馆。出刊《海宁科学素质报》12期，发送科普短信34条。

10月11日，海宁市科学技术协会第八次代表大会召开

【海宁市科学技术协会第八次代表大会】 于10月11日在市行政中心召开。会议应到代表296名，实到代表270名。市四套班子领导出席开幕式，海宁市委书记林毅和嘉兴市科协副主席李轩渠在开幕式上讲话。会议听取和审议市科协第七届委员会工作报告，部署今后五年科协工作的总体目标和主要任务，选举产生市科协第八届委员会委员、常委、主席和副主席。

【首家农村少儿科普乐园开园】 5月20日，海宁市首家农村少儿科普乐园在桃园村开园。科普乐园分科普区、游乐区和体验区三大区块，占地面积3800平方米，投资120万元。至年底，科普乐园接待参观人数2万人次。

5月20日，桃园村少儿科普乐园开园

【院士专家工作站建设】 11月20日，浙江虹越花卉股份有限公司与中国工程院院士、北京林业大学原校长尹伟伦建立的院士专家工作站，海宁永大电气新材料有限公司与中国工程院院士、北京化工研究所毛炳权建立的院士专家工作站被认定为嘉兴市第五批院士专家工作站。至年底，全市累计建立院士专家工作站5家，建站数居嘉兴市首位。工作站涵盖皮革、经编、电子、花卉等重点产业，推动企业转型升级。

（何庄新）

残疾人工作

【概况】 8月，制定出台《〈海宁市残疾人保障办法〉实施细则（修订）》，梳理有关残疾人康复、教育、就业、扶贫、社会保障等方面政策，在政策条款、扶持标准、覆盖人数等方面均有大幅度提高，加大对困难家庭的政策倾斜力度，不少政策在全省具有独创性、领先性，残疾人保障整体水平较原来提升70%。残疾人共享小康工程扩面升级。年内，共投入资金1400余万元，推进基本生活保障、重度托（安）养、修建住房、残疾人康复等残疾人小康工程各项工作。

出台《海宁市级残疾人扶贫基地考核奖励办法》，海宁市兴盛果树残疾人扶贫基地创建为“浙江省级残疾人扶贫基地”。累计建成“残疾人扶贫基地”11个，其中“浙江省级残疾人扶贫基地”1个、“嘉兴市级残疾人扶贫基地”1个，直接安置残疾人96名，辐射带动残疾人家庭226户。海宁市残疾人小康·阳光庇护中心新创建为“浙江省级残疾人小康阳光庇护中心”。累计建成残疾人阳光庇护中心9个，其中浙江省级庇护中心2个。与爱心企业合作签约，共安置精神、智力和其他重度残疾人165名。开展三级联创，第二批63个爱心村（社区）完成验收并表彰授牌。经评选和市残疾人工作委员会审定，共评出10个爱心家庭和10家爱心单位，并进行表彰。第二批4个爱心镇（街道）创建单位通过嘉兴市残疾人工作委员会考核验收。

全年征收残疾人就业保障金3609万元。加大就学补助力度，开展随班就读、送教上门等工作，残疾儿童入学率100%。举办残疾人就业招聘会，组织就业培训，对创业残疾人进行贷款贴息和一次性补助，就业年龄段内有就业能力残疾人就业率91%。拓展康复服务，全面开展白内障复明、助视器助听器验配、假肢安装、残疾儿童抢救性康复、助行器具赠送、聋儿语训等工作。举办残疾人演讲比赛，在全市进行励志巡讲活

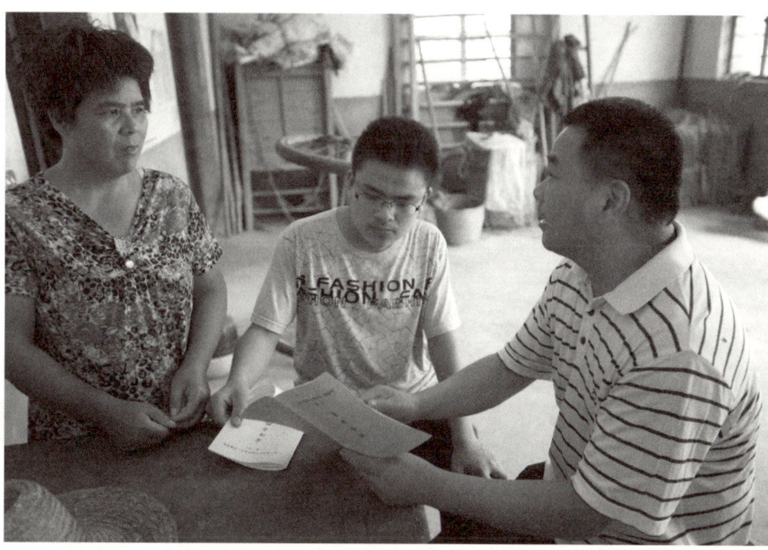

市残联向残疾人及家属进行残疾人保障办法政策宣传

动；参加全国、浙江省、嘉兴市文艺汇演，获全国声乐组一等奖，省声乐组一等奖、舞蹈组二等奖，嘉兴市声乐组一等奖、舞蹈组一等奖。舞蹈《弄潮儿》参加中国电视电影慈善晚会、海宁市创建省级公共文化服务示范区“种文化”系列展演等重大文艺活动。举办残疾人游泳比赛和举重比赛，组团参加嘉兴市第三届特殊奥林匹克运动会，选送运动员参加浙江省第四届特殊奥林匹克运动会，获金牌4枚、银牌6枚、铜牌4枚。

【残疾人励志巡讲】 5月，市残联联合市委宣传部、市机关党工委、教育局成立残疾人励志巡讲团。6～10月，残疾人励志巡讲团进镇（街道）、进村（社区）、进机关、进学校进行巡回演讲20场次，在全社会营造扶残助残的浓厚氛围。

【18～60周岁困难残疾人基本生活救助】 11月29日，海宁市出台《关于组织实施18～60周岁困难残疾人基本生活救助工作的通知》。决定自2014年1月1日起对18～60周岁生活困难的智力、精神残疾人和本人收入低于低保标准的重度残疾人参照海宁市低保标准发放残疾人救助金。

【成立海宁市残疾人艺术团】 12月16日，海宁市残疾人艺术团成立，是嘉兴市首支县级残疾人艺术团。艺术团有成员40余名，主要由肢体、听力、视力、智力等残疾人组成，分声乐、舞蹈、曲艺、器乐四个小队。艺术团通过创作和表演各类反映残疾人生产生活和精神风貌的通俗文艺作品，培养残疾人特殊艺术人才，展现残疾人精神风貌。

（邱旦婕）

文联工作

【概况】 2013年，海宁市文学艺术界联合会（以下简称文联）新组建成立海宁路仲文化研究会和市文联影视家协会，新成立斜桥文联、硖石文联、财税文联3个基层文联。至年底，共有团体会员19个，其中文学艺术各门类协（学）会、研究会16个，下属单位2个。会员总数1505名，其中国家级会员51名、省级会员156名、地（市）级会员245名。召开市文联第八次代表大会。

全年举办各类文艺展演、交流活动60余场次，其中专业书画、摄影展览30场次，举办第六届王国维戏曲论文奖及中国灯彩界精英联谊活动，参与2013年元宵灯会灯彩制作，承办浙江省中国现代文学研究会第四次代表大会暨学术研讨会，配合做好首届徐志摩微诗歌大赛及诗歌朗诵会相关工作。继续与上海嘉定文联开展交流活动，分别在两地举行音乐、舞蹈展示和座谈会。赴四川等地进行民乐交流演出，灯彩作品赴西班牙、俄罗斯等国家参加展示展演10余次。

开展各类文艺专题讲座、培训会，组织创作采风等活动。全年举办摄影、舞蹈、书法、美术、影视剧本创作讲座，读书沙龙，诗词、诗歌赏评会等近10场次，创作采风10余次，参加会员1000余名。举办硖石灯彩技艺、舞蹈、美术、书法、戏曲表演手法技能等文艺辅导培训班40余期，学员2000余名。赴北京举办海宁中青年摄影家作品展，连续第三年晋京推介海宁中青年文艺人才及作品。注重挖掘培养青少年文艺人才，举办“庆六一同在蓝天下”少儿文艺展演，承办“得伟杯”少儿书画现场大赛、“华联杯”少儿钢琴比赛等活动。

开展文艺志愿服务活动。连续第八年组

织开展大年初一送春联、“走进红五月”文艺广场展演、迎“八一”慰问部队演出系列活动。以“志愿服务下基层，欢乐文艺进万家”为主题在斜桥镇永合村举行2013年海宁市文化志愿服务启动仪式，现场进行书法、美术、民间文艺（皮影戏）等5大类文艺辅导。到黄湾镇（尖山新区）开展文艺下基层服务活动3场次，参与嘉兴市文化志愿者走进农村“文化礼堂”巡演活动。排演戏曲、音乐、舞蹈等节目，参与“文化下乡”“文化走亲”活动，全年组织下基层志愿服务3000余人次。

全年在国家级文艺展演中获奖21项，国家级刊物发表作品63件；在省级文艺展演中获奖79件，省级刊物发表作品50余件。在第八届嘉兴市文艺成果奖评选中获金牌1枚、银牌1枚、铜牌6枚，获奖率38%。吴文君、褚汉江被中国作家协会吸收为会员；吴文君入选浙江省首批青年作家人才库，成为2013年度省作协创作实力签约作家，与《人民文学》杂志社签订作品电子版权协议；姚晰频被中华诗词学会吸收为会员；金问渔被省新荷计划纳入年轻作家培养对象。编辑出版《海宁文丛·民间文学卷》，收录海宁作者自新中国成立以来在地（市）级以上刊物发表的民间文学作品103件。出刊《海宁潮》文艺精品专刊2期和《海宁文艺界》信息报6期，各团体会员编辑出刊文艺期刊、报纸5种。

【海宁市文学艺术界联合会第八次代表大会】 于6月28日在市行政中心召开。大会听取并审议通过第七届委员会工作报告，修改《文联章程》，选举产生市文联第八届委员会委员43名，王珏当选为市文联第八届委员会主席。

6月28日，市文联第八次代表大会召开

【中国灯彩界精英联谊活动】 于8月21～23日在海宁举行。活动由市文联主办，市硖石灯彩研究会承办，联合国教科文国际民间艺术组织IOV全球全权副主席、中国大区主席陈平，以及来自北京、山西、台湾等地的非遗传承人和灯彩企业代表参加活动。活动期间，举行非物质文化遗产中国灯彩展示、国家级灯彩传承人情况介绍等活动。召开中国灯彩界精英座谈会，讨论《联合国教科文国际民间艺术组织IOV——中国灯彩保护和推广委员会章程》，成立筹备委员会。

【海宁中青年摄影家作品晋京展】 于10月10日在北京艺术博物馆开幕。活动由海宁市人民政府主办，海宁市文联、《中国摄影家》杂志、北京艺术博物馆、北京狮子座视觉文化传播有限公司、北京皇家摄影俱乐部承办，中国摄影家协会副主席罗更前、李树峰、李舸，浙江省摄影家协会副主席兼秘书长周润三等40余人出席开幕式。共展出海宁中青年摄影家张庆中、王超英、潘天勇、陈杰和朱峰的摄影作品100件，展期10天。开幕式后，举行“影像：在现实与艺术之间”——海宁五位摄影家作品研讨会，与会专家对5位摄影家的作品内涵、创作手法、成长空间等进行研讨。《北京晚报》、艺术中国、新华网等20余家媒体对活动进行报道,《中国摄影家》杂志用5个版面介绍参展的5位摄影家及其作品。

11月18日，举行第六届中国（海宁）·王国维戏曲论文奖颁奖典礼

【第六届中国（海宁）·王国维戏曲论文奖颁奖典礼暨中国戏曲表演理论学术研讨会】 于11月17~19日在海宁举行。活动由中国艺术研究院、浙江省文化厅、浙江省文联、海宁市人民政府联合主办，中国艺术研究院、浙江省文联等有关领导及海内外专家、学者近百人参加颁奖典礼。戏曲论文评奖活动共收到征文179篇，通过初评、终评，最终评选出获奖作品18篇，其中一等奖2人、二等奖4人、三等奖12人。颁奖典礼后，举办以“王国维与21世纪传统戏曲发展”为主题的学术研讨会3场。《人民日报》《光明日报》《大公报》等十余家媒体对活动进行报道。

（冯　群）

［编辑：潘冰洁］

政　　法

Politics & Law

综　　述

2013年，全市政法机关开展“排查整治、强基促稳”专项行动，推进平安海宁、法治海宁建设，为建设美丽海宁提供司法保障。

服务保障改革发展大局。服务“三改一拆”、治水等中心工作，制订《全市政法系统服务“三改一拆”工作，促进海宁转型发展十二项举措》，注重源头预防预警，强化纠纷隐患化解整治。加强法制宣传和法律服务，与国土、环保、质监等部门联合执法，在“三改一拆”、生猪减量提质、食品药品、环境污染等领域查处案件88起。参与整顿和规范市场经济秩序工作，开展以海宁皮革城知识产权保护为重点的专项排查整治。加大对制假、售假等涉企涉众型经济犯罪的打击力度，探索实践困难涉诉企业差异化司法处置，开展律师服务中小企业活动，帮助中小企业防范和化解法律风险。

维护社会和谐稳定。完善和落实全员维稳责任制、重大决策社会稳定风险评估机制和维稳信息分析研判机制，创新推出《维护稳定工作述职办法》，联动开展重大决策社会稳定风险评估工作规范化试点，全年评估重大决策（事项）53件。健全“大调解”工作体系，建成市社会矛盾联合调解中心。抓好重要时段、敏感节点不稳定因素集中排查化解工作，妥善化解一批重点涉稳事件，全年共排查各类矛盾纠纷4767件，调处成功率99.41%。做好国家安全、防范处理邪教、反恐怖等工作，加强对潮博会等重大活动的安全保卫，维护社会稳定。

深化平安海宁建设。继续把平安建设纳入市委、市政府对各镇（街道）年度目标责任制考核内容。组织开展打击防范电信（网络）诈骗、打击非法行医等专项行动，全年各类安全事故起数、死亡人数、直接经济损失比上年分别下降0.3%、4.7%、17.8%。坚持例会、检查、交流、测评、通报等制度，在全市村（社区）开展“五网（普法网、调解网、防控网、安全网、互助网）共建创平安”活动。利用广播、电视、网络等平台加大平安宣传力度，在全市中小学（幼儿园）开展“小手牵大手·平安共创建”活动，平安建设知晓率、满意率、参与率分别达96.69%、86.2%、45.5%，均高于全省和嘉兴市平均水平。2013年，海宁市连续第八年被省委、省政府命名为“平安县（市、区）”。

推进法治海宁建设。继续将法治建设工作纳入对镇（街道）、部门年度目标责任制考核，推进依法执政、依法行政建设。深化“法律九进”活动，推出法治文艺巡演、普法达人选拔、“紫薇说法”品牌建设、成立法律顾问团等系列举措，海宁市被推荐为

“六五”普法中期全国先进县（市、区）。推进城乡联动的基层民主建设，深化“民主法治村（社区）”“诚信守法企业”等创建活动，“劳动关系和谐企业”创建率90%。2013年，连续第六年被评为嘉兴市“创建法治县（市）先进单位”，连续第三年被评为省级“创建法治县（市、区）工作先进单位”，成为嘉兴市首个“创建法治县（市、区）工作示范单位”。

加强社会管理服务。推进“网格化管理、组团式服务”，研发海宁市社会管理综合信息系统，在许村镇、斜桥镇、海昌街道开展试点，加大网格内各类资源力量的整合力度，将消防安全等工作纳入网组工作模式，将党员干部编入村（社区）网格管理服务团队。推进镇（街道）社会服务管理中心规范化建设，全市12个镇（街道）的社会管理服务中心83.3%有独立办公用楼，平均用房面积573平方米。推进城乡社会治安防控体系建设，探索构建街面巡逻、社区村庄、单位内部、技术视频、区域协作、网络社会、个体心理“七张网”。继续推进“平安铁路示范路段”创建活动，海宁市被表彰为“2009～2011年全国铁路平安示范市”。

加强政法队伍建设。推进执法规范化建设，加大涉法涉诉信访排查处理力度，落实司法救助机制，深化案件评查工作，促进办案质量和执法公信力的提高。开展“正风肃纪”专项活动，以上海4名法官违法违纪案件为反面典型，开展全员警示教育。市法院在全省审判质量绩效评估中有4项指标列第一；市检察院荣立集体三等功；市公安局获“全省公安机关执法质量、队伍正规化建设和公安信访工作先进单位”称号；市司法局荣立集体二等功。

（冯　明）

公　安

【概况】 2013年，全市刑事警情10712起，比上年下降10.4%；破获各类刑事案件3725起，上升9.8%；移送起诉2153人，上升14.8%。移送起诉绝对数和人均打处数、执法质量考评和岗位业务能力比武均列嘉兴市第一。全面开展城乡防控一体化“七张网”建设，推动治安防控由人工到智能转型，推出全国首个城乡防控日、嘉兴首家市民防范体验中心。完成党的十八届三中全会和各级两会安保任务，完善重大突发事件信息预警、群体性事件专案经营机制，启动全民潮保、科技潮保、源头潮保、精细潮保、人文潮保等观潮安保新模式，实现观潮安保连续30年安全无事故。2013年，市公安局先后被评为全国首个县级城市交通畅通技术示范基地、全国首个县级DNA实验室综合标准化试点单位和全国县级公安机关首个国家级大学生校外实践教育基地，获“全省公安机关执法质量优秀单位”和“全省公安队伍正规化建设优秀单位”称号。市看守所、拘留所分别被评为“全国拘留所社会矛盾化解工作先进单位”和“公安监管工作成绩突出集体”；海洲派出所获省“枫桥式派出所”称号；禁毒大队被评为全省公安机关“扫毒害保平安”严打整治行动成绩突出集体；指挥中心被授予“嘉兴市公安系统执法爱民先进集体”称号；连杭刑侦队被授予“嘉兴市公安系统模范基层所队”称号。全年有1个集体和1名民警荣记二等功，7个集体和19名民警荣记三等功，8个集体和4名民警受到省级以上表彰，27个集体和145名民警受到嘉奖。

出台《服务政府中心工作七项举措》，成立驻许村维稳督导组。全市面上协助拆违

167.0万平方米，查处“两违”案件9宗，阻碍执行公务案件7起，采取刑事强制措施20人，治安拘留25人。开展01省道两侧废旧收购点合围式整治，腾退用地34.1万平方米，截获运送泔水车辆136车次228吨，关停泔水猪养殖场76家。建成全省首个平安城市视频监控综合服务管理平台，通过互联网接入社会单位231家、视频监控点2050个。实施要素配置改革，取消14项许可、非许可事项，调整内部审批制度，加快审批流程。建立全国首个县级城市交通畅通技术示范基地，推进智能交通三年科技行动。联合推进市区19所中小学“一校一策”交通治堵和“护苗队”等措施，实施信号灯国标化改造，建立嘉兴首个车管服务站，启动建设公交专用车道。集中整治9类城市重点交通违法行为，全市交通事故死亡人数连续11年不超控制数、交通事故三项指标连续11年“零增长”。开展“清剿火患”专项行动，全市火灾事故形势总体平稳。

【信息化打防工程】整合刑侦大队信息中心和情报中心资源，全面建成以合成作战中心、4个片区合成作战分中心和全市15个派出所“打防一体工作室”为主体的三级专业作战网络，构建标准化信息处理和打防流程。组建研发团队，先后开发拥有自主产权的“人员车辆布控系统”“被盗电动车查询”等37个实战应用软件，其中“出城车辆盘查登记系统”全年协助抓获犯罪嫌疑人385人。自主研发以“包容、开放、非标”为特征的专业合成工作平台，开辟“由案到人”“线索传递”等八大模块，集成常用查询工具177个，各种信息在同一平台实现共享，案件侦破全过程得到客观真实记录，破案周期缩短一半以上。研发现场勘查技术侦防平台，推出“侦查顾问”机制，聘请不同行业13名专业人员作为“侦查顾问”。建立“一体化”指挥平台，新增二级接警平台18家。构筑“固边工程”三道防线，完成13条县际主要道路、11个高速公路出入口高清电子卡口和5个制高点视频监控建设。全面整合交警、治安和社会视频，研发视频一体化应用平台，通过视频监控刑事打击829人，占打击总数的38.5%，视频应用技战法在全省视频建设与应用推进会上作经验介绍。配备网络定位车，建立网警联络室，网上作战能力进一步增强。

【城乡防控转型升级】　全面开展城乡防控一体化“七张网”建设，建成76个社区

5月21日，浙江警察学院亚非国家出入境管理研修班学员到海宁市公安局参观考察

（村）警务室，配发 80 台无线笔记本电脑、335 部警务通和 220 部二代证蓝牙读卡仪。开展基础信息采集运用竞赛，采集各类数据 1.6 亿条。全面落实社区民警进村（社区）“两委”班子，创新推出全国首个城乡防控日、嘉兴首家市民防范体验中心，各派出所、社区警务室、交警中队设立“矛盾纠纷终点站”。推出二维码公安管理应用，实现全市旅馆、网吧、娱乐场所全覆盖，出租房屋试点推广。推出案后倒查机制和可访性案件回访制，通过社区警务“反哺”破案抓获犯罪嫌疑人 433 人，占全局打处比例的 20.1%。实施技防社会化，累计安装社会视频 1.6 万余个，推广农村“多户联防”报警器 1.7 万户。开展“百警讲防范、千名志愿者送平安、万名群众心防体验行”活动，制作 18 万份“心防套餐”发放至全市每一户家庭。启用网上防范体验馆，开通“海宁公安”公众微信。建立“110”刑事警情、交通事故报警短信服务制度和轻微交通违法短信提醒制度。在纪念毛泽东同志批示“枫桥经验”50 周年大会上，海宁城乡防控一体化“七张网”经验做法被全面推介。嘉兴市委、嘉兴市公安局先后到海宁市召开社会治安防控体系建设现场会，总结推广海宁经验。

【打击刑事犯罪】　开展“百日侦防大会战”“打侵财、查隐患、除丑恶、保平安”夏秋打防一体专项行动和打击防范电信（网络）诈骗犯罪专项行动，严厉查处公交扒窃、偷盗农村家畜等多发性侵财案件。推进“打四黑除四害”“扫毒害保平安”和打击整治发票违法犯罪和缉枪治爆专项行动，收缴各类枪支零部件 2700 余件。推出防范电信（网络）诈骗“宣传十法”，全年共摧毁电信（网络）诈骗团伙 10 个，抓获涉案嫌疑人 79 人，挽回经济损失 360 余万元。严厉打击食品药品、环保领域新型犯罪，全年共侦办食品药品领域案件 76 起，打处犯罪嫌疑人 156 人。破获环保领域案件 3 起，移送起诉 11 人，先后侦办兄弟科技股份有限公司污染环境、华联公司利用“地沟油”制作月饼、非法利用病死甲鱼壳加工中药材等一批大案要案。

【侦破特大虚开增值税专用发票案】　10 月 14 日，市公安局破获一起特大虚开增值税专用发票案，抓获张某等 3 名犯罪嫌疑人。经查，2012 年 9 月以来，张某等人从河北、山东等地开具增值税普通发票、税务机关机打发票 1000 余份，涉及价税合计 2.63 亿余元，其中税额 3000 万余元。并以收取 4.5%～5.5%开票费的方式，为广东、南京等地出口贸易企业虚开增值税专用发票，给国家造成严重税款损失。

【侦破销售假冒注册商标案】　11 月 27 日，市公安局根据山东潍坊赵某销售假冒注册商标的商品案集群战役线索，通过网侦落地、物流配货、跟踪守候等措施，在长安镇（高新区）星星港湾金沙苑抓获犯罪嫌疑人孔某。经查，2012 年以来，孔某在未得到霍尼韦尔（中国）有限公司许可的情况下，从上海、杭州等地购进霍尼韦尔包装材料、标签，在长安镇（高新区）星星港湾金沙苑进行非法生产假冒霍尼韦尔品牌的 FF06 系列前置过滤器，并通过淘宝店铺对外销售，犯罪网络涉及吉林、黑龙江、上海、江苏等地，涉案金额 2000 万元。

【侦破特大销售假冒品牌卷烟案】　11 月 7～11 日，市公安局根据前期侦查，联合市烟草专卖局执法人员赴福建、山西、温岭等地成功抓获涉嫌销售假冒品牌卷烟的犯罪嫌疑人林某等 4 人。经查，2012 年以来，林某等人为牟取非法利益，将福建、河南等多个制假窝点生产的假冒“中华”“利群”等品牌卷烟运销到山西、上海、浙江、广东等6省（市），涉案金额3000余万元。

（徐　金）

检　察①

【概况】　全年共受理提请批捕案件811件1271人、审查后批准逮捕769件1188人，受理移送审查起诉案件1301件2068人、审查后向法院提起公诉1115件1687人，批捕人数和起诉人数分别比上年下降12.3%和0.3%；受理案件法定期限审结率、批捕准确率、起诉有罪率继续保持100%。重点加强对严重暴力犯罪、毒品犯罪、污染环境和危害食品药品安全等犯罪的打击力度，共办理“两抢一盗”犯罪案件457件706人、毒品犯罪案件71件110人、污染环境犯罪案件4件11人、危害食品安全犯罪案件29件63人。配合公安机关开展各类专项活动，提前介入丁某等人涉嫌污染环境犯罪案件和松香褪鸭毛、地沟油、毒牛百叶等系列生产、销售有毒有害食品犯罪等案件的处理。落实宽严相济刑事司法政策，对于未成年人、老年人犯罪，因家庭邻里纠纷引发、犯罪嫌疑人真诚悔过、赔偿损失并取得被害人谅解的轻微刑事犯罪，社会危害性较小的犯罪案件，坚持依法从宽，相对不起诉22人，绝对不起诉23人。

参与维稳及社会管理工作。严格落实检察环节各项维稳工作责任制，定期开展不稳定因素排查，妥善处理群众申诉和信访，继续保持涉检进京进省“零上访”。继续推行执法办案风险评估处置机制，对54件可能引发不稳定因素的案件进行风险评估。注重发挥检察建议在促进社会管理方面的作用，结合办案共发出书面检察建议书38份。加强对未成年人罪犯及社区矫正人员等特殊人群的帮教和管理。设立未成年人刑事检察科，对未成年人案件实行捕、诉、监、防一体化工作模式；落实司法环节对未成年人的特殊保护措施，共邀请未成年人保护组织代表参与刑事诉讼33人次，到少管所对海宁判决的未成年人罪犯实施帮教20人次。规范并加强对677名社区矫正人员矫正活动的监督，防止和减少重新犯罪。

全年立案侦查职务犯罪案件14件15人，通过办案为国家挽回直接经济损失500余万元。继续加强对重点领域职务犯罪预防工作的指导，完善与建设、交通、水利、税务、卫生等十大系统预防工作机制，通过预防调查、预防咨询、案件剖析、联席会议等形式，强化预防工作的协调与服务。深化工程建设领域职务犯罪预防工作，协助主管部门开展警示教育，对浙江机电学院长安校区、政府性保障用房（经济适用房）工程等重点工程开展专项预防。进一步完善行贿犯罪档案查询机制，接受工程建设领域行贿犯罪档案查询219次。开展查办和预防发生在群众身边、损害群众利益职务犯罪专项活动和预防“五进”活动，在机关单位及各社区推广利用电子显示屏开展预防宣传。开展预防宣传和警示教育，制作预防公益海报，进行预防宣传巡展，全年到有关单位进行预防专题教育16次，首次组织开展全市预防职务犯罪书画摄影比赛。市检察院在涉农惠民领域开展职务犯罪预防工作在全省职务犯罪预防专题会议上作经验交流。全年共监督侦查机关该立未立案件15件，监督撤案5件；严格把握批捕起诉条件，共决定不予批准逮

① 2013版《海宁年鉴》政法篇检察分目第305页左栏第2行“384.3万元”更正为“84.3万元”，特此勘误。

捕 36 件 72 人，不捕人数比上年增长 46.9%，追捕 4 人；追诉漏罪漏犯 22 人次，经追诉被判决十年以上刑罚 2 人；向侦查机关发出纠正违法通知书 11 份。

强化民事行政审判监督。共受理不服生效裁判的民事、行政申诉 38 件，审查后立案 5 件，均已调处结案，其中 1 件被评为全省检察机关优秀民事行政申诉调处案件。对申诉理由不充分或不符合申诉条件的，做好释法说理工作，促使当事人息诉服判。提请、建议嘉兴市检察院提请抗诉及发出再审检察建议 9 件，上年提请抗诉 2 件获调解和改判，其中 2 件被评为全省检察机关典型民事行政抗诉案件。加大对虚假诉讼的监督力度，向侦查机关移送虚假诉讼线索 3 件，已被追究刑事责任 2 件 2 人。开展民事行政审判、执行和行政执法监督，全年共计监督 27 件次。依法发出督促起诉书 7 份，协助有关部门催讨土地出让金等国有资金 6.5 亿元。加强监管场所和刑罚执行活动的监督，规范和加强派驻看守所检察室建设，开展联合检查 12 次，提出安全防范建议 5 份；审查看守所提请减刑案件 67 人，经审查改变减刑幅度 1 件；加强对监外执行罪犯监管工作的监督，核查落实监外执行罪犯监管措施 3 人，监督收监 1 人。

建立贯彻实施修改后刑事诉讼法和民事诉讼法配套机制。制定《审查批捕阶段听取律师意见的规定》，受聘律师可在审查逮捕过程中就案件事实、法律适用、逮捕必要性以及侦查活动是否合法等内容向检察机关发表意见、提供线索或证明材料，该制度得到省检察院肯定并被转发；制定《适用庭前会议制度若干办法》，实现“单向证据开示”向“双向证据开示”转变，并首次对一件多罪名拒供案件启动庭前会议程序；联合相关部门或单独制定《关于未成年人保护组织参与刑事诉讼的若干办法》《未成年人附条件不起诉实施意见》《未成年人犯罪记录封存实施办法》《附条件不起诉未成年犯罪嫌疑人社区矫正实施细则》等制度，其中《未成年人保护组织参与刑事诉讼的若干办法》得到省检察院肯定并被转发；与法院、公安等部门联合制订《建立防范和惩治虚假诉讼联动机制的若干意见》，确定打击重点和长效工作机制。与相关部门联合出台《基层检察室对本辖区内公安派出所加强法律监督的实施意见》《海宁市社区矫正法律监督工作意见》等制度，建立提前介入、巡查监督、信息通报、沟通联系等工作机制。

建立捕后羁押必要性审查制度，开展羁押必要性审查，公诉环节审查后变更强制措施 10 人。深化基层检察室建设，在许村检察室所辖许村、长安、周王庙三个镇各建立 1 个联络站和 22 个联络点，并聘请 22 名联络员。建立健全法律监督机制，探索延伸基层法律监督的新途径。推行案件统一集中管理，成立案件管理办公室，建立“五统一”案件管理平台，推行全国统一的办案业务软件系统，通过信息化手段，对案件从受理、办理、审批到结案实施全过程集中管理和动态监督。依法打击妨碍拆违拆迁犯罪，预防拆违拆迁领域职务犯罪，化解拆违拆迁领域矛盾，与市拆违控违办和市房屋征收办共同出台《加强协作配合依法推进拆违拆迁工作的实施意见》，深入拆违拆迁领域开展集中法制宣教活动 4 次，发放宣传资料 2000 余份，并设置警示牌、举报箱，公布举报电话。拓展检察门户网站网上综合服务平台业务，在受理举报、刑事民事申诉和法律维权咨询基础上，增加出庭公告，开通网上案件查询和律师阅卷、会见预约等功能。健全未成年人司法关爱体系，就未成年人保护工作开通官方微博，全年开展未成年人法制讲座、旁听庭审等普法宣传教育 7 次，受教育学生 3400 余人次。

【查办王某受贿案】　5月6日，市经济和信息化局原党委副书记、副局长王某因涉嫌受贿罪向市检察院投案自首。5月7日，对其立案侦查。5月21日，依法决定逮捕。经查，2003年11月至2012年4月期间，王某先后担任盐官镇人民政府、长安镇人民政府副镇长，分管工业工作，2012年4月至案发时任海宁市经济和信息化局副局长。其在上述任职期间，利用职务之便，收受他人所送现金及财物共计价值153.1万元，为他人谋取利益，其行为已构成受贿罪。2013年11月25日，市人民法院一审以受贿罪判处王某有期徒刑11年，并处没收财产30万元。

【查办沈某行贿案】　4月1日，海宁市长安虹金锁厂负责人沈某涉嫌行贿罪到市检察院投案自首。4月2日，对其立案侦查。经查，沈某违反《中华人民共和国土地管理法》相关规定，以公司股权转让的形式掩盖土地使用权私下买卖行为，从中谋取非法利益，使国家遭受重大损失，并给予国家工作人员周某40万元，其行为构成行贿罪。2013年11月22日，市人民法院一审以行贿罪判处沈某有期徒刑3年，缓刑4年。

（苏　敏）

审　　判

【概况】　2013年，市人民法院共受理各类案件15928件，审结15895件，解决争议标的49.54亿元。建立阳光司法评估体系责任分解制度，完善立案服务窗口建设，建立“一站式、低成本”综合性诉讼服务平台。贯彻新刑事诉讼法规定，加强疑难复杂案件和破产清算案件的审判用时管理，开展执行款项发放管理工作，规范司法救助，依法为经济困难当事人减免诉讼费、执行费126.8万元。加强与媒体的协作互动，及时发布司法工作信息。全年通过各类新闻媒体开展司法宣传1735篇次，举办公众开放日活动21批次，近3000名群众参与活动。

坚持“宽严相济”，依法惩治刑事犯罪。贯彻实施新刑事诉讼法，从严惩处各类暴力性犯罪。全年受理刑事案件1139件，审结1064件，分别比上年增长7.3%和10.4%。对情节较轻、危害不大以及未成年人犯罪依法从轻处罚，共判处拘役、缓刑、管制等轻刑729人。

坚持“调判结合”，化解矛盾纠纷。贯彻落实新民事诉讼法，开展小额诉讼、申请实现担保物权等新类型案件审理。全年受理民商事案件10224件，审结9520件，解决争议标的金额20.75亿元。受理行政诉讼案件11件，其中6件得到协调解决。推行行政非诉审查听证制度，审查强制拆迁、环境污染等行政非诉执行案件102件。

7月17日，海宁法院许村人民法庭揭牌

坚持综合治理执行难，不断拓展“点对点”查控领域，与市人社局、民政局、国土资源局建立信息共享机制，与4家金融机构建立“一站式”冻结、扣划机制。加大与公安部门的协作力度，实行车辆年检协助扣押制度。全年受理执行案件3705件，执结3314件，执结标的金额8.12亿元。

7月4日，开展“三改一拆”法律知识业务培训

全面加强基层司法，完善重大事件应急处置机制，参与辖区突发性事件的诉前调处。推进企业市场化破产与帮扶有前景企业脱困并重。制订完善《关于对涉企案件进行差异化处置的操作规程》，加强涉企案件审判管理。全年审结涉企民商事案件2295件，标的金额13.75亿元。23家中小微企业通过司法途径退出市场。3月，市法院在淘宝网司法拍卖平台以1.59亿元成功拍卖浙江宏昌制革有限公司不动产。

【司法调解】　推动大调解工作体系建设，在海宁市联合调解中心常年派驻2名工作人员，与市司法局出台《关于涉家纺知识产权民事纠纷诉调对接机制的若干规定》。开展法官进村（社区）活动，通过前移关口解决纠纷3837件，占民商事案件总数的40.3%。

【司法助拆】　制订服务“三改一拆”行动的实施方案和操作规程，编制《“三改一拆”工作法律手册》，联合举办全市“三改一拆”工作法律培训班。2013年受理的3起“涉拆”民事案件全部调结。依法支持7件强制执行申请，依托“裁执分离”机制发挥各部门优势，提高工作实效。

【未成年人犯罪管理】　6月22日，市法院会同市检察院、公安局、司法局联合出台《海宁市未成年人犯罪记录封存实施办法（试行）》，细化落实新刑事诉讼法规定的未成年人犯罪记录封存制度。主要包括明确适用对象、限定司法文书送达范围、细化诉讼档案封存要求、严格限制档案查询等内容。发挥嘉兴市青少年法制教育示范基地优势，做好社区矫正、回访帮教工作。全年开展帮教帮扶25人次，举办法律讲座6场，受教育青少年450余人。

（裘靖飞）

司法行政

【概况】　发挥政府法律服务顾问团作用，参与每月15日市领导信访接待日。开辟“三改一拆”公证绿色通道，为得胜里、人民里、蔡家埭里等区块966户市民抽签、选房开展监督，提供相关证据保全公证1770件。举办律师服务中小企业实务论坛。组织律师、基层法律工作者定期为中小企业提供“法律会诊”，帮助企业构建法律风险控制体系和预警机制。借助微博、微信、村报、电视广播等载体加大宣传，提高村（社区）法律顾问工作知晓率。全年村（社区）法律顾问共解答法律咨询2931人次，帮助修订村规民约以及合同、协议187件，代理各类诉讼案件和法律援助案件129件。全市执业律师（含援助律师）108名，各律师事务所业务收费5029万元，缴纳税收741.7万元，挽回各类经济损失7.6亿元。

开展人民调解规范化建设年活动，全国人民调解规范化建设座谈会在海宁召开。加大专业性调解委员会建设。推进专职聘任制人民调解员工作，打造“海洲老舅妈”等基层人民调解品牌。8月，市联合调解中心正式启用。至年底，市联合调解中心共接待群众咨询2061件3091人次，调处各类矛盾纠纷337件，提供司法鉴定服务226件。全市各类调解委员会调处纠纷9422件，成功率98.04%，其中市交通事故纠纷调委会调处4600件，无一起调解协议被法院改判、变更、撤销或确认无效。建立全省首家社区矫正管理教育中心，设立全省首家检察院派驻检察室。探索心理矫治评估机制。贯彻新刑事诉讼法相关法律精神，制订《海宁市社区矫正人员合法权益保护办法》。2013年全市实有社区矫正人员433名，累计走访社区矫正人员2225人次。给予社区矫正人员警告处分29人，治安处罚5人，收监执行1人，无脱管漏管。巩固和完善法律援助服务承诺制、AB岗位制、一次性告知制、限时办结制等各项制度。加强法律援助案件各个环节办案质量监督管理。全年办理农民工讨薪案件349件1151人，涉及金额1048.7万元；办理各类法律援助案件874件，比上年增长3.8%。

围绕“六五”普法规划，开展“法律九进”活动。探索公务员学法考试新机制，研发学法考试平台。加强基层和行业依法治理能力，推进“民主法治村（社区）”和“诚信守法企业”创建，嘉兴市级以上民主法治村（社区）创建率32%。拓宽普法宽度、广度和深度，营造全民学法、守法、用法的氛围。“运用‘三微’平台提升普法实效”项目获2013年度省司法厅工作推进奖。《紫薇说法》专题节目自2013年起在海宁电视台定期开播，海宁市首部法制微电影《让爱回家》获第十届全国法制微电影大赛优秀奖。率先在嘉兴市启动微信普法。“紫薇说法”微信公众平台吸收2053名用户，其中75%为外省用户。发送法制类图片700幅、图文消息和案例662件、广播和视频节目91期。

完善直属司法所所长与局机关中层干部交流任职制度和直属司法所所长之间异地交流任职制度。启动第六、第七批青年律师挂职司法所工作。司法所“群众满意站所”创建率和命名率均达100%。强化司法行政队伍懂网知网和网上实战能力，继续倡导与提升微政务的司法实践。与中国政法大学联合成立中国政法大学微政务研究室。市司法局局长金中一应邀在中央政法委、司法部介绍微博问政的相关做法。2013年，微博公文获第二届浙江省公共管理创新案例优秀奖，“海宁司法”公众微信获全国“微信问政新锐奖”。《法制日报》“学习贯彻十八大·法治中国行”采访组连续三天对市司法局微政务工作进行专题报道。2013年，市司法局获省司法厅“2013年度司法行政工作推进奖”、记集体二等功，被嘉兴市记集体三等功。海宁市被推荐为“六五”普法中期全国先进县（市、区）。

【海宁市政务微博应用交流会举行】 1月29日，举办海宁市政务微博应用交流会，是全国首个中小城市独立举办的大型微博交流会。全市各部门、企事业单位，各镇（街道）、村（社区）互联网宣传管理系统干部，政务微博管理人员，微博信息员以及博主等近300人参加会议。会议发布《2012年度海宁政务微博发展报告》，围绕“2013年政务微博如何给力”与“政务微博的2.0时代，官员微博如何发力”议题开展讨论。

举办海宁市政务微博应用交流会

【举办律师服务中小企业实务论坛】 5月，市司法局会同市企业经济管理者学院、市经济和信息化局联合举办以“企业经营管理与法律风险防范”为主题的律师服务中小企业实务论坛，帮助中小企业在转型升级和二次创业中提升防范和化解法律风险的能力。

【中国政法大学微政务研究室项目签约】 12月30日，中国政法大学微政务研究室项目签约仪式暨海宁市司法行政微博座谈会在市行政中心举行。中国政法大学新闻与传播学院和海宁市司法局签约，双方在海宁共建中国政法大学微政务研究室，研究信息化对政务改革、司法行政的影响。同日，由海宁市司法局和中国政法大学新闻与传播学院主办的“微政务让政府工作进入玻璃房”微政务研讨会在海宁召开。会上，微博达人围绕如何让网络空气清朗起来、微时代双向互动普法、如何提升微博集团军的协同服务能力、微政务让政府工作进入“玻璃房”四个议题开展探讨。

（廖玲红）

［编辑：刘　峰］

军　事
Military Affairs

综　述

坚持党管武装原则，先后召开市委议军会、全市党管武装工作会议，推进党管武装的制度落实和工作落实。突出思想政治建设，深入学习贯彻党的十八大、十八届三中全会精神，同步开展党的群众路线教育实践活动。抓好以民兵组织调整改革和兵役制度改革为主要内容的后备力量体系建设，落实上级下达的基干民兵整组任务数和兵员征集数。进一步掀起军事训练热潮，抓好首长机关按纲施训和党委班子“一学四练”活动，完成年度民兵训练任务。抓好基层民兵连规范化建设，不断规范软硬件设施，正规化建设跃上新台阶。充分发挥民兵预备役部队在经济建设和社会发展中的生力军作用，组织民兵预备役参建、参治。2013 年，市人武部被表彰为“全国国防后备力量建设刊授教育先进单位”，被省军区表彰为“安全管理先进单位”，全市有 2 个镇基干民兵营被嘉兴市政府、嘉兴军分区表彰为基层规范化建设三星级单位，22 人次受到嘉兴市级以上表彰。

（程小明）

国防教育

【组织建设】　调整补充市国防教育委员会成员，确保组织落实。研究部署年度工作，各成员单位按照各自职能，形成纵向到底、横向到边的组织体系，充分体现分工负责、各司其职的原则，形成齐抓共管的局面，确保国防教育层层有人管，项项有人抓。各镇（街道）、部门落实国防教育联络员制度，及时反映国防教育工作开展情况。市、镇（街道）两级党校认真落实国防教育兼职教员，不断推动干部国防教育落到实处。国防教育经费纳入年度财政预算。

【国防宣传】　按照“巩固基础、依法施教、突出重点、全面普及”的工作思路，突出抓好干部、学生、民兵预备役人员国防教育，通过创新方法，拓宽教育覆盖面，不断增强全民国防观念。根据不同对象和不同要求，区分层次，分类施教，推进新修订的《浙江省国防教育条例》学习、宣传、贯彻和落实工作。编写国防教育教案，聘请 12 名国防教育义务宣讲员进行巡回宣传，年内共上国防教育课 35 次，真正使国防教育进机关、学校、社区、企业和农村。结合八一建军节、国庆节和第二个全省国防教育宣传周等时机，发挥新闻媒体作用，巩固报纸、电台、电视台开设的《国防教育》专栏、专版，提高宣传质量，扩大宣传效果。结合兵役制度调整改革第一年新情况，开展以“国家安全与国防义务”为主题的征兵宣传活动。召开全市新兵欢送大会，激发优秀青年从军报国热情。

【国防教育】　组织机关干部职工参加国防知识竞赛，与市公安局、市射击协会组织开展海宁市第二十四届职工射击比赛，增强干部职工国防观念。全市各级各类学校把国防教育列入学校教育教程，组织学生开展丰富多彩的学军活动，全年共组织4700多名学生进行军事训练。利用民兵军事训练、第十三个“全民国防教育日”等时机对民兵预备役人员进行形势教育和国防法规教育。

（程小明）

军民共建

【军民共建】　市人武部牵头有关部门在海洲街道洛洲社区召开共建结对会，出资1万元帮助社区开展社会工作，组织民兵和新兵40名到社区参加卫生清理活动；与海洲街道金龙村、张店村开展结对活动，走访慰问困难户，捐赠给张店村帮扶资金6000元；资助市老年协会、海昌街道敬老院、市文化馆等单位开展第二届老年健身大会、“倡导人间真爱、构建和谐社会”综艺演出和“庆六一·同在蓝天下”少儿文艺晚会等活动，帮助解决活动资金2万元。开展党员干部“两富同行”活动，共结对困难户6户，捐助困难户1万元。

【参建参治】　组织各镇（街道）民兵应急分队参与护村（社区）活动，共计出动民兵3.7万人次；组织民兵预备役人员700人次参与观潮保卫；出动民兵1740余人次防御台风“菲特”，其中帮助掩埋死鸡7.5万羽。发挥广大民兵在“三改一拆”行动中的作用，引导民兵争当政策宣传员、信息传递员、矛盾调解员。

【维权工作】　根据中共浙江省委办公厅、省政府办公厅《关于调整省维护国防利益法律保障工作指导小组成员的通知》精神，进一步健全维护国防利益和军人军属合法权益的组织机构，并积极开展活动，全年共处理维权事项2件，辖区内军人军属的合法权益得到有效维护。

（程小明）

民兵预备役　兵役

【民兵组织整顿】　开展对复员退伍军人和地方专业技术人员的信息核对，准确掌握兵员数量、质量、分布和在位情况，并及时将潜力数据录入民兵预备役管理系统。5月底前完成全市民兵组织调整和点验工作。

【民兵训练】　根据年度民兵训练批次多、人员多、时间长、专业性强、标准高的特点，做好参训民兵的组织管理、训练物资经费的保障、一人一事的思想工作。广大专武干部率先垂范，在民兵训练中发扬军队“官兵一致”的优良传统，坚持与民兵全程“同吃、同住、同训练、同休息、同教育”。

【兵役】　6月，市征兵办会同教育、人事、劳动保障等部门，对高中文化程度以上的适龄青年底数进行摸底，切实掌握高考落榜生、各类高考补习班学生、职高技校毕业生、待分配大中专毕业生等符合征集年龄的青年底数。开展体检医生业务培训，对体检站的开设、体检设备的更新完善进行检查。加大宣传力度，发放征兵宣传手册，宣传兵役政策和优抚安置政策。市征兵办组成4个工作组分片包镇（街道）对兵役登记、目测初检等环节进行跟踪检查。体检工作实行封闭式管理，体检医生、工作人员实行挂牌服务。建立市、镇两级政审组织，严格按照规定程序进行政审、联审，强化三级政审和区域联审制度。各基层武装组织实施走访，对每位走访对象建立走访调查表，提高新兵质量。明确征兵各环节的廉洁要求和责任追究。设立廉洁征兵举报电话、征兵政策咨询电话及信访接待室，并向社会公布。印制廉洁征兵监督卡，发放给每位应征青年，构筑群众监督网络。组织征领兵人员进行廉洁征兵法规学习。加强对领兵人员的管理教育，实行集中居住、集中办公、集中就餐。

（程小明）

武装警察

【概况】 2013年，海宁市武警中队日均看守犯罪嫌疑人850名；担负押解勤务20起，出动兵力65人次，押送犯人300人；担负火车站春运执勤任务，出动兵力30人次；完成元旦、春节、五一、十一等重要节日和敏感时期的备勤任务，连续54年执勤安全无事故。做好防台抢险的各项准备工作，完成“菲特”等强台风的抢险救灾工作。中队一、二、三季度被嘉兴市武警支队评为“基层落实《纲要》红旗中队”，连续三年被浙江省武警总队评为正规化执勤一级中队。

开展“永远做党和人民忠诚卫士”主题教育，把学习贯彻十八大精神作为首要政治任务，利用政治教育、理论学习和“三个半小时”等时机，学习宣传十八大精神。5~6月，中队依托教导队，以勤训轮换为抓手，干部重点突出两官编组作业、方案拟制、方案介绍、捕歼战斗的组织与指挥，士官重点加强以“一班哨”组织与实施的业务训练，战士着重加强以执勤动作为主的战术训练。

【组建反恐作战应急班】 面对国际国内的严峻形势，根据上级党委有关指示精神，中队组建反恐作战应急班。3月，按照“全面考核、全面过硬、优中选优”的原则，挑选10人组建反恐作战应急班。以提高“反恐制胜有把握”为目标，强化“一枪毙敌”“一招制敌”“一专多能”等重（难）点课目训练，加大实兵、实装、实弹训练力度。立足手中武器和现有反恐装备，明确分队编

市武警中队参与抗台抢险救灾工作

制，坚持从优待警，突出作风培养，强化实战训练，提高反恐作战能力。

【信息化建设】　坚持信息主导，提高综合通信保障能力，完善网络功能应用，逐步实现机房机线设备配套化、整齐化、标签化。运用信息网络平台创新传统的工作指导方式，进一步完善三级网建设，扩展电视会议系统的功能应用。发挥信息网络的视频功能，对部队管理教育、执勤训练和其他日常活动情况进行全时制、全天候、全方位查控，及时掌握控制部队情况，确保部队建设有的放矢。

（王　力）

人民防空

【概况】　全年办理人防行政审批项目287个，收取人防工程易地建设费4914万元，结合民用建筑建设人防工程45个。3月，市人防办增设人防指挥通信科，主要负责人防指挥业务、通信值勤、警报设施建设与维护管理等。2013年，市人防办被省人防办评为“全省人民防空工作先进单位”。

【服务民生示范基地挂牌】　3月18日，经国家人民防空办公室批复，海宁市人防应急疏散基地被评为人民防空服务民生示范基地。该基地可安置外来务工人员1500人，为浙江海宁经编产业园区管理外来务工人员提供便利。

【地下医院建设】　年内开工建设的浙江省人民医院海宁医院、海宁市妇幼保健院、海宁市第四人民医院分别结合地面建筑，各自修建一定规模的地下医院，有利于资源的综合利用。

【建立志愿者队伍】　为有效整合社会资源和力量，为人防（民防）应急服务，5月，建立一支由21名业余无线电爱好者组成、掌握无线电指挥技能的通信救援队。建立由10名海宁钱江华清电子科技有限责任公司技术人员组成的人民防空（民防）通信保障专业队，主要负担对市、镇两级指挥中心内部弱电系统平时和灾时的维护保障，以及辅助指挥通信联络。

（朱再明）

［编辑：刘　峰］

教　　育

Education

综　　述

2013年，全市有各级各类全日制学校128所，其中幼儿园64所、小学27所、初中22所、高中6所、大学1所、中职类学校3所、特殊教育学校1所、新居民子女学校4所。在校学生108222人，共有教职工7883人（不含新居民子女学校），其中专任教师6630人。

教育工作取得新成绩。海宁市成为首批全国义务教育发展基本均衡县（市）；宏达高中学生施丹旖以总分731分成为全省高考文科状元；在全省社会力量办学办医工作交流推进会上，海宁市作为唯一的县级市代表就民办教育情况作经验介绍。

教育重点工作有新亮点。启动海宁市中小学特色学校创建，4所学校通过首批评估。推进海宁市特色学校A级（特色项目）评估工作，50所学校获“特色项目”称号。新增海宁市阳光体育艺术特色项目学校21所。市高级中学（华师海宁）通过省普通高中一级特色示范学校督导评估；海宁一中、紫微高中、海宁中学通过省二级特色示范高中预评估。完成学前教育三年行动计划，公益性幼儿园儿童覆盖率从68.9%提高到85.5%，标准化建设达标率从27.1%提高到96.9%，等级幼儿园儿童覆盖率从72.95%提高到94.4%，等级幼儿园覆盖率从60%提高到96.9%。

城乡教育优质均衡发展。全市教育经费总投入18.02亿元，小学、初中生均公用经费分别为600元和776元。全年基建投入累计5.07亿元，竣工校舍面积10.7万平方米。新建海宁市紫微高级中学和内地新疆班，完成中小学校安防雷改造，2013年中小学田径场煤渣改塑胶工程完工。加大教育装备投入，推进“数字校园”建设，全市中小学教学仪器设备总值1.76亿元。11所学校建成“智慧校园”学校管理平台，完成对教育网的千兆升级改造。举办海宁市第七届信息技术与学科教学整合大赛，评出一等奖50名、二等奖67名。

提升教育整体水平。普及学前教育，学前教育净入园率99.1%。指导镇（街道）幼儿园进行公益性幼儿园申报，10所幼儿园被认定为民办公益性幼儿园。推进基础教育课程改革，447名考生高考上文理第一批分数线。本科上线2310人，比上年增加101人，本科上线率66.23%，增长4.4个百分点，高于嘉兴全市平均4.8个百分点，列嘉兴市第二。3所职业学校被认定为省一级中等职业学校。市职业高级中学“国家中等职业教育改革发展示范学校建设计划”第三批项目学校建设方案及任务书通过教育部评审复核。市高级技工学校升级为技师学院，并列入海宁市要素市场化配置综合配套改革试点项目。海宁卫生学校成为浙江省中等职业教育改革发展示范学校，并建立全省首个老年护理产学研基地。职业技能教学水平不断提高，在全国职业院校技能大赛中获2枚金牌、4枚银牌、2枚铜牌，金牌数和奖牌总数均列嘉兴市首位。

加强教师队伍建设。从严查处在职教师"规模办班、明码标价"等有偿家教行为。建立中小学和幼儿园教师师德师风检查制度，开展师德师风推磨检查活动。抓好教师培训，年内共开设培训班112个，培训教师8483人次。对全市中小学（含幼儿园）校级领导干部开展届中民主评议，提拔任用校级领导20人，涉及岗位调整16人。调整名优教师奖励标准，对任期内海宁市级以上名优教师提高50%～150%不等的奖励标准，对农村中小学（含幼儿园）教师继续实行翻倍奖励。全年发放名优教师奖励340.9万元，比上年增长73.1%。

推进教育和谐发展。规范办学行为，出台《海宁市义务教育阶段学校招收新居民子女入学实施细则》。对全市非法托幼机构进行专项整治，依法取缔6所，责令停止办学6所，限期整改4所，引导办证2所。做好"教育券""爱心营养餐"和持证困难家庭幼儿入园帮困资助工作，资助困难家庭幼儿38人次，补助金额10.5万元；教育券资助115人，资助金额32.9万元；爱心营养餐券资助3147人，资助金额225.2万元；发放助学金683人，补助金额101.9万元。加强安全防范工作，重点开展考试安全、防溺水、交通安全等专题教育。组织开展校园安保、校舍安全、消防安全、食品安全、校园周边治安环境、特种设备安全、防溺水工作等专项检查11次，学校自查自纠2500余次，查出安全隐患1703处，立即整改率85.8%。推进"一校一策"交通治堵工作，在27所中小学开展"护苗队"工作。开展"十万学生饮食放心工程"，36所学校食堂通过"五常法"（常管理、常整顿、常清扫、常清洁、常自律）达标验收，创建率85%，提前一年完成工作目标。

（陈志峰）

学前教育

【概况】 2013年，全市共有幼儿园64所，其中教育部门办学6所，其他部门办学2所，集体办学40所，民办幼儿园16所。有省一级幼儿园7所、省二级幼儿园15所、省三级幼儿园40所。12所镇（街道）中心幼儿园均为省二级及以上幼儿园，其中省一级2所、省二级10所。对所属村级公办幼儿园实施"六统一"（经费统一管理、教育统一调配、教师工资统一发放、教师工作统一考核、教玩具统一配置、办学质量统一评估）管理。全市在园幼儿19687人，学前三年入园率（含新居民子女）99.1%。

全市幼儿园有教职工1957人，其中专任教师1079人、保育员358人、保健员34人、其他人员386人。全市幼儿园有事业编制教师311人，其中农村幼儿园110人。在1179名幼儿教师中，合格学历比例为100%，其中大专及以上学历1066人，占90.4%；持有教师资格证的1131人，占95.9%。有996人取得专业技术职称，其中幼教高级职称17人。有省"特级教师"1人，省级"教坛新秀"4人，嘉兴市"名师"3人，嘉兴市"学科带头人"5人，嘉兴市"教坛新秀"6人，海宁市"名师"16人，海宁市"学科带头人"45人，海宁市"优秀骨干教师"145人，海宁市"教坛新秀"8人。

全市幼儿园教育立项课题176个，其中国家级2个、省级5个、嘉兴市级18个。

有521篇论文获奖，其中国家级18篇、省级8篇、嘉兴市级124篇。在各类刊物发表论文47篇，其中国家级刊物10篇、省级刊物22篇、嘉兴市级刊物6篇。有94人次教学获奖，其中省级3人次、嘉兴市级10人次。开设公开课159节，其中省级14节、嘉兴市级11节。

【完成学前教育三年行动计划】 年内，对照学前教育三年行动计划各项指标要求，召开4次推进工作会。公益性幼儿园儿童覆盖率、标准化建设达标率、等级幼儿园儿童覆盖率等主要指标均达到浙江省及嘉兴市要求，相关措施作为先进经验被宣传推广。

【扶持公益性民办幼儿园发展】 出台《海宁市公益性幼儿园认定办法》和《海宁市扶持公益性民办幼儿园发展奖补资金管理办法》，通过以奖代补方式，引导和支持民办幼儿园提供面向大众、收费合理的普惠性服务。民办幼儿园和公办幼儿园一样，享受升等和年审奖励，社会保险缴纳中幼儿园承担部分由市财政给予1/2的补助。对公益性民办幼儿园增加补助生均公用经费和人员经费。

（董庆红）

基础教育

【概况】 2013年，全市有小学27所、初中22所（含九年一贯制学校6所）、普通高中6所（含完全中学1所）。各级各类全日制中小学校有在校学生88535人（含特殊教育学生99人、新居民子女学生4837人），其中义务教育阶段在校学生66061人（含特殊教育学生99人、新居民子女学校学生4837人），普通高中在校学生10877人（含海宁市第一中学高一、高二新疆班140人）。全市小学毕业学生6874人，招生6195人，在校学生42415人，比上年减少1792人。小学升初中比例和在校生巩固率均为100%。全市初中毕业学生6699人，招生5867人，在校学生18710人，减少2081人。巩固率100%，无学生辍学。

全市中小学校共接纳市外户籍学生22084人，比上年减少1784人，其中在公办中小学就读17247人（小学14107人、初中3140人），在新居民子女学校就读4837人（小学4096人、初中734人）。

全市有普通高中6所，其中独立设置的高中5所、完全中学1所。初中毕业生升入高中段学校6664人，比例99.48%，其中升入普通高中3390人，升入中等职业学校3274人，升入普通高中、中等职业学校人数比为1.04∶1。普通高中毕业生3489人，招生3404人，在校学生10877人，比上年减少158人。2013年应届高中毕业生参加高考3488人，升入普通高校3364人，高考上线率96.44%，其中文科上线率98.42%、理科上线率95.6%、艺术上线率92.08%、体育上线率100%。

全市普通中小学占地总面积198.30万平方米，其中普通中学127.32万平方米、小学70.98万平方米，生均占地面积分别为34.93平方米、19.96平方米。普通中小学校舍总面积89.03万平方米，其中普通中学58.68万平方米、小学30.34万平方米。中小学生均建筑面积分别为16.10平方米、8.53平方米。

全市中小学教学仪器设备资产总值1.76亿元，比上年增加1616.3万元。全市中小学有图书藏量232.2万册，其中普通中学130.9万册、小学101.3万册，生均图书藏量分别为35.9册、28.5册。全市中小学投入教育装备经费2025万元，新增计算机1700多台、多媒体设备200套。全市中小学有计算机18225台：普通中学9981台，每3.65名学生拥有1台；小学8244台，每4.31名学生拥有1台。所有中心小学以上学校均建立校园网。

拓展德育网络，开展第五届“阅读伴我成长”读书活动、第十三届“万名学生下社区进村落”活动等。巩固阳光招生成果，连续七年做到城区义务教育阶段公办学校“零择校”。推进小班化教学改革，确定6所学校为第二批小班化教学试点，累计14所学校为嘉兴市级小班化教学试点。华东师范大学海宁实验高级中学成立管委会，推进与华东师范大学合作共建基础教育创新实验区。海宁市高级中学（华师海宁）获“全国科技体育传统学校”称号，硖石中学被评为“全国示范家长学校”，紫微高级中学被评为“浙江省禁毒教育示范学校”。海宁市第一初中教师程良娟和桃园小学教师费玲妹成为浙江省班主任工作室主持人，庆云小学教师杨霄松的课题获浙江省教育科学优秀成果一等奖，海宁市高级中学（华师海宁）教师赵杰获浙江省社会实践类选修课程教学评比活动一等奖。海宁市高级中学原语文教师章景曙参加第十七届全国校园文学年会，作“志摩与康桥”文化讲座。

【“学能提升”项目在全国作专题介绍】 7月22日，“小学生学习能力提升”项目全国交流会在青海召开，海宁市受邀作专题发言，交流海宁富有特色的“三环双轨”模式和分层测评、学做并行、操作创新、数据分析、评价改进五大工作策略。“学能提升”项目的实施，旨在为学生能力测评提供科学数据，为课堂教学改革提供样式，为名优教师成长创造更多的机会。

【全国优秀小学校长高级研究班践行教育家办学理念与实践活动】 于9月18日在海宁举行。活动由教育部小学校长培训中心、北京师范大学校长培训学院和海宁市教育局联合主办，海宁市桃园小学承办，教育部小学校长培训中心副主任、北京师范大学校长培训学院院长等80余人参加活动。全国小学课堂教学改革联盟专家委员会副主任陈锁明作题为“教育培养什么样的人”专题讲座。海宁市桃园小学向参会人员展示课堂活动，同时举行教学研讨，推动全市小班化教学发展。

【美国印第安纳州学区主任到海宁考察】 10月15日，美国印第安纳州加里学区主任雪莉·普鲁伊特和波卡学区主任吉姆·罗波茨

全国优秀小学校长高级研究班践行教育家办学理念与实践活动走进海宁

到海宁市第一初级中学考察访问，印第安纳州的学校与海宁市第一初级中学结成友好学校。

【斜桥小学皮影小艺人参加非遗晚会】 1月18日，“非遗之光”浙江省非物质文化遗产电视春节晚会在浙江广电集团举办。晚会由浙江省文化厅、浙江广电集团主办，浙江省非遗保护办公室、浙江电视台教育科技频道承办，以“勾起乡愁、唤起自觉”为主题。斜桥镇中心小学教师郭晓明率6位皮影小艺人手舞自制皮影道具登台亮相，扩大了海宁非物质文化遗产传播途径。

表 35　　2013 年海宁市普通高校上线人数统计

单位：人

学校	报名					文科上线					理科上线					艺术上线						体育上线						上线合计
																本科		专科		自主	小计	本科		专科		自主	小计	
	文科	理科	艺术	体育	小计	重点	本科	专科	自主	小计	重点	本科	专科	自主	小计	艺术	转文理	艺术	转文理			体育	转文理	体育	转文理			
海宁市高级中学	289	557	22	8	876	115	158	13	0	286	212	320	17	0	549	16	4	1	0	0	21	6	1	0	1	0	8	864
海宁中学	158	305	48	11	522	0	56	101	0	157	1	54	202	0	257	25	0	18	0	0	43	3	0	0	7	0	10	467
海宁市第一中学	266	557	41	10	874	10	220	32	1	263	35	425	94	1	555	31	6	1	3	0	41	7	1	0	2	0	10	869
海宁市紫微高中	242	232	24	10	508	1	159	81	1	242	1	119	105	5	230	14	2	7	1	0	24	6	0	0	4	0	10	506
海宁市宏达高中	131	236	35	10	412	26	40	50	5	121	39	69	98	7	213	13	1	12	5	0	31	3	2	0	6	0	11	376
海宁市南苑中学	113	118	20	10	261	2	86	25	0	113	2	79	37	0	118	9	4	3	4	0	20	6	0	0	4	0	10	261
海宁开明学校	3	8	2	0	13	0	1	2	0	3	0	4	4	0	8	2	0	0	0	0	2	0	0	0	0	0	0	13
海宁艺术学校	0	0	6	0	6	0	0	0	0	0	0	0	0	0	0	0	0	1	0	0	1	0	0	0	0	0	0	1
海宁教育考试中心	2	10	4	0	16	0	0	0	0	0	1	2	0	1	4	3	0	0	0	0	3	0	0	0	0	0	0	7
合计	1204	2023	202	59	3488	154	720	304	7	1185	291	1072	557	14	1934	113	17	43	13	0	186	31	4	0	24	0	59	3364

说明：报考艺术、体育考生中，宏达高中各有1人上文化重点线，实际文化重点上线人数447人；另有3人报考运动训练（不参加考试），2人上线

（孙　芬　沈建成　王国坚）

中等职业教育

【概况】 2013年，全市有中等职业学校3所，其中普通中专2所（海宁卫生学校、海宁市高级技工学校）、职业高中学校1所（海宁市职业高级中学）。

中等职业学校在校学生11597人，其中海宁卫生学校3974人（包括市外教学点学生）、海宁市高级技工学校2387人、海宁市职业高级中学5236人。全年中职学校毕业生3611人，获得职业资格证书3611人，职业资格证书取证率100%。有410名考生参加2013年高职考试，377人上线，其中5人上本科线。有教职工597人，其中专任教师497人，达到国家规定学历标准的专任教师486人，学历达标率97.79%；有中级以上专业技术职称322人，占专任教师总数的64.8%；年龄在35岁以下的234人，占专任教师总数的47.1%。

全市中等职业学校占地总面积32.0万平方米，生均30.7平方米。校舍总面积15.2万平方米，生均14.5平方米。教学实习仪器设备资产总值4888.7万元，比上年增加312.2万元。图书藏量22.7万册，生均21.7册。计算机2916台，每3.6名学生拥有一台。

提升学校办学水平，市职业高级中学按建设任务书推进国家中等职业教育改革发展示范学校建设工作；市高级技工学校创建技师学院列入海宁市要素市场化配置综合配套改革试点项目；海宁卫生学校获“浙江省一级中等职业学校”称号并被省教育厅、财政厅认定为省中等职业教育改革发展示范学校。年内，海宁市职业教育通过2012年省财政补助与市县职业教育发展挂钩考核，获400万元奖补经费。

提升教师业务水平，开展短班培训和信息化教学培训，8名教师参加中德合作培训，7名教师参加国家级培训，43名教师参加省级培训，2名教师参加省级青年教师下企业实践锻炼。共有“双师型”（既有教师系列职称，又有工程师、工艺师技术职务）教师207人，占专业课教师总数的79.3%。

提升学生职业素养，注重技能训练。组织参加浙江省第五届中等职业学校学生创新大赛，市高级技工学校学生获小发明二等奖、市职业高级中学学生获创业计划书三等奖。参加2013年度浙江省中等职业学校“文明风采”竞赛，获一等奖14个、二等奖39个、三等奖98个，市职业高级中学和海宁卫生学校被评为优秀组织奖。参加2013年浙江省中等职业学校学生技能大赛，获8枚金牌、6枚银牌、9枚铜牌。参加2013年全国技能大赛，获2枚金牌、4枚银牌、2枚铜牌。参加浙江省首届中等职业学校特色项目技能大赛，获2枚金牌、1枚铜牌。参加嘉兴市第八届中职学校技能节，获8枚金牌、14枚银牌、26枚铜牌。

【嘉兴市第八届中等职业学校技能节在海宁闭幕】 12月18日，为期1个月的嘉兴市第八届中等职业学校技能节在海宁市沈鸿纪念馆闭幕。技能节设汽车运用与维修、建筑工程技术等15个专业51个比赛项目。海宁市职业高级中学、海宁市卫生学校、海宁市高级技工学校8名学生获金奖。

【校企合作】 市职业高级中学引进海宁宝龙汽修有限公司等3家企业入驻学校，并正式对外营业；市高级技工学校引进海宁康美机械厂等5家企业进入学校，参与学校技能培训与创业创新培训工作。6月，海宁市第二人民医院成为海宁卫生学校的附属医院。2013年，市财政下拨校企合作专项经费63

万元，其中补助企业接收学生实习经费 48 万元，发放职业教育优秀校外实习基地奖励经费 15 万元。

（陈海锋　王国坚）

高等教育

【浙江财经大学东方学院】　2013 年，学院有普通全日制在校本科生 9666 人。设有 9 个教学部门、8 个职能部门和 2 个教辅部门，其中教学部门设金融与经贸分院、财税分院、工商管理分院、会计分院、信息分院、法政分院、人文与艺术分院、外国语分院和体育中心 9 个分院（中心）。设财政学、税收学、劳动与社会保障、会计学、审计学、资产评估、财务管理、金融学、保险学、国际经济与贸易、经济学、工商管理、工程管理、市场营销、人力资源管理、物流管理、信息管理与信息系统、计算机科学与技术、电子商务、应用统计学、法学、行政管理、英语、日语、汉语言文学、广告学、视觉传达、环境设计、产品设计、服装与服饰设计 30 个专业。同时开设会计学、税收学、金融学、工商管理、信息管理与信息系统、法学、财务管理、国际经济与贸易 8 个本科双专业。

2013 年共录取新生 2500 人，其中浙江省生源 2184 人。毕业生 2008 人，初次就业率 95.02%。有教职工 634 人，教师 530 人，东方学院专职教师 237 人，占专任教师总数的 45%。教授、副教授 77 人，占专职教师总数的 32%。具有硕士及以上学位的教师 204 人，占专职教师总数的 86%。

推动校地合作、校企合作。结合各学科、专业特色，利用海宁地方资源，开展产学研合作基地建设：举办养老服务业与养老产业发展学术研讨会、第三届司法审判理论与实务研讨会、电子商务与物流协同发展专题研讨会等；与嘉兴市法学会、海宁市法学会、海宁市人民法院和长安司法所、浙江嘉禾律师事务所等部门开展系列专业教学和研究合作活动；与周边村镇单位共建村官实习基地。学院致力于培养多元化的高级应用型人才，开设英国皇家特许会计师（ACA）课程班、财务管理（CMA）课程班、金融信息管理双专业特色实验班、软件服务外包班、八方物流实验班。推动国际关系交流与合作，2013 年与美国佛罗斯堡州立大学、美国马歇尔大学、法国英塞克—萨瓦高等商学院签署合作办学协议。

【浙江广播电视大学海宁学院】　2013 年，学院有在编教职工 47 人，其中专任教师 40 人，专任教师中具有高级专业技术职称 9 人（正高级 1 人）、中级职称 28 人。在校学生 6482 人，其中本专科学生 6254 人、业余中专学生 228 人；全年招收新生 2648 人，其中本专科新生 2809 人、业余中专新生 161 人；毕业学生 2448 人，其中本专科毕业生 2301 人、业余中专毕业生 147 人。学院立足中央电大开放教育，发展合作高校各类远程教育，共开设中专、大专、本科 3 个层次 12 个项目 70 多个专业，总体办学规模保持稳定。拓展面向社会的教育服务功能，承担试点高校网络教育部分公共基础课全国统一考试在海宁的考务工作，全年 2405 人次参加考试。获嘉兴电大系统年度“办学先进和科研管理工作先进单位”称号，被评为“2013 年全国高校现代远程教育优秀校外学习中心”。

【高等教育自学考试】　全年学历教育自学考试报名 4742 人 6759 科，实考 5190 科，合格 1941 科。大专毕业 19 人，本科毕业 20 人。全国英语等级考试、中英合作剑桥少儿英语等级培训考试、全国计算机等级考试等各类非学历教育证书考试报名 3267 人次，获证 2723 张。

（黄晓燕　郭微川　沈建成）

成人教育

【概况】　全市有镇（街道）级成人文化技术学校（以下简称成校）12 所，均为省级标准化成校。2013 年，海洲街道成校被评为省级新型农民素质培训示范基地。年底，按照《海宁市成校考核办法细则》对 12 所成校进行考核，袁花成校等 4 所成校被评为优秀成校。

【社区教育】　加强社区教育项目建设，组织全市第二期社区教育项目实验，13 个社区教育实验项目立项，1 项嘉兴远程教育学会重点课题通过专家鉴定结题。袁花镇社区教育中心被评为嘉兴市示范社区教育中心。全年完成扫盲教育培训 14353 人，家政服务人员培训 2683 人，农业专业技能培训 4303 人，农村预备劳动力培训 219 人，农民转移就业技能培训 5975 人，1053 人取得成人“双证制”教育培训毕业证书。

4 月，下发《关于进一步推进海宁市社区教育工作的实施意见》和《海宁市镇（街道）社区教育中心设置暂行办法（试行）的通知》。4 月底，经考核，同意各镇（街道）依托成校成立镇（街道）社区教育中心。年内形成以社区学院为龙头、镇（街道）社区教育中心为骨干、辐射村（社区）的三级社区教育网络。社区学院自主开办财会、英语、计算机、服装制版 4 大类项目培训，培训人员 1130 人次。与海宁博大职业培训学校合作完成“物联网技术”课程网络培训 9821 人，订单式培训成为合作项目主模式。

（陈海锋）

特殊教育

【概况】　全市有 7～14 岁在册残疾儿童 180 人，入学率 100%，其中视力残疾 5 人、听力残疾 36 人、智力残疾 87 人，已全部入学。残疾儿童在市内随班就读 67 人，市外随班就读 1 人，在市内特殊教育学校就读 50 人，市外特殊教育学校就读 4 人，由学校送教上门 55 人。

市培智学校有在编教职工 27 人，其中专任教师 24 人，本科学历 17 人，大专学历 7 人，副高级职称 1 人，中级职称 15 人，初级职称 7 人。设 9 个教学班，学生 99 人，其中听障教学班 2 个 16 人，智障教学班 7 个（含智障学前班 1 个）83 人。学校有嘉兴市名教师 1 人，海宁市优秀骨干教师 3 人。5 人获课堂教学评比（含主题班会比赛、班主任基本功比赛）二等奖以上，8 人次在多媒体教育软件评比中获奖。25 篇教学论文获奖，其中获全国二等奖 1 篇、嘉兴市一等奖 3 篇、嘉兴市二等奖 7 篇；课题获嘉兴市一等奖和二等奖各 1 项。1 位教师获海宁市第二届感动潮乡十佳教师称号；1 名学生被评为教育系统优秀团员。参加“得伟杯”少儿书画现场大赛，1 人获三等奖，1 人获优秀奖；参加海宁市中小学生绘画比赛，1 人获三等奖；参加海宁市少儿手工创意大赛，2 人获一等奖。

【随班就读资源教室建设】　年内投入 35.0 万元，在长安中心小学、钱塘江学校、郭店中心小学、斜桥中心小学、许村中心小学建成轻度残障儿童随班就读资源教室。浙江省财政投入 20 万元，支持海宁市鹏湖学校和海宁市周王庙镇中心小学建设随班就读示范性资源教室。

（范　冰）

民办教育

【概况】 2013年，全市有民办学校（培训机构）44所，其中全日制学校6所（含4所新居民子女学校）、培训机构22所、幼儿园16所。加强安全监管，3月，下发《关于进一步加强海宁市民办培训学校安全管理工作的通知》，要求各培训学校开展安全自查和整改工作。会同市安监局、消防大队对星海艺术培训学校等4所学校进行重点抽查。5月，对33家参加年检的单位进行核查。6月，副省长郑继伟到海宁调研民办教育。9月，联合市物价局、地税局对15所民办培训学校进行专项检查。

【规范民办培训机构审批程序】 按照“统一受理、内部运作、承诺办结”的要求规范操作。受理办结实施学前教育、初等教育和初级中等教育及其他文化教育的民办学校设立审批3项，受理办结民办学校举办人变更核准1项，受理办结学校（含民办）招生简章和广告备案14项。10月，下发《关于规范成人文化技术学校和民办教育培训机构等办班行为的若干意见》，进一步规范民办培训学校办学行为。

6月30日，副省长郑继伟（前左二）到海宁调研民办教育

【教育行政审批制度改革】 清理审批事项，教育行政许可事项由5项减少为2项，非行政许可事项全部取消。统一审批标准，编制完善一次性告知书、服务指南和业务手册，对事项受理、审查、审批和发证建立统一标准。压缩审批时限，减少审批环节，制定《海宁市民办教育机构筹设和设立审批联合踏勘实施细则（试行）》，规范联合踏勘工作。

（陈海锋）

教师队伍建设

【概况】 2013年，全市各级各类全日制学校共有教职工7883人，其中专任教师6630人。普高、职高、初中、小学专任教师达到国家规定学历的人数所占比例分别为99.2%、97.8%、100%、100%，初中、小学专任教师高标学历比例分别为93.4%、94.9%，分别比上年提高3%、2.3%；中小学专任教师中有中级及以上专业技术职称3720人，占专任教师总数的68.2%。全年引进教师298人，其中研究生21人、本科生244人、专科生54人。

加强师德师风建

设，把师德师风、依法从教作为各类教师培训的必修内容；深化师德师风检查制度，完善师德建设长效机制；开展第二届“感动潮乡·十佳教师”评选活动。抓好教师培训，全年举办各类培训班112期，参训8483人次。开设“华师海宁教育讲坛”7期，2250人次校级领导及骨干教师参加学习。

【有偿家教专项治理】 市教育局制订《治理在职教师从事有偿家教专项行动方案》，与学校签订禁止在职教师从事有偿家教管理责任书，学校与每位教师签订不从事有偿家教承诺书。通过治理活动，有偿家教现象得到有效遏制。

【义务教育学校教师校长交流工作试点】 年内，全面启动义务教育学校教师校长交流工作试点，出台《海宁市教育局关于推进义务教育学校教师校长交流工作的实施意见》和《关于做好2013年义务教育教师交流工作的通知》。通过拟订方案、宣传动员、个人申请、学校推荐、确定人选和岗位等程序，开展教师校长交流工作。全年交流142人，其中校长5人、名优教师8人、中层干部7人。

【4名教师获省级荣誉】 年内，市鹃湖学校教师左春泉获“全国师德楷模”称号；长安镇初级中学教师陈拗国获浙江省第三届农村教师突出贡献奖；海宁市高级中学教师吴娟红、南苑小学教师张云峰被评为2013年浙江省中小学教坛新秀。

【第二届“感动潮乡·十佳教师”评选活动】 第二届“感动潮乡·十佳教师”评选活动自5月启动，经层层推荐和评选，最终市高级中学（华师海宁）教师王火金、市实验小学教师王海龙、周王庙镇钱塘江学校教师朱娟利、长安镇盐仓学校教师杨娟萍、丁桥镇中心小学教师沈水红、袁花镇中心小学教师郑玉华、市高级技工学校教师施建国、许村中学教师郭大华、市培智学校教师董周英、上海外国语大学附属宏达高级中学教师谢昌霖10人获“感动潮乡·十佳教师“称号。

【镇（街道）中心幼儿园招聘事业编制教师】 年内，继续开展镇（街道）中心幼儿园事业编制教师公开招聘工作，40名在岗非事业编制教师和5名大学幼儿教育毕业生被聘为事业编制教师，8月全部上岗。

（于程辉　顾浩丰　姚宏良）

教育管理

【概况】 聘请海宁市第五届教育特约督导员、责任督学，划分12个督学责任区，构建覆盖全市所有中小学（幼儿园）的教育监督体系，责任督学挂牌率100%。责任督学对学校“减负”工作、招生工作、课程开设情况、责任区督学公示牌挂放情况等进行专项督察。重新修订《海宁市中小学校发展性评价实施意见（试行）》，优化评价指标，完善评价标准和考核办法。

全年教育经费总投入18.02亿元，比上年增长18.7%；人均教育经费投入2694.0元，增长18.2%。教育经费总投入中，国家财政性教育经费15.52亿元，增长25.4%，占地区生产总值的比重为2.5%，财政预算内教育经费拨款12.4亿元，增长19.8%；全市征收用于教育的经费3.11亿元；全年事业收入2.2亿元；财政预算内教育经费支出与财政支出的比例为27.3%，提高0.37个百分点。

全年基建累计投入5.07亿元，竣工校舍面积10.7万平方米。新建海宁市紫微高级中学和内地新疆班、海宁市硖石小学、海宁市实验小学教学用房改扩建、许村镇荡湾小学改扩建、许村镇孙桥小学改扩建、许村镇许巷小学新建教学楼（北楼停建）、斜桥镇庆云中心小学改扩建、新建桃园幼儿园、中小学校安防雷改造、2013 年中小学田径场煤渣改塑胶、康桥幼儿园装修、新建马桥街道中心幼儿园等工程完工。

6 月 25 日，国家教育督导检查组对海宁市申报义务教育发展基本均衡市进行督察

【中小学特色学校创建】

年内，启动中小学特色学校创建工作。出台《海宁市中小学特色学校评估办法》，召开特色学校创建研讨会，各中小学结合实际有序推进特色创建，南苑小学、实验小学、桃园小学、谈桥中心小学 4 所学校成为第一批海宁市特色学校。

【小班化教学】 年内成立小学小班化研究联盟，举行小学、初中小班化课堂教学转型研讨活动。启动第二轮小班化实验工作，确定 6 所学校为第二批小班化试点学校。印发《海宁市小班化教学试点学校督导评估办法》，对第一批 8 所试点学校进行督导评估。继续实施争创省基本实现教育现代化县（市、区）工作。

【通过全国义务教育均衡发展督导检查】 6 月 25 日，国家教育督导检查组到海宁实地查看学校，核查相关文件资料、数据、资源配置情况及政府工作努力程度；召开人大代表、政协委员、校长、教师、家长座谈会。经评估，海宁市小学综合差异系数为 0.38，初中综合差异系数为 0.37，均达到国家标准，通过督导检查。

【普通高中特色示范学校创建】 海宁市高级中学（华师海宁）通过省教育厅组织的省普通高中一级特色示范学校督导评估；海宁市第一中学、海宁市紫微高中、海宁中学通过省二级特色示范高中预评估。

【省义务教育标准化学校创建】 年内，8 所学校通过 2013 年第一批省义务教育标准化学校认定，5 所学校通过 2013 年第二批省义务教育标准化学校验收，共有 42 所学校被认定为省义务教育标准化学校。

（邬周伟）

教育科研

【概况】 2013 年，全市教育系统各级各类立项课题 544 项，其中省级 13 项、嘉兴市级 80 项、海宁市级 451 项。全年有 467 项教育科研课题结题，其中省级 6 项、嘉兴市级 71 项、海宁市级 390 项。在省教育科研优秀成果评选中，海宁市 1 项成果获一等奖，1 项成果获三等奖；在省教研成果评奖中，海宁市 2 项成果获二等奖；在省职业教育与成人教育科研成果评奖中，海宁市 1 项成果获一等奖，2 项成果获二等奖，3 项成果获三等奖。南苑小学被评为省教科研先进集体，斜桥中学曹新峰、海宁市职业高级中学李建军被评为省教科研先进个人。4 所学校被评为嘉兴市教科研先进集体，22 所学校被评为第六轮嘉兴市教育科研基地，实验小学、南苑小学、实验幼儿园教育集团中心园被评为嘉兴市优秀教科研基地。

【重点课题研究和成果推广】 年内，组织小班化教学试点工作有关人员赴上海幸福四平实验小学考察学习。举办小班化专项课题申报、课题成果评审、科研专项培训以及论文和案例评比等活动，推进小班化教学项目研究。开展小学生学习能力提升项目研究教学案例、教学论文、科研成果、先进集体和先进个人评选，召开项目总结表彰会，推广成果，奖励先进。举办海宁市新居民子女教育科研成果推广现场会，长安中心小学、行知小学、狮岭学校的专项研究成果得到推广。

【学校德育与心理健康教育】 468 名教师参加省中小学心理健康教育教师上岗资格培训和面试，获得 C 级资格证书。2 名教师成为省“名班主任工作室”主持人。海宁市职业高级中学、海宁市高级技工学校、海宁卫生学校被认定为浙江省一级心理辅导站。

表 36　2013 年教师省级以上教学评比获奖情况一览

单位：人

名　称	获奖等第	获奖人数
2013 年浙江省“三项教学评比”（教学论文）	省一等奖	6
	省二等奖	25
	省三等奖	8
2013 年浙江省“三项教学评比”（课堂教学）	省二等奖	2
	省三等奖	1
浙江省信息技术与学科教学整合课例	省一等奖	1
	省三等奖	1
全国中等职业学校医药卫生类专业“创新杯”教师教学设计和说课比赛	国家一等奖	4
2013 年“创新杯”全国中等职业学校教师信息化教学设计和说课大赛	省一等奖	4
第六届浙江省卫生系统青年医学技能竞赛	省二等奖	1
浙江省职业教育与成人教育优秀科研成果	省三等奖	2

表 37　2013 年中小学生省级以上学科竞赛获奖情况一览

单位：人

名　称	获奖等第	获奖人数
2013 年全国高中数学联赛	国家二等奖	1
	省二等奖	1
全国物理竞赛	国家二等奖	2
	国家三等奖	1
	省一等奖	1
	省二等奖	2
	省三等奖	3
第十五届“语文报杯”全国中学生作文大赛（初中组）	国家特等奖	12
	国家一等奖	28
	国家二等奖	47
	省特等奖	71
	省一等奖	100
	省二等奖	142
	省三等奖	254
第十五届“语文报杯”全国中学生作文大赛（高中组）	国家特等奖	1
	国家一等奖	3
	国家二等奖	5
	省一等奖	10
	省二等奖	50
	省三等奖	103
第十四届“新世纪杯”全国中学生作文大赛	国家三等奖	1
“希望杯”全国数学竞赛（初中）	国家一等奖	37
	国家二等奖	122
	国家三等奖	1277
“希望杯”全国数学竞赛（高中）	国家三等奖	57
浙江省高中数学竞赛	省一等奖	1
	省三等奖	1

续表 37

名　称	获奖等第	获奖人数
2013 年浙江省高中生物学竞赛	省一等奖	4
	省二等奖	22
	省三等奖	52
浙江省中小学美术比赛	省一等奖	1
	省二等奖	2
	省三等奖	1
2013 年全国职业院校技能大赛会计技能赛会计电算化分赛	铜牌	1
	国家二等奖	1
2013 年浙江省中等职业学校学生特色项目技能大赛	省一等奖	3
	省二等奖	2
	省三等奖	2
浙江省中等职业学校“文明风采”竞赛	省一等奖	2
	省二等奖	8
	省三等奖	21
2013（第三十三届）浙江省珠算技术比赛	省特等奖	1
	省一等奖	2
浙江省会计电算化比赛	省一等奖	1
	省二等奖	1
浙江省第七届电子商务技术比赛	省一等奖	1
浙江省 2013 年中小学生艺术节	省一等奖	1
	省二等奖	1
2013 年浙江省舞蹈大赛	创作银奖和表演银奖	—

（高力攀　顾兴培　董晓燕）

[编辑：邱　洧]

文　化

Culture

综　述

2013年，全市共有文化设施、场馆277处，面积20.2万平方米。成功创建省级公共文化服务体系示范区。年内新建3个社区公共电子阅览室，7个村级文化阵地升级为文化中心，21个村级文化阵地调整或提升档次。建成31个村（社区）文化礼堂，建设率17%，实现镇（街道）全覆盖。市图书馆新馆和查济民纪念馆建设工程进行装修施工。江南水乡非物质文化遗产馆规划设计方案通过专家评审。市图书馆被评为国家一级图书馆，市博物馆被评为国家三级博物馆。

开展“公共文化发展年”系列活动。组织开展第五届海宁市文化艺术节，共举办活动26项，演出68场次。打造“海宁好声音”“美丽海宁大舞台”等群众性文化品牌。开展越剧、文艺、皮影戏下乡演出活动200场，电影下乡放映2549场，送书下乡6.1万册。开展“文化走亲”活动152场次，其中跨县（市）走亲8场次。举办海宁市“公共文化发展年”培训班13期，参训1.3万人次。开展文艺精品创作，编创新节目9个，获省级金奖2个、银奖5个、优秀奖1个，嘉兴市级银奖1个、铜奖1个。

推进国家历史文化名城申报工作。编写完成申报文本初稿，完成《海宁市历史文化名城保护规划》（初稿）。组织开展大运河（海宁段）申报世界文化遗产工作，完成大运河长安闸遗产展示馆、虹桥闸改造、河道清淤、污水管网铺设、驳岸整修、沿河绿化等各项整治工程和廻龙桥二期考古发掘。7月，大运河(海宁段)申遗工作通过国家文物局预检，9月通过国际古迹遗址理事会专家现场考察评估。做好钱塘江(海塘)申报世界遗产前期调研考察工作。推进全市文保建筑保护修缮工作，文化遗产二期、三期维修项目竣工验收。新增全国重点文物保护单位5个。

加强非物质文化遗产（以下简称非遗）保护。完善非遗名录体系，新增海宁市级非遗项目3个、非遗传承人9名。完成录制海宁皮影戏传统剧目17出、曲牌33首。发放非遗保护传承（教学）基地、生态保护区和传统节日保护基地补助经费9万元，代表性传承人传承津贴7万元，专（兼）职学徒津贴15.4万元。出版《美丽非遗·海宁记忆》丛书。开展皮影戏下乡（社区）演出60余场，非遗进校园（社区）活动6次，举办非遗传习班1期。

开展对外文化交流活动。海宁皮影戏、硖石灯彩先后参加西班牙马德里国际旅游博览会、美国圣达菲国际民间手工艺展、俄罗斯·中国浙江文化节、全国第十届木偶皮影优秀剧（节）目展演、首届中国杭州亚太传统手工艺博览会等交流活动十余次，获省级金奖5个、银奖3个、铜奖4个。开展“运

2013年著作成果一览[①]

表38

作品名称	形式	字数（万字）	作者	出版时间和出版社
残尸疑踪	影视剧	4.5印张	孙亦飞著	2013年1月中国文联出版社
史九龙书画作品集	书画集	80幅	史九龙著	2013年1月中国书画出版社
郭娱亲中国花鸟画作品集	画集	120幅	郭娱亲著	2013年1月中国书画出版社
王国维散文	文集	21	王国维著，乔继堂选编	2013年1月上海科学技术文献出版社
徐志摩诗歌全集	诗歌集	34	徐志摩著	2013年2月哈尔滨出版社
徐志摩散文经典全集	文集	42.6	徐志摩著	2013年2月哈尔滨出版社
金庸识小录	文集	10	严晓星著	2013年2月中华书局
殷白文存	文集	90	殷白著，敖忠、张小航编	2013年3月重庆出版集团重庆出版社
再别康桥——徐志摩诗文精选	诗文集	8.4	徐志摩著	2013年3月长江出版传媒崇文书局
王国维家事	文集	14.5	王东明著	2013年3月安徽人民出版社
徐志摩全集（1～6卷）	文集	180	徐志摩著，蒋复聪、梁实秋编	2013年3月中央编译出版社
诗说花鸟树兽草虫绿色生态散文集	文集	12	杨大伟编著	2013年3月银河出版社
巴黎的鳞爪——徐志摩游记	文集	21	徐志摩著	2013年4月天津人民出版社
春痕处处落红飘飘	文集	20	徐志摩著	2013年4月天津人民出版社
生命在秋风落叶里飘摇	文集	20	徐志摩著	2013年4月天津人民出版社
西风残照中的雁阵	文集	20	徐志摩著	2013年4月天津人民出版社
诗路花雨	文集	21	徐志摩著	2013年4月天津人民出版社
再别康桥	诗集	21	徐志摩著	2013年4月天津人民出版社
那光阴是一朵迷人的花	诗集	14	徐志摩等著	2013年4月湖南人民出版社
海宁潮传说	文集	3.6	浙江文艺出版社编	2013年4月浙江文艺出版社
渟溪日记（外三种）	文集	20	（清）管庭芬撰，虞坤林整理	2013年4月中华书局
我心有猛虎在细嗅蔷薇——徐志摩诗传	文集	20.8	冯慧著	2013年4月长江文艺出版社
王国维与民国政治	文集	24.4	周言著	2013年5月九州出版社
倾听徐志摩——我所知道的康桥	诗文集	16	徐志摩著，吾人选编	2013年5月中国广播电视出版社

① 含2013年出版的海宁去世名人的著作及外籍人写海宁（人）的著作。

续表 38

作品名称	形式	字数（万字）	作者	出版时间和出版社
惊鸿一瞥生死白头——徐志摩的倾世浪漫	文集	24	慕成雪著	2013 年 5 月中国华侨出版社
洛溪名人	文集	20	斜桥镇人民政府编	2013 年 6 月浙江古籍出版社
美丽非遗·海宁记忆	图文集	12.75 印张	海宁市文化广电新闻出版局编著	2013 年 6 月西泠印社出版社
2013 人物卷中国当代水墨报告	画集	141 幅	沈雪江著	2013 年 6 月上海斯文印刷有限公司
金庸传（修订版）	文集	42	傅国涌著	2013 年 6 月浙江人民出版社
王国维词集	词集	12	王国维著，乔继堂选编	2013 年 6 月上海古籍出版社
寻找失去的记忆	文集	35 印张	孙亦飞著	2013 年 6 月中国出版集团现代出版社
思论集	文集	10 印张	孙亦飞著	2013 年 7 月中国戏剧出版社
雷达人生——张直中口述自传	文集	14.7	张直中口述，钱永红整理	2013 年 7 月湖南教育出版社
徐志摩经典作品选	文集	35.2	徐志摩著	2013 年 7 月当代世界出版社
中国共产党海宁历史（1949—1978）	文集	40	海宁市史志办公室著	2013 年 8 月中共党史出版社
陆小曼自述自画	图文集	16	陆小曼著，柴伟梁（柴草）编	2013 年 8 月中国青年出版社
春天是火车运来的	文集	8 印张	朱坤宇著	2013 年 8 月中国文联出版社
王铮影视戏剧文选	文集	64 印张	王铮著	2013 年 8 月中国出版集团现代出版社
寻他千百度	文集	16	金庸著，黄子平选编	2013 年 8 月中华书局
远逝的禾风	文集	19	杨飞著	2013 年 8 月学林出版社
翡冷翠的一夜	诗集	32	徐志摩著	2013 年 8 月云南人民出版社
爱眉小札——志摩日记、书信集	文集	33.3	徐志摩著	2013 年 8 月中央编译出版社
翡冷翠的一夜——徐志摩诗歌精华	诗歌集	20	徐志摩著	2013 年 8 月中央编译出版社
巴黎的鳞爪——徐志摩散文精华	文集	18.5	徐志摩著	2013 年 8 月中央编译出版社
管庭芬日记（1～4 册）	文集	130	（清）管庭芬著，张廷银整理	2013 年 9 月中华书局
徐志摩经典	诗文集	25.5 印张	徐志摩著，桑楚主编	2013 年 9 月北京联合出版公司
徐志摩散文精选	文集	22	徐志摩著	2013 年 9 月长江文艺出版社

续表 38

作品名称	形式	字数（万字）	作者	出版时间和出版社
硖川记忆	文集	34.5	海宁市人民政府硖石街道办事处编	2013 年 9 月中华书局
海宁文丛·民间文学卷	文集	28 印张	海宁市文学艺术界联合会编	2013 年 9 月中国文联出版社
海宁年鉴（2013）	文集	83.6	海宁市史志编纂委员会编	2013 年 10 月方志出版社
朱剑心艺文存稿（上、下卷）	文集	77.6	海宁市档案局（馆）编	2013 年 10 月山西出版传媒集团三晋出版社
王国维诗词笺注	诗词集	49.4	王国维著	2013 年 10 月上海古籍出版社
海宁市水利志（1991～2005）	文集	40.1	《海宁市水利志》编纂委员会编	2013 年 11 月中华书局
中国人的浪漫	文集	23	徐志摩著	2013 年 11 月中国工人出版社
张宗祥文集	文集	100.9	张宗祥著，浙江省文史研究馆编	2013 年 11 月上海古籍出版社
往事照亮故乡	诗集	10	金问渔著	2013 年 12 月中国文联出版社
嘉兴古今印人录	印集	18.75 印张	陈浩、李惠明著	2013 年 12 月西泠印社出版社
混凝土结构材料规范理解与应用	文集	56.5	徐有邻等著	2013 年 12 月中国建筑工业出版社
海昌胜览　海昌胜迹志（点校本）	文集	69.2	（清）周春撰，管光耀辑	2013 年 12 月方志出版社
海宁文史资料全编（上、下册）	文集	182.9	海宁市政协文教卫体与文史委员会编	2013 年 12 月光明日报出版社
红马	文集	21.1	吴文君著	2013 年 12 月浙江文艺出版社

河传文脉·钱江承古韵”杭州下城·嘉兴海宁文化走亲非遗成果展示活动。

（姚玲燕　王国坚）

专业文化

【海宁市越剧团有限公司】　全年商业演出 50 场，演出收入 87 万元；参加海宁市“文化下乡”演出 100 场，其中越剧传统大戏文化惠民演出 23 场，观众 6 万余人次。

【海宁市新华影剧有限责任公司】　全年放映电影 1286 场，观众 5.3 万人次，放映收入 40.7 万元。接待剧团演出 1 场，观众 366 人次，收入 7320 元。完成电影下乡（农村电影“2131”工程）405 场，观众 9 万人次。由于城市有机更新，公司所在经营场所海宁剧院被市政府征收，需腾退搬迁。8 月，海宁市文博文化影剧有限责任公司（海宁剧院资产属于该公司）与海宁市新华影剧有限责任公司解除租赁协议。新华影剧有限责任公司于 12 月办理注销手续。

【海宁皮影艺术团有限公司】 全年赴外地交流演出19次49场，观众1.9万人次，演出收入13万元；在盐官百里钱塘观潮景区、海宁中国皮革城驻点演出2514场，观众4.5万人次，演出收入11万元；举办送戏下乡（社区、学校）演出60余场；传统节日演出15场，观众1.8万人次。年内排练《围巾情》《纪念品》《猴子捞月》3出新戏。

7月2日，“美丽海宁大舞台”风采展示系列活动启动

【数字电影】 全市有3家数字影院，全年共放映电影2.2万场次，观众32.2万人次，放映收入1072.8万元。海宁市新华影剧有限责任公司设有2个放映厅，有数字放映设备2套，其中1套3D数字放映设备；海宁金像电影大世界有限公司设有7个放映厅，有数字放映设备7套，其中2套3D数字放映设备；海宁横店影视电影有限公司设有6个放映厅，有数字放映设备6套，其中3套3D数字放映设备。

（市文体局）

群众文化

【概况】 2013年，群众文化工作围绕“公共文化发展年”主题，开展各类群众文化活动。举办第五届海宁市文化艺术节，包含千人排舞展示、“海宁好声音”暨海宁市第七届“潮乡百灵”电视歌手大奖赛、“美丽海宁大舞台”2013年“种文化”风采展示系列等活动26项，演出68场次。开展越剧、文艺、皮影戏下乡演出活动。举办海宁市“公共文化发展年”培训班13期，参训1.3万人次；开展排舞推广活动4次，参训231人；开展“艺术一堂课”培训246次，参训6354人次。1月24日，硖石街道以元宵硖石灯会入选浙江省春节文化特色地区。

【成功创建省公共文化服务体系示范区】 2011年8月，海宁市入围浙江省首批公共文化服务体系示范区创建名单。2013年8月16日接受省文化厅实地验收检查。10月15日，海宁市被省文化厅、财政厅命名为首批浙江省公共文化服务体系示范区。资金投入加大，总投资6.45亿元建成或在建一批全国一流的县（市）级文化设施。全市12个镇（街道）都建有综合文化站，均达到一级以上标准。加强设施建设和人才保障，全市公共文化服务场所全部免费开放，开展专项免费文化培训。市财政每年安排资金50万元专项用于中青年文化艺术人才的扶持。2004年以来全市共举办各类群众文化活动2000余场，开展文化下乡活动2000余场，电影下乡1.7万场。完善机制体制，成立海宁市创建省级公共文化服务体系示范区工作领导小组，定期召开例会，就示范区创建工作进行自查，对重大事项进行专题研讨。制订出台《关于推进文化强市建设的若干政策意见》等数十个文件，形成较完善的公共文化服务政策保障体系。

【2013年“种文化”风采展示活动】 7月2日，“美丽海宁大舞台”2013年“种文化”风采展示系列活动在市文化馆启动。展演历时3个月，共进行文艺演出19场。12个镇（街道）提供专场演出，实现镇（街道）演出全覆盖。同时设全民健身展示专场、越剧表演专场、嘉兴文化走亲等项目。

【“公共文化服务年”总结表彰会】 4月27日，海宁市“公共文化服务年”总结表彰会暨“公共文化发展年”工作会议在市行政中心举行。会议总结2012年“公共文化服务年”工作，部署2013年“公共文化发展年”工作，对2012年“农村星级文化阵地”等级评定结果进行通报，对荣获“公共文化服务年”工作各类优秀单位和个人进行表彰和颁奖。

【第五届文化艺术节】 5～12月，举办市第五届文化艺术节。5月12日举行开幕式暨“舞动潮乡”千人健身排舞展演活动。艺术节以“创文化品牌、树文化新风”为主题，以歌唱比赛、诗歌朗诵、书画大赛、微故事等形式，举办千人健身排舞展演、“海宁好声音”擂台赛、“美丽海宁大舞台”、2013年“种文化”风采展示等26项活动。首次开展网络歌手大赛、红色经典诗歌朗诵、五（吾）带头最美微故事汇、年历宝宝大赛等活动。

【农村文化阵地管理员才艺大赛】 1月16日，全市农村文化阵地管理员才艺大赛在市电视台举行。长安镇选送的《花韵》、海昌街道选送的《在潮乡的田野上》获一等奖。

【“海宁好声音”擂台赛】 5～9月，以“发现海宁好声音，唱响海宁新篇章”为主题，举办2013“海宁好声音”暨海宁市第七届“潮乡百灵”电视歌手大奖赛。比赛于5月29日开赛，共设25场，历时4个月。9月4日，大赛总决赛在市广播电视台举行，选手陈斌获总冠军。

5月12日，海宁市第五届文化艺术节开幕暨“舞动潮乡”千人健身排舞展演

【文艺精品参加浙江省文化活动】 5月26日，由省残联、省文化厅举办的第四届浙江省残疾人文艺汇演在省音乐厅举行，海宁市选送的《弄潮儿》获银奖。9月4日，由省文化厅主办的第十二届音乐新作演唱（演奏）大赛在丽水举行，海宁市文化馆创作的《蚕桑姑娘》获创作金奖。

【群舞《钱江弄潮》央视获奖】 10月15日，海宁市三位聋哑非专业舞蹈演员杨新杰、许旭明、马振鸿表演的群舞《钱江弄潮》，在第七届CCTV电视舞蹈大赛中获"人气王奖"。

（朱文娟　王国坚）

文物博物

【概况】 推进国家历史文化名城申报工作，精心组织大运河（海宁段）保护和申遗，启动第一次全国可移动文物普查工作。文保建筑维修项目完成竣工验收8处，完成维修方案设计5处。3月，陈阁老宅、长安画像石墓和惠力寺经幢列入第七批全国重点文物保护单位，全市共有全国重点文物保护单位8个（9处）。5月，海宁市博物馆被评为国家三级博物馆。市博物馆有藏品6478件，其中珍贵文物1745件，全年举办各类展览活动17场次。

【召开申报国家历史文化名城工作会议】 11月25日，召开申报国家历史文化名城工作会议。会议听取市住房和城乡规划建设局关于《海宁市历史文化名城保护规划》编制情况和内容的汇报，对下一步申报工作重点和难点进行研究讨论，并提出具体要求。

【大运河长安闸遗产展示馆工程完工】 9月16日，市文体局组织有关单位对大运河长安闸遗产展示馆陈列展览工程项目进行竣工验收。该馆于3月1日施工，6月15日竣工，总建筑面积996平方米，投入资金700多万元，是大运河（海宁段)申遗点、段二期整治工作的重点工程。展厅分序言、长安胜览、长安闸坝、长安流韵4个单元，展示了长安一坝三闸的真实性、完整性及其在运河发展史上重要的历史地位和科学价值。

【大运河（海宁段）申遗通过专家组评估】 9月24日，联合国教科文组织世界遗产委员会国际古迹遗址理事会专家莉玛·胡贾一行到海宁市长安镇，对大运河（海宁段）申遗工作进行现场考察评估。专家组察看大运河长安闸遗产展示馆，考察一坝三闸等遗址的保护和环境整治工作，听取遗产点的文史介绍、考古发掘成果、环境整治等有关情况汇报。大运河（海宁段）申遗工作通过现场考察评估。

联合国教科文组织世界遗产委员会专家组考察大运河（海宁段）申遗工作

【第一次全国可移动文物普查工作启动】 8月，海宁市启动第一次全国可移动文物普查工作。成立普查领导小组，召开普查动员大会，召开业务辅导会，进行上门普查指导。第一阶段对各单位有无可移动文物进行摸底，下发文物收藏情况调查登记表和可移动文物工作手册。共普查单位700多家，17家单位反馈有疑似可移动文物，总计有疑似可移动文物28323件，其中文物保护系统内有16450件。

【文保建筑保护修缮】 2013年，完成文化遗产维修项目8处，分别是：张宗祥故居、斜桥侵华日军炮楼、钱君匋祖居、安澜塔、鲁家桥、黄安桥、陈氏民宅、徐氏民宅。启动汤氏民宅、常缓庙维修工程。完成太平桥、周王庙日军侵华炮楼、德风桥、德义桥和圣女小德肋撒天主堂5处文化遗产维修项目的实地测绘、维修方案设计编制等工作。

【考古发掘】 3月，市文保所配合省考古所对皇坟头遗址再次进行考古发掘。新增发掘面积175平方米，累计近4000平方米；清理墓葬27座，出土玉、石、陶、骨等各类文物407件，其中包括玉璧、玉冠状器、玉璜、玉纺轮、玉镯、象牙镯等一批珍贵文物；新发现叠石圈遗迹一座，累计发现18座。对海昌街道小黄山东侧的5座墓葬进行清理。配合省考古所对小兜里遗址出土的器物进行修复绘图整理，为良渚文化研究提供新的考古材料。

（王雨心）

图书事业

【海宁市图书馆】 全市图书馆藏书量85.3万册，其中17个分馆藏书量39.1万册。全年接待读者120.1万人次，其中分馆接待读者74.7万人次。图书借阅流通227.1万册次，其中分馆借阅流通179万册次。新增借书证19247张。全年完成文献购置经费310万元，新增入编图书33834种84445册（不含电子资源）。征订报纸杂志2560种，其中报纸369种、期刊2191种；装订报纸、杂志11631册。收集地方文献686种1493册；接收赠送图书文献3707种4973册。修补图书2574册次。举办紫微讲坛10期，听众2700余人次。组织放映资源共享工程优秀视频946场次，观众13371人次。推出12项免费开放项目，涵盖图书借阅、期刊阅览、电子阅览、数据库使用、共享工程、读者培训、送书下乡、讲座、展览以及各类阅读推广活动。开展各类阅读活动345次，参与读者5.4万人次，分别比上年增长225.5%和30.8%，其中总馆分馆联动活动177次，总馆开展活动76次，分馆开展活动92次。

【海宁市新华书店有限公司】 2013年，实现销售收入8600万元，比上年增长5.4%；实现利润727万元，增长10.2%；实现所有者权益7007万元，增长11.6%。公司人均劳动生产率104万元，增长10%。做好全市各中小学教材、教辅资料的征订、发行工作，全年教材、教辅发行码洋3488万元，增长6.2%。开拓农村图书市场，在连杭经济开发区盐仓集镇开设门店1家，销售收入91.1万元。尝试转变经营模式，在海宁市高级中学开设门店1家，销售收入19.6万元。开通海宁新华书店官方微博和微信，试行“数字营销方式”，至年底，销售各类书籍10264册，销售收入27.2万元。

（朱文娟　钱　怡）

非物质文化遗产保护

【概况】 2013年，硖石灯彩艺人孙杰入选浙江省第四批非遗项目代表性传承人名录；硖石灯彩传承人宋振华被评为浙江省优秀传统文化教育普及活动先进个人；《海宁潮传说》《乾隆与海宁的传说》和《许村猛将庙会》3个项目被评为海宁市第四批非遗名录；施森炎等9名传承人被评为海宁市第三批非遗传承人。非遗商标“云龙蚕桑”获国家工商总局商标注册证。举办海宁市2013年元宵硖石灯会、清明节民间艺术面对面暨学徒技能展示展演活动、云龙村蚕俗文化节、2013年“文化遗产日”系列活动、中秋灯会和潮神祭祀等文化节庆活动。海宁皮影戏、硖石灯彩参加对外文化交流十余次。

【2013年元宵硖石灯会】 2月4日至3月10日，举办以“两创两富·美丽潮乡”为主题的2013年元宵硖石灯会。包括挂灯、迎灯、灯展、灯彩交易会、灯谜、扎灯大赛、民俗表演、评灯和摄影比赛9项活动。2月24日（农历正月十五）晚，迎灯活动正式启动，32盏主题灯彩与22个表演方队组成迎灯队伍，以行街方式，分“序曲·起潮”“潮涌·腾飞”“人文·传承”“和谐·幸福”4个篇章行进。同时举行花灯舞、龙舞、打莲湘、荡湖船、腰鼓等20余项民俗表演。整个迎灯活动历时两个小时，近20万人观看。央视新闻频道《共同关注》栏目及海宁新闻媒体对灯会盛况进行直播。

【海宁非物质文化遗产作品获奖】 2月4日，参加由省委宣传部、省外宣办、文化厅、广电集团主办的“美丽非遗——‘泰顺廊桥杯’网络寻访非遗”活动展演晚会，海宁皮影戏传统剧目《水漫金山》获“最具原生态奖”。4月25～29日，在第三届中国·浙江工艺美术精品博览会上，硖石灯彩作品《聚宝盆灯》、海宁皮影戏影偶作品《腾云蹼》、微雕作品《新疆墨玉方章微雕〈易经〉六十四卦爻辞全文》和瓷刻作品《贯休十六罗汉图骨瓷刻画》获“明清居杯”金奖；硖石灯彩作品《针刺古韵台灯》和海宁皮影戏影偶作品《赐御酒》获银奖；海宁皮影戏影偶作品《皮影人物》《四海龙王》获铜奖。7月12日至8月11日，硖石灯彩《穿心阁灯》和皮贴画《三国英雄》分获首届浙江工艺美术双年展暨第四届浙江省民间文艺映山红奖（工艺美术类）银奖和铜奖。

3月28日，海宁市人民政府向中国皮影戏博物馆捐赠影偶作品

【影偶作品入驻中国皮影戏博物馆】 3月28日，在国际木偶联会中国中心、中国木偶皮影艺术学会2013年度工作会议上，海宁市人民政府向中国皮影戏博物馆捐赠影偶作品1套和《贾宝楼》表演视频。影偶作品为海宁皮影戏国家级代表性传承人王钱松制作的《尝端阳》之中的《姚刚打王英》，表演视频为海宁皮影戏国家级传承人徐二男、张坤荣表演的《贾家楼》。

2013俄罗斯·中国浙江文化节灯彩技艺现场展示

【“文化遗产日”系列活动】 5～7月，举办2013“文化遗产日”系列活动，先后举办“运河传文脉·钱潮承古韵”杭州下城·嘉兴海宁文化走亲非遗成果展、《美丽非遗·海宁记忆》首发仪式、第六届端午裹粽子比赛、非遗进村落（社区、学校）等活动。

【海宁皮影戏和硖石灯彩参加对外文化交流】 1月30日至2月3日，参加由浙江省文化厅、西班牙马德里中国文化中心主办，浙江省非物质文化遗产保护中心承办的“欢乐春节·天工遗风”——浙江传统手工艺精品展，展出硖石灯彩《穿心阁灯》《走马灯》等作品13件。7月11～16日，参加美国新墨西哥州圣达菲国际民间手工艺展，展出硖石灯彩《花瓶灯》《茶壶灯》等作品20多件。7月21日至8月1日，海宁皮影戏《水漫金山》参加由文化部主办的全国第十届木偶、皮影优秀剧（节）目展演活动。8月12～25日，参加在俄罗斯首都莫斯科中国文化中心举办的2013俄罗斯·中国浙江文化节暨“天工遗风——浙江省非物质文化遗产精品展”，展出硖石灯彩作品32件、海宁皮影戏影偶作品5幅，硖石灯彩省级传承人胡金龙进行灯彩技艺现场展示。10月17～20日，参加由中国艺术研究院、中国非物质文化遗产保护中心、联合国教科文组织亚太地区国际培训中心、浙江省文化厅和杭州市人民政府共同主办的首届中国杭州亚太传统手工艺博览会，硖石灯彩在亚太传统手工艺特色一条街亮相，皮影戏《水漫金山》《闹龙宫》等剧目参与“非遗大舞台”演出。10月25～28日，参加第九届海峡两岸图书交易会，展出硖石灯彩作品20余件，海宁皮影戏进行表演展示。

【美国民俗学会考察海宁】 12月7日，美国民俗学会会长、印第安纳大学民俗与民族音乐学系主任戴安一行到海宁，考察海宁皮影戏和硖石灯彩两个国家级非物质文化遗产项目。

【世界外交官到海宁考察】 10月20日，举办2013年世界外交官中国文化之旅——

走进海宁活动。来自俄罗斯、韩国、冰岛、伊拉克、联合国教科文组织等13个国家和组织的外交官到海宁市斜桥镇路仲古镇参观考察。

（王晓莉 王国坚）

文化市场管理

【概况】 2013年，全市共有各类文化经营单位760家，审批大型演出7批次。报送文化市场管理工作信息78篇，其中在全省文化执法OA信息网络发表66篇。出刊《海宁市文化市场工作简报》12期。

【文化市场执法检查】 全年会同市有关部门开展联合执法行动50次，出动执法人员1584人次，检查各类文化经营单位2637家次，查获违规经营单位213家（个），立案处理64件，办结案件55件。警告45次，停业整顿4家，罚款39.6万元，没收非法所得2.6万元。依法收缴各类非法出版物1.1万册（片、盒）、无证游戏（艺）机283台、电路板40块，取缔各类无证经营点181个。

【“文明星级网吧”评创】 为提升全市网吧行业整体管理水平和社会形象，制订出台《海宁市文明星级网吧评创办法》，开展“文明星级网吧”评比创建工作。年内有12家网吧被评为四星级网吧，42家网吧被评为三星级网吧，星级网吧数占全市68家网吧的79.4%。

【公共视听载体播放活动备案】 根据《浙江省公共视听载体播放活动管理办法》，海宁市率先在嘉兴市完成对公共视听载体播放活动的调查摸底与备案工作。全市共有公共视听载体业主和运营单位30余个，播放点（单位）260余个，13块户外大屏幕办理备案登记，并签订安全播出承诺书。

（蔡琴燕）

新闻出版和版权保护

【概况】 2013年，全市共有各类新闻出版经营单位546家，其中图书出版物经营单位91家、音像制品经营单位35家、印刷经营单位（户）420家。推进软件正版化工作，加强家纺行业花样版权保护，做好KTV行业版权保护有偿使用工作。

【推进软件正版化工作】 对党群机关使用正版软件进行检查和整改，通过实施政府集中采购，推进软件正版化工作。年内共采购正版软件251套，采购金额17.4万元。

【家纺行业花样版权保护】 全市家纺企业共申请核准版权登记1600件，市文化广电新闻出版局会同市工商、公安、许村家纺保护办公室等部门联合开展家纺花样版权保护执法行动，成功调解处理版权纠纷109起。率先在全省由新闻出版部门依法立案13件，办结侵犯家纺版权案3件，罚款9.7万元。

（蔡琴燕）

文化产业

【概况】 2013年，全面落实《海宁市“十二五”文化产业发展规划》，围绕盐官百里钱塘国际旅游长廊开发建设工作，推进重点文化项目发展。开展对知名文化产业企业的招商招才活动，2013年落户中国（浙江）影视产业国际合作实验区海宁基地的影视企业有 44 家，累计 155 家。元宵节期间，在市体育中心举办首届灯彩交易会。7 月，召开灯彩产业化专题研讨会，撰写调研材料。8 月，举行中国灯彩界精英联谊活动。完成“中国海宁国际戏剧之都”项目建设区块维修改造工程。组织文化企业参加第八届中国义乌文化产品交易博览会。参加嘉兴市委宣传部在北京和上海举办的文化产业招商推介会，重点推介盐官百里长廊。优化文化产业发展软环境，开展“浙江省文化发展指数 CDI”的统计工作，制定《海宁市文化产业发展三年行动计划》，撰写《海宁市文化产业“十二五”规划中期评估报告》，修订《推进文化强市建设的若干政策意见》，修编《关于促进影视产业发展的若干意见》。加大对文化项目的扶持奖励，对 9 家企业申报的 14 个项目和 49 家企业申报的 1039 件著作权共兑现扶持资金 203 万元。年内，海宁中国皮革城品牌风尚中心入选首批嘉兴市文化产业园区名单。

首届硖石灯彩交易会

【参加 2013 年中国义乌文化产品交易博览会】 4 月 27～30 日，由文化部和浙江省人民政府联合主办的 2013 年中国义乌文化产品交易博览会在义乌国际博览中心举行。该文博会共设置文化创意展馆、文体办公用品展馆、印刷包装与机械展馆等 8 个专业展馆 3320 个国际标准展位。海宁市组织硖石灯彩、琳轩灯彩、迷墙皮贴画、亚东彩印包装等 10 家企业参展，其中琳轩灯彩作品《牡丹蝴蝶小台灯》和迷墙皮贴画作品《花旦》获工艺美术铜奖，琳轩灯彩作品《圆柱小台灯》和硖石灯彩作品《光明灯塔》获工艺美术优秀奖。

【首届硖石灯彩交易会】 2 月 25～27 日，由海宁市 2013 年元宵硖石灯会组委会主办，市文化创意产业办公室承办的首届硖石灯彩交易会在市体育中心举行。交易会共设置 20 个展位，分展示交易区和休闲观赏区。展示交易区主要包括硖石灯彩、海宁皮革画、粉塑及文化创意集市；休闲观赏区设置皮影戏表演、皮革画、粉塑制作技艺展示等互动活动。来自全国各地的 18 家著名灯彩企业和民间艺人参加。交易会参观人数 5000 多人次，现场成交量 403 件，成交额近 6000 元。

【《大清宝典》在盐官开拍】 5 月 28 日，大型古装戏《大清宝典》剧组 100 余名演职人员进驻盐官观潮景区，开始为期半个月的取景拍摄。该剧由尤小刚担任导演，舒畅、迟帅联袂主演。主要讲述清乾隆年间数个大家族从名声显赫到家族破落而毁灭的命运悲剧。

（庄燕萍　王国坚）

名人纪念馆（故居、旧居）

【徐邦达艺术馆】　全年共举办艺术类展览13次、书画交流活动2次，接待观众2.2万人次。主要展览有：浙江省青年书协少儿委员会委员作品展，金心明宋人诗意画展，莫晓卫画展，何来胜书法展，高生良、高晓莎父女书画作品展，徐书城中国画展，2013新加坡教师美术协会书画作品展等。其中在徐书城中国画展中，徐书城捐出5件珍贵的藏品，分别是清光绪进士、翰林院编修沈卫送给徐邦达父亲徐尧臣的书法扇面，徐邦达艺术巅峰时期的诗词书法作品，徐书城的荷花金鱼作品（有徐邦达题字），徐书城的其他作品。新加坡教师美术协会会长、前教育部美术视察官任玉兰和新加坡艺术总会名誉会长何家良分别为徐邦达艺术馆捐赠作品。编辑馆刊《心远》1期。

（朱昌元）

【张宗祥书画院】　出版《张宗祥家信手札》。全年举办各类展览活动14次，参观人数1.8万人次。较大的展览活动有：徐志摩诗歌节延伸活动张同吾诗书展、杭嘉湖五人书画展、“东方为神、西方为髓”——比籍华裔管伟骏油

画作品展等。精选嘉禾当代印人篆刻作品选50幅在《中国艺术报》作整版宣传。李惠明参加西泠印社书法篆刻高级研修班。冯琎赴北京交流、出版画册，在南京和台州举办展览。

（冯　群）

【钱君匋艺术研究馆】　举办西山艺萃——钱君匋艺术研究馆15周年纪念图片展，编印《西山艺萃——钱君匋艺术研究馆15周年纪念图片集》。承办纪念钱君匋艺术研究馆建馆15周年学术座谈会暨钱君匋捐赠馆藏书画精品展，钱君匋长子钱大绪、长孙钱骏向钱君匋艺术研究馆捐赠钱君匋信札和钱君匋自题“无倦苦斋”斋名，举办学术座谈会2场。在上海嘉定陆俨少艺术院举办霞光璨烂——钱君匋书画、篆刻艺术精品展，展出钱君匋不同时期的作品60件。全年举办各类爱国主义教育活动展览和艺术交流活动21次，接待观众3.7万人次。举办第四届“小鬼当家杯”中小学生书画大赛获奖作品展。赴上海嘉定区陆俨少艺术院、上海博物

5月26日，举办第四届“小鬼当家杯”中小学生书画大赛获奖作品展

馆、浙江画院、唐云艺术馆等文化场馆参观交流。到硖石街道、海昌街道、武警中队等地开展文化惠民活动。召开钱君匋艺术研究馆维修及改陈布展现场会，确定设计方案，召开论证会。全年增加艺术藏品 11 件。

（冯　群）

【徐志摩旧居】　全年接待参观者 2.4 万人次。重要接待活动有：3 月 26 日，国家体育总局社会体育指导中心副主任张怡一行 4 人到访；4 月 15 日，海宁市电视台《海宁老街记忆》摄制组一行 3 人到旧居取景拍摄；4 月 16 日，全省宣传部长会议参会人员 29 人到访；6 月 1 日，徐志摩孙女徐行等 5 人到旧居缅怀先人；6 月 5 日，江苏常州广播电视台《大陆饭店》摄制组一行 7 人到旧居取景采风；7 月 17 日，上海天籁传播机构《海宁，你是谁》微电影拍摄组一行 35 人到旧居取景采风；9 月 26 日，中国国民党荣誉主席连战偕夫人一行到访，连战作“新月诗韵依旧，不带走西天云彩”的题词。

（王雨心）

【沈鸿纪念馆】　全年接待参观者 1.2 万人次。重要接待活动有：3 月 21 日，桐乡市技工学校离退休教师 16 人到访；3 月 27 日，江苏省启东市教育系统领导 15 人到访；4 月 7 日，青海省冶金工业技术学校领导到访；5 月 20 日，举行浙江省廉政文化教育基地揭牌仪式，全市 93 个部门共 200 余人参加；9 月 25 日，浙江省委党史研究室副巡视员曾林平一行 10 人到访；11 月 7 日，浙江省技工学校、德育中学教师一行 70 人到访；11 月 18 日，嘉兴市第八届技能节组委会 100 余人到访。年内再版《延安工业之父——沈鸿》，印制《沈鸿纪念馆——浙江省廉政文化教育基地》宣传画册 5000 份。

（王国坚）

名人研究

【概况】　2013 年，全市有名人研究会（中心）6 个。共举办名人研究纪念座谈会（讲座）3 场：《浙江潮·发刊词》（1903-2-17）发表 110 周年暨蒋公百里逝世 75 周年纪念座谈会，“清代海宁学术丰碑——陈鳣其人其学”讲座，爱国爱乡、高山仰止——查济民先生诞辰 100 周年纪念会。

【王国维研究会】　组织召开王国维《观堂集林》出版 90 周年学术座谈会，编辑《王国维研究通讯》2 期。会长王学海到浙江财经大学东方学院作“王国维研究与乡土文化”

6 月 17 日，举行《浙江潮·发刊词》（1903-2-17）发表 110 周年暨蒋百里先生逝世 75 周年纪念座谈会

讲座。王学海为王国维女儿王东明撰写的《王国维家事》一书撰写评论文章。副会长刘培良接受海宁电视台“关于王国维生平和学术成就”主题采访，并在教育系统作“海宁地域文化与王国维学术成就”主题报告。顾问王雪康编辑出版《海宁安化王氏宗谱》，并召开首发座谈会。会员张镇西征集《王乃誉日记》一套，并与中华书局商定出版。

【徐志摩研究会】　联络全国各地徐志摩研究工作者，组织开展徐志摩研究工作。济南市徐志摩研究会成立。建立徐志摩诗文网及徐志摩协会 QQ 群，完成网站的改版和资料充实工作，拓宽研究及交流渠道。与盐官景区管委会共同筹备徐志摩和友人观潮雕塑作品《那一天》落成揭幕仪式。参与“2013 中国海宁徐志摩诗歌朗诵会”方案策划，数十名会员参加诗歌朗诵会。名誉会长章景曙参与赴英国剑桥大学出访交流活动，多名会员参与海宁市和剑桥大学工作规划的制订和修改。会员参加浙江省中国现代文学研究会第四次代表大会暨学术研讨会，并提交学术论文。多名会员参与干河街规划的制订和讨论。

【吴世昌研究会】　全年召开理事会 4 次。在海宁市高级中学（以下简称海高）图书馆建立吴世昌研究会办公室，将吴世昌研究纳入海高校本选修课程，并依托海高吴世昌纪念馆、吴世昌藏书室开展活动。海宁一中和海高分别开设“海宁名人文化”和“海宁名人名作欣赏”选修课程，专章介绍吴世昌的生平和作品。会员潘鑫在嘉兴选修课程研讨活动中开设吴世昌诗词作品欣赏示范课。吴世昌陈列室和吴世昌藏书室接待来自韩国西大田女子高中、台湾嘉义高中、华东师范大学等学校的参观人员。组织会员搜集整理研究吴世昌的学术论文，共整理出 160 余篇。顾问章景曙在海宁大讲坛、浙江财经大学东方学院宣讲海宁文化名人。名誉会长唐兆基在老年大学、社区等宣讲吴世昌事迹，在报刊撰文介绍吴世昌的红学研究成果。秘书长姚若丰在浙江财经大学东方学院介绍海宁方言和海宁名人相关情况。

【金庸学术研究会】　1 月 5 日，会长王敬三和市委宣传部副部长孙踏海赴香港，就海宁市人民政府与中央电视台联合摄制《金庸文化纪录片》及其他有关事宜与金庸商榷并征得其同意。4 月 6 日，上海《新民晚报》总编曹正文带领记者、作家等 12 人到金庸书院参观；8 月，上海作家协会诗词组组长刘希涛带领作家、诗人等 11 人到金庸书院参观，并现场撰文《海宁有个金庸书院》和《参观金庸书院有感》。9 月，央视摄制组到袁花金庸旧居和盐官金庸书院进行采访，完成《金庸文化纪录片》中海宁章节的摄制任务。组织“金庸迷”参观金庸书院。协助做好金庸书院向东延伸扩建工作，邀请澳门大学、河南大学、苏州大学的 4 位教授题写匾额 4 幅。

【沈鸿研究会】　会同市委组织部、市委党校开展党性教育，组织党章培训班、新公务员培训班学员以及部分机关干部、村（社区）党员干部参观沈鸿观念馆。会同市教育局对师生进行德育教育，组织部分中小学师生参观沈鸿纪念馆。会同沈鸿纪念馆做好外地到访者的接待服务工作，做好全市各级党政机关、企事业单位和社会团体反腐倡廉主题教育活动的服务工作。年内，王国坚的论文《摒弃特权思想，倡导以俭养廉》荣获全国“南湖·红色”廉政优秀文艺作品三等奖，并入编《摒弃特权思想与俭朴养廉》一书。

（冯　群　王敬三　王国坚）

［编辑：邱　洧］

体　　育

Sports

综　　述

2013年，全市共有体育场地1957个，面积244.7万平方米，年内新增体育场地530个，面积37.8万平方米。体育经费财政预算安排1212.9万元，基本建设投入资金1860万元。

竞技体育水平不断提高。以备战浙江省第十五届运动会为重点，组织124名适龄运动员参加骨龄测试。2013年，共注册各项目运动员120名。向浙江体育职业技术学院和嘉兴市少体校输送运动员23名，选派17名市少体校重点项目教练员参加嘉兴市业余训练培训班；发展一级运动员1名、二级运动员15名，发展国家级运动员1名、二级裁判员6名。6名海宁籍运动员代表浙江省参加第十二届全运会，获银牌1枚、铜牌1枚。515名运动员参加14项嘉兴市级以上赛事，获国际比赛金牌12枚、银牌9枚、铜牌12枚，获全国比赛金牌54枚、银牌46枚、铜牌34枚，获省级体育竞赛金牌28枚、银牌30枚、铜牌30枚，获嘉兴市级体育竞赛金牌176枚、银牌90枚、铜牌61枚。在各项比赛中，有5人破嘉兴市举重、田径最高纪录。市少体校被命名为国家高水平体育后备人才基地和国家田径（撑竿跳高）奥林匹克高水平后备人才基地。

学校体育活动丰富多彩。2013年，共举办14项海宁市中小学生体育比赛，参赛人数3469人次。举办海宁市校园足球联赛，共有26支足球队314名运动员参赛。承办校园足球、射击、乒乓球3项嘉兴市级以上赛事。组织248名运动员参加2013年嘉兴市中小学生7个项目的比赛。

群众体育事业蓬勃发展。全年承办国际级体育赛事1项、国家级体育赛事4项、省级体育赛事14项、嘉兴市级体育赛事7项。举办2013年中国海宁国际轮滑节、海宁市“全民健身日”系列活动。各体育协会举办传统赛事382场次，参与2.4万人次。年内成功创建“浙江省中心村全民健身广场”1个，“浙江省小康体育村”38个，“浙江省城市体育先进社区”5个，“浙江省村级体育俱乐部”6个，“浙江省社区体育俱乐部”5个，“浙江省社区体育健身俱乐部”2个，“浙江省体育示范幼儿园”1个，创建嘉兴市“美丽乡村”全民健身广场和“美丽乡村·体育休闲公园”各1个。组织人员对镇（街道）健身器材进行专项检查，新增全民健身设施1052件。举办社会体育指导员培训班3期。新批准成立海宁市登山协会、海宁市游泳救生协会。海宁市人民政府、海宁市少体校被国家体育总局评为“全国群众体育先进单位”。

（沈敏凯）

竞技体育

【概况】 2013年，海宁市运动员冯吕栋代表浙江省参加第十二届全国运动会举重比赛获1枚铜牌；张婧代表浙江省参加第十二届全国运动会举重比赛获1枚银牌；沈铮宇参加奥林匹克青年节射击公开赛获1枚金牌；彭艺霜参加全国青少年举重锦标赛获1枚银牌；彭磊参加全国青少年举重锦标赛获1枚铜牌；王鑫涛参加全国青少年田径锦标赛获1枚银牌；张叶辉参加全国青少年田径锦标赛获1枚铜牌。4名运动员破9项嘉兴市举重最高纪录，1名运动员破1项嘉兴市田径最高纪录。

参加全国少年（14～15岁）田径锦标赛，浙江省青少年田径、游泳、射箭、举重、射击锦标赛，浙江省第十一届少年儿童田径运动会，浙江省第二届青少年学生阳光体育运动会射击比赛共8项省级赛事。承办浙江省第二届体育大会轮滑比赛，2013浙江省青少年举重、射击、射箭锦标赛，浙江省田径精英赛共5项省级比赛。承办并参加嘉兴市少年儿童乒乓球锦标赛，嘉兴市青少年篮球（乙组）、田径、跆拳道锦标赛共4项比赛。11月11日，在亚洲轮滑联合会中央委员会第四次会议上，海宁市获得第十六届亚洲轮滑锦标赛承办权。

【承办中国（海宁）速度轮滑公开赛】 8月12～13日，中国（海宁）速度轮滑公开赛在海宁市国际轮滑运动中心举行。该赛事由国家体育总局社会体育指导中心、中国轮滑协会、浙江省体育局、嘉兴市人民政府主办，海宁市人民政府承办。来自日本、韩国等国家的46支代表队304名运动员参赛，海宁队共20名运动员参赛，获14枚金牌、14枚银牌、8枚铜牌。

【承办浙江省第二届体育大会轮滑比赛】 5月24～25日，浙江省第二届体育大会轮滑比赛在海宁市国际轮滑运动中心举行。该赛事由浙江省人民政府主办，浙江省体育局、嘉兴市体育局、海宁市人民政府联合承办。来自全省各地的11支代表队138名选手参加比赛。嘉兴市、杭州市、金华市代表队分获前三名，海宁市轮滑选手获7枚金牌。

【承办2013年浙江省青少年举重锦标赛】 7月14～17日，2013浙江省青少年举重锦标赛在海宁市体训馆举行。该赛事由浙江省体育局、教育厅主办，海宁市体育局、教

7月14～17日，2013年浙江省青少年举重锦标赛在海宁举行

育局承办。来自全省各地的 10 支代表队 311 名运动员参加比赛。海宁市举重队派出 21 名运动员代表嘉兴市参加比赛，获 14 枚金牌，嘉兴市代表队获团体总分第一名。

【承办浙江省青少年射箭锦标赛】　7 月 8～10 日，浙江省青少年射箭锦标赛在海宁市射击中心举行。该赛事由浙江省体育局、教育厅联合主办，海宁市体育局承办。来自全省各地的 16 支代表队 278 名运动员参赛。杭州市、温州市、台州市代表队分获前三名，嘉兴市代表队获 3 枚铜牌。

【承办 2013 年浙江省青少年射击锦标赛】　7 月 18～23 日，2013 年浙江省青少年射击锦标赛暨备战全运会射击比赛省队模拟赛在海宁市举行。该赛事由浙江省体育局、教育厅主办，海宁市体育局、教育局承办。来自全省各地的 18 支代表队 490 名运动员参加比赛。海宁市少体校射击队派出 50 名运动员代表嘉兴市参赛，获 3 枚金牌。

【承办 2013 年浙江省田径精英赛】　10 月 12～13 日，2013 浙江省田径精英赛在海宁市体育场举行。该赛事由浙江省体育局主办，海宁市少体校、浙江省田径协会承办。来自全省各地的 9 支代表队 294 名运动员参加比赛。海宁市派出 17 名运动员参赛，获 3 枚金牌。

（沈敏凯）

2013 年海宁市参加嘉兴市级以上竞技体育比赛成绩

表 39　　单位：枚

项　目	国　际			国　家			浙江省			嘉兴市		
	金牌	银牌	铜牌	金牌	银牌	铜牌	金牌	银牌	铜牌	金牌	银牌	铜牌
合　计	12	9	12	54	46	34	28	30	30	176	90	61
田径	—	—	—	—	1	1	3	1	—	28	15	12
游泳	—	—	—	—	—	—	1	5	2	57	36	24
举重	—	—	—	—	1	2	14	9	10	81	9	—
武术	—	—	—	—	—	—	—	—	—	2	10	5
轮滑	12	9	12	53	42	31	7	6	4	—	—	—
赛艇	—	—	—	—	—	—	—	—	2	3	7	7
射箭	—	—	—	—	—	—	—	—	3	—	—	—
足球（男）	—	—	—	—	—	—	—	—	—	1	—	—
足球（女）	—	—	—	—	—	—	—	—	—	1	—	1
射击	—	—	—	1	—	—	3	9	8	—	—	—
篮球	—	—	—	—	—	—	—	—	—	—	—	—
跆拳道	—	—	—	—	2	—	—	—	1	3	3	3
皮划艇	—	—	—	—	—	—	—	—	—	—	3	1
乒乓球	—	—	—	—	—	—	—	—	—	—	4	5
篮球	—	—	—	—	—	—	—	—	—	—	2	—
网球	—	—	—	—	—	—	—	—	—	—	1	1
羽毛球	—	—	—	—	—	—	—	—	—	—	—	2

学校体育

【概况】　2013 年，市教育局印发《海宁市加强学校体育三年行动计划（2013～2015）》。全市各中小学开足开齐体育课程，大力实施“体育艺术 2+1”项目，坚持大课间体育活动和课外集体体育锻炼制度，保证学生每天锻炼 1 小时。至年底，有 51 所中小学建成塑胶跑道，建成率 87.93%。有省级体育特色项目学校 9 所，嘉兴市级体育特色项目学校 11 所，阳光体育基地学校 1 所，海宁市级体育特色项目学校 20 所。海宁市高级中学被评为全国科技体育传统学校，海宁市教师进修学校附属小学、海宁市职业高级中学被评为全国学生阳光体育冬季长跑优秀学校。4月，全市初中毕业生体育学业考试在24个考点举行，6683名学生参加考试。全面实施《国家学生体质健康标准》，上报学校58所，上报率100%，上报学生79465名。11月，全市15所中小学、1500名学生接受教育部《国家学生体育健康标准》测试上报数据的抽查复核。全年共组织开展足球、乒乓球、网球（短式网球）、中国象棋、围棋、国际象棋、射击、射箭、游泳、篮球、健美操、速度轮滑、田径等14项体育竞赛，各中小学组队376支3469名学生参加。海宁市承办并参加2012～2013“希望杯”浙江省青少年校园足球联赛（小学女子组）决赛、浙江省第二届青少年学生阳光体育运动会射击比赛、嘉兴市小学生游泳比赛。12月20日，海宁市少体校青少年跆拳道训练基地在市教师进修学校附属小学挂牌。

【承办浙江省第二届青少年学生阳光体育运动会射击比赛】 8月13～15日，浙江省第二届青少年学生阳光体育运动会射击比赛在海宁市射击中心举行。该赛事由浙江省体育局、教育厅主办，海宁市体育局、教育局承办。来自全省各地18所射击体育特色学校的143名运动员参加比赛。海宁市10名运动员参赛，获中学组团体第三名。

【协办浙江省青少年校园足球联赛（小学女子组）决赛】 7月23～26日，2012～2013年度“希望杯”浙江省青少年校园足球联赛（小学女子组）决赛在海宁市体育场举行。该赛事由浙江省体育局、教育厅和省青少年校园足球工作领导小组办公室主办，嘉兴市体育局、教育局、校园足球办公室承办，海宁市体育局、教育局、足球协会、浙江宏达学校协办。来自全省各地的16支队伍162名运动员参赛。

【改革体育中考】 8月，市教育局印发《2014年海宁市初中毕业生体育学业考试（体育中考）实施方案》，调整考试项目设置和评分标准，将耐力类设置为必测项目，技能类和素质类每年在考前统一抽签确定类别，再由考生在确定的一类中选择一项进行测试。

【轮滑进校园】 年内，新增“轮滑进校园”试点学校15所，累计50所，全市义务教育学校“轮滑进校园”率100%。添置轮滑鞋480双、护具500套。9月17日，2013阳光体育“轮滑神州校园行”轮滑进校园成果

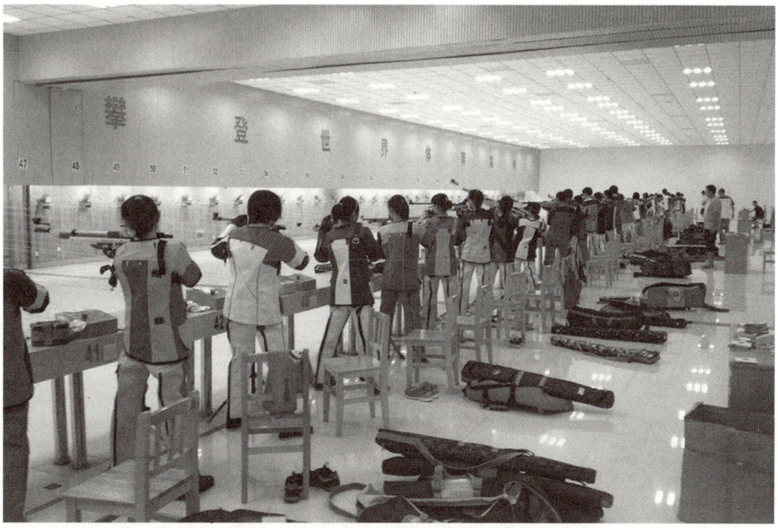

8月13～15日，浙江省第二届青少年学生阳光体育运动会射击比赛在海宁举行

展示活动在盐官观潮大道举行。33所学校的660名中小学轮滑运动员参加展示活动。

【创建体育特色学校】 继续开展中小学阳光体育艺术特色项目学校创建工作。年内，17所中小学、4所新居民子女学校被认定为2012~2014周期第二批海宁市中小学“阳光体育艺术特色项目学校”，形成校校有特色、生生有特长的良好格局。

（沈敏凯　范　冰）

群众体育

【概况】 2013年，承办世界斯诺克球员巡回赛（亚洲区）分区赛等5项国家级以上赛事。承办浙江省第六届幼儿体育大会开幕式、轮滑比赛等14项省级赛事。举办2013年中国海宁国际轮滑节。举办全民健身系列活动，参加7700余人次。各体育社团自主举办活动129次，参与1.4万人次。10月20日，市体育中心新建成的笼式足球场正式启用。11月，海宁市被中国老年人体育协会命名为全国第一批气排球之乡。12月，中国游泳协会游泳场馆、装备委员会会议在海宁举行。有15所学校的体育设施向社会开放，总活动人数8万余人次。

【承办CBSA世界斯诺克巡回赛分区赛】 8月23~25日，2013~2014CBSA世界斯诺克巡回赛“伊蒂丝·来力杯”分区赛在海宁新星台球俱乐部举行。该赛事由世界斯诺克协会、中国台球协会主办，海宁市体育局、浙江纽斯达体育文化有限公司承办。来自全国各地的65名斯诺克专业选手参赛。海宁市选手黄佳浩获冠军，李建兵、孙鹏并列季军。

【承办全国青少年男子足球联赛青年乙组省市联赛第二阶段比赛】 5月6~16日，2013年“万达广场”全国青少年男子足球联赛青年乙组（U17）省市联赛第二阶段海宁赛区比赛在海宁市体育场举行。该赛事由中国足球协会主办，全国青少年男子足球联赛南区组委会、浙江省足球协会、海宁市体育局、海宁市足球协会承办。杭州绿城、广东体彩、北京国安、武汉四中、大连阿尔滨和沈阳东进6支球队参赛。

【承办2013全国青少年斯诺克系列赛】 8月25~30日，钱江园区2013全国青少年斯诺克系列赛“宝峰热电杯”海宁公开赛在海宁新星台球俱乐部举行。该赛事由国家体育总局小球运动管理中心、中国台球协会主办，海宁市体育局、浙江纽斯达体育文化有限公司承办。来自全国各地的75名选手参赛。袁思俊获青年组冠军，何文冲获少年组冠军。

【承办全国广电系统第四届职工羽毛球赛】 9月3~6日，“中国蓝杯”全国广电系统第四届职工羽毛球赛在海宁市体育中心举行。该赛事由国家新闻出版广电总局工会联合会主办，浙江省广播电影电视局、浙江省广播电视集团、海宁市人民政府承办。全国广电系统职工羽毛球比赛首次在县级市举行，来自各省市广电系统的251名运动员参赛。安徽广电一队获团体总分冠军，无线局代表队获亚军，广西广电局代表队获第三名。国家新闻出版广电总局副局长童刚出席闭幕式。

【承办浙江省第六届幼儿体育大会】 5月，浙江省第六届幼儿体育大会开幕式、幼儿轮滑比赛、足球表演、趣味田径赛在海宁举行。5月4日举行开幕式，浙江省政协副主

5月11日，举行浙江省第六届幼儿体育大会暨第二届幼儿趣味田径表演大赛

席陈艳华、浙江省体育局局长孙光明等出席开幕式。该赛事由浙江省体育总会、省关工委、省人口和计生委、省总工会等11个单位联合主办，来自全省各地的53支代表队681名小运动员参加3项比赛。

【承办2013中国CIDU浙江国际舞蹈公开赛】 11月9日，2013中国CIDU浙江国际舞蹈公开赛暨海宁市第五届体育舞蹈锦标赛在海宁市实验小学举行。该赛事由中华国际舞蹈联合会主办，海宁市体育总会承办。来自山东、北京、福建、上海等省市的20支代表队600多名选手参赛。海宁市有300多名选手参赛，取得优异成绩。

【2013年中国海宁国际轮滑节】 2013年中国海宁国际轮滑节贯穿全年，主要包括“两富同行·炽爱西藏”——全球首次高原轮滑联谊活动、中国（海宁）速度轮滑公开赛、2013阳光体育“轮滑神州校园行”轮滑进校园成果展示3项重大赛事和活动。

【浙江省幼儿体育与健康论坛在海宁举行】 12月3~4日，浙江省幼儿体育与健康论坛及省幼儿体育协会成立大会在海宁举行。大会由浙江省体育局、卫生厅主办，省体育科学学会、幼儿体育协会、学前教育研究会承办。来自全省各地的230多家单位负责人参加论坛。浙江省卫生厅、浙江大学、台北市立大学运动科学研究所的专家作“营养和儿童骨健康”“幼儿心理健康与健康锻炼”

11月9日，中国CIDU浙江国际舞蹈公开赛暨海宁市第五届体育舞蹈锦标赛在海宁举行

12月7~8日，浙江省笼式足球比赛在海宁举行

“台湾地区儿童肥胖与体能活动之现状”专题讲座。同时成立浙江省幼儿体育协会。

【承办浙江省笼式足球比赛】 12月7~8日，2013年浙江省“奇胜杯”笼式足球比赛在海宁市举行。该赛事由浙江省体育总会主办，浙江省足球协会、浙江省黄龙体育中心、嘉兴市体育总会、海宁市体育总会承办。来自全省各地的20支队伍240余名运动员参赛。宁波宝兴队、丽水足协队、温州平阳队分获前三名，海宁盐官队获第七名。

【2013年潮乡少儿习泳项目】 7月5日，海宁市第十三届“万民学生下社区进村落”活动暨2013年潮乡少儿习泳项目启动仪式在市游泳馆举行。该活动由市委宣传部、市文明办、团市委、妇联、关工委、教育局、体育局联合主办。2011~2013年，潮乡少儿习泳项目共培训游泳教练员、救生员190人，培训青少年1.3万人，接待游泳健身爱好者45万人次。建立完善的竞赛制度，将游泳纳入年度体育竞赛计划。

【海宁市“全民健身日”系列活动】 2013年，海宁市“全民健身日”系列活动包括全民健身成果展示、健身场所免费体验、潮乡少儿游泳测试赛、小康体育村田径趣味赛、中国象棋团体赛、第三届“纽斯达杯”台球比赛等6项群体活动，有7700余人次参加。各体育社团自主举办活动129次，参与1.4万人次。

【海宁市获“全国群众体育先进单位”称号】 8月14日，海宁市人民政府和海宁市少年儿童体育学校获国家体育总局“2009~2012年度全国群众体育先进单位”称号。2009年以来，海宁市组建群众体育网络，至2012年年底全市共有体育协会23个，体育类民办非企业场所5个，经营性场所8家。落实基础设施建设，2009~2012年，全市12个镇（街道）建设全民健身苑点103个，室外健身器材2038件，累计有全民健身苑点278个，室外健身器材6456件。在8个镇和马桥街道建设拆装性游泳池9个，土建式游泳池1个，实现全市游泳场所全覆盖。建设标志性群众体育场所，2009年投资6113万元建成市射击馆；2010年投资6549万元建成市游泳馆。开放15所中小学的体育设施，实现体育资源社会共享，共接待群众体育活动者近50万人次。完善传统赛事，承办大型赛事，每4年举办一届全市综合性运动会，每2年举办一届机关运动会，每4年举办一届残疾人运动会和老年人运动会，每年承办大型赛事。逐渐形成轮滑、篮球、台球等城市特色体育品牌。培养体育专业人才。每年举办一次全民健身公益大培训；开展全民健身大讲堂，普及健康知识。

表 40　　2013 年海宁市承办的省级以上体育赛事一览

序号	级别	竞赛名称	比赛日期	比赛地点
1	国际	CBSA 世界斯诺克巡回赛“伊蒂丝·来力杯”分区赛	8 月 23～25 日	海宁新星台球俱乐部
2	国家	“万达广场”全国青少年男子足球联赛青年乙组（U17）省市联赛第二阶段海宁赛区比赛	5 月 6～16 日	海宁市体育场
3	国家	中国（海宁）速度轮滑公开赛	8 月 12～13 日	海宁市国际轮滑运动中心
4	国家	钱江园区 2013 全国青少年斯诺克系列赛“宝峰热电杯”海宁公开赛	8 月 25～30 日	海宁新星台球俱乐部
5	国家	“中国蓝杯”全国广电系统第四届职工羽毛球赛	9 月 3～6 日	海宁市体育中心
6	省级	浙江省第二届体育大会轮滑比赛	5 月 24～25 日	海宁市国际轮滑运动中心
7	省级	浙江省第六届幼儿体育大会足球比赛	5 月 3～4 日	海宁市国际轮滑运动中心
8	省级	浙江省第六届幼儿体育大会轮滑比赛	5 月 18～19 日	海宁市国际轮滑运动中心
10	省级	浙江省第六届幼儿体育大会趣味田径赛	5 月 11 日	海宁市国际轮滑运动中心
11	省级	2013“浙大校友杯”桥牌赛	5 月 31 日～6 月 1 日	海宁大世界酒店
12	省级	2013 浙江省“观潮杯”气排球邀请赛	5 月 24～26 日	盐官观潮景区
13	省级	2013 年浙江省青少年射箭锦标赛	7 月 8～10 日	海宁市射击中心
14	省级	2013 年浙江省青少年举重锦标赛	7 月 14～17 日	海宁市体训馆
15	省级	2013 年浙江省青少年射击锦标赛	7 月 18～23 日	海宁市射击中心
16	省级	2012～2013 年度“希望杯”浙江省青少年校园足球联赛（小学组女子乙组）决赛	7 月 23～26 日	海宁市体育场
17	省级	浙江省第二届青少年学生阳光体育运动会射击比赛	8 月 13～15 日	海宁市射击中心
18	省级	2013 年浙江省田径精英赛	10 月 12～13 日	海宁市体育场
19	省级	2013 中国 CIDU 浙江国际舞蹈公开赛暨海宁市第五届体育舞蹈锦标赛	11 月 9 日	海宁市实验小学
20	省级	浙江省“奇胜杯”笼式足球比赛	12 月 7～8 日	海宁市体育场

（沈敏凯）

［编辑：邱　洧］

传　媒

Media

《海宁日报》

【概况】 2013年，《海宁日报》共出版316期，总发行量1169.2万份，平均每期发行量37109份。全年经营总收入4116.8万元。优化版面改革，完成采编系统技术升级，出刊每周《海宁星期六》，下半年与长安镇（高新区）联合推出每周《新长安》。自12月15日起，增出周日报。10月，《海宁日报》被中国县市报研究会评为“中国县市区域最具魅力媒体奖”。《新闻实践》杂志2013年第7期刊出报道《企业文化凝聚报业发展正能量——海宁日报见闻》。在全省平原绿化工作座谈会上，《海宁日报》受到省委书记夏宝龙肯定称赞。

【要素改革和行政审批改革报道】 9月11日，浙江省政府批复同意在海宁市进行要素市场化配置综合配套改革试点和行政审批改革试点。《海宁日报》开设专栏和专版，通过解读、访谈、评论、图表等形式，对“要素配置改革改什么”提问政府有关部门，并介绍四大领域改革的基本情况，刊出专版30多个，报道100多篇。

【水环境治理报道】 开设系列专栏，对全市水环境治理的亮点和创新举措进行全面报道。先后开设《海宁治水·河长制》《海宁治水·生态市创建》等专栏，刊发报道120多篇。开设《生猪减量提质》专栏，报道转型发展典型。5月，推出“迎接世界环境日·记者走读治水线”连续报道，每天报道一条好河道，曝光一条脏黑臭河道，介绍好河道治理经验，督促各地加紧治理脏乱差河道。

【“三改一拆”报道】 推出《“三改一拆”进行时》专栏，报道旧住宅区、旧厂区、城中村的改造和废旧物资收购点整治情况，报道对“一户两宅”、违法搭建、违建猪舍等的拆除情况加大反面案例曝光力度。报道各镇（街道）、机关部门工作进展情况和创新举措等。开设《拆违治水、许村在行动》专栏，对许村工作进行舆论监督，对整治情况进行报道，推动面上整治工作开展。

【浙商回归、工业强市宣传报道】 开设《推进工业强市》《推进机器换人》《抓早抓实抓好》《有效投入促发展》《干好6件事，调整结构转型升级》等专栏，对全市狠抓实体经济、有效投入、招商引资、项目推进进行宣传报道，介绍浙商回归、工业强市、机器换人等企业典型。

【“两富同行·温暖海宁”宣传报道】 开设《两富同行·温暖海宁》专栏，报道万名党员干部结对帮扶困难家庭典型以及全社会认领虚拟岗工作。开展“幸福养老”工程报道，推出《夕阳无限好·社区看养老》专题，报道一批养老先进典型和好做法。城市社区居家养老服务照料中心建设全覆盖，推出系列报道:《养老服务照料中心好事不叫好?》《惠民工程如何规范操作，养老服务照料中心“探秘”》《“幸福养老”工程应规范“落地”》。

【创建浙江省文明市宣传报道】 以品牌栏目《潮城真情·最美海宁人》为载体，大力宣传报道一批最美人物和最美现象。8月，首家报道《高温下，年轻女子遇车祸倒地不起，新居民两把伞“撑”起人间大爱》系列文章，引起社会强烈反响，并被中央电视台报道和赞扬。推出《城市治堵文明出行》《六城联创共建共享》《生态市创建》《五（吾）带头，两富同行温暖海宁》《创建星级美丽乡村、建设两富海宁》等专栏。推出“美丽潮乡·春天里看绿点”系列报道，助推浙江省文明市创建。

【开展新闻舆论监督】 提升“市民监督团”和“海报突击队”两大新闻品牌。开设《市民监督团爱我海宁我带头》专栏，市民监督团对全市中心工作、政府承诺事项、“六城联创”工作开展监督活动36次，报道监督的民生问题得到及时解决。海报突击队直击百姓热点，先后针对非法行医、食品安全等一系列问题开展监督报道，促进热点问题的解决。

【成立海报爱心工作室】 年内成立海报爱心工作室，开设《海宁梦想秀》栏目，帮助一批市民实现梦想。开展“61个小小心愿”公益活动，帮助一批困难家庭孩子实现心愿；“弄潮儿成长计划”第五季帮助24名困难家庭学生募集助学金；专题报道发动社会力量帮扶28岁青年解决换肝资金缺口；推出“心粽有你、爱心粽”义卖行动，帮助患心脏病儿童怡宁募集医疗费2万多元。5月，海宁市委社工办发文，将海报爱心工作室“弄潮儿成长计划”列入社会工作服务项目，向社会推广。

【推进文化产业发展】 发挥《海宁日报》品牌优势，主动介入政府倡导的公益活动，承办长三角科技博览会、潮音乐节、徐志摩诗歌节、罗马尼亚电影周、潮博会春季项目推介会等重大节会活动。在全市部分窗口单位布点78个“海宁城市视窗”LCD屏，打造城市电视媒体发布平台。由海宁日报社投资拍摄的《学堂故事》获浙江省“文化精品工程”奖。加快全媒体发展，“爱海宁”App于9月正式上线，开通海宁文明网、海宁文化大礼堂、潮乡法闻等网站。改版海宁新闻

8月16日，海宁大道丁桥镇钱江工业园区路段“伞哥”“伞姐”为车祸女子撑伞遮阳

网、中国潮城网，完成“民情直通”海宁网络问政平台开发建设。

（项 伟）

广播电视

【概况】 2013年，市广播电视台进一步对广播新闻节目进行扩版增量，加大《海宁新闻》《午间新闻》信息量，增设一档《信息早班车》，全天新闻首播时间累计达1小时；推出《下班进行时》，整合《96快乐班车》节目，使节目更具贴近性、服务性、娱乐性。全天播出广播节目16小时40分钟，其中有线广播播出11小时，广播新闻节目3档60分钟，广播直播节目4档210分钟。加大电视新闻栏目《海宁新闻》《海视广角》信息量，《海宁新闻》开设《发展新跨越、两富新海宁》《两富同行》《吾带头典型》《水环境治理》《三改一拆》《城市有机更新》《省文明市创建》等主题报道专栏，并贯穿全年。《海视广角》开设《市长电话听民声》专栏，贴近民生。开设电视专题类栏目10档，包括对农栏目《今日新农村》，法制栏目《紫薇说法》，专题节目《潮乡党建》《人大视线》《政协视点》《海宁大讲坛》，少儿节目《潮乡童话》等。继续强化新闻评论，《热点面对面》节目常态化，每周一档，全年共播出52期。《今日新农村》栏目改版为《渊渊说新闻》《姚姚谈致富》《韬韬讲故事》三个板块。

全年市广播电视台被中央人民广播电台录用新闻稿件65条，其中《浙江海宁启动资源要素市场化改革》等8条新闻稿件在《全国新闻联播》和《新闻和报纸摘要》节目播出；被中央电视台录用新闻稿件75条，其中《海宁灯会庆元宵》《海宁老盐仓现20多米大潮》等7条新闻稿件在中央电视台《新闻联播》节目中播出；被浙江人民广播电台录用新闻稿件150条，被浙江电视台录用新闻稿件87条。市广播电视台新闻综合频道《紫薇说法》栏目《“微信”里的诱惑——我市警方摧毁嘉兴首起“微信”揽客卖淫团伙》《神秘的第三条通道》两个法制节目在中央电视台新闻频道《法治在线》栏目播出。

有52部《海宁纪事》电视专题片通过浙江电视台国际频道播出，每周1部；有69部电视外宣作品通过美国斯科拉电视台和中国教育文化频道播出；有12部广播作品在海外播出。市广播电视台选送的纪录片《梦回梅园》和《智斗美洲狮》被中国黄河电视台理事会评为2012度海外播出优秀电视节目，纪录片《爱在中国》获评全国彩桥奖三等奖。

2013年，全市数字电视用户20多万户，收视终端40万个，互动电视用户1.7万户，宽带用户4万户。年内筹建的呼叫中心项目，采用省华数公司的IPCC软件及手机电子工单派单系统，服务电话“96371”成功落地海宁。在全省率先试点智慧（应急）广播，在救灾减灾和应对突发事件中起到较好作用。在嘉兴地区率先开通免费WiFi网络，共建25个热点、202个AP点，无线覆盖包括街道、景点、公园、交通枢纽、医疗场所以及文化场所等区域。

年内，成立海视传媒公司，策划开展社会活动，先后举办海宁市首届和第二届汽车文化博览会、“中国梦想秀”嘉兴地区招募活动、“海宁好声音”既第七届“潮乡百灵”电视歌手大奖赛、海宁市新农村建设带头人评选活动等。年内入驻影视企业销售收入10.18亿元，比上年增长99.6%，缴纳各类税费1.15亿元，增长76.9%。影视基地新注册影视企业44家，到位注册资本新增加3.13亿元。累计有入驻影视企业155家，其中注册资本300万元以上、具备影视制作资质的有 96 家。市广播电视台《阿林哥话小康》《今日新农村》节目分别获全省广播电视对农节目服务工程建设考核优秀单位优秀奖，并双双进入全省十佳。广播节目《阿林哥话小康》被评为 2013 年度浙江省广播电视对农节目政府奖三等奖；电视节目《今日新农村》获中国广播电视协会对农节目三等奖。市广播电视台获全省广播新闻协作先进集体一等奖、电视新闻协作先进集体一等奖。

【举办 2013 海宁市首届和第二届汽车文化博览会】 1 月 1～3 日，市广播电视台在市体育中心举办海宁市首届汽车文化博览会。该博览会以“汇聚车文化、乐享潮生活”为主题，开幕式由浙江电台音乐调频《车舞飞扬》节目主持人王飞主持，市广播电视台新闻综合频道、生活服务频道、广播电台和微博沙龙对车博会进行全程直播。系列文化活动有：汽车与生活论坛、广电主持人才艺秀、“唱红海宁”获奖歌手演出、电视高清转播车展示、汽车与生活故事征集等。车博会期间销售汽车 600 辆，产值近亿元。9 月 6～8 日，举办海宁市第二届汽车文化博览会，三天时间共成交汽车 976 辆。第二届车博会首次将展区移至皮革城皮草广场，嘉兴、海宁的 20 多家汽车 4S 店参展，展会面积 6000 平方米。

【举办“晒举措、赛干劲”电视直播活动】 1 月 31 日，举办“晒举措、赛干劲”电视直播活动，4 个经济发展重点部门和 5 个民生部门的主要领导简述 2012 年工作完成情况，对 2013 年重点工作作出承诺。同时接受现场领导和群众提问，对前期通过微博、电子邮件、短信等征集到的提问进行逐一回答，并接受分管市领导的现场点评。市广播电视台直播整个活动过程。

【抗台风“菲特”报道】 10 月 8 日，受台风“菲特”和冷空气共同影响，海宁普降暴雨，全市积水严重。市广播电视台迅速行动，为全市防汛抗灾工作营造舆论氛围。海宁电台于 8 日 7:15 至 12:00 紧急推出《抗涝在行动，我们在一起》大型直播活动，发布水情、防汛报道；电视新闻打破常规，滚动播出，中午 12 点加播《海宁新闻》共 4 条，下午 15 点滚动播出《海宁新闻》共 8 条，晚上 18:30《海宁新闻》合并《海视广角》时段和资源，推出《抗涝特别报道》，时长共 25 分钟。新媒体第一时间通过市广播电视台官方微博 @ 海视广角发布权威信息，同时通过微信平台手动发布近 2000 条安全隐患提醒以及帮助信息。通过游动字幕、EPG、灾情信息图文发布和图文台信息等渠道，及时发布信息，传递安全知识。

1 月 1 日，2013 海宁市首届汽车文化博览会开幕

【支援灾区宣传报道】 4月20日四川雅安芦山地震后，市广播电视台及时开设《为灾区祈福，有爱就有希望》广播特别节目，晚上《海宁新闻》及时插播《海宁义工即将赶赴灾区参与救灾》《义工慈善义拍》等消息，并连夜录制《关注雅安、凝聚爱心、传递祝福》公益宣传片。5月28～31日，市广播电视台新闻中心记者与海宁爱心联盟的志愿者赴芦山、宝兴两个重灾县采访拍摄，并向多所学校发放海宁捐赠的35万元爱心款和物资。制作《爱心联盟成员自费前往雅安，监督35万元善款发放》《爱心联盟抵达芦山，向受助学校发放爱心款爱心物资》《帮震区孩子圆梦吧》《灾区孩子六一心愿》4条新闻，报道支援灾区最新动态。

【直播2013年元宵硖石灯会】 2月24日晚，举办2013年元宵硖石灯会。市广播电视台首次采用微波传输技术和二级切换播出，引入多路外来音视频信号，通过高清电视直播车、13个摄像机位全程直播迎灯活动。

【"两富同行"活动宣传】 6月4日，"共建共享、两富同行"文艺晚会在袁花镇长啸村举行。自海宁市组织开展万名党员干部结对帮扶困难家庭"两富同行"温暖活动后，市广播电视台结合新闻"走基层、转作风、改文风"活动加强"两富同行"宣传，及时报道活动开展动态，《海宁万名党员干部和贫困户认"干亲"》《设立虚拟岗位帮扶低保家庭》等3篇报道分别在浙江卫视、嘉兴电视台播出。

【举办2013"海宁好声音"电视歌手大奖赛】 参见第324页"'海宁好声音'擂台赛"条目。

【举办2014元旦主题晚会】 12月28日，"最美海宁人、温暖传真情"——海宁市2014元旦主题晚会在市广播电视台开演。晚会回顾2013年无私奉献的最美海宁人，表彰和报道他们的感人事迹。晚会突出思想内涵，弘扬真善美，引领价值追求。广播、电视、新蓝网、海宁大潮网等九大媒体进行现场直播。

海宁电视台记者深入四川雅安灾区采访拍摄

【海宁潮春潮录制宣传】 4月10～12日，中央电视台对海宁潮进行现场录制，包括老盐仓和盐官两个录制点，市广播电视台技术中心及高清直播车负责海宁潮录制的技术支持。

【《今日新农村》栏目全新改版】 9月1日，市广播电视台对农品牌栏目《今日新农村》全新改版。改版后推出新的主持人队伍——新农村观察员。形成《渊渊说新闻》《姚姚谈致富》《韬韬讲故事》三档全新栏目，其中《渊渊说新闻》聚焦新闻热点，剖析三农问题，《姚姚谈致富》发现推荐新技术新项目，传递致富新理念，《韬韬讲故事》讲述农民故事，展现人生经历，弘扬新时代农民的人文精神。同时，栏目还进行全新包装，策划、拍摄制作栏目宣传片及片头片花，并自写自创《今日新农村》片尾曲。为推动星级美丽乡村创建，自11月5日起开展“寻找最美乡村”活动，推出“寻找最美乡村”系列报道。

【“大潮网”开通、上线】 7月18日，市广播电视台“大潮网”公共微信平台正式开通。市广播电视台利用腾讯微信公共平台的功能设置，在微信平台上实现和受众一对多的文字、图片、语音、视频的全方位沟通和互动，并通过后台用户分组和地域控制，实现信息推送。12月28日，大潮网（www.haining.tv）正式上线。网站整合市广播电视台视频、音频及各类内容资源，全面开展直播、时移、点播、互动、推送等多种网络视音频及资讯服务业务，对图片、文字、音频、视频等全媒体内容进行编目描述、快编制作、内容管理和全媒体发布，并覆盖PC、手机、移动终端等多种发布渠道。实现市广播电视台2个频道和1个频率24小时在线直播、栏目视频点播、24小时任意时间节目回放、虚拟直播、精彩专题、大型活动、观众实时参与、即时互动评论、观众爆料上传等功能。同时，结合“智慧海宁”免费无线上网工程，配套推出手机3G版页面。

表41　　2013年度省级以上获奖作品

单　位	获奖内容	获奖级别	主创人员
海宁日报社	图片《新居民两把伞，“撑”起人间大爱》获中国县市传媒新闻奖（新闻摄影类）突发新闻类（组照）二等奖	国家	王超英、傅振明、吴少华
海宁日报社	图片《水中情》获中国县市传媒新闻奖（新闻摄影类）突发新闻类（组照）三等奖	国家	集体
海宁日报社	图片《海宁潮，试比高》获中国县市传媒新闻奖（新闻摄影类）自然及环境类（单幅）一等奖	国家	陈杰、尤红
海宁日报社	图片《田间“硝烟”真的“霾”伤脑筋》获中国县市传媒新闻奖（新闻摄影类）自然及环境类（单幅）二等奖	国家	陈杰、徐晓燕
海宁日报社	图片《莫让候鸟在此“止步”》获中国县市传媒新闻奖（新闻摄影类）自然及环境类（单幅）二等奖	国家	王超英、陆晓明
海宁日报社	图片《候鸟之殇》获中国县市传媒新闻奖（新闻摄影类）自然及环境类（组照）一等奖	国家	陈杰、吴少华
海宁日报社	《海宁要素改革专题》获浙江新闻奖三等奖	省级	吴少华、俞蕾、徐东琴、沈洁、王侃
海宁日报社	《海宁要素改革专题》获浙江网络新闻奖一等奖	省级	吴少华、俞蕾、徐东琴、沈洁、王侃

续表 41

单 位	获奖内容	获奖级别	主创人员
海宁日报社	评论《一支烟的距离》获浙江省区域报新闻奖一等奖	省级	沈婷婷、王永铭、张建仑
海宁日报社	系列报道《肯德基把废油卖给无证车？》获浙江省区域报新闻奖一等奖	省级	俞伟慧、陈曦灏、徐晓燕、王永铭、袁青峰
海宁日报社	摄影《新居民两把伞，“撑”起人间大爱》获浙江省区域报新闻奖一等奖	省级	王超英、傅振明、吴少华
海宁日报社	消息《83 家“低效”工业企业被挤出市场》获浙江省区域报新闻奖二等奖	省级	沈虹、吴少华、张建仑
海宁日报社	通讯《“农家书屋”缘何乏人问津》获浙江省区域报新闻奖二等奖	省级	朱文、万姗、宋予佳、徐晓燕
海宁日报社	消息《要入党，先面试》获浙江省区域报新闻奖三等奖	省级	祝佳、朱敏乾
海宁日报社	通讯《“河长”，省长向你致敬》获浙江省区域报新闻奖三等奖	省级	沈婷婷、陆晓明、吴少华
海宁日报社	10 月 9 日第 1 版（版面）获浙江省区域报新闻奖三等奖	省级	朱敏乾、张建仑、袁青峰
海宁日报社	标题《480 箱牛皮糖真会“吹牛”》获浙江省区域报新闻奖三等奖	省级	贺洁靓、王永铭
海宁日报社	通讯《“河长”，省长向你致敬》获浙报集团县市报新闻奖一等奖	省级	沈婷婷、陆晓明、吴少华
海宁日报社	消息《83 家“低效”工业企业被挤出市场》获浙报集团县市新闻奖二等奖	省级	沈虹、吴少华、张建仑
海宁日报社	评论《一支烟的距离》获浙报集团县市报新闻奖三等奖	省级	沈婷婷、王永铭、张建仑
海宁日报社	系列报道《肯德基把废油卖给无证车？》获浙报集团县市报新闻奖三等奖	省级	俞伟慧、陈曦灏、徐晓燕、王永铭
海宁日报社	标题《480 箱牛皮糖真会“吹牛”》获浙报集团县市报新闻奖好标题奖	省级	贺洁靓、王永铭
海宁日报社	8 月 17 日第 1 版（版面）获浙报集团县市报新闻奖好版面奖	省级	吴少华、傅振明
海宁日报社	图片《新居民两把伞，“撑”起人间大爱》获浙报集团县市报新闻摄影奖一等奖	省级	王超英、傅振明、吴少华
海宁日报社	图片《田间“硝烟”真的“霾”伤脑筋》获浙报集团县市报新闻摄影奖二等奖	省级	陈杰、徐晓燕
海宁日报社	图片《候鸟之殇》获浙报集团县市报新闻摄影奖三等奖	省级	陈杰
海宁日报社	图片《军警民抢驻通道》获浙报集团县市报新闻摄影奖三等奖	省级	王超英、陈杰
海宁市广播电视台	电视对农节目《今日新农村》被中国广播电视协会评为 2013 年度三等创优栏目。	国家	姚雁鸣、沈渊、殷文韬、张宇竞等
海宁市广播电视台	人大好新闻《记录责任——海宁市人大常委会建立代表履职档案》获第二十三届中国人大新闻奖电视台作品专题三等奖、浙江省第二十二届“宣传人民代表大会制度好新闻”二等奖	国家 省级	徐国华、徐詹东、夏青

续表 41

单　位	获奖内容	获奖级别	主创人员
海宁市广播电视台	广播对农栏目《阿林哥话小康》节目被评为浙江省广播电视对农节目政府奖三等奖。	省级	张晓、顾建龙、何晓丰、马天使
海宁市广播电视台	广播长消息《欧洲皮衣贴上海宁品牌》获浙江新闻奖三等奖、省广播电视新闻奖（广播消息）三等奖	省级	何晓丰、顾建龙、戴欣、张健琪
海宁市广播电视台	电视新闻评论《农村学生求学之路何时不再“漫长”》获浙江新闻奖三等奖、省广播电视新闻奖（电视新闻评论）三等奖	省级	周志伟、马文静、徐詹东、石月平
海宁市广播电视台	电视长消息《全国首家海宁低保户基本医疗费全免》获浙江新闻奖三等奖、省广播电视新闻奖（电视消息）三等奖	省级	顾秀明、徐詹东、刘波
海宁市广播电视台	电视短消息《华丰村好人好事银行今天“分红”》获浙江新闻奖三等奖	省级	顾秀明、高杰
海宁市广播电视台	电视连续报道《追踪儿童血铅中毒之谜》获嘉兴新闻奖电视新闻三等奖	省级	周志伟、殷文韬、徐梦、马文静、高杰、闻枫
海宁市广播电视台	综艺节目《盛世欢歌潮海宁——2013 元旦电视直播文艺晚会》获浙江省广播影视文艺奖（电视综艺）二等奖	省级	方旭明、单劼懋、张炯、顾佳妮、张宇竞、杨帆、张晓
海宁市广播电视台	电视制作摄像《路仲味道》获浙江省广播影视文艺奖三等奖	省级	李青山、顾佳妮、孙思渊、单劼懋
海宁市广播电视台	少儿节目《耳朵的故事》获省广播电视少儿节目奖二等奖	省级	陆军、余音梁、温雅琴、戴欣、庄韵芳
海宁市广播电视台	少儿节目《新疆班开学记》获省广播电视少儿节目奖三等奖	省级	顾佳妮、俞斌、章添、单杰民
海宁市广播电视台	广告作品《“韩力”电暖桌》获浙江省广播电影电视奖电视商业广告三等奖	省级	李青山、马文静、顾佳妮
海宁市广播电视台	法制好新闻《微博“通缉令”》获全省法制好新闻奖广播新闻三等奖	省级	何晓丰、陆军、顾建龙
海宁市广播电视台	法制好新闻《宏昌制革老板欠款 10 亿“跑路”》获全省法制好新闻奖广播专题三等奖	省级	顾建龙、何晓丰、陆军、马天使
海宁市广播电视台	法制好新闻《文化系统牵出窝案，面对诱惑要会说不》获全省法制好新闻奖电视新闻三等奖	省级	金新颜、殷文韬
海宁市广播电视台	法制好新闻《紧急大营救》获全省法制好新闻奖电视专题三等奖	省级	姚娟红、徐詹东、蒋颖媛

（项　伟　殷伟琪）

海宁新闻网

【概况】　2013年，海宁新闻网内容主要设时政、民生、图片新闻、新闻资讯服务和视频新闻几大板块。海宁新闻细分为时政经济和民生社会两部分，突出新闻发布的及时性和权威性。及时更新《看海宁》《看浙江》《看中国》栏目。平均每日发布海宁新闻15～20条，编辑通讯员来稿5～10条，发布国内国际重大新闻十多条。在新闻网首页制作公益广告，宣传文明出行和环境保护等。发挥《海宁日报》优势，与浙江在线联系合作，推荐海宁新闻网新闻上浙江在线。海宁市元宵灯会、学雷锋活动、海宁潮音乐节等重大活动的系列新闻100多条被浙江在线采用，其中十多条被浙江在线首页采用。

【做精专题新闻】　在海宁两会、观潮节等重要活动以及重大新闻事件中，海宁新闻网制作专题网页，对活动进行全面跟踪报道。开设《海宁市“五（吾）带头”潮乡群英榜》《2013海宁“两会”》《拆违拆迁进行时》《最美海宁人暨第三届道德模范评选》《海宁市十佳青年标兵》《聚焦交通治堵》《水环境治理访谈》《全民学习月》《十佳好婆媳评选》《央视直播海宁潮》《众志成城，海宁全力应战暴雨》《文明市创建》《八大攻坚战，百日大会战》《潮乡法闻》等20多个新闻专题。据统计，单个专题平均点击率超2万人次，最高点击率破5万人次。在《水环境治理访谈》专题中，记者下基层，与各镇（街道）、职能部门主要负责人面对面，采访水环境治理现状、面临的问题、解决办法等，共采编专访视频20个。在《众志成城，海宁全力应战暴雨》专题中，编辑整合报纸、网络信息，及时发布救灾快讯、抗灾知识、便民信息，并分组深入现场采编图片和视频新闻，丰富网站内容。

【网络视频直播】　全年进行20多场网络视频直播，主要有：海宁两会（3场）；2月17日海宁市“五（吾）带头”潮乡群英榜颁奖典礼；2月24日2013海宁元宵硖石灯会；9月16日中国经济潮流人物评选发布暨2013中国·海宁潮国际博览会开幕式；11月19日徐志摩诗歌朗诵会；2013基层纪检监察组织建设和工作创新研讨会；2013年度市级部门（单位）目标责任制考核暨“晒举措、赛干劲”活动评议会（3场）等。

（华　敏）

市委报道组

【概况】　2013年，市委报道组在全国、省级和嘉兴市级报刊发表各类新闻稿件154篇，其中中央媒体4篇、省级媒体71篇、嘉兴市级媒体79篇。市委报道组分别被浙江日报报业集团和嘉兴日报报业集团评为先进报道组。

【要素改革报道】　2013年，海宁市被列为省要素资源市场化综合配套改革试点县（市），在省内率先推行要素市场化改革。围绕亩产效益提质增效、行政审批改革等内容，采写《海宁首建工业亩产效益综合评价体系》《海宁改革再出发》《海宁全省首建要素市场主平台》《要素改革海宁率先趟路》《海宁审批流程全透明》等系列稿件，分别由《浙江日报》《今日浙江》《嘉兴日报》等媒体以头版头条或整版形式进行重点报道。

【“五水共治”报道】　2013年，海宁市将水环境综合治理列为各项工作的首位，按照

5 月 26 日，省长李强（前右一）到海宁调研“五水共治”情况

省委、嘉兴市委部署，全力推进“五水共治”工作，取得良好成效。市委报道组重点围绕河长制、排污口封堵、全民治水等，采写《海宁封堵 5000 排污口》《2500 双眼睛盯牢每一条河道》《海宁河道生态养鱼净水质》《海宁河长治水成效好》等稿件，分别刊登在《浙江日报》《嘉兴日报》重要版面，并被人民网、新华网、中新网等媒体转载。

【“三改一拆”报道】 按上级部署，全市重点开展“三改一拆”工作，强势推进违法建筑的拆除及旧城区、城中村、旧厂房的改建改造。市委报道组围绕拆违控违、城市有机更新等重点工作采写系列稿件，其中《海宁党员干部带头拆违》刊登在《浙江日报》头版，《海宁警中警助推拆违实打实》《“三改一拆”看海宁》等稿件由《嘉兴日报》头版头条和整版刊发，并被国内多家网站转载。

【“民生改善、幸福海宁”报道】 2013 年，海宁市致力于老百姓生活品质的提升和民生改善，全面建设现代化幸福海宁。市委报道组围绕医疗、教育、交通等方面的创新做法和成效进行宣传报道。就党员干部结对帮扶新政，采写《海宁推出困难群体“两富”行动计划》《海宁万名党员干部结对帮扶困难家庭》等，分别刊登在《浙江日报》《今日浙江》《嘉兴日报》显著版面；就幸福海宁建设，采写《海宁创新医院托管模式惠及市民》《海宁多管齐下提升幸福养老指数》《海宁合作医疗大病保险为群众上“双保险”》《海宁“幸福养老”健康服务室成立》等稿件，被《浙江日报》等媒体重点采用。

【党建和执政能力报道】 市委报道组围绕党员干部“五（吾）带头”、作风效能建设，采写《海宁出台“六项规定”转作风动真格》《海宁 9 部门“一把手”镜头前参加“期末考”》《海宁让群众给干部德行打分》《海宁党员干部“返乡”助力新农村》《海宁“三民”走访实现常态化》《海宁开展全员干部入企大走访》《海宁用硬指标让干部“上下”常态化》等稿件，刊登在《中国纪检监察报》《中国组织人事报》《浙江日报》《嘉兴日报》等多家报刊上。

（李迪刚）

［编辑：邱　洧］

卫　　生

Hygiene

综　　述

至年底，全市有各级各类医疗卫生机构263家，其中疾病预防控制中心和卫生监督所各1家，卫生行政部门所属医院6家，镇（街道）卫生院（社区卫生服务中心）13家，社区卫生服务站156家，民营医院2家，民营门诊部10家，其他医疗卫生机构74家。全市医疗卫生机构标准床位3282张，每千人口拥有医院床位4.91张；全市共有卫生技术人员5040人，其中执业医师和执业助理医师1580人，每千人口拥有医生2.36名；在册护士1959名，每千人口拥有护士2.93名；注册乡村医生203名。全年医疗卫生机构诊疗586.8万人次，比上年增长4.6%；收住入院9.5万人次，增长11.8%。

推进医疗资源优化工程。3月30日，市中医院整体搬迁至原市人民医院院址。12月26日，丁桥镇卫生院完成整体搬迁并投入使用。市第二人民医院门诊综合楼结顶，市第四人民医院完成地下室施工，市第三人民医院主楼、市妇幼保健医院住院部等建设项目加快推进。3月，海宁市卫生信息管理中心成立，为卫生局下属公益一类事业单位，负责协调、建设、维护、管理全市卫生信息化工作。6月，海宁市心理卫生协会成立，宗旨是通过心理健康进社区、进机关、进企业、进学校等活动，宣传普及心理卫生知识。8月，国家卫生和计划生育委员会对嘉兴市卫生综合改革情况进行评估，海宁市城乡居民对基层机构就医方便程度、就医环境、医疗水平三项指标满意度分别为85.6%、81.2%、78.6%，均列嘉兴市第一，高出嘉兴市平均3.4个、4.8个和4.6个百分点。

【市人大专题审议医药卫生体制改革情况】 3～9月，市十四届人大常委会专题审议

市十四届人大常委会专题审议海宁市医药卫生体制改革情况

全市医药卫生体制改革情况。5月29～30日，召开市十四届人大常委会第十二次会议，开展专题审议。审议认为，海宁市自2009年实施医药卫生体制改革以来，各项工作有序推进，取得阶段性成效，但也存在医改政策执行中有困难，医技人员人才匮乏、医改宣传力度尚显薄弱等问题。9月27日，召开市十四届人大常委会第十四次会议，对医改满意率进行测评，满意率85.7%，并提出注重宣传引导科学就医理念，完善机制确保政策执行效率，突出重点破解人才匮乏困境，加大投入提高基层医疗保障，强化认识形成推进医改合力的审议意见。

5月10日，举行“潮乡好医生、好护士”表彰晚会

【“潮乡好医生、好护士”评选】 1月，开展服务群众五带头“潮乡好医生、好护士”评选活动。采取单位推荐和群众推荐相结合的方法，经推荐、初评、投票、评定等环节，最终评出20名“潮乡好医生、好护士”。5月10日举行表彰晚会，张骏、方来胜、叶为群、姜琦、沈湘妹、吴仲新、郝秋芬、朱曙明、章祥胜、朱亚琴10人获服务群众五（吾）带头“潮乡好医生”称号；葛明玉、马海红、刘文雅、马雪琴、沈春燕、谈娟妹、王晓薇、蒋培亚、许洁玉、卢玲华10人获服务群众五（吾）带头“潮乡好护士”称号。

【建立困难群众就医帮扶机制】 6月28日，市卫生局印发《海宁市卫生系统帮扶困难家庭就医工作实施意见》，对持有效海宁市最低生活保障社会救助证、海宁市困难家庭援助证和海宁市困难残疾人家庭优惠证的家庭，在合作医疗参保及报销、住院缴费、心理援助、精神病患者治疗等方面明确具体帮扶措施，提供送医、送药、送健康等关爱服务，减轻困难家庭看病就医负担。

（高朱萍　关晓玥）

农村（社区）卫生工作

【概况】 2013年，加大基本公共卫生服务投入。全市各级财政按户籍人口每人每年35元安排公共卫生服务经费，流动人口按户籍人口补助标准的1/2落实。各镇（街道）财政按户籍人口和流动人口每人每年不少于5元实施配套补助。11项基本公共卫生服务项目覆盖全市城乡居民，重大公共卫生服务项目实施达到国家标准。调整部分城镇社区卫生服务机构，将原属市中医院管辖的风和丽苑、东苑社区的社区卫生服务和基本公共卫生服务工作划归硖石街道社区卫生服务中心管理。全市基层医疗机构门（急）诊330.6万人次，比上年增长12.8%，居民在社区就诊率61.8%。全市有31.6万人参加城乡居民合作医疗，参合率99.75%，人均筹资额805元，增长46.9%。全年合作医疗基金支出2.39亿元，增加4485万元。住院、门诊实际补偿率分别为59%、29%，统筹区域政策范围内住院补偿率78%。年内合作医疗市内就诊人次占比83%，在嘉兴市率先达到医改目标要求70%以上。

【国家卫计委调研海宁新农合工作】 10月15日，国家卫生和计划生育委员会基层司合医处副处长丁一磊率专家组到海宁调研新型农村合作医疗与基层卫生综合改革工作。听取城乡居民合作医疗保障体系建设及基层卫生改革情况汇报，了解合作医疗大病保险、支付方式改革及农村居民重大疾病保障等工作，对海宁市建立多层次大病保障体系取得成效予以肯定。

【率先试行城乡居民合作医疗大病保险制度】 1月8日，印发出台《海宁市城乡居民合作医疗大病保险试行办法》（以下简称《办法》），在嘉兴市率先试行城乡居民合作医疗大病保险制度。该制度并不仅限于重大疾病，而是面向所有疾病，只要参合居民达到相应医疗费用即可。《办法》规定：年度政策范围内，参合居民住院和特殊病种门诊发生的医药费用，按城乡居民合作医疗政策规定补偿后，其个人累计负担的符合合作医疗报销范围的医疗费用1万元以上部分，进入大病保险保障范围，对超出部分的金额进行分段补偿，自付1万元（不含1万元）至5万元，报销50%；自付5万元（不含5万元）至10万元，报销55%；自付10万元（不含10万元）至15万元报销60%；自付15万元以上的，报销65%。同时，由商业保险公司经办参合城乡居民大病保险（因每人每年从筹资总额中划出30元用于购买大病商业保险），并依托合作医疗信息管理系统办理大病保险补偿服务，提供大病保险补偿"一站式"即时结算服务。该《办法》自2013年1月1日起施行。年内4089人次享受大病保险补偿1018万元，实际补偿率提高11个百分点。

【扩大重大疾病保障试点范围】 2013年，将肺癌、食道癌、胃癌、结肠癌、直肠癌、慢性粒细胞白血病、急性心肌梗死、脑梗死、血友病、I型糖尿病、甲亢、唇腭裂12类病种纳入合作医疗重大疾病保障试点范围，大病保障病种由8种扩大到20种。全年有2899名患者享受保障新政策，合计获合作医疗补偿3580.2万元，实际补偿率66%。

【建立养医结合养老服务机制】 11月18日，市卫生局印发《海宁市社会养老养医结合实施意见》，将养医结合养老服务作为"健康海宁"建设的重要内容，并加以试点。全市12个镇（街道）与18家医疗机构建立服务联系机制，各医疗机构开通老年人医疗救治绿色通道，加强医疗资源配置，加快培养老年人专业护理队伍，为居家高龄、失能老人提供上门保健和医诊服务，逐步建立完善的老年人健康管理服务机制。

【慢性病防控示范镇（街道）全覆盖】 12月27日，袁花镇、盐官镇、丁桥镇、黄湾镇（尖山新区）、硖石街道、海洲街道6个镇（街道）被命名为海宁市第二轮慢性病综合防控示范镇（街道），实现慢性病防控示范镇（街道）覆盖率100%目标。"依托社区平台、面向农村居民、注重早诊早治、实现综合防控"的海宁特色基层慢性病综合防控模式基本建成。2013年，全市高血压、糖尿病规范管理率分别达95.3%和93.4%。

【公共卫生服务责任指导团队成立】 8月12日，海宁市城乡社区公共卫生服务责任指导团队正式成立。共分4个团队，由市疾控中心分管领导任领队、业务科室科长任队长，每个团队配备2~3名业务骨干，每月下基层指导不少于2天。该服务团队以组团、分片包干形式，对基层医疗机构基本公共卫生服务工作开展集中式或日常性指导。

【启动实施“健康海宁”战略】 6月7日，市政府印发《关于开展“健康海宁”建设行动的实施意见》，提出实现“人人享有健康环境、人人享有健康保障、人人享有健康教育、人人享有健康管理、人人享有医疗服务、人人享有公共卫生服务”的工作目标，建立健康促进指标体系，明确三年建设目标。创新实施海宁市级健康镇（街道）、村（社区）、单位创建，市政府采取以奖代补的形式，对创建成功的健康镇（街道）、村（社区）、单位给予一次性奖励。10月18日，在盐官镇桃园村召开“健康海宁”建设暨健康村（社区）创建工作现场交流会。年内，成功创建79个健康村（社区）。

（高朱萍 郑佩玉 王 华）

预防保健

【概况】 严格落实H7N9禽流感、艾滋病、结核病等重大传染病防治措施，做好台风“菲特”灾后卫生防疫工作，全市甲乙类传染病发病率为173.04/10万，继续保持在较低水平。开展卫生应急大练兵活动，巩固完善国家级慢性病防控示范区成效。实施艾滋病、梅毒、乙肝母婴传播阻断监测，妇幼卫生保健指标继续在嘉兴市领先。全市孕产妇建卡率98.97%，产后访视率100%，孕产妇系统管理率98.91%；产前筛查率97.44%，新生儿听力筛查率99.87%，0~3岁系管率96.74%。全市婚前医学检查率98.21%。农村孕产妇住院分娩补助1292人，发放补助金64.6万元，住院分娩率100%。全市目标人群增补叶酸知识知晓率97.12%，叶酸服用率97.74%，叶酸服用依从率88.08%。年内完成4160例农村妇女宫颈癌、乳腺癌筛查任务。

10月18日，“健康海宁”建设暨健康村（社区）创建工作现场交流会在盐官镇桃园村召开

【H7N9禽流感防控】 2013年，海宁周边县市报告有禽流感疫情发生。自4月4日起，海宁市实行流感样病例和不明原因肺炎零报告、日报告制度，全市19家医疗机构建立完善传染病预检分诊制度，实施呼吸道传染病预检分诊。4月9日，成立人感染H7N9禽流

感防控工作领导小组和专家组，明确人员组成和职责分工。制订《海宁市人感染 H7N9 禽流感应急预案》，落实人感染 H7N9 禽流感疫情监测和外环境检测，开展医疗机构发热门诊和院内感染控制监督检查，对医务人员进行防治技术指导和业务培训，做好药物、防护防疫用品等应急物资准备。年内全市无 H7N9 禽流感疫情发生。

10 月 9 日，台风“菲特”之后卫生防疫人员指导农户开展消毒

【灾后卫生防疫】 10 月 8 日，受台风“菲特”影响，全市普降暴雨。灾害发生后，市卫生局迅速启动应急预案，建立应急工作机制，全面落实灾后消杀、疫情监测、防病宣教等工作。全市共出动专业消杀人员 927 人次，发放漂白粉等消杀物资 7.1 吨，消杀面积 104.2 万平方米。各镇（街道）消杀土井 59090 口，封堵土井 119 口。媒体宣传 15 次，分发宣传资料 7.8 万份。开展水质及外环境采样监测 128 份。

【实现“嘉兴市卫生应急示范镇（街道）”全覆盖】 12 月 18 日，海宁市 12 个镇（街道）均被命名为“嘉兴市卫生应急示范镇（街道）”，实现全覆盖。2013 年，海宁市启动嘉兴市卫生应急示范镇（街道）创建工作，筹备组建全市卫生应急联动中心，开展卫生应急大演练，建立健全卫生应急体系，推进卫生应急示范县（市）建设。全年开展重大卫生应急保障活动 7 次，出动救护车 23 辆次，医疗救护、卫生保障人员 147 人次。

【启动第二轮大肠癌早诊早治筛查工作】 7 月 30 日，第二轮大肠癌早诊早治筛查工作在海昌街道启动。计划用 5 年时间，以镇（街道）为单位，对全市约 33 万目标人群开展新一轮大肠癌早诊早治筛查工作，年内共筛查目标人群 2.8 万人次。第二轮筛查工作重点对象为新进入年龄组人群以及第一轮筛查高危人群，通过现场初筛、电子肠镜精筛、治疗、随访复查等，建立大肠癌早诊早治长效工作机制。9 月 27～28 日，在全国肿瘤登记工作推进会上，海宁市肿瘤登记处被全国肿瘤登记中心授予“2013 年度全国肿瘤登记工作突出贡献奖”。

（高朱萍　章志峰　王虎良）

卫生监督执法

【概况】 完善监管网络，加强卫生监督队伍建设，调整监管职能，加强餐饮服务环节食品安全监管、医疗市场和职业卫生监督工作。年内开展“依法执业守护健康”百日整治活动，“健康校园1～3号行动”，“四小”行业整治专项行动，出生人口性别比治理，打击非法接生、非法鉴定胎儿性别等各类整治行动24次。累计出动卫生监督员14255人次，监督检查各类生产经营单位8074家，查获违规单位193家，取缔、捣毁窝点15个，行政处罚63件，罚款7.3万元，没收违法所得4305元。完成卫生保障9期次，办理卫生行政审批3129件。5月，应机构改革要求，市卫生局将餐饮服务食品安全监督管理和保健食品、化妆品卫生监督管理的职责划归市食品药品监督管理局。

【吊销海宁博爱医院执业许可证】 10月29日，海宁博爱医院因未取得处方权人员开具处方案被市卫生局依法吊销医疗机构执业许可证。经查，2012年11月1日至2013年3月8日期间，该院使用未取得处方权的医生毛某单独开具处方；2013年4月30日至5月31日期间，该院使用未取得处方权的医生江某单独开具处方。海宁博爱医院曾因使用非卫技人员从事诊疗活动等违法违规行为先后6次被市卫生局行政处罚。

【行政审批制度改革】 深化审批制度改革，卫生审批服务事项保留建设项目职业病防护设施竣工验收、建设项目职业病危害预评价报告审核、公共场所卫生行政许可、医疗机构执业许可、医疗机构设置审批等5个许可项目和医疗广告审查1个非许可项目，保留的行政审批事项全部进驻市行政服务中心，既受理又办理率100%。同时取消合并1个非许可项目，6个许可项目由审批前置调整为事后监管，调整事项由原业务归口单位负责实施，实行事前主动服务，强化事中、事后监管。公共场所卫生许可证等2项审批事项延伸至镇（街道）办理，合作医疗等多项服务事项延伸至村（社区）代办。

【建立警医战略合作机制】 4月13日，举行海宁市警医战略合作启动仪式，市卫生局与市公安局签订警医战略合作协议。深化“110”与“120”联动，建立联席会议制度和情报信息收集研判机制，完善快速反应机制，落实处置扰乱医疗秩序行为和涉医违法犯罪案件，重点打击医闹、医托、非法行医等违法行为。年内，开展警医联合执法29次，全市医疗纠纷发生率比上年下降18.5%，群体性事件下降50%。

【打击非法行医专项行动】 4月2日，市卫生局、公安局联合印发《2013年海宁市“依法执业守护健康”百日整治活动实施方案》。12月19日，卫生、公安、工商等七部门联合下发《进一步整顿医疗秩序打击非法行医专项行动方案》，通过自查自纠、监督执法检查等形式，创新错时执法、有奖举报等措施，探索设置个体西医诊所、药店连锁诊所等，疏堵结合打击非法行医，加强医疗服务市场监管。全年取缔非法行医窝点68个，行政处罚45起，移交公安部门追究刑事责任4起。

【取消从业人员预防性体检费】 10月28日，印发出台《关于取消部分行政事业性收费项目的通知》，要求取消食品从业人员、公共场所从业人员预防性体检费。11月1日，印发《关于取消从业人员预防性体检费的通知》，明确自11月1日起，从业人员办理健康证，凭身份证、暂住证或工商营业执照到相关部门领取体检免费券，医疗卫生单位凭券免费进行体检，费用由市财政予以补助。

（高朱萍　王　成）

医疗教育科研与合作

【概况】　继续推进与沪杭三级医院合作办院工作，上海长海医院第二批专家团队进驻市人民医院，省人民医院海宁医院合作经验作为浙江省优质医疗资源下沉“牵手合作型模式”典范向全省推广。深化“三好一满意”活动，开展优质护理服务、临床路径管理、预约诊疗服务等。“银医通”自助终端服务系统上线运行。继续推进住院医师规范化培训，开展医疗服务阳光用药工程和抗菌药物临床应用专项整治等活动，探索实施医院精细化管理模式。深化平安医院创建，全年医疗纠纷结案65件，市第三人民医院、市中医院、康华医院成功创建省级平安医院。年内申报省卫生厅科研项目7个、省中医药卫生一般项目8个、海宁市科研项目32个、科技进步奖10项。列入2013年浙江省中医药科学研究基金计划（B类）1项，获2012年海宁市科技进步奖二等奖2项、三等奖7项。全年举办各类继续教育学习班120期，9842人次参加；邀请沪杭专家会诊手术376人次，到海宁讲课59次。在各类医学刊物发表论文128篇，其中国家级48篇、省级61篇、地市级19篇。年内，市人民医院、市第四人民医院分别被命名为浙江省三级乙等综合医院和浙江省二级甲等精神病专科医院；市中医院被命名为浙江省三级乙等中医医院；许村中心卫生院、斜桥中心卫生院、袁花中心卫生院、许村镇许巷卫生院成功创建为浙江省甲等乡镇卫生院；市第三人民医院、市中医院通过二级甲等综合性医院和国家三级中医医院考核验收。

【区域影像诊断中心启用】　3月，启动建设海宁市区域影像（PACS）系统和交换共享平台项目，总投资200万元。10月，区域影像诊断中心在市人民医院建成并投入使用，实现6家市级医院与13家基层卫生院影像信息远程诊断和影像报告调阅资源共享。

【基层安全技术防范工程】　4月，开工建设基层医疗卫生机构安全技术防范工程。总投资383万元，市、镇（街道）财政分别承担70%和30%，年内完成首批24家镇（街道）卫生院及下属分院的监控设备安装。

【上海长海医院第二批专家团队进驻】　3月10日，上海长海医院海宁分院专家团队

11月27日，“银医通”自助终端服务系统正式上线运行

交接仪式在市行政中心举行，上海长海医院院长张从昕、海宁市委书记林毅参加交接仪式。长海医院第二批专家团队进驻市人民医院，合作新增普外科等3个专科，继续帮扶骨科等5个专科，顶尖学术人才郑成竹、侯建国等常驻海宁。2013年，医院门急诊、住院、手术人次分别比上年增长9.4%、22.9%和14.3%。开展新技术、新项目合作30项，其中内镜黏膜下剥离术等3项为嘉兴地区首创，眼眶肿瘤摘除术等7项处于嘉兴市领先水平。“内镜下黏膜剥离术治疗上消化道肿瘤的临床应用”获嘉兴市新技术新项目二等奖。

【与台湾秀传医疗体系合作】 7月1日，市卫生局与台湾秀传医疗体系签订《医疗服务合作项目合作框架协议》，就台湾秀传医疗体系在海宁市开展医疗服务合作事宜达成初步意向。市人民医院、市中医院分别与秀传医疗体系签订合作意向书。

【北美医学教育基金会与海宁富春骨伤医院合作】 6月5日，北美医学教育基金会脊柱微创中心浙江省培训基地在海宁富春骨伤医院挂牌成立。北美医学教育基金会是美国加州政府以医学应用和医学教育为中心的非营利性、国际性基金会。海宁富春骨伤医院与其合作，借助北美医学教育基金会平台，把握脊柱微创尖端技术，服务腰椎间盘突出症患者。

【无偿献血工作嘉兴领先】 2013年，全市无偿献血1.1万人次，采集血量366.0万毫升，分别比上年增长9.5%和8.6%。献全血9578人次，成分献血555人次，300毫升以上献血率99.78%，街头自愿献血占总献血人次的64.7%，完成无偿献血正增长目标。献血人次和采血量在嘉兴市连续10年保持第一，连续12年达到无偿献血占临床医疗用血的100%以上。

（高朱萍　姚敏忠　王国坚）

爱国卫生

【概况】 巩固国家卫生城市创建成果，推进基层创卫工作，开展爱国卫生运动，助力省文明市创建。至年底，盐官镇成功创建为国家卫生镇，许村镇、周王庙镇、袁花镇通过省级卫生镇复评，袁花镇和马桥街道实现省级卫生村全覆盖。年内新增省级卫生村15个，嘉兴市级卫生村14个，省级、嘉兴市级卫生村比例分别提高到62.8%和89.4%；新增各级卫生单位32家，其中省级2家，累计各类卫生单位数354家。结合大环境卫生整治及水环境整治行动，开展病媒生物防制工作，发放大隆颗粒剂灭鼠药6.0万千克，在市区外环境投放灭鼠腊块1060千克；发放杀蟑饵剂25.5万包、灭蟑笔剂12.7万盒、烟炮3.1万个。对市区小餐饮单位开展集中灭鼠灭蟑消杀活动5次，发放宣传资料1080余份。整治河道1275千米，消除蚊、蝇、蟑螂孳生地807处。组织各镇（街道）开展“四害”密度监测，发放粘蝇条300条、粘蟑板3000个、粘鼠板1000张，“四害”检测率100%。强制拆除崇长港上游污染企业。

【盐官镇成功创建为国家卫生镇】 12月29日，盐官镇被全国爱国卫生运动委员会命名为2011～2013年度国家卫生镇，成为海宁市首个国家卫生镇。盐官镇于2012年启动国家卫生镇创建，通过加强和创新社会管理，推动城镇基础设施建设，改善环境卫生面貌，开展爱国卫生运动等措施，农村卫生条件和人居环境不断改善提高。

【完成中央农村改厕项目】 2013年，确定硖石街道荷叶村和永丰村、马桥街道利众村、袁花镇新袁村、丁桥镇新仓村为项目村，承担新建改建三格式无害化卫生厕所1300座的中央改厕任务。12月，中央农村改厕项目通过省级考核验收。通过新建、改建和整修三种方式，全市累计有卫生厕所14.8万户，其中新建2850户，全市农村卫生厕所普及率98.98%，无害化处理率95.65%。

【启动省生活饮用水水质卫生管理示范县创建】 6月，启动浙江省生活饮用水水质卫生管理示范县创建工作。建立市、镇（街道）、村（社区）三级水质卫生管理队伍；制订村级饮用水卫生指导员制度；举办业务培训，印制宣传资料13万余份发放至各镇（街道）；收集整理工作台账。8～9月，省爱卫办督导组两次对海宁创建工作进行督察指导，对创建进展予以肯定。

【海宁市爱国卫生运动委员会网站启用】 3月，全省首家县级爱卫工作网站——海宁市爱国卫生运动委员会网站（www.hnagws.com）正式启用。网站设有组织机构、爱卫动态、法律法规、基层创建、健康教育、改水改厕、病媒防制、办事指南等栏目，每日专人维护，信息及时更新。

【“爱国卫生月”活动】 开展第25个“爱国卫生月”活动。组织健康素养讲师进机关、企业、学校、社区、农村等开展健康讲座187场，举办各类宣传活动310次，受教育20.3万人次。张挂横幅标语165条，分发宣传资料11.3万份，出板报（健康专栏）354期，发布新闻信息119条。落实“四位一体”保洁措施，清运垃圾4524.3吨，治理脏乱道路47.6万平方米，清理乱张贴1.5万张。

（高朱萍　许　枫）

［编辑：邱　洧］

社会生活

Social Life

人民生活

【农村居民人均纯收入超过两万元】 2013年，据农村住户抽样调查显示：海宁市农村居民人均纯收入21359元，比上年增长10.3%，扣除价格因素，实际增长7.7%。从纯收入来源看：工资性收入人均14102元，增长10.5%，占全部人均纯收入的66.0%；家庭经营纯收入5717元，增长6.5%，其中从家庭经营中得到的第一产业人均纯收入1512元，下降4.1%，第二产业人均纯收入2453元，增长8.9%，第三产业人均纯收入1753元，增长13.7%；在外人口寄回带回、养老保险等项目的转移性收入和利息、股息等财产性纯收入1540元，增长25.4%，其中转移性纯收入1044元，增长31.9%，财产性纯收入496元，增长13.5%。

【农村居民生活水平】 2013年，全市农村居民人均生活消费支出13806元，比上年增加1490元，增长12.1%，生活质量稳步上升。具体表现为：食品消费支出人均4150元，增长11.8%，恩格尔系数为30.1%；衣着消费支出人均1041元，增长20.4%；家庭设备用品及服务支出人均677元，下降10.4%；居住支出人均2450元，增长39.7%；医疗保健支出人均754元，增长8.6%；交通和通信支出人均2811元，增长10.1%；文化娱乐用品和服务支出人均1507元，下降12.0%；其他商品和服务支出人均415元，增长55.0%。至年底，农村居民人均住房面积67.2平方米，每百户拥有耐用消费品分别为：彩色电视机225台、空调205台、摩托车73辆、家用电脑98台、移动电话293部、家用汽车42辆。

【城镇居民人均收入41397元】 据市区住户抽样调查显示：城镇居民人均可支配收入41397元，比上年增长10.0%，扣除物价因素，实际增长7.4%。从收入构成看：城市居民人均工资性收入25493元，增长4.1%，占家庭总收入的比重为56.7%；人均经营性收入6862元，增长14.0%，占家庭总收入的比重为15.3%；人均财产性收入2170元，增长15.7%，占家庭总收入的比重为4.8%；人均转移性收入10413元，增长11.4%，其中人均养老金收入8215元。

【城镇居民消费水平】 2013年，城市居民人均消费支出24041元，比上年增长13.5%，扣除物价因素，实际增长10.8%。从支出构成看：食品支出人均7113元，增长13.5%，恩格尔系数为29.6%；衣着支出人均2690元，增长25.6%；家庭设备用品及服务类支出人均1945元，增长46.5%；医疗保健支出人均1383元，增长21.9%；

交通和通信支出人均3559元，下降18.4%；教育文化娱乐服务支出人均3906元，增长22.4%；居住支出人均1891元，增长19.0%；其他商品和服务支出人均1554元，增长32.1%。

（沈祎菁）

人口和计划生育工作

【概况】 2013年，全市出生人口5621人，出生率8.40‰，人口自然增长率1.61‰，计划生育率98.63%。开展出生人口性别比综合治理，规范定点引产管理，开展打击“两非”（非医学需要的胎儿性别鉴定、非医学需要的人工终止妊娠）专项督察，联合查处非法进行性别鉴定的诊所1家。出生人口性别比为96.64。实施幸福家庭关爱工程，推进宣传倡导、三优促进、家庭健康、综合保障、致富发展和便民维权六大行动，创建示范镇5个、示范村80个和示范户807户。探索计划生育特殊家庭关爱帮扶途径，形成《海宁市计划生育特殊家庭调研报告》，出台《全市党员干部结对帮扶计划生育特殊家庭实施意见》，全市500多名党员干部与232户计划生育失独家庭进行结对帮扶。加强依法行政示范镇创建指导，袁花镇成功创建为“国家级计划生育依法行政示范镇”。新成立2家外来人口计划生育协会，嘉兴市—宜宾市流动人口区域协作交流会在海宁召开。开展流动人口计划生育规范化服务中心建设，硖石街道创建为省级规范化示范窗口，袁花镇和海昌街道创建为嘉兴市级规范化示范窗口。推广“人口文化进家园”宣教品牌，全年共开展各类活动1386场次。

实施35～49周岁已婚育龄妇女“两癌”筛查实事工程，全年共对长安镇、盐官镇、袁花镇的16320名育龄妇女进行筛查，筛查率85.2%。确诊乳腺癌3例、宫颈癌12例，均得到及时治疗。全年为3259对夫妇提供免费孕前优生健康检查，开展风险评估3203对，并落实优生指导、转诊治疗和随访服务，海宁市在嘉兴市国家优生项目工作会议上作典型发言。进一步提高计生家庭大病医疗救助标准，增设救助层次，全年对符合救助条件的计生家庭发放救助金共计14万元。

【行政审批改革】 整合复通手术审批和再生育审批。取消独生子女病残儿童医学鉴定非行政许可服务事项。将一孩生育证明服务事项整合到市婚姻登记中心，一孩生育证明可即时领取。承诺再生育审批市级三天内完成，全年共审批再生育1870例、特殊情况生育160例。

【青春健康教育】 举办青春健康教育师资培训班。创建省级青春健康教育示范基地，新取得国家级青春健康主持人和省级青春健康师资认证各1名。国家青少年人格工程和青少年健康工作在海宁市试点。全市7000余名学生参加校内青春健康教育培训。

【推进“关爱成长”独生子女安康保险】 全年为9.5万名独生子女购买“关爱成长”独生子女安康保险，理赔金额由原来的3000～20000元提高到10000～30000元，并实施独生子女家庭新生儿每月实时参保的新方法。

【人口计生创新项目评选】 开展人口计生创新项目评选活动，对镇（街道）申报的9个项目进行指导，年底由人口计生、卫生、教育、民政等部门组成评审小组，根据项目的成效性和可推广性进行综合评定。硖石街道康乃馨行动失独家庭关爱服务项目、周王庙镇新居民计生服务积分奖励制和斜桥镇城乡一体新社区计生管理模式3个项目被评为2013年度创新项目。

（胡　艳）

民政工作

【概况】 自2013年6月1日起，动态调整全市城乡居民最低生活保障标准，城镇、农村居民分别调高到每人每月530元和每人每月430元。全市共有在册低保对象3298户6550人。累计发放低保金2051.8万元，其中城镇571户931人、农村2727户5619人。出台《海宁市城乡居民最低生活保障制度实施细则》，对全市在册低保和持证困难家庭的银行金融财产开展全面核查。全年发放医疗救助资金966.2万元，救助困难群众9633人次。开展“两富同行”温暖工程，全市106个机关事业单位的万名党员与3789户困难家庭“结亲”并进行输血式帮扶，新出台29条帮扶措施，发放慰问金719.6万元。实施困难家庭虚拟岗帮扶，全年发放虚拟岗工资302万元。全年发放物价补贴75.2万元、临时救助款17.7万元、慈善优惠券29.0万元、煤气优惠券16.2万元。1月起，为海宁市儿童福利院集中养育的孤儿发放基本生活费每人每月1236元；为社会散居孤儿发放基本生活费每人每月802元；低保家庭儿童在享受低保政策的同时，再享受每人每月不少于400元的生活补贴；一般家庭事实无人抚养儿童、一般家庭残疾儿童、持证困难家庭儿童享受每人每月200元基本生活费补助，持证困难家庭残疾儿童享受每人每月300元基本生活费补助。

成立海宁市创建省级双拥模范城专项工作组，定期召开省级双拥模范城创建工作例会。实施军民共建文化示范村社、共建医疗健康高地、共建文明园区单位、共建平安海宁四大双拥载体。突出拥军重点，实现海宁拥军嘉兴“五最”（年度慰问金增幅最多、医疗救助标准最高、困难帮扶力度最大、住房保障实绩最好、医疗服务军人最快）目标。安排120名重点优抚对象赴省荣军医院进行短期疗休养。为全市12个镇（街道）的183户优抚对象发放一次性临时困难补助13.5万元，为170人次重点优抚对象提供医疗补助和救助28万余元。加大退役士兵职业教育技能培训力度。建立纵向、横向工作体系和多级专职信访干部队伍，建立民政、公安、信访部门合作的复退军人信访和维稳“12345”联动机制。

优化殡葬改革，倡导绿色殡葬，2013年实现海葬“零突破”。全年惠民殡葬共减免4500人，减免金额348.2万元。殡葬执法大队更名为民政执法大队，成为嘉兴市第一个民政执法大队。市婚姻登记处被评为省级“巾帼文明岗”，全年办理结婚登记5345对，离婚登记1215对。自2013年1月1日起，福利企业资格认定、变更、注销的审批事项下放到市民政局。至年底，全市共有福利企业53家，其中新办2家，注销7家，产品销售额首次突破百亿元。全年集中安置残疾人就业2788人，月平均工资2003元，比上年增长12.3%；残疾人职工参保率100%。共筹集福彩公益金6014万元，其中为海宁财政争取1245万元可使用的公益金。至年底，全市有社会组织245个，社区社会组织备案1300多个，社工服务项目28个，专业社工人才374名。政府购买社会组织和社工服务项目资金322万元，其中购买社会组织服务221万元，购买专业社工服务101万元。政府购买社会工作服务资金、社工项目数和专业社工人数分别居嘉兴市首位。

【实现海葬“零突破”】

3月14日，海宁市首次参加由嘉兴市组织的海葬活动，实现海葬“零突破”。在殳山公墓专门设立不保留骨灰的撒葬区（花、草、树葬等）。实行海葬旨在倡导绿色殡葬，推动生态墓葬建设，既有效节约土地资源，又引导广大市民树立科学、文明、节俭的丧葬观。

3月14日，海宁市首次参加海葬活动

【全国适度普惠型儿童福利制度建设试点】

6月，海宁市先后被省民政厅、民政部确定为全省和全国适度普惠型儿童福利制度建设试点市（单位）。7月10日，全国适度普惠型儿童福利制度建设试点工作推进会在海宁召开，全面部署试点工作。来自民政部、江苏省、河南省、广东省等地的有关代表共40余人参加会议，民政部社会福利和慈善事业促进司副司长徐建中为试点单位授牌并作总结讲话。适度普惠型儿童福利制度是指根据儿童生存和发展的需要，按照孤儿、困境儿童、困境家庭儿童、普遍儿童四个层次，分不同类型、不同标准予以福利保障，最终建立覆盖全体儿童的普惠型儿童福利制度。试点以来，海宁市在全省率先建立儿童福利工作体系和保障机制，形成市、镇（街道）、村（社区）三级服务组织网络。聘请238名专、兼职督导员为儿童福利工作直接服务，依法保障孤儿及困境儿童合法权益。春苗社会工作室为1342人次孤儿及困境儿童提供专业服务。

7月10日，全国适度普惠型儿童福利制度建设试点工作推进会在海宁召开

表 42　　2013 年度全市最低生活保障资金支出明细

月份	城镇			农村			总计		
	户数（户次）	人数（人次）	金额（元）	户数（户次）	人数（人次）	金额（元）	户数（户次）	人数（人次）	金额（元）
全年合计	7000	11487	3671875	33300	69099	16845920	40300	80586	20517795
1 月	594	980	280391	2794	5838	1241494	3388	6818	1521885
2 月	593	978	280881	2799	5857	1243867	3392	6835	1524748
3 月	592	976	280341	2800	5849	1240629	3392	6825	1520970
4 月	591	971	280229	2802	5834	1240653	3393	6805	1520882
5 月	589	967	278659	2794	5815	1236068	3383	6782	1514727
6 月	585	962	330558	2797	5815	1552758	3382	6777	1883316
7 月	583	960	329258	2793	5802	1549498	3376	6762	1878756
8 月	578	949	325338	2778	5764	1539073	3356	6713	1864411
9 月	577	944	324093	2740	5640	1506095	3317	6584	1830188
10 月	573	933	320767	2736	5627	1500783	3309	6560	1821550
11 月	574	936	321485	2740	5639	1501451	3314	6575	1822936
12 月	571	931	319875	2727	5619	1493551	3298	6550	1813426

（朱　琴）

社区建设

【概况】　2013 年，推出社区专职工作者岗位 53 个，其中硖石街道 24 个、海洲街道 20 个、海昌街道 2 个、盐官镇 2 个、长安镇（高新区）5 个，共有 530 人报名。落实社区专职工作者待遇和各类社会保险，按照不低于上年度社会平均工资上浮 10%以上，自 7 月 1 日起调整社区专职工作者基本生活补贴，每月增加 250 元。开展社区工作业务知识培训，举办全市社区书记、主任培训班。推进和谐社区创建。根据《海宁市和谐社区考核办法》，有 19 个社区申报创建星级示范社区，经考核，命名表彰 10 个社区，其中和谐社区 6 个、二星级示范社区 4 个，下拨奖励经费 29 万元。至年底，全市有全国和谐社区 1 个、省级和谐社区 3 个、嘉兴市级和谐社区 60 个、海宁市级和谐社区 37 个，二星级示范社区 26 个、一星级示范社区 7 个。有 9 个城市社区和 16 个农村社区申报嘉兴市五星级和谐社区。做好争创全国和谐社区建设示范城市申报工作。

完善社区基础设施。根据《海宁市中心城区社区规划（2010～2020）》要求，实现社区建设规划与城市总体规划的有机衔接。2013年，马桥街道新设立桐溪社区居民委员会，撤销马桥社区居民委员会，原马桥社区居民分别就近纳入利众村村民委员会和马桥村村民委员会管理，并设立相应的居民小组；长安镇（高新区）撤销东街社区居民委员会、中街社区居民委员会、浙一社区居民委员会、西街社区居民委员会、修川社区居民委员会，组建虹桥社区居民委员会和新的修川社区居民委员会；海洲街道新设立康桥社区居民委员会，并配备社区服务用房及工作人员。

巩固基层民主管理。规范居务公开内容和居务公开栏设置，丰富居务公开形式。有21个社区创建嘉兴市居务公开规范化建设达标单位。深化社区专职工作者包片联户制度，对包片的社区专职工作者实行党员代表、小组长或居民代表监督陪访制度。做好“阳光村务”工程，确保村务公开内容真实、程序规范、形式多样、时间科学统一。做好城市社区居委会换届选举前期准备工作。畅通社情民意。各社区普遍建立社区成员代表会议、社区议事委员会等社区自治组织，制定居民自治章程，以及社区居民会议制度、社区公共事务听证会制度、社区民情恳谈会制度等十项制度，实行重大事项由社区成员代表会议讨论表决以及财务、事务公开制度。依托听证会、协调会、议事会等各种民主参与形式，畅通群众参与社区管理和社区服务的渠道。

拓展社区服务功能。开展社区特色品牌创建，评出海宁市“十大社区工作品牌”10个和海宁市“十大社区工作品牌”入围奖5个。开展社区“道德讲堂”建设。以全体社区居民为对象，以加强社会公德、职业道德、家庭美德、个人品德等“四德”建设为重点，以倡导遵纪守法、团结友善、关爱感恩等为主要内容，通过身边人讲身边事、身边人讲自己事、身边事教身边人，在全市社区营造诚实守信、孝老爱亲、家庭和睦、文明礼让、融洽和谐的良好风尚。“96345”社区服务实现全覆盖，“96345”社区服务中心全天24小时为居民提供便民服务78项。全市建有社区志愿者服务点16个，建立志愿者队伍146支，社区注册志愿者2.5万名。

【“96345”服务中心实现全覆盖】 各镇（街道）依托市“96345”社区服务平台，相继建立中心分站，“96345”服务中心实现全覆盖。除硖石街道外，其余镇（街道）共招募加盟单位（个人）425家（名），全年各镇（街道）电话求助受理量3539个。至年底，共招募加盟单位、一技之长人员411名，年受理群众求助94453件。

【全市社区书记、主任培训班】 于8月28日开班，全市社区书记、主任参加。培训主要内容为进行社会救助、“三社”建设业务

8月28日，举办全市社区书记、主任培训班

知识辅导，邀请省民政厅基层政权和社区建设处副处长关笑丹、华东理工大学教授朱眉华分别作村级组织、社区居委会换届选举工作和社会工作专题讲座。举办村（社区）与社工论坛，引导村（社区）主任主动思考问题，创新工作举措。

（陆淘杰）

慈善事业

【概况】 2013 年，全市募集慈善资金 1713.7 万元，其中市、镇（街道）机关工作人员个人捐款 263.3 万元，市属企事业单位捐款 201.0 万元，各镇（街道、平台）企业捐款 539.4 万元，冠名基金企业捐款 710 万元；累计募集慈善资金 1.83 亿元。向社会募集各类日常生活用品：羊毛衫 124 件、冬衣外套 682 件，价值 15.1 万元。全年慈善救助支出 1596.4 万元，累计支出 8528.4 万元。至年底，结存慈善资金 9840.6 万元（含历年增值）。

【慈善募捐活动】 4 月 20 日，组织发起“祈福雅安——海宁为灾区加油”义演募捐活动，共募得善款 88.5 万元，资助灾区 71.3 万元；6 月 1 日，爱心建材家居联盟举行建材家装博览会，义卖款 3.1 万元捐赠给市慈善总会，定向资助两户困难家庭的学生；8 月 11 日，2013 爱心之旅——加拿大华裔施坦威青年艺术家魏宁慈善钢琴演奏会在海宁市文化馆举办，向海宁市儿童福利院捐献价值 5 万元的钢琴、电子琴等音乐器材，并聘请海宁市星海艺校的音乐教师为福利院孤儿提供音乐辅导；11 月 15～25 日，举办海宁黑曼巴俱乐部爱心篮球邀请赛，比赛报名费和奖励费 2.1 万元全部捐赠给海宁市慈善总会，定向捐赠给海宁市儿童福利院。

为雅安灾区加油义演募捐活动

【慈善救助】 开展助困、助医、助学等慈善救助活动，全年共救助 7078 人次，发放各类善款 1596.4 万元。在元旦、春节期间，走访、慰问、帮扶全市低保家庭、困难援助证家庭、困难残疾人家庭 3028 户，支出救助慰问金 359.4 万元，慰问不持证困难家庭 731 户，支出慰问金 73.1 万元；全年对 664 户次患病困难家庭进行医疗救助，共支付医疗救助款 495.8 万元，3 名白血病患儿获得“嘉欣丝绸为生命续航”项目救助款 6 万元。发放冠名企业助学金，对持有最低生活保障救助证、海宁市困难家庭援助证和海宁市特困职工优惠证家庭的就读普通高校的学生，分别给予每年5000元和4000元的救助。8月15～16日，在各镇（街道）举行海宁市慈善总会冠名企业助学金发放仪式，并发放万向集团“四个一万工程”助学金，全年累计发放冠名企业助学金97.6万元，万向集团“四个一万工程”助学金14.1万元，共资助大学生207名和市外高中、中专困难家庭学生9名，孤儿、特困生52名。开展助学助教定向捐赠，“吃亏是福”慈善基金定向资助云南保山边境五所小学2.8万元、吉林松原宁江小学25.0万元；海港超市定向资助汶川地震一名残疾大学生1.1万元；中海慈善教育基金定向对海宁市高级中学的贫困学生和优秀师生发放助困金和奖励金，共计2.6万元；浙江恒生印染有限公司出资2万元定向捐赠4名困难家庭大学生；浙江华德利纺织印染有限公司出资1.8万元定向捐赠6名家庭困难高中生。2013年，白内障复明工程对低保家庭手术费用实行全免，其他患者每例补助400元，全年实施手术873例，支付费用36.8万元；开展助行工程，发放代步轮椅、助行架、拐杖等助行器材201件，支付善款6.8万元。全年救助因火灾、意外事故等突发性事件陷入困境的家庭99户，支付救助款116.2万元。重阳节期间，对90周岁以上100周岁以下的老年人进行慰问，支出慰问款136.0万元。与市妇联开展“关爱成长”孤困儿童工程，对海宁市户籍60名3～14周岁的孤困儿童，由市慈善总会对持证困难家庭的儿童每人资助1000元/年，对遭受突然变故而致贫家庭的儿童每人资助800元/年，共计资助5.5万元。向全市公办敬老院、养老服务中心（老年公寓）赠送空调292台、电视机285台，支出善款96.1万元。

【义工委员会活动】 至年底，海宁市慈善总会义工委员会有会员3000多名。成立义工委员会，下设2个义工分会、3个专业服务队、19个义工小组。有注册义工326名，其中一星级义工101名、二星级义工35名、三星级义工6名。长期组织开展“牵手夕阳红，温暖老人心”活动，开展“弯腰一秒，拾起文明”“拒绝远光，文明行车”等活动。成立海宁义工无偿献血服务队。11月10日，在银泰十五周年感恩晚会上发起为“玻璃男孩”和“肾衰竭妇女”爱心捐款活动，募得善款1.3万元。

（唐赟娟）

老龄工作

【概况】 2013年，全市60周岁以上老年人口148065人，占总人口的22.1%，其中70周岁及以上61496人，80周岁及以上22161人，分别占老年人口总数的41.5%和15.0%，有百岁老人25人，年龄最高者104岁。全市建有养老机构17家，收养老人1239人，其中“五保”（保吃、保穿、保医、保住、保葬）老人320人。推进城乡一体化居家养老服务工作，全市享受居家养老服务政府补贴的老年人有970人，政府购买服务经费支出150万元。

制订《海宁市“幸福养老”十大工程实施方案（2013～2015）》，明确“幸福养老”十大工程的工作目标、建设内容和实施步骤等，4月12日召开成员单位全体扩大会议，对有关工作任务进行部署。制订出台《关于提升养老机构队伍素质的实施意见（试行）》，明确养老机构管理人员、专业护理人员和辅助性护理人员的招聘（选聘）方式。制订下发《海宁市养老服务人员教育培训实施计划（2013～2015年）》，完成2013年度护理员培训任务。在全省率先出台《2013～2015年社区居家养老照料中心建设的实施意见》，从城乡一体的角度部署社区居家养老服务照料中心建设的目标任务，并加大财政补助力度。全年新建和改建居家养老服务照料中心 64 个，累计 94 个，其中城市社区实现全覆盖。组织老龄成员单位对《海宁市老龄事业发展“十二五”专项规划》实施情况进行中期评估，总结分析老龄事业发展现状和存在问题，提出下一步工作对策和建议。

推进养老机构建设和管理服务工作。市政府 3 年实事工程项目全面完成；市社会福利中心一期扩建工程完工；全市有 3 家民办养老机构，分别是：长安金陵银色康乐园、琳轩养生源、海宁市颐康养护院。全市养老机构床位数 4470 张，占老年人总数的 3.0%，其中护理型床位数 1466 张，占总床位数的 32.0%，民办机构有护理床位 530 张。出台《海宁市政府投资养老服务机构收费管理暂行办法》，统一全市公办养老机构收费标准。开展敬老宣传月和《中华人民共和国老年人权益保护法》宣传月活动，印发《中华人民共和国老年人权益保护法》单行本 1 万本。编印《潮乡敬老颂》4000 册，开展孝文化进机关、进学校、进家庭活动。

【实施居家养老服务需求评估制度】 自 2013 年 1 月 1 日起，对原居家养老政府购买服务制度进行改革，凡是申请居家养老服务政府补贴的老年居民，必须经市、镇（街道）、村（社区）评估组织评估后再经市民政局审核批准才能享受补贴；建立以生活自理能力、经济状况和居住环境为主要内容的评估体系，暂设定评估分达 80 分以上的为一类补贴对象，评估分在 50～79 分的为二类补贴对象。全年共实施集中评估 4 次，达到标准 190 人次。深化银龄互助工作，市、镇两级下拨活动经费近 70 万元。城市送餐服务实现全覆盖。

【敬老先进评创】 开展“百佳孝亲敬老”系列评选活动，组织评选十佳孝儿子、孝女儿、孝女婿、孝媳妇等十大类 100 个名额的敬老先进个人（单位），在重阳节举行海宁市庆祝老人节暨“百佳孝亲敬老”先进典型表彰大会。推进品牌养老三大创建工程，动员全市争创“老年友好型城市”“老年宜居社区”和“敬老文明号”。2013 年共创建“敬老文明号”26 个、“老年宜居社区”12 个。

【老年电大教育】 2013 年春季老年学员招生数 25800 人次，秋季招生数 25850 人次，占老年人总数的 18.3%，居嘉兴市首位。完善辅导员网络，新成立讲师团，分校聘请教学辅导员全年下基层讲课 132 场次。

表 43　　2013 年百岁老人统计

序号	镇（街道）	姓名	性别	出生年月	住址
1	许村镇	孙礼才	男	1913 年 3 月	塘桥村曹家埭 51 号
2	许村镇	黄　月	女	1913 年 10 月	海王村 2 组（现住杭州）
3	许村镇	王阿二	女	1913 年 9 月	红旗村陆家桥 11 号
4	长安镇（高新区）	祁宝堂	男	1912 年 3 月	寺桥弄 10 号 401 室
5	长安镇（高新区）	周祥芝	男	1913 年 7 月	新民街 152 号 3 室

续表 43

序号	镇（街道）	姓名	性别	出生年月	住址
6	长安镇（高新区）	高阿茶	男	1913 年 2 月	大型村西花园 6 号
7	周王庙镇	孙占春	女	1913 年 11 月	水阁路八幢 44 号
8	周王庙镇	陈阿文	女	1909 年 10 月	双涧村小陈岸 40 号
9	周王庙镇	王桂宝	女	1909 年 11 月	荆山村水安桥 26 号
10	周王庙镇	王爱兰	女	1910 年 9 月	荆山村南张家石桥 6 号
11	周王庙镇	沈秀珍	女	1911 年 4 月	博儒桥村陈家浜 22 号
12	盐官镇	顾三宝	女	1913 年 5 月	群益村潘家场 29 号
13	盐官镇	汪连珍	女	1910 年 7 月	丰士村沈家场 21 号
14	盐官镇	周三毛	女	1911 年 8 月	联丰村花园浜 33 号
15	丁桥镇	钱四毛	女	1913 年 1 月	海潮村钱家兜 56 号
16	斜桥镇	周宝娥	女	1911 年 9 月	黄墩村鲫鱼桥 3 号
17	斜桥镇	沈大宝	女	1911 年 12 月	乐农村叶家场 27 号
18	黄湾镇（尖山新区）	马宝果	女	1913 年 8 月	尖山村马家场 36 号
19	黄湾镇（尖山新区）	裴章男	女	1911 年 9 月	闸口村李家坟桥 31 号
20	硖石街道	徐淡如	女	1912 年 9 月	长水里 18 幢 42 号 301 室
21	硖石街道	陈春发	男	1912 年 9 月	景云桥 31 号 7 室
22	硖石街道	许绛仙	女	1913 年 3 月	东南河王家弄 3 号 1 室
23	硖石街道	徐小宝	女	1913 年 5 月	振兴路 51 号
24	硖石街道	庄荣堂	男	1913 年 7 月	东南河 56 号 2 室
25	海昌街道	孙秀英	女	1913 年 9 月	双冯一里 67 号

（张　斌）

劳动和社会保障工作

【概况】 全年城镇新增就业人员 16031 人，帮助 9877 名失业人员实现再就业，其中就业困难人员 3215 人。组织农村劳动力转移就业 9590 人。全市城镇登记失业率控制在 2.96%。全年开展城镇失业人员再就业培训 2314 人，高技能人才培训 4213 人，其中新技师 324 人，职业技能鉴定 13464 人，创业骨干培训 527 人，外省务工人员技能提升培训 1664 人。

扩大社会保险覆盖面，全年职工基本养老、医疗、失业、工伤、生育保险参保人数分别净增 34916 人、22402 人、8163 人、12505 人和 12952 人，总参保人数分别达到 36.1 万人、35.9 万人、19.0 万人、26.1 万人和 19.7 万人。城乡居民社会养老保险参保人数达 15.2 万人，纳入基本生活保障的被征地农民 10.3 万人。

强化劳动关系调处，全年监察企业 2230 家，受理举报投诉 503 件，为 1698 名劳动者追讨工资、押金共 1099.1 万元，对 9749 家用人单位开展劳动保障书面审查。小微企业劳动合同签订率 98.8%，已建工会企业集体合同签订率 98%以上。全年受理各类劳动争议 351 件，涉及职工 1733 人，维护劳动者权益 1466.5 万元。开展欠薪隐患大排查，共出动检查人员 709 人次，检查用人单位 2156 家，其中无照企业 58 家、存在欠薪隐患的企业 21 家。

规范农村劳务合作社，组建劳务合作网，实现劳务资源共享。全年工商注册农村劳动合作社 15 家，社员 670 人（含低保户 9 人、困难家庭 6 人），实现劳动收入 346.1 万元。全年累计培育完成创业项目 85 个，创业基地 20 个，创业典型 67 个，带动就业 9.3 万人，一年以上创业稳定率 90%。被嘉兴市委、市政府评为 2013 年度“嘉兴创建省级创业型城市工作先进单位”。9 月 2 日，人力资源和社会保障局连杭经济分局服务大楼投入使用。9 月 24 日，首家“猎头公司”海宁汇智人力资源服务有限公司在马桥经编总部大楼正式开业，主要为不同行业的企业提供人才招聘和培训等服务。

【调整企业退休人员基本养老金等待遇】 自 2013 年 1 月 1 日起，海宁市调整企业退休人员基本养老金。调整范围和对象为 2012 年 12 月 31 日前已按规定办理退休（职）手续的人员。全市共涉及近 59631 人，平均每人每月增发 235 元，调整后基本养老金平均水平每人每月 1799 元（含享受社保领域遗留问题处置政策的人员）。企业离休人员死亡后，其生前供养的配偶生活困难补助费各档标准分别调整为 1400 元 / 月、1180 元 / 月、1070 元 / 月；企业职工（含退休人员）死亡后，其符合供养条件的直系亲属生活困难补助费标准分别调整为 670 元 / 月、560 元 / 月。

【调整被征地农民门诊医疗费用报销等待遇】

自 2013 年 1 月 1 日起，被征地农民门诊医疗费用报销比例从 40%提高至 45%，最高支付限额仍为每人每年 800 元。被征地农民大病医疗统筹住院费用起付标准至 5 万元（含 5 万元）部分，报销比例在原基础上提高 5 个百分点，5 万元以上部分报销比例保持不变。自 2013 年 6 月 1 日起，被征地农民基本生活保障金各档标准增加 60 元，调整后分别为 600 元 / 月、640 元 / 月、672.1 元 / 月（均包含 70 元 / 月被征地农民基本生活保障金补贴）；土地保养人员保养费标准由 580 元 / 月调整为 640 元 / 月。

【调整社会保险缴费基数】 自 2013 年 7 月 1 日起，对全市各项社会保险的缴费基数和比例进行调整。2013 年 7 月 1 日至 2014 年 6 月 30 日期间，基本养老保险、失业保险的个人月缴费基数为参保职工上一年度月平均工资。参保职工月平均工资低于上一年度全省职工月平均工资 60%的，其基本养老保险个人月缴费基数按 2005 元确定，高于上一年度全省职工月平均工资 300%的按 10020 元确定，超过部分不计入缴费基数。单位缴纳基本养老保险、基本医疗保险（大病医疗统筹）、失业保险、工伤保险、生育保险的缴费基数按上月实际发生的职工工资总额计算。城镇个体工商户业主（雇工 7 人以下）及雇工、灵活就业人员基本养老保险缴费标准分别为 460 元 / 月、518 元 / 月、576 元 / 月，基本医疗保险缴费标准为 177 元 / 月（含 4 元补充医疗保险费）。因各种原因中断基本养老保险缴费或应缴未缴的参保人员，补缴中断年限养老保险费的标准为 735 元 / 月。职工基本医疗保险的个人缴费基数调整为 3198 元 / 月，全年 38377 元。

【调整职工基本医疗保险政策】　自 7 月 1 日起，扩大职工基本医疗保险个人账户历年结余资金的使用范围。允许支付基本医疗保险支付范围以外的、临床必须且合理的医疗服务项目费用；允许支付基本医疗保险医疗服务项目范围内，超过限定支付范围的医疗服务项目费用；允许支付基本医疗保险用药范围内，超过限定支付范围的药品费用；允许支付参保职工使用除国家扩大免疫规划以外的预防性免疫疫苗费用；允许支付医保乙类药品费用中个人自费部分费用。同时，职工基本医疗保险门诊补助年度内最高支付限额由 3000 元提高到 5000 元。

【统筹解决养老保障领域遗留问题】　全年共受理各类参保申请 1.3 万人，其中按《关于解决未参保集体企业退休人员及其相关人员基本养老保障等遗留问题的实施意见》申请补缴基本养老保险 1 万人，征缴工作基本完成，核定发放基本养老金 9100 人；确认符合《关于调整城乡居民社会养老保险部分参保人员待遇政策的通知》精神的乡村医生、代课老师等人员 2986 名。

【部分中小微企业社会保险费临时性部分减免】　对部分中小微企业社会保险费实行临时性部分减免，具体减免的险种为工伤、生育和失业保险的单位缴纳部分，统一由地税部门在 2013 年 10 月、11 月操作。减征范围为海宁市境内各类所有制性质的工业企业和个体户转型升级形成的非工业企业，不包括烟草加工、石油化工、电力生产和供应 3 个行业。

【被征地农民健康体检】　组织开展第三轮享受基本生活保障待遇的被征地农民免费健康体检工作。体检对象为截至 2012 年 12 月 31 日已按规定享受基本生活保障金待遇的被征地农民和享受养老生活补助的农婚知青。全市涉及对象 3.1 万名。

【完善零售药店定点准入办法】　12 月 23 日，出台政策完善零售药店定点准入办法。一是调整适用范围，适用申请范围为海宁市域内尚未纳入医保定点的零售药店；二是实行信息共享，完善与药监、物价、工商等部门的信息共享机制，实行一票否决；三是明确准入条件，共确定包括持有相关有效证件、遵守有关法律法规、经营药品品种达到一定数量、营业面积达到规定要求等十项准入条件；四是简化审批流程，审批流程包括申请、受理核查、评审测试和公示等环节。五是强化监督管理。

【人力资源社会保障服务专线开通】　3 月 1 日，“12333”人力资源社会保障服务专线正式开通。热线服务内容包括就业、社会保险、人事人才等政策法规、办事程序咨询和各类信息查询服务，并提供“零就业家庭投诉”“用工投诉”等服务。

【社会保险自助终端启用】　7 月 18 日，在全省率先启用社会保险自助终端业务。自助终端机上可以操作的业务有社会保险政策宣传、参保查询、自谋职业续保缴费登记等。

【拓展市民卡功能】 4月1日，市民卡开通公共自行车租赁功能。11月30日，市民卡实现公交应用功能，乘客可持充值后的市民卡进行刷卡乘车。自7月1日起，海宁市市民持身份证、市民卡和嘉兴市基本医疗保险诊历本到上海长海医院就诊可直接刷卡付费，海宁成为省内首个实现跨省医保异地就医实时结算的县（市）。

【“技能人才校企合作”交流大会】 4月26日，组织晶科能源、艺纺纺织、长海包装等12家企业代表，邀请海宁高级技工学校、海宁市职业高级中学2所学校代表到嘉兴参加“技能人才校企合作”交流大会。活动期间，12家企业与各相关院校、人力资源合作基地签订合作意向协议42份，其中晶科能源成为首批浙江省校企合作就业服务联盟会员。

【清理整顿人力资源市场秩序专项行动】 3月1～20日，开展清理整顿人力资源市场秩序“春雷”专项行动。以工商企业密集区、流动人口聚居地、职业中介机构聚集地和自发形成的人力资源交易场所为重点，对职业中介机构、从事职业中介活动的组织和个人、各类招工用人单位进行检查。共摸底排查用人单位372家、职业中介机构21家。

【劳务派遣企业专项检查】 5月6日至6月28日，对全市劳务派遣中介企业进行专项检查。共检查劳务派遣单位14家，涉及派遣工2063人；检查使用劳务派遣工的用人单位38家，其中机关事业单位1家、国有企业4家、其他企业33家，共使用劳务派遣工4648人。发放《中华人民共和国社会保险法》单印本、劳动用工管理友情提示卡、《职工维权手册》等宣传资料1万余份。

【劳动用工和社会保险法律法规专项检查】 7月15日至8月10日，开展用人单位遵守劳动用工和社会保险法律法规情况专项检查。重点检查劳务派遣单位和使用劳务派遣工的单位，招用农民工较多的建筑、交通、餐饮企业，劳动密集型企业及个体经济组织。主要检查劳动合同签订、工资支付、社保参保缴费、劳动保护、劳务派遣单位遵守劳务派遣规定、其他劳动保障法律法规遵守及技术工种就业准入制度执行情况。

【在建工程工资支付情况专项检查】 11月5日至12月31日，开展在建工程工资支付情况专项检查活动。在各建筑业企业自查整改基础上，由人力社保、住建

2013年浙江省（嘉兴市）技能人才校企合作交流会

部门组成联合执法检查组，会同镇（街道）、开发区及有关单位对在建工程进行实地检查，整治、规范企业劳动用工管理行为。

（赵宇钟）

民族宗教工作

【概况】 2013年，全市有常住少数民族27个2499人，其中蒙古族93人，回族370人，藏族2人，苗族243人，彝族208人，壮族779人，布依族68人，朝鲜族43人，满族111人，侗族55人，瑶族50人，白族31人，土家族325人，哈尼族6人，傣族4人，黎族14人，傈僳族3人，佤族3人，畲族54人，达斡尔族4人，土族4人，水族2人，仫佬族2人，羌族2人，毛南族1人，仡佬族17人，锡伯族2人，其他民族3人。年内共为8名符合条件的对象办理民族变更手续，为9名少数民族中考、高考学生办理身份确认和加分证明。

宗教团体有海宁市佛教协会、海宁市道教协会、海宁市天主教爱国会、海宁市基督教“三自”爱国运动委员会、海宁市基督教协会。批准开放的宗教场所34处，其中佛教17处、道教1处、天主教4处、基督教12处，另有民间信仰点22处。全市共有佛教（僧人及注册居士）800多人、天主教信徒约4000人、基督教信徒8000多人、慕道友约6000人，道教和伊斯兰教信徒未作统计。各宗教教职人员共161人。年内，开展佛道教寺观清理整顿专项工作，未发现寺观对外承包以及欺骗信众等现象。硖石街道天主教堂等8处宗教活动场所通过省级“和谐寺观教堂”和嘉兴市“三星级宗教活动场所”考评验收，硖石街道惠力寺申报创建省“四星级宗教活动场所”。重视宗教信息系统建设，完成所有宗教团体、场所和宗教管理部门以及大部分教职人员的信息录入。维护民族宗教领域和谐稳定，确保160名天主教信徒赴上海佘山朝圣安全，年内宗教场所无安全责任事故发生。开展“宗教反邪活动日”活动，组织全市基督教场所负责人参观桐乡反邪教基地。

【民族政策法规宣传】 建立外来少数民族人员基本信息库，制作有关民族政策法规的宣传图版。9月，在3个社区、1个村、海宁中国皮革城和内地新疆高中班举办民族政策法规宣传月活动。创新城市流动少数民族人员管理方法，授予起模范带头作用的西域穆斯林餐厅“海宁市民族团结进步——和谐之家”称号。

【“教风整治年”主题活动】 确定2013年为“教风整治年”，要求所有教职人员内修素质、外树形象，落实好“寺院管理建设年”各项工作。6月，市佛教协会举办全市寺院管理研讨班。8月，基督教“两会”举办义工培训班。10月，佛教协会举办道风建设培训班。

【宗教团体、宗教场所主要活动】 4月，长安觉皇寺举办观音阁开光法会。5月，仲济禅寺举办佛像开光法会。11月，惠泉寺举办大雄宝殿奠基仪式。12月，仲济禅寺举办上梁法会。5月、9月、10月分别完成出席省道教协会、嘉兴市佛教协会、省天主教爱国会换届会议正式代表的推荐和考察。

（孙亦欣）

新居民服务管理

【概况】 2013年，全市新居民总数为344785人，其中持浙江省居住证25118人，持浙江省临时居住证288210人，16周岁以下新居民儿童31457人。经济开发区、盐官百里钱塘观潮景区新居民事务所成功创建第三批“嘉兴市规范化新居民事务所”，全市14家新居民事务所规范化合格率100%。探索建成嘉兴市首个新居民综合管理信息平台暨海宁市信息化新居民服务管理数字平台，集新居民积分管理、居住房屋出租登记管理、新居民基础信息管理等功能于一体。

【新居民登记管理】 开展“查底数、查责任”新居民基础信息百日排查、新居民基础信息精准采集集中排摸等专项行动。6～7月，结合“三改一拆”工作，在许村镇开展出租房屋“大排查、大整治”行动，查清居住在废品收购站、临时性棚屋等处的新居民基本情况。12月，在海昌街道、斜桥镇开展“以业管人”模式试点工作，在海洲街道、马桥街道开展居住出租房屋“星级化”管理模式试点工作，分别督促落实企业和出租房业主的法律责任。建立200个新居民专属网格，帮助基层在工作硬件等方面实现突破，推进重点区域工作网络建设；建立26个新居民事务室，落实新居民专职协管员进驻工作负责日常管理；建立50个新居民实时动态监测点，重点监测新居民流入流出情况、个人基本情况及携带子女情况等。

【新居民差别化服务】 6月，出台《海宁市义务教育阶段学校和幼儿园招收新居民子女实施细则》，未随父母申报户籍、父母违反计划生育政策、父母不在海宁市务工（创业）等类型的新居民子女不能在海宁市公办学校入学。为因病、因灾导致经济困难且持有浙江省居住证的新居民提供慈善救助，全年救助金额3.8万元。举办助海宁新居民圆过年梦活动，为220名持有浙江省居住证的新居民提供10万元返乡交通补助。推进新居民积分制管理，修改完善积分制管理办法。

【“新二代”关爱工程】 3月，排摸亟须关爱的“新二代”（第二代新居民）301名，发动教师、义工、社工、民警、新居民事务系统干部职工等与其结对帮扶，关注其健康成长。协调建立“新二代”关爱工程爱心助学基金，为30名家庭困难品学兼优的“新二代”提供救助，发放爱心助学基金1.5万元。有效纠正“新二代”的原有问题，言行举止和学习成绩得到改观。7月11日，召开全市“新二代”关爱工程专项工作推进会。该项工作获2013年度嘉兴市新居民服务管理工作创新成果一等奖。

7月11日，召开“新二代”关爱工程推进会

【新居民素质教育】 开展“万名新居民爱海宁”党的十八大精神宣传教育活动，参与人数 2.1 万人次。在海洲街道梨园社区、海洲社区、东长社区分别建成全市首个新居民科普教育基地、新居民法制教育基地和新居民家长学校。出台《海宁市新居民素质建设活动实施方案》，以思想、道德、法制、技能、安全和文化六大素养为主要内容，开展新居民素质建设活动。举办 2012～2013 年度海宁市优秀新居民评选活动，评选出优秀新居民 20 名和“十佳”新居民。8 月 21 日，承办嘉兴市推进新居民党员服务管理工作观摩交流会，海宁经验在会上作典型交流。开展服务观潮节、防溺水巡防、全民治水等专项行动，新居民志愿者参与人数 5000 余人次。成立湖北松滋籍新居民计生协会、马桥街道先锋村新居民妇代会等一批新型组织。许村镇新华村等 10 个村（社区）共建共享促进会获“2013 年度十佳村级共建共享促进会”称号。

（陈　标）

关心下一代工作

【概况】 2013 年，全市累计有 33 家民营企业建立关工委。市关工委报告团全年共讲课 148 场，听讲 4.0 万人次。其中爱国主义教育报告团作报告 51 场，受教育 1.0 万人次；法制教育报告团上法制教育课 26 场，受教育 1.1 万人次；文明礼仪与科技教育报告团讲课 71 场，受教育 1.9 万人次。调研组撰写《关于我市青少年生活学习和行为习惯现状的调查》《弘扬雷锋精神，造就一代新人》和《海宁市初中学生体质基本情况的调研报告》。“五老”（老干部、老战士、老专家、老教师、老劳模）网吧监督队对全市 67 家网吧进行检查 1698 人次。年内，海宁市关工委法制教育报告团副团长、硖石中学退休教师姚祖同被评为嘉兴市首届“十佳少先队志愿辅导员”。

开展星级先进村（社区）创建。年内有 41 家单位获五星级先进村（社区）称号，69 家单位获四星级先进村（社区）称号。有 17 家单位被命名为嘉兴市“五好”关工委。5 月，与市科协、教育局联合举办海宁市第八届中小学生科普剧比赛，500 多名学生参赛，科普剧剧情涉及雾霾治理、食品安全、绿色生态等科学知识。8 月 16 日，由市关工委组织的中国电影家协会“百花放映情系基层”送电影进海宁活动走进海洲街道梅园社区，为居民送上影视文化盛宴。

【结对帮教】 全市共有帮教小组 1055 个，参与帮教人数 3364 人，帮助教育青少年 2673 名，其中 1223 名青少年取得进步。春节前夕，市关工委会同法院、检察院到市看守所看望在押的未成年服刑人员；中秋节前夕，市关工委会同检察院、法院、司法局等单位到浙江省未成年犯管教所，看望海宁市法院审判并送往服刑的少年犯，并赠送生活必需品。长安镇(高新区)关工委配合镇禁毒办开展社区戒毒(康复)工作心理咨询培训。

【帮困助学】 全市各级关工组织累计募集助学款 95 万元，比上年增加 3.9 万元，共资助学生 1552 名。其中市关工委“爱心基金”第六次向 25 名贫困大学新生发放每人 2000 元助学款；长安镇（高新区）各级关工组织募集助学款 14 万元，资助学生 96 人次，全镇（区）无一人因家庭困难而失学、辍学。

【“向雷锋同志学习”主题教育活动】 2 月 25 日，市关工委、教育局结合省关工委

“弘扬雷锋精神，学习‘最美浙江人’”活动，联合发起在全市中小学生中开展“向雷锋同志学习”主题教育活动。3月4日，谈桥中心小学举行“实践雷锋精神，塑造美丽心灵”学雷锋启动仪式；海宁卫生学校组织近百名业余党校学员开展“扬雷锋精神，传递‘正能量’”活动；各幼儿园组织开展“学雷锋”活动。各级学校组织学生走进社区、走入敬老院、走向社会“学雷锋”做好事，献爱心。

【“中国梦”图片巡展】 9～11月，市关工委与市教育局联合在城区19所学校开展“中国梦——追逐复兴梦想，拥抱民族希望”图片展巡展活动。图片展由20块展板组成，汇集“中国梦”的由来、“中国梦”的深刻内涵以及实现“中国梦”的途径等内容。同时开展征文、黑板报、主题班会等活动，引导中小学生为实现国家富强、民族复兴、人民幸福的“中国梦”而努力奋斗。

（顾建国）

学生观看“中国梦”展板

消费者权益保护

【概况】 2013年，海宁市消费者权益保护委员会（以下简称消保委）共受理消费申诉638件，比上年下降17.5%，其中商品类申诉527件、服务类申诉111件，为消费者挽回经济损失155.1万元。共接到咨询类电话3386个，增长26.7%。对2012年荣获省级、嘉兴市级、海宁市级的“消费者信得过单位”进行复评，取消5家不达标单位的资格。

发挥维权义工队伍社会监督作用，参与食品安全监管体验、水价听证、商场超市价格比对、车险消费调查、直销企业体验等维权教育活动。在盐官镇开设老年“消费教育讲堂”，以老年人日常消费习惯、消费需求为内容，讲解如何预防“消费陷阱”“消费误区”知识，听众100余人。建立新居民子女学校消费教育基地，发放消费维权和食品安全健康知识宣传册450余份，号召开展健康有益的课余活动，自觉抵制黑网吧。运用先行赔付方式化解网络团购纠纷，由团购网负责，为55名团购消费者实施先行赔付，涉及足浴券5950元。

【“3·15”宣传教育活动】 3月15日，围绕“让消费者更有力量”主题开展宣传教育活动，40余个部门、社会团体的120名工作人员参加。累计发放宣传资料3万余份，现场

"12315"举报申诉指挥中心为消费者解决消费纠纷

接受咨询2000多人次，提供家电维修、免费理发等便民服务500余人次。现场受理投诉24起，解决10起，帮助消费者挽回经济损失7000多元。

【拍摄预防"消费陷阱"微电影】 年内，市消保委指导浙江财经大学东方学院学生以预付式消费、老年人保健品为主题拍摄完成3部预防"消费陷阱"微电影。在全市50个村（社区）、老年大学等播放85场次，观众近8000人次。微电影还被市委组织部电教（远程教育）中心作为宣传片在党政干部培训班上播放。

【建立汽车联席协调点】 针对汽车质量纠纷金额大、检测费用大的难点，市消保委创新建立纠纷联席协调点。以被投诉品牌经销商回避为原则，随机抽调其他品牌4S店调解人员、律师顾问团人员从客观、专业的角度对商品质量开展论证，以最经济、最便捷的方式开展调解工作。全年利用该平台调解汽车纠纷2起，挽回经济损失15万元。

【律师维权接待日活动】 在每个月的15日前后，市消保委定期组织开展"12315"开放日及"律师维权接待日"活动，每月由律师事务顾问团成员帮助解答并协调处理疑难消费纠纷。全年为消费者提供咨询和"调诉对接"指导服务204人次。

（张　立）

［编辑：潘冰洁］

镇、街道

Town & Street

许村镇

【概况】 辖27个村、3个社区，407个村民小组、14个居民小组，总户数24797户，户籍人口110785人。2013年，实现地区生产总值84.55亿元，比上年增长9.6%；财政总收入4.91亿元，农民人均纯收入2.3万元，分别增长20.2%和15.2%。

推进"有效投入加速年"活动，全社会固定资产快速增长，全年投资总量23.32亿元，比上年增长49.4%，其中工业生产性投资和生产性服务业投资分别增长26.1%和95.5%。家纺城国际贸易中心、浙江杭海（国际）商城等项目扎实推进。组织实施"机器换人"现代化技术改造，技改投资占工业性投资比重的95%以上。开展招商选资，实到市外内资3亿元、浙商回归资金3.2亿元，成功引入中国美院家纺创意设计项目。完成政府性投资0.6亿元。

推进工业强镇建设，实现工业总产值249.5亿元。规模以上工业总产值、销售收入首次突破百亿元，分别达110.2亿元和107.5亿元，分别比上年增长20%、18.7%；利税、利润分别增长50.2%、55.9%。加快民营企业"二次创业"，完成"小升规"26家、"个转企"207家。加快服务业集聚发展，实现服务业增加值26.4亿元，增长14.4%，占GDP比重提高3个百分点，完成"限下转限上"15家。创建为省级产业示范基地，家纺城列入嘉兴现代服务业集聚示范区，举办2013海宁家纺博览会和首届"海宁家纺杯"创意设计大赛。完成粮食生产功能区296.7公顷，建成农业精品园3个。创建为"全国气象灾害应急示范镇"。

实施"三改一拆"，拆违面积突破120万平方米。清理农村"一户两宅"697户、9.8万平方米。开展违章农用设施整治，拆除违章猪棚5万平方米、奶牛棚4.2万平方米、温室甲鱼棚42.6万平方米。依法取缔河边、路边违章废品棚500余户、41万平方米，腾退土地57.5万平方米。整治许村、许巷、沈士三个集镇违章建筑。拆除新发违章建筑5万平方米。实施旧厂区改造，10家企业完成改造7万平方米。

开展"治水生态推进年"活动，退养生猪养殖76户，削减生猪2.1万头。5家奶牛场全部关停，削减奶牛2831头。启动温室甲鱼退养转产。率先建立农药包装遗弃物定点回收制度。深化"河长制"，完成63条黑臭河道治理，封堵排污口274个。疏浚河道48条，共26.5千米，启用上塘河"活水"工程。开展河道生态修复工程试点，建设生态浮岛1000平方米。启动27个农村生活污水集中处理点建设。推进印染行业标准化整治提升工程。严格实行能源消费总量和能耗强度"双控"制度。加强大气污染治理，开展清洁空气行动，推进“煤改气”。万元GDP能耗比上年下降4.2%。实施平原绿化，完成“两高”森林通道、杭浦绿色高速通道等绿化157.9公顷，林木覆盖率提高到16%。

实施省农科院扩容、高铁遗留户、沪杭高速互通、城镇有机更新等征迁项目，拆迁13万平方米。高铁西站站前大道通车。开展美丽乡村建设，初步呈现乡村风俗、新城风貌、布艺风情、花海休闲4条风景线，创建为“海宁市美丽乡村先进镇”。实施01省道违章建筑拆除地块复垦绿化工程。推进一批示范道路、河道建设。投入省文明市创建，促进农贸市场有序管理和环境提升。

推进年度实事项目建设，游泳指导中心、养老服务中心、文教中心等民生工程投入使用，创建为“浙江省文化强镇”和“嘉兴市公共文化服务体系示范镇”。列为全市行政审批权限下放试点单位，承接市级部门下放权限88项，办理扩权项目950余个。完成9个居家养老服务中心和3个文化礼堂建设。提高学前教育水平，实施一批幼儿园、小学维修工程。完善城乡低保、“五保”供养、灾害救助、临时救助4条保障线。“两富同行”认领虚拟岗131个，捐赠资金206万元。做好“96345”民生服务网延伸拓展，招募加盟单位120家。完善和整合农村信息化系统，被列为省级公共财政服务平台建设试点镇。

强化平安维稳，完善社会稳定风险评估机制。深化治安巡防、民间调解、新居民协管三支队伍建设，杨渡村创建为“浙江省民主法治村”。推进社会应急联动机制建设，成功抵御高温干旱、台风“菲特”等重大自然灾害。做好安全生产“一抓三促”综合整治。加强食品药品安全监管，做好H7N9禽流感疫情防控。通过省级卫生镇复评，开展“浙江省药品安全示范镇”“嘉兴市卫生应急示范镇”创建。

【许村行政执法局成立】 11月18日，成立许村行政执法局，开展深化综合行政执法工作试点。下设办公室、法制科、办案科，划分为11个责任区实施管理。人员由国土、城管、工商等20家市级成员单位派驻，驻镇的国土、环保、工商3个部门成建制划转。市级各成员单位充分授权并将原有工作流程下放，赋予同等行政处罚权，加强政府事中事后监管，推进“三改一拆”、水环境治理、淘汰落后产能等重点工作。

【许村镇列入首批嘉兴市小城市培育试点镇】 7月，许村镇被嘉兴市委、市政府命名为首批嘉兴市小城市培育试点镇。完成小城市培育三年行动计划编制，城市定位为临杭门户新城、中国布艺名镇、生态农业绿谷。年底，列嘉兴市试点镇考核第五名，并入围“嘉兴十强新市镇”。

许村镇2013年各村基本情况

表44

村名	村党支部（党总支、党委）书记	村委会主任	农村经济总收入（万元）	农民人均纯收入（元）
荡湾	凌坚强	顾忠平	89684	23287
庄湾	柴忠立	黄水法	90965	23697
孙桥	戚永明	凌雪良	72353	22728
新益	沈忠立	周鹏岐	100286	25558
永福	许卫明	姚忠平	300560	25518
团结	应伟明	马利杰	89197	23997
双联	万雪良	万雪良	18993	22240
南联	孔娟英	沈金康	69779	22195
许桥	许水国	许水国	54500	22564
科同	蒋汉民	郭利忠	53061	22605

续表 44

村名	村党支部（党总支、党委）书记	村委会主任	农村经济总收入（万元）	农民人均纯收入（元）
李家	费　杰	费　杰	45979	23256
联盟	陈富强	许夫忠	73120	23476
茗山	沈国新	苏新杰	49756	22278
文桥	曹水林	赵林学	60366	22525
新华	汤金娟	沈忠于	44179	21507
杨渡	费建达	费菊顺	50979	22957
报国	陈湘英	方林水	59013	22131
巷东	陈建青	张国新	54381	22365
红旗	黄国峰	金子良	37339	22693
海王	顾国良	郁忠梅	127461	23993
花园	陶建国	陶建国	50032	22115
塘桥	朱金法	朱永清	87710	24316
翁埠	童国荣	沈建根	36113	23441
许巷	徐国水	徐忠秋	56018	24337
景树	沈金良	鲁方明	103822	23371
前进	胡利忠	孙国清	59741	22942
胜利	—	周柏松	50606	21908

（俞吉俊）

长安镇

【概况】 辖 20 个村、5 个社区，总户数 21381 户，总人口 13 万人，其中户籍人口 8.02 万人、外来人口 5.1 万人。2013 年，实现地区生产总值 93.35 亿元，财政总收入 12.26 亿元，地方财政收入 4.73 亿元，农民人均纯收入 23257 元。

2013 年，长安镇（高新区）168 家规模以上工业企业实现产值 233.36 亿元，利税总额 26.19 亿元，利润 15.63 亿元，工业生产性投入 22.54 亿元。实现自营出口 5.3 亿美元。实施“两退两进”，腾退土地 51.7 公顷。推进土地精细化管理，对园区内 279 家 0.2 公顷（3 亩）以上用地企业进行综合评价，实施资源要素配置差别化供给。引进国际行业龙头企业康泰伦特药业，世界 500 强企业正大集团、纪鸿国际、阿里巴巴等项目。完成合同利用外资 1.53 亿美元，实际利用外资 7025 万美元，累计实到市外内资 17.4 亿元，注册资金 9.9 亿元，浙商回归资金 10.2 亿元，全社会固定资产投资 65.87 亿元。全镇精品花卉和葡萄种植面积分别达 420 公顷、300 公顷。推广农村土地整组流转，全镇土地流转总面积 1666.7 公顷（2.5 万亩）。省级重点农业龙头企业浙江虹越花卉股份有限公司成为新三板扩容后嘉兴市首家挂牌公司。

年内，长安镇被确定为首批嘉兴市小城市培育试点镇。启动新区滨河绿化和片林建设，加快佳源中心广场、五星级酒店、省人民医院海宁医院等项目建设。完成拆迁拆违面积 37.6 万平方米，拆除各类违章建筑 24.4 万平方米，新发“两违”有效控制，土地整治复垦 39.8 公顷。围绕“一带一路”以及三条主线（百里钱塘农耕文化体验带、花海布艺小康路，现代花卉园艺生态线、丝绸运河文化线、休闲农业观光线）实施美丽乡村建设。完成各村三年行动规划编制，上报创建美丽乡村示范村和样板村各 2 个。基本完成杭浦高速以南美丽乡村建设中金港村所有项目，完成美丽乡镇建设中金港村村部、陆泽农庄和登车浜绿化 3 个节点工程。

完成镇、村级河道排污口封堵 1920 个，治理脏乱黑臭河道 40 条，河道清淤 25.4 千米，铺设污水管网 24 千米，启动 21 个村（社区）生活污水集中处理试点。完成 46 家“无管可入”工业企业和 75 家小微企业截污纳管工作，整治“四大行业”企业33家。拆除违章猪舍4.6万平方米，减少生猪饲养量3.8万头，超额完成市级下达的生猪减量提质3年工作目标任务。启动温室甲鱼整治行动，签约关停125户，拆除温室甲鱼棚4.6万平方米，完成年度目标任务的200%。淘汰落后产能，关停化工企业4家，6家签订关停协议。

年内新增就业岗位3331个，帮助困难人员就业1015人，累计发放各类补助资金1088.5万元。认领虚拟岗200个，捐资314万元。推进“两校”（浙江机电职业技术学校和海宁仰山小学）、“一院”（浙江省人民医院海宁医院）建设，创建“嘉兴市卫生应急示范镇”“嘉兴市学前教育达标乡镇”。结合大运河申遗和旧城有机更新，建设东中西街“一馆”“一闸”“一廊”“一河”“一街”，大运河（长安段）申遗通过联合国教科文专家组现场检查。大运河长安闸遗产展示馆开馆。文明市创建通过考核验收。镇公共服务中心承接下放审批服务事项88项，获评“省级示范服务中心”称号，群众满意度居全市首位。提升城镇管理服务水平，对6个城镇社区进行撤并调整，撤销东街社区、中街社区、浙一社区居民委员会，合并组建虹桥社区居民委员会；撤销西街社区、修川社区居民委员会，合并组建新的修川社区居民委员会。

【长安镇列入首批嘉兴市小城市培育试点镇】 7月，长安镇经推荐申报、审查论证，被确定为首批嘉兴市小城市培育试点镇。编制《长安镇小城市试点三年行动计划》，完善、细化相关专项规划，对三年小城市建设重点项目进行分解，建立跟踪督察机制，加快项目建设。年底，长安镇获嘉兴市小城市试点考核优秀等次，综合实力位列嘉兴市4个新市镇第二强。

【长安佳源中心广场项目开工】 1月18日，长安佳源中心广场项目举行开工仪式。该项目总投资8亿元，注册资金1亿元。规划总建筑面积136844平方米，其中商业面积89192平方米（其中酒店10431平方米），住宅47651平方米。涵盖购物、生活服务、餐饮、休闲、娱乐等五大功能，建成后是长安镇（高新区）新的商业中心、多元化体验生活中心。

【首家镇级文明道德银行成立】 3月9日，长安镇文明道德银行成立，为全市首家镇级文明道德银行。成立党员志愿服务团、青年志愿服务团、巾帼志愿服务团、义工服务团、广电市民监督评议团、文明道德宣讲团

长安镇老坝（长安堰）复原与展示工程施工

六大志愿者团队，引导党员干部群众开展新春爱心献血、“3·5”学雷锋便民服务、爱我长安河道清洁、五一关爱职工、五四安全出行文明劝导、美丽长安环境保护宣传、七一党员为民服务、九九重阳关爱老人八大志愿行动，同时开展文明道德好人、文明道德之星、文明道德优秀三大评选活动。

长安镇2013年各村（含撤村建居社区）基本情况

表45

村(社区)名	村(社区)党支部(党总支、党委)书记	村委会(社区居委会) 主任	农村经济总收入(万元)	农民人均纯收入(元)
褚石	陈水良	陈水良	39201	22938
东陈	潘祖林	钱金林	39284	23863
天明	徐喜龙	周煜明	61221	23118
虹金	杨火学	许洪杰	21530	22896
新民	陈晓东	陈宏杰	27730	23125
老庄	沈祖跃	祖建法	21091	23022
肖王	沈建忠	范祖根	262020	23537
城东	周伟强	周明明	58258	22901
金港	王建法	朱祖贤	57151	22908
兴福	沈炳林	陈于良	39722	23874
东升	姚海强	张金兴	56120	22335
德丰	殷森标	王亚鸣	40882	23031
辛江	许国良	严利群	257463	23069
兴城	俞祖明	徐红美	42068	23997
陆泽	沈仿祥	诸亚峰	53386	23896
泰山	张建春	朱玉英	46117	24218
大型	何建法	顾洪年	43042	23098
鹿耳	曹金甫	孙国忠	37832	23108
盐仓	褚国妙	陈明甫	25642	23530
红色	顾娟妹	金新强	39319	23151
长郊	赵桂芬	张明根	6520	23063

（程　溢）

周王庙镇

【概况】 辖13个村、1个社区，总户数12844户，户籍人口48573人，其中镇区人口10603人。2013年，实现地区生产总值23.05亿元，比上年增长7.1%；财政总收入2.21亿元，增长7.4%；农民人均纯收入23462元，增长15.4%。

传统产业发展提质增效，新兴产业加快提升发展，实现规模以上工业总产值51.04亿元，突破50亿元。扩大有效投入，完成固定资产投资10亿元，比上年增长19.7%，实施单项投资500万元以上工业项目29个，工业生产性投入8.56亿元，增长22.1%。帝龙永孚新材料项目建成投产，柏盛化纤一期主厂房竣工。实到市外内资2.51亿元，增长38.7%，到位浙商回归创业创新资金9289万元。强化企业创新能力建设，新增省科技型企业5家。全年完成土地供应19.9公顷，推进落后产能淘汰和低效用地腾退工作，完成“两退两进”项目8个10.7公顷。荆山农村土地综合整治项目通过整体验收，胡家斗、冯家斗门、戴家坝项目有序推进，完成土地复垦23.3公顷。

推进农业“两区”建设，新建成粮食生产功能区51.3公顷，流转土地78公顷。稳定粮食生产，粮食播种面积1402.8公顷，总产量8994吨。实现服务业增加值7.3亿元，比上年增长12.1%，服务业总产值占国内生产总值的比重提高4.08个百分点，完成服务业投资1.88亿元。加快物流基地建设，海宁广联物流基地主体工程建成，被评定为嘉兴市级重点扶持物流基地，实现销售额4.66亿元，上缴税收2290万元。加强商贸服务项目建设，融达置业大厦开工建设，周王庙合力18大厦奠基并基本完成地下工程建设。

推进新市镇、新社区建设，加快农房集聚区块成熟区基础配套设施建设，农房集聚区块室外配套工程投资额9642万元。启动首批10个一星级美丽乡村创建和铁北示范片区、示范村建设。开展有机更新，推进百里长廊征迁，区域内全年拆迁242户，潮涌路建成通车；推进硖许公路沿线镇北区块开发和村级创业园项目建设。开展“三改一拆”行动，查处遏控新发“两违”101起，依法责令自拆67起，组织助拆34起，拆除违章建筑268宗8.3万平方米。开展“征迁项目攻坚月”活动，推进沿江百里长廊、城镇有机更新、土地复垦等项目征迁，完成武侠城核心区块等拆迁任务，荆山农村土地综合整治涉及农房和企业拆迁按时间节点完成，拆除25.1万平方米。

深化水环境综合治理，巩固完善“河长制”；控源截污取得新成效，市、镇、村三级河道排污口封堵完毕，新建污水管网11.6千米，61家“无管可入”企业和42家小微企业完成截污纳管或自建处理设施；拆除生猪养殖棚1.8万平方米，生猪减量2万头，拆除温室甲鱼棚1.0万平方米；启动实施农村生活污水治理工程；疏浚河道27千米，整治黑臭河道7条，种植水生植物8300平方米，4条市级河道交接断面出境水水质优于入境水。强化皮革、化工、印染、造纸四大行业整治，7家企业通过整治，关停3家造纸企业和1家砖瓦企业。荆山、上林两个村通过嘉兴市级生态村验收。推进“四边三化”行动，完成杭浦高速森林通道、洛塘河绿带和村庄点绿化建设，新增平原绿化面积47.5公顷。启动大气污染防治，推进节能减排，万元GDP能耗下降6.4%。

推进公共配套事业，创建农村居家养老服务照料中心4个。推进“浙江省文明市”创建，开展“道德模范”评选和文明餐桌、乡风评议、志愿服务月系列活动。推进教育均衡发展，创建为“嘉兴市学前教育先进镇”。加强基层公共卫生医疗服务体系建设，通过“浙江省级卫生镇”复评，创建为“嘉兴市卫生应急示范镇”。完善公共文化服务体系，建成长春、石井农村文化礼堂，依托许行彬故居开设“行彬讲堂”。在国家丝绸博物馆举办云龙村的蚕桑记忆成果展，弘扬地域蚕俗文化。完成残疾人扶贫基地建设，创建为“嘉兴市扶残助残爱心镇”。完成陈桥等3个村“一事一议”项目。

推进社会保障工作，发放市民卡150张，累计办理城乡居民社会保险申领8732人、失土转社保2847人，城乡居民参合率99.53%。完善扶贫帮困机制，发放各类优抚低保补助救助资金326万元。推进“两富同行”温暖工程和“1+X”结对帮扶机制，市、镇两级共结对帮扶困难户248户，发放

周王庙镇云龙村蚕俗文化园

虚拟岗位工资 28 万元。稳定低生育水平，计划生育率 98.2%，推行新居民计生服务积分奖励制。

【新居民计生服务积分奖励制】 年初，在全镇范围内推出新居民计生服务积分奖励制。奖励机制明确：凡在该镇居住满一年的新居民育龄妇女每参加一次镇级计生服务，便可获得相应的积分，积分累计到一定分值可兑换对应的奖品。积分奖励制实施后，该镇新居民妇女生殖健康检查人数，免费四项手术证明人数，孕环情检查人数和参加镇、村两级各类计生培训、活动人数四项数据显著增加。

周王庙镇 2013 年各村基本情况

表 46

村名	村党支部（党总支、党委）书记	村委会主任	农村经济总收入（万元）	农民人均纯收入（元）
荆山	张建荣	王晓良	150791	22078
石井	邬建达	朱祥林	129081	23036
云龙	范卫福	戴水庆	95913	22689
胡斗	庄雪鑫	庄国民	71489	23623
之江	王德昌	包敏良	85331	24455
联民	许建达	汪明强	76928	23815
新建	张汉阳	何海锋	141892	24526
陈桥	唐德发	朱明荣	75201	24800
双涧	沈　鸣	宋水根	66342	23435
上林	沈建初	钱国飞	110952	22049
星火	沈永明	孙雪清	61265	23702
长春	王富清	吴一明	125790	25435
博儒桥	吴清江	孙坤尧	85476	24222

（王文尧）

盐官镇

【概况】 辖 17 个村、4 个社区，总户数 14766 户，户籍人口 52211 人。2013 年，实现地区生产总值 31.79 亿元，完成财政总收入 2.78 亿元，农民人均纯收入 23035 元。

54 家规模以上工业企业实现总产值 45.75 亿元，比上年增长 7%；销售收入 45.78 亿元，增长 6%；利税 3.16 亿元，增长 81.2%。完成“个转企”116 家，工业企业“小升规”8 家。全社会固定资产投资 9.2 亿元，其中 34 个规模以上工业项目完成有效投入 8.5 亿元，增长 19%。实施创新驱动战略，新培育高新技术企业 1 家，新增市级企业研发中心 2 家，完成省级以上新产品计划 47 项，新产品产值率 36.3%。电镀园区整体关停，实现“退低进高”8.2 公顷。新启动 18 公顷土地征收工作，投入 125 万元完善园区基础设施建设。

新增苗木面积 87 公顷，总量达 1100 公顷，苗木行业年产值近 1 亿元，成立海宁首个苗木行业协会。推动 102 公顷粮食生产功能区建设，实施机械化育插秧 248.7 公顷，水稻统防统治 92.93 公顷，提升标准农田 190.2 公顷，全年粮食种植面积 1493.3 公顷，产量 1.1 万吨。推进养殖业减量提质，全年拆除违章猪舍 5.1 万平方米、违章禽舍 6.3 万平方米。完成农村合作经济组织联合会换届海宁试点工作。新增土地流转面积 136 公顷。

抓住百里长廊开发机遇，发展旅游等服务业，完成服务业增加值 7.8 亿元，服务业增加值占比比上年提高 2.4%。新增“限下转限上”5 家、“个转企”28 家，工业企业分离发展服务业 2 家。新增有效投入 3410 万元，其中生产性服务业投入 1000 万元，实到市外内资 1300 万元。

修编完善《盐官镇总体规划》《盐官镇区控制性详细规划》《盐官镇土地利用总体规划》。完善“两新”政策，郭溪嘉苑、丰兴西苑 642 套公寓房交房，推进“两新”一期 4 个联排区块绿化、道路、电力等基础设施建设。郭溪社区成为海宁市级示范性城乡一体新社区。红友村创建为“浙江省中心村”。完成郭春路提升改造和角里桥改造工程，开工建设郭北路和世纪大道南延工程，对 7 座桥梁进行新建、改建。全年拆迁拆违总量突破 43 万平方米，其中违章猪舍、一户两宅、河边路边违建、废品物资收购点等违法建筑 334 处 14.6 万平方米。

大力整治城乡环境，开展省文明市创建。实施潮涌路沿线美丽乡村建设，获浙江省首届“十佳美丽乡镇”称号。开展平原绿化，完成公路绿化 30.3 公顷、河道绿化 4.0 公顷、农田林网绿化 7.5 公顷、村庄绿化 11.9 公顷、生态片林 2.7 公顷，完成“幸福公园”工程建设。编制完成《盐官镇污水专项规划》，落实“河长制”，封堵市、镇、村三级排污口 266 个，整治黑臭河道 10 余条，疏浚河道 24 千米，种植水生植物 5117 平方米，绿化河道 5.2 千米。投入资金 500 多万元开展“四位一体”长效保洁，启动农村生活污水连片整治。推动 70 家“无管可入”企业纳管截污，市级河道 15 米控制范围内 4 家企业腾退还绿。对蔬菜加工企业进行污染整治，新增工业生产生活污水管网 5.9 千米。通过治水治污，辖区内全流域主要断面消灭劣五类水，郭店村严家板桥港成为海宁市保洁质量最佳河道。

强化社会保险依法征缴机制，推进社会保险从户籍人口基本全覆盖向常住人口基本全覆盖转变，全镇基本养老保险参保人数 1.2 万人，工伤保险参保人数 5172 人，城乡居民社会养老保险参保人数 1.3 万人。开展“两富同行”温暖工程，企业、机关、村（社区）认领虚拟岗 90 个，捐资 141 万元，募集慈善捐款 62 万元，创建为“嘉兴市扶残助残爱心镇”。

完成学前教育三年行动计划，创建为“嘉兴市学前教育示范镇”，推进异地新建丰士小学项目建设，初中教育质量名列全市农村中学前列。抓好计划生育工作，计划生育率 99.64%，实施幸福家庭关爱工程，成立盐官镇彩虹计生志愿服务队。创建为“嘉兴市卫生应急示范镇”“海宁市慢性病防控示范镇”，启动“健康盐官”创建，桃园村等 7 个村创建为“健康示范村”。完成 2014 年度合作医疗筹资任务，参加合作医疗人数 24036 人，参合率 99.52%。

推进“排查整治、强基促稳”专项活动，对影响公共安全的突出问题进行重点打击。推进平安盐官、法制盐官建设，化解各类矛盾纠纷 235 件，其中特大纠纷 13 件，受理市、镇两级来信来访 46 件，市长电话 153 件。做好社区矫正、新居民管理、戒毒帮教、“城乡防控日”、反邪教等工作。开展安全生产大排查、大整治专项行动，共检查单位 1224 家次。38 家规模以上企业完成安全生产标准化创建。

盐官镇 2013 年各村基本情况

表 47

村名	村党支部（党总支、党委）书记	村委会主任	农村经济总收入（万元）	农民人均纯收入（元）
广福	顾金兴	施坤甫	36940	23030
联丰	施娟仙	郭建昌	106816	23232
桃园	金正华	杨伟标	49280	24198
群益	徐金康	汤伟清	129065	23371
郭店	李建兴	吴晓东	37470	22590
红友	姚忠益	马晓良	47167	24017

续表 47

村名	村党支部（党总支、党委）书记	村委会主任	农村经济总收入（万元）	农民人均纯收入（元）
包王	严云飞	严　俊	45557	24009
丰士	杨海江	虞娟芳	38492	22083
万寿	张树忠	周敏霞	30876	22623
联群	钟海炳	沈顺康	37947	23076
祝会	—	陈妙兴	29149	23029
联农	江惠良	祝文红	70989	22524
新星	应建梅	王明兴	31157	22385
安星	苏振初	张纳雄	30793	22500
城北	郭根生	李叶清	44723	22698
中新	张建军	张国民	24214	23086
盐官	王伟峰	汪琦萍	41819	21835

（朱　巍）

丁桥镇

【概况】 辖14个村、1个社区，总户数13083户，户籍人口45222人。2013年，实现地区生产总值25.16亿元，财政总收入2.02亿元，农民人均纯收入21015元。

全年新增规模以上企业8家，规模以上企业实现产值49.27亿元，利税2.2亿元，其中利润6000万元。引进市外内资1.53亿元、浙商回归资金1.04亿元。投资3.15亿元的金汇特一期项目列入省重点建设项目和浙商回归重点项目，全社会固定资产投资10.6亿元。淘汰落后低效产能，腾退低效用地9.9公顷。推动市场主体转型升级，完成“个转企”118家，实施“机器换人”项目7个，创建为“嘉兴市专利示范镇”。申报省级新产品34项，专利申请280件，新增高新技术企业1家，省科技型企业4家，嘉兴市级专利示范企业2家，被中国针织工业协会命名为“中国经编新材料创新基地”。实施质量强镇战略，新增“浙江名牌”2个、“嘉兴名牌”3个、“海宁名牌”6个。钱江工业园区土地征收16.3公顷，新增供地8宗10.8公顷，新签约5000万元以上项目5个，新开工项目7个，竣工项目3个。入园企业累计90家，总产值55亿元，入选为中国针织工业协会经编分会副会长单位。

发展现代高效农业，稳定粮食生产，实现农业总产值3.72亿元，发放各类支农惠农资金302.8万元。完成粮食生产功能区建设153.3公顷，引进300万元以上农业项目5个，实施机械化插秧201公顷，推广实施统防统治226.2公顷。培育实施省级水稻产业提升项目，在新仓村建立省级晚稻高产创建示范片80公顷。新增土地流转面积157.1公顷。

推进道路建设、管网迁移和桥梁改造工程，新市镇区块配套基础设施加快建设，配合市区禁航提升改造桥梁21座，完成新市镇核心区块线路管网迁移、东部污水干网二期工程。完成潮涌路、海宁大道丁桥段拓宽改建工程，丁桥路完成建设工程量的70%。新建镇区停车场3个、农村道路会车道97处。推进农村土地综合整治，完成原正方建材公司等3个历年申报的项目，共复垦土地32公顷，新增复垦12.8公顷。完成城镇中心区控制性详细规划编制，丁桥农贸市场顺利供地，丁桥公园一期完成建设。宁泰苑公寓房交房，龙新苑公寓房完成一期主体验收，二期启动建设，完成“两新”集聚农户450户，新增融资9900万元。加快海宁大道两侧商贸区块开发，凤凰商厦和未来公馆项目进展顺利。投入812万元推进园区改造提升，完成园区主干道人行道铺设和绿化改造，亮化企业6家，凤凰路、海潮路、联保路3个节点实现景观提升。参与百里钱塘开发建设，完成污水处理厂三期项目征收任务，沿江区域全年完成征收土地 39.7 公顷、房屋 4.2 万平方米，流转土地 40.7 公顷。

开展农村环境综合整治，省文明市创建工作三次考核均列全市前茅。深化水环境治理，新建镇级示范河道 2 条，整治脏乱黑臭河道 20 条，疏浚河道 18 千米，内塘整治 81.5 公顷，水质改善排名全市第一。完成排污口封堵 34 个，“无管可入”工业企业截污 63 家，小微工业企业截污 49 家，整治印染企业 4 家，腾退市级河道两侧 15 米范围内工业企业 11 家，海朝纸塑公司关停。推进“清洁空气”专项行动，整治工业企业 8 家。实现全镇范围内垃圾桶装化清运，全面启动垃圾中转站标准化改造。推进拆迁拆违工作，做好潮涌路、海宁大道、丁桥路等重点工程征迁工作，完成土地征收 129.7 公顷，房屋拆迁 18.2 万平方米。建立健全防违、控违、拆违长效管理机制，共拆违 8.6 万平方米，复垦复绿 7.3 万平方米，其中拆除猪舍 3.8 万平方米，生猪减量 3.6 万头。开展星级美丽乡村建设三年行动计划，推进杭浦高速以南和潮涌路沿线美丽乡村建设，启动实施潮涌路沿线环境整治提升工作，推进新仓村夹塘区域升级版美丽乡村建设。开展“美丽村部”“美丽道路”创建，被评为“嘉兴市美丽乡村建设先进镇”。创建为“浙江省森林城镇”，做好闲置地块绿化补植，完成杭浦高速两侧绿道建设，新增平原绿化面积 136.7 公顷。

完善社会保障体系，新增城乡居民社会养老保险 3167 人，发放市民卡 1336 张，全镇城乡居民合作医疗参保率 99.51%。深化“嘉兴市双拥模范镇”创建，开展军民共建活动，发放义务兵和退伍军人安置费 202 万元。推行“两富同行”温暖工程和结对帮扶机制，募集慈善捐款 43 万元、计生关爱基金 6 万元，认领虚拟岗 65 个，发放各类补助救助资金 638 万元。推进公共配套事业，新市镇社区综合服务中心完成申报立项，水务营业所项目进展顺利，丁桥信用社启动开工，镇卫生院迁建工程竣工并启用。完成丁桥初中、新仓中学、新仓小学校园设施改造提升，丁桥小学迁建项目开工，被评为“嘉兴市学前教育先进镇”。建立“96345”便民服务中心分站。实施皇岗民俗文化项目，建成村文化礼堂 2 个。通过“嘉兴市卫生应急示范镇”和“海宁市慢性病综合防控示范镇”考核验收，创建“健康示范村”5 个。开展幸福家庭关爱工程示范创建，计划生育率 98.7%。做好社会稳控工作，调处各类矛盾纠纷 547 件，满意率 98% 以上，办结市长电话 238 件、来信来访案件 30 个，市长电话处理满意率 85% 以上。刑事犯罪率下

丁桥镇 2013 年各村基本情况

表 48

村名	村党支部（党总支、党委）书记	村委会主任	农村经济总收入（万元）	农民人均纯收入（元）
新仓	陆永明	贾维国	79884	21845
海潮	李建人	胡建康	39245	21607
万新	滕林彬	邹忠浩	48500	20706
保胜	郑利金	高金浩	36112	20405
金阳	李晓飞	李晓飞	27270	20590
利群	姚文革	陈建新	50820	20574
芦湾	张晓良	吴伟明	121901	20545
永胜	徐国明	陈　敏	116850	21185
民利	郭家欢	羊孝士	30058	21914
两丰	施新红	虞振海	26410	20639
丁桥	汤国强	程　波	44390	20720
海星	孙宝法	钱朝晖	17441	20888
群海	赵建根	陈建初	13233	20770
诸桥	莫东林	凌　辉	39967	22115

降 11.5%，群众安全感满意度 97.3%，居嘉兴市前列。做好对社区矫正、吸毒人员的帮教工作，司法所创建为“四星级规范化司法所”。

（丁 杰）

斜桥镇

【概况】 辖 16 个村、3 个社区，总户数 16525 户，户籍人口 62494 人。2013 年，实现地区生产总值 35.96 亿元，财政总收入 2.51 亿元，地方财政收入 1.56 亿元，农民人均纯收入 22785 元。

全镇实现固定资产投入 20.75 亿元，其中一产 0.55 亿元、二产 8.9 亿元、三产 11.3 亿元。引进工业投资项目 8 个，投资总概算 4.8 亿元，引进市外内资 3.2 亿元。主动接轨中科院，完成中科创智产业园、镁合金项目和硅溶胶抛光液项目签约，全市首个微系统与信息技术工程研究中心落户斜桥。推进“机器换人”，实施技改项目 9 个，投产 6 个，累计建成投产技改项目 13 个。开展“两退两换”，利用 8.6 公顷腾退土地引进项目 5 个，总投资概算 2.06 亿元。全年申报国家级高新技术企业 1 家，省级以上新产品 25 项，科技型中小企业 3 家，嘉兴市级重点科技研发项目 4 个、研发中心 1 家。启动“个转企”工程，完成“个转企”113 家。

开展拆迁拆违，签约拆迁农户 201 户、面积 6.8 万平方米；企业 9 户、面积 1.1 万平方米。拆除违章建筑 433 宗、面积 10 万多平方米。推进“两新”建设，公寓房高层主体完工。抓好华丰、三联等 5 个农村土地整治项目，完成搬迁农户 370 户，土地复垦 25.3 公顷。市级河道两侧腾退企业 3 家，“无管可入”工业企业截污 68 家，完成率 100%。整治生猪养殖，拆除猪棚 7.5 万平方米。加强河道整治，疏浚河道 31 千米，种植水生植物 2500 平方米，整治黑臭河道 12 条。加大绿化造林力度，通过省级森林城镇创建预验收。启动星级美丽乡村创建，打造祝场、路仲、桐九公路沿线生态示范片区和示范道路、河道、街区。

全年开展各类文艺活动 258 场，参与群众 2.7 万人次。创新城乡新社区计生管理模式，计划生育符合率 98%。加强食品安全整治，量化分级覆盖率 100%。推进“网格化管理、组团式服务”，排查解决矛盾纠纷 317 起，群众来信来访办结率 100%。推进安全生产标准化创建，危险化学品生产企业全面达标，工业企业未发生人员死亡事故。完善社会保障体系，基本养老保险和职工工伤保险参保净增人数均超额完成年度目标。推进民政、残联和慈善工作，完成镇养老服务中心一期主体工程建设。

【建立“三类五步”民情直通车机制】 为提升村级事务办理的规范性和高效性，对村级事务按性质内容、难易程度等分成通报、恳谈和表决三类。明确办理事项“五步走”流程，即党员群众提事、民主协商议事、审议表决定事、定人定责办事、党员群众评事。全镇 19 个村（社区）全面实施村级事务“三类五步”民情直通车工作机制。至年底，累计登记事项 101 件，其中通报类 23 件、恳谈类 55 件、表决类 23 件，参与党员群众 1000 多人次。

【第三届民俗文化旅游艺术节】 6 月 8 日，第三届“流淌的洛溪”民俗文化旅游艺术节在路仲古镇开幕。该艺术节自 6 月起持续到 11 月结束，内容主要包括开幕式暨《洛溪名人》首发仪式、文化走亲文艺展演、路仲古镇开发项目启动奠基仪式暨海宁路仲记忆博物馆开馆、海宁画院挂牌成立、海宁路仲文

斜桥镇第三届"流淌的洛溪"民俗文化旅游艺术节开幕式

化研究会成立、民间艺人手工展示、斜桥镇第二届农特产品推荐会、斜桥第二届文化管理员才艺比赛、海宁斜桥文学艺术界联合会成立大会、"美丽斜桥"摄影采风、闭幕式暨"舞动洛溪"舞蹈大赛等活动。

【海宁市斜桥文学艺术界联合会成立】 5月15日，海宁市斜桥文学艺术界联合会经海宁市文联批复成立。斜桥文联由洛溪艺术团、洛溪艺苑、斜桥文学会、书画影协会4个民间文学艺术团体组成，是海宁市首个镇级文学艺术界联合会。

(殳叶华)

斜桥镇2013年各村基本情况

表49

村名	村党支部（党总支、党委）书记	村委会主任	农村经济总收入（万元）	农民人均纯收入（元）
金石	陈建飞	舒志强	89666	22803
祝东	王祥法	蒋甫江	45388	22525
祝场	周东海	陈才康	68969	22856
万星	黄德奎	姚海良	12023	21936
华丰	朱张金	殷国华	204950	25593
庆云	周富林	施海峰	124680	22768
永合	顾明强	金利强	63813	22682
路仲	陆益彬	王东亮	99755	22170
光明	陈国良	陈国良	68270	24809
仲乐	庄建平	陈　飞	56143	21880
乐农	魏　明	魏烨柠	16300	21866
黄墩	潘建忠	孙云峰	51194	21701
斜西	顾海清	张富林	19115	21730
斜桥	严海峰	严海峰	219075	21911
新农	陈利生	沈雄健	32867	21932
三联	徐金元	马建德	37270	24598

袁花镇

【概况】 辖14个村、4个社区，总户数14513户，户籍人口53231万人。2013年，实现地区生产总值40.84亿元，财政总收入2.92亿元，其中地方财政收入1.08亿元，农民人均纯收入22790元。

全年完成浙商回归资金7.57亿元，引进市外内资9.02亿元，实到注册资金7.87亿元，获"嘉兴市利用内资工作十强镇"称号。完成全社会固定资产投资15.88亿元，其中工业生产性投入13.08亿元，服务业投入1.1亿元。实施"机器换人"零增地技改项目8个。推进科技创新，全镇高技术产业增加值占比51.8%，列全市第一位。

全镇工业经济首次突破百亿元，100家规模以上企业实现工业总产值116.49亿元，比上年增长21.5%；利税10.51亿元，其中利润4.92亿元，分别增长150.1%和338.3%。农业“两区”建设成效明显，完成粮食生产功能区建设363公顷，其中红新村粮食生产功能区被列为省级功能区；投资1828万元新建袁丁高标准农田示范工程，总面积633.3公顷（9500亩）。粮食生产保持稳定，完成统防统治279.5公顷、机械化插秧349.8公顷。新增土地流转面积174.5公顷。加快服务业发展，完成“限下转限上”4家、“个转企”145家，启动查氏名力艺术家创业园项目建设。推进工业园区扩容升级，拆除房屋3.8万平方米，完成征地26.7公顷。实施城镇有机更新，镇东新区完成征地19.3公顷，天创集热管等企业腾退拆除。制订出台土地复垦和垦造耕地奖励办法，完成土地复垦23.3公顷、耕地垦造31.6公顷。实施“退低进高”和“退河还绿”，腾退土地9.3公顷。

修编完善袁花镇镇域总体规划。完成镇区河东街改造、袁花农贸市场提升改造、幼儿园停车场等工程建设。完成龙鑫嘉苑一期建设及“两新”安置户分房，完成养老服务中心改造提升工程和城隍山公园一期工程，谈桥农贸市场主体工程结顶，袁花客运中心开工建设。推进新社区建设，加快推进彭墩、龙联等村级农村集中居住小区建设。硖尖公路通车，完成新袁路拓宽工程，推进嘉绍高速改路、改桥、改水工作，完成08省道南延工程征迁工作，实施一批农桥改造项目。省文明市创建和省卫生镇复评通过省级验收。

推进“三改一拆”工作，拆除违法建筑21.2万平方米，其中拆除违建猪舍4.5万平方米，减少生猪存栏2.5万头，拆除禁养区规模养殖场。推进水环境综合治理，深化“河长制”管理模式，完成河道整治38.9千米，新建污水管网6.4千米，完成130家企业生活污水入网、20公顷内塘整治和10条脏乱黑臭河道治理，封堵市、镇、村三级河道排污口378个，市级河道水质明显改善，全镇纳入“河长制”监测的5个断面全面消灭劣五类水，其中1个断面达到三类水质。开展星级美丽乡村创建，被评为美丽乡村创建先进镇。实施平原绿化建设，完成杭浦高速沿线森林通道绿化52公顷、经济林71.9公顷。做好电镀、化工、造纸等行业整治提升，完成市下达的节能减排工作任务。

开展“公共文化发展年”活动，举办2013袁花梨花节暨第五届文化艺术节等文体活动，完成5个村的文化礼堂试点建设，实现“浙江省体育小康村”全覆盖。完成镇区公共应急广播安装，在全市率先建起覆盖全镇的城乡一体化广播电视体系。完成农村中小学生上下学交通安全保障试点工作，完成学前教育三年行动计划，谈桥幼儿园转为公办幼儿园。开展育龄妇女“两癌”及袁花片大肠癌筛查工作，推进阳光计生工作，创建为“浙江省计划生育依法行政示范镇”和“全国人口和计划生育依法行政示范乡镇”。加强基层公共卫生建设，完成“嘉兴市卫生应急强镇”“海宁市慢性病综合防控示范镇”创建工作。完善“四位一体”保洁机制，开展河道、村庄、镇区保洁专项整治行动，实施镇区垃圾直运模式。

企业职工社会养老保险参保面不断扩大，全镇“五险”参保人数9870人，“两险”参保人数13548人，城乡居民社会保险参保人数16250人。全镇参加合作医疗31335人，参合率99.7%。继续做好居民健康体检、疾病防控、低保户困难家庭及救灾救济等工作，完成困难户危房改造11户。开展“两富同行”系列活动，全镇企业共认领虚拟岗106个，募捐166.7万元。建立“96345”袁花分站，创建长啸残疾人扶贫示范基地和残疾人小康阳光庇护中心，6个村创建为三星级居家养老服务照料中心，3个社区创建为嘉兴市五星级和谐示范社区。完善村级规范化社会服务管理站创建，加强义务巡逻队和网格化管理服务队建设。落实联调机制，全年共化解矛盾纠纷286起，处置突发事件30起，调解率和成功率均为100%。开展安全生产大排查、大整治专项行动，60家企业通过安全生产标准化创建验收。加强食品药品安全监管。

【袁花镇创建为“全国人口和计划生育依法行政示范乡镇”】 袁花镇以保障群众合法权益、维护社会稳定为重点，不断提升行政服务效率，规范行政服务行为，推行法理并用、刚柔并济、情理并举“三并”式的说理执法以及首问责任制、一次性告知、现时办结等制度，群众满意率98%以上。实施“12356”(阳光计生热线）阳光计生品牌，实现“咨询服务零距离、审批质量零差错、服务对象零投诉、办事程序零障碍”。2013年，袁花镇被国家卫生和计划生育委员会评为“全国人口和计划生育依法行政示范乡镇”。

表50 袁花镇2013年各村（含撤村建居社区）基本情况

村（社区）名	村（社区）党支部（党总支、党委）书记	村委会（社区居委会）主任	农村经济总收入（万元）	农民人均纯收入（元）
双丰	许金芳	孙小平	218172	26197
新袁	许勤芬	陈月明	60929	23238
镇东	冯印甫	华泉林	163667	25406
夹山	朱连明	顾炳军	129591	23773
长啸	许国初	俞云祥	93534	22791
红晓	殳成祥	张雅妹	61833	21669
红新	潘建锭	王　维	62888	22560
龙联	顾金龙	王家乐	44611	21399

续表50

村（社区）名	村（社区）党支部（党总支、党委）书记	村委会（社区居委会）主任	农村经济总收入（万元）	农民人均纯收入（元）
镇西	陈叶忠	吴燕飞	81512	22272
谈桥	邱叙良	倪群峰	81234	20866
梨园	朱雪峰	曹明华	75333	22315
濮桥	郑战伟	沈晓峰	75257	21863
东风	朱新华	张雁新	76943	21278
彭墩	肖顺华	朱利生	71569	20828
天仙街	张永良	—	1269	22403
彭墩（社区）	蒋吴芬	—	7348	20570

（孙周辉）

黄湾镇

【概况】 辖7个村、2个社区，总户数6576户，户籍人口23719人，在册登记新居民29824人。2013年，实现地区生产总值32.34亿元，比上年增长18.6%；财政总收入1.97亿元，其中地方财政收入9264.3万元；农民人均纯收入23020元，增长10.5%。

深化“嘉兴市美丽乡村先进镇”创建成果，加快打造塘河文化展示线、炫丽果园风情线、生态山水养生线等美丽乡村重要节点，完善尖山村休闲采摘区和钱江村农业园区基础设施，启动星级美丽乡村创建，完成村庄整治545户。推进农业“两区”建设，建成粮食生产功能区88.7公顷，完成黄山村育秧中心建设。创建水果综合示范园区，举办第四届枇杷采摘周、第六届杨梅节和第五届柑橘采摘月活动，全镇水果种植面积1106.7公顷，销售收入7011万元。完善农田水利设施建设，砌筑渠道7千米，改造阻水“瓶颈”3.7千米，退包土地356公顷。深化平原绿化，种植生态片林140公顷，建成“省级森林化村庄”2个。

开展农贸市场集中整治行动，优化黄湾农贸市场管理机制，规范越门经营312家，发放限期整改通知书91份，清理乱张贴乱涂写2100余处，规范疏导乱设摊1500余起，清理乱堆放160起，整治沿街店铺73家，改造店牌25家。开展农村环境集中整治月活动。实施平原绿化，推进示范道路、河道、街区创建，绿化生态河道1.8公顷，建设经济片林11.2公顷，“一村一品”送苗3030株，种植苗木6万多株，绿化村庄6.7公顷。落实扣板企业粉尘监管，推广清洁能源，推进群乐印染整治。

深化“河长制”管理，实现污水管网行政村全覆盖。成立治水义务巡防队9支，完成市级河道两岸200米范围内污染源普查。完成市、镇、村三级河道排污口封堵，铺设污水管网6421米，20家“无管可入”企业达标排放，112家小微企业截污纳管，8家企业退河还绿，治理黑臭脏乱河道（池塘）16条（个）。推进生猪减量提质，开展病死畜禽专项清理行动，死亡动物无害化处理率100%。制订出台镇（区）禁养区畜禽减量提质政策，促进养殖业转型升级，减量母猪957头、生猪9473头，关停规模养殖户124户、禁养区养殖场18家。

推进“三改一拆”，建立重大征迁项目合力助推机制，形成副镇级干部定点联挂、联村干部合力参与的工作体系，全年完成拆违5.0万平方米，其中拆除新发“两违”6起，拆除“一户两宅”、“三边”违建和废旧物资收购点等违章建筑1.3万平方米，拆除违章猪舍2.2万平方米、鸡舍1.5万平方米。推进夹塘征迁、闸口集镇有机更新和尖山风情山村建设，拆除房屋8297平方米，流转土地26.7公顷，完成农房外立面改造120户。

深化“两富同行”，募得虚拟岗资金91.1万元。开展慈善募捐活动，累计发放低保、优抚、救助等资金近125万元。完善就业促进、社会保障、劳动监察与争议调处等人力社保工作网格化管理制度。建立在建工地预防群体性欠薪工作机制，深化学前教育三年行动计划，闸口幼儿园改建工程启动，举办第六届文化艺术节系列活动。完善“四位一体”卫生长效保洁机制。启动“慢性病综合防控示范镇”“嘉兴市卫生应急示范镇”创建。农村合作医疗参保率99.28%。建立完善社会稳定风险评估和安全生产网格化管理机制，组建食品药品安全监督站，全年无群体性事件和重特大安全生产事故发生。推进土地退包，签订退包过渡性协议64份，退包总面积356.0公顷。开展风险企业帮扶解困，完成幸宁公司关停清算。落实新居民均等化管理机制。

黄湾镇2013年各村基本情况

表51

村名	村党支部（党总支、党委）书记	村委会主任	农村经济总收入（万元）	农民人均纯收入（元）
钱江	朱平良	朱小兵	20145	22895
黄湾	孙　波	孙建忠	24680	21745
尖山	包伟力	顾江林	44676	23131
五丰	徐朱海	平建华	12750	23578
黄山	钟新联	张志根	102470	23214
闸口	费浩东	马其峰	62087	22968
大临	崔志浩	俞正浩	17245	22983

（王杰峰）

硖石街道

【概况】 辖8个村、15个社区（其中撤村建居社区5个），总户数23869户，户籍人口70358人，外来人口2万余人。2013年，实现地区生产总值46.83亿元，农民人均纯收入22958元，城镇居民人均可支配收入38528元。

优先发展现代服务业，第三产业实现增加值37.9亿元，占GDP比重为80.9%；社会消费品零售总额44.2亿元，比上年增长14.3%；万元GDP能耗下降3.8%。完成全社会固定资产投资30.67亿元，增长191.3%；服务业投资30.6亿元，增长244.8%。启动个税社会化管理，完成“个转企”131家、“限下转限上”16家。加大招商选资力度，全年浙商回归实到省外内资7644万元。开展全国第三次经济普查，规范单位基础信息6497家。发展现代高效生态农业，完成56.7公顷粮食生产功能区建设和2个市级蔬菜基地创建。创新村级集体经济发展模式，加强股份制经济合作社规范化运作管理，全年新增土地流转面积30.5公顷，实现村级集体经济总收入2036万元，增长27.7%。

全年完成房屋征收评估41.1万平方米，签约35.4万平方米，拆房34.1万平方米。推进鹃湖水库红线外、农丰老村部、浙大国际联合学院区块、硖尖线北延、“两新”永丰安置点等区块的征地拆迁工作。启动城市有机更新“城中村”改造项目，解决拆迁遗留户40户。推进“两新”工程建设，完成投资6.87亿元，完成工程量的80%以上。全年拆除违章建筑176宗7.5万平方米，完成拆违任务的399%，做好拆违地块的土地复耕复绿。推进土地整治，完成建设用地垦造10.3公顷，完成双合村农村土地综合整治项目第一年复垦任务2.7公顷。

启动星级美丽乡村创建，深化水环境综合治理，落实“河长制”，街道、村级河道排污口封堵率100%，农村生活污水治理636户实行雨污分流改造。开展街道级示范河道创建，整治黑臭河道14条，完成“无管可入”企业截污、市级河道两侧企业腾退等工作，疏浚河道10.9千米，绿化河岸4.4千米。推进农业面源污染治理，完成畜禽污染治理任务，拆除猪舍2.2万平方米，关停生猪养殖户96户，减少生猪饲养量2.4万头。推进村庄环境整治，赞山景苑一区创建为“嘉兴市城乡一体示范新社区”，荷叶村、永丰村创建为“浙江省气象防灾减灾示范村”，杨汇桥村创建为“嘉兴市绿化示范村”。加强城市管理，取缔废品收购站（点）100家。

配合做好省文明市创建工作，完成文明市创建抽查验收，成功创建为“嘉兴市文明街道”。开展文明家庭、文明村（社区）、文明单位创建活动。举办第七届文化艺术节。创建为“嘉兴市学前教育先进示范街道”和“海宁市学前教育达标街道”，提前完成学前教育三年行动计划，石路小学搬迁至硖石小学，启动赞山景苑幼儿园建设项目。城乡居民合作医疗参合率99.49%，组织第四轮参合体检，创建为“嘉兴市卫生应急示范街道”和“海宁市慢性病综合防控示范街道”。加强公共卫生服务体系建设，完成荷叶村和永丰村两个中央农村改厕项目。计划生育符合率98.59%，推进“阳光计生行动”。开展“两富同行”温暖工程，深化“1+X”结对帮扶机制，做好慈善募捐、虚拟岗认领等工作，发放补助救助资金225万元。投入236万元实现城市社区居家养老照料中心建设全覆盖，建成4个农村居家养老照料中心，开展养老助餐服务，累计送餐8600余份。

推进“网格化管理、组团式服务”，完善街道社会服务管理中心建设，成功应对台风“菲特”等重大自然灾害。开展“城乡防控日”活动，累计巡防936次，参与人数5232人次。办结来信来访案件56件、市长电话144件，调处矛盾纠纷33件，调解成功率100%。加强对社区矫正、吸毒等重点人员的监管。落实消防、安全生产责任制，开展安全生产“一抓三促”综合整治活动，加强食品药品监督管理。开展“六五”法制宣传教育。完善街道公共服务中心和村（社区）便民服务站服务功能，落实政府信息公开、政务公开、村务公开等制度，规范和完善村民自治。

表52 硖石街道2013年各村（含撤村建居社区）基本情况

村（社区）名	村(社区)党支部(党总支、党委)书记	村委会(社区居委会)主任	农村经济总收入（万元）	农民人均纯收入（元）
农丰	俞关龙	何林峰	39845	25945
长田	倪学新	姚永和	23906	23397
高丰	姚岳良	姚建新	19565	26069
长园	朱雪江	朱文燕	11099	26148
群利	范海明	俞国华	15787	24772
荷叶	都甫珍	范曙明	28319	23297
双合	王国美	王国美	20256	22703
联和	范国标	陈建忠	24240	23487
军民	朱克云	沈叶新	18440	25177
永丰	程培松	张海珍	22457	22923
南漾	孙雪峰	胡学光	14031	22219
杨汇桥	王利生	王敏达	24113	22777
西环	吴振宇	郭叶利	18241	23094

（顾琪梅）

海洲街道

【概况】 辖15个社区、5个村，总户数18634户，户籍人口56183人。2013年，实现地区生产总值96.74亿元，比上年增长11.5%，其中第三产业增加值79.62亿元，增长12.3%，占GDP比重为82.3%，提升1.1个百分点；财政体制收入1.47亿元，下降12.5%；农村居民人均纯收入22856元。

完成服务业有效投入38.90亿元，比上年增长23.0%，其中生产性服务业投资18.18亿元；引进市外内资5.53亿元，增长203.1%；新增注册资本5.53亿元，增长290.7%；浙商回归省外到位资金7.83亿元，增长26.8%，引进重大项目10个。完成“个转企”128家、“小升规”62家。村级集体经济总收入5080.5万元，增长22.1%。配合市重点项目，完成征迁16.1万平方米，其中计划内拆迁12.2万平方米；双凤村土地复垦4.2公顷，14家企业腾退低效用地4.1公顷，拆除农村“一户两宅”和废旧物资收购点等违章建筑197宗3.1万平方米；实施拆除违章建筑土地复耕复绿，落实管控措施，遏控率100%。

村（社区）创建星级美丽乡村。完成南郊、尖嘴汇小区雨污分流改造工程。疏浚河道8.4千米，种植水生植物2800平方米，绿化河岸1.6万平方米。设立专项资金奖励星级生态河道创建，沿泾港被评为全市镇、村级保洁质量最佳河道。做好生猪退养，在全市率先创建为“无猪街道”。完成生态片林、村庄、河道、道路绿化31.6公顷。开展“国家级生态街道”创建，完成前期申报工作。

举办第二届全民运动会，举办农民画展、培训、交流、电影放映等文体活动356

场次，双凤村文化礼堂竣工使用。街道养老服务中心改扩建二期工程竣工使用，城市社区继续开展养老助餐服务，全年为109位老人送餐17589份。实施“两富同行”温暖工程，认领虚拟岗35个，募集资金55万元，慈善捐款117万元。

举办海洲街道第二届全民运动会

全年受理群众信访53件、市长电话145件，办结率均达100%。发挥婚姻家庭纠纷人民调解委员会和“海洲老舅妈”品牌作用，全年排查调处矛盾纠纷861件，调处成功率96.5%。开展义务巡防，全年累计巡防1368次，参与人数8208人次。巩固提升“一居一品”特色社区创建成果，有4个社区特色工作被评为“海宁市十大社区工作品牌”。调整部分社区规模，筹建康桥名城社区居委会。开启社工服务项目个案37个，开展小组工作9个，社区活动35次，完成探访对象647人次。落实消防、安全生产责任制，全年无火灾死亡事故、无重大安全事故发生。计划生育符合率98.49%。开展“新二代”关爱工程，完成新居民积分制管理试点工作。配合做好省级文明市创建工作。成功创建7个市级基层党建工作示范点，成立全市首个“两新”组织党建工作促进会。推进居务监督委员会工作，首创嘉兴市居务微博。

【海洲街道第二届全民运动会】 于5月11日开始，7月1日结束。19个村（社区）、6个系统（行业）的25支代表团1422名运动员参加。运动会设8个大项、72个单项的比赛项目，产生金、银、铜牌共531块。

【海洲街道被评为全省社区戒毒康复示范点】 8月22日，浙江省禁毒委员会授予海洲街道“全省社区戒毒康复示范点”称号，成为全省13个示范点之一，是海宁市唯一获该称号的单位。街道禁毒办以创建活动为契机，加大对示范点的宣传力度，发挥示范点引领作用，全民禁毒知识覆盖面达100%；提高社区戒毒康复的有效执行率和对吸毒人员的跟踪帮教和管控率。

表53　海洲街道2013年各村（含撤村建居社区）基本情况

村(社区)名	村(社区)党支部(党总支、党委)书记	村委会(社区居委会)主任	农村经济总收入(万元)	农民人均纯收入(元)
南郊	姜新妹	姜新妹	11212	26246
新桥	许国良	王忠东	14747	26485
新庄	凌国泉	凌国泉	41350	26473
双凤	沈荣华	朱治强	5886	27270

续表 53

村(社区)名	村(社区)党支部(党总支、党委)书记	村委会(社区居委会)主任	农村经济总收入(万元)	农民人均纯收入(元)
民和	陈仁友	王明华	6737	26469
金龙	王金於	周徐良	11312	23579
张店	张志月	张吴坤	10932	26432
伊桥	李高法	李高法	33060	26413
联合	顾泉荣	陈伟忠	23598	26272
西郊	吕晓荣	吕晓荣	1874	24205
东长	吴云霞	吴云霞	12592	26403

（赵　婧）

海昌街道

【概况】 辖12个村、9个社区（其中城镇社区2个），总户数10187户，户籍人口37758人。2013年，实现地区生产总值27.20亿元，农民人均纯收入23068元。

有规模以上企业56家，其中“兴海工程”企业2家、超亿元企业14家，全年规模以上企业实现工业总产值41.88亿元。全社会固定资产投资3.77亿元，其中工业生产性投入1.64亿元。实现进出口总额2.5亿美元，利税2.5亿元。完成“个转企”127家、“限下转限上”12家，浙商回归实到省外内资2500万元。实施“机器换人”项目5个，腾退低效用地7.0公顷。新增高新技术企业1家，申报省级新产品21项、专利42件，引进基础人才222人、高层次人才12人。实现村级集体经济总收入4876.4万元，比上年增长26.6%。推行土地精细化集约化管理，建立预征土地管理中心，发包土地125.7公顷。引进300万元以上农业项目1个，完成粮食生产功能区和省级农业特色园区建设，加快推广机插秧和统防统治技术。推进洛隆路、碧云路沿线的商贸开发，完成分离发展服务业2家，生产性服务业投资9329万元。全年累计实现服务业增加值9.69亿元，服务业占比提高2.5%，社会消费品零售总额16.64亿元。

长水塘生态湿地项目全线交地，启动杭平申航道改造工程，全年完成拆迁609户29.1万平方米。配合实施由拳路沿线有机更新，完成隆兴区块拆迁安置政策制订和二轮入户调查，启动利民村征迁。完成越达经编拆迁交地，市第四人民医院项目进场施工。推进农村“一户两宅”、党员干部违建、养殖户违建、河边路边违建、废旧物资收购点

海昌街道双喜村良渚文化遗址发掘

违建等拆除工作，拆除丁公堰废旧物资收购中心，实施“三峡移民”拆违，全年拆除违章建筑567宗7.2万平方米，新发“两违”遏控率100%。推进土地整治，完成建设用地复垦20.3公顷，完成双喜村农村土地综合整治项目，2个农村土地综合整治项目通过省级验收。推进双喜新村点建设，新增农房集聚280户，完善新村道路、绿化、管网等配套基础设施建设，支持村（社区）按照规划开展业务用房、标准厂房、农贸市场等建设。加大对重点扶持村迎丰村、光耀村的扶持。做好道路、桥梁的维修、养护工作，推进街道便民服务中心、硖西大厦等政府性投资项目建设。

启动星级美丽乡村创建三年行动计划，深化水环境综合治理，落实“河长制”工作，街道、村级河道排污口封堵率100%。组织实施8个新村点的雨污分流改造项目，启动农村生活污水连片治理。开展街道级示范河道创建，加快河道、内塘疏浚，完成第一轮脏乱黑臭河道整治、“无管可入”企业截污、市级河道两侧企业腾退和排污口封堵等工作目标。完成河道疏浚16.6千米、圩堤建设3.0千米。实施平原绿化，新增平原绿化面积40.5公顷。开展空气清洁行动，淘汰落后产能企业3家，完成印染企业整治2家，万元GDP能耗下降8.8%。深化“四位一体”工作，实行市场化长效保洁河道136.5千米。推进农业面源污染治理，完成畜禽污染治理任务，基本实现“无猪街道”目标。加强水源地保护，落实海橡集团搬迁补偿政策并启动拆迁。推进村庄环境整治工作，实施泾长村、金利社区城乡一体新社区建设，完成长山村村庄整治扩面提升。开展“一村一品”建设，泾长村创建为“海宁市森林化村庄”，双山村创建为“一村一品”绿化特色村。加大对马路市场的整治力度，村级环保义务巡逻队实现全覆盖。

开展“六城联创”活动，推进十大专项行动实施，完成省文明市创建抽查验收，推进“嘉兴市文明街道”创建。举办第七届农村文化艺术节。深化学前教育三年行动计划，完成街道中心幼儿园改扩建工程，创建为“嘉兴市学前教育先进、示范街道”，火炬社区新建新居民教育服务中心。组织第四轮参加合作医疗体检，推进“十万学生饮食放心工程”建设，创建为“嘉兴市卫生应急示范街道”。保持低生育水平，计划生育符合率98.84%，推进“阳光计生行动”，创建为“嘉兴市新居民计划生育规范化服务中心”“海宁市幸福家庭关爱工程示范镇（街道）”。做好慈善募捐、虚拟岗认领等工作，发放各类补助救助资金229.6万元。实施“健康海宁”行动，首创健康服务室，完成街道养老服务中心扩建工作，支持实施碧云、洛隆社区居家养老服务照料中心建设。农村社区综合服务中心创建率100%。城乡居民社会养老保险参保5268人，农村失土农民养老保险参保12152人。落实“网格化管理、组团式服务”，做好重大活动、重要节日与重点区域的安全保卫与社会稳定工作，做好“三峡移民”拆违社会面稳控。开展“城乡防控日”活动，部署“打四黑除四害”专项行动，组建打防一体工作室，新建警务室5个。办结来信来访案件77件、市长电话149件，调处矛盾纠纷198件，调解成功率99.5%。受理劳资纠纷126起，涉及职工588人，追回工资321.2万元。加强对社区矫正、吸毒等重点人员的监管。加强新居民管理队伍建设，完善实有人口管理模式，开展新居民“百日大排查”。深化企业安全标准化创建，开展安全生产大排查、大整治行动。

表 54 海昌街道 2013 年各村（含撤村建居社区）基本情况

村(社区)名	村(社区)党支部(党总支、党委)书记	村委会(社区居委会)主任	农村经济总收入(万元)	农民人均纯收入(元)
硖西	李伟林	朱文杰	54735	24443
金利	沈银英	汤利贞	36769	24127
迎丰	张国仁	胡建新	31588	19250
双山	范生荣	郁正明	18861	22731
双喜	张火江	许晓龙	17727	22698
利民	孙春元	李施云	50512	21226
双冯	张海青	朱海明	28063	25028
泾长	褚文华	夏雪梅	21350	23540
火炬	倪维鑫	俞徐江	68000	23783
隆兴	赵爱萍	王权生	51398	20107
长山	岳晓祥	张铁丁	60153	24609
星光	王陈丽	沈建忠	17145	21713
金星	朱叶芳	王中明	68710	23469
光耀	周国松	徐海龙	14597	24165
硖东	徐张荣	潘宏良	60918	25071
东郊	俞罗良	张　卫	48800	24440
勤民	吴文瑜	许红梅	14871	20623
黎峰	王华祥	金芦芳	10648	21487
丁公堰	蒋东良	吴张明	5875	19821

（陈　斌）

马桥街道

【概况】 辖 8 个村、1 个社区，191 个村民小组，总户数 7408 户，户籍人口 28390 人。2013 年，实现地区生产总值 41.44 亿元，比上年增长 9.6%；财政总收入 5 亿元，其中地方财政收入 1.97 亿元，分别增长 7.7%和 0.5%；全社会固定资产投资 17.82 亿元，增长 22.4%；农民人均纯收入 22385 元，增长 6.7%。

全年实现工业总产值 175.76 亿元，其中规模以上工业产值 149.31 亿元、利税 11.23 亿元，分别增长 8.3%、8.2%、30%；完成工业技改投入 5 亿元。实现农业总产值 2.35 亿元，增长 4.0%。实施招商选资“一号工程”，引进 2 个世界 500 强投资项目。狠抓重点项目建设，建立项目分类督导和联动推进机制，实施供地项目精细化管理。推进工业强街道建设，实施经编产业改造提升，完成工业企业亩产效益综合评价 188 家，完成“机器换人”项目 20 个、“个转企”87 家、“小升规”21 家、“限下转限上”16 家。成功创建中国经编电子商务基地，引进各类基金、小额贷款公司等项目 12 个，第二金融中心雏形初现；经编商贸科创中心竣工，经编生产性服务业集聚区初具规模。突出规划引领，编制完成街道中心区规划、分区规划、马桥广场及海昌路南侧控制性详细规划。开展“三改一拆”和“两违”整治，拆除违法建筑 15.7 万平方米。推进节约集约用地和土地精细化管理，完成土地复垦 50 公顷、土地垦造 14.9 公顷。

建成马桥中心幼儿园，创建为“嘉兴市学前教育示范街道”。完善公共卫生服务体系建设，建成嘉兴首个镇级健康管理中心。开展“公共文化发展年”活动，举办第五届文化艺术节。先锋村、新塘村建成全市首批文化礼堂，新建街道乡村少年宫。推进劳动就业和社会保障工作，按“六有”标准搭建人社平台，启动嘉兴市充分就业镇创建工作。做好民政、双拥、老龄、慈善等工作，完成养老服务中心改扩建工程。启动星级美丽乡村创建工作，将治水治污、拆迁拆违、耕地保护、文明创建等工作有机整合，成功创建为“嘉兴市美丽乡村先进街道”，打造利众、新塘、正阳3个美丽乡村节点，创建嘉兴“优美庭院”示范村1个、“一村一品”绿化特色村2个。开展水环境综合治理，封堵河道排污口175个，治理黑臭河道13条；完成河塘绿化和河道清淤任务，开展农村污水连片整治，完成农户改造75户，铺设污水管网6.1千米。推进平安马桥建设，推行“网格化管理、组团式服务”，获“浙江省平安创建工作先进集体”称号。

先锋村建成海宁市首个文化礼堂

【世界500强企业项目落户马桥】 8月28日，浙江万方新材料股份有限公司与美国江森自控（中国）投资有限公司签署合作协议，在海宁成立一家专门生产面料产品的合资公司——浙江万方江森纺织科技有限公司。新合资公司注册资本8000万元人民币，计划总投资5000万美元。美国江森自控投资有限公司引入全球领先的面料相关技术，与浙江万方新材料股份有限公司成熟的面料生产能力相结合，致力于汽车内饰面料的研发和生产，并发挥双方合资后在资本、技术、管理、品牌、营销等方面的优势，把万方江森纺织科技有限公司打造成为亚太地区汽车面料生产基地。

马桥街道2013年各村基本情况

表55

村名	村党支部（党总支、党委）书记	村委会主任	农村经济总收入（万元）	农民人均纯收入（元）
马桥	金凤英	程利峰	51360	21329
正阳	颜小良	颜小良	40017	21481
新场	吕海祥	陈海忠	90094	21246
柏士	陈子良	虞新良	171336	21260
先锋	许文华	胡志远	503226	23981
利众	沈玉祥	朱高初	66103	23547
新塘	姚强忠	朱凤英	67048	23727
民胜	王仕杰	王仕杰	22887	20919

（甘朝标）

［编辑：曹　晔］

名　　录

Name List

新任市领导人简历

方　芳（女）　1971年1月出生，汉族，浙江省金华市人，1991年8月参加工作，2000年10月加入中国共产党。1987年9月至1991年7月为浙江师范大学汉语言文学专业学生；1991年8月至1993年5月，任浙江省妇联权益部干部；1993年5月至2002年1月，任浙江省妇联城乡工作部干部、副科级协调员；2002年1月至2007年2月，任浙江省妇联办公室正科级协调员（2002年9月至2006年3月在浙江大学经济学院学习，获法学硕士学位）；2007年2月至2009年5月，任浙江省妇联办公室副主任；2009年5月至2009年9月，任浙江省妇联办公室副主任、调研员（2009年5至6月在浙江省委党校女领导干部培训班学习）；2009年9月至2013年7月，任浙江省妇联妇女研究室主任；2013年7月，任海宁市委常委、副市长（挂职）；2013年8月，任海宁市人民政府党组成员。

史丹夫　1963年3月出生，汉族，浙江省嘉兴市人，1982年8月参加工作，1988年12月加入中国共产党。1979年9月至1982年7月为嘉兴师专学生；1982年8月至1984年9月，任海宁县教育局教研室教研员；1984年9月至1985年7月，任海宁县东山中学教师、团总支书记；1985年8月至1993年6月，任海宁市（县）人大办公室秘书、综合科科长；1993年6月至1997年7月，任海宁市人大办公室副主任；1997年7月至2001年2月，任海宁市委办公室副主任（1995年8月至1997年12月，中央党校函授学院经济管理专业学习）；2001年2月至2002年12月，任浙江海宁观潮胜地开发管理委员会主任；2002年12月至2009年7月，任海宁市总工会党组书记、主席（2004年9至12月，嘉兴市第十六期中青年干部培训班学习；2005年9月至2009年7月，省委党校区域经济学专业在职研究生学习）；2009年7月至2010年3月，任海宁市政协党组成员、副秘书长、办公室主任、政协机关党组副书记；2010年3月至2012年9月，任海宁市政协党组成员、秘书长、办公室主任、政协机关党组副书记；2012年9月至2013年1月，任海宁市委统战部部长、市政协党组成员、海宁市社会主义学校校长；2013年1月，任海宁市政协党组成员、副主席，市委统战部部长，海宁市社会主义学校校长。

朱伟强　1969年5月出生，汉族，浙江省海宁市人，1988年8月参加工作，1988年1月加入中国共产党。1985年8月至1988年7月为嘉兴中专文秘档案专业学生；1988年8月至1990年11月，海宁市图书馆管理员（1989年5月至1990年11月，下派任湖塘镇民胜村党支部副书记）；1990年11月至1999年3月，任海宁市纪委办事员、科员（1991年7月至1996年6月，高等教育自学考试法律专业学习）；1999年3月至2000年4月，任海宁市纪委纪检监察室副主任；2000年4月至2003年1月，任海宁市纪委纪检监察室主任；2003年1月至2004年10月，任海宁市纪委常委、监察局副局长、纪检监察室主任；2004年10月至2005年7月，任海宁市纪委常委、监察局副局长（2004年12月，高等教育自学考试法律专业本科毕业）；2005年7月至2006年1月，任海宁市纪委副书记、监察局副局长；2006年1月至2007年3月，任海宁市纪委副书记；2007年3月至2008年8月，任海宁市纪委副书记、监察局局长；2008年8月至2012年3月，任海宁市丁桥镇党委书记（2011年12月当选为十三届市委委员）；2012年3月至2013年12月，任海宁市许村镇党委书记、海宁连杭经济区党工委副书记、市临杭新区建设管理委员会副主任（2012年7月任副县级干部）；2013年12月，任海宁市许村镇党委书记、海宁连杭经济区党工委副书记、市临杭新区建设管委会副主任、许村行政执法局局长、副县级干部。

（蒋鑫叶）

2013年海宁市组织机构和镇（街道）主要负责人名录

中国共产党海宁市委员会

书　　记：林　毅

副 书 记：戴　锋

　　　　　周红霞（女）

常　　委：孙　群

　　　　　姚敏忠

　　　　　王志成

　　　　　姚建新

　　　　　王险峰

　　　　　沈雨祥

　　　　　许金夫

　　　　　顾照荣

　　　　　方　芳（女）（挂职）

　　　　　　　（2013年7月～　）

中国共产党海宁市纪律检查委员会

书　　记：王险峰（兼）

市委办公室

主　　任：封叙坤

市委组织部

部　　长：沈雨祥（兼）

中共海宁市委新经济组织与新社会组织工作委员会

书　　记：朱黄龙

市委老干部局

局　　长：卢建明

市委宣传部

部　　长：姚建新（兼）

常务副部长：吴建林（　～2013年1月）

市委统战部

部　　长：史丹夫

市委政法委员会

书　　记：孙　群（兼）

市委维护稳定工作领导小组办公室

主　　任：何立群

市社会管理综合治理委员会办公室

主　　任：张林江

市委政策研究室

主　　任：曹利中（2013年8月～　）

市直机关党工委

书　　记：沈宇梅（女）

市委、市政府信访局

局　　长：王静霞（女）

市委党校

校　　长：周红霞（女）（兼）

党委书记、常务副校长：顾炳甫

市行政学校

校　　长：姚敏忠（兼）

市社会主义学校

校　　长：史丹夫（兼）

市企业经营管理者学院

院　　长：俞亚明（兼）

市史志办公室

主　　任：柴伟梁

海宁日报社

党组书记、总编辑：张建仑

中共海宁市委社会工作委员会

书　　记：周红霞（女）（兼）

办公室主任：刘纪清

海宁市人民代表大会常务委员会

主　　任：徐　辉

党组书记：徐　辉

副 主 任：许煜威

朱祥华

孙浩彬

严海城

潘宇民

钱培伦

市人大常委会机关党组

书　　记：马维江（兼）

市人大常委会办公室

主　　任：钱东富

市人大常委会法制工作委员会

主任委员：孙亦飞

市人大常委会财政经济工作委员会

主任委员：邓灿阳

市人大常委会教科文卫工作委员会

主任委员：杨文斌

市人大常委会城乡建设农村经济工作委员会

主任委员：潘建华（　~2013年5月）

吴一平（2013年5月~　）

市人大常委会代表工作委员会

主任委员：范小平（女）

海宁市人民政府

市　　长：戴　锋

党组书记：戴　锋

副 市 长：朱海英（女）

邵小文

曹　毅

王建坤

俞亚明

胡燕子（女）

旦正措（女）(挂职)

（　~2013年3月）

李　玮（女）(挂职)

方　芳（女）(挂职)

（2013年7月~　）

副县级领导干部：吴伟强

市长助理：朱守坤（2013年4~6月）

金国辉（2013年10~12月）

市政府办公室

主　　任：夏坚辉

市政府法制办公室

副 主 任：陈海勤

市发展和改革局

党组书记、局长：蒋钰明

市经济和信息化局

党委书记、局长：何必成

市教育局

党委书记、局长：沈林华

市科学技术局

党组书记、局长：茅伟明

市公安局

党委书记：顾照荣（兼）

局　　长：张顺荣（兼）（　～2013 年 1 月）
　　　　　顾照荣（兼）（2013 年 1 月～　）
政　　委：朱忠华
常务副局长：周正明

市监察局

局　　长：沈志恩

市民政局

党组书记、局长：刘纪清

市司法局

党组书记、局长：金中一

市财政局（地税局）

党委书记：程培青（　～2013 年 2 月）
　　　　　许建明（2013 年 2 月～　）
局　　长：许建明

市人力资源和社会保障局

党组书记、局长：王一鸣

市国土资源局

党委书记、局长：陈洲美（女）

市住房和城乡规划建设局

党委书记：陈荣华（　～2013 年 2 月）
　　　　　钱海屏（2013 年 2 月～　）
局　　长：钱海屏

市交通运输局

党委书记：杨水康（　～2013 年 1 月）
　　　　　汪国锋（2013 年 1 月～　）
局　　长：杨水康（　～2013 年 2 月）
　　　　　汪国锋（2013 年 2 月～　）

市农业经济局

党委书记：宋新华（　～2013 年 1 月）
　　　　　黄天云（2013 年 1 月～　）
局　　长：宋新华（　～2013 年 2 月）
　　　　　黄天云（2013 年 2 月～　）

市委、市政府农业和农村工作办公室

主　　任：宋新华（　～2013 年 1 月）
　　　　　黄天云（2013 年 1 月～　）

市水利局

党组书记：黄天云（　～2013 年 1 月）
　　　　　虞铭华（2013 年 1 月～　）
局　　长：黄天云（　～2013 年 2 月）
　　　　　虞铭华（2013 年 2 月～　）

市商务局

党组书记：俞　红（　～2013 年 2 月）
　　　　　王　芳（女）（2013 年 2 月～　）
局　　长：王　芳（女）

市文化广电新闻出版局（体育局）

党委书记：虞铭华（　～2013 年 1 月）
　　　　　吴建林（2013 年 1 月～　）
局　　长：虞铭华（　～2013 年 2 月）
　　　　　吴建林（2013 年 2 月～　）

市卫生局

党委书记：张海波
局　　长：陈培玉（女）

市人口和计划生育局

党组书记、局长：朱建丰

市审计局

党组书记、局长：张伟飚

市环境保护局

党组书记：朱永强（　～2013 年 1 月）
　　　　　姚卫东（2013 年 5 月～　）
局　　长：朱永强（　～2013 年 2 月）
　　　　　姚卫东（2013 年 5 月～　）

市统计局

党组书记、局长：夏国强

市服务业发展与粮食局

党委书记、局长：张明翔

市安全生产监督管理局

党组书记：张伟杰
局　　长：魏国强

市民族宗教事务局

局　　长：汤永清

市食品药品监督管理局

党组书记：范德华（　～2013 年 1 月）
　　　　　浦国平（2013 年 1 月～　）
局　　长：范德华（　～2013 年 2 月）

浦国平（2013 年 2 月～　）

市城市管理行政执法局

党委书记、局长：高立新

市人民防空办公室（民防局）

党组书记：郭叶松（　～2013 年 2 月）

郭建钢（2013 年 2 月～　）

主　任：郭建钢

市政府金融工作办公室

主　任：倪生其（2013 年 5 月～　）

市政府房屋征收办公室

主　任：张亚匡（2012 年 8 月～　）

市政府驻上海联络处

主　任：陈一新

市政府驻杭州办事处

主　任：顾亚兴

海宁连杭经济区管理委员会

党工委书记：许金夫（兼）

主　任：许金夫（兼）

常务副主任：钱金财

海宁高新技术产业园区管理委员会

主　任：许金夫（兼）

市临杭新区建设管理委员会

常务副主任：钱金财

海宁经济开发区管理委员会

党工委书记：张月明

主　任：张月明

市尖山新区管理委员会

主　任：张月明

常务副主任：王枫铭

海宁盐官百里钱塘观潮景区工作委员会

党工委书记：夏国平

主　任：夏国平

浙江海宁经编产业园区管理委员会

主　任：濮新达

海宁中国皮革城管理委员会（海宁中国皮革城股份有限公司）

党委书记、主任（董事长）：任有法

市广播电视台

党委书记、台长：朱建荣

市档案局

党组书记、局长：沈虹星（2013年1月～　）

市旅游局

党组书记、局长：程懋菁

市机关事务管理局（市委、市政府接待办公室）

党组书记、局长：张　彝

市行政服务中心

党组书记、主任：吴四新

市新居民事务局

局　长：李明华

市供销合作总社

党委书记：徐亦鸣（　～2013 年 1 月）

郭如松（2013 年 1 月～　）

主　任：马彩琴（女）

市水务投资集团有限公司

党委书记：李珏芳（女）

董事长、总经理：朱建强

市实业投资集团有限公司

党委书记：曹汉国

董事长、总经理：金明浩

市城市发展投资集团有限公司

党委书记：张云根

董事长、总经理：吴一平（　～2013 年 6 月）

王末顺（2013 年 6 月～　）

市社会发展建设投资集团有限公司

董事长、总经理：阮国强

市交通投资集团有限公司

党委书记：钱建平

董事长、总经理：郭如松（　～2013 年 1 月）

杨水康（2013 年 1 月～　）

市国家税务局

党组书记、局长：杨亚俭

市工商行政管理局

党委书记、局长：何月根（　～2013 年 2 月）

丁金红（2013 年 2 月～　）

市质量技术监督局
党委书记、局长：张明华
市烟草专卖局（烟草公司）
局长（经理）：薛治国
市盐务管理局（公司）
局长（经理）：徐来平
中国电信股份有限公司海宁分公司
党委书记、总经理：洪金良
市邮政局
党委书记、局长：鲍　翔
市供电局
党委书记：张祖光
局　　长：周自强
市气象局
局　　长：计　珩
中石化浙江嘉兴海宁石油支公司
经　　理：朱惠明
嘉兴海关驻海宁办事处
主　　任：夏学庆
嘉兴市出入境检验检疫局驻海宁办事处
主　　任：程光法
嘉兴银监分局海宁办事处
主　　任：孙宏杰
中国人民银行海宁市支行
党组书记、行长：左国良（　～2013 年 2 月）
翁建雄（2013 年 2 月～　）
中国工商银行股份有限公司海宁市支行
行　　长：吕　忠
中国农业银行股份有限公司海宁市支行
党委书记、行长：金新根（　～2013 年 10 月）
李风华（2013 年 10 月～　）
中国建设银行股份有限公司海宁市支行
行　　长：翁文强
中国银行股份有限公司海宁支行
行　　长：傅劲松
中国农业发展银行海宁市支行
行　　长：翟建生（　～2013 年 3 月）
吴荣兴（2013 年 3 月～　）
市农村信用合作联社
党委书记、理事长：孙卫国
主　　任：方彦人
中信银行股份有限公司嘉兴海宁支行
行　　长：王晓燕
中国交通银行股份有限公司嘉兴海宁支行
行　　长：朱明瑞（　～2013 年 1 月）
王浩云（2013 年 1 月～　）
嘉兴银行股份有限公司海宁支行
行　　长：赵红霞（女）
华夏银行股份有限公司海宁支行
行　　长：潘　伟
上海浦东发展银行嘉兴海宁支行
行　　长：王　斌
中国邮政储蓄银行海宁支行
行　　长：徐红霞（女）
招商银行股份有限公司嘉兴海宁支行
行　　长：胡　斌
兴业银行嘉兴海宁支行
行　　长：许　辉
杭州联合农村商业银行股份有限公司海宁支行
行　　长：赵　晖（　～2013 年 1 月）
方家浩（2013 年 1 月～　）
深圳发展银行嘉兴海宁支行
行　　长：殷志强
浙江商业银行嘉兴海宁支行
行　　长：蔡红英（女）
湖州银行股份有限公司嘉兴海宁支行
行　　长：步伟中
中国人民财产保险股份有限公司海宁支公司
党组书记：陆海华（　～2013 年 2 月）
苏　刚（2013 年 2 月～　）
总 经 理：陆海华（　～2013 年 7 月）
苏　刚（2013 年 7 月～　）
中国人寿保险股份有限公司海宁市支公司
党组书记、总经理：许汉丰
中国太平洋财产保险股份有限公司海宁支公司
党组书记：曹思达（　～2013 年 11 月）

徐　群（2013年11月～　）
总 经 理：沈培金（　～2013年4月）
袁国辉（2013年4月～　）

中国太平洋人寿保险股份有限公司海宁支公司

党组书记、经理：裘　建

中国平安财产保险股份有限公司海宁支公司

总 经 理：邵荣彪（　～2013年9月）
郭　峰（2013年9月～　）

大众保险股份有限公司海宁支公司

总 经 理：钱查康

中华联合财产保险股份有限公司海宁支公司

总 经 理：沈学峰

中国大地财产保险股份有限公司海宁支公司

总 经 理：曹锡祺

中国移动通信集团浙江有限公司海宁分公司

经　　理：朱世杰

中国联合网络通信有限公司海宁市分公司

总 经 理：孙志明（2013年7月～　）

中国人民政治协商会议海宁市委员会

主席、党组书记：张炜芬（女）
党组副书记：郑进良
副 主 席：郑进良
田　耘
高兴龙
朱有田
吴关佳
史丹夫（2013年1月～　）
秘 书 长：汪　维（2013年1月～　）

市政协机关党组

书　　记：朱有田（兼）

市政协办公室

主　　任：汪　维

市政协提案委员会

主　　任：沈　炜

市政协经济科技委员会

主　　任：祝金燕

市政协文教卫体与文史委员会

主　　任：朱掌兴

市政协社会法制（三胞联谊）委员会

主　　任：冯志华
副 主 任：曹立群

中国人民解放军浙江省海宁市人民武装部

党委第一书记：林　毅（兼）
党委书记、政委：王志成
部　　长：陆云龙

市人民法院

党组书记、院长：李　斌

市人民检察院

党组书记、检察长：陈建钢

市总工会

党组书记、主席：王金法

共青团海宁市委

党组书记、书记：邬　欣（女）

市妇女联合会

党组书记、主席：倪继红（女）

市科学技术协会

党组书记、主席：吴　宏

市工商业联合会（总商会）

党组书记：许建强（　～2013年1月）
宋新华（2013年1月～　）
主席（会长）：鲁　枫

市残疾人联合会

党组书记、理事长：张建良

市文学艺术界联合会

党组书记：王　珏（女）
主　　席：田　耘（　～2013年5月）
王　珏（2013年5月～　）

许村镇

党委书记：朱伟强
镇　　长：祁建强
人大主席：陈国定

长安镇

党委书记：许金夫
镇　　长：滕敏忠
人大主席：沈新良

周王庙镇

党委书记：朱孝华
镇　　长：卜娟萍（女）(　～2013 年 1 月）
　　　　　李明辉（2013 年 1 月～　）
人大主席：苏树良

盐官镇

党委书记：浦国平（　～2013 年 1 月）
　　　　　许忠德（2013 年 1 月～　）
镇　　长：查卫祥
人大主席：糜建初

丁桥镇

党委书记：吕水杰
镇　　长：张　铁
人大主席：姚明祥

斜桥镇

党委书记：杨文华
镇　　长：蒋执安
人大主席：金秋香

袁花镇

党委书记：袁　杰
镇　　长：许忠德（　～2013 年 1 月）
　　　　　张伟锋（2013 年 1 月～　）
人大主席：沈文华

黄湾镇

党委书记：王姚明
镇　　长：金继光
人大主席：王姚明

硖石街道

党委书记：汪国锋（　～2013 年 1 月）
　　　　　朱永强（2013 年 1 月～　）
办事处主任：马明浩
人大工委主任：朱琪荣

海洲街道

党委书记：朱海平
办事处主任：陈慧毓（女）
人大工委主任：田　丰

海昌街道

党委书记：戴其明
办事处主任：汤治安
人大工委主任：王文龙

马桥街道

党委书记：濮新达
办事处主任：魏国锋
人大工委主任：徐发荣

（蒋鑫叶）

先进集体　先进个人

【科技部表彰】

2013 年全国县市科技进步考核先进县市

浙江省海宁市

【国家体育总局表彰】

2009～2012 年度全国群众体育先进单位

浙江省海宁市
海宁市少年儿童体育学校

2009～2012 年度全国群众体育先进个人

杨建忠［海宁市文化广电新闻出版局（体育局）］
吴冷西（海宁市少年儿童体育学校）

【民政部表彰】

全国适度普惠型儿童福利制度建设试点市（县、区）

浙江省海宁市

首批全国社会工作服务示范单位

浙江省海宁市儿童福利院

【全国老龄委表彰】

全国“敬老文明号”

浙江省海宁市金岛运输有限责任公司阳光

车队

【国家电网公司表彰】

县供电企业同业对标标杆单位

国网浙江海宁市供电公司

2012～2013 年度国家电网公司标准化示范供电所

浙江省海宁市供电局硖石供电营业所

【商务部表彰】

第三批国家外贸转型升级专业型示范基地

浙江省海宁经编纺织品基地

【国务院教育督导委员会表彰】

2013 年全国义务教育发展基本均衡县（市、区）

浙江省海宁市

【国家档案局　国家档案馆表彰】

国家一级档案馆

浙江省海宁市档案馆

【全国普法办公室表彰】

全国“六五”普法中期先进县（市、区）

浙江省海宁市

【全国爱国卫生运动委员会表彰】

2011～2013 年度国家卫生乡镇（县城）

浙江省海宁市盐官镇

【国家文物局表彰】

国家三级博物馆

浙江省海宁市博物馆

【国家卫生和计划生育委员会表彰】

第二批全国人口和计划生育依法行政示范乡镇（街道）

浙江省海宁市袁花镇

【国家中医药管理局表彰】

第一批全国中医学术流派传承工作室建设单位

浙江省海宁康华医院“陈木扇女科”

【人力资源和社会保障部　国家广播电影电视总局表彰】

全国广播电影电视系统先进集体

浙江省海宁市广播电视台

【公安部表彰】

2009 年以来公安监管工作成绩突出集体

浙江省海宁市看守所

全国拘留所社会矛盾化解工作先进单位

浙江省海宁市拘留所

全国一级拘留所

浙江省海宁市拘留所

【中华全国总工会表彰】

全国五一巾帼标兵岗

浙江省海宁市人民医院肝胆外科

全国模范职工之家

宏达高科控股股份有限公司工会

全国百家示范乡镇工会

浙江省海宁市盐官镇工会

第三批全国工会职工法律援助维权服务示范单位

浙江海宁高新技术产业园区总工会职工服务站

全国优秀工会工作者

王金法（海宁市总工会）

【工业和信息化部表彰】

第三批国家中小企业公共服务示范平台

浙江海宁经编生产力促进中心

【共青团中央　农业部表彰】

第八届“全国农村青年致富带头人”

姚董飞（海宁市宏欣生猪养殖场）

【中华全国妇女联合会、教育部、中央文明办表彰】

全国示范家长学校

浙江省海宁市硖石中学

【国家机关事务管理局　国家发展和改革委员会　财政部表彰】

国家公共机构节能示范单位

浙江省海宁市行政中心

【中共浙江省委　浙江省人民政府表彰】

全省推进“五好”服务型乡镇（街道）建设先进县（市、区）

海宁市

浙江省“千村示范、万村整治”工作先进单位

海宁市

浙江省“千村示范、万村整治”工作先进个人

蒋中娟（海宁市农业和农村工作办公室）

杨琳飞（海宁市周王庙镇人民政府）

浙江省对外投资和经济合作成绩显著的县（市、区）

海宁市

第八批省级爱国主义教育基地

海宁市博物馆

第三批浙江省现代服务业集聚示范区

海宁潮旅游文化集聚区

第九批浙江省优秀科技特派员

徐佳晶（海宁市农业经济局）

2013 年度浙江省有突出贡献中青年专家

张瑞标（天通控股股份有限公司）

2013 年度“三改一拆”行动先进集体

海宁市

2013 年度“三改一拆”行动先进个人

钱海屏（海宁市住房和城乡规划建设局）

2005～2013 年连续九年平安县（市、区）

海宁市

2004～2013 年度平安创建工作先进单位

海宁市社会管理综合治理委员会办公室

海宁市马桥街道

2012～2013 年度浙江省社会管理综合治理先进集体

海宁市委政法委员会

2012～2013 年度浙江省社会管理综合治理先进个人

朱伟强（海宁市许村镇）

浙江省沿海防护林建设先进个人

陈文海（海宁市林业果树技术服务站）

浙江省基本公共服务均等化行动计划实施工作目标考核优秀县（市、区）

海宁市

2013 年度浙江省政务信息工作先进单位

海宁市人民政府办公室

2013 年度浙江省法治政府建设（依法行政）先进单位

海宁市人民政府

浙江省规模以上工业企业新产品开发综合评价结果

一类前十名　海宁市

浙江省社区矫正工作先进集体

海宁市公安局

海宁市司法局

海宁市许村镇人民政府

浙江省社区矫正工作先进个人

唐燕飞（海宁市人民检察院）

冯敏玲（海宁市司法局海洲司法所）

徐建国（海宁市紫微社会工作服务站）

浙江省无偿献血之江杯奖

沈汤明　陈国英　朱惠佳　刘晏彬

李逸龙　朱利强　李美萍　张东军

俞正浩　徐利锋　周志强　章哲飞

【浙江省人民政府　浙江省军区表彰】

2013 年征兵工作先进个人

殷周海（海宁市海洲街道武装部）

【中共嘉兴市委　嘉兴市人民政府表彰】

2013 年度县(市、区)工作目标责任制考核
一等奖　海宁市

2013 年度县（市、区）工作目标责任制考核单项优秀奖
经济社会单项优秀奖　海宁市
重点工作单项优秀奖　海宁市
党建高地单项优秀奖　海宁市

嘉兴市统筹城乡基层党建工作先进单位
海宁市

嘉兴市人才工作先进单位
海宁市

2013 年度列入检查的落实党风廉政建设责任制工作先进单位
海宁市

嘉兴市生猪养殖业转型发展先进县(市、区)
海宁市

2013 年度嘉兴市深化城乡统筹加快新农村建设先进县（市、区）
一等奖　海宁市

2013 年度嘉兴市扩大有效投资先进集体
一等奖　海宁市

2013 年度嘉兴市服务业发展先进集体
一等奖　海宁市

2013 年度工业经济发展目标考核先进单位
一等奖　海宁市

2013 年度嘉兴市工业投资先进集体
一等奖　海宁市

2013 年度嘉兴市“两退两进”工作先进集体
一等奖　海宁市

2013 年度农村土地整治工作先进单位
海宁市

2013 年度节约集约用地考核先进单位
海宁市

2013 年度嘉兴市“三改一拆”目标责任考核
一等奖　海宁市

嘉兴市城市有机更新先进单位
海宁市

2013 年度利用外资先进县（市、区）
海宁市

2013 年度支持浙商创业创新促进嘉兴发展目标责任制考核
一等奖　海宁市

2013 年度嘉兴市平安创建工作先进县（市、区）
海宁市

2013 年度嘉兴市新居民服务管理工作考核
一等奖　海宁市

嘉兴市文化建设先进县（市、区）
二等奖　海宁市

2013 年度嘉兴市美丽乡村建设先进县（市、区）
一等奖　海宁市

2013 年度综合考评十强新市镇
海宁市长安镇
海宁市许村镇

2013 年度嘉兴市走新型工业化道路十强企业
浙江海利得新材料股份有限公司

2013 年度嘉兴市平安创建工作先进镇(街道)
海宁市盐官镇

嘉兴市十佳和谐示范社区
海宁市硖石街道由拳社区

第三批嘉兴市公共文化服务体系示范镇
海宁市许村镇

2013 年创新类领军人才
郭俊华（浙江晶科能源有限公司）

2013 年度嘉兴市优秀基层河长
吴伟东（海宁市许村镇）
王富清（海宁市周王庙镇）

嘉兴撤地建市 30 周年功勋民营企业
安正时尚集团股份有限公司

嘉兴撤地建市 30 周年优秀民营企业
浙江鸿翔建设集团有限公司

浙江海利得新材料股份有限公司

嘉兴撤地建市 30 周年突出贡献民营企业家

沈国甫（宏达控股集团有限公司）

邹格兵（海宁蒙努集团有限公司）

嘉兴撤地建市 30 周年民营经济发展特别荣誉奖

朱张金（浙江卡森实业集团有限公司）

2013 年度嘉兴市级农村工作指导员工作先进县（市、区）

海宁市

2013 年度嘉兴市级农村工作指导员工作先进镇（街道）

海宁市长安镇

海宁市丁桥镇

2013 年度嘉兴市级优秀农村工作指导员

朱　怡（海宁市委办公室）

徐　琳（海宁市科学技术局）

朱洪男（海宁市住房和城乡规划建设局）

阮晓冬（海宁市实业投资集团有限公司）

左亚群（海宁市马桥街道办事处）

吴佩华（海宁市斜桥镇人民政府）

2013 年度嘉兴市级农村工作指导员工作先进个人

曹振跃（海宁市农村工作指导员领导小组办公室）

嘉兴市防汛抗洪抢险先进集体

海宁市人民政府防汛防旱指挥部办公室

海宁市农业经济局

海宁市长安镇（高新区）人民政府

海宁市园林市政局

嘉兴市防汛抗洪抢险先进个人

黄立峰（海宁市公安局交警大队尖山中队）

周自强（国网浙江海宁市供电公司）

张松良（海宁市海昌街道农技水利服务中心）

金　娟（海宁市海洲街道白漾社区）

李锦详（海宁市上塘河流域翻水管理站）

戴成英（海宁市卫生局）

蔡娟莉（海宁市硖石街道南漾村委会）

祁建强（海宁市许村镇）

羊生亚（海宁市盐官镇农技水利服务中心）

嘉兴市防汛抗洪水利工程建设管理先进单位

海宁市尖山新区管理委员会

海宁市周王庙镇农技水利服务中心

2012～2013 年度嘉兴市级文明街道

海宁市硖石街道

2012～2013 年度嘉兴市级文明社区

海宁市长安镇（高新区）怡院社区

海宁市硖石街道西山社区

2012～2013 年度嘉兴市文明示范窗口

中国联通海宁市分公司海昌路营业厅

海宁市农村信用合作联社营业部

2013 年度嘉兴市水环境综合治理工作先进

海宁市

2013 年度嘉兴市党政系统优秀调研成果

一等奖

《为“资源配置”率先趟路》(海宁市委)

三等奖

《关于进一步加强我市居家养老服务事业发展的调研与思考》(海宁市政协)

优秀奖

《当前民间义工组织发展的现状与思考》（海宁市委宣传部）

2013 年度嘉兴市调查研究工作先进集体

中共海宁市委　海宁市人民政府

2013 年度嘉兴市调查研究先进工作者

樊海雄（海宁市委政策研究室）

2013 年度嘉兴市平安镇（街道）

盐官镇	黄湾镇	海洲街道
周王庙镇	马桥街道	丁桥镇
斜桥镇	硖石街道	海昌街道
袁花镇	许村镇	长安镇

2013 年度嘉兴市创建法治镇（街道）工作先进单位

斜桥镇	盐官镇	周王庙镇

2013年度嘉兴市社会管理综合治理优秀县（市、区）

海宁市

2013年度嘉兴市社会管理综合治理先进单位

海宁市公安局

海宁市教育局

海宁市硖石街道

海宁市黄湾镇

海宁市盐官镇

2013年度嘉兴市社会管理综合治理先进个人

卢永明（海宁市人民法院）

方泉敏（海宁市司法局）

潘伟标（海宁市长安镇）

范建松（海宁市斜桥镇）

2013年度嘉兴市维护稳定工作先进集体

海宁市长安镇人民政府

2013年度嘉兴市维护稳定工作先进个人

沈岳龙（海宁市委政法委员会）

杨雪平（海宁市人力资源和社会保障局）

2013年度嘉兴市无邪教镇（街道）创建工作先进单位

黄湾镇　　海昌街道

2004~2013年度嘉兴市平安创建工作先进单位

海宁市公安局

海宁市信访局

海宁市司法局

海宁市教育局

海宁市妇女联合会

海宁市市场监督管理局

海宁市许村镇

海宁市周王庙镇

海宁市盐官镇

海宁市丁桥镇

海宁市斜桥镇

海宁市硖石街道

海宁市海洲街道

海宁市海昌街道

海宁经济开发区

海宁盐官百里钱塘观潮景区

海宁市长安镇兴城村

海宁市袁花镇新袁村

海宁市黄湾镇钱江村

嘉兴市第六批新世纪专业技术带头人

张瑞林（天通控股股份有限公司）

邵　峰（天通控股股份有限公司）

葛骏敏（浙江海利得新材料股份有限公司）

孙　立（洁华控股股份有限公司）

徐寿春（海宁蒙努集团有限公司）

徐凤霞（海宁虎霸重工有限公司）

沈国康（浙江中天纺检测有限公司）

周志勇（浙江虎霸建设机械有限公司）

韩雷涛（海宁市产品质量监督检验所）

朱　能（海宁市教师进修学校）

罗敏江（上海外国语大学附属浙江宏达学校）

吴玉红（华东师范大学海宁实验高级中学）

徐　炜（海宁市高级技工学校）

吴　英（海宁市人民医院）

金　莉（海宁市人民医院）

金国林（海宁市林业果树服务站）

孔　莉（海宁市广播电视台）

2013年嘉兴市食品安全工作目标责任制考核

一等奖　海宁市

2013年嘉兴市药品安全工作目标责任制考核

二等奖　海宁市

2013年度嘉兴市住房公积金制度扩面考核先进单位

达标奖　海宁市人民政府

2013年度嘉兴市住房公积金制度协同扩面先进单位

中共海宁市委组织部

海宁市财政局（地方税务局）
中国工商银行股份有限公司海宁市支行

2013 年度嘉兴市住房公积金缴存先进单位
安正时尚集团股份有限公司
浙江恋尚家居品有限公司
浙江钱江生物化学股份有限公司

2013 年度嘉兴市住房公积金缴存先进个人
吴可人（华东师范大学海宁实验高级中学）
吴小伟（洁华控股股份有限公司）
郁志海（兄弟科技股份有限公司）

2013 年度住房公积金管理工作先进单位
嘉兴市住房公积金管理中心海宁分中心

2013 年度住房公积金管理工作先进个人
姚振华（嘉兴市住房公积金管理中心海宁分中心）

2013 年度嘉兴市市长电话办理工作先进集体
海宁市人民政府

2013 年度嘉兴市市长电话办理工作先进个人
俞卫刚（海宁市市长电话受理中心）

2012～2013 年嘉兴市新居民服务管理工作先进集体
海宁市公安局
海宁市教育局
海宁市海洲街道新桥社区新居民事务站
海宁市黄湾镇（尖山新区）新居民事务所
海宁市海昌街道新居民事务所

2012～2013 年嘉兴市新居民服务管理工作先进个人
陈伟根（海宁市新居民事务局）
朱建丰（海宁市人口和计划生育局）
王建林（海宁市许村镇）
曹　力（海宁市就业管理服务处）
周培仙（海宁市海洲街道）
姚　钢（海宁市长安镇）

2013 年度嘉兴市质量强市先进县（市、区）
海宁市

2013 年度嘉兴市质量强市先进镇（街道）
海宁市袁花镇
海宁市丁桥镇

2013 年度嘉兴市质量强市质量强企示范单位
浙江鸿翔建设集团有限公司
天通精电科技有限公司

2013 年度嘉兴市质量强区示范单位
海宁（中国）太阳能科技工业园管理委员会（太阳能园区）

2013 年度嘉兴市质量强市质量强业示范单位
海宁市皮革行业协会（皮革产业）

2013 年度嘉兴市扩大有效投资暨项目推进工作先进项目
海宁市紫微高级中学和内地新疆班高中班项目

2013 年度嘉兴市扩大有效投资暨项目推进工作先进个人
张丹挺（海宁市发展和改革局）

2013 年度嘉兴市实施“两退两进”工作先进个人
姚晓东（海宁市经济和信息化局）
蒋大胜（海宁市服务业发展与粮食局）

2013 年度嘉兴市政务信息工作先进集体
一等奖　海宁市人民政府

2013 年度嘉兴市政务信息工作先进集体乡镇（街道）直报点
海宁市斜桥镇人民政府

2013 年度嘉兴市政务信息工作先进个人
孙振宇（海宁市人民政府）
徐晓安（海宁市人民政府）
黄振华（海宁市斜桥镇人民政府）

2013 年度嘉兴市消防工作目标责任制考核优秀单位
海宁市

2013 年度嘉兴市消防工作先进单位
海宁市盐官镇人民政府

海宁市斜桥专职消防队

2013 年度嘉兴市消防工作先进个人

叶启东（海宁市人民政府办公室）

钱天益（海宁市马桥街道办事处）

钱德良（海宁市丁桥专职消防队）

范新锋（海宁市公安局海昌派出所）

蒋雪标（海宁市财政局）

2013 年度嘉兴市工业强镇（街道）建设进步奖规上工业产值 100 亿元以上的镇（街道）

海宁市黄湾镇

2013 年度嘉兴市工业强镇（街道）建设进步奖规上工业产值 50～100 亿元的镇（街道）

海宁市袁花镇

2013 年度嘉兴市工业强镇（街道）建设进步奖规上工业产值 50 亿元以下的镇（街道）

海宁市丁桥镇

2013 年度嘉兴市工业强镇（街道）建设进步奖首次进档升级的镇（街道）

海宁市许村镇

2013 年度嘉兴市粮食安全责任制考核良好单位

海宁市人民政府

2013 年度人力资源和社会保障工作考核优秀单位

海宁市

2013 年度民政（社会）工作目标责任制考核

特等奖　海宁市

2013 年度嘉兴市服务业发展先进个人

张明翔（海宁市服务业发展与粮食局）

曹立群（海宁市财政局）

洪　明（海宁市统计局）

2013 年度“嘉兴慈善奖（个人）”

章彩宝（海宁市丁桥镇）

陈小平（海宁宏洋集团有限责任公司）

郑安政（安正时尚集团股份有限公司）

张志彤（雪豹集团公司）

叶雪康（浙江锦达新材料股份有限公司）

2013 年度“嘉兴慈善奖（机构）”

海宁中国皮革城股份有限公司

兄弟科技股份有限公司

浙江敦奴联合实业股份有限公司

浙江永发机电有限公司

2013 年度“嘉兴慈善奖（项目）”

“海宁义工公益活动”项目

2013 年度“嘉兴慈善奖（先进工作者）”

赵龙玉（海宁市丁桥镇慈善联络处）

麋江丰（太平人寿保险有限公司海宁支公司、海宁市慈善总会义工委员会）

2012～2013 年度嘉兴市司法所工作先进集体

海宁市司法局许村司法所

海宁市司法局海昌司法所

2012～2013 年度嘉兴市人民调解工作先进集体

海宁市交通事故纠纷人民调解委员会

2012～2013 年度嘉兴市法律服务工作先进集体

浙江潮乡律师事务所

2012～2013 年度嘉兴市法律援助工作先进集体

海宁市长安法律服务所

2012～2013 年度嘉兴市社区矫正安置帮教工作先进集体

海宁市社区矫正监管大队

2012～2013 年度嘉兴市优秀司法所长

许新峰（海宁市司法局硖石司法所）

2012～2013 年度嘉兴市优秀人民调解员

贾维国（海宁市丁桥镇新仓村人民调解委员会）

2012～2013 年度嘉兴市优秀法律服务工作者

胡蓓佶（浙江康恒律师事务所）

2012～2013年度嘉兴市优秀法律援助工作者

陈卫延（浙江国翱律师事务所海宁分公司）

2012～2013年度嘉兴市优秀社区矫正安置帮教工作者

王建林（海宁市许村镇社区矫正安置帮教工作领导小组）

陈　远（海宁市司法局尖山司法所）

嘉兴市2013年度后备力量基层规范化建设“三星”达标单位镇（街道）

丁桥镇　　盐官镇

嘉兴市2013年度后备力量基层规范化建设“三星”达标单位预备役防化连

预备役防化三营八连（海宁市周王庙镇）

2013年度嘉兴市行政审批服务工作先进县（市、区）行政服务中心

海宁市行政服务中心

2013年度嘉兴市行政审批服务工作先进县（市）公共资源交易管理委员会办公室

海宁市公共资源交易管理委员会办公室

2013年度嘉兴市行政审批服务工作先进镇（街道）便民服务中心

袁花镇　　许村镇　　长安镇

2013年度嘉兴市行政审批服务工作先进镇（街道）招标采购中心

长安镇　　斜桥镇　　周王庙镇

黄湾镇

2013年度嘉兴市行政审批电子监察系统建设先进县（市、区）

海宁市

2013年度人口和计划生育目标管理责任制考核优秀单位

海宁市人民政府

2013年度嘉兴市依法行政工作先进县(市、区)

海宁市人民政府

2013年度嘉兴市生猪养殖业转型发展工作先进基层集体

海宁市许村镇人民政府

海宁市斜桥镇人民政府

2013年度嘉兴市生猪养殖业转型发展工作先进个人

金伟民（海宁市农业经济局）

陈建新（海宁市畜牧兽医局）

陈明锋（海宁市袁花镇）

徐建国（海宁市黄湾镇）

左亚群（海宁市马桥街道）

钱达清（海宁市海昌街道）

2013年度嘉兴市城管执法工作先进单位

海宁市城市管理行政执法局

2013年度嘉兴市先进基层城管执法队伍

海宁市城市管理行政执法大队海洲中队

2013年度嘉兴市优秀城管执法队员

高立新（海宁市城市管理行政执法局）

汤　丁（海宁市城市管理行政执法局）

房　韵（海宁市城市管理行政执法局）

2013年度嘉兴市优秀城市管理志愿者

姚惠毓（海宁市城市管理志愿者大队）

2013年度嘉兴市安全生产工作先进集体

海宁市公安局

海宁市盐官镇人民政府

2013年度嘉兴市安全生产工作先进个人

唐勇强（海宁市人民政府办公室）

朱徐良（海宁市安全生产监督管理局）

於江林（海宁市黄湾镇人民政府）

2013年度省级以上开发区考核先进单位

二等奖　海宁经济开发区管理委员会

三等奖　海宁经编产业园区管理委员会

2013年度嘉兴市利用外资十强镇（街道）

海宁市长安镇

海宁市海洲街道

2013年度嘉兴市外贸出口龙头企业

浙江万凯新材料有限公司

浙江海利得新材料股份有限公司

海宁蒙努集团有限公司

2013年度嘉兴市外贸进口龙头企业

浙江福地农业有限公司

浙江万凯新材料有限公司
吉恩仕国际贸易有限公司

2013 年度嘉兴市“走出去”工作先进单位

海宁市商务局

2013 年度嘉兴市公平贸易工作先进单位

海宁市商务局

2013 年度嘉兴市耕地保护目标责任制考核优胜单位

海宁市人民政府

2013 年度嘉兴市节约集约用地目标责任制考核先进单位

海宁市人民政府

2013 年度嘉兴市补充耕地工作突出贡献单位

海宁市人民政府

2013 年度嘉兴市利用内资工作先进单位

一等奖　海宁市人民政府

2013 年度嘉兴市走新型工业化道路优秀企业经营者

高王伟（浙江海利得新材料股份有限公司）

2013 年度嘉兴市走新型工业化道路先进企业

农发福地实业发展有限公司
海宁德驰经编有限公司
安正时尚集团股份有限公司
海宁市白领氏皮业有限公司
浙江盛华包装有限公司

2013 年度嘉兴市优秀中小企业担保机构先进集体

海宁嘉丰担保有限公司
海宁皮革城担保有限公司

2013 年度嘉兴市工业投资先进管理部门

海宁市经济和信息化局

2013 年度嘉兴市工业投资先进企业

浙江美大实业股份有限公司

2013 年度嘉兴市工业投资先进管理者

杜志鹃（海宁市经济和信息化局）

2013 年度嘉兴市战略性新兴产业发展先进集体

二等奖　海宁市人民政府

2013 年度嘉兴市战略性新兴产业发展先进个人

李　喆（海宁市经济和信息化局）

2013 年度嘉兴市培育大企业先进集体

一等奖　海宁市人民政府

2013 年度嘉兴市培育大企业先进个人

沈　清（海宁市经济和信息化局）

2013 年度节能降耗工作考核优胜单位

二等奖　海宁市人民政府

2013 年度嘉兴市“机器换人”工作先进集体

海宁市人民政府

2013 年度嘉兴市精细化管理示范企业

天通精电新科技有限公司

2013 年度嘉兴市保障性安居工程建设先进单位

海宁市住房和城乡规划建设局

2013 年度嘉兴市建筑业发展工作先进集体

先进奖　海宁市住房和城乡规划建设局

2013 年度嘉兴市建设行业龙头企业

浙江鸿翔建设集团有限公司

2013 年度嘉兴市先进建筑业企业

浙江恒力建设有限公司
浙江景华建设有限公司

2013 年度嘉兴市先进市政企业

海宁市海泰建设有限公司

2013 年度嘉兴市先进园林企业

浙江东海岸园艺有限公司

2013 年度嘉兴市先进房地产企业

鸿翔房地产有限公司

2013 年度嘉兴市先进物业服务企业

海宁市鸿翔物业管理有限公司
海宁市兴房物业管理服务有限公司

2013 年度嘉兴市测绘与地理信息工作先进单位

海宁市建设规划测绘队

2013 年度嘉兴市“五个一百”示范工程建设先进县（市、区）

二等奖　海宁市

2013 年度嘉兴市美丽乡村建设先进镇（街道）

丁桥镇　　马桥街道　　袁花镇

嘉兴市第二批示范性城乡一体新社区

斜桥镇云川名都苑

长安镇老庄社区

硖石街道赞山景苑

2013 年度嘉兴市优秀粮食专业合作社

海宁市丁桥镇新曙农机专业合作社

2013 年度嘉兴市优秀种粮大户

姚生良（海宁市袁花镇红新村）

2013 年度嘉兴市农业社会化服务先进集体

海宁市农副产品批发市场

2013 年度嘉兴市农村合作经济组织建设先进集体

海宁市供销合作总社

2013 年度嘉兴市农民素质培训提升工程先进县（市、区）

海宁市

2013 年度嘉兴市优秀农村科技示范户

项跃杰（海宁市长安镇兴福村）

戴明峰（海宁市周王庙镇胡斗村）

马建良（海宁市黄湾镇尖山村）

2013 年度嘉兴市重大动物疫病防控和畜产品安全监管工作先进县（市、区）

一等奖　海宁市

2013 年度嘉兴市防汛工作先进集体

海宁市人民政府防汛防旱指挥部办公室

2013 年度嘉兴市农田水利基本建设先进集体

海宁市水利局

【嘉兴市人民政府　嘉兴军分区表彰】

2013 年度征兵工作先进单位

海宁市马桥街道

海宁市黄湾镇

2013 年度征兵工作先进个人

李春辉（海宁市人民武装部）

林永祥（海宁市中医院）

徐建平（海宁市公安局）

（朱　怡　庞剑锋）

逝世名人

李云（1915—2013）　女，原名祝修贞，化名王阿凤，曾用名李秋云，1915 年 7 月 26 日生于江苏苏州，祖籍浙江海宁。祖辈书香世家，到曾祖父时家道中落。清朝太平天国运动时期，逃荒到上海。祖父是教书匠，在上海城隍庙摆摊卖字。父亲在苏州衣庄当学徒，后当店员。母亲是个女工。李云两岁时随父母到上海。8 岁，入绍兴 7 县同乡会第一小学读书。1929 年 5 月参加革命工作，同月加入共产主义青年团，并当选为学生会主席，组织学生罢课，营救被公共租界汇思捕房抓走的校长骆京轩。1930 年 7 月，考入旦华中学，后被共青团组织派往闸北丝厂总同盟（工会）从事青少年和女工工作，同年 9 月转为中国共产党党员。1931 年 7 月，被调往中共浦东区委，到南洋烟草厂（公司）从事青工工作，组织反对南洋烟草厂老板随意开除工人的罢工斗争。1932 年 3 月，被党中央派往河南开展军运和军事情报工作，获得国民党进攻江西革命根据地第四次围剿计划，并将其密写后连同军事密码和河南省军用地图一起报送党中央，受到党中央表扬。后因叛徒告密，被迫从河南撤离。返回上海后，她在中央特科领导下，从事上海公共租

界和法租界的情报和“警报”工作，为保卫党的中央机关和领导同志做了大量工作，并对保卫中央文库和寻找毛岸英、毛岸青兄弟做出重要贡献。1936 年 5 月，受党的委派，担任宋庆龄的秘书（实际是党组织与宋庆龄的联络员）。1937 年抗日战争全面爆发后，她暗中陪同宋庆龄离沪赴港，完成了党交给的特殊任务。1939 年 5 月，因受迫害，在延安被隔离审查。1943 年 10 月，在周恩来、宋庆龄的关心下，取消隔离，分配在中央社会部工作。1946 年 6 月，赴山东省任鲁中地委机关党总支书记、鲁泰土改工作大队党总支书记、渤海实验土改工作队队员。1948 年 8 月，任中共济南市第六区区委委员兼组织部部长。1949 年 10 月，任上海蚕丝公司第二绸厂党支部书记、副厂长。1950 年 3 月，任上海商品检验局军代表、接管专员、党支部书记。1952 年 4 月，应宋庆龄之邀，经党组织批准，任中国福利会秘书长兼党组书记。在宋庆龄的领导下，先后创办国际和平妇幼保健院、托儿所和中国第一个少年宫。1966 年“文化大革命”开始后遭受迫害。1977 年 10 月，任中国福利会负责人。1978 年 6 月，任上海市政协副秘书长。1983 年离职休养。2013 年 8 月 16 日因病在上海逝世，享年 98 岁。

顾易生（1924—2013） 1924 年 12 月生于上海，祖籍浙江海宁。系唐代著名诗人顾况后裔，其父顾诒谷学物理、通旧学、擅文史。顾易生家境丰裕，4 岁启蒙。10 岁时，父亲为他聘请浙江学者张访莼讲授《左传》和《资治通鉴》，聘请上海国画家张谷年教山水画、英籍教师补习英美文学。他自学《史记》以及历代一些名家散文、诗词。1940 年 2 月至 1952 年 10 月，任上海中国通商银行职员。1947 年 9 月，入上海东吴大学法学院就读。1952 年 10 月至 1953 年 6 月，调往北京任中国人民银行总行高级干部训练班辅导员。1953 年 6 月至 1956 年 6 月，在中国人民银行总行私人业务局从事刊物编辑工作，攻读俄文，翻译苏联有关资料。1956 年 6 ~ 10 月，在中国人民银行上海分行储蓄处工作。1956 年 10 月，到上海复旦大学中文系攻读古典文学研究生专业。自 1959 年 1 月起，历任复旦大学讲师、副教授、教授、博士生导师、文学批评史研究室主任兼国家教育委员会全国高等院校古籍整理研究工作委员会委员。2013 年 8 月 18 日因病在美国逝世，享年 89 岁。

顾易生是著名的古代文论家，研究广涉中国古代文史诸多领域，其中唐宋文学和古代文学批评史是其成果最为集中的两大领域。曾任上海市文学艺术界联合委员会委员、上海市作家协会理事兼古典文学专业委员会主任、中国诗经学会副会长、中国屈原学会顾问、中国东方文化研究会学术委员、上海诗词学会理事、复旦大学书画篆刻研究会理事。书画皆长，一生著作丰富，著有《中国文学批评史》（三卷本）、《先秦两汉文学批评史》《柳宗元》《韩愈散文选集》《十大散文家》《诗词助读》《隋唐五代文学批评史》《宋词精华》《宋金元文学批评史》《历代诗歌浅解》《清代文论选》《中国文学批评通史》（七卷本）、《中国文学批评史新编》（二卷本）、《顾易生文史论集》《顾易生诗文墨迹选》。其中《中国文学批评史》（三卷本）获国家教育委员会高校文科优秀教材一等奖，《中国文学批评通史》（七卷本）获国家级高校教学成果一等奖、国家图书奖等多项大奖。

沈掌荣（1942—2013） 1942年7月生，汉族，浙江省海宁市许巷塘桥村人。1961年9月参加工作，1965年10月加入中国共产党。研究生学历。1949年7月至1961年7月，在海宁县许巷泽西小学、许巷小学、海宁中学读书。1961年9月，任海宁县袁花镇新民完全小学教师。1962年6月至1971年2月，参加中国人民解放军，任铁道兵某连战士、副班长、统计员、文书，某团政治处宣传股干事，某师政治部组织科干事、政治部秘书。1971年3月至1983年12月，任铁道兵政治部《铁道兵》报社编辑、正营职编辑、副团职编辑、总编室负责人。1984年1月，铁道兵部队集体转业并入铁道部，《铁道兵》报改为《铁道工程》报。1984年至1991年7月，任铁道工程报社副处长、处长、总编辑。1991年8月至2002年9月，任全国人民代表大会常务委员会办公厅新闻局调研员、三处处长、副局长、巡视员、中国人大制度新闻协会会长。2002年10月退休。2013年8月28日因病在北京逝世，享年71岁。

沈掌荣自学成才。先后在黑龙江青年刊授大学、北京语言文学自修大学、中华新闻函授学院、中央党校函授学院、中国文化书院学习，取得北京市高等教育自学考试党政干部专业大专、本科学历和全国新闻高级职称。他精通俄语、英语，被评为全国自学成才优秀人物，其事迹被收入《中国自学成才荟萃》。曾任中国新闻联合会、首都新闻学会、中国铁道政工研究会会员、理事，中国人大制度新闻协会顾问，中国人大网顾问，第19届至第22届人大新闻奖评选活动委员会委员。

沈掌荣在铁道兵报社工作期间，曾受铁道兵政治部嘉奖3次，并荣立三等功。从事新闻工作30余年，在全国人大常委会办公厅新闻局工作和担任中国人大制度新闻协会会长期间，为人大新闻宣传工作的开展、进步做出了贡献。全国两会期间，连续几年担任新闻中心主任，负责大会宣传报道工作。长期坚持写作，先后在各级报刊发表新闻作品数百篇，共计100多万字，《万里副总理看望引滦施工部队》《从退伍战士到副县长》《聪明、爱情和文化》等作品产生很好的社会效益。编著的《性格、智力、情爱》获1988年第二届全国图书“金钥匙奖”。2004年，主编《人大制度好新闻评选》，其中《人体内的海洋》一文入选初中教材语文自读课本。2008年，《要做好人大新闻策划》获人大好新闻二等奖。2008～2010年，为中央电视台《新闻联播》栏目进行场外评论，并制作联播评论选编，广受好评。

（王国坚）

［编辑：邱　洧］

统计资料

Statistical Data

表 56　镇（街道）组织

	单位	2012年	2013 年
镇政府	个	8	8
街道办事处	个	4	4
居民委员会	个	65	63
村民委员会	个	161	161

表 57　人口及人口变动、婚育情况

指标名称	计量单位	2013 年	指标名称	计量单位	2013 年
年末总户数	户	184583	出生率	‰	8.40
年末总人口	人	669143	死亡人数	人	4547
男性人口	人	328853	死亡率	‰	6.81
女性人口	人	340290	年内迁入人口	人	5247
性别比（女性 100%）	%	96.64	年内迁出人口	人	3653
人口密度（每平方千米）	人	956	新婚对数	对	4130
人口自然增长率	‰	1.61	晚婚率	%	67.36
出生人数	人	5621	计划生育率	%	98.63

表 58 年末社会劳动者人数

指标名称	计量单位	2012年	2013 年	指标名称	计量单位	2012年	2013 年
年末社会劳动者人数	万人	65.80	62.43	其中：实行合同制人数	人	8198	9877
第一产业	万人	5.96	5.51	年末城镇从业人员	人	111952	110325
第二产业	万人	40.57	38.62	其中：城镇个体劳动者	人	44479	43557
其中：工业	万人	37.84	33.81	年末城镇失业人员	人	3416	3330
第三产业	万人	19.27	18.29	其中：待业青年	人	320	454
安置城镇失业人员数	人	8198	9877	城镇登记失业率	%	2.96	2.96

表 59 生产总值

（按当年价格计算）

单位：万元

指标名称	绝对值		构成（%）		比 2012 年增长（%）
	2012 年	2013 年	2012 年	2013 年	
生产总值	5812532	6336483	100.00	100.00	9.0
第一产业	252980	256223	4.35	4.04	1.3
第二产业	3396264	3641870	58.43	57.47	7.2
工业	2944729	3169357	50.66	50.02	7.6
建筑业	451535	472513	7.77	7.46	4.6
第三产业	2163288	2438390	37.22	38.48	12.7

表 60

农业总产值

（按现行价计算）

指标名称	2012年		2013 年	
	绝对值（万元）	构成（%）	绝对值（万元）	构成（%）
合　计	381991	100.00	394387	100.00
一、农业	156408	40.95	177231	44.94
其中：种植业	156271	40.91	177100	44.91
其他农业	137	0.04	131	0.03
二、林业	2480	0.65	2176	0.55
三、牧业	144653	37.87	131154	33.26
其中：蚕茧	34382	9.00	33338	8.45
四、渔业	62282	16.30	65980	16.73
五、农林牧渔服务业	16168	4.23	17846	4.52

表 61

农业生产情况

指标名称	计量单位	2012年	2013 年	指标名称	计量单位	2012年	2013 年
粮食	吨	183144	182759	年末生猪存栏	头	254099	180398
油菜子	吨	12800	12239	年末羊存栏	头	219210	239834
棉花	吨	355	339	年末兔存栏	只	83833	75007
黄红麻	吨	95	62	年末家禽存栏	万羽	505	433
果蔗	吨	32662	28336	肉类产量	吨	52596	47330
蔬菜	吨	298902	317601	禽蛋产量	吨	5006	5318
瓜类	吨	31054	30526	蚕茧产量	吨	7164	6325
水果	吨	61157	67158	水产品产量	吨	43705	42664

规模以上工业企业工业总产值

（按当年价格计算）

表 62

单位：万元

指标名称	2012年	2013 年	比 2012 年增长（%）
总计	11562573	13258505	14.7
按经济类型分			
国有经济	398005	412077	3.5
集体经济	8617	9114	5.8
私营企业	6264463	7439463	18.8
其他经济	4891488	5397851	10.4
按轻重工业分			
轻工业	7529385	8405767	11.6
重工业	4033188	4852737	20.3
按企业规模分			
大型企业	1979814	2584654	30.6
中型企业	3197429	4035045	26.2
小型企业	6184351	6411515	3.7
微型企业	200979	227291	13.1

规模以上工业企业主要经济指标

表 63 单位：万元

指标名称	2012年	2013 年
企业单位数（个）	1020	1107
其中：亏损企业数（个）	194	119
工业总产值（当年价）	11562573	13258505
全部职工平均人数（人）	159336	150727
资本金合计		
年末固定资产原值	4922882	5513382
当年固定资产折旧	331712	405486
年末资产总计	12054022	12988872
其中：流动资产	6893730	7484638
固定资产	3618210	3769042
年末负债总计	7322904	7934511
其中：非流动负债	444135	360099
流动负债	6766108	7418841
年末所有者权益	4692971	5036305
产品销售收入	11155787	12784386
其中：产品销售成本	9850425	11221186
管理费用	524055	576521
财务费用	261862	244499
利润总额	364322	558768
其中：亏损企业亏损额	87722	42430
利税总额	851300	1097892

固定资产投资

表 64

单位：万元

指标名称	2012年	2013 年	指标名称	2012年	2013 年
一、固定资产投资	3036723	3683471	二、工业生产性投资	1454737	1722967
1. 限额以上项目	2384876	3683471	其中：限额以上项目	1454737	1722967
2. 房地产开发	651847	836266			

房地产企业开发情况

表 65

指标名称	计量单位	2012 年	2013 年
一、房地产开发投资			
本年完成投资额	万元	651847	836266
二、本年购置的土地面积	平方米	780268	671212
三、自年初累计资金来源合计	万元	920446	1459923
四、房屋施工面积	平方米	4848632	5157519
其中：住宅	平方米	3496539	3790184
新开工面积	平方米	1632565	1054924
五、竣工房屋面积	平方米	726159	827961
六、实际房屋销售面积	平方米	578869	862976
其中：住宅	平方米	491979	731892
七、待售房屋面积	平方米	288072	356091
其中：住宅	平方米	117897	182565
八、房屋实际销售额合计	万元	469288	736117

社会消费品零售总额

表 66

单位：万元

指标名称	2012年	2013 年	指标名称	2012年	2013 年
总　　计	2428008	2693428	其中：限额以上	716918	1004338
一、按销售地区分			限额以下	1348458	1457589
1. 城镇	2282576	2540477	2. 住宿餐饮业	203873	231501
2. 乡村	145432	152951	其中：限额以上	56150	52915
二、按行业分			限额以下	147723	178586
1. 批发零售业	2065376	2461927			

表 67

外经、外贸主要经济指标

指标名称	计量单位	2012年	2013 年	指标名称	计量单位	2012年	2013 年
一、年内新批外商投资企业	家	20	50	六、年内实际利用外资	万美元	23480	33461
二、年内总投资	万美元	51398	103814	七、累计实际利用外资总额	万美元	238123	271584
其中：合同利用外资	万美元	38777	57302	八、进出口总额	万美元	501319	575722
三、累计新批外商投资企业	家	891	941	九、地方出口总额	万美元	398725	456191
四、累计总投资	万美元	872825	976639	其中：三资企业出口总额	万美元	134843	132631
其中：合同利用外资	万美元	458014	515316	外贸自营出口总额	万美元	263882	323560
五、实有三资企业投产(开业)数	家	371	334	十、地方进口总额	万美元	102594	119531
其中：年内新开工投产	家	28	22				

全社会旅客、货物运输量

表 68

指标名称	计量单位	2012年	2013 年	指标名称	计量单位	2012年	2013 年
一、货运量	万吨	1922	1923	3. 水运	万吨千米	188273	174537
1. 铁路	万吨	4	3	三、客运量	万人	2955	2901
2. 公路	万吨	885	957	1. 铁路	万人	179	166
3. 水运	万吨	1033	963	2. 公路	万人	2776	2735
二、货物周转量	万吨千米	275001	259244	四、旅客周转量	万人千米	82679	80946
1. 铁路	万吨千米			1. 公路	万人千米	82679	80946
2. 公路	万吨千米	86728	84707				

交通运输工具拥有量

表 69

指标名称	计量单位	2012 年	2013 年
一、营运汽车	辆	6078	6254
(一) 载客汽车	辆	844	928
(二) 载货汽车	辆	5234	5326
1. 普通载货汽车	辆	4797	4875
2. 专用载货汽车	辆	437	451
二、摩托车	辆	131759	129890
三、运输拖拉机	辆	1557	1461

财政收入

表 70

单位：万元

指标名称	2012年	2013 年	指标名称	2012年	2013 年
合　计	815236	942631	7. 其他税收	72754	96878
一、上划中央收入	372346	417743	8. 耕地占用税	11724	1509
二、公共财政预算收入	442890	524888	9. 契税	45274	33114
1. 增值税（25%）	80895	93044	10. 国有企业计划亏损补贴	-14355	-10505
2. 改征增值税（100%）	161	12899	11. 行政性收费收入	651	3343
3. 营业税	109596	137100	12. 罚没收入	8827	16617
4. 企业所得税	65711	71443	13. 专项收入	13720	16530
5. 个人所得税	19987	20049	14. 其他收入	263	280
6. 城市维护建设税	27682	32587			

财政支出

表 71

单位：万元

指标名称	2012年	2013 年	指标名称	2012年	2013 年
总计	433163	511850	10. 城乡社区事务	41451	47470
1. 一般公共服务	62883	73726	11. 农林水事务	37691	47224
2. 国防	913	1010	12. 交通运输	18494	22522
3. 公共安全	30502	36677	13. 资源勘探电力信息等事务	15944	13139
4. 教育	116548	139614	14. 商业服务业等事务	9275	4046
其中：教育费附加支出	13054	15603	15. 粮油物资储备等管理事务	296	1079
5. 科学技术	20548	24342	16. 金融监管支出	219	242
6. 文化体育与传媒	11817	14047	17. 援助其他地区支出	1274	2011
7. 社会保障和就业	20873	23430	18. 国土资源气象等事务	128	865
8. 医疗卫生	23084	29603	19. 住房保障支出	6516	5666
9. 环境保护	12975	23706	20. 债务付息支出	887	892
其中：排污费支出	427	0	21. 其他支出	845	539

金融机构人民币存、贷款年末余额

表 72

单位：万元

指标名称	存款余额		贷款余额	
	2012 年	2013 年	2012 年	2013 年
合　计	8569183	9909312	6167218	7067882
人民银行	10683	31629		
工商银行	1244720	1453839	775348	900188
农业银行	1278088	1409959	765067	811429
中国银行	523985	602110	531984	540537
建设银行	1024200	1226937	769539	943888
农发银行	37763	40321	195215	225730
交通银行	408902	371142	335051	345973
中信银行	381578	420961	317266	356420
华夏银行	177077	203492	161531	245138
浦发银行	208855	181709	138033	148647
兴业银行	141906	207000	113762	86386
招商银行	107277	121058	86631	110644
平安银行	210026	305153	122644	177359
嘉兴银行	326027	302468	215818	217443
浙商银行	95589	154578	60343	110616
信用联社	1927998	2254458	1301630	1448539
湖州银行	73314	90345	52155	85986
联合银行	143317	171371	151854	190366
绍兴银行		62796		26789
邮政储蓄	226274	247189	73347	95802

保险业务

表 73

指标名称	计量单位	2012年	2013 年	指标名称	计量单位	2012年	2013 年
一、财产险情况				二、人寿险情况			
（一）业务收入	万元	24469	28946	（一）业务收入	万元	48163	47738
1. 保费	万元	24469	28946	1. 保费	万元	48163	47738
（二）赔案数	件	22745	41575	（二）赔案数	人	6758	8785
（三）赔款支出	万元	11359	28667	（三）赔付支出	万元	1227	1658

表 74

文化事业

指标名称	计量单位	2012年	2013 年	指标名称	计量单位	2012年	2013 年
一、电影				四、新华书店			
1. 放映单位（登记数）	个	15	14	1. 发行（销售）总册数	万册	826.7	862.8
2. 放映场次	万场	2.5	2.6	2. 发行（销售）金额	万元	8161	8601.6
3. 观众人数	万人次	72.2	76	五、文化馆	个	1	1
4. 放映收入	万元	984.4	1148	1. 举办展览次数	次	7	63
二、艺术				2. 组织文艺活动次数	次	284	129
(一) 艺术表演团体	个	2	2	3. 举办训练班次数	次	84	100
1. 演出场次	场	2500	2893	4. 训练班结业人数	万人次	1809	2000
2. 观众人数	万人次	22.7	21.3	六、博物馆	个	1	1
(二) 表演场所（剧院、书场）	个	4	4	1. 文物藏量	件	6485	6478
1. 座席位	个	6172	6172	2. 举办陈列	次	4	4
2. 演出场次(影、像、演）	场	2839	1462	3. 举办展览	次	14	17
3. 观众人数	万人次	16.4	9.2	4. 参观人次数	万人次	14.1	21.1
三、图书馆				七、乡镇文化站	个	12	12
1. 公共图书馆	个	1	1	1. 举办展览	次	94	90
2. 总藏量	万件册	88.7	98.4	2. 组织文艺活动	次	643	727
其中：图书藏量	万册	76.8	85.3	3. 举办训练班	次	243	449
3. 发放借书证数	人	47649	51672	4. 训练班结业人数	万人次	10901	15264
4. 图书流通人次	万人次	123.2	120.1	八、文化市场			
				1. 综合娱乐场（歌舞厅）	个	48	53
				2. 游戏机	台	1003	1068
				3. 网吧	个	68	70

表 75

广播电视事业

指　标　名　称	计量单位	2012 年	2013 年
一、电视情况			
1. 发射机	部	4	4
发射功率	千瓦	4.000	4.000
2. 节目套数	套	2	2
3. 转播上级台节目	时分	7.00′	7.00′
4. 自办节目	时分	109.50′	122.50′
5. 电视人口覆盖率	%	100	100
二、广播情况			
（一）调频发射机	部	1	1
调频发射功率	千瓦	1.0	1.0
（二）平均每周播时间	时分	118.00′	122.00′
1. 转播上级台	时分	7.00′	7.00′
2. 自办节目	时分	111.00′	115.00′
（三）广播人口覆盖率	%	100	100
三、有线电视情况			
1. 有线电视台、站数	个	1	1
2. 联网镇、街道	个	12	12
3. 卫星地面接收站	座	11	4
4. 城区有线电视入户率	%	98	98
5. 传输线路			
光缆	千米	9700	3819
电缆	千米	200	1993
通有线电视村（社区）	个	224	224
四、镇（街道）广电情况			
1. 广电站个数	个	11	10
2. 村级广播室数	个	179	179
3. 广播到村通播率	%	100	100
4. 农村广播入户率	%	92	92
5. 农村入户喇叭正响率	%	99	99

2012～2013学年初各级各类学校情况

表76

单位：人

指标名称	学校数（所）	毕业生数	招生数	在校学生数	毕业班学生数	教职工数	
						总计	其中：专任教师
普通中学	28	10188	9271	29587	10167	2781	2527
其中：高完中	6	3489	3404	10877	3802	992	899
初中	22	6699	5867	18710	6365	1789	1628
职业高中	1	1684	1754	5385	1939	268	245
小学	27	6874	6195	42415	6865	2575	2434
特殊教育	1	19	12	99	18	27	23
幼儿园	64	7286	6289	19687	7003	1903	1131
电大	1	2327	2637	6325	2414	46	39
电视中专		147	153	298	145		
普通中专	1	1403	1222	4085	1508	86	75
成人中专	1					57	45
技工学校（中技）	1	571	710	2127	662	179	132
成人技术培训	36	83722		84783		706	173

全市升入高校、高中段人数情况

表77

单位：人

指标名称	2012年	2013年	指标名称	2011年	2013年
高校：			高中段：		
报名人数	3572	3488	初中毕业生数	7391	6699
上线合计	3425	3364	招生人数	7334	6664
其中：一本	460	446	其中：普通高中	3751	3390
二、三本	1852	1956	职业高中	2842	2627
专科	1113	962	普通中专	185	138
上线率（%）	95.88	96.44	成人中专	11	9
			中技	545	500
			升学比例（%）	99.23	99.48

表 78

卫生事业

指标名称	计量单位	2012年	2013 年	指标名称	计量单位	2012年	2013 年
卫生机构数	个	261	263	2. 卫生院	人	1412	1452
1. 医院	家	9	9	3. 门诊部	人	158	165
2. 卫生院	家	13	13	4. 疾病预防控制中心	人	102	101
3. 门诊部	个	10	10	5. 卫生监督所	人	57	38
4. 疾病预防控制中心	个	1	1	6. 市卫生学校	人	115	118
5. 卫生监督所	个	1	1	7. 其他卫生机构	人	19	20
6. 市卫生学校	所	1	1	8. 急救站	个	4	4
7. 其他卫生机构	个	2	2	9. 诊所、卫生所、医务室、护理站	人	169	171
8. 急救站	个	1	1	10. 社区卫生服务站	人	90	77
9. 诊所、卫生所、医务室、护理站	个	66	69	卫生技术人员	人	4733	5040
10. 社区卫生服务站	个	157	156	执业医师	人	1266	1331
医疗床位数	张	3016	3282	执业助理医师	人	248	249
1. 医院	张	2499	2765	注册护士	人	1766	1959
2. 卫生院	张	517	517	药师（士）	人	321	331
医疗卫生机构人员数	人	5397	5698	技师（士）	人	178	189
1. 医院	人	3271	3552	其他	人	954	981

表 79

体育事业

指标名称	计量单位	2012年	2013 年	指标名称	计量单位	2012年	2013 年
一、体育系统体育场馆				四、参加嘉兴市及以上竞赛获奖牌数	枚	724	420
1. 体育场	个	1	1				
2. 体育馆	个	2	2	金牌	枚	364	209
3. 游泳池	个	1	1	银牌	枚	183	120
4. 射击场	个	1	1	铜牌	枚	177	91
5. 举重房	个	1	1	其中：获省级及以上奖牌	枚	267	104
6. 乒乓房	个	1	1	金牌	枚	97	44
7. 门球场	个	5	5	银牌	枚	84	30
二、市级运动会举办次数	次	85	64	铜牌	枚	86	30
参与运动会的运动员人数	人	18236	17469	五、破纪录项数	项	20	10
三、参加嘉兴市及以上比赛次数	次	104	93	其中：省级及以上	项	0	0
其中：参加省级及以上次数	次	43	35	破纪录人数	人	17	5
参加嘉兴市及以上比赛运动员人数	人	1311	2184	其中：省级及以上	人	0	0
其中：参加省级及以上运动员人数	人	375	1057	六、等级运动员新发展人数	人	11	16
参与嘉兴市及以上比赛裁判员人数	人	114		七、等级裁判员新发展人数	人	29	42
其中：参与省级及以上裁判员人数	人	40					

表 80

科技事业

指标名称	计量单位	2012年	2013 年	指标名称	计量单位	2012年	2013 年
国家重点扶持高新技术企业	家	61	66	科技项目	项	577	742
地（市）级高新技术企业	家	46		其中：国家级	项	27	25
省级以上高新企业：	家	61	66	省（部）级	项	357	472
产值	万元	2646619	3242978	获奖项目	项	59	58
利税	万元	166629	235754	其中：国家级	项	0	0
创汇	万美元	93741	124971	省（部）级	项	1	1
申请专利数	项	3446	4440				

表 81　抽样调查平均每百户耐用消费品年末拥有量

指标名称	计量单位	2012 年	2013 年	指标	计量单位	2012 年	2013 年
农村居民：				城镇居民：			
汽车（生活用）	辆	28	42	洗衣机	台	99	100
自行车	辆	187	124	电冰箱	台	100	100
电话机	部	113	92	中高档乐器	架	7	10
移动电话	部	278	293	彩色电视机	台	196	225
家用计算机	台	103	98	家用电脑	台	107	113
洗衣机	台	96	94	组合音响	套	27	19
电冰箱	台	106	100	照相机	架	63	71
摩托车	辆	103	73	空调机	台	260	297
彩色电视机	台	230	225	淋浴热水器	台	135	168
录放像机	台	36		摩托车	辆	30	22
照相机	架	33	30	助力车	辆	80	54
抽油烟机	台	72	63	家用汽车	辆	43	62
吸尘机	台	14		摄像机	架	11	7
空调机	台	195	205	钢琴	架	4	
				微波炉	台	72	94
				消毒碗柜	台	12	29
				洗碗机	台	1	4
				健身器材	套	6	7
				固定电话	部	82	90
				移动电话	部	222	240

表 82

2013 年浙江省主要县（市、区）统计信息网络年度交流指标

县（市、区）	年末总人口（万人）	行政区划面积（平方千米）	生产总值（亿元）	第一产业增加值（亿元）	第二产业增加值（亿元）	第三产业占 GDP 比重（%）
柯桥区	64.29	1066	1068.66	32.55	613.10	39.58
萧山区	124.38	1420	1663.53	59.66	965.86	38.35
余杭区	90.33	1222	934.41	46.86	435.40	48.39
慈溪市	104.36	1361	1031.09	49.30	593.56	37.65
余姚市	83.51	1527	749.63	40.06	444.47	35.36
海宁市	66.91	700.5	633.65	25.62	364.19	38.48
桐乡市	68.28	727	573.47	33.19	296.54	42.50
上虞区	77.95	1406	624.98	41.71	344.22	38.25
温岭市	121.05	836	748.28	58.19	346.60	45.90
鄞州区	84.01	1346	1177.68	40.05	714.82	35.90
诸暨市	107.65	2311	900.88	48.75	497.66	39.35
瑞安市	122.28	1271	635.95	19.11	319.53	46.75
义乌市	75.99	1105	882.87	21.90	357.32	57.05
乐清市	127.79	1174	657.92	19.61	392.97	37.29
平湖市	48.96	537	461.31	17.83	287.96	33.71
富阳市	65.86	1831	571.40	38.00	324.10	36.63
永康市	58.54	1047	422.56	9.28	259.94	36.29

续表 82

县（市、区）	房地产开发投资额（亿元）	社会消费品零售总额（亿元）	实际利用外资（万美元）	自营出口（海关数）（万美元）	自营进口（海关数）（万美元）
柯桥区	121.37	185.05	20527	1084690	202737
萧山区	247.83	445.55	96850	946293	462636
余杭区	264.79	277.83	118195	511946	43692
慈溪市	174.92	444.86	41293	882377	197439
余姚市	133.03	341.29	37011	650015	182381
海宁市	83.63	269.34	33461	456191	119531
桐乡市	90.99	238.63	23928	269375	162778
上虞区	73.67	211.86	20007	311856	62236
温岭市	81.32	377.90	5705	383620	14930
鄞州区	198.90	356.28	46553	1099563	343637
诸暨市	117.14	274.46	21311	461833	78543
瑞安市	106.94	261.04	2810	322610	51643
义乌市	129.30	412.80	4363	1821800	40670
乐清市	113.28	235.88	6750	204196	18032
平湖市	50.88	133.63	46239	382435	405614
富阳市	78.57	142.20	29340	120628	145159
永康市	38.10	140.40	306	434402	46291

续表 82

县（市、区）	公共财政预算收入（亿元）	公共财政预算支出（亿元）	城镇居民人均可支配收入（元）	农村居民人均纯收入（元）	全社会用电量（亿千瓦时）
柯桥区	77.57	68.68	44821	24173	143.97
萧山区	126.52	115.81	44412	23077	206.92
余杭区	126.10	111.50	40559	22647	74.78
慈溪市	92.05	98.39	41254	22702	110.50
余姚市	59.64	74.59	40938	19864	70.79
海宁市	52.49	51.19	41397	21359	68.11
桐乡市	45.53	47.16	39884	20298	75.65
上虞区	43.11	45.21	41627	19608	41.77
温岭市	43.85	60.72	37647	18403	52.21
鄞州区	153.29	159.42	44742	23156	76.59
诸暨市	59.60	67.04	43905	21180	74.05
瑞安市	44.74	50.68	42302	17553	62.63
义乌市	63.30	61.60	48963	21273	74.20
乐清市	51.29	51.35	41067	19094	48.76
平湖市	42.22	43.08	41260	20439	52.50
富阳市	46.40	52.70	36385	19380	68.70
永康市	35.30	36.00	35526	16243	37.20

[编辑：姚　倩]

文件选编

Selected Documents

规范性文件选载

海宁市国家建设项目审计办法

海宁市人民政府令第四十号

第一章　总　　则

第一条　为加强对国家建设项目的审计监督，根据《中华人民共和国审计法》《中华人民共和国审计法实施条例》《浙江省国家建设项目审计办法》等有关规定，结合本市实际，制定本办法。

第二条　本办法所称国家建设项目，是指以国家财政资金、各项政府性专项资金、政府性负债资金或国有企事业单位、国有控股单位投入资金等为主要来源的基本建设项目或技术改造项目。

第三条　市审计局是国家建设项目的审计监督机关，依法对国家建设项目实施审计监督。

第四条　市发改、经信、财政、监察、住建、交通运输、地税、国税、国土资源、环保、水利、金融等管理部门，应当在各自职责范围内协助市审计局对国家建设项目实施审计监督。

第五条　市审计局在实施国家建设项目审计监督时，根据工作需要，可以聘请具有相关专业知识和技能的人员参与审计，也可以组织具有法定资格的社会中介机构参与审计。

市审计局应当对审计结果的真实性、合法性负责。

第二章　审计范围及内容

第六条　市审计局依法对国家建设项目、有关建设单位（含项目法人）以及勘察、设计、施工、监理、采购、供货等单位与国家建设项目直接有关的财务收支的真实、合法和效益情况进行审计监督。

第七条　国家建设项目审计包括预算执行情况（含工程结算）、竣工决算等相关事项的审计。

总概算投资在300万元（镇、街道100万元）及以上的国家建设项目，其工程结算、竣工决算由市审计局组织审计。

以下两种情况均由建设单位委托具有法定资格的社会中介机构进行审计，并将审计结果报送市审计局备案。

（一）总概算投资在300万元（镇、街道100万元）以下的工程结算、竣工决算；

（二）总概算投资在300万元（镇、街道100万元）及以上，但其单位工程送审金额在50万元以下的工程结算。

市审计局对社会中介机构的国家建设项目审计具有抽审权，社会中介机构与市审计局的审计结果不一致时，以市审计局的审计结论为准。

第八条 国家建设项目预算执行情况审计的主要内容：

（一）国家建设项目执行项目法人制、项目资本金制、项目招投标制、项目经济合同制、项目监理制等制度的情况；

（二）建设单位内控制度的设置和落实情况；

（三）项目资金筹集、管理、使用情况；

（四）征地拆迁费用支出和管理情况；

（五）项目设备、材料的采购、保管、使用情况；

（六）建设项目财务收支的真实性、合法性和效益性；

（七）建设项目的工程结算情况等；

（八）法律、法规、规章规定需要审计的其他事项。

第九条 国家建设项目竣工决算审计的主要内容：

（一）项目投资及预算或概算执行情况；

（二）资金来源及保证程度；

（三）建筑安装工程、设备投资、待摊投资的核算是否正确，费用分摊是否合理，其他投资支出是否真实、合法，税费计缴是否正确、足额；

（四）建设收入的来源、分配、上缴和留成资金使用的真实性、合法性；

（五）工程价款结算情况；

（六）交付使用财产的真实性、合法性、完整性；

（七）项目尾工工程投资情况；

（八）竣工决算情况；

（九）投资效益情况；

（十）法律、法规、规章规定需要审计的其他事项。

第十条 市审计局应根据建设项目的实际情况，采取阶段审计、不定期审计或审计调查等方式进行。对列入市重点的国家建设项目和投资额较大、社会关注、工期较长的国家建设项目可根据需要实行招标文件审计和全过程跟踪审计。

第十一条 市审计局在审计中发现下列与项目财务收支有关的情况的，应当通报有关主管部门予以调查，必要时应当协助调查。

（一）违反规划、土地、拆迁、招标投标、环境保护等建设项目管理法律、法规的；

（二）建设资金筹集涉及非法集资、摊派或收费行为的；

（三）建设资金被转移、侵占或挪用的；

（四）勘察、设计、施工、监理等单位不具备相应资质的；

（五）未有效实施工程质量管理的；

（六）其他有关违法、违纪行为。

第三章 审计程序

第十二条 市发改局向国家建设项目业主单位批复初步设计文件时同时抄送市审计局。建设单位在国家建设项目批准建设后，须填制《海宁市国家建设项目登记表》报送市审计局。

第十三条 国家建设项目建设单位应当按照市审计局规定的期限和要求，提供与国家建设项目有关的情况和资料，并对其真实性、完整性负责。不得拒绝、阻碍审计人员依法履行职务。

承担国家建设项目的建设、施工、采购、监理、设计等单位应当协助审计取证工作。

第十四条 国家建设项目审计监督实行分类管理，由市审计局组织社会审计力量实施审计或直接审计。

概算投资在 300 万元～3000 万元（镇、街道 100 万元～2000 万元）的国家建设项目，工程结算审计和竣工决算审计由市审计局委托社会中介机构实施，并由中介机构直接出具审计报告，市审计局对中介机构出具的审计报告进行复核，并抽取一定比例进行复审，中介机构对其出具的审计报告的真实性、完整性、可靠性负责，中介机构审计资格由市审计局在具有法定资格的社会中介机构中招标确认。

概算投资在3000万元（镇、街道2000万元）及以上的国家建设项目，工程结算审计和竣工决算审计由市审计局直接审计并出具审计报告。市审计局可视项目情况，聘请相关专家协助审计。

第十五条 建设单位及其主管部门的内审机构，应当加强对本单位、本系统国家建设项目的内部审计监督。

施工单位应积极配合审计，遵守审计进度安排。对故意拖延审计进度、影响投资效益的，有关部门应视情节轻重限制直至取消其参与本市国家建设项目投标的资格。

国家建设项目工程结算未经审计，不得办理工程价款结算手续。

第十六条 建设单位应在国家建设项目基本完工、竣工决算报表编制完成后30日内书面告知市审计局安排竣工决算审计。市审计局应在被告知之日起30日内发出审计通知书，组织实施审计。

国家建设项目未经竣工决算审计的，不得办理竣工验收手续。

第十七条 市审计局实施国家建设项目审计，依法需要给予处理的，应当作出审计决定书；依法需要由有关主管部门处理的，应当作出审计移送处理书，向有关主管部门提出处理意见。

第十八条 建设单位应当根据审计报告支付工程余款，市财政局和项目主管部门应及时批复竣工决算。

第十九条 市审计局应当向市人民政府报告国家建设项目的审计结果。

市审计局应当依照法律、法规、规章的规定，向社会公布国家建设项目审计的结果。

第二十条 建设单位按照国家建设项目造价审计净核减（净核增）额的10%上缴审计费用，若组织跟踪审计的国家建设项目按约定上缴审计费用，经费列入财政专户管理，专项用于市审计局组织社会中介机构、聘请专家进行国家建设项目审计等所需的经费。同时建设单位应当在施工合同中明确约定由施工单位承担核减（核增）审计费用。

第四章 奖 惩

第二十一条 国家建设项目未经工程结算审计，擅自办理工程价款结算，并造成工程款超付的，市审计局可依法追究有关单位及责任人的相关责任。

第二十二条 被审计单位违反《中华人民共和国审计法》的规定，拒绝或者拖延提供与审计事项有关的资料，或者拒绝、阻碍审计的，依法予以处罚。

第二十三条 加强对审计工作的考核，市审计局应建立必要的考核激励机制。

第二十四条 市审计局审计人员有下列行为之一的，应当给予行政、纪律处分；触犯刑律的，移送司法机关，依法追究刑事责任：

（一）明知与被审计单位或者审计事项有利害关系而不主动回避的；

（二）泄露国家秘密或被审计单位的商业秘密的；

（三）索贿、受贿，或者接受可能影响公正执行职务的不当利益的；

（四）隐瞒被审计单位财经违法违纪行为的；

（五）有滥用职权、徇私舞弊、玩忽职守行为的。

第二十五条 市审计局聘请的专业人员在从事国家建设项目审计工作中有本办法第二十四条行为的，市审计局应当予以辞聘，并按省审计机关制订的管理规范作出其他处理；违反《浙江省社会中介机构管理办法》规定的，同时按其规定予以处罚；触犯刑律的，移送司法机关，依法追究刑事责任。

第二十六条 市审计局应当加强对由其组织聘请参与国家建设项目审计的社会中介机构和专业人员的指导、监督和管理，明确有关人员的权利义务，对过错、过失人员按规定追究责任。

第五章 附 则

第二十七条 接受、使用社会捐赠的公益性建设项目，市审计局可以参照本办法进行审计监督。

第二十八条 本办法由市审计局负责解释。

第二十九条 本办法自发文之日起施行。原《海宁市国家建设项目审计办法》（海宁市人民政府令第三十六号）同时废止。

海宁市内部审计工作规定

海宁市人民政府令第四十一号

第一章 总 则

第一条 为加强内部审计工作，规范内部审计行为，促进单位加强管理、防范风险，根据《中华人民共和国审计法》《中华人民共和国审计法实施条例》《中国内部审计准则》《浙江省内部审计工作规定》《嘉兴市内部审计工作规定》以及其他法律、法规、规章，结合本市实际，制定本规定。

第二条 本规定所称的内部审计，是指内部审计机构或内部审计人员对本单位及所属单位内部控制的有效性、财务信息的真实性和完整性，以及经济活动的效率和效果等，开展的一种监督、评价和咨询服务。

第三条 本市行政区域内的镇（街道）、行政事业单位、经济发展平台、国有企业及其他依法属于审计机关审计监督对象的单位，应当建立健全内部审计制度，开展内部审计工作。

上市公司、地方金融机构应当按照国家有关法律、法规开展内部审计工作。鼓励和支持非公有制企业、农村集体经济组织等单位建立健全内部审计制度，开展内部审计工作。

第二章 机构和人员

第四条 除法律、法规、规章明确规定应设立内部审计机构的单位外，符合下列情形之一的，应当设立内部审计机构：

（一）镇人民政府、街道办事处；

（二）市级经济发展平台；

（三）财政财务收支金额较大且有三个及以上下属单位的政府部门和市直属单位；

（四）国有及国有控股企业或企业集团。

鼓励和支持非公有制企业建立审计委员会，设立内部审计机构。

有开展内部审计工作要求但尚不具备设立内部审计机构条件的单位，应当明确履行内部审计职责的工作机构。

第五条 各有关单位应当结合自身性质、规模和管理需求，按照《中华人民共和国审计法》等有关法律、法规、规章的规定，配备专（兼）职内部审计人员，也可委托社会审计机构或与社会审计机构合作开展内部审计工作。

第六条 内部审计人员应当具备从事内部审计工作所必需的专业知识和业务能力，定期接受内部审计后续教育培训。

第七条 内部审计人员应当依法履行职责，遵守内部审计规定、准则，恪守职业道德规范，客观公正，廉洁奉公，保守秘密。

第八条 内部审计人员与被审计对象或审计事项有利害关系的，应当申请回避。

第九条 内部审计机构和内部审计人员在本单位主要负责人或权力机构的领导下开展工作，行使内部审计职权，并对其负责。

单位主要负责人或权力机构应当支持内部审计工作，保障内部审计机构和内部审计人员依法履行职责。内部审计机构履行职责所必需的经费，应当列入单位预算并予以保障。

内部审计机构负责人按照管理权限任免，并报审计机关备案。

第三章　职责和权限

第十条 内部审计机构和内部审计人员根据本单位主要负责人或权力机构的授权，监督和评价下列事项：

（一）本单位及所属单位的财政、财务收支或相关经济活动；

（二）按干部管理权限划分的本单位内设机构及所属单位负责人的任期经济责任；

（三）本单位及所属单位的经济管理和效益情况；

（四）本单位及所属单位的内部控制和风险管理；

（五）本单位及所属单位基本建设项目的预算执行情况（含工程结算）、竣工决算等相关事项的审计；

（六）本单位及所属单位对外投资或担保的有关经营合同；

（七）本单位对行业经营管理中的重要问题开展行业或专项审计调查；

（八）对国家审计发现问题采取的措施及整改落实情况；

（九）本单位主要负责人或权力机构交办的其他审计事项。

镇（街道）内部审计机构负责对辖区内村（社区）上述相关事项的监督和评价。

第十一条 内部审计机构和内部审计人员具有下列权限：

（一）要求被审计对象按时提供有关财政、财务收支计划，预算执行情况，决算，会计报表及相关经济活动资料和电子数据；

（二）检查有关财政、财务收支或相关经济活动资料、文件和计算机系统及其电子数据，现场清查与审计事项有关的实物；

（三）对审计涉及的有关事项进行调查取证；

（四）参加或列席本单位财务收支、计划、生产、经营、重要合同签订等有关经济活动或会议；

（五）参与研究和制定本单位经济管理、内部控制等方面的规章制度；开发研究审计信息网络管理平台，利用先进的审计软件开展审计工作；

（六）对违反财经法律、法规有关规定的行为予以制止并提出处理意见；对遵守财经法律、法规、规章且经济效益显著的单位和个人，提出表彰和奖励建议；对经济管理中存在的问题提出意见和建议；

（七）经本单位主要负责人或权力机构批准，对可能被转移、隐匿、篡改、毁弃的有关财政、财务收支或相关经济活动资料予以暂时封存，对阻挠和妨碍审计工作的行为提出追究有关人员责任的建议。

第十二条 内部审计机构在审计过程中发现被审计对象有违法违规行为的，应当向本单位提出处理意见和建议。

第十三条 被审计对象应当配合内部审计工作，按要求提供相关资料并对所提供资料的真实性和完整性负责，不得拒绝、阻碍、隐瞒、谎报。

第四章　审计程序

第十四条　内部审计机构应当制定年度审计工作计划，报经本单位主要负责人或权力机构批准后实施。

第十五条　内部审计机构根据年度审计工作确定审计项目，组成审计组，审计人员不得少于2人，并指定审计项目负责人。

实施审计前，审计组应当制订项目审计实施方案，经内部审计机构负责人批准后组织实施。

第十六条　审计通知书应当在实施审计前送达被审计对象，经本单位主要负责人或权力机构批准，可以在实施审计时送达。

第十七条　审计组可以采用审核、观察、监盘、询问、函证、计算、分析性复核等方法取得证明材料，并运用计算机辅助审计手段取得相关材料，形成审计工作底稿。

审计组实施审计后，应当就有关事项征求被审计对象意见。被审计对象应当按照审计组要求反馈意见，逾期视为无异议。

第十八条　内部审计机构应当对审计组提交的材料和被审计对象的意见进行复核，报经本单位主要负责人或权力机构同意后下达审计结论。被审计对象应当按照审计结论要求及时整改，落实相关措施。

被审计对象对审计结论有异议的，可以向内部审计机构所在单位的主要负责人或权力机构提出申诉，单位主要负责人或权力机构应当及时答复。

第十九条　审计工作完成后，审计组应当及时整理审计资料，形成审计档案。

第二十条　内部审计机构在必要时应当开展后续审计，监督、检查被审计对象采取的整改措施及效果，并向本单位主要负责人或权力机构报告后续审计结果。

第二十一条　内部审计机构应当每年向本单位主要负责人或权力机构提交年度内部审计工作报告，并报审计机关备案。

第二十二条　本单位在年度考核、干部任免时，以及审计机关依法对审计监督对象实施审计时，应当将内部审计结论作为重要依据。

第五章　指导与监督

第二十三条　审计机关应当依法加强对内部审计工作的指导和监督，检查和评价内部审计工作开展情况，及时纠正内部审计工作存在的问题，合理利用内部审计成果，提高内部审计工作质量和水平，并对内部审计工作开展情况进行考核。

有关行政主管部门应当在其职权范围内，加强对本系统、本行业内部审计工作的指导和监督。

第二十四条　审计机关可以通过内部审计协会加强对内部审计工作的业务指导和监督。

第六章　法律责任

第二十五条　审计机关发现各单位内部审计有不合法行为的，应当责令限期改正。

审计机关、有关行政主管部门发现被审计对象打击报复内部审计人员的，应当责令改正；拒不改正的按照管理权限追究其责任。

第二十六条　被审计对象拒绝、阻碍内部审计工作，或转移、隐匿、篡改、毁弃有关财政、财务收支和相关经济活动资料，或拒绝、拖延提供资料，或提供资料不真实、不完整的，由单位主要负责人或权力机构及时予以处理，构成犯罪的依法追究刑事责任。

第二十七条　内部审计人员有下列行为之一的，由其所在单位或有权机关依照有关规定予以处理，涉嫌犯罪的移交司法部门依法处理：

（一）隐瞒审计中查出的重大问题或出具虚假审计结论的；

（二）泄露国家秘密或商业秘密的；

（三）应当回避而没有回避的；

（四）滥用职权、玩忽职守、徇私舞弊的；

（五）其他依法应当予以处理的行为。

第七章 附 则

第二十八条 本规定自 2013 年 9 月 1 日起施行。

海宁市建筑垃圾管理实施办法

海政办发〔2013〕5 号

第一章 总 则

第一条 为进一步加强全市建筑垃圾管理，切实维护和改善城乡环境面貌，根据《城市建筑垃圾管理规定》（建设部令 139 号）、《关于进一步加强全市建筑垃圾管理的实施意见》（海政发〔2012〕88 号）、《关于加强城镇容貌管理工作的意见》（海政办发〔2011〕182 号）等有关规定，结合我市实际，制定本实施办法。

第二条 本办法所称建筑垃圾是指建设单位、施工单位新建、改建、扩建和拆除各类建筑物、构筑物、管网等以及居民装饰装修房屋等过程中所产生的弃土、弃料及其他废弃物。

第三条 全市各相关单位应加强建筑垃圾消纳处置的监管工作，有效遏制全市建筑垃圾处置中存在的偷运、乱倒、偷倒等问题，形成“源头控制有力，运输监管严密，消纳处置有序，管理执法严格”的长效管理机制，实现我市建筑垃圾处置管理的规范、有序。

第四条 建筑垃圾处置应实行减量化、资源化、无害化和谁产生、谁承担处置责任的原则。

第五条 各镇（街道、开发区、景区）辖区内建筑垃圾的运输、处置、管理工作，均应遵守本办法的规定。

第二章 机构职责

第六条 建筑垃圾管理工作实行“统一领导、属地为主、统筹规划、分级管理”的工作机制，建立健全市、镇、村三级建筑垃圾处置管理网络。

第七条 市政府建立海宁市建筑垃圾管理工作领导小组，领导小组下设办公室（设在市城市管理行政执法局），统筹全市建筑垃圾管理工作，主要负责编制建筑垃圾消纳场建设规划，并依据规划和相关规定，对全市建筑垃圾管理工作进行协调、指导、检查、考核。日常具体工作由市城管执法局下属建筑垃圾管理处和市城管执法大队内设专职中队负责实施。

（一）市建筑垃圾管理处主要职责：

1. 依据“统一规划、就地消化、属地为主”的原则，在市建筑垃圾管理领导小组的领导下，会同相关部门编制市、镇两级建筑垃圾处置规划；调研、推广建筑垃圾无害化处理、资源化回收利用模式；

2. 负责市级建筑垃圾消纳场的规划、建设与管理，指导各镇（街道、开发区、景区）建筑垃圾消纳场的规范化建设和管理；

3. 负责审核、监管、考核市、镇两级建筑垃圾消纳场的建设和日常管理工作；负责对镇（街道、开发区、景区）建筑垃圾专管机构上报项目的备案、审核等工作；

4. 负责对全市建筑垃圾处置费用的收取与管理工作；

5. 负责市区建成区范围内主要道路两侧无主建筑垃圾的清运工作；

6. 负责对在本市范围内从事建筑垃圾运输业务的企业进行运输资格审核，并会同交通、公安等部门对从事运输建筑垃圾车辆的准运资格进行审核；对运输车辆安装 GPS 设备并统一接入数字城管平台进行监管；

7. 牵头协调建立建筑垃圾产生、运输、处置、从业企业或个人不良记录等相关信息的共享机制；建立建筑垃圾需求、利用、消纳信息共享平台，负责全市建筑垃圾管理信息纳入信息系统；建立全市建设项目信息查阅平台，定期将建设行政主管部门提供的全市报建建设项目信息在该平台上予以公布。

（二）市城管执法大队内设专职中队主要职责：

1. 负责对市区规划区内建筑垃圾处置项目（包括工地现场、土方测量、运输协议、消纳场所等）进行审核；

2. 负责对将建筑垃圾运入市区规划区内的处置消纳项目的审核；

3. 负责市区规划区内出运消纳建筑垃圾的项目进行处置核准，并核发“一车一证”；

4. 负责对市区规划区内建筑垃圾处置行为的监管，依法查处违法处置建筑垃圾行为；对建筑垃圾运输车辆无证运输、不按规定线路运输、遗撒等行为的查处；对辖区内建筑垃圾消纳场进行巡查，对未经批准设置的消纳场进行查处；

5. 通过数字城管指挥中心系统平台对建筑垃圾运输车辆的日常运行情况进行监控和管理；

6. 制订并执行对市区建筑垃圾运输车辆运营考核管理办法和对建筑垃圾经营服务企业考核管理办法；

7. 会同市住建局对各类建设工地出入口的标准化建设（污水沉淀池及高压水枪冲洗设备及排水系统的建设）进行监管。

第八条 市级相关职能部门按市政府〔2012〕88 号文件规定的职责做好对各镇（街道、开发区、景区）的建筑垃圾管理处置的相关工作。住建、招标等建设项目招标管理部门应在审查招标文件时，监督建设工程项目业主在相关招投标文书中明确建筑垃圾处置的数量、类型、方式等条款，在对建设工程发标审核时，应与城管执法局作好沟通协调，将市建筑垃圾管理处审核通过的建筑垃圾处置方案作为重要依据。住建局在对施工单位和项目工地的日常监管中加强依法管理力度，督促施工单位做到文明、规范施工。

第九条 各镇（街道、开发区、景区）应建立由行政主要领导为组长的建筑垃圾管理工作领导小组，明确分管领导和联络员，明确本辖区建筑垃圾管理专门机构，统筹辖区内的建筑垃圾管理工作。日常工作由镇城管办或村镇建设服务中心和属地城管执法中队负责实施。

第十条 各镇（街道、开发区、景区）建筑垃圾管理工作由属地建筑垃圾管理专门机构和属地城管执法中队负责实施。

（一）属地建筑垃圾管理专门机构主要职责：

1. 负责本辖区内建筑垃圾管理工作，配合上级部门编制辖区内建筑垃圾处置规划；

2. 负责本辖区内建筑垃圾消纳场的规划、建设与管理，配合市建筑垃圾管理处做好市级建筑垃圾消纳场的规划、建设与管理；负责审核、监管、考核镇、村两级建筑垃圾处置场的建设和日常管理；

3. 负责辖区内建筑垃圾运输、处置的管理，协助市建筑垃圾管理处做好辖区内建筑垃圾处置费（调剂费）的收取工作；

4. 配合市建筑垃圾管理处做好属地建筑垃圾产生、运输、处置、从业企业不良记录，以及建筑垃圾需求、利用、消纳等相关信息纳入信息系统；

5. 协助做好对辖区内运输企业的资格审核，并配合交通部门、公安部门对改装运输车辆准运建筑垃圾的审核工作。

（二）属地城管执法中队主要职责：

1. 负责镇规划区、开发区等实行城市化管理的区域内建筑垃圾处置项目（包括工地现场、土方测量、运输协议、消纳场所等）进行审核；

2. 负责镇规划区、开发区等实行城市化管理的区域内建筑垃圾的处置审核，并核发“一车一证”；对建筑垃圾运输车辆无证运输、不按规定线路运输、遗撒等行为的查处；对辖区内建筑垃圾消纳场进行巡查，对未经批准设置的消纳场进行查处；

3. 负责对镇规划区、开发区等实行城市化管理的区域内建筑垃圾处置的监管，依法查处违法处置建筑垃圾行为；

4. 对在本辖区内从事建筑垃圾运输业务的车辆通过市数字城管系统平台进行监控和管理；

5. 会同相关部门对各类建设工地出入口的标准化建设（污水沉淀池及高压水枪冲洗设备及排水系统的建设）进行监管。

第十一条 各级建筑垃圾管理部门与城管执法中队实行执法与管理相分离，收费与发证相分离的原则。

第十二条 村（社区）主要职责：

（一）协助和配合镇（街道、开发区、景区）做好本村（社区）对建筑垃圾实施有效管理的宣传工作；

（二）加强本村（社区）建筑垃圾的巡查和管理工作，对违法行为及时制止，并及时向属地镇（街道、开发区、景区）管理部门反映；

（三）负责本村（社区）建筑垃圾堆放点（收集点）的合理选址并按市建筑垃圾管理处的要求规范建设和设置，落实人员进行日常规范化管理杜绝混合垃圾的产生，引导居民将装饰装修房屋过程中产生的建筑垃圾袋装化收集，并集中堆放到所在社区指定的堆放地点，由属地镇（街道、开发区、景区）负责定期统一清运至指定消纳场。

第三章 申报、审批

第十三条 市区规划区内所有涉及建筑垃圾处置运输的建设工程项目，建设单位在年末申报发改立项计划的同时，应当将年度建筑垃圾出运种类、数量、时间等计划向市建筑垃圾管理工作领导小组办公室申报。市建筑垃圾管理处根据年度申报情况和实际消纳能力统筹安排。

第十四条 各镇（街道、开发区、景区）城镇规划区以内的所有涉及建筑垃圾处置运输的建设工程项目，由建设单位将年度建筑垃圾出运种类、数量、时间等计划向属地建筑垃圾管理专门机构申报，属地建筑垃圾管理专门机构分类汇总后报市建筑垃圾管理处备案。

第十五条 各镇（街道、开发区、景区）城镇规划区以外的所有涉及建筑垃圾处置运输的建设工程项目，由各村（社区）将年度建筑垃圾出运种类、数量、时间等计划向属地建筑垃圾专门机构申报，属地建筑垃圾管理专门机构分类汇总后报市建筑垃圾管理处备案。

第十六条 涉及绿化种植用地、低洼田地改造和废弃水渠沟池、河浜填土以及建筑工程回填和建筑垃圾循环利用等需用建筑垃圾的，市区规划区范围内的需求单位向市建筑垃圾管理工作领导小组办公室提出下一年度需求计划申请，各镇（街道、开发区、景区）范围内的需求单位向属地政府专门管理部门提出下一年度需求计划申请，属地建筑垃圾管理专门机构分类汇总后报市建筑垃圾管理处备案。

第十七条 属地根据建筑垃圾消纳场建设规划，落实市、镇两级建筑垃圾消纳场的场地安排和相关前期工作，市级相关部门配合做好消纳场的土地、规划、审批等相关手续。报市建筑垃圾管理处备案。

第十八条 建设项目的勘察、前期、施工、扫尾阶段进行工程渣土作业的，应提前五日将作业方案报送建筑垃圾管理处，并办理相关手续，经批准后方可作业。

第十九条 建筑垃圾处置许可的审批：

（一）全市实行城市化管理的区域内需行政许可的项目（出运量在500立方米以上）的建筑垃圾的运输、消纳处置，由处置单位提出申报，经市行政服务中心市城市管理行政执法局窗口办理审批手续，并由建筑垃圾专管机构会同专职中队（属地中队）对处置项目（包括工地现场、第三方机构出具的土方测量报告、运输协议、消纳场所等）进行审核通过，经市城管执法局审批同意取得行政许可后方可处置。需跨行政区域处置的项目，由出土方与消纳方签订协议，经双方专门机构审核同意后，由出土方所在地专门机构报市建筑垃圾管理处审核和备案。对跨区域处置中有违法立案的项目，由出土方属地中队查处，消纳处置所在地属地中队配合。

（二）全市实行城市化管理的区域内无需行政许可的项目（出运量在500立方米以下）的建筑垃圾的运输、消纳处置，由处置单位提出申报并填写清运申请表，由专职中队（属地中队）对处置项目（包括工地现场、土方测量、运输协议、消纳场所等）进行审核方可处置。需跨行政区域处置的项目，由出土方与消纳方签订协议，经双方专门机构审核同意后，由出土方所在地专门机构报市建筑垃圾管理工作领导小组办公室备案。对跨区域消纳处置中有违法行为的项目，原则上由出土方属地城管执法中队负责查处。

第二十条 市区规划区、镇（街道、开发区、景区）规划区等实行城市化管理的区域以外，需消纳处置建筑垃圾的项目由属地镇、村两级专管机构审核、管理、监管。需跨行政区域消纳处置的项目，由双方镇、村（社区）进行监督管理，双方自行协调消纳。在镇（街道、开发区）之间跨区域消纳处置的项目，出现违法违规行为的，由出土项目所在地的专管机构负责处理。情况复杂或市外项目非法偷倒至我市的，可由所在地政府牵头，组织交通、公安、国土、城管等部门对建筑垃圾处置违法违规行为进行联合查处。

第四章 出运和消纳、运输企业和车辆的管理要求

第二十一条 施工现场和出运、堆放工程渣土的场所应符合下列规定：

（一）出入城市道路的交接处必须硬化或用钢板铺垫，达到15米以上；

（二）配备高压冲洗设施，设置符合规定的排水设施和泥水沉淀池；

（三）落实防止污水外溢和防尘等措施；

（四）建立管理制度，落实管理人员进行管理。

第二十二条 单位自行安排落实建筑垃圾堆放、消纳场地的，应当符合如下条件：

（一）集体土地所有人、国有土地使用人同意堆放消纳的意见；

（二）土地所有人、使用人需要堆放建

筑垃圾的理由合理正当，且有消纳处置的保证措施；

（三）场地应当具备本办法第二十一条规定的市容环境卫生条件；

（四）堆土高于道路路面的应当设有围墙等封闭设施，但堆土不得高于围墙高度；

（五）建筑垃圾堆放、消纳场地有管理人员和日常管理措施；

（六）法律规定的其他应符合的条件。

第二十三条 建筑垃圾消纳场管理应当做到：

（一）不得收纳工业垃圾、生活垃圾和有毒有害垃圾；

（二）保护场内设施完好，环境整洁；

（三）建筑垃圾、工程渣土分类堆放。

第二十四条 建筑垃圾运输车辆应当符合下列条件：

（一）车辆必须具有全密闭运输机械装置或密闭苫盖装置，出厂后改装加盖的车辆必须取得车辆安全性能检测检验合格证书和牌证审核，并办理行驶证变更手续；

（二）车辆牌照、驾驶证、行驶证、营运证等证照齐全、合法、有效；

（三）保险符合规定；

（四）安装行驶记录仪（GPS 装置），并接入数字城管；

（五）机动三轮车、人力车、拖拉机、农用车和畜力车等不得从事建筑垃圾运输。

第二十五条 建筑垃圾堆放、消纳作业期间，堆放、消纳单位和个人应落实管理人员，维护现场环境卫生。作业完工七日内，应及时清理残土废渣，保持现场环境卫生整洁。

第二十六条 产生建筑垃圾的单位和个人应当将建筑垃圾交由处置核准的单位运输、处置。

严禁将建筑垃圾交给个人或无处置资格的单位运输，严禁个人承接建筑垃圾处置、运输业务。

第二十七条 处置、运输建筑垃圾的单位应当执行下列管理制度：

（一）指定专人负责建筑垃圾管理，运输车辆每季保养一次，每年年审一次，确保车辆安全、无隐患。

（二）落实驾驶员培训教育管理制度，确保安全行车、依规行驶。

（三）持有建筑垃圾处置证方可运输和处置。

（四）建筑垃圾运输车辆出运前，驾驶员应当检查、落实的措施：

1. 装载符合规定，不超高、超载；

2. 密闭到位，无飞扬、遗洒、抛落隐患；

3. 车辆、轮胎冲洗干净，不带泥上路，污染路面；

4. 行驶和装卸记录仪（GPS）同时启用；

5. 随带建筑垃圾运输记录卡。检查情况作出记录，交由场地管理员签字确认。

（五）运输建筑垃圾应当遵守如下规定：

1. 驾驶员应当严格按照规定行驶路线、规定时间行驶，不得超速和违规行驶；

2. 驾驶员在车辆行驶途中应当注意观察装载密闭措施，确保行驶途中密闭到位；

3. 严格按照处置证规定的地点和建筑垃圾处置场指定点倾倒，不得在道路、桥梁、河边、沟渠、绿化带等公共场所及其他非指定的场地倾倒建筑垃圾；

4. 建筑垃圾倾倒完毕后，车辆离开处置场必须净车辆上路，不得泥车污染路面，并由处置场管理员在建筑垃圾运输记录卡上确认签字。

（六）运输结束后，车辆应当进场入库管理，不得违法占道停车。

（七）严禁出借、出租、转让和倒卖或使用无效的建筑垃圾准运证、处置证。

（八）自觉遵守建筑垃圾管理规定，服从城管、建设、公安、交通等部门的监督和管理。

第五章 收费方式

第二十八条 建筑垃圾管理实行“谁产生、谁负责”的有偿服务原则。消纳场的设置需经市建筑垃圾管理处的审批核准后方可运行，其建设实行“政府投资实行收支平衡”和“民间投资谁投资谁收益”的原则。

建筑垃圾处置按规定实行收费管理制度。建筑垃圾处置的费用由建筑垃圾堆放、消纳场的处置费用和建筑垃圾运输费用构成。处置费由政府物价部门按价格有关规定核定，建筑垃圾消纳场的管理单位按照市物价部门核定的标准收取处置费（包括自行落实处置场的调剂费）。

运输费用即建筑垃圾自产出地运输至建筑垃圾堆放、消纳场的运输费用实行市场定价，由产生单位与运输单位协商确定。工程渣土的计算标准应依据建设部《城市建筑垃圾管理规定》、建设部与国家质量监督检验检疫总局联合发布的《建设工程工程量清单计价规范》等规定执行。

第二十九条 对在本市范围内出运（消纳）建筑垃圾的单位或个人，统一由市级建筑垃圾管理部门依据市物价部门核定的收费标准收取建筑垃圾处置费（调剂费），各镇（街道、开发区、景区）建筑垃圾专门机构配合做好代收费工作，处置费用统一存入市建筑垃圾管理领导小组专用账户，并由市建筑垃圾管理处开具专用发票。市建筑垃圾管理处将收取的建筑垃圾调剂费在扣除测量、税费等直接成本支出后，按半年结算一次的方式全额返回属地专门机构。

第六章 监管考核

第三十条 市建筑垃圾管理工作领导小组办公室定期组织对全市各镇（街道、开发区、景区）的运输企业、消纳场规范建设与管理、日常运行与清理情况、建筑垃圾消纳处置、乱堆乱倒等情况进行检查考核。

第三十一条 各镇（街道、开发区、景区）建筑垃圾专门机构负责定期对本辖区内的消纳场建设与规范化管理、日常运行与清理情况、村（社区）对建筑垃圾管理工作的落实情况等进行检查考核。检查考核情况及时归档，并报市建筑垃圾管理工作领导小组办公室备案。

第三十二条 村（社区）负责对本村（社区）辖区内堆放点的日常管理，及时发现在本辖区内未经批准的建筑垃圾消纳、运输行为，并向属地专管机构报告。

第三十三条 市建筑垃圾管理工作领导小组办公室应将年度考核结果报市考评办，由市考评办将考核结果纳入部门年度目标责任制考核。

第三十四条 全市各级建筑垃圾管理工作考核办法另行制订。

第七章 附 则

第三十五条 本办法由海宁市建筑垃圾管理工作领导小组办公室负责解释。

第三十六条 本办法自公布之日起执行。

第三十七条 原海政办发〔2010〕69号文件自本办法公布之日起废止。

海宁市国有土地上房屋征收听证规定

海政办发〔2013〕30号

第一条 为规范国有土地上房屋征收与补偿听证工作，维护当事人的合法权益，根据《国有土地上房屋征收与补偿条例》《海宁市国有土地上房屋征收与补偿暂行办法》的有关规定，制定本规定。

第二条 在海宁市因旧城区改建需要征收房屋的，半数以上被征收人认为征收补偿方案不符合《国有土地上房屋征收与补偿条例》和《海宁市国有土地上房屋征收与补偿暂行办法》的规定，市人民政府组织听证的，适用本规定。

第三条 组织听证应当遵循合法、公开、公平、公正的原则。

除涉及国家秘密、商业秘密或者个人隐私外，听证应当公开举行。

听证会应保证参加人员陈述、质证、申辩的权力，充分听取意见建议。

第四条 市政府法制办受市人民政府委托承担房屋征收补偿方案听证的具体工作。

市房屋征收办和征收实施单位及其他有关单位协助做好房屋征收补偿方案听证相关工作。

第五条 听证参加人一般包括拟定征收补偿方案的工作人员、被征收人（听证代表人）和公众代表。公众代表应不少于3人。市人民政府应邀请人大代表、政协委员及社区干部等代表作为公众代表参加听证。

第六条 市政府法制办应当在听证会举行之日的10个工作日前，在征收现场及市政府门户网站上公布听证会的时间、地点、听证事由、听证主持人、听证员、书记员等事项。

第七条 被征收人应在听证会举行之日的7个工作日前，携带房屋所有权证、身份证明等有效凭证报名参加听证，逾期未报名参加听证的，视为放弃听证的权利。报名参加听证的被征收人超过5名时，应当推举听证代表人参加听证会。听证代表人由报名参加听证会的被征收人担任。听证代表人不得超过5名。

听证代表人一般由被征收人自行推选产生。无法推选代表的，由报名参加听证的被征收人投票，按得票高低确定听证代表人，如票数相等，不能选定听证代表人时，由市政府法制办在票数相等的人员中指定；或者由市政府法制办按照受理申请的先后顺序和广泛性、代表性原则，确定5名参加听证的代表。

第八条 市政府法制办应在举行听证会5日前，向听证参加人送达《听证通知书》。《听证通知书》应当载明下列事项：

（一）听证参加人姓名或者名称；

（二）听证主持人、听证员、书记员姓名、单位和职务；

（三）听证的事由与依据；

（四）听证时间和地点；

（五）听证参加人的权利与义务；

（六）缺席听证法律后果；

（七）其他应当载明的事项。

第九条 听证参加人应当携带《听证通知书》和本人有效身份证明入场。当事人委托代理人的，应当提交由委托人签名或盖章的授权委托书以及代理人有效身份证明。授权委托书应当载明委托事项和具体权限等。

第十条 听证组织一般由听证主持人、听证员、书记员组成，人员由市政府法制办指定。

听证会一般设听证主持人1人，听证员

2 人，书记员 1 人。

第十一条 听证主持人、听证员、书记员与听证事项有直接利害关系的，应主动申请回避。听证参加人认为听证主持人、听证员、书记员与听证事项有直接利害关系的，可以在听证会举行之日的 2 个工作日前提出书面申请，要求相关人员回避，并说明理由。

第十二条 听证参加人应当遵守听证纪律，围绕听证内容陈述意见，不得发表与听证内容无关的意见或进行人身攻击、散布不当言论，扰乱听证秩序。旁听人员不得发言或做出扰乱听证秩序的行为。未经主持人同意，不得摄像、录音或使用网络传输设备。

听证主持人可以对违反听证纪律的听证参加人和旁听人员予以警告或采取制止措施，情节严重的可以责令其退出听证场所。

第十三条 听证主持人应当具备下列条件：

（一）具有主持听证的能力；

（二）熟悉相关法律知识；

（三）公道正派，秉公办事；

（四）法律、法规、规章规定的其他条件。

第十四条 听证按下列程序进行：

（一）听证主持人介绍本人、听证员及书记员姓名、单位和职务，核对听证参加人身份，宣布听证注意事项，告知听证参加人的权利和义务；

（二）询问听证参加人是否申请听证主持人、听证员、书记员回避。申请回避的，听证主持人应当宣布听证暂停，并报组织听证的市政府法制办负责人决定是否回避；

（三）听证参加人提出意见、证据和理由；

（四）听证主持人、听证员就有关问题进行询问、调查；

（五）听证参加人作最后陈述；

（六）听证主持人宣布听证结束。

第十五条 书记员应当对举行听证的过程和内容如实记录，制作听证笔录，并载明下列事项：

（一）听证事由；

（二）听证时间、地点；

（三）听证参加人的姓名或者名称、法定代表人姓名、委托代理人姓名；

（四）听证主持人、听证员、书记员的姓名；

（五）听证参加人发表的意见和理由；

（六）其他需要载明的事项。

听证笔录应交听证参加人确认无误后签字或者盖章。听证参加人拒绝签字或者盖章的，由听证员在听证笔录上载明情况，并由两人以上在场的工作人员签字证实。

第十六条 听证结束后，听证员应根据听证会上的意见和建议进行整理，于 5 个工作日内出具听证报告连同听证笔录提交给市政府法制办。听证报告应当载明下列内容：

（一）听证事项；

（二）听证时间、地点和听证参加人基本情况；

（三）听证参加人意见以及提供的有关证据；

（四）听证组织的意见。

第十七条 市房屋征收办根据市政府法制办听证结论提出征收补偿方案修改意见并上报市人民政府，由市人民政府作出结论并公布。

第十八条 被征收人不报名参加听证、被征收人（听证代表）、委托代理人或公众代表无故缺席或者在听证过程中擅自退出听证的，视为放弃听证权利，不影响听证的进行。

第十九条 国家法律法规对国有土地上房屋征收听证另有规定的，从其规定。

第二十条 本规定自发布之日起施行。

第二十一条 本规定由市政府法制办负责解释。

海宁市人才公寓租住管理暂行办法

海政办发〔2013〕8号

为进一步营造良好的人才安居环境，充分发挥政府人才公寓的积极作用，鼓励各类人才来我市创业创新，根据《中共海宁市委 海宁市人民政府关于加快引进培养创新型人才推动创新发展的政策意见》（海委发〔2009〕45号）文件精神，特制定本办法。

第一条 租住管理原则

人才公寓作为人才的周转住房，按照"政府主导，只租不售，周转使用"的原则，面向全市各类企事业单位，重点解决企业人才住房困难问题。

第二条 租住对象条件

（一）在本市企业单位工作的国内外引进人才，同时符合下列各项条件的，可申请租住人才公寓：

1. 在我市依法登记设立的注册纳税企业单位工作；

2. 具有国家承认的本科及以上学历，或取得中级及以上专业技术职务任职资格人员（含技师以上的技能人才）；

3. 已在市人才市场管理办公室办理录用或调入手续，并办理人事档案代理；

4. 已与用人单位签订一年及以上劳动（聘用）合同，并按规定在本市缴纳社会保险费；

5. 在市区（建城区）无住房。

（二）在我市事业单位工作，具有硕士研究生及以上学历，在市区（建城区）无住房；与用人单位签订聘用（劳动）合同，并按规定在本市缴纳社会保险费。

（三）在我市依法登记设立的注册纳税企业或事业单位工作的，且在市区（建城区）无住房，并符合下列条件之一的，可优先入住：

1. 享受政府特殊津贴，或入选省"151"人才工程、入选省级及以上"千人计划"的，获得地（市）级以上有突出贡献的优秀人才、中青年专家、学术技术带头人等荣誉称号；

2. 我市重点发展的新兴产业企业引进的具有硕士研究生及以上学历、副高及以上职称或高级技师资格的高技能人才；

3. 落户我市的创业创新领军人才及其团队核心成员、重点创新团队核心成员；

4. 根据《关于推动教育卫生文化体育等社会事业转型发展的若干政策意见》有关规定，教育、卫生、文化、体育等领域引进的高素质人才；

5. 市委人才工作领导小组办公室研究批准的其他人才。

第三条 申请租住程序

（一）符合租住条件的承租人，凭下列有关材料向用人单位提出申请，经所在的镇（街道、开发区）或主管部门负责初审，由用人单位每年一次上报至市人力资源和社会保障局进行审核。对于引进的高层次人才，视具体情况，可随时提出申请。

1.《海宁市人才公寓租住申请审批表》；

2. 用人单位营业执照或法人登记原件及复印件；

3. 申请人员学历（职称）证书、有效身份证件、聘用合同或劳动合同、人事代理合同、社会保险缴费证明、住房状况证明及其他相关证明材料的原件、复印件。

（二）经市人力资源和社会保障局核准，

市社发集团根据租住人条件、房源情况及登记顺序统筹安排人才公寓，与用人单位、承租人三方签订《海宁市人才公寓租住协议》。

（三）签约租期为一至三年不等，租赁协议采取一年一签，累计租期一般不超过三年。签约期满后如确实需要续租的，承租人须重新向用人单位提出申请，经人力资源和社会保障局核准，符合条件的可续签租赁协议。

（四）用人单位或承租人缴纳一定数额的履约保证金后，由市社发集团发放入住通知书，并办理入住手续。

（五）租金由承租人或用人单位支付，支付办法在租赁协议中明确，承租人员须按有关租赁协议及时缴纳水、电、物业管理等费用。

第四条　租住标准及租金标准

（一）人才公寓每套限居住1人。

（二）租金基准价。人才公寓租金基准价实行政府指导价，市社发集团参照市区（建城区）当年市场租金水平确定租金基准价，基准价一年一定，并报市价格主管部门核准后公布。

（三）租金优惠。承租人第一年租金标准按照当年基准价给予40%的优惠，第二年租金标准按照当年基准价给予20%的优惠，第三年租金按照当年基准价标准给予10%的优惠。

（四）超期租金。超过签约租期，租金标准按高于当年基准价标准100%原则确定。

第五条　监督管理

人才公寓承租人应按照租赁协议的约定合理使用住房，不享有人才公寓住房收益权、处分权、占有权，不得出借、转租、闲置或从事其他经营活动。承租人有下列情况之一者，停止租住：

（一）以弄虚作假或其他不正当手段取得人才公寓租住权的；

（二）转租、转借或改变住房用途的，或无正当理由连续6个月未居住，或在规定期限内不缴纳租金的；

（三）承租人由单位、个人或其他方法解决了住房的；

（四）调离本市或辞职、辞退、自动离职满一个月后未在本市重新就业的，或在本市变动工作后三个月内未重新办理租住手续的；

（五）严重违反人才公寓管理秩序，影响他人正常生活的；

（六）租赁协议到期的；

（七）其他根据租赁协议的约定应当停止租住的。

有前款（一）行为的，即解除租赁协议，责令其退还所租住房，按人才公寓租金基准价补交房租，并永久性取消其申请租住人才公寓的资格。

有前款（二）行为的，即解除租赁协议，责令其退还所租住房，按人才公寓租金基准价补交房租，并取消其5年内申请租住人才公寓的资格。

承租人应自接到停止租住通知后15日内搬离人才公寓，逾期未搬离的，从停止租赁通知之日起收取双倍租金。承租人拒不搬离的，市社发集团可依法申请人民法院强制执行。

对承租人所在单位违反租赁协议内容的、或不能积极做好人才公寓租住管理相关配合工作等情况，可取消该单位人员下一年度新申报租住人才公寓资格。

第六条　职责分工

市委人才工作领导小组负责人才公寓的使用分配和相关规范化管理政策的制定实施；市人力资源和社会保障局负责受理人才公寓入住对象的申请、条件认定、审批及与相关部门的协调联系工作；市发改局负责对本办法规定的重点发展的相关新兴产业企业的认定工作；市房地产管理部门负责对本办法规定的市区（建城区）有无住房的认定工作；市社发集团负责人才公寓的资产管理、人才公寓的日常管理（包括物业管理、安全保卫、卫生保洁、绿化维护及其他服务工作）、租赁协议的签订、办理入住（退租）手续、租金收取等相关工作。

第七条 其他管理事项

（一）用人单位应将承租人聘用变动情况在 15 天内向市人力资源和社会保障局书面报告；

（二）市社发集团应将承租人员居住情况每季度向市人力资源和社会保障局备案一次；

（三）市委人才工作领导小组办公室定期对人才公寓的租住管理情况进行监督检查。

第八条 本办法由市人力资源和社会保障局负责解释。

第九条 本办法自发布之日起实施。

海宁市涉及审批的社会中介机构管理办法（试行）

海政办发〔2013〕267 号

为加强我市涉及行政审批及服务（以下简称“审批”）事项的中介服务监管，逐步形成公开公平、竞争有序、收费合理、服务高效的中介服务市场秩序，保障社会公共利益、委托人和社会中介机构的合法权益，根据国家相关法律、法规和《浙江省社会中介机构管理办法》等规定，结合我市行政审批制度改革工作要求，特制定本办法。

第一章 总 则

第一条 本办法适用于在海宁市行政区域内为事项审批提供关联中介服务的各类社会中介机构及其从业人员。

社会中介机构是指依法登记成立，运用专业知识和技能，按照一定的业务规则或程序向委托人提供有偿的市场中介服务，并承担相应责任的法人和其他组织。

第二条 坚持“非禁即入”的社会中介服务市场准入原则，除涉及国家机密、公共安全等重要领域外，所有具备相关资质的涉及审批的社会中介机构可以进入海宁市从事相应的执业活动。

第三条 没有法律、法规、规章依据设定的涉及审批的中介服务事项一律取消；行政审批部门职责范围内应办理的事项，不得由申请人委托社会中介机构办理；能通过事后监管等方式解决的，不得设置社会中介服务条件。

第二章 部门职责

第四条 市监察局抓好统筹协调全市涉及审批的社会中介服务各项工作，认真履行行政监察法赋予的职责，加强各相关职能部门的履职监督检查。

第五条 市社会中介监管服务中心负责指导行业主管部门建立并实施涉及审批的中介服务组织失信惩戒、自律保障等制度。建立实体与网络相结合的社会中介服务平台，对进入海宁市开展业务的社会中介机构开展备案登记。

运用独立的、非营利的第三方测评机构或其他社会力量开展中介服务测评。会同行业主管部门和中介服务成果认定部门实施对社会中介组织年度考评工作，年度考评结果通过市社会中介服务平台、市政府网站或本市影响较大的报刊公布。

第六条 市行政审批制度改革领导小组办公室负责编制本级涉及审批的中介服务项目目录、范围和内容，报市政府审定后向社会公布，并开展新增的涉及审批中介服务事项的审核。

第七条 市物价局负责规范和监督社会中介机构收费行为。按照公布的涉及审批的中介服务项目，根据行业竞争情况，分别制定并公布政府指导价、政府定价、市场调节价的项目目录。

第八条 市法制办负责审核涉及审批社会中介机构管理相关政策。

第九条 市编委办、市民政局、市工商局负责涉及审批的社会中介机构注册登记有关管理工作。

市民政局负责社会中介类行业协会的培育和发展。

第十条 行业主管部门建立并实施涉及审批的社会中介组织失信惩戒和自律保障等制度，并加强日常监督管理，配合市社会中介监管服务中心做好社会中介组织的年终考评工作。

按照政府引导、社会参与、独立运作的要求，建立科学合理的包括评估内容（服务项目、服务时间、服务收费、服务质量和服务效率等）、评估标准、评估程序等在内的考评体系，加强对社会中介组织的等级管理制度建设，通过实行级别评价、考评公示、奖优惩劣等制度，建立日常考评管理机制。

行业主管部门应根据本行业社会中介机构发展情况，积极引导社会中介组织在各自的领域内成立行业协会，培育行业协会逐渐成为行业管理、行业自律和行业规范的主体。

第十一条 中介服务成果认定部门对凡未纳入市政府公布目录的中介服务事项，一律不准作为事项审批的条件；按照法律法规规定新增的涉及审批中介服务事项，应报市行政审批制度改革领导小组审核。

中介服务成果认定部门应制定有关中介服务成果认定管理办法，并报市社会中介监管服务中心备案。对未经市社会中介监管服务中心备案登记承揽业务的社会中介机构，其中介服务成果认定的办理可以在完成相应的备案手续后启动。

中介服务成果认定部门对中介成果进行形式审查，实行“先批后审”，并建立包括复审、确认、中止、撤销、考核、处罚等内容的形式审查配套监督机制。

对投资项目施工图审查等涉及多部门、多环节审查的中介服务，行政审批部门要探索建立统一的综合性审查平台，统一监管标准，将多道分散的审查环节整合为综合性审查，专业审批改为形式审查或备案制。

行政审批部门要探索建立区域性评估等中介服务方式，相近中介服务事项和同一区域相同中介服务事项实行一次评估，共用结果，一次收费。

第十二条 项目业主需使用政府财政资金购买涉及审批中介服务的，实行分类管理。

已进入市级中介机构入围库的中介服务事项，项目业主通过抽签、摇号排序、按号轮候或洽谈的方式选择确定相应的社会中介机构，选择结果应报行业主管部门和市公共资源交易管理委员会办公室（市行政服务中心）备案，并在相应平台进行公示。

未进入市级中介机构入围库的中介服务事项，项目业主应通过招投标等方式确定相应的社会中介机构。

第三章 统一管理

第十三条 社会中介服务事项和收费标准实行目录管理。未纳入市政府公布目录的中介服务事项，行政审批部门一律不准作为审批的条件；不属于市物价局公布的社会中介服务收费项目目录范围的，不得收取任何费用。

第十四条 凡在海宁市行政区域开展中介服务执业活动的社会中介机构及其执业人员，包括注册后发生变更、注销等变化的，应事先到市社会中介监管服务中心注册备案。社会中介机构注册备案有效期1年，经市社会中介监管服务中心年度考评合格等级以上的自动顺延1年。

经注册备案后承揽中介服务项目的办理，社会中介机构应实时抄告行业主管部门和市社会中介监管服务中心。

市社会中介监管服务中心通过市行政服务中心网站实施注册备案并统一对外公开。主要公开社会中介机构基本信息、资质等级，从业人员资格、服务范围、服务事项及承诺时限、服务流程、收费项目、收费标准及收费依据、服务规范、从业业绩及信用记录、联系电话和监督方式等内容。

市社会中介监管服务中心根据中介机构市场开放的程度、数量、性质等情况，实行分类进驻社会中介服务实体平台加强管理。

第十五条 社会中介机构入驻市社会中介服务实体平台，可以由社会中介机构直接向市社会中介监管服务中心提出申请或市行业主管部门根据年度考评结果择优推荐，报经市行政审批制度改革领导小组办公室同意。

社会中介机构属垄断行业（少于3家）必须进驻，其他社会中介机构按照“公平公开、优胜劣汰”的原则，择优选取资质高、服务优、技术强、信誉好的进驻。入驻实体平台的其他社会中介机构，纳入市行政服务中心的统一管理，并根据年度考评结果实行淘汰退出机制。

第十六条 社会中介机构提供中介服务（除即时清结及简单的中介业务外）应当依法与委托人签订合同，保存相应的执业记录，内容包括委托事项、委托人的具体要求、收费标准及支付方式、履行合同应当遵守的业务规范的有关要求、委托事项的履行情况等。

第十七条 行政机关工作人员不得在社会中介组织任职、兼职，社会中介组织不得聘用与原工作业务直接相关的离职或退休3年内的行政机关工作人员。

第四章 行业自律

第十八条 社会中介机构及其从业人员按照“独立自律、公正高效、公平竞争、诚信守法”的原则，依法开展中介业务，对其成果的合法性作出承诺，并承担相应责任。

社会中介机构应建立科学的运行机制，加强内部管理，优化和提高治理结构和治理水平，增强自律管理的能力。

第十九条 社会中介机构应建立并严格执行服务承诺、执业公示、一次性告知、合同管理、依规收费、执业记录等中介服务制度，提高服务效率和服务质量。

第二十条 行业协会要以国家法律法规和政策为依据，制定并实施本行业职业准则，规范竞争行为、执业规范和奖惩规则；协调本行业事务，组织开展监督检查工作，实行同行业职业自律；组织从业人员的业务培训和职业道德教育。

按照政社分开的原则，行业协会在职能、人员、财务、机构等方面与行业主管部门分离，实行协会自我运作、自我决策、自聘人员、自理会务。

倡导进入海宁市中介服务行业的中介机构加入本行业协会组织，接受行业协会的监管，行业协会逐步实施会员制度。未建立行业协会的由行业主管部门承担行业协会相应职责。

第二十一条 社会中介机构及其执业人员应遵守业务规则和职业道德，提供的信息、资料及出具的书面报告应当真实、合法；还应及时如实地告知委托人应当知道的信息，对执业中知悉的商业秘密及其他秘密事项予以保密，如期完成委托合同及业务规范规定的其他事项。

第五章　监管责任

第二十二条　社会中介服务事项和收费标准实行目录管理。未纳入市政府公布目录的中介服务事项，行政审批部门一律不准作为审批的前置条件；不属于市物价局公布的社会中介服务收费项目目录范围的，不得收取任何费用。

市社会中介监管服务中心设立受理举报、投诉热线，社会中介机构登记管理部门及行业主管部门应及时反馈处理意见。

第二十三条　社会中介机构及其执业人员违反有关法律、法规、规章和规范性文件规定从事中介业务活动，给委托人或他人合法权益造成损害的，应依法承担相应责任。

行业协会对违规的社会中介组织或执业人员进行业内处理，涉嫌违反有关法律、法规、规章和相关监管制度的，上报建议登记管理部门及行业主管部门查处。

社会中介成果实行“谁采信，谁负责”原则，中介服务成果认定部门采用未经市社会中介监管服务中心备案、明显违法、已被行政执法部门或司法机关认定有严重违规或违法的中介服务成果的，应当依法承担相应的责任。

第二十四条　市行政审批制度改革领导小组办公室协调市编委办、市监察局、市民政局、市财政局（地税局）、市工商局、市物价局、市社会中介监管服务中心等相关部门组成联合检查小组，每年对社会中介机构的执业自律，业务办理、内部管理等运作情况进行综合检查，对检查发现的违规违法行为由相应行政执法部门依法作出处理，市社会中介监管服务中心将检查情况和处理结果记录存档。

第二十五条　社会中介机构连续两次年终考评不合格，或2年内累计两次被行政执法部门或司法机关认定有严重违法违规中介服务行为的，或执业活动中累计两次超期办结、服务质量不符合基本要求、超范围和标准收费的，市社会中介监管服务中心应不予备案或从备案库中移除。

需要再次申请备案的社会中介机构，间隔时间不少于1年，并另行提供相应的整改举措和服务承诺保证。

第六章　附　　则

第二十六条　法律、法规、规章对社会中介机构管理另有规定的，从其规定。

第二十七条　本办法自2013年11月28日起执行。

（朱振宇）

文 件 目 录

表 83　　中国共产党海宁市委员会 2013 年文件目录（一）

海委文号	日 期	题 名
2 号	1 月 18 日	关于同意市人大常委会 2013 年工作要点的批复
5 号	2 月 1 日	关于同意市科学技术协会七届十三次常委会选举结果的批复
6 号	2 月 7 日	关于同意市文联七届八次全委会选举结果的批复
10 号	4 月 8 日	关于同意召开海宁市文联第八次代表大会的批复
11 号	5 月 15 日	关于同意建立中共海宁蒙努集团有限公司委员会的批复
12 号	5 月 23 日	关于同意对王俊曙同志予以党纪立案的批复
14 号	5 月 31 日	关于同意市工商联九届三次执委会选举结果的批复
15 号	5 月 31 日	关于同意召开海宁市科学技术协会第八次代表大会的批复
16 号	6 月 9 日	关于同意市侨联六届九次全委会选举结果的批复
17 号	6 月 27 日	关于同意海宁市第八届文联委员会候选人建议人选的批复
18 号	7 月 2 日	批转《中共海宁市人大常委会党组关于进一步发挥市人民代表大会代表作用的若干意见》的通知
19 号	7 月 15 日	关于同意海宁市文联第八次代表大会选举结果的批复
20 号	8 月 6 日	关于同意海宁市科学技术协会第八届委员会委员、常委、主席、副主席候选人建议人选的批复
21 号	8 月 7 日	关于同意召开海宁市第十六次妇女代表大会的批复
23 号	8 月 19 日	关于同意召开海宁市第十次少代会的批复
24 号	8 月 30 日	关于同意召开海宁市工会第十六次代表大会的批复
25 号	9 月 10 日	关于同意建立中共硖石街道新华社区委员会、中共硖石街道农丰社区委员会的批复
26 号	9 月 25 日	关于中国少年先锋队海宁市第十届工作委员会候选人建议人选的批复
27 号	10 月 22 日	关于海宁市科协第八次代表大会选举结果的批复
28 号	11 月 13 日	关于同意海宁市妇联第十六届执行委员会主席、副主席候选人建议人选的批复
29 号	11 月 18 日	关于同意建立中共海洲街道成园社区委员会等四个党委的批复
30 号	11 月 27 日	关于同意建立中共长安镇（高新区）虹桥社区委员会、中共长安镇（高新区）修川社区委员会的批复
32 号	12 月 4 日	关于同意召开海宁市第十四届人民代表大会第三次会议的批复
33 号	12 月 5 日	关于同意召开中国人民政治协商会议海宁市第十二届委员会第三次会议的批复
34 号	12 月 6 日	关于同意海宁市总工会第十六届委员会主席、副主席和经费审查委员会主任候选人建议人选的批复
35 号	12 月 6 日	关于同意海宁市妇联第十六次代表大会选举结果的批复

表 84　中国共产党海宁市委员会 2013 年文件目录（二）

海委发文号	日 期	题 名
1 号	1 月 8 日	印发《关于进一步改进工作作风的规定》的通知
2 号	1 月 23 日	关于表彰基层民兵预备役建设先进单位、先进个人、武装工作标兵和优秀民兵连长的通报
4 号	1 月 31 日	关于表彰 2012 年度信访和市长电话工作先进集体和先进个人的决定
5 号	2 月 7 日	关于表彰第二届“十佳优秀科（室）长”的决定
6 号	2 月 7 日	关于表彰海宁市五（吾）带头潮乡群英榜先进集体和优秀个人的决定
7 号	2 月 8 日	中共海宁市委、海宁市人民政府关于表彰 2012 年度先进集体和先进个人的决定
8 号	2 月 16 日	关于命名表彰海宁市级文明单位、文明村镇、文明社区、文明行业的决定
9 号	3 月 12 日	关于进一步完善招商工作（支持浙商创业创新）体制机制的意见
10 号	3 月 20 日	中共海宁市委、海宁市人民政府关于推进文化强市建设的若干政策意见
11 号	4 月 26 日	关于表彰 2012 年度法治平安综治维稳工作先进集体和个人的决定
12 号	5 月 2 日	关于命名表彰 2012 年度平安村（社区）的决定
13 号	6 月 18 日	关于促进生猪养殖业转型发展的实施意见
14 号	7 月 2 日	关于印发《海宁市破格提拔科（局）级领导干部暂行办法》的通知
15 号	7 月 4 日	关于开展以中国梦为主题的中国特色社会主义宣传教育活动的实施意见
16 号	7 月 9 日	关于印发《海宁市科（局）级领导干部动态管理办法（试行）》的通知
17 号	7 月 26 日	关于建设廉洁海宁的决定
18 号	7 月 26 日	关于开展市域三级权力公开透明运行工作的实施方案
19 号	7 月 27 日	关于全面开展星级美丽乡村创建的决定
20 号	8 月 22 日	印发《关于贯彻中国共产党党和国家机关基层组织工作条例的实施办法》的通知
21 号	9 月 1 日	关于给予封叙坤等同志奖励的决定
22 号	9 月 4 日	关于成立市委党的群众路线教育实践活动领导小组的通知
23 号	9 月 5 日	关于成立全市村级组织换届工作领导小组的通知
24 号	9 月 12 日	关于调整部分市委常委分工的通知
25 号	9 月 17 日	关于印发《开展党的群众路线教育实践“学习先行、立查立改”工作方案》《市委常委会带头开展党的群众路线教育实践“学习先行、立查立改”工作方案》的通知
26 号	10 月 7 日	关于构筑城乡防控一体化“七张网”深化“平安海宁”建设的实施意见
27 号	10 月 22 日	关于印发《海宁市行政审批制度改革实施意见》的通知
28 号	11 月 13 日	关于认真做好村级组织换届工作的意见
29 号	12 月 11 日	关于建立镇（街道）党委政法委员会的实施意见
30 号	12 月 15 日	关于成立海宁市全面深化改革工作领导小组的通知

（章家凤）

表 85 海宁市人民代表大会常务委员会 2013 年文件目录（一）

海人大文号	日 期	题 名
1 号	1 月 28 日	海宁市人大常委会 2013 年工作要点
2 号	2 月 5 日	关于交办市十四届人大二次会议代表建议的意见
3 号	1 月 5 日	关于表彰市十四届人大一次会议代表优秀议案、建议的决定
4 号	1 月 5 日	关于表彰 2012 年度先进市人大代表小组和代表履职积极分子的决定
5 号	2 月 5 日	海宁市人民代表大会常务委员会关于同意将城市规划馆、新博物馆综合体项目增列 2013 年政府投资项目计划的决议
6 号	2 月 5 日	海宁市人民代表大会常务委员会关于同意将城投总部大楼（总部经济区块综合用房）项目增列 2013 年政府投资项目计划的决议
7 号	3 月 20 日	海宁市第十四届人民代表大会第二次会议代表关于审议市人民政府工作的意见汇总
8 号	3 月 28 日	海宁市人民代表大会常务委员会关于授予李静同志“海宁市荣誉市民”称号的决定
9 号	5 月 31 日	海宁市人民代表大会常务委员会关于同意浙江大学国际校区建设项目的决定
10 号	5 月 31 日	海宁市人民代表大会常务委员会关于接受潘建华辞去海宁市第十四届人民代表大会常务委员会委员职务的决定
11 号	8 月 1 日	海宁市人民代表大会常务委员会关于许可对市人大代表张建平采取行政拘留措施的决定
12 号	8 月 2 日	海宁市人民代表大会常务委员会关于批准海宁市 2012 年财政决算的决议
13 号	8 月 5 日	关于开展先进代表小组和代表履职积极分子评选活动的通知
14 号	8 月 5 日	关于评选市十四届人大二次会议代表优秀议案建议的通知
15 号	9 月 27 日	海宁市人民代表大会常务委员会关于接受卜娟萍等辞去海宁市第十四届人民代表大会代表职务的决定
16 号	12 月 3 日	海宁市第十四届人民代表大会常务委员会公告
17 号	12 月 3 日	海宁市人民代表大会常务委员会关于接受潘建华辞去海宁市第十四届人民代表大会代表职务的决定
18 号	12 月 3 日	海宁市人民代表大会常务委员会任免国家机关工作人员办法
19 号	12 月 3 日	海宁市人民代表大会常务委员会关于法官、检察官法律职务任职资格审查的办法
20 号	12 月 3 日	海宁市人民代表大会常务委员会关于人民陪审员制度的若干规定
21 号	12 月 3 日	海宁市人民代表大会常务委员会规范性文件备案审查办法
22 号	12 月 3 日	海宁市人民代表大会常务委员会关于修改《海宁市人民代表大会常务委员会规范性文件备案审查办法》等制度的决定
23 号	12 月 4 日	海宁市人民代表大会常务委员会关于调整海宁市 2013 年财政支出预算的决议
24 号	12 月 4 日	海宁市人民代表大会常务委员会关于调整 2013 年海宁市国民经济和社会发展计划中部分政府投资项目计划的决议

续表 85

海人大文号	日　期	题　　名
25 号	12 月 10 日	海宁市人民代表大会常务委员会关于召开海宁市第十四届人民代表大会第三次会议的决定
26 号	12 月 11 日	关于调整市人大代表小组组长的通知
27 号	12 月 18 日	海宁市人大常委会关于要求进一步拓宽“浙江人大代表履职服务平台”功能的请示
28 号	12 月 28 日	关于表彰 2013 年度先进市人大代表小组和代表履职积极分子的决定
29 号	12 月 28 日	关于表彰市十四届人大二次会议代表优秀议案、建议的决定
30 号	12 月 31 日	海宁市人大常委会 2013 年工作总结

表 86　　海宁市人民代表大会常务委员会 2013 年文件目录（二）

海人大干文号	日　期	题　　名
1 号	1 月 8 日	关于顾照荣等职务任免的通知
2 号	2 月 5 日	关于汪国锋等职务任免的通知
3 号	3 月 28 日	关于旦正措免职的通知
4 号	5 月 31 日	关于姚卫东任职的通知
5 号	5 月 31 日	关于吴一平等职务任免的通知
6 号	5 月 31 日	关于孙才华等免职的通知
7 号	8 月 1 日	关于方芳任职的通知
8 号	8 月 2 日	关于张群和等职务任免的通知
9 号	9 月 27 日	关于韩振宇等职务任免的通知
10 号	9 月 27 日	关于茅益东等职务任免的通知
11 号	9 月 27 日	关于王关章等任职的通知

表 87　　海宁市人民代表大会常务委员会 2013 年文件目录（三）

海人大发文号	日　期	题　　名
1 号	1 月 5 日	关于对市科技局工作的评议意见
2 号	1 月 7 日	关于对市工商局工作的评议意见
3 号	1 月 7 日	关于对市水利局工作的评议意见
4 号	3 月 17 日	海宁市第十四届人民代表大会第二次会议代表关于审议市人民法院工作的意见汇总
5 号	3 月 17 日	海宁市第十四届人民代表大会第二次会议代表关于审议市人民检察院工作的意见汇总

续表 87

海人大发文号	日　期	题　　名
6号	4月7日	关于市人民检察院职务犯罪预防和查处工作情况报告的审议意见
7号	5月3日	关于全市安全生产网格化管理工作的视察意见
8号	5月24日	关于流动人口计划生育工作条例贯彻实施情况的视察意见
9号	6月13日	关于医药卫生体制改革情况的审议意见
10号	6月24日	关于城乡防控一体化建设情况的视察意见
11号	6月25日	关于创建浙江省文明市工作的视察意见
12号	7月4日	关于土地复垦和闲置土地处置情况的视察意见
13号	7月23日	关于政府重大投资项目推进情况的视察意见
14号	8月2日	关于教育现代化县市创建工作的视察意见
15号	8月23日	关于市“十二五”以来饮用水水源保护情况的审议意见
16号	8月23日	关于2013年上半年全市经济社会发展情况和下半年工作安排报告的审议意见
17号	8月23日	关于2012年财政预算执行和其他财政收支情况审计工作报告的审议意见
18号	11月5日	关于优先发展城市公交决议执行情况的审议意见
19号	11月5日	关于2013年1至8月全市财政预算执行情况的审议意见
20号	11月5日	关于“十二五”重大政府投资项目及2013年度1至8月政府投资重大建设项目计划执行情况的审议意见
21号	11月21日	关于市看守所工作的视察意见
22号	11月3日	关于市十四届人大二次会议代表建议办理和市十四届人大一次会议代表建议落实情况报告的审议意见
23号	12月4日	关于海宁市“十二五”规划纲要中期执行情况的审议意见
24号	12月6日	关于加快以盐官古城为龙头的百里钱塘国际旅游长廊开发建设的决定执行情况的审议意见
25号	12月24日	关于对“十二五”以来市民政局工作的评议意见
26号	12月24日	关于对“十二五”以来市住建局工作的评议意见
27号	12月25日	关于对“十二五”以来服务业发展与粮食局工作的评议意见

（陈迎春）

表 88　　海宁市人民政府 2013 年文件目录（一）

海政文号	日　期	题　　名
1 号	1 月 7 日	海宁市人民政府关于要求列为省金融创新示范县（市、区）第二批试点的申请报告
2 号	1 月 6 日	关于提请审议顾照荣等同志职务任免的议案
3 号	1 月 9 日	海宁市人民政府关于海宁市电镀园区企业关停工作的请示
4 号	1 月 11 日	海宁市人民政府关于杭平申航道工程海宁段建设相关情况的请示
5 号	1 月 15 日	海宁市人民政府关于恳请支持环西二路跨铁路大桥工程的函
6 号	1 月 21 日	海宁市人民政府关于申请核拨江南总部基地项目省级规划预留指标和年度新增建设用地计划指标的请示
7 号	1 月 23 日	关于转报兄弟科技股份有限公司要求协调免于行政处罚的请示
8 号	1 月 28 日	海宁市人民政府关于提请审议汪国锋等职务任免的议案
9 号	2 月 1 日	海宁市人民政府关于提请城市规划馆、新博物馆综合体项目和城投总部大楼（总部经济区块综合用房）项目增列 2013 年政府投资项目计划的议案
10 号	2 月 8 日	海宁市人民政府关于提请授予李静同志“海宁市荣誉市民”称号的议案
11 号	2 月 16 日	海宁市人民政府关于海宁宏达小额贷款股份有限公司部分股权调整的请示
12 号	3 月 20 日	海宁市人民政府关于提请审议旦正措免职的议案
13 号	3 月 27 日	海宁市人民政府关于海宁市尖山新区开发有限公司发行公司债券有关问题的报告
14 号	2 月 27 日	海宁市人民政府关于海宁市尖山新区开发有限公司债券募集资金投资项目回购资金来源的报告
15 号	5 月 28 日	海宁市人民政府关于提请审议浙江大学国际校区建设项目的议案
16 号	3 月 30 日	海宁市人民政府关于海宁市尖山新区开发有限公司公司债券偿债保障措施的报告
17 号	4 月 1 日	海宁市人民政府关于要求将海宁市纳入 2013 年度省级药品安全示范市考核验收的请示
18 号	4 月 12 日	海宁市人民政府关于申报浙江省森林城市的请示
19 号	4 月 13 日	海宁市人民政府关于海宁市斜桥镇申报浙江省森林城镇的请示
20 号	4 月 16 日	海宁市人民政府关于对海宁宏达小额贷款股份有限公司 2012 年度考核评价报告
21 号	4 月 23 日	海宁市人民政府关于要求追加申报病死动物无害化集中处理厂项目的报告
22 号	4 月 17 日	海宁市人民政府关于上报海宁市 2012 年度农田水利标准化建设情况的报告
23 号	4 月 17 日	海宁市人民政府关于对海宁市嘉宝小额贷款股份有限公司 2012 年度考核评价报告
24 号	4 月 19 日	海宁市人民政府关于要求批准 500KV 海宁变电站工程建设项目用地的请示
25 号	4 月 28 日	海宁市人民政府关于许村镇长安镇（高新区）袁花镇申报嘉兴市小城市培育试点的请示
26 号	5 月 14 日	海宁市人民政府关于申报创建浙江省体育现代化县（市、区）的请示

续表 88

海政文号	日　期	题　　名
27 号	5 月 13 日	海宁市人民政府对市十四届人大常委会第七次会议关于优先发展城市公交的决议执行情况审议意见办理情况的报告
28 号	5 月 13 日	海宁市人民政府关于海宁市 2012 年度主要污染物减排工作的自查报告
29 号	5 月 15 日	海宁市人民政府关于推荐海宁市交通运输局申报创建浙江省依法行政示范单位的请示
30 号	5 月 20 日	海宁市人民政府关于要求 110KV 输变电线路潮硖 14603 线架空高压线改电缆地下铺设的报告
31 号	5 月 28 日	海宁市人民政府关于海宁市家纺产业集群创建省级产业示范基地的申请报告
32 号	5 月 28 日	海宁市人民政府关于提请审议姚卫东同志任职的议案
33 号	6 月 3 日	海宁市人民政府关于争创浙江省电子商务示范市的请示
34 号	6 月 13 日	海宁市人民政府关于申请承办亚洲轮滑锦标赛的请示
35 号	6 月 13 日	海宁市人民政府关于申请承办世界轮滑运动会的请示
36 号	6 月 18 日	海宁市人民政府关于要求对浙江盈都集团解困有关事宜给予协调的请示
37 号	6 月 19 日	海宁市人民政府关于要求调整许村镇和斜桥镇两个农村土地综合整治项目复垦区的请示
38 号	6 月 21 日	海宁市人民政府关于开展调整城镇土地使用税政策促进土地节约集约利用试点工作的请示
39 号	6 月 24 日	海宁市人民政府关于要求将“海宁皮城”国有法人股质押给中建投信托公司的请示
40 号	6 月 25 日	海宁市人民政府关于恳请浙江省人民政府支持浙江省海宁经济开发区申报国家级经济技术开发区的请示
41 号	7 月 19 日	海宁市人民政府关于恳请中国轻工业联合会共同主办 2013 中国·海宁潮国际博览会暨第二十届海宁·中国皮革博览会的请示
42 号	7 月 16 日	海宁市人民政府关于要求开展要素配置改革试点的请示
43 号	7 月 22 日	海宁市人民政府关于恳请中国国际贸易促进委员会共同主办 2013 中国·海宁潮国际博览会暨第二十届海宁·中国皮革博览会的请示
44 号	7 月 25 日	海宁市人民政府关于提请审议方芳任职的议案
45 号	8 月 1 日	海宁市人民政府关于上报海宁市工业用地绩效调查结果的报告
46 号	8 月 1 日	海宁市人民政府关于撤销 2013 年度海宁市海洲金沙碧浪休闲浴场嘉兴市级重大火灾隐患单位的请示
47 号	8 月 5 日	海宁市人民政府关于认定新一轮低收入农户和扶贫重点村的报告
48 号	8 月 5 日	海宁市人民政府关于要求将“海宁皮城”国有法人股质押给中信银行的请示
49 号	8 月 8 日	海宁市人民政府关于恳请省人民政府共同主办 2013 中国·海宁潮国际博览会暨第二十届海宁·中国皮革博览会的请示
50 号	8 月 14 日	海宁市人民政府关于海宁市尖山新区开发有限公司申请发行 15 亿元企业债券有关问题的议案

续表 88

海政文号	日 期	题 名
51 号	8 月 16 日	海宁市人民政府关于要求申报调整钱塘江海宁尖山段近岸水域环境功能区划的请示
52 号	8 月 19 日	海宁市人民政府关于要求举办第二十届中国国际钱江（海宁）观潮节的请示
53 号	8 月 21 日	海宁市人民政府对市十四届人大常委会第十二次会议关于医药卫生体制改革情况的审议意见办理情况的报告
54 号	9 月 3 日	海宁市人民政府关于申请举办 2013 中国海宁潮国际博览会暨第二十届海宁·中国皮革博览会的请示
55 号	9 月 3 日	关于邀请浙江省人民政府领导出席 2013 中国·海宁潮国际博览会暨第二十届海宁·中国皮革博览会开幕活动的请示
56 号	9 月 26 日	海宁市人民政府关于申报中欧城镇化伙伴关系合作城市暨参加中欧城市博览会的请示
57 号	10 月 10 日	海宁市人民政府关于要求在海宁设立自担风险民营银行的请示
58 号	10 月 10 日	海宁市人民政府关于要求对浙江省海宁市盐官历史文化名镇保护规划批复的请示
59 号	10 月 15 日	关于转报海宁海泰港务有限公司海宁口岸建设可行性报告的报告
60 号	10 月 18 日	海宁市人民政府关于申请对我市争创浙江省基本实现教育现代化县（市）情况进行督导评估的请示
61 号	10 月 18 日	海宁市人民政府关于要求将海宁市农村信用合作联社列入浙江省农村合作金融机构股份制改革第四批试点名单的请示
62 号	10 月 21 日	海宁市人民政府关于报送 2013 年海宁市标准农田质量提升土壤培肥项目实施方案的报告
63 号	10 月 21 日	海宁市人民政府对市十四届人大常委会关于教育现代化县（市）创建工作的视察意见办理情况的报告
64 号	10 月 22 日	海宁市人民政府关于申报浙江省社区教育示范区的请示
65 号	10 月 24 日	海宁市人民政府关于要求将海宁市资产经营公司所持“海宁皮城”国有法人股质押给信托公司的请示
66 号	10 月 24 日	海宁市人民政府关于申请落实杭平申线（浙江段）航道改造工程海宁段项目标准农田补建及耕地补充的请示
67 号	10 月 28 日	海宁市人民政府关于请求协调省级相关银行共同化解浙江盈都控股集团公司资金链风险的请示
68 号	10 月 30 日	海宁市人民政府关于请求协调省级相关银行共同化解浙江盈都控股集团有限公司资金链风险的请示
69 号	11 月 2 日	海宁市人民政府关于申请授予中国纺织行业区域品牌“时尚品牌产业基地”称号的请示
70 号	11 月 2 日	海宁市人民政府对市十四届人大常委会第十三次（扩大）会议关于“十二五”以来饮用水水源保护情况审议意见办理情况的报告
71 号	11 月 4 日	海宁市人民政府关于要求将有关审批事项委托下放的请示
72 号	11 月 4 日	海宁市人民政府关于申请补助海宁市教育云建设经费的请示

续表 88

海政文号	日　期	题　　名
73 号	11 月 7 日	海宁市人民政府关于要求将潮神祭祀推荐申报国家级非物质文化遗产代表性项目的请示
74 号	11 月 7 日	海宁市人民政府关于要求转报省国土资源厅审查海宁市土地利用总体规划（2006 ~ 2020 年）实施评估报告的请示
75 号	11 月 10 日	海宁市人民政府关于要求批准实施海宁市生态环境功能区规划（2012 ~ 2025）的请示
76 号	11 月 18 日	海宁市人民政府关于上报长安镇（高新区）、许村镇小城市试点三年行动计划的请示
77 号	11 月 19 日	海宁市人民政府关于拟请浙江大学在海宁举办新产品、新技术博览会的请示
78 号	11 月 20 日	海宁市人民政府关于提请审议调整 2013 年财政支出预算的议案
79 号	11 月 21 日	海宁市人民政府关于提请审议调整 2013 年度政府投资计划项目的议案
80 号	12 月 3 日	海宁市人民政府关于请求协调有关银行妥善处置浙江尖山光电股份有限公司资金风险的请示
81 号	12 月 11 日	海宁市人民政府关于申报浙江省海宁经济开发区整合提升工作方案的请示
82 号	12 月 11 日	海宁市人民政府、嘉兴市秀洲区人民政府关于海宁市和嘉兴市秀洲区行政区域界线联合检查工作情况的报告
83 号	12 月 16 日	海宁市人民政府关于要求对海宁市开展人力资源要素市场化配置改革试点给予支持的请示
84 号	12 月 17 日	海宁市人民政府关于要求 110KV 双东 1246 线部分架空高压线改电缆地下铺设的请示
85 号	12 月 24 日	海宁市人民政府关于要求调整海宁市饮用水源保护区区划的请示
86 号	12 月 27 日	海宁市人民政府关于要求保留兄弟科技股份有限公司海关 AA 类企业资质的请示
87 号	12 月 27 日	海宁市人民政府关于要求开展企业投资项目零审批改革试点的请示
88 号	12 月 27 日	海宁市人民政府关于在海宁市建成区公共水域设立禁渔区的请示

表 89　海宁市人民政府 2013 年文件目录（二）

海政发文号	日　期	题　　名
1 号	2 月 7 日	海宁市人民政府关于加强 2013 年海宁市工业有效投资的实施意见
2 号	1 月 8 日	海宁市人民政府、华东师范大学关于成立华东师范大学海宁实验高级中学管理委员会的通知
3 号	1 月 15 日	海宁市人民政府关于调整最低工资标准的通知
4 号	1 月 15 日	海宁市人民政府关于 2012 年度全市安全生产目标管理考核结果的通报
5 号	1 月 15 日	海宁市人民政府关于表彰 2012 年度海宁市安全生产工作先进个人的决定
6 号	1 月 18 日	海宁市人民政府关于表彰 2012 年度消防工作先进单位和先进个人的决定
7 号	1 月 22 日	海宁市人民政府关于表彰 2012 年度海宁市金融系统支持经济发展考核先进单位的决定

续表 89

海政发文号	日　期	题　　名
8号	1月25日	海宁市人民政府关于公布张伟锋任职的通知
9号	1月25日	海宁市人民政府关于公布李明辉任职的通知
10号	1月25日	海宁市人民政府关于公布海宁市残疾人联合会第六次代表大会选举结果的通知
11号	1月28日	海宁市人民政府关于公布张彦任职的通知
12号	1月29日	海宁市人民政府关于公布2012年度全市工业退低进高转型升级工作考核结果的通知
13号	1月29日	海宁市人民政府关于公布下放部分省级行政审批和管理事项的通知
14号	1月30日	海宁市人民政府关于表彰2012年度全市民政残疾人工作先进单位的决定
15号	1月31日	海宁市人民政府关于切实做好2013年度全市人力资源和社会保障工作的通知
16号	1月31日	海宁市人民政府关于表彰2012年度海宁市人力资源和社会保障工作先进单位的决定
17号	2月6日	海宁市人民政府关于公布沈征晔任职的通知
18号	2月6日	海宁市人民政府关于公布李海林免职的通知
19号	2月7日	海宁市人民政府关于明确科教新城区域内土地出让收入分配等有关政策的通知
20号	2月7日	海宁市人民政府关于成立海宁市拆违控违领导小组办公室的通知
21号	2月8日	海宁市人民政府关于印发“海宁市荣誉市民”评审实施细则的通知
22号	2月20日	海宁市人民政府办公室关于印发2013年生猪养殖减量提质工作方案的通知
23号	2月28日	海宁市人民政府关于表彰2012年度海宁市工业经济先进集体和先进个人的决定
24号	2月28日	海宁市人民政府关于表彰2012年度海宁市开放型经济先进集体和先进工作者的决定
25号	2月28日	海宁市人民政府关于印发2013年全市节能降耗工作意见的通知
26号	3月1日	海宁市人民政府关于2012年度浙江省、海宁市依法行政示范单位、先进单位和先进个人的通报
27号	3月16日	海宁市人民政府关于给予海宁消防大队及何玉峰等五名同志记功奖励的决定
28号	3月16日	海宁市人民政府关于表彰2012年度海宁市市长质量奖获奖企业的决定
29号	3月16日	海宁市人民政府关于表彰2012年度海宁市“金桥工程”组织奖和项目奖的通报
30号	3月22日	海宁市人民政府关于印发市区禁航工作实施方案的通知
31号	3月28日	海宁市人民政府关于加快开发区、工业园区二次创业转型发展的实施意见
32号	3月28日	海宁市人民政府关于印发海宁市支持个体工商户转型升级为企业的若干政策措施的通知
33号	3月28日	海宁市人民政府关于表彰全市“三农”工作先进集体和先进个人的决定
34号	4月2日	海宁市人民政府关于表彰2012年度国土资源管理工作先进集体和先进个人的决定

续表 89

海政发文号	日　期	题　　名
35 号	4 月 3 日	海宁市人民政府印发关于进一步改革投资项目审批加快开工建设的实施意见（试行）的通知
36 号	4 月 7 日	海宁市人民政府关于印发 2013 年海宁市改革创新工作要点的通知
37 号	4 月 24 日	海宁市人民政府关于公布海宁市 2012 年上半年住房综合平均价格的通知
38 号	4 月 25 日	海宁市人民政府关于表彰 2008 至 2012 年度海宁市劳动模范的决定
39 号	5 月 3 日	海宁市人民政府关于调整海宁市最低生活保障标准的通知
40 号	5 月 6 日	海宁市人民政府关于公布 2012 年度海宁市科学技术奖奖励项目及人员名单的通知
41 号	5 月 15 日	海宁市人民政府关于命名第二批扶残助残爱心村（社区）和表彰扶残助残爱心家庭、爱心单位的决定
42 号	5 月 25 日	海宁市人民政府关于切实抓好 2013 年粮食生产的通知
43 号	5 月 27 日	关于命名海宁市第四批创新型企业的通知
44 号	5 月 29 日	海宁市人民政府关于进一步加强和改进统计工作的意见
45 号	6 月 7 日	海宁市人民政府关于开展“健康海宁”建设行动的实施意见
46 号	6 月 8 日	海宁市人民政府关于实行行政规范性文件“三统一”制度的通知
47 号	6 月 9 日	海宁市人民政府印发关于支持实体经济促进转型发展新跨越的政策意见的通知
48 号	6 月 13 日	海宁市人民政府印发关于加快工业强市建设若干政策意见的通知
49 号	6 月 15 日	海宁市人民政府关于在全市开展第三次经济普查的通知
50 号	6 月 19 日	海宁市人民政府关于调整 2013 年度社会保险缴费基数及有关问题的通知
51 号	6 月 26 日	海宁市人民政府关于在全市开展第一次全国可移动文物普查的通知
52 号	7 月 4 日	关于表彰 2012 年度冬季征兵工作先进单位和先进个人的通报
53 号	7 月 9 日	海宁市人民政府关于进一步完善镇（街道、发展平台）财政管理体制意见的通知
54 号	7 月 12 日	海宁市人民政府关于公布海宁市第四批非物质文化遗产代表作名录、海宁市第三批非物质文化遗产代表性传承人的通知
55 号	7 月 23 日	海宁市人民政府关于印发海宁市水价改革实施方案的通知
56 号	7 月 25 日	海宁市人民政府关于扩大镇（街道、平台）行政审批权限的实施意见
57 号	8 月 15 日	海宁市人民政府关于印发森林消防禁火令的通知
58 号	8 月 16 日	海宁市人民政府关于新建粮食储备库二期工程项目建设资金有关问题的通知
59 号	8 月 26 日	海宁市人民政府印发关于 2000 年以来自主就业转业士官就业帮扶实施方案的通知
60 号	8 月 26 日	海宁市人民政府关于认真做好我市退役士兵安置工作的通知

续表 89

海政发文号	日　期	题　　名
61 号	9 月 23 日	海宁市人民政府关于印发海宁市政府性债务计划管理试行办法的通知
62 号	9 月 23 日	海宁市人民政府关于公布海宁市农村合作经济组织联合会第二次会员代表大会选举结果的通知
63 号	9 月 18 日	海宁市人民政府关于贯彻落实浙江省人民代表大会常务委员会加强畜禽养殖污染防治促进畜牧业转型升级决定的实施意见
64 号	10 月 28 日	海宁市人民政府关于公布海宁市 2013 年上半年住房综合平均价格的通知
65 号	10 月 28 日	海宁市人民政府关于公布非行政许可审批事项目录的通知
66 号	12 月 16 日	海宁市人民政府关于做好 2014 年城乡居民合作医疗工作的意见
67 号	12 月 25 日	海宁市人民政府关于印发海宁市商品交易市场提升发展意见的通知

（庞剑锋）

表 90　政协海宁市委员会 2013 年文件目录

海政协文号	日　期	题　　名
1 号	2 月 5 日	关于明确政协海宁市第十二届委员会部分主席会议成员分工的通知
2 号	2 月 26 日	关于印发《政协海宁市委员会 2013 年工作要点任务分解表》的通知
3 号	5 月 24 日	关于报送《鼓励我市民营企业二次创业的建议案》的函
4 号	9 月 2 日	关于王建明免职的通知
5 号	9 月 10 日	关于报送“努力办好人民满意教育的建议案”的函
6 号	11 月 19 日	关于进一步推进我市高质量就业工作建议案的函
7 号	12 月 25 日	关于表彰 2013 年度市政协工作优秀集体、先进个人和市政协十二届二次会议以来优秀提案的决定
8 号	12 月 31 日	关于王建金等职务任免的通知

（罗光强）

［编辑：管通海］

附　　录

Appendix

表 91　　2013 年海宁召开或承办的省级以上会议、展览、比赛

时间	会议、展览、比赛名称	主办及承办单位
3 月 21 日	2013 年全省平原绿化工作座谈会	中共浙江省委员会、浙江省人民政府主办 中共海宁市委员会、海宁市人民政府承办
5 月 11 日	第八届中国国际经编设计大赛决赛	中国针织工业协会、中国国际贸易促进委员会纺织行业分会、中国科学技术协会新技术开发中心、海宁市人民政府主办
5 月 16 ~ 18 日	第四届海宁·中国经编科技文化活动周	中国针织工业协会、海宁市人民政府主办 中国针织工业协会经编分会、浙江海宁经编产业园区管理委员会承办
5 月 23 日	2013 中国进口食品物流贸易高峰论坛	中国海宁潮国际食品博览会组委会主办 中国进口食品城承办
5 月 24 日	环境与发展暨 2013 皮革产业高层论坛	中国工程院环境与轻纺工程学部主办 海宁市人民政府承办
5 月 24 ~ 25 日	第三届中国海宁·长三角科技博览会暨第四届浙江（海宁）民营资本与海外人才智力合作交流大会	科技日报社、全国科技振兴城市经济研究会、中国工程院环境与轻纺工程学部、嘉兴市委组织部、中共海宁市委员会、海宁市人民政府主办
6 ~ 10 月	第二十届海宁·中国皮革博览会	浙江省人民政府、中国国际贸易促进委员会、中国轻工业联合会、中国皮革协会主办 中国国际贸易促进委员会浙江省分会、嘉兴市人民政府、海宁市人民政府承办
6 月 17 日 ~ 9 月 15 日	中国（海宁）·徐志摩微诗歌大赛	中国诗歌学会、浙江省作家协会、海宁市人民政府主办 海宁市委宣传部、海宁市文学艺术界联合会承办
7 月 10 日	全国适度普惠型儿童福利制度建设试点工作推进会	民政部主办 海宁市民政局承办
7 月 24 日	第六届长三角海归创新创业圆桌会议	上海市欧美同学会、中共海宁市委员会、海宁市人民政府主办

续表 91

时间	会议、展览、比赛名称	主办及承办单位
8 月 23 ~ 29 日	2013 海宁·中国家用纺织品博览会暨许村家纺新产品展示周	中国家用纺织品行业协会、中国国际贸易促进委员会纺织行业分会主办 海宁市人民政府承办
9 月 7 日 ~ 10 月 7 日	第二十届中国国际钱江（海宁）观潮节	浙江省旅游局、嘉兴市人民政府主办 海宁市人民政府承办
9 月 16 日	2013 中国·海宁潮国际博览会开幕式	浙江省人民政府、中国国际贸易促进委员会、中国轻工业联合会、中国纺织工业联合会、中华全国体育总会主办 海宁市人民政府承办
9 月 18 日	全国优秀小学校长高级研究班践行教育家办学理念与实践活动	教育部小学校长培训中心、北京师范大学校长培训学院、海宁市教育局主办 海宁市桃园小学承办
9 月 27 日	浙江省现代服务业集聚示范区现场交流暨项目推进会	浙江省人民政府主办 海宁市人民政府承办
10 月 23 ~ 24 日	全省推进“机器换人”现场交流会	浙江省经济和信息化委员会主办 海宁市人民政府承办
10 月 26 日	浙江省首届职工文化艺术节小品（情景剧）大赛	浙江省首届职工文化艺术节组委会、浙江省曲艺家协会主办 中共海宁市委员会、海宁市人民政府承办
11 月 1 日	全国纺织行业党建工作经验交流会	中国纺织工业联合会、中国纺织职工思想政治工作研究会主办 海宁市委组织部、浙江海宁经编产业园区管理委员会承办
11 月 6 日	2013 首届浙江电商大讲堂	浙江省商务厅主办 浙江省电子商务促进会、海宁市人民政府承办
11 月 7 日	全省耕地保护补偿机制试点工作会议	浙江省国土资源厅主办 海宁市国土资源局承办
11 月 17 ~ 19 日	第六届中国（海宁）·王国维戏曲论文奖颁奖典礼暨中国戏曲表演理论学术研讨会	中国艺术研究院、浙江省文化厅、浙江省文学艺术界联合会、海宁市人民政府主办
12 月 3 ~ 4 日	2013 年浙江省幼儿体育与健康论坛	浙江省体育局、浙江省卫生厅主办 浙江省体育科学学会、浙江省幼儿体育协会、浙江省学前教育研究会承办
12 月 3 ~ 6 日	中国游泳协会游泳场馆、装备委员会会议	中国游泳协会场馆委员会、中国游泳协会装备委员会主办 浙江省游泳协会、海宁市体育局承办 海宁市五环投资有限公司执行承办
12 月 4 日	全国桑树育种与桑产业学术研讨会	中国蚕学会、浙江省蚕桑学会、国家蚕桑产业技术体系主办 浙江省农业科学院蚕桑研究所承办

说明：海宁市承办的省级以上体育赛事参见第 341 页体育篇群众体育分目表 40

（史志办）

表 92　在外部分海宁籍知名人士（副厅级、副教授以上）2013 年成果或主要业绩一览

序号	姓名	性别	出生年月	出生地	职务或职称	2013 年著作成果或主要业绩
1	褚昕	男	1956 年 10 月	上海（祖籍海宁）	临床医学博士、研究员	1. X. Yan, J. Barnholtz-Sloan, X. Chu, L. Li, R. Colonie, J. Webster, D. Smesler, N. Patel, J. Prichard, A. Stark, 2013. Adiposity, Inflammation, Genetic Variants and Risk of Post-Menopausal Breast Cancer, Findings from a Prospective-specimen-collection, Retrospective-Blinded-Evaluation (PRoBE) Design Approach. Springer Plus. 2:638-648. 2. G.S Gerhard, X Chu, G.C. Wood, G. M. Gerhard, P. Benotti, A.T. Petrick, J. Gabrielsen, W.E. Strodel, C.D. Still, G. Argyropoulos. 2013. Next generation sequence analysis of genes associated with obesity and NAFLD-related cirrhosis in extreme obesity. Human Hered. 75:144-151. 3. E.S. Rinella, C. Still, Y. Shao, C. Wood, X. Chu, B. Salerno, G. Gerhard, H. Ostrer. 2013. Genome-wide association of single nucleotide polymorphisms with weight loss outcomes after Roux-en-Y Gastric Bypass surgery. The Journal of Clinical Endocrinology & Metabolism. 98:E1131-6. 4. A. Gorden, R. Yang, L.M. Yerges-Armstrong, K.A. Ryan, E. Speliotes, I.B. Borecki, T.B. Harris, the GOLD Consortium, X. Chu, C. Wood, C. Still, A.R. Shuldiner, G. Gerhard. 2013. Genetic Variation at NCAN Locus is Associated with Inflammation and Fibrosis in Non-alcoholic Fatty Liver Disease in Morbid Obesity. Hum Hered. 75:34-43. 5. V. Cotarlan, A. Brofferio, G.S. Gerhard, X. Chu, J. Shirani. 2013. Impact of β (1)- and β (2)-Adrenergic Receptor Gene Single Nucleotide Polymorphisms on Heart Rate Response to Metoprolol Prior to Coronary Computed Tomographic Angiography. Am J Cardiol. 111:661-666.
2	崔毅	女	1928 年 11 月	海宁硖石	清华大学美术学院教授	1. 入选《中国艺术传世名家》，刘世嘉主编，世界文化艺术出版社 2013 年 10 月出版 2. 入选《中国当代翰墨艺术大家》，北京名扬四海书画院出版社 2013 年 11 月出版
3	杜柏林	男	1937 年 9 月	海宁丁桥	浙江天杰实业有限公司技术总监、总工程师，北京鸿林光纤科技有限公司副总裁，上海大学教授	1. 论文《采用光纤技术的分布式电缆温度监测系统》，发表于 2013 年第 9 期《电子技术》杂志 2. 任《电子技术》杂志总编，全年共出版 12 期 3. 负责指导的 UL 电缆燃烧实验室在浙江天杰实业有限公司建成，并于 2013 年通过专家鉴定，为国内首次通过鉴定 4. 9 月，组织在深圳召开海峡两岸光通信技术与市场论坛 5. 2013 年，在上海筹建作为海峡两岸光通信产业联盟纽带的《光电通信》杂志
4	葛显良	男	1934 年 3 月	海宁周王庙	浙江大学数学系副教授	《七大千禧年难题简介》，发表于《回望数学》（数学与人文·第九辑），高等教育出版社 2013 年 1 月出版
5	顾於松	男	1938 年 8 月	海宁伊桥	浙江省统计局原处长	《赞新总理体现“民为本，利天下”的谈话》，刊载于 2013 年第 2 期《东南烽火》

续表 92

序号	姓名	性别	出生年月	出生地	职务或职称	2013 年著作成果或主要业绩
6	黄建华	男	1934 年 11 月	海宁马桥	中国建筑科学研究院建筑机械化分院高级工程师	1.《日本九州新干线开通后主要车站的升降机设备》（译文），发表于 2013 年第 4 期《中国电梯》 2.《日本 2012 年度升降机台数调查报告》（译文），发表于 2013 年第 6 期《中国电梯》
7	马厚生	男	1933 年 5 月	海宁马桥	哈尔滨商业大学教授	1. 诗歌《清明时节》《咏桂花》《宁静的小区》等 18 首，入选《中国作家大辞典》，作家出版社 2013 年 4 月出版 2. 诗歌《春风化雨》《“七一”颂》《庆香港回归感怀》《战汶川》等 21 首，入选《红色颂典·世纪伟人毛泽东颂》，中央文艺出版社 2013 年 12 月出版
8	沈南鹏	男	1967 年 12 月	海宁硖石	美国红杉资本中国基金创始及执行合伙人	1. 4 月，参加博鳌亚洲论坛 2013 年年会并受到国家领导人接见 2. 5 月，美国《福布斯》杂志推出全球最佳创投人排行榜单，沈南鹏排名第 15 位，是中国投资人首次进入该榜单前 20 名 3. 12 月，上海嘉兴商会成立，当选为第一任会长
9	宋来凤	男	1935 年 12 月	海宁硖石	中国医学科学院国家心血管病中心教授	1. 论文《心肌疾病临床与病理诊断不一致病例的原因分析》，发表于《南方心血管病会议论文汇编》，并在广州市南方心血管病会议上作报告 2. 专著《心脏和大血管大体解剖》，发表于《心血管疾病 CT 诊断学》（第二版），人民卫生出版社 2013 年出版 3. 2013 年，被聘为中华病理学会心血管疾病学组顾问
10	王复民	男	1933 年 3 月	海宁长安	教授、国家一级导演	1.《民族文化精神的巨匠——深切怀念田汉先生》，发表于 2013 年第 1 期《中国戏剧》 2.《布莱希特与中国戏曲简论》，发表于 2013 年第 4 期《戏剧研究》 3.《滑稽戏的几个基本特征》，发表于 2013 年第 4 期《杭州艺览》 4.《谈浙江戏剧二度创作得失》，发表于 2013 年第 4 期《浙江戏文》
11	吴鹏程	男	1935 年 6 月	海宁硖石	中国科学院植物研究所研究员	1. 主编《隐花植物生物学》第 11 卷（英文），北京海洋出版社 2013 年 10 月出版 2. 论文：preliminary probe on systematic bryology（苔藓植物系统学探讨），Chenia 11:257-265.2013 3. 论文：Introduction of the moss system in the Floro Bryophytorum Sinicorum（《中国苔藓志》）1～8 卷 4. 论文：Conostomum Sw.and C.tetragonum（Hedw）Lindb.（Bartramiaceae, Musci）newly found in china.Chenia11:66—69.2013（与李粉霞合作）
12	徐有邻	男	1943 年 4 月	四川泸州（祖籍海宁）	中国建筑科学研究院建筑结构研究所研究员、教授	1. 为培训教材《高强钢筋应用技术指南》第二、第三章撰稿，中国建筑工业出版社 2013 年 3 月出版 2. 与刘刚合著《混凝土结构设计规范的理解与应用》，中国建筑工业出版社 2013 年 12 月出版 3. 4 月，在 2013 年中国钢筋加工配送产业化高峰论坛发言，题目为《高强钢筋的合理应用及产业化发展方向》 4. 论文《混凝土结构防连续倒塌设计原则》入选《建筑与工程结构研究新进展论文集》，中国建筑工业出版社 2013 年 6 月出版

续表 92

序号	姓名	性别	出生年月	出生地	职务或职称	2013 年著作成果或主要业绩
13	徐有秋	男	1934 年 9 月	上海（祖籍海宁）	上海交通大学医学院退休教授、温州医科大学荣誉教授	1. 数年来指导研究开发的具有中国自主知识产权的新型抗心力衰竭药物 Neuragulin 获美国食品及药品管理总署（FDA）认证批准，于 2013 年临床试用。2013 年 12 月上海电视台连续两天报道该科技成果 2. 应邀审校国家级规划教材《生理学》第 8 版《心脏生理》篇章，人民卫生出版社 2013 年出版 3. 应邀指导编写国家级规划教材《生理学》第 3 版《心脏生理》篇章
14	徐余新	男	1966 年 3 月	上海（祖籍海宁）	比利时鲁汶大学中国首席代表、比利时优时比制药董事会高级顾问	1. 10 月，与上海交通大学组织举办比利时文化周活动 2. 4 月、11 月，比利时优时比制药与中国红十字会事业发展中心、中共中央统战部、中央民革及中国青联在北京举办“同心博爱”新疆和西藏乡村医生培训
15	许志祥	男	1937 年 11 月	海宁袁花	上海市图像图形学会常务副理事长、上海大学教授	1. 11 月 8 日，任第十届数字电视与无线多媒体通信国际论坛共同主席 2. 2013 年，被邀请担任上海市公安局图像监控系统专家，对上海市公安局及嘉定、杨浦、崇明、金山、宝山等公安分局图像监控系统进行评审验收
16	章贻烈	男	1935 年 8 月	海宁盐官	浙江省工业设计研究院高级工程师	参与杭州市西湖风景名胜区管理委员会组织的杭州长桥溪水生态修复公园项目，建设迷你污水处理厂。2013 年，该项目在 2012 年度最佳环境奖评选中被评为“全球百佳范例奖”
17	张惠卿	男	1924 年 12 月	海宁硖石	人民出版社原总编辑、编审	论文《灰皮书的由来与发展》，刊载于 2013 年第 4 期《炎黄春秋》
18	张建中	男	1945 年 9 月	海宁长安	中国电子科技集团公司第十八研究所高级工程师	编著《温差电技术》，天津出版传媒集团、天津科学技术出版社 2013 年 12 月出版
19	张振华	男	1947 年 4 月	上海（祖籍海宁）	复旦大学教授、上海蒙太奇进修学院院长	1. 年初，受聘担任上海外国语大学贤达人文学院客座教授 2. 论文《历史影像承载的民族之梦》（Dream of a Nation Carrying by Historical Films）被泰国朱拉隆功大学全文译成英语，编入英文版论文集 International Seminar and Screening of Thai Cinema 一书，由泰国二十一世纪出版公司（21st Century Publishing Compang lnc.Ltd）出版 3. 论文《从伦理传播和选择性视角看中国女性导演叙事》，发表于《新世纪女性电影导演研究》，中国电影出版社 2013 年出版 4. 6 月，续聘为上海市教点高校重点科研项目评审专家，审核上海大学、上海音乐学院等 30 余所高校的科研、教学项目 5. 11 月，出席并主持 2013 蒙古族影视艺术国际研讨会，并宣读论文《民族情结的艺术呈现》 6. 12 月，出席并主持由中国电影艺术研究中心、《当代电影》和上海戏剧学院合办的新世纪中国“现象”电影大型学术研讨会，论文《中国武侠大片从兴盛到衰退之“现象”探析》入选大会论文集

续表 92

序号	姓名	性别	出生年月	出生地	职务或职称	2013 年著作成果或主要业绩
20	张直明	男	1931 年 4 月	上海（祖籍海宁）	上海大学教授、博士生导师	1. Z.M.Zhang,W.Wang,P.L.Wong:An explicit solution for the elastic puarter-space problem in matrix formulation,International journal of Solids and Structures,Volume 50,Issue6,15 March 2013,pp.976-980 2. 4 月，在西安交通大学振动与信息研究所讲学，题目为“弹性四分之一空间的显式矩阵解”
21	周宁一	男	1961 年 5 月	海宁硖石	中国科学院武汉病毒研究所研究员、博士生导师，中国科学院农业与环境微生物学重点实验室主任（享受国务院政府特殊津贴）	1. 论文: Bioaugmentation with a consortium of bacterial nitrophenol-degraders for remediation of soil contaminated with three nitrophenol isomers. Environ. Pollut. 2013. 172:33-41 2. 论文: Co-metabolic degradation of tribenuron methyl, a sulfonylurea herbicide, by Pseudomonas sp. strain NyZ42. Int Biodeterior Biodegrad. 2013. 76: 36-40 3. 论文：HbzF catalyzes direct hydrolysis of maleylpyruvate in the gentisate pathway of Pseudomonas alcaligenes NCIMB 9867. Appl. Environ. Microbiol. 2013.79: 1044-1047 4. 论文: Biodegradation of 3-Nitrotoluene by Rhodococcus sp. strain ZWL3NT. Appl Microbiol Biotechnol. 2013. 97: 9217-9223 5. 论文: GenR, an IclR-type regulator, activates and represses the transcription of gen genes involved in 3-hydroxybenzoate and gentisate catabolism in Corynebacterium glutamicum. J. Bacteriol. 2013. 195: 1598-1609 6. 论文: Gut microbiota composition modifies fecal metabolic profiles in mice. J Proteome Res. 2013. 12：2987 - 2999 7.论文: Intragenomic heterogeneity of 16S rRNA genes causes overestimation of prokaryotic diversity. Appl. Environ. Microbiol. 2013. 79: 5962-5969 8. 论文: mhpT encodes an active transporter involved in 3-(3-Hydroxyphenyl) propionate catabolism by Escherichia coli K-12. Appl. Environ. Microbiol. 2013.79: 6362-6368 9. 论文: Crystal structure of the g-hydroxymuconic semialdehyde dehydrogenase from Pseudomonas sp. strain WBC-3, a key enzyme involved in para-Nitrophenol degradation. BMC Structural Biology. 2013. 13:30 10. 8 月，参加在兰州举办的第十六次全国环境微生物学学术研讨会，并作题为“微生物降解芳烃过程中转运蛋白的研究”的报告 11. 9 月，参加在北京举办的 13th International Conference on Culture Collections，并作题为“Microbial degradation of three nitrophenol isomers and its application in remediation of contaminated-soil”的报告 12. 10 月，参加在昆明举办的 2013 年中国微生物学会学术年会，并作题为“微生物龙胆酸代谢途径的多样性”的报告 13. 11 月，参加在成都举办的中国生态学学会微生物生态专业委员会 2013 年年会，并作题为“Intragenomic heterogeneity in 16S rRNA genes causes overestimation of prokaryotic diversity”的报告 14. 专利：硝基酚同分异构体污染环境的原位微生物修复方法及应用；发明人：周宁一、迟向群、傅贺、张俊杰、刘虹、王淑君；专利号：ZL 2011 1 0444439. X；授权公告日：2013 年 4 月 3 日

续表 92

序号	姓名	性别	出生年月	出生地	职务或职称	2013 年著作成果或主要业绩
22	周执平	男	1939 年 6 月	海宁硖石	上海爱德华造船公司总工艺设计师、高级工程师	1.《76m 超低温秋刀渔襟翼舵的水动力与回转性能》《船台区域布置与钢珠滑道设计》《船台区域布置与钢珠滑道设计（续）》，分别发表于《中外船舶科技》2013 年第 1 期、第 3 期、第 4 期 2.《五洲船舶公司承造批量 10 艘 49000 吨级 CSR 散货船》《五洲船舶公司承造 78m 近海供应船》《浙江船舶公司承造挪威海洋工程船》《820TEU 集装箱船首制船在宁波顺利下水》，分别发表于《船业信息》2013 年第 2 期、第 3 期、第 4 期
23	周执中	男	1934 年 6 月	海宁硖石	中华诗词研究员、副主任药师	1.《七律·滕王阁》发表于《中华诗词》2013 年第 1 期 2.《满江红·钓鱼岛是我神圣领土》等 3 首，获“钓鱼岛杯”爱国诗词大赛暨书画联展诗歌类一等奖 3.《江神子·游九江》发表于《中华诗词》2013 年第 5 期 4.《一剪梅·“光明星” 坠海》等 10 首，发表于《中华诗词家名典》，文化中国出版社 2013 年 4 月出版 5. 歌行体诗《大唐芙蓉园吟》发表于《秦中行》，中国文化出版社 2013 年 5 月出版 6. 楹联《廉政》3 副，发表于《文山艺苑》2013 年第 1 期 7.《思佳客·贺徐颂芳先生》刊载于《老友共言献策集》，中国文史出版社 2013 年 5 月出版 8.《七律·美丽中国》获 2013 年“东方美”全国诗联书画大赛金奖、第三届“炎黄杯” 国际诗书画印艺术大赛金奖、第五届“祖国好”华语文学艺术大赛金奖 9.《七律·黄鹤楼》等 12 首，发表于《中华诗词优秀作品集》，中国文化出版社 2013 年 6 月出版，获一等奖 10.《碧桃春》等 11 首，发表于 《放歌中华——全国抒情诗词大赛获奖作品集》，中国文联出版社 2013 年 7 月出版 11.《玉楼春·新》等 8 首，发表于《新时期爱国主义诗词格言读本》，中国文史出版社 2013 年 7 月出版 12.《七绝·小南海即景》发表于《中华诗词》2013 第 9 期 13. 诗论《秦观,婉约词之宗》发表于《世界华文诗词艺术家传世宝典》，中国文联出版社 2013 年 10 月出版，获金奖 14.《鹊桥仙·初雪》等 3 首，获第三届“炎黄杯” 国际诗书画印大赛金奖 15.《沁园春·我的中国梦》等 6 首，发表于 《中国梦之歌——全国诗词创作获奖作品集》，中国文史出版社 2013 年 11 月出版 16.《七绝·咏竹》等 4 首，发表于《龙游年鉴（2013）》，方志出版社 2013 年 12 月出版 17.《七律·读十八大报告感赋》发表于 《民族魂之歌》（第四集），中央文献出版社 2013 年 10 月出版 18. 对联《听风听雨石》等 3 副，发表于《衢州对联集成》，衢州市诗词楹联学会编，文汇出版社 2013 年 10 月出版 19.《苏幕遮·泰顺古廊桥》等 4 首，发表于《浙江诗词楹联》（第十九辑），浙江诗词楹联学会编，2013 年 11 月出版 20.《五绝·登鹳雀楼》发表于 《浙江诗潮》（第四期），浙江诗词楹联学会主办，2013 年 12 月出版

续表 92

序号	姓名	性别	出生年月	出生地	职务或职称	2013 年著作成果或主要业绩
24	朱炯强	男	1933 年9 月	海宁盐官	浙江大学外国语学院教授、英语国家文字研究中心主任、全国政协委员（享受国务院政府特殊津贴）	论文《追求理想美的光辉诗篇——解读〈夜莺颂〉和〈希腊古瓮颂〉》《一曲礼赞大自然的亘古绝唱——谈〈秋颂〉的艺术魅力》，刊载于 2013 年第 3 期《烟雨楼》
25	朱莲芬	女	1946 年7 月	海宁许村	中国食品药品检定研究院副研究馆员	2013 年，任中国老教授协会档案文秘专业委员会会员
26	朱子南	男	1932 年11 月	上海（祖籍海宁）	苏州大学文学院教授	1.《高晓声讲故事》刊载于 2013 年 3 月 12 日《文汇报》 2.《曹白在常熟》刊载于 2013 年第 1 期《苏州杂志》 3.《我在建国初期的秘书工作》刊载于 2013 年第 3 期《苏州杂志》 4.《“陆苏州”与“糖醋现实主义”》刊载于 2013 年 9 月 1 日《文汇报》 5.《柳亚子何以牢骚太盛》刊载于 2013 年第 5 期《苏州杂志》 6.《关于“报告文学”的札记》刊载于 2013 年 10 月《中国报告文学》 7.《来自作家生活的文学报告》获苏州市首届“叶圣陶文学奖”

（史志办）

2014 年 1～6 月大事要览

1 月

1 日 海宁大道（海州路至江南大道路段）正式启用公交专用车道。

2 日 省委副书记、省长李强到海宁调研要素市场化配置综合配套改革情况。

5 日 A 类企业浙江敦奴联合实业股份有限公司成为全省首家“零审批”改革试点。

7 日 丽水市莲都区委副书记、区长王小荣率考察团到海宁考察要素市场化配置综合配套改革试点工作。

9～12 日 中国人民政治协商会议海宁市第十二届委员会第三次会议在市行政中心召开。

10～13 日 海宁市第十四届人民代表大会第三次会议在市行政中心召开。

17 日 海宁市正式实施“单独两孩”政策，一方是独生子女的夫妇，取得再生育证后可生育第二个子女。

18 日 海宁市获“浙江省文明市”称号。

19～26 日 由文化部主办的中国非物质文化遗产年俗文化展示周在北京举行，海宁市 10 盏硖石灯彩作品亮相参展。

20 日　沪浙人力资源服务产业园在浙江海宁经编产业园区启动建设。

21 日　阿里巴巴集团研究中心发布国内首份县域电子商务研究报告，海宁市入围“2013 年中国电子商务发展百佳县”榜单，列第三位。

22 日　由菜鸟网络科技有限公司投资的中国智能骨干网海宁节点项目开工。

26 日　下发《关于切实做好当前防控人感染 H7N9 禽流感工作的通知》，决定从 1 月 27 日起，暂停全市活禽交易，关闭农贸市场活禽交易区和花鸟市场禽鸟交易区，禁止外来活禽进入海宁市。

2 月

7 日　省人大常委会党组书记、副主任茅临生到海宁调研指导党的群众路线教育实践活动开展情况，并主持召开党员领导干部教育实践活动座谈会。

同日　全市三级干部大会暨“五带头”潮乡先锋表彰大会在市行政中心举行。

14 日　嘉兴市委副书记、市长肖培生到海宁调研要素市场化配置综合配套改革和“五水共治”工作。

17 日　海盐县党政考察团到海宁考察要素市场化配置综合配套改革和行政审批改革工作。

18 日　召开党的群众路线教育实践活动部署会议，学习贯彻中央、省委和嘉兴市委教育实践活动部署会议精神，对全市开展教育实践活动进行全面动员部署。

20 日　嘉兴市人大常委会主任刘冬生到海宁调研人大工作。

同日　截至 20 日，全市有 200 多名患者感染诺如病毒，致病原因为饮用不洁桶装水。21 日，市政府新闻办公室举行新闻通气会，对该突发疫情防治情况进行通报。

20～23 日　瑞士汝拉州和巴塞尔州政府官员及企业代表团到海宁访问。

是月　国家中医药管理局发文公布全国第六批三级中医医院评审结果，海宁市中医院晋升为国家三级乙等中医医院。

是月　海宁市启动创建“无违建镇（街道）”和“无违建村（社区）”工作。

3 月

3 日　《海宁市人力资源要素市场化配置改革实施方案》获省人力社保厅批复，海宁市成为全省首个“省人力资源要素市场化配置改革试验区”。

4 日　省委常委、宣传部部长葛慧君到海宁调研宣传思想文化工作。

11 日　省政府党组副书记、省政府顾问王建满到海宁调研“五水共治”工作。

14 日　海宁市市场监督管理局正式授牌成立。市食品药品监督管理局、市工商行政管理局的职责和市质量技术监督局的食品安全监管职责进行整合并划入市场监督管理局。

15 日　全省首个车管淘宝店——“海宁交警 e 车管”正式上线，市民可通过购买“宝贝”的形式办理补办驾驶证等业务。

18 日　上海工程技术大学科技园发展有限公司、浙江海宁经编产业园区开发有限公司和海宁市创业投资引导基金管理中心三方签约，共建上海工程技术大学国家科技园海宁园区。

19 日　省人大常委会党组书记、副主任茅临生到海宁调研指导党的群众路线教育实践活动。

20 日　嘉兴浙商回归项目集中开工暨海宁·江南总部基地奠基仪式在尖山新区举行。

21 日　嘉兴市政协主席高玲慧到海宁

调研政协工作。

24日 中国民生银行嘉兴海宁支行开业。

28日 上海长海医院第三批专家团队进驻海宁市人民医院（上海长海医院海宁分院），新增心内科、神经外科2个合作专科。

31日 省政府办公厅下发《关于公布小城市培育试点扩围名单的通知》，长安镇入围新一轮小城市培育试点。

4月

2~4日 由亚洲财富论坛、《会展财富》杂志社主办的第十二届中国会展财富论坛暨中国主办者大会在上海举行，海宁·中国皮革博览会获2013年度“中国行业品牌展会金手指奖（皮草皮制品类）”。

5~12日 海宁中学学生的美术作品参加美国德克萨斯州奥斯汀市国际高中生书画作品展，在美国德克萨斯州安德森高中展出。海宁中学与安德森高中结成姐妹学校。

12日 纪念□济民诞辰100周年座谈会在海宁举行。

16日 钱江通道（海宁至萧山）及接线工程正式通车。

同日 非洲英语国家城市电力管理研修班学员到海宁交流农电网建设工作。

22日 省政协“五水共治”民主监督调研组到海宁调研“五水共治”及政协民主监督工作。

25日 省政府第26次常务会议审议《关于推广海宁试点经验加快推进资源要素市场化配置改革的指导意见》，决定在全省推广海宁要素改革经验，重点抓好工业大县大区的申报改革。

29日 省农科院与海宁市农业科技合作首次专家对接活动举行。海宁市与省农科院科技合作启动。

5月

5日 省人大常委会党组书记、副主任茅临生到海宁调研党的群众路线教育实践活动。

同日 在全省基层服务型党组织建设暨乡镇（街道）干部队伍建设推进会上，海宁市被省委授予2013年度全省推进“五好”服务型乡镇（街道）建设先进县（市、区）。

6日 嘉兴市人大常委会主任刘冬生到海宁调研统筹城乡发展工作。

8日 省人大常委会副主任冯明率调研组到海宁调研要素市场化配置综合配套改革工作。

同日 嘉兴市政协主席高玲慧到海宁视察嘉兴市域交界河道水环境整治情况。

17日 海宁市通过国家知识产权试点城市考核验收。

19日 2014年中国（海宁）·徐志摩微诗歌大赛启动。

22日 由佛山大气动力新能源有限公司和海宁马桥大都市热电有限公司合作的大气动力新能源项目在海宁经编产业园区签约，是全市首个余热发电循环利用项目。

24日 海宁市第十四届运动会开幕。

30日~6月1日 海宁市第十届汽车博览会在市体育中心举行。

是月 浙江钱江生物化学股份有限公司承担的课题“生物表面活性剂鼠李糖脂的双相发酵技术”和“微生物催化法生产乙醇酸工艺研究及产业化”获国家高技术研究发展计划（“863”计划）888万元立项补助。

6月

1日 海宁市大脚板乐园正式对外营业。

5日 是日起，世纪联华超市停业。

6日 “2014中国十大经济潮流人物·新浪潮沙龙——睿见潮城”在浙江海宁经编产业园区举行。海宁市人民政府、新浪浙江、浙江海宁经编产业园区共同签订新浪（浙江）产业园战略合作协议，新浪（浙江）产业园落户海宁。

同日 中国社会科学院人口与劳动经济研究所海宁市国情调研基地在海宁揭牌。

7日 央视《新闻联播》的《全面深化改革进行时》栏目播出专题报道《浙江：改革组合拳打造经济“高产田”》，报道以海宁要素市场化配置综合配套改革为例，对该改革进行了全方位的聚焦和解析。

12日 由市科技局主办、科易网运营的海宁网上技术交易平台——“淘科技”正式上线。

18日 海宁市被省发展和改革委员会评为“浙江省规范与创新招标投标试点县（市）”。

20日 长安镇（高新区）与普洛斯（中国）投资管理有限公司签约，建设大型电子商务供应链物流平台。

22日 中国申报的大运河项目在联合国教科文组织第38届世界遗产大会上通过审议，被列为世界文化遗产，海宁长安大运河作为中国大运河的一部分入选世界遗产名录。

26日 济南海宁皮革城开工建设。

28日 “世界浙商·中国总部”推介会在海宁举行。

（史志办）

［编辑：曾晓莲］

索　　引

Index

说　　明

1. 本索引采用主题分析索引法，按主题词首字汉语拼音字母顺序排列；声韵母相同字按声调顺序排列；首字相同，按第二字音序排列，以此类推；

2. 篇目、分目索引款目用黑体，条目用宋体，表、附用楷体。数字表示内容所在的页码，数字后的英文字母 a、b 表示内容在该页的左右栏别；

3. 索引款目的“附见”内容于次行缩后一格起排，“参见”内容只标页码和栏别；

4. 年鉴的“特载”“大事记”“文件选编”“附录”内容及插图未作索引，条目中的标点符号不作索引。

A

B

H

J

N

R

W

X

Y

·海宁市城市发展投资集团有限公司·

城南大道西延（广顺路—环西二路）

赞山路

银泰东侧道路

海宁市城市发展投资集团有限公司（以下简称城投集团）于 2007 年组建，2008 年 1 月 1 日正式挂牌成立，注册资本 20 亿元。是市政府直属的国资营运公司，主要承担海宁市城市规划区 55 平方千米内的政府性投资项目。

鑫泰城

城投集团有职工 203 人，集团领导班子成员8人，有专业技术人员143人，其中中、高级专业技术人员 43 人。集团下设办公室、内审室、设计室、组宣人事部、财务管理部、投资发展部、工程管理部三室四部，下设市城市建设开发投资有限公司、市旧城改造与建设投资有限公司、市城郊建设投资有限公司、市房地产开发有限公司、市土地开发有限公司、市旧区有机更新开发有限公司、市城投集团资产经营管理有限公司 7 家公司，有市天平房地产价格评估事务所、市兴房物业管理服务有限公司、市安平房屋拆迁有限公司 3 家子公司。

百里梅园南侧

至 2013 年年底，共实施项目 169 个，总投资 325.74 亿元，完成投资 212.6 亿元，其中2013年实施项目 69 个，完成投资 27.72 亿元。围绕环东西山开发、鹃湖水库区域、城市有机更新等开发建设，统筹城乡征迁，完善城市路网，加快安置房建设。坚持用科学规划提升投资开发水准，用特色亮点提升城市建设品位。

润景嘉园

·海宁市盐官工业投资有限公司·

副省长毛光烈调研金茂五金“机器换人”工作

副省长毛光烈调研海宁晨丰灯头有限公司

盐官工业投资有限公司负责运营盐官镇工业园区。工业园区已开发面积205.3公顷，累计基础设施投入8887万元。入园企业89家，入园企业总用地面积157.5公顷，总建筑面积125万平方米，入园企业累计固定资产投入53.10亿元。区内基础设施完善，实现“七通一平”。政府对入园企业全面实施环保、社保、消防等一系列的管理和优质服务，努力为入园企业创造一个环境优雅、创业舒畅的投资兴业平台。

天通科技工业园

嘉兴市开发区（园区）接轨上海合作交流会

盐官工业园

·海宁市钱江投资发展有限公司·

丁桥镇区成立于2002年5月，一期规划面积163.3公顷。至2013年年底，区内完成开发160余公顷，拥有入园企业近百家。园区产业以经编、纺织、新能源、彩印、塑料制品业为重点，拥有产值2000万元以上规模企业62家，其中亿元以上企业17家，“兴海工程”企业2家，园区内企业拥有“中国驰名商标”2个。2013年，丁桥镇区共实现工业总产值51亿元，成功创建海宁市首个嘉兴市甲级转型升级工业园区。区内形成“四横三纵”主干道路，道路硬化里程10千米左右，道路两侧绿化面积约6万平方米，亮化工程6.8千米，供水、供电、污水管网等配套设施齐备，园区内主干道路基本实现硬化、绿化、亮化。组建众信物业管理公司，招聘工作人员15名，负责区域内的治安巡逻、垃圾清运、道路保洁等，努力打造和谐、洁净、文明的现代园区。

·浙江晶科能源有限公司·

浙江晶科能源有限公司（以下简称浙江晶科）是国内光伏龙头企业晶科能源集团的子公司，注册资金 2.11 亿美元，总投资 5.85 亿美元，是海宁市投资规模最大的外商投资企业，主要经营范围为太阳能光伏电池及组件。浙江晶科现拥有年生产电池 1500 兆瓦和组件 800 兆瓦的产能，产值超过 50 亿元，是海宁光伏龙头企业，也是浙江省最大的光伏电池制造企业。先后获“浙江省百强企业”“浙江省诚信 AAA 级品牌企业”“浙江省成长之星企业”“最具投资价值 100 强企业”“2013 最佳企业品牌形象”“全国就业先进企业”等称号。

浙江晶科属于国家高新技术企业，一直秉承以技术求发展的理念，重视科技投入，坚持独立开发与联合开发双轨制，充分利用产学研发合作机制，研发出 30 余项太阳能晶硅电池及组件新产品和工艺技术创新项目，其中不少技术为全国首创、国际先进、国内领先，极大地丰富了公司产品种类，改善了产品结构，提高了公司技术创新能力和竞争力。公司技术研发中心先后获批浙江省级高新技术企业研究开发中心、嘉兴市级企业技术中心等。

·浙江皮意纺织有限公司·

浙江皮意纺织有限公司成立于 1995 年，位于海宁市经济开发区，总占地面积约13.3公顷，建筑面积14.3 万平方米。公司主要从事以皮意面料系列为主的家纺产品制造，具有转移印花、PU 烫金、复合水洗等多项先进技术，产品规格齐全，制作工艺达国际领先水准。特别是 2013 年研制的可呼吸的全粒面类皮面料时尚新颖、超细柔软，具有真皮效果，符合国际绿色环保标准，在同行业产品中胜出，是欧美国家主要采用的装饰面料之一。

公司研发的产品获得国家发明专利证书，并有 20 多件发明专利、实用专利和外观设计专利。 2011 年获“嘉兴名牌产品”称号。公司奉行“以人为本、专心专业”的经营理念。具有日产 5 万米成品布的能力，品牌效应在同行中名列前茅，销售额以每年 20% 左右的速度递增。公司正处于品牌建设与提升的关键阶段，为建设百年名企打好扎实基础。

皮意新厂区效果图

法人代表：沈明荣
电话：(0753)87269200　87210858
传真：(0573)87210288　87267208
邮编：314400

·海宁银泰城·

步行街

海宁银泰城是中国银泰集团在浙北地区打造的重量级城市商业综合体，位于“浙北第一强市”——海宁市城南核心商圈。包括13万平方米的银泰城购物中心、5万平方米的室外步行街和10万平方米的SOHO商务办公楼及公寓，地下停车场有2700多个车位。

作为城市中高端地标性商业综合体，海宁银泰城是海宁乃至浙北地区体量最大、品牌最全、品质最高端的第一消费中心。集银泰百货、生活超市、豪华影院、量贩式KTV、娱乐电玩城、健身SPA、特色品牌餐饮等多样化业态于一体，最大范围地满足各类群体的消费需求，将开创海宁MALL时代，成为完美生活的体验式购物中心。

沿街鸟瞰

沿河透视

·许村镇·

美丽乡村

农民公园

元帅庙会

许村镇位于海宁市西部，西接杭州市余杭区，北靠桐乡市，南邻杭州市江干区下沙。320 国道、沪杭铁路、沪杭高铁、沪杭高速公路、杭州绕城高速公路、杭浦高速公路、01 省道、翁金公路贯穿境内，拥有沪杭高铁海宁西站和一个高速公路出口处，距杭州地铁 1 号线南苑站仅 1 千米。全镇总面积 91.2 平方千米，辖 27 个村、3 个社区，常住人口 15.5 万人。2013 年实现地区生产总值 84.6 亿元，财政总收入 4.91 亿元，农民人均纯收入 2.3 万元。

近年来，镇党委、政府始终坚持以科学发展观为指导，朝着建设高水平的“实力许村、宜居许村、和谐许村”努力。2013 年，实现工业总产值 249.5 亿元，完成全社会固定资产投资 20.7 亿元，其中工业生产性投入 15 亿元。拥有规模以上企业 153 家，实现产值 110.2 亿元、利税总额 10 亿元。

许村是全国著名的家纺产业集聚地之一，是全球最大的提花面料生产基地。 2013 年实现家纺行业产值 210 亿元，海宁中国家纺城市场成交额近 70 亿元。2001 年许村镇被中国纺织工业协会命名为“中国布艺名镇”。2010 年“海宁家纺”被评为浙江省区域名牌。2013 年被评为省级产业示范基地。被命名为全国小城镇综合改革试点镇，是全省第一批 141 个省级中心镇之一，是嘉兴市首批小城市培育试点镇。先后获“浙江省文明镇”“浙江省教育强镇”“浙江省体育强镇”“浙江省生态镇”“浙江省卫生镇”等称号。

海宁中国家纺城国际贸易中心

·长安镇（高新区）·

长安镇（高新区）位于海宁市西部，北接桐乡市，南临钱塘江，与杭州市萧山区隔江相望，西靠杭州市下沙经济技术开发区和高教园区。镇域总面积91.9平方千米，辖20个村、5个社区，总人口13万人，户籍人口8.02万人，外来人口5.1万人。2013年实现地区生产总值93.35亿元，财政总收入12.32亿元，地方财政收入4.73亿元，农民人均纯收入23257元。

坚持走“先进制造业与现代服务业并举，工业化和城市化并进”的科学发展道路，食品饮料、设备制造、印刷包装、纺织、皮革等成为重点支柱产业，以奥特莱斯、好立方、连杭物流、太平洋大酒店、华府大酒店为核心的商业业态初具规模。农业以花卉苗木、精品水果为主要特色，被评为“浙江省特色产业强镇”。拥有“长安”“康艺”鲜切花、“圣品”葡萄等农产品品牌。浙江财经大学东方学院于2010年秋季开学招生，浙江机电职业技术学院（海宁产学研校区）将于2014年开学。

长安是饮誉江南的文化古镇，其中最著名的是东汉画像石墓。此外，尚有翟妃墓、鲁王坟、仰山书院，均遗迹犹存。座落于长安镇区的觉皇寺是一座江南名刹，始建于唐代。“天下奇观海宁潮”有“一潮三看”之说，其中“回头潮”就位于高新区境内，俗称老盐仓回头潮，每年吸引约15万人次游客观潮。长安镇是大运河上重要的交通水利枢纽，大运河（海宁段）于2014年6月申遗成功。

招商引资

服务群众

运河老街

奥特莱斯

长安镇区鸟瞰图

·斜桥镇·

斜桥镇因驻地有万缘桥按洛塘河斜向而建得名，俗称西斜桥，别称斜川、洛溪。明成化年间，已有“斜桥”之称。斜桥镇位于海宁市中部北缘，与市区毗邻，距海宁中国皮革城仅5千米。全镇户籍人口6.14万人、新居民1.1万人，区域总面积64.5平方千米，辖16个村、3个社区。2013年实现地区生产总值36亿元，工农业总产值122.9亿元，财政总收入2.51亿元，农民人均纯收入22785元。

农业精品水果园

历史文化沉积深厚。北宋著名女词人朱淑真、清代学者陆嘉淑、近代植物学家钱崇澍、书画大家钱君匋、漫画家米谷、理学家王恒守、文艺评论家殷白、作家章克标均诞生于此。皮影戏曾作为浙江省民间文化出访新西兰，参与国际民间文化交流活动，被列为国家非物质文化遗产保护项目。路仲入选江苏、浙江两省十二大水乡古镇。

第三届民俗文化旅游艺术节开幕

全镇有2000万元以上工业企业62家，产值亿元以上企业14家。形成以包装印刷、太阳能光伏新材料、皮革家具、纺织服装、食品加工等产业为主的多元化经济格局。2010年，斜桥镇被中国包装联合会命名为“中国包装名镇”。重视农业招商，成功引进东海岸园艺、精品水果园等农业项目，浙江森城公司、萧山苗木公司项目建成投产。建成首个镇级育秧中心，成立全市首家村级劳务专业合作社。引进海宁首个规模电子商务与物流项目，洛溪嘉苑、卡森景香园、王庭世家等商住区成功开发，斜桥商贸中心投入使用，2013年完成三产投资额11.3亿元，三产增加值9.5亿元。

·袁花镇·

2013 年梨花节开幕式

机器换人

袁花别称花溪，位于海宁东部，01 省道、08 省道、杭浦高速、嘉绍高速穿境而过，是清代诗人查慎行、“文坛侠圣”金庸、香港著名实业家查济民等人的故乡。镇域面积 75 平方千米，辖 14 个村、4 个社区，总户数 1.5 万户，总人口 5.3 万人。2013年实现地区生产总值 40.84亿元，农村居民人均纯收入 22790 元。先后荣获“全国重点镇”“全国环境优美乡镇”“浙江省生态镇”“浙江省卫生镇”“嘉兴市文明镇”等荣誉称号。

近年来，袁花镇以“工业强镇”为发展战略，成为海宁四个浙江省级中心镇之一。全镇形成以太阳能利用、轻纺经编、新型建材、厨卫家电照明等四大支柱产业，是全国三大太阳能产业制造基地之一，2013 年全镇规模以上工业企业实现总产值 113.2 亿元。现代高效农业以南方梨、蔬菜、菌菇、大米等为主要产业特色，“海昌”梨、“长啸”果蔬等品牌已具相当市场竞争力。

晶科太阳能发电

生态修复

·丁桥镇·

入镇口

丁桥镇位于海宁市中南部，镇域面积60.67平方千米，辖14个村和1个居民社区，369个村民小组，总人口4.5万人。区位优势明显，杭浦高速穿镇域而过，设置互通出入口，并与沪杭高速、嘉绍高速、杭甬高速、钱江通道、01省道等构成便捷的交通网络，镇域内“三横三纵”道路主框架全面建成。

工业经济以经编、包装彩印、照明、五金等传统产业和新能源、新材料等新兴产业为主导，钱江工业功能区累计开发面积超过140公顷。农业经济以肉鸡、苗木、蔬菜、蚕桑为主要特色，是农业部认证的“国家级无公害畜禽基地”。“大缺口”观潮景区正实施高起点规划编制。先后获“国家级生态镇”“浙江省文明镇”“浙江省卫生镇”“浙江省康庄工程示范镇”“浙江省体育强镇”“嘉兴市小康示范、百村整治建设重点镇”“嘉兴市文明城镇”“嘉兴市扶残助残爱心镇”等称号。

·盐官镇·

盐官镇地处海宁市中南部，南濒钱塘江，东离上海120千米，西距杭州40千米。镇域面积56.02平方千米。辖17个村、4个社区，总户数14766户，总人口52211人。盐官是一个充满经济活力和文化底蕴的城镇。以电子信息和五金机电两大特色产业为主导，是国家“火炬计划”软磁产业基地和全国家具（小五金）生产基地。名胜众多，“潮文化”“名人文化”独具特色。2013年实现地区生产总值31.7亿元，完成财政总收入3.1亿元，农民人均纯收入2.3万元。先后被命名为“中国历史文化名镇”“国家卫生镇”“全国环境优美镇”“浙江省文明镇”“浙江省体育强镇”“浙江省卫生镇”“浙江省教育强镇”和“浙江省‘五好’先锋工程乡镇党委”。

蔬菜大棚

海宁市新人新作大赛暨第五届文化艺术节闭幕式

·硖石街道·

文化艺术节

硖石街道因境内有东、西两山而得名，东邻袁花镇及海盐县百步镇，南接马桥街道，西连海洲街道，北依海昌街道，总面积34.3平方千米。境内交通便捷，沪杭铁路穿境而过，水路畅通，有市河、洛塘河、麻泾港等。辖8个村、15个社区（其中撤村建居社区5个），总户数23869户，总人口70358人，外来人口2万余人。

近年来，硖石街道围绕全面建设“活力和谐幸福新硖石”目标，进一步调整优化产业结构，区域经济综合实力显著增强。2013年实现地区生产总值46.83亿元，其中第三产业增加值37.9亿元，占GDP比重达到80.9%；完成服务业投资30.6亿元，比上年增长244.8%；农村居民人均纯收入22958元，城镇居民人均可支配收入38528元。获“嘉兴市文明街道”“嘉兴市学前教育先进示范街道”“嘉兴市卫生应急示范街道”“海宁市慢性病综合防控示范街道”等称号。

新春迎福

祖孙一起猜灯谜

元宵灯会

党委书记：朱永强　　电话：（0573）87022685

办事处主任：马明浩　　邮编：314400

·海洲街道·

海洲街道为2003年11月行政区划调整后新设立，是海宁市政府驻地，东连硖石街道，西接斜桥镇，北毗海昌街道，南邻马桥街道，总面积23.2平方千米。境内拥有世界闻名的海宁中国皮革城，道路纵横交错，四通八达。辖8个城市社区、6个农村社区和5个村，总户数18634户，总人口56183人。

近年来，街道加快推进“两退两进”战略步伐，优先发展现代服务业，经济实力进一步增强。2013年实现地区生产总值96.74亿元，比上年增长11.5%，其中第三产业增加值79.62亿元，增长12.3%，占GDP比重为82.3%；实现财政体制收入1.47亿元；完成服务业有效投入38.90亿元，增长23.0%。引进市外内资5.53亿元，增长203.1%；浙商回归省外到位资金7.83亿元，增长26.8%，引进重大项目10个。实现村级集体经济总收入5080.5万元，增长22.1%；农村居民人均纯收入22856元，城镇居民可支配收入46419元，分别高出全市平均7.0个和12.1个百分点。获“浙江省社区戒毒社区康复示范点”“浙江省老龄工作先进集体”“浙江省气象防灾减灾标准街道”等荣誉称号。

海宁银泰域

海洲街道第二届全民运动会

美丽乡村建设

美丽社区建设

·马桥街道·

江森自控公司进驻马桥签约

全国纺织行业党建工作会议在经编园区召开

马桥街道辖8个村、1个社区，191个村民小组，总户数7408户，总人口28390人。2013年实现地区生产总值41.44亿元，比上年增长9.6%；财政总收入5亿元，其中地方财政收入1.97亿元，分别增长7.7%和0.5%。全社会固定资产投资17.82亿元，增长22.4%；农民人均纯收入22385元，增长6.7%。

全年实现工业总产值175.76亿元，规模以上工业产值149.31亿元、利税11.23亿元，分别增长8.3%、8.2%、30%；完成工业技改投入5亿元。实现农业总产值2.35亿元，增长4.0%。实施招商选资“一号工程”，引进2个世界500强投资项目。完成工业企业亩产效益综合评价188家，完成“机器换人”项目20个、“个转企”87家、“小升规”21家、“限下转限上”16家。成功创建中国经编电子商务基地，引进各类基金、小额贷款公司等项目12个。

建成启用马桥中心幼儿园，成功创建“嘉兴市学前教育示范街道”。建成启用嘉兴首个健康管理中心，举办第五届文化艺术节。启动镇级星级美丽乡村创建工作，成功创建“嘉兴市级美丽乡村先进街道”。推进平安马桥建设，荣获“浙江省平安创建工作先进集体”称号。

马桥中心幼儿园建成启用

·许村镇杨渡村·

省农科院杨渡科研基地

草莓大棚

杨渡村位于许村镇东侧，东靠长安镇，南依上塘河，西邻沈士大道，北枕沪杭铁路，全村总面积 3.2 平方千米。浙江省农业科学院杨渡科研创新基地占地 153.3 公顷。辖 12 个村民小组，总户数 684 户，总人口 3258 人。2013 年实现工农业总产值 5.29 亿元，农民人均纯收入 22957 元。

村文化活动中心

坚持以经济建设为中心，围绕“抓征迁促发展，优环境惠民生，重服务强党建”的工作思路，克难攻坚，务实创新，经济社会各项事业取得明显成效。建有村级文化活动中心，设有党员干部远程教育点，建立村党员服务站，成立关爱党员群众基金会，村党员服务站被评为海宁市优秀服务项目。杨渡村先后被评为“浙江省绿化示范村”“浙江省卫生村”“浙江省民主法治村”“嘉兴市农村基层党风廉政建设示范村”“嘉兴市生态村”“嘉兴市文明村”。村党总支先后被命名为海宁市“五好”村党支部、海宁市先锋工程建设“五好”示范党组织。

健身苑点

·海昌街道硖东社区·

硖东社区小区全景

社区村部广场

小区一角

硖东社区位于海宁市区东侧，K2 路、K17 路市内公交直达。全社区总面积 2.5 平方千米，辖 18 个居民小组，总户数 696 户，总人口 2575 人。因海宁经济开发区建设需要，硖东北区、硖东南区、农富小区三个居民小区完成建设，有 665 户居民搬入新居生活。

硖东社区现有集体资产 4250 万元。2005 年经市政府批准，实施社区集体经济股份制改革，成立硖东股份经济合作社。集体资产运行良好，2013 年社区集体经济收入 350 万元。先后被省政府命名为“全面小康建设示范村”“省级卫生村”，被评为“嘉兴市三无达标村”，连续几年被评为“先进基层党组织”“五好党支部”。